WEGE DER FORSCHUNG

BAND 512

WISSENSCHAFTLICHE BUCHGESELLSCHAFT

DARMSTADT

SAECULUM AUGUSTUM II

SAECULUM AUGUSTUM II

RELIGION UND LITERATUR

Herausgegeben von
GERHARD BINDER

WISSENSCHAFTLICHE BUCHGESELLSCHAFT
DARMSTADT

CIP-Titelaufnahme der Deutschen Bibliothek

Saeculum Augustum / hrsg. von Gerhard Binder. – Darmstadt: Wiss. Buchges.
NE: Binder, Gerhard [Hrsg.]
2. Religion und Literatur. – 1988
   (Wege der Forschung; Bd. 512)
   ISBN 3-534-08584-1
NE: GT

Bestellnummer 08584-1

Das Werk ist in allen seinen Teilen urheberrechtlich geschützt.
Jede Verwertung ist ohne Zustimmung des Verlages unzulässig.
Das gilt insbesondere für Vervielfältigungen,
Übersetzungen, Mikroverfilmungen und die Einspeicherung
und Verarbeitung in elektronische Systeme.

© 1988 by Wissenschaftliche Buchgesellschaft, Darmstadt
Satz: Maschinensetzerei Janß, Pfungstadt
Druck und Einband: Wissenschaftliche Buchgesellschaft, Darmstadt
Printed in Germany
Schrift: Linotype Garamond, 9.5/11

ISSN 0509-9609
ISBN 3-534-08584-1

INHALT

Saeculum Augustum, Band II

Einführung. Von Gerhard Binder 1

I. Religion und Herrscherkult

Die augusteische Restauration (1960). Von Kurt Latte . . 21

Die Priesterämter des Augustus und seine religiösen Reformen (1931). Von Jean Gagé 52

Die „apollinische" Politik des Augustus und der Kaiserkult (1953). Von Pierre Lambrechts 88

Der römische Hercules und die Religionsreform des Augustus (1942; 1979). Von Robert Schilling 108

Augustus und seine Religionspolitik gegenüber orientalischen Kulten (Originalbeitrag 1984). Von Ilse Becher 143

II. Literatur und Sprache

Die unaugusteischen Züge der augusteischen Literatur (Originalbeitrag 1984). Von Eckard Lefèvre 173

Der neue Weltherrscher der vierten Ekloge Vergils (1930; mit: Nachwort 1983 von Elisabeth Alföldi-Rosenbaum). Von Andreas Alföldi 197

Die Medizin in der Lehrdichtung des Lukrez und des Vergil (Originalbeitrag 1982). Von Jackie Pigeaud 216

Aeneas in Rom und der Triumph des Octavian (1951). Von Pierre Grimal 240

Aitiologische Erzählung und augusteisches Programm in Vergils ›Aeneis‹ (Originalbeitrag 1983). Von Gerhard Binder 255

Horaz und Augustus (1947; 1980). Von Lothar Wickert . . 288

Augusteische Erfüllung zwischen Vergangenheit und Zukunft. Eine Retraktation der politischen Lyrik des Horaz (Originalbeitrag 1984). Von Reinhart Herzog 314

Die große Florus-Epistel des Horaz (2,2). Der Schwanengesang der augusteischen Dichtung (Originalbeitrag 1984). Von Eckard Lefèvre 342

Properz als augusteischer Dichter (1982). Von Michael von Albrecht 360

Zum Konflikt zwischen Ovid und Augustus (Originalbeitrag 1982). Von A. W. J. Holleman 378

Außerwissenschaftliche Faktoren im Liviusbild der neueren Forschung (Originalbeitrag 1984). Von Klaus Thraede . 394

Die klassischen Autoren und das Altlatein (Originalbeitrag 1983). Von Jürgen Untermann 426

Auswahlbibliographie. Von Gerhard Binder 447
   I. Religion 447
   II. Literatur 452

Register 469

Saeculum Augustum, Band I

Einführung. Von Gerhard Binder

I. Von der Republik zum Prinzipat

Caesars Monarchie und der Prinzipat des Augustus (1941). Von Lothar Wickert

Wie beendete Augustus die Römische Revolution? (1956/57). Von Chester G. Starr

Der Widerstreit von Tradition und Gegenwart im Tatenbericht des Augustus (1969). Von Wilhelm Hoffmann

Der Begriff maiestas im Denken der Augusteischen Zeit (1969). Von Hans Georg Gundel

II. Herrschaft und Gesellschaft

Die verfassungsmäßigen Befugnisse und der Prinzipat des Augustus (1937). Von André Piganiol

Die Gesellschaft des römischen Reiches im Urteil des Augustus (1975). Von Horst Braunert

Die Ergebnisse der Augusteischen Volkszählungen (1971). Von P. A. Brunt

Freundschaft und Freundschaftskündigung. Von der Republik zum Prinzipat (Originalbeitrag 1983). Von Wilhelm Kierdorf

Die Militärreformen des Augustus und die politische Problematik des frühen Prinzipats (Originalbeitrag 1984). Von Kurt Raaflaub

Novus status – novae leges. Kaiser Augustus als Gesetzgeber (Originalbeitrag 1984). Von Heinz Bellen

Das Aerarium und der Fiscus (1950). Von A. H. M. Jones

Freigebigkeit und Finanzen, der soziale und finanzielle Aspekt der augusteischen Liberalitas (Originalbeitrag 1983). Von Hans Kloft

Bibliographie. Von Wilhelm Kierdorf

Register

Saeculum Augustum, Band III

Einführung. Von Gerhard Binder

Kunst und Bildersprache

Aurea Templa (1976). Von Pierre Gros

Forum Augustum. Das Bildprogramm (1968). Von Paul Zanker

Von der Republik zur Kaiserzeit: Gedanken zur frühen Provinzialarchitektur des römischen Westens (1970). Von J. B. Ward-Perkins

Die Bildnisse des Augustus (Originalbeitrag 1984). Von Klaus Fittschen

Eine Statue des Caesar Augustus (1863). Von Ulrico Köhler

Altes und Neues zur Statue des Augustus von Primaporta (Originalbeitrag 1983). Von Erika Simon

Ara Pacis Augustae. Architektur und Reliefbilder der Frontseiten (1967). Von Erika Simon

Ara Pacis Augustae. Der florale Bereich (1962). Von Hans Peter L'Orange

Historische Reliefs (1948). Von Jean Charbonneaux

Alberti Rubeni Dissertatio de gemma Augustea (1665)

Gemma Augustea (1960). Von Heinz Kähler

Die Münzprägung Octavians nach dem Siege von Actium und die augusteische Kunst (1941). Von Josef Liegle

Die Münzprägung des Augustus (Originalbeitrag 1984). Von Dietrich Mannsperger

Bibliographie. Von Gerhard Binder

Register

Tafeln

EINFÜHRUNG

Von Gerhard Binder

1. Saeculum Augustum I–III

1.1 Zur Aufsatzsammlung

Die drei unter dem Titel ›Saeculum Augustum‹ seit langem angekündigten Aufsatzbände der Reihe ›Wege der Forschung‹ wollen wesentliche Aspekte der durch die Gestalt des Octavianus-Augustus geprägten Zeit in einer Mischung älterer und neuer Beiträge darstellen: „Von der Republik zum Prinzipat", „Herrschaft und Gesellschaft" (Bd. I), „Religion und Herrscherkult", „Literatur und Sprache" (Bd. II), „Kunst und Bildersprache" (Bd. III) heißen die größeren Themenbereiche, deren buchtechnische Trennung durch den Abdruck aller aufgenommenen Titel einigermaßen überbrückt werden soll.

Die Auswahl älterer Beiträge erfolgte unter dem Gesichtspunkt, daß von den Arbeiten nachdrückliche Impulse für die Forschung ausgingen, mögen ihre Ergebnisse inzwischen auch modifiziert oder gar widerlegt sein (dem Wunsch, seit langem Bewährtes und immer noch Gültiges in handlicher Form wieder zugänglich zu machen, tragen Fotokopiermaschinen in billigerer Weise Rechnung): Als Beispiele hierfür können gelten in Band I die Arbeiten von L. Wickert (Caesars Monarchie und der Prinzipat des Augustus: eine Antrittsvorlesung aus dem Jahr 1940) und A. Piganiol (Die verfassungsmäßigen Befugnisse und der Prinzipat des Augustus: eine materialreiche Sammelrezension von 1937); im vorliegenden Band A. Alföldis eigenwillige Interpretation der vierten Ekloge Vergils aus dem Jahr 1930 (s. dazu unten 2.2, Ziff. 2); in Saeculum Augustum III die Abhandlungen von U. Köhler zum Augustus von Primaporta (1863) und die über dreihundert Jahre alte Dissertatio ›De gemma Augustea‹ von A. Rubens (1665), zwei Darstellungen, die zu ihrer Zeit bahnbrechend wirkten und denen man im Rückblick bescheinigen muß, daß sie aus dem Wissen ihrer Zeit und in aller Bescheidenheit das Entscheidende zum Thema bereits gesagt haben.

Eine Aufsatzsammlung wie die vorliegende ist ohne übergreifende Beiträge nicht zu realisieren, wenn sie ein Gesamtbild anstrebt und einen weiten Leserkreis erreichen will. In Band I dienen diesem Zweck neben der Einführung vor allem die Beiträge des Teils I („Von der Republik zum Prinzipat"); im vorliegenden Band ist diese Aufgabe zugewiesen dem Kapitel ›Die augusteische Restauration‹ aus K. Lattes Römischer Religionsgeschichte und dem Originalbeitrag ›Die unaugusteischen Züge der augusteischen Literatur‹ von E. Lefèvre. In Band III waren ursprünglich Teile aus G. Rodenwaldts ›Kunst um Augustus‹ vorgesehen; für diesen Beitrag wurde die Lizenz zum Wiederabdruck nicht erteilt (s. Saeculum Augustum III, Einführung): Originalbeiträge und vor allem Abschnitte aus dem Werk ›Les arts du siècle d'Auguste‹ von J. Charbonneaux sollen die entstandene Lücke schließen.

Weitere Gesichtspunkte, die für die Auswahl der Beiträge bestimmend waren, sind in der Einführung zu Saeculum Augustum I genannt worden, worauf hier nur verwiesen werden kann. Dort wurde auch erläutert, warum die seit zweieinhalb Jahrzehnten im Katalog der Wissenschaftlichen Buchgesellschaft unter dem Titel ›Die augusteische Erneuerung‹ angekündigte Aufsatzsammlung nunmehr in drei Bänden unter dem Titel ›Saeculum Augustum‹ erscheint. Auch wurde in einem Exkurs – ›Augusteische Erneuerung: Altertumswissenschaft und altsprachlicher Unterricht in Deutschland 1933–1945‹ – der Versuch unternommen, zeitbedingte Akzente des Schlagwortes „Augusteische Erneuerung" aufzuzeigen und von daher die neue Titelfassung zu rechtfertigen. In diesem Zusammenhang ist nachdrücklich auf den in diesem Band abgedruckten Originalbeitrag von K. Thraede ›Außerwissenschaftliche Faktoren im Liviusbild der neueren Forschung‹ zu verweisen.

1.2 Zu diesem Band

Der übliche Versuch, das Thema in seinen Grundlinien darzustellen, Wege der Forschung aufzuzeigen und neuere Tendenzen zu skizzieren, muß hier aus mehreren Gründen unterbleiben: Die Aufteilung des Gesamtwerks in drei Bände, die in der Reihe unübliche Aufnahme von etwa 50% an Originalbeiträgen, die Überlänge der Einführung zu Band I und die Überschreitungen des ursprünglich für die Originalbeiträge angesetzten Umfangs müssen kompensiert werden. Eine auch nur einigermaßen substantielle Einführung zu den Themenbereichen „Religion und Herrscherkult", „Literatur und Sprache" hätte den Band allzusehr anschwellen lassen. Die gerade in diesem Band außergewöhnlich hohe Zahl an Originalbeiträgen (9 von 17) dürfte jedoch gewährleisten, daß für zentrale Themen das in der Vergangenheit Geleistete und aktueller Forschungsstand zur Geltung kommen. Wo dies nicht oder nicht hinreichend geschieht, mögen die chronologisch angelegten Auswahlbibliographien wenigstens Hinweise geben.

Leider mußten auch in der vorliegenden Auswahl wesentliche Themen unberücksichtigt bleiben. So wären, um nur einige Beispiele zu nennen, in Teil I Beiträge erwünscht gewesen zur Entwicklung des Herrscherkults im Westen (die Beiträge von J. Gagé und P. Lambrechts streifen das Thema wiederholt, A. W. J. Holleman beleuchtet es aus der Sicht des Dichters Ovid), zu Eingriffen des Augustus in kultische Überlieferungen, also etwa zur Neuorientierung der Ludi Saeculares oder zur Neugestaltung der Lupercalia ("a denaturing restoration", sagt A. W. J. Holleman zu Recht: Pope Gelasius and the Lupercalia, Amsterdam 1974, 157), zur Wiederbelebung des Mars-Kultes (s. aber den Beitrag von R. Schilling); in Teil II fehlen Beiträge zu Tibull und zur Poesie des Messalla-Kreises, zum frühen Properz, zu dem viel unterschätzten und vernachlässigten Pompeius Trogus (s. O. Seel und R. Urban in ANRW II 30.2), zu den Förderern der Literatur, ihren literarischen Grundsätzen und eigenen Versuchen (s. J. Gagé, Auguste écrivain, in ANRW II 30.1; G. Zecchini, Asinio Pollione, in ANRW II 30.2; J.-M. André, Mécène écrivain, in ANRW II 30.3) und nicht zuletzt zur Fachliteratur (zu Vitruv s. P. Gros in Saeculum Augustum III).

Auch im vorliegenden Band wurde an dem Grundsatz festgehalten, bereits (mehrfach), zumal in Bänden der Reihe ›Wege der Forschung‹, wiederabgedruckte Arbeiten nicht erneut aufzunehmen (s. Band I, Einführung 1.2). So wird für die Themen dieses Bandes besonders auf die Aufsatzsammlungen zum römischen Kaiserkult (WdF 372, hrsg. v. A. Wlosok), zu Vergil (WdF 19, hrsg. v. H. Oppermann), Horaz (WdF 99, hrsg. v. H. Oppermann), Livius (WdF 132, hrsg. v. E. Burck), Properz (WdF 237, hrsg. v. W. Eisenhut), Ovid (WdF 92, hrsg. v. M. v. Albrecht und E. Zinn) als Ergänzung verwiesen.

Das Erscheinen dieses Bandes hat sich erheblich verzögert, zuletzt durch eine schwere Erkrankung des Herausgebers; vor allem die Verfasser der Originalbeiträge und der große Kreis der Subskribenten werden um Verständnis gebeten.

Zu danken habe ich allen Kollegen, die das Entstehen des Bandes von Anfang an mit Rat und Tat begleiteten (s. dazu Saeculum Augustum I, Einführung 1.2), besonders den Verfassern der Originalbeiträge. Ein besonderes Problem stellten auch beim Redigieren dieses Bandes die Übersetzungen fremdsprachiger Arbeiten dar: Die Texte bedurften jeweils gründlicher Überarbeitung, die Anmerkungen z. T. der Neubearbeitung und Normierung: Im wesentlichen wurden diese Arbeiten von meinem Bochumer Mitarbeiter R. Glei und von meiner Frau geleistet; Herrn Glei danke ich darüber hinaus für die Mitarbeit an den Bibliographien, meiner Frau für die Übersetzung des Beitrags von A. W. J. Holleman aus dem Niederländischen. Frau C. Budnj und Frau E. Frigge habe ich für reiche Unterstützung, den Damen und Herren B. Dwornik, U. Eberwein, B. Tautz, J. Weller und I. Wolf für das Lesen von Korrekturen und die Mitarbeit am Register zu danken.

Den Herren P. Görtler und P. Heitmann danke ich für vielfaches Entgegenkommen bei der redaktionellen Betreuung des Bandes.

Der Beitrag des Herausgebers ›Aitiologische Erzählung und augusteisches Programm in Vergils Aeneis‹ ist Robert Schröter zum 65. Geburtstag, der Band Saeculum Augustum II insgesamt den Kollegen und Mitarbeitern des Bochumer Seminars für Klassische Philologie gewidmet: Ihnen allen habe ich für Unterstützung und Ermutigung zu danken.

2. Saeculum Augustum II: Die Beiträge

2.1 Teil I: Religion und Herrscherkult

Der Fülle spezieller Abhandlungen zur römischen Religion, besonders zu einzelnen Gottheiten und ihren Kulten, steht ein Mangel an zusammenfassenden Darstellungen und Untersuchungen zu Entwicklungsstadien gegenüber: Das anregende Büchlein ›The Romans and Their Gods‹ von R. M. Ogilvie (London 1969, dt. Ausgabe Stuttgart 1982 ›... Und bauten die Tempel wieder auf‹ mit dem irreführenden Untertitel ›Religion und Staat im Zeitalter des Augustus‹ = dtv-Taschenbuch-Ausgabe 1984) richtet sich an ein breites Publikum und verzichtet weitestgehend auf wissenschaftliche Dokumentation; gleiches gilt für das sehr selektiv angelegte Werk ›Ancient Roman Religion‹ von H. J. Rose (New York 1948), dessen Kapitel ›Augustus and the Revival of Religion‹ den politisch relevanten Staatskult fast ganz ausklammert und auch sonst als Einführung nicht mehr genügt (im Katalog der Wissenschaftlichen Buchgesellschaft ist der Band ›Einführung in die griechische und römische Religion‹ von R. Muth angekündigt; eine sich vor allem an Studierende richtende ›Einführung in die römische Religion‹ von H. S. Versnel ist in der Reihe ›Heidelberger Studienhefte zur Altertumswissenschaft‹ in Vorbereitung). K. Lattes ›Römische Religionsgeschichte‹ hat mancherlei Kritik erfahren; doch kann Lattes Versuch nicht hoch genug veranschlagt werden, aus mangelhaftem und disparatem Quellenmaterial eine geschichtliche Entwicklung der römischen Religion nachzuzeichnen.

So schien es trotz des Grundsatzes, den Abdruck einzelner Kapitel aus Monographien zu vermeiden, für unseren Zweck geboten, das Kapitel ›Die Augusteische Restauration‹ aus Lattes Werk herauszulösen: In ihm wird die innere Logik der Religionspolitik des ersten Princeps deutlich, sein Anknüpfen an ältere Überlieferungen ebenso wie das Eingreifen in gewachsene kultische Realitäten, dazu der tiefgreifende, sich mehr und mehr automatisierende Veränderungsprozeß und die daraus resultierende Kurzlebigkeit der restaurativen Maßnahmen des Augustus. Die „Erneuerung" von Kulten und priesterlichen Funktionen mochte in Teilen der Bevölkerung

Italiens eine gefühlsmäßige Resonanz finden und insofern trotz der ihr innewohnenden Berechnung wirksam sein als Mittel zur Befriedung und Regeneration Roms und zum Aufbau des Prinzipats, besonders der persönlichen Machtstellung des Princeps; Augustus zu überleben vermochte sie nicht oder allenfalls in formaler Hinsicht, im routinemäßigen Vollzug. „Die lebendigste Kraft, die von den Reformen des Augustus ausging, lebte gerade in jener Maßnahme, die er nur zögernd zugelassen hatte, in der Schöpfung des Herrscherkults", sagt K. Latte zu Recht am Ende des hier abgedruckten Kapitels.

Die drei folgenden Beiträge befassen sich mit unterschiedlichen Aspekten der restaurativen und innovativen Maßnahmen des Augustus und ihrer Bedeutung für die Begründung und Festigung des Prinzipats einschließlich des Herrscherkults, kurz, mit jenen bald behutsamen und eher zögerlichen, bald tiefgreifenden, entschiedenen, ja gewaltsamen Akzentsetzungen und -verlagerungen, die K. Latte unter das Stichwort „Dynastische Religionspolitik" faßte.

J. Gagé kann am Beispiel der Priesterämter des Octavianus-Augustus zeigen, daß lange vor der geduldig abgewarteten Übertragung des Oberpontifikats im Jahr 12 v. Chr. religiöse, militärische und zivile Macht in der Person des Princeps vereint waren. In einem schon über ein Jahrzehnt vor Actium beginnenden Prozeß bemühte sich der spätere Princeps, seiner faktischen Machtstellung insbesondere über Augurat und Quindecimvirat eine religiöse Stütze zu geben. Der Sieg von Actium ermöglichte ihm dann, die längst betonte Mission eines „neuen Romulus" zu realisieren: „Bei seiner Rückkehr nach Rom im Jahr 29" vereinigt er „in seinen Händen alle wesentlichen Vollmachten des Gründers und erhält obendrein im Jahr 27 unter dem Namen Augustus die Weihe seiner souveränen Auspizien". Diese „religiöse Souveränität" war nach Gagé „weiter gefaßt und göttlicher als die Autorität des Pontifex Maximus" und versetzte Augustus in die Lage, vor dem Jahr 12 die wesentlichen seiner religiösen Reformen durchzuführen. Mit der Übernahme und gleichzeitigen Anpassung des Oberpontifikats an den Prinzipat wurde der bereits faktischen, besonders in auguralen Zeremonien sich konkretisierenden religiösen Macht des Augustus allenfalls ein legaleres Gewand gegeben.

Die Beiträge von P. Lambrechts und R. Schilling sind der Religionspolitik des Augustus aus der Perspektive des Kults zweier ursprünglich griechischer Gottheiten gewidmet: des trotz der Zuneigung des Octavianus-Augustus „unrömisch" bleibenden Apollo und des den Römern viel näher stehenden, auch „mythisch" fest in Rom verwurzelten Hercules.

Ähnlich wie J. Gagé betont P. Lambrechts, daß das religiöse Denken des Augustus in seinen Entwicklungsphasen immer sorgfältig mit dem politischen Denken abgestimmt war; insofern kann man von einer „apollinischen Politik" des Augustus sprechen. Diese der „monarchischen" Frühperiode zugehörige Politik endete freilich unter dem Aspekt der Publikumswirkung mit einem Mißerfolg; folglich wurde auch der Versuch des Augustus, neben der außerordentlichen Verehrung des Gottes auch selbst als dessen Inkarnation zu erscheinen und so bereits vor dem Jahr 27 einen Schritt zur Selbstvergöttlichung zu tun, aufgegeben. Apollo spielt zwar in der Religionspolitik des Princeps weiter eine wichtige Rolle, doch selbst als sich ab 12 v. Chr. wieder eine verstärkte Apolloverehrung bemerkbar macht, bleibt auch dies ohne weiterreichende Folgen: Apollo erscheint wieder auf Münzen, es fehlt aber jede „Angleichung" an Augustus; vor allem vollzieht sich, wie Lambrechts zeigt, die immer deutlichere Tendenz zur Vergöttlichung des Kaisers zu Lebzeiten im Rahmen einheimischer, nichthellenistischer Traditionen. Wenn nicht Apollo, so hätte der „römische Hercules", der *victor* und *pacator*, die Rolle der Gottheit spielen können, welche eine künftige Apotheose des Princeps vorbereitete. Äußerungen der Dichter, besonders des Vergil (s. in diesem Band den Beitrag von P. Grimal) und des Horaz, signalisieren diese Möglichkeit auch unverblümt.

Die Beziehung des verstärkt seit der Wende vom zweiten zum ersten Jahrhundert verehrten Hercules zum einheimischen und auf seine kriegerischen Funktionen reduzierten Mars steht im Mittelpunkt der Untersuchung von R. Schilling, die Beziehung zweier Götter also, die ursprünglich nach Herkunft und Ausprägung der Kulte nichts miteinander zu tun hatten und doch mehr und mehr miteinander identifiziert wurden – zu Lasten des Mars. Hercules, eine erstaunlich vielseitige und assimilationsfähige Göttergestalt, galt als Gott des Erfolgs, der Fülle, des guten Gelingens, des Sieges, dem vor allem Kaufleute und Feldherrn an der Ara Maxima den Zehnten opferten; der Mythos vom Sieger Hercules leistete hierzu einen beachtlichen Beitrag. Mars dagegen, der seine agrarischen Funktionen verloren hatte, blieb „nur" Gott des Krieges und des Kriegsgeräts. Hercules, verantwortlich für Sieg, Beute, Gewinn, schien geradezu zum göttlichen Schirmherrn des Kaiserreichs prädestiniert zu sein, um so mehr, als er in Mythos und Kult Vorbild für den *victor perpetuus*, den wahren Triumphator Augustus sein und dessen Apotheose präfigurieren konnte.

Augustus folgte jedoch nicht der starken Hercules-Tradition des ersten Jahrhunderts, sondern brachte den Mars-Kult wieder zu Ehren; die Gründe hierfür werden von R. Schilling eingehend dargestellt – Stichworte: Antonius als Hercules-Nachfahre, Apollo-Verehrung, Mars-Ultor-Gelöbnis, Victoria-Augusti-Kult und Venus Victrix, Romulus als Vorbild für Apotheose. Augustus konnte jedenfalls ohne Schwierigkeiten den „verarmten" Mars wieder aufbauen und ins religiöse Zentrum des Prinzipats rücken. Kultischer Mittelpunkt wurde der Mars-Ultor-Tempel auf dem Augustusforum (s. P. Zanker, in Saeculum Augustum III); der Mars-Kult wurde endlich innerhalb des Pomerium angesiedelt, während der römische Hercules des ersten Jahrhunderts v. Chr., der Hercules Victor, eine neue kultische Heimat in Tibur fand.

Der Rückgriff des Augustus auf ältere, in Wirklichkeit oft gar nicht sehr alte oder sogar fingierte Traditionen könnte zu dem falschen Schluß verleiten, daß der Princeps bestrebt war, Rom und Italien rigoros von „Fremdkulten", genauer orientalischen Kulten, zu „reinigen". Manche Äußerung der Dichter (z. B. Vergils Götterdualismus mit Cleopatra/Isis, den *monstra deum omnigenum*, dem *latrator Anubis* gegen Neptunus, Venus, Minerva im Actium-Bild der Schildbeschreibung oder der eine sagenhafte Frühzeit beschwörende Vers des Properz 4, 1, 17 *nulli cura fuit externos quaerere divos*) scheint in diese Richtung zu weisen.

In ihrer Untersuchung über die Rolle der orientalischen Religionen im Rahmen der Religionspolitik des Augustus zeigt I. Becher, daß Augustus gerade auch in diesem sensiblen Bereich jene Behutsamkeit an den Tag legte, die auf vielen anderen Feldern seiner Politik zu beobachten ist. Eingegrenzt auf die stadtrömischen Verhältnisse werden zwei ganz unterschiedlich gelagerte Fälle beschrieben: Den Kult der Kybele/Magna Mater förderte Augustus vorsichtig, wobei nicht zuletzt die Verflechtung der Gottheit in die Troia-Sage mitgespielt haben dürfte, den der Isis und des Sarapis drängte er dagegen „unter Vermeidung von Härten" zurück. Bei der politischen Entscheidung ging es nicht um den religiösen Gehalt der Kulte und ihre Ausstrahlung, sondern um die „Brauchbarkeit zur Durchsetzung politischer Ziele, zur Verbreitung des Herrschaftsgedankens, zur Festigung der dynastieorientierten Staatsideologie, zur Reinhaltung der römischen Kultreligion und zur Abwehr alles dessen, was sich nationaler Thematik verschloß".

Diese eindeutige Priorität des machtpolitischen Aspekts wird man für die Einstellung des Princeps gegenüber orientalischen Kulten generalisieren dürfen. Altrom-Romantik dürfte jedenfalls eine untergeordnete Rolle gespielt, eher als werbewirksame Dekoration gedient haben.

2.2 Teil II: Literatur und Sprache

(1) „Augusteische Literatur":
›Die unaugusteischen Züge der augusteischen Literatur‹, nicht „die antiaugusteischen Züge", nennt E. Lefèvre seinen Versuch, in die Literatur, die mit dem Namen des Augustus verbunden wird, eine gewisse Ordnung zu bringen, Autoren und Werke unter gemeinsamen Merkmalen zueinanderzustellen, Autorengruppen und Schaffensperioden voneinander abzuheben. In seinem Bemühen weist dieser Versuch gewisse Ähnlichkeiten mit Abschnitten der Einführung zu Saeculum Augustum I auf, unterscheidet sich allerdings davon besonders in der Beschränkung auf die Literatur. Lefèvre arbeitet zur Differenzierung des Augusteischen mit der doppelten Formel: „positive Form – 'augusteisch' im zeitlichen Sinn ('augusteische Epoche') und im Hinblick auf den Princeps ('augusteische Züge')"; „negative Form – 'unaugusteisch' in dem Sinn 'die Bestrebungen des Princeps nicht unterstützend' ('unaugusteische Züge')". Die Autoren des Saeculum Augustum werden

in drei zeitliche Phasen eingeteilt – "Kinder der Republik" (Varius, Maecenas, Vergil, Horaz, Octavianus, Livius), "Kinder des Chaos" (Tibull, Properz), "Kinder des Friedens" (Lygdamus, Ovid) – und auf ihre in unterschiedlicher Ausprägung "augusteischen" und "unaugusteischen" Züge untersucht. Die spezielle Problematik des ovidischen Gesamtwerks, in diesem Band auch mit dezidiert "antiaugusteischem" Akzent angesprochen durch A. W. J. Holleman, wird in einem Ausblick "Unaugusteisch und antiaugusteisch" aus der Sicht des Dichters und des Princeps beantwortet.

(2) Vergil und Horaz:

Mit A. Alföldis Aufsatz ›Der neue Weltherrscher der vierten Ekloge Vergils‹ beginnt eine Reihe von Beiträgen, die – um Lefèvres Terminologie zu benutzen – zwei "Kindern der Republik" unter den Autoren gewidmet sind. Auch K. Thraedes Analyse konkurrierender Liviusbilder gehört eigentlich hierhin; sie ist fast ans Ende des Bandes gerückt, weil sie Verbindungen zu J. Untermanns Beitrag aufweist, in dem das Imitieren alter Sprache u. a. an Beispielen aus der Prosa des Livius demonstriert wird.

In der für ihren Verfasser typischen Weise vereint die Abhandlung zur 4. Ekloge alle in der Aufsatzsammlung ›Saeculum Augustum‹ vertretenen Themenbereiche: Ausgehend von einem literarischen Dokument zeichnet Alföldi ein Bild von Macht- bzw. Herrschaftsansprüchen im letzten Jahrhundert der Republik, die schließlich in eine Festlegung auf die eine Person des Princeps mündeten. Dabei gilt das Interesse des Verfassers vor allem der auch in der 4. Ekloge anklingenden religiösen und quasireligiösen Formensprache, der Teile von A. Alföldis wissenschaftlichem Werk gewidmet waren; sie wird hier durch Zeugnisse aus Literatur, Religion, Kunst und vor allem der Münzprägung dokumentiert. Die 4. Ekloge als Werk einer "augusteischen" Literatur im Sinne Lefèvres spielt nur eine Nebenrolle, auch die Identität des verheißenen Kindes (nach Alföldi ein Sohn des Asinius Pollio) ist eher Nebensache (eigentlich ganz im Sinne E. Nordens, der in seinem einige Jahre vor Alföldis Aufsatz erschienenen Buch ›Die Geburt des Kindes‹ meinte: "Mag der Streit um die Deutung des Gedichts im übrigen weitergehen, in einem Punkte wäre Einigung erwünscht: das belustigende Spiel mit der Vexierfrage 'wo ist das Kind?' müßte aufhören. Dafür ist die Sache zu ernst" [S. 12]). Fragestellung und Materialreichtum machen Alföldis Aufsatz, von dem reiche Impulse ausgingen, nach wie vor wertvoll.

Auf die beabsichtigte Publikation aller Arbeiten Alföldis zum Thema unter dem Titel ›Redeunt Saturnia Regna‹ und auf unpubliziertes Material aus dem Nachlaß des Verfassers weist E. Alföldi-Rosenbaum in einem zum Wiederabdruck des Hermes-Aufsatzes verfaßten Nachwort hin, für das ihr an dieser Stelle gedankt sei.

Vergils ›Georgica‹ werden als „augusteische Dichtung" häufig auf ihre Proömien und Hymnen reduziert. Es sollte daher gerade die lehrhafte Seite des Werkes einmal in einem Beitrag beleuchtet werden. Jene Nachricht der Sueton-Donat-Vita (15) aufgreifend – *inter cetera studia medicinae quoque ac maxime mathematicae operam dedit* – unternimmt es J. Pigeaud in einem vor allem für den Medizinhistoriker reizvollen Aufsatz, den Lukrez-Vergil-Vergleich einmal am Beispiel der physiologischen Vorstellungen durchzuführen; er wählt hierzu die in beiden Werken an exponierter Stelle gebotenen Seuchen- bzw. Pestdarstellungen, in deren Interpretation der jeweilige Rückgriff auf Vorstellungen von der Pest im Werk des Thukydides und im Corpus Hippocraticum besondere Bedeutung gewinnt. Der „Frühaugusteer" Vergil bedient sich in seiner medizinischen Beschreibung der Pest (wieder) hippokratischer Vorstellungen, während sich Lukrez stark von Thukydides und natürlich Epikur beeinflußt zeigt.

Der hier gesetzte „fachwissenschaftliche" Akzent wird verstärkt durch den Beitrag von P. Gros, ›Aurea Templa‹, in Saeculum Augustum III, der auch auf das große Prosa-Fachbuch der Epoche eingeht, Vitruvs ›De architectura‹.

Auf verschiedenen Wegen versuchen die beiden Aufsätze zur ›Aeneis‹, zeitgeschichtliche Aspekte des Epos herauszuarbeiten. P. Grimal kann wahrscheinlich machen, daß Vergil die kultische Vergegenwärtigung des Herculessieges über Cacus parallelisiert mit der Triumphfeier des Augustus am Ende des 8. Buches. Damit rücken zunächst Hercules und Augustus – ähnlich wie in der Heldenschau des 6. Buches – nahe zusammen: Augustus erscheint als der wahre Hercules, der Triumphator und Friedensbringer; er wählte für seinen Triumph den Tag des Herculesfestes an der Ara Maxima (womit keineswegs eine „Aufwertung" des Hercules-Kultes angezeigt wird [s. oben zum Beitrag von R. Schilling]; Vergil greift vielmehr die „römische" Episode des Hercules-Mythos auf und verbindet sie – im Epos räumlich getrennt – mit den Bildern des siegenden und triumphierenden Augustus). Nach Vergils epischer Erzählung kommt Aeneas just am Tag des Kultfestes für Hercules in Euanders Frührom an, am Ort seiner Bestimmung; es ist der Tag, an dem auch das Tempelfest der Venus Victrix gefeiert wurde: Geschickt fügt so Vergil auch die Familientradition der Iulier in das „ideologische" Gebäude.

Die Geschichte vom Sieg des Hercules und der Stiftung der Ara Maxima ist eine der zahlreichen aitiologischen Passagen der ›Aeneis‹, in denen sich Vergil der Literatur des Hellenismus, als Epiker besonders den ›Argonautika‹ des Apollonios verbunden zeigt. Der Herausgeber geht in seinem Aufsatz von der Funktion aitiologischer Geschichten generell und ihrer Beliebtheit in hellenistischer und augusteischer Dichtung aus; er versucht, Vergils Aitia zu klassifizieren und die unterschiedliche Dichte ihrer Verbreitung im Epos zu erläutern. An den Aitia der Bücher I–IV, die römische Gegebenheiten aus Ereignissen erklären möchten, die noch vor der Ankunft der Aeneaden in Italien liegen, wird gezeigt, daß Vergil nicht nur eine Form der Erzählung aus hellenistischer Poesie in großem Stil nach Rom verpflanzte, sondern Aitiologien konsequent zur Einblendung historischer Sachverhalte, besonders augusteischer Programmatik in die epische Erzählung nutzte. Die Aitia sind, sofern sie eine italisch-römische, speziell eine augusteische Spitze erkennen lassen, „mit W. Wimmel den Reduktionsmedien des Epos zuzurechnen. Ihre breite Streuung und ihre Funktion erweisen sie als Bausteine einer Gesamtkonzeption, die das Epos als eine Aitiologie für Rom und seine Geschichte bis zur Gegenwart begreift."

Vergils Werk, so scheint es, ist mehr oder weniger unabhängig von der Person des Autors und deren Lebensstil interpretierbar. Bei Horaz ist das ganz anders, und so gelten die drei folgenden Beiträge zu einem großen Teil auch jenem wenigstens scheinbaren Auseinanderklaffen von politischem Engagement im poetischen Werk und politischem Desinteresse im privaten Leben des Horaz, jenen konträren, sich gegen Harmonisierung sperrenden Denk- und Verhaltensweisen, die Horaz auch für Didaktiker zwischen 1933 und 1945 so schwer verdaulich machten (s. Saeculum Augustum I, Einführung: Exkurs).

L. Wickert konzentriert sich in seinem Beitrag ›Horaz und Augustus‹ (mit einem Nachtrag aus dem Jahr 1980, für den dem Verfasser an dieser Stelle besonders gedankt sei) auf das historische Nebeneinander von Dichter und Princeps, „insofern beide die Wende des römischen Schicksals in sich und ihrem Werke darstellen, jeder aber nach seiner Art und nach Art der Aufgabe, die ihm zuteil geworden ist". Als Leitwerte für die Untersuchung der einschlägigen Äußerungen des Horaz dienen Wickert die „Lebens- und Leistungsformen" der *militia* und der *honores*. Es wird deutlich, daß Horaz sich und sein poetisches Werk, d. h. seine Leistung für Rom, fortschreitend mehr in Parallele zu „dem triumphierenden Imperator als dem Inbegriff der *virtus Romana*" sah, „eine Zumutung an die römische Welt, deren Geist doch jeder der beiden mit seinen Mitteln zu erneuern trachtete".

Horaz übertrug so den von Sallust für den Historiker formulierten Anspruch (Cat. 3, 1–2) auf die Dichtung, speziell auf sein Lebenswerk; für das „Kind des Friedens" Ovid, den Spät- oder schon Nach-Augusteer, stellte sich die Frage nach dem Nebeneinander von Dichter und Kaiser längst nicht mehr: Der Anspruch eines Horaz, der Ruhm des irdischen Triumphators, ja selbst Iuppiters Macht verblassen angesichts des aus dem Epilog der ›Metamorphosen‹ sprechenden Selbstbewußtseins.

Spielt für L. Wickert die Spaltung von politischer Äußerung und unpolitischer Existenz des Horaz eine gewichtige Rolle, so möchte R. Herzog einen Beitrag dazu leisten, diese „Opposition zwischen politischen und privaten Bezirken" im Werk des Horaz ebenso als Ergebnis einer falschen Fragestellung zu erweisen wie „die Scheidung zwischen einer 'philosophischen' und einer 'lyrischen' Werkhälfte, welche die Horaz-Forschung seit je behinderte". Herzog beschreibt zunächst ungelöste und scheinbar auch weiterhin unlösbare Probleme der Regulus-Ode carm. 3,5 und schlägt vor, den Tempusgebrauch des Horaz in dieser Ode und in den politischen

Gedichten überhaupt systematisch als Instrument der Interpretation zu nutzen: In der Regulus-Ode findet er ein das Präsens aussparendes Zeitgefüge, eine durch Präterita und Futura geprägte Zeitstruktur vor. Seine Untersuchung der politischen Gedichte soll belegen, daß in den meisten eine vergleichbare Zeitstruktur anzutreffen ist, die sich allerdings von einer präsentischen Darstellung her entwickelt und im Spätwerk wieder zu ihr zurückkehrt, daß die Beobachtungen zur Zeitstruktur also eine formgeschichtliche Chronologie ermöglichen. Die Nachzeichnung der Zeitstruktur erweist sich als verläßliches methodisches Instrument, dessen Anwendung letztlich „in das Zentrum der horazischen ‚Odendichtung als philosophischer Dichtung" führt.

E. Lefèvres Aufsatz zum Florus-Brief epist. 2,2 war ursprünglich als Teil des Beitrags ›Die unaugusteischen Züge der augusteischen Literatur‹ (s. oben) geplant. An seiner jetzigen Stelle vermag er als Klammer für die Vergil- und Horaz-Beiträge zu dienen, vor allem aber einen deutlichen Einschnitt in der durch den Namen des Augustus zusammengehaltenen Dichtung zu markieren. Das 4. Properz-Buch, dem der nachfolgende Aufsatz gewidmet ist, liegt auf der etwa durch den Florus-Brief bezeichneten zeitlichen Schwelle und rückt in seiner unverbindlichen Art, augusteische Themen darzustellen, in die Nähe Ovids, dessen Neigung, der Form Priorität zu geben, Properz in Buch IV bereits recht nahe kommt. Der horazische „Schwanengesang der augusteischen Dichtung" und die Anfänge der kaiserzeitlichen Dichtung gehören zusammen.

Lefèvre sieht im Florus-Brief, der „um das Jahr 11" zu datieren ist, das „letzte persönliche Zeugnis" des Horaz (im Pisonen-Brief spricht der Dichter nicht mehr von der eigenen Person, sondern fungiert ganz als „Lehrer"). Die Analyse der Epistel zeigt, daß Horaz (selbst)kritisch das Ende seiner Zeit als Dichter erkannt hat; er begründet diese Einsicht aus seinen persönlichen, aber auch den politischen und gesellschaftlichen Umständen seiner Zeit: Es sind alte Empfindungen und Erfahrungen, die Horaz nun in dieser nüchternen Bilanz bündelt, mit der er sich aus der Welt der Dichtung verabschiedet.

(3) Properz und Ovid:
Die beiden Autoren sind verschiedenen Phasen der augusteischen Literatur zuzurechnen; gleichwohl beherrscht das Verhältnis zum Princeps Augustus und seiner Politik wenigstens Teile auch ihrer Werke: Ihre Reflexionen äußern sich in Form einer mehr oder weniger unverbindlichen, ironisch gefärbten oder rein spielerischen *recusatio* oder in Äußerungen zu Personen und Themen der Zeit, für deren Interpretation die Möglichkeiten von der „Konversion des Dichters" und nunmehr „freudigen Bejahung augusteischer Programmatik" über kühle, distanzierte Erfüllung einer als lästig empfundenen Pflicht bis zur kaum mehr kaschierten Opposition und Persiflage reichen.

Vor allem für das Spätwerk des Properz stellte sich immer die Frage einer aus politischer Einsicht oder patriotischen Regungen vollzogenen Absage an die „leichte Muse". Sicher darf man nicht so weit gehen, das 4. Properz-Buch gänzlich „gegen den Strich" zu lesen und seinen Autor zum Oppositionellen hochzustilisieren. Doch dürften die Themen dieses Buches, ihre Ausführung und der programmatische Bezug auf Kallimachos die Priorität literarischer Notwendigkeit deutlich genug erweisen: Aufbruch zu neuen Inhalten und Festhalten an Vertrautem, erotische und patriotische (auch erotisch-patriotische) Elegie in kallimacheischer Technik, auch Aufnahme inhaltlicher und formaler „Vorgaben" der Werke des Vergil und des Horaz.

M. von Albrecht geht in seinem (ursprünglich als Originalbeitrag für diesen Band vorgesehenen) Aufsatz ›Properz als augusteischer Dichter‹ der Darstellung des augusteischen Rom bei Properz nach und wählt als Ausgangspunkt hierfür die Elegie 4,1, deren beide Teile die Thematik des ganzen 4. Buches spiegeln. Von Albrecht unterzieht das Programmgedicht einer vor allem strukturelle Aspekte hervorhebenden Analyse; er betont, daß Properz in Buch IV ebensowenig wie in den Elegien mit politischer Thematik der Bücher II und III ein „augusteischer Propagandist" sei, sondern den Frieden und die Ruhe der Zeit schätze „nicht primär als Parteigänger des Augustus, sondern als elegischer Pazifist". Das von ihm besungene Rom ist denn auch wesentlich ein augusteisches Rom, aber „trotz einer gewissen Annäherung an die Erfordernisse der

Epoche wahrt Properz im allgemeinen diejenige Zurückhaltung, die dem elegischen Dichter auf politischem Gebiet angemessen ist. Die Bereicherung der Elegie durch überpersönliche Themen kann man auch positiv als den Versuch interpretieren, der Gattung universale Bedeutung und klassischen Rang zu verleihen."

Es ist oft gesehen worden, daß Properz in Buch IV vergilische Themen in die elegische Form umgießt; M. von Albrecht verweist nun nachdrücklich auf die Beziehung der Elegie 4,1 zur Canidia-Epode (epod. 17) des Horaz; er spricht von einer „Rückwendung der Elegie zu iambischen Vorformen", von der „Frühklassik als Ferment der späten Auflösung des Klassizismus". So rückt der späte Properz als Mit-Vater der kaiserzeitlichen Dichtung eng an Ovid heran.

Diesen stellt A. W. J. Holleman als widerborstigen „politischen Dichter" vor, der sich in bald mehr, bald weniger verschlüsselter Form gegen Augustus und einzelne Punkte der frühen Prinzipatsideologie wandte: Ovid beschwor damit jenen persönlichen Konflikt mit dem Princeps herauf, den er in der Verbannung auf die Formel *carmen et error* (Trist. 2,207) brachte. Im ersten Teil seines Beitrags setzt sich Holleman (z. T. in Wiederaufnahme seiner früher vorgetragenen Argumentation: Latomus 28, 1969, 42–60) nachdrücklich dafür ein, in Ovids *carmen* die ›Metamorphosen‹ zu sehen, deren Schlußpartie „eine in verschlüsselte Begriffe und scheinbar harmlose Sprache gefaßte Demaskierung des Kaisers als des neuen 'Himmelstürmers'" sei, „der hinter der Fassade einer 'religiösen Erweckung' seine eigene Apotheose vorbereitet". Die aus Metamorphosen XV gewonnene These, in deren Mittelpunkt Ovids Kritik am zunehmenden Kaiserkult und an der Aushöhlung der alten römischen Religion und Religiosität steht, erlaubt es auch nicht mehr, in den Fasti die „Äußerung einer 'Bekehrung' zur Linie der augusteischen Ordnung" zu sehen: Ovid wollte „dem Kaiser eine Lektion erteilen, und zwar besonders im Blick auf die grundlegenden Unterströmungen an der Basis römischer Religiosität". Beispiele für ovidischen Sarkasmus sollen schließlich zeigen, daß das zweite Buch der Tristien keinesfalls geschrieben wurde, „um den Kaiser bezüglich der Ars gnädiger zu stimmen: Die Ars war sicher nicht das *carmen*".

(4) Livius und die Prosa der Zeit:

Livius gehört mit Vergil und Horaz zu den noch stark in der Republik verwurzelten Autoren, gerade von ihm führen daher auch zahlreiche Fäden zur Thematik von Band I: So ist besonders J. Untermanns sprachwissenschaftlicher Beitrag, in dessen Mittelpunkt Cicero- und Livius-Texte stehen, in Parallele zu sehen zu den Aufsätzen, die sich historisch mit dem Übergang von der Republik zum Prinzipat auseinandersetzen, während sich K. Thraedes forschungsgeschichtlich orientierter Beitrag zusammenschließt mit der Einführung zu Band I und deren Exkurs ›Augusteische Erneuerung‹ sowie den vielfachen Erwähnungen des *mos maiorum* und verwandter Begriffe in zahlreichen (besonders auch den religionsgeschichtlichen) Aufsätzen.

K. Thraede legt in seiner Analyse ›Außerwissenschaftliche Faktoren im Liviusbild der neueren Forschung‹ den Nachdruck auf die politischen Implikationen des Liviusbildes, genauer des einen von mindestens zwei konträren bzw. konkurrierenden Liviusbildern, das „von politischer Ideologie durchsetzt" ist. An die Stelle eines kritischen Liviusbildes, das mit den Stichwörtern „Quelle oder/und Stil, Historiker oder/und Künstler" angedeutet werden kann, versuchte sich ein mehr psychologisch-ethisches Liviusbild, neben „Quelle" und „Stil" als neuer Aspekt der „Gehalt" des livianischen Werks zu setzen, die Frage nach seiner „Tendenz". Die unterschiedlichen Positionen werden besonders an Livius als Autorperson (Livius zwischen *ratio* und *pietas*, Skepsis und Begeisterung, usw.) und an dem von Livius vermittelten Rombild (Rombild und reales Rom kommen nicht zur Deckung – Rombild entspricht augusteischem Rom) erläutert. Thraedes Analyse mündet in eine wohlbegründete Ablehnung des Liviusbildes, das den Historiker als „Träger und Vermittler nationaler Werterlebnisse" zeichnet, zugunsten der Auffassung von Livius als einem skeptischen Realisten.

Der Titel des Originalbeitrags von J. Untermann ›Die klassischen Autoren und das Altlatein‹ könnte vermuten lassen, den vielen Arbeiten über Archaismen in sogenannten klassischen Werken solle eine weitere hinzugefügt werden. Untermann sucht jedoch Antworten auf die Frage, „ob und wie die klassischen Schriftsteller umfassendere Texte herstellen, die einer vorklassischen Grammatik gehorchen oder doch gehorchen sollten". Anders gesagt: Welche sprachlichen, „typisch altlateinischen", Mittel konnten klassische Autoren einsetzen, die – aus welchen Gründen auch immer – ältere Sprache imitieren, eigenen Texten die Patina des Alten geben wollten? An Beispielen aus Ciceros Werk ›De legibus‹ und aus Livius kann Untermann zeigen, daß bei beiden Autoren „das Imitieren alter Sprache kein konsequentes Umsetzen des gegenwärtigen Latein in das einer älteren Epoche, sondern ein Spiel mit einer begrenzten Zahl von lexikalischen und morphologischen Requisiten und einigen syntaktischen Figuren" ist. Nicht „Altlatein" finden wir also in einschlägigen Textpartien, „sondern eine Sprache, deren Regelwerk eine Variante der klassischen Grammatik ist, dem durch bestimmte, fast schon konventionalisierte Elemente das Merkmal 'alt' hinzugefügt wird".

So spiegeln gerade Livius-Texte, die in der von Untermann beschriebenen Weise zubereitet sind, etwas von jenem in der Forschung oft überbetonten Rückgriff auf ältere Überlieferung, der nicht erst von Augustus, sondern schon von Cicero in Gang gesetzt wurde und dessen Realitätsgehalt für uns nur schwer abzuschätzen ist (s. auch Saeculum Augustum I, Einführung 2.3): Die Sprache erlaubt exakte Kontrolle und beweist einen hohen Grad an Fiktion.

# I. RELIGION UND HERRSCHERKULT

DIE AUGUSTEISCHE RESTAURATION

Von Kurt Latte

1. Erneuerung des Kults

Auf die Wirren des letzten Jahrhunderts der Republik folgte die Friedenszeit unter Augustus. In der vorangehenden Zeit war das Gefühl der Verzweiflung allgemein gewesen. Weder Menschen noch Götter vermochten dem Unheil zu wehren; ein dumpfer Fatalismus hatte Macht über die Geister gewonnen. Die Erwartung eines Weltunterganges, einer endgültigen Zerstörung alles Bestehenden war weit verbreitet. Seit dem Frieden von Brundisium 40 und mehr noch seit Actium schlägt die Stimmung um.[1] Endlich waren wieder geordnete Verhältnisse geschaffen, das Gefühl persönlicher Unsicherheit war gebannt. Hatten schon vorher einzelne, wie Varro, eine Besserung von der Rückkehr zu den Sitten der Vergangenheit erwartet, so gewann dieser Gedanke nun die Herrschaft. Das neue Zeitalter, dessen Anbruch man hoffnungsvoll begrüßte, sollte zugleich die Wiederherstellung einer ruhmreichen und glücklichen Vergangenheit sein.[2]

Die Politik des Augustus baute auf diesen Stimmungen auf. Zunächst werden die in der vorangehenden Epoche verfallenen Tempel wiederhergestellt. Allein im Jahre 28 waren es nicht weniger als 82.[3]

---

[1] Für einen etwas verfrühten Versuch in gleicher Richtung zeugen der Senatsbeschluß für einen Tempel der Concordia nova (unten 300, 2 [31, 25]) und die Münzaufschrift Pax (unten 300, 3) in den letzten Monaten Caesars (Sydenham, Coin. Rom. rep. no. 1065).

[2] Zu der Zeitstimmung vgl. Norden, Jahrb. f. klass. Philol. 7, 1903, 249 ff. P. Wendland, Die hellenist.-röm. Kultur in ihren Beziehungen zu Christentum und Judentum, ²1912, 142 ff., J. B. Carter, The religion of Numa and other essays 87 ff. H. Dessau, Gesch. d. röm. Kaiserzeit I, 340 ff.

[3] Mon. Ancyr. 4, 17 *duo et octoginta templa deum in urbe consul sex[tum*

Die prunkvollen Bauten führten der Menge die Achtung des Kaisers für die alten Götter vor Augen. Er verstand es auch, sie an dem Wiederaufbau unmittelbar mitwirken zu lassen. Am ersten Januar brachten ihm alle Schichten der Bevölkerung Gaben dar, die er zur Wiederherstellung der Tempel verwandte.[4] Ebenso sorgt er für die Priestertümer. Sie waren im letzten Jahrhundert wenig geachtet, das des Flamen Dialis überhaupt nicht besetzt. Es hielt schwer, Meldungen für die Vestalischen Jungfrauen zu bekommen. Jetzt wird nicht nur [295] der Flamen Dialis im J. 11 neu ernannt,[5] und der Kaiser bemüht sich um den Vestakult,[6] sondern man erneuert auch alte Solidaritäten wie die der Arvalen, die mit staatlicher Dotierung

ex decreto] senatus refeci, nullo praetermisso quod e[o] tem[pore refici debebat]. Vgl. Mon. Ancyr. 4,5, wo er die wichtigsten Tempel aufzählt. Cass. Dio 53, 2, 4ff. Suet. Aug. 30. Dazu gehörte auch das Lupercal Mon. Anc. 4, 2. Liv. 4, 20, 7 nennt ihn *templorum omnium conditor ac restitutor.* Eine Liste aller restaurierten oder von Augustus neu erbauten Tempel: J. Wilhelm, Das röm. Sakralwesen unter Augustus als Pontifex Maximus, Diss. Straßburg 1915, 108 ff. Nock, Class. Rev. 39, 1925, 65, 9, der auch die späteren Restaurationen zusammenstellt.

[4] Suet. Aug. 57, 1. 91, 2. CIL VI 456 *Laribus publicis sacrum, imp. Caesar Augustus... ex stipe quam populus ei contulit.* CIL VI 457. CIL VI 30974. *Imp. Caes. Divi f. August. Pontif. Maximus cos. XI tribunicia potest. XIIII ex stipe quam populus Romanus K. Ianuariis apsenti ei contulit Iullo Antonio Africano Fabio cos. Mercurio sacrum.* Danach ist die Cahiers de Byrsa 1, 1951, 190 ff. falsch ergänzte Inschrift zu schreiben: *N]eptun[o sacrum Imp. C]aesar Divi[f. Aug. Pon]t. Maxim[us...] trib. po[t... ex st]ipe quam p[opulus ei contulit] f(ieri) i(ussit) K(alendis) Ia[n](uariis).* Sie ist aller Wahrscheinlichkeit nach aus Rom nach Karthago verschleppt.

[5] Tac. Ann. 3, 58. Cass. Dio 54, 36, 1. Suet. Aug. 31. Allerdings sah man sich genötigt, Erleichterungen des versteinerten Rituals zuzugestehen. Tac. Ann. 4, 16 bei einer Neubesetzung der Stelle: *ita medendum senatus decreto aut lege, sicut Augustus quaedam ex horrida illa antiquitate ad praesentem usum flexisset.* Domitian gestattet sogar in einem Ausnahmefall die Scheidung (Plut. qu. Rom. 276e).

[6] Suet. Aug. 31, 3. *Commoda auxit... Vestalium virginum; cum in demortuae locum aliam capi oporteret ambirentque multi, ne filias in sortem darent, adiuravit si cuiusdam neptium suarum competeret aetas, oblaturum se fuisse eam.*

fortan ihre alten Riten vollziehen. Die Angehörigen der vornehmsten Familien bekleiden dieses Priestertum, und die Protokolle der Sitzungen werden auf Stein geschrieben.[7] Das gleiche gilt von den Sodales Titii, von denen wir nichts weiter hören, da Inschriften nicht zur Verfügung stehen. Der Kaiser selbst ist Mitglied aller Priesterschaften und seit 12 v. Chr. Pontifex Maximus.[8] Eine Reihe anderer Priestertümer wird dem Ritterstande vorbehalten, wie die Luperci (s. Latte RRG, S. 85, 1), die *sacerdotes Laurentes Lavinates*, die vielleicht erst damals eingesetzt wurden,[9] ferner die soge-

---

[7] Wegen des Kommentars ist W. Henzen, Acta fratrum Arvalium quae supersunt, Berlin 1874, immer noch unentbehrlich. Die Inschriften jetzt CIL VI 2023–2119. 32338–32398. 37164. 37165. Nachträge E. Pasoli, Acta fratrum Arvalium, Bologna 1950. Mehr s. Latte RRG, S. 3, 3. Auch *sodales Titii* gibt es noch im 2. Jh. Cagnat-Merlin, Inscr. lat. d'Afrique 281. Rev. Archéol. 1952 I p. 54.

[8] Mommsen, Res gestae Divi Augusti 32 ff. Mon. Ancyr. 1, 45 *[Pontifex Maximus augur, quindecimvir]um sacris [faciundis, septemvirum epulonum, frater Arvalis, sodalis Titius], fetialis fui* (die Ergänzungen durch den griechischen Text gesichert). Die Übernahme der Stellung des Pontifex Maximus, die fortan mit dem Kaisertum fest verbunden bleibt, Mon. Ancyr. 2, 25.

[9] Wir können *sacerdotes Laurentes Lavinates* erst seit Claudius nachweisen; Liste Dessau CIL XIV p. 187f. Ergänzungen Wissowa, Herm. 50, 1915, 21, 2. CIL VIII 5349. Es ist also nicht auszuschließen, daß die Erneuerung erst sein Werk ist. Aber der Ort heißt offiziell *Laurentes vico Augustano* (CIL XIV p. 183), war also wohl von Augustus neu gegründet worden. In der Kaiserzeit gibt es auch *Salii Laurentes Lavinates* (CIL XIV 390. 391. 4672). Die Priester selbst sind keine Bürger von Lavinium; faktisch werden die Priestertümer vom Kaiser verliehen (Rosenberg, Herm. 50, 1915, 416 ff.). In früherer Zeit hören wir nur, *cum consules et praetores sive dictator abeunt magistratu, Lavini sacra Penatibus simul et Vestae faciunt* Serv. Aen. 2, 296; danach ist Macrob. 3, 4, 11 *adeunt magistratum* (aus dem gleichen Vergilkommentar) zu korrigieren. Daß die Beamten Vesta und den Penaten ein Opfer brachten, bestätigt Asconius (in Scaur. 1, p. 18 K.-S., s. Latte RRG, 267, 3) für das letzte Jahrhundert der Republik. Im J. 137 v. Chr. holt nach Livius Hostilius Mancinus vor seinem Abgang nach Spanien dort das Auspicium der heiligen Hühner ein (Val. Max. 1, 6, 7. Obsequ. 24 [83]). Überall handelt es sich um die regulären Beamten der Republik, nicht um ein besonderes Priestertum. Die Sorge römischer Magi-

nannten *pontifices minores*. Auch die scharfe Unter-[296]scheidung zwischen den drei „großen" *flamines* und den *flamines minores*, also denen, deren Gottheiten praktisch bedeutungslos geworden waren, wird damals endgültig festgelegt worden sein; auch sie fallen jetzt den Angehörigen des Ritterstandes zu. Die Inschriften zeigen allerdings, daß diese Scheidung nicht durchweg eingehalten wurde. Die Abgrenzung bezweckt in erster Linie, die Bekleidung der weniger bedeutenden Priestertümer durch Freigelassene und Neubürger zu verhindern, die wir z. B. für die Luperci in der letzten Zeit der Republik nachweisen können. Augustus hielt diese gesellschaftlichen Unterscheidungen selbst bei seinen Einladungen fest (Suet. Aug. 74). Ob das nach zweiundfünfzigjähriger Unterbrechung damals erneuerte Lustrum (Mon. Anc. 2, 3) noch eine religiöse Bedeutung gehabt hat oder nur der Volkszählung diente, wissen wir nicht. Auch die alten Feste werden nach Möglichkeit wieder belebt, und man wird auch auf genauen Vollzug der Riten, soweit man sie kannte, geachtet haben. Die Lupercalien hatten anscheinend den Charakter einer Jugendbelustigung angenommen; jetzt wird den Jugendlichen die Teilnahme untersagt.[10] Dem entspricht ein Zu-

---

strate für die Kulte nicht mehr existierender lateinischer Gemeinden kennen wir auch sonst. Offenbar hat man auch erst seit Augustus oder Claudius auf Grund eines Sibyllenspruches das *foedus* mit der unbedeutenden Gemeinde alljährlich erneuert (Liv. 8, 11, 5. CIL X 797). Weder für eine solche jährliche Erneuerung noch für eine Beteiligung der Sibylle dabei kennt das republikanische Staatsrecht irgendeine Analogie, und spätestens seit der *lex Iulia* waren die Laurentes römische Bürger, also ein *foedus* rechtlich eine Unmöglichkeit. Livius bezeugt natürlich nur den Vollzug in seiner eigenen Zeit. Wie hoch er hinaufreichte, ist damit nicht gesagt. Das Opfer an Vesta und die Penaten setzt bereits die ausgebildete Aeneaslegende voraus; ihre Einwirkung auf Staatsakte (nicht auf literarische und vorliterarische Legenden) ist kaum vor dem Ende des 3. Jh. denkbar. Die Hervorhebung von Lavinium ist dynastisch durch die Abstammung der Iulier von Aeneas bedingt und paßt zu den Tendenzen der augusteischen Zeit. Aber die *Laurentes Lavinates* werden dann noch im 4. Jh. erwähnt (Symmach. ep. 1, 71 p. 31, 24 Seeck).

[10] Suet. Aug. 31, 4 *nonnulla etiam ex antiquis ceremonis paulatim abolita restituit, ut Salutis augurium, Diale flamonium, sacrum Lupercale, ludos*

rückdrängen der Fremdkulte, wie wir es bei der Isisreligion sehen können (s. Latte RRG, S. 283). 33 v. Chr. schreitet Agrippa gegen die Astrologen ein (Cass. Dio 49, 43, 5).[11] In all dem drückt sich zunächst das Bestreben aus, das nationale Selbstbewußtsein des Volkes zu stärken und damit einen Damm gegen Hellenisierung und Orientalisierung zu setzen. Zugleich soll die Rückkehr zur alten Religion dazu helfen, dem sittlichen Verfall zu steuern, der das Ergebnis der Revolutionszeit gewesen war. Es spielt dabei die Lehre von der *theologia civilis* hinein, das *expedit esse deos*.

2. Persönliche Haltung des Kaisers

Wieweit Augustus selbst diese Stimmungen geteilt hat, wieweit er sie lediglich als Mittel seiner Politik ansah, wird sich nicht leicht entscheiden lassen. Die Parodie eines Zwölfgötterlectisterniums, an der er sich beteiligt haben soll (Suet. Aug. 70, 1), spricht nicht gerade für altrömische Frömmigkeit, und seine offiziellen Äußerungen im ›Monumentum Ancyranum‹ können natürlich nicht als persönliches Glaubensbekenntnis gewertet werden.[12] Es sollte bei

---

Saeculares et Compitalicios. Bei den Lupercalien handelt es sich nur um eine Reform, da sie bekanntlich im Februar 44 gefeiert wurden (Suet. Caes. 79, 2); *Lupercalibus vetuit currere imberbes* Suet. a. a. O. Worauf sich Cic. fam. 7, 20, 1 *Velia non est vilior quam Lupercal* bezieht, ist nicht ganz sicher, vielleicht auf das Benehmen des Antonius bei dem Fest im J. 44.

[11] Die beiden aus Ägypten nach Rom überführten Obelisken werden *Deo Soli* geweiht (CIL VI 701. 702), also einem Gott, der damals in Rom längst Kult genoß. Ob die Gleichsetzung mit Apollo hereinspielt, wissen wir nicht.

[12] Nock, Cambr. Anc. Hist. 10, 474, hält die Lectisterniengeschichte für eine böswillige Erfindung des Antonius. Bei jemand, der seine Worte so abzuwägen gewohnt war wie Augustus, darf man seine Äußerung über das *sidus Iulium* scharf interpretieren: *eo sidere significari* vulgus credidit *Caesaris animam inter deorum immortalium numina receptam* Plin. n. h. 2, 94. Das schließt nicht aus, daß er an Träume und sonstige Vorzeichen glaubte und selbst für einen Anklang wie den von *Nonae* an *non* empfänglich war (Suet. Aug. 91 f. Plin. n. h. 2, 24). Er selbst und Agrippa haben

einem gebildeten Mann [297] dieser Zeit klar sein, daß seine eigene Religion etwa der stoische Glaube an eine Vorsehung gewesen ist, als deren Werkzeug er sich gefühlt haben mag.[13] Die Providentia lenkt die Welt und durchdringt das All. Dem Menschen bleibt nur, sich willig ihren Zwecken einzufügen; sonst wird er gezwungen.[14] Auch wieweit er nach dem Tode die Göttlichkeit erwartet hat, die er offiziell seinem Adoptivvater zuerkennen ließ, muß als fraglich gelten. Gewiß zeigt die bekannte Stelle aus dem ›Somnium Scipionis‹ (Cic. rep. 6, 13), daß dafür in der stoischen Philosophie eine Möglichkeit bestand. Aber wenn er an Tiberius schreibt, *benignitas enim mea me ad caelestem gloriam efferet* (Suet. Aug. 71, 3), so sollte man den ironischen Klang der Worte nicht überhören; die *benignitas* besteht in diesem Fall darin, daß er den Leuten ihre Spielschulden erläßt.

3. Symbolismus

Es war ein aussichtsloses Bemühen, den religiösen Wert der alten Formen wieder zu beleben; die sozialen Strukturen der Gesellschaft, auf denen sie einst geruht hatten, bestanden nicht mehr.[15]

---

sogar einen Astrologen befragt (Suet. Aug. 94, 12), sowenig das auch zu der offiziellen Bekämpfung der Astrologie während seiner Regierung (vgl. noch Latte RRG, 328, 5) stimmen will. Gerade bei überwiegend nationalen Naturen sind solche abergläubischen Reste Ausdruck des Gefühls, daß die Rechnung nicht aufgeht; möglich bleibt auch, daß die Angaben seiner Selbstbiographie ähnlich zu beurteilen sind wie die Sullas (s. Latte RRG 279).

[13] Daß er später sein astrologisches *thema*, den Steinbock, auf seine Münzen prägt (Suet. Aug. 94, 12), ist wohl in diesem Sinne zu deuten.

[14] Es ist die Grundanschauung, die auch Vergils ›Aeneis‹ trägt. G. Carlsson, Eranos 43, 1945, 111.

[15] Wie zwiespältig das Ergebnis war, zeigt die Inschrift CIL VI 30975. Dort erscheinen neben verschollenen Gottheiten wie *Salus Semonia* ganz moderne wie *Isis* und *Fata d[ivina]*. Sie gehört in augusteische Zeit. Vgl. Nock, Cambr. Anc. Hist. 10, 491, 5. Belehrend ist auch Tibulls Schilderung der Ambarvalien. Das Fest gilt nach seinen Angaben nicht mehr den Semonen oder Mars, sondern Ceres und Bacchus (2, 1, 2f.), und am Schluß wird

Die augusteische Restauration 27

Dafür entdeckt diese Zeit ihren Symbolwert, und dieser ist wirklich im Bewußtsein der Menschen lebendig gewesen. Den alten Ritus der Kriegserklärung durch die Fetialen hatte man seit Jahrhunderten nicht mehr geübt [s. Nachträge]; jetzt schleuderte Octavian im Jahre 32 persönlich als Fetiale die altertümliche Holzlanze in das dazu bestimmte Stück Land und sprach dabei die Formeln, die man für diesen Zweck nach alten Mustern aufgesetzt hatte. Sinnfälliger konnte es nicht gemacht werden, daß man nicht in einen neuen Bürgerkrieg ging, sondern gegen den Landesfeind (Cass. Dio 50, 4, 5). Das Priestertum der Fetialen war wohl seit langem nicht mehr besetzt gewesen. Auch dem Triumph fügt man einen neuen symbolischen Akt hinzu. Der Lorbeer, mit dem die *fasces* des Triumphators bekränzt waren, wird nun bei Beendigung des Zuges dem Iuppiter Optimus Maximus dargebracht.[16] Es soll deutlich werden, daß er es ist, der den Sieg verliehen hat und dem der Lorbeer gebührt. *Dis te minorem quod geris, imperas*. Entsprechend hat der Kaiser für den nun er-[298]reichten Frieden das eindrucksvolle Symbol in der Schließung des Janusbogens gefunden. Sie erfolgte zuerst im J. 29, dann 25, und noch einmal in einem nicht mit Sicherheit zu bestimmenden Jahr.[17] Eine zunächst nur literarische Aus-

Amor für die Fruchtbarkeit des Viehs angerufen, aber *clam sibi quisque vocet*, obwohl die Ambarvalien ja mit der Viehhaltung nichts zu tun hatten. Dazwischen steht die stimmungsvolle Einführung in die unschuldige Freude eines ländlichen Festes; von dem, was bei Cato die Hauptsache ist, findet sich nichts mehr.

[16] Mon. Ancyr. 1, 23. *L[aurum de] fascibus deposui in Capi[tolio votis quae] quoque bello nuncupaveram [sol]utis*. Augustus würde das schwerlich hervorheben, wenn es nur die übliche Form des Triumphes gewesen wäre, und tatsächlich ist an den übrigen Stellen, die von dem letzten Akt des Triumphes sprechen, nicht davon die Rede (Liv. 38. 48, 16. 42, 49, 6. 45, 39, 11). Das macht wahrscheinlich, daß man diesen Zug hinzugefügt hat.

[17] Mon. Ancyr. 13. *Ianum Quirinum quem cl]aussum ess[e maiores nostri volue]runt cum [p]er totum i[mperium po]puli Roma[ni terra marique es]set parta victoriis pax cum pr[ius quam] nascerer [a condita] u[rb]e bis omnino clausum fuisse prodatur m[emori]ae, ter me princi[pe senat]us claudendum esse censuit*. Über den Zeitpunkt Mommsen, Res Gestae Divi Augusti 50 f. Nero hat den Akt imitiert (Suet. Nero 13, 2. Mattingly-Syden-

deutung (s. Latte RRG 132, 3) wird aufgegriffen und zum Ausdruck der Sehnsucht der Zeit geformt. Vermutlich hat man auch dem im Jahre 29 wiederbelebten Augurium Salutis (s. Latte RRG 140) einen ähnlichen Sinn untergelegt, aber da wir über die Riten nichts wissen, läßt sich Genaueres darüber nicht sagen.

4. Saecularfeier

Ihre großartigste Form findet diese Symbolik in den Saecularspielen des Jahres 17 v. Chr. Seit Vergils vierter Ecloge hatte sich der alte Gedanke von einer hundertjährigen Periode des Geschehens mit orientalischen Vorstellungen von einem Chiliasmus verbunden, der Untergang und Erneuerung der bestehenden Welt lehrte.[18] Er entsprach einem echten, lebendigen Gefühl. Die Schatten der Vergangenheit, alle lastenden Erinnerungen von Leid und Schuld von sich abschütteln können, ein neues Leben beginnen, in dem nichts von alledem Macht hatte, was einst grauenvolle Wirklichkeit gewesen war, das war nicht nur die Sehnsucht der Römer, sondern der ganzen Welt.[19] Man glaubte an einem Punkt zu stehen, in dem sich dem rückwärts gewendeten Blick der Sinn einer jahrhundertelangen Vergangenheit erschloß: Die römische Geschichte mündete in die Pax Augusta, in den Frieden des Weltreiches. Damit war ein Ziel erreicht, das man nur festzuhalten und gegen jeden Wandel abzuschirmen brauchte, um friedlich zu ernten, was die Vorfahren gesät hatten.

Man knüpfte nicht an die Reihe der Saecula an, die in republikanischer Zeit begangen worden waren. Sie waren ohnehin im letzten

---

ham, Rom. Imp. Coinage 1, 156), ebenso Vespasian (Oros. 7, 3, 7. 19, 4 aus Tacitus).

[18] Norden, Die Geburt des Kindes, 1924. Alföldi, Herm. 65, 1930, 369 [s. unten 197]. 86, 1958, 482. Tarn, JRom St. 22, 1932, 135.

[19] Die inschriftlichen Belege sind zahlreich, am ausführlichsten der Beschluß des kleinasiatischen Landtages, Or. Gr. 428, mit den Ergänzungen von Buckler, SEG 4, 490. Ehrenberg-Jones, Docum. ill. the reigns of Aug. and Tib. 1955, 98. W. Deonna, Rev. hist. rel. 83, 1921, 32, 84, 1922, 77.

Jahrhundert unterbrochen. Vielmehr eröffnete man eine neue Reihe von 110jährigen *saecula*, deren Vorgeschichte von den Quindecimvirn konstruiert wurde.[20] Das Ritual entwarf der Jurist Ateius Capito. Das dafür nötige Sibyllenorakel wurde, anscheinend unter Benutzung älterer Verse, neu gestaltet. Die Umformung ergibt sich aus der Rücksicht auf das Zeremoniell, das diese Saecularspiele von allen früheren unterscheidet.[21] Die alten Unterweltsgötter Dis [299] und Proserpina, denen die bisherigen Feiern ausschließlich gegolten hatten, werden überhaupt nicht mehr genannt, wenn auch der Ort des Festes der alte blieb; an ihre Stelle sind Moerae, Ilythyiae und

---

[20] Zosim. 2, 4, 2 τὸν θεσμὸν Ἀτηΐου Καπίτωνος ἐξηγησαμένου, τοὺς δὲ χρόνους καθ' οὓς ἔδει τὴν θυσίαν γενέσθαι καὶ τὴν θεωρίαν ἀχθῆναι, τῶν δεκαπέντε ἀνδρῶν ... ἀνερευνησαμένων. Das Intervall von 110 Jahren führt Censorin. 17, 9 ausdrücklich auf die *commentarii* der Quindecimvirn zurück; sie schoben dazu die Spiele des Jahres 146 um zwanzig Jahre herunter auf 127/26. Wissowa, Ges. Abh. 204.

[21] K. Meister, Griech.-lat. Eigennamen I 164ff., hat das bei Phlegon. Macrob. 4 und bei Zosim. 2, 6 erhaltene Orakel in das Jahr 126 v. Chr. datieren wollen, und ich habe mich von seinen Gründen lange überzeugen lassen. Aber da das vorgeschriebene Ritual durchweg das der augusteischen Feier ist, die sich durch das Hereinziehen ganz anderer Gottheiten und die Feiern am Tage von dem alten Fest unterscheidet, und da diese Umformung überlegte Absicht ist, läßt sich die frühe Datierung in dieser Form nicht halten. Es bleibt der Schlußvers, auf dem Meisters Datierung ruht:
καί σοι πᾶσα χθὼν Ἰταλῶν καὶ πᾶσα Λατίνων αἰὲν ὑπὸ σκήπτροισιν ἐπαυχένιον ζυγὸν ἕξει.
Das Orakel braucht Λατῖνοι v. 18 einfach für Ῥωμαῖοι, aber „alle Römer und Italiker" gibt hier keinen Sinn. 17 v. Chr. waren die Italiker römische Bürger, und gegenüber den Römern von dem Joch der neuen Ordnung zu reden, war sicher nicht im Sinne der augusteischen Politik. So bleibt der Ausweg, daß man eine ältere Schlußformel übernommen hat, wie man überall Altes und Neues verbindet. Da man die nächstvorhergehenden Spiele genau in die Zeit setzte, in die nach Meisters Darlegungen die Verse passen (S. 298, 4 [29, 20]), ist sehr verständlich, daß man einen Spruch aus dieser Zeit benutzte. Die Formel ist dann mechanisch auf die späteren Spiele übertragen worden. In ihrem Ursprung kann sie nicht älter sein als das Begehren der Italiker nach Gleichberechtigung (vgl. noch Latte RRG 246, 4).

Terra Mater getreten.[22] Die ersten beiden werden auch in dem Gebet der Akten mit ihren griechischen Namen bezeichnet. Terra Mater ist Übersetzung des griechischen Γαῖα; sie ersetzt die römische Erdgottheit Tellus (s. Latte RRG 69, 1). Damit wird der engste Anschluß an den Wortlaut des Sibyllenspruches erreicht; zugleich bleiben diese Mächte, die in Rom keinen Kult hatten, unbestimmt und gestaltlos, wie es sich für nächtliche Gewalten geziemt. Die Opfer am Tage gelten Iuppiter Optimus Maximus und Iuno Regina, aber neben ihnen stehen Apollo und Diana auf dem Palatin; zu dem Schutzpatron des römischen Staates gesellt sich der Gott, dem der Kaiser einen besonderen Kult widmet. Mit Beziehung auf die Zahl der Jahre, die man dem Saeculum gibt, werden 110 Matronen aufgerufen, den beiden Göttinnen Iuno und Diana ein *sellisternium* auszurichten. Endlich verbindet man den Ritus von 207 mit der Saecularfeier und läßt dreimal neun Knaben und Mädchen das Lied singen, das Horaz verfaßt hat. Die Symbolik der Riten ist bis ins einzelne überlegt. Am deutlichsten zeigt das die Tatsache, daß die nächtlichen Opfer von Augustus allein dargebracht werden, während am Tage Agrippa, damals der präsumptive Nachfolger des Kaisers, neben ihm opfert. Offenbar sind die eigentlichen Sühnezeremonien, die die Schuld der zurückliegenden Zeit tilgen sollen, Sache des Kaisers. Mit der Vergangenheit schließt er allein ab; bei allem, was den Segen der Zukunft sichern soll, ist auch der Mann beteiligt, der nach ihm die Geschicke des Reiches zu lenken bestimmt ist.[23]

So einschneidend die Neuerungen sind, durch die man das alte Fest umgestaltete, so scharf betont man den Zusammenhang mit

---

[22] Die Urkunde der Saecularspiele CIL VI 32323, ausführlicher Kommentar Mommsen, Ephem. epigr. 8, 225 ff. Pighi, De ludis saecularibus 1941, 107. Den Unterschied gegen die früheren Spiele hebt E. Welin, Opuscula Romana 1, 1954, 178, mit Recht hervor. Zu den Prozessionen bei dem Saecularfest A. Abaecherli Boyce, Tr PAmPhA 72, 1941, 36 ff. mit Korrekturen zu der Ergänzung der Inschriften.

[23] Daß diese Interpretation den Gedankengängen des Augustus entspricht, zeigt Suet. Aug. 97, 1: Im Vorgefühl des nahen Todes *vota quae in proximum lustrum suscipi mos est, collegam suum Tiberium nuncupare iussit*.

Die augusteische Restauration 31

den alten Sitten. Das Edikt der Quindecimvirn zur Unterbrechung der Trauerzeit beginnt programmatisch: *bono more et proind[e c]elebrato frequentibus exsemplis.* Dazu gehören die in die Gebetsformeln eingestreuten sprachlichen Archais-[300]men.[24] Der Doppelcharakter dieser religiösen Reformen wird sichtbar; sie drücken das Lebensgefühl der Zeit aus und wollen doch Wiederherstellung einer vergessenen Vergangenheit sein; diese Erneuerung des Römertums kann griechischer Götter und griechischer Riten nicht entraten.

5. Abstraktionen

Dem auf Symbole gerichteten Denken entspricht eine Neuschöpfung von Begriffsgottheiten. Ein abstrakter Gottesbegriff findet seinen Ausdruck darin, daß nur Qualitäten von der Gottheit ausgesagt werden. Augustus hat im J. 10 v. Chr. der Concordia, der Salus populi Romani und der Pax Altäre errichtet,[25] ein Jahr danach wird die Ara Pacis Augustae auf dem Marsfelde eingeweiht, deren Errichtung der Senat schon 13 beschlossen hatte.[26] Am 8. Januar 13 hatte

---

[24] Dahin gehört die Formel *duelli domique, Achivo ritu* für *Graeco,* der falsche Gebrauch von *ast* für einfaches *si,* vermutlich auch *prodigivae hostiae* für die Festus 250 M. 356 L. *prodiguae* sagt. Auch *atalla* für eine Opferschale ist für uns nicht nachweisbar. *Acceptrices sitis* für *accipiatis* wird künstlich sein.

[25] Einen Tempel der Concordia nova hatte der Senat schon 44 v. Chr. beschlossen (Cass. Dio 44, 4, 5), die Altäre für Concordia, Pax und Salus Cass. Dio 54, 35, 2. Ovid (Fast. 3, 881) verzeichnet zum 30. März ein Opfer an diesen Altären; er erwähnt zum gleichen Tage ein Opfer an Ianus; steht es in Zusammenhang damit, so galt es dem Friedensgott des geschlossenen Torbogens.

[26] *Paxs* erscheint zuerst im J. 44 auf Münzen (Sydenham, Coin. Rom. rep. 1065) unter der Diktatur Caesars (vgl. Anm. 2 über Concordia); Augustus nimmt das Symbol auf, 13 v. Chr. beschließt der Senat den Bau der Ara Pacis (Cass. Dio 56, 25, 3. Mon. Ancyr. 2, 37 ff. Ov. Fast. 1, 709. CIL I^2 p. 320. Not. Scav. 1923, 196). Über die erhaltenen Reliefs vgl. Petersen, Ara Pacis Augustae, Wien 1902. Rizzo, Atti Accad., Napoli 1920, 1 ff. Monuments Piot 17, 1910, 157 ff. M. Moretti, Ara Pacis Augustae, Rom 1948. Platner-Ashby, Topogr. Dict. 30 und die dort genannte Literatur. Die *ara*

der Kaiser einen Tempel der Iustitia geweiht.[27] Es sind die Prädikate der neuen Ordnung. Ihre Wirkung erfährt jeder unmittelbar in seinem eigenen Leben, und darum werden sie als überpersönliche Gewalten empfunden. Es bedeutet wenig, daß Eirene schon längst bei den Griechen in ganz ähnlicher Weise als reichtumspendender Friede personifiziert war. Der Friede des Reiches war den Menschen dieser Zeit auch ohne den Rückgriff auf Traditionen eine lebendige Erfahrung.

Es entspricht dieser Beziehung der Abstraktionen auf den Staat und nicht auf den Kaiser, daß auch die Victoria, der Augustus am 28. August 29 v. Chr. einen Altar in der Senatscurie errichten ließ,[28] an dem jeder Senator zu Beginn der Sitzung ein Weihrauchopfer brachte, keine Victoria Augusta, sondern die Siegeskraft des römischen Volkes, die Grundlage des Friedens ist; *parta victoriis pax* erläutert Augustus selbst den Grundgedanken (Mon. [301] Anc. 2, 43). Gegenüber den ephemeren Victoriae der einzelnen Kaiser (s. Latte RRG 323) verkörperte sie die dauernde Fähigkeit Roms, zu siegen. So ist sie zum Symbol des Imperium Romanum geworden, und noch die letzten Kämpfe des Heidentums für den alten Glauben haben sich an ihr entzündet.

Auf die kommende Entwicklung, die alle diese Begriffe unmittelbar mit dem Kaiser verbindet, deutet der Ehrenschild voraus, den

hatte einen doppelten Festtag, am 4. Juli und am 30. Januar. Vgl. dazu Wissowa, Herm. 29, 1904, 156. Hanell, Arsber. Vetenskaps Samf., Lund 1935/36, 131. E. Wikén, Δϱάγμα f. Nilsson, 1939, 500ff.

[27] Fast. Praenest. CIL I² p. 306. Ov. ex Pont. 3, 6, 23 ff. Die Fasti Praenestini sprechen nur von einem *signum Iustitiae augus[tae]*. Ein *sacerdos Iustitiae augustae* CIL VI 2250. Statuen für Iustitia augusta gibt es auch sonst in Italien: CIL IX 4133. 5890, Tarquitius Priscus scheint Iuppiter und Iustitia eine Weihung dargebracht zu haben (CIL XI 3370), die dann natürlich die griechische Dike als Beisitzerin des Zeus war; das gleiche gilt für einen Altar der Iustitia, der in Capua im Tempel der Nemesis stand (CIL X 3812; CLE 867).

[28] Cass. Dio 51, 22, 1. Suet. Aug. 100, 2 wird Victoria bei der Einholung der Leiche des Kaisers vorangetragen. CIL I² p. 327. v. Domaszewski, Sber. Akad. Heid. 1910, 4, 3 ff., hat darauf die Darstellung des Bechers von Boscoreale, Monum. Piot 5 Taf. 31–33, bezogen [vgl. Saeculum Augustum III].

Augustus vom Senat empfing und der in der *curia Iulia* aufgestellt wurde; er preist die Virtus, Clementia, Iustitia und Pietas des Kaisers als seine persönlichen Eigenschaften.[29] Einen Kult erhält unter ihnen in dieser Zeit nur Iustitia (S. 300, 4 [32, 27]). Die Folgezeit ist auf dem hier beschrittenen Wege sehr viel weiter gegangen (s. Latte RRG, S. 321).

Drückt sich in diesen Erscheinungen die Neigung aus, nur noch die Prädikate des Göttlichen zu erfassen, so spricht aus dem großen Tempel aller Götter, den Agrippa 25 errichtete,[30] das Gefühl für seine Einheit jenseits aller Einzelpersönlichkeiten. Wie der Bau mit seinen großartig einfachen Proportionen die Harmonie des Kosmos, wie man sie nun wieder empfand, symbolisiert, so drückt die Bestimmung des Tempels aus, daß sich alle Götter des Polytheismus nun zu einer Einheit zusammenschließen. Es lag dieser Denkweise fern, die Existenz der einzelnen göttlichen Mächte zu leugnen, aber man empfand sie nun als Bezeichnungen der verschiedenen Seiten derselben einheitlichen Kraft, die sich in der Welt offenbarte.

Der Symbolismus der Zeit beherrscht vor allem die Formensprache der bildenden Kunst. Von der Ara Pacis bis zu den Gemmen und den privaten Altären in der Provinz reicht eine Fülle von Darstellungen, die alle die Person des Kaisers und seine Familie mit mythisch-symbolischen Figuren wie der Dea Roma zusammenstellen.[31] Der Mensch Augustus wird in diesen Zusammenhängen

---

[29] Monum. Ancyr. 6, 18 *[clu]peu[s aureu]s in [c]uria Iulia positus, quem mihi senatum pop[ulumq]ue Rom[anu]m dare virtutis clement[iaequ]e et iustitiae et pieta[tis caus]sa testatu[m] est pe[r e]ius clupei [inscription]em*. Eine Kopie dieses Schildes ist in Arles gefunden. Rev. archéol. 1952, I 48 ff., eine weniger genaue in Potentia, CIL IX 5811.

[30] Cass. Dio 53, 27. Mommsen hat vermutet, daß die sieben Nischen für die sieben Planetengötter bestimmt waren, was zu der Deutung des Gebäudes als Abbild des Kosmos stimmen würde. Zu der Zusammenfassung aller Götter vgl. F. Jacobi, Πάντες Θεοί, Diss. Halle 1930.

[31] Vgl. Augustus und Roma auf einem Becher von Boscoreale, Mon. Piot 5, 1899, Taf. 32; ferner den Altar aus Bologna Lehmann-Hartleben, RM 42, 1927, 163 ff., den aus Karthago Rostovtzeff, RM 38/39, 1923/24, 293 ff. und Taf. 2, 3. Dem entsprechen die großen Kameen der Zeit, die die kaiserliche Familie darstellen. Deonna, Rev. archéol. 11, 1920, 112 ff.

repräsentativ für eine Idee, für die nun vollzogene Gleichsetzung der Friedensherrschaft Roms und des Kaisertums, die beiden Komponenten der Formel Pax Augusta verschmelzen miteinander. Der Symbolcharakter, der mit Notwendigkeit jeder Monarchie innewohnt, begegnet der Neigung der Zeit, die Religion vergangener Zeiten nur noch als Symbol zu verstehen. Das Ergebnis war, daß die alten Formen ihren eigentlich religiösen Wert einbüßten und daß die neuen politischen Institutionen mit einem pseudoreligiösen Schimmer umkleidet wurden. [302]

6. *Dynastische Religionspolitik*

Augustus verstand es, diese Strömungen auch dynastischen Tendenzen dienstbar zu machen. Zunächst wird Caesar unter die Götter eingereiht. Der Kaiser nennt sich in seiner offiziellen Nomenklatur *Divi filius*.[32] 42 wird der Divus Iulius in den Kreis der Staatsgötter aufgenommen; er erhält einen eigenen *flamen*[33] und im J. 29 eine *aedes divi Iulii in foro*, deren Festtag wegen der auf den 13. fallenden Ludi Apollinares auf den 12. Juli zurückgeschoben wurde.[34] Den symbolischen Ausdruck für diese Göttlich-

---

[32] Seither wird die Doppelform von *deus*, die aus den Casus entwickelt war, in denen das *v* von *deivos* vor dunklem Vokal stand, in ihrer Bedeutung auf die vergöttlichten Kaiser spezialisiert und von *deus* auch terminologisch geschieden; es ist ein Zeichen, daß man sich des Unterschieds zwischen diesen *divi* und den wirklichen Göttern bewußt blieb.

[33] Plut. Ant. 33, 1. Cic. Phil. 2, 110. CIL V 1812 zeigt, daß die Titulatur in der Antoninenzeit noch weitergeführt wurde. CIL VIII 24583 stammt aus augusteischer Zeit. Kenneth Scott, Class. Philol. 36, 1941, 257 ff. Bei seinen Lebzeiten ist Caesar anscheinend auch im Osten nur als Σωτήρ und Εὐεργέτης gefeiert worden, was keineswegs göttliche Verehrung bedeutet, wie Raubitschek, JRS 44, 1954, 65 ff., mit Recht betont. Die beiden Inschriften, in denen er als Θεός bezeichnet wird (IG XII 5, 557. Πολέμων 1, 1929, 201), könnten kurz nach seinem Tode errichtet sein. Ein Priester des Divus Iulius in Athen, IG II/III² 4180 (Mitte des 1. Jh. n. Chr.). L. Ross Taylor, The divinity of the Roman emperor, 1931, 78 ff.

[34] Cass. Dio 51, 22, 2 ff. Mon. Ancyr. 4, 2. CIL I² p. 325. Reste eines aus

Die augusteische Restauration

keit fand man darin, daß fortan bei der *pompa funebris* das Bild des Konsekrierten nicht mehr geführt werden durfte.[35] Bereits bei Lebzeiten des Dictators hatten die Griechen in souveräner Mißachtung der Mythologie sein Geschlecht auf Ares und Aphrodite zurückgeführt (Syll. ³760). Caesar selbst hatte der Venus vor der Schlacht bei Pharsalus einen Tempel gelobt und ihren Namen vor Munda als Losung ausgegeben (Appian. b. c. 2, 430). Er galt der Venus Genetrix, also der Stammutter des iulischen Geschlechts, und war am 26. September 46 geweiht.[36] Die Zurückführung der göttlichen Abkunft des Dictators auf Mars und Venus zeigt, wie wenig die überlieferten Sagen im einzelnen als verbindlich empfunden wurden; es handelt sich nur um Betonung der göttlichen Abkunft.[37] Jetzt knüpfte Augustus an diese Tradition an und erbaute im J. 2 v. Chr. dem Mars Ultor auf dem von ihm geschaffenen Forum einen Tempel, in dem auch Venus verehrt wurde.[38] Der Rächer Mars betont die [303]

dem Lateinischen übersetzten Beschlusses für den Kult Forsch. in Ephesos IV 3 p. 280, 24. Der Tempel stand an der Stelle auf dem Forum, wo Caesars Leiche verbrannt worden war (Cass. Dio 47, 18, 4. 51, 22, 3. App. b. c. 1, 17. 2, 615. 3, 3). Schon vorher hatte man dort eine Säule aus numidischem Marmor mit der Inschrift *parenti patriae* errichtet; *apud eam longo tempore sacrificare, vota suscipere, controversias quasdam interposito per Caesarem iureiurando distrahere perseveravit (vulgus)*, Suet. Caes. 85. Es ist bezeichnend, daß man eine vorspringende Plattform des Tempels mit Schiffsschnäbeln schmückte, die bei Actium erbeutet waren (*rostra aedis Divi* Iulii Frontin. aqu. 129. Cass. Dio 51, 19. 56, 34, 4), so ein Gegenstück den alten Rostra des 3. Jh. schaffend. Vgl. zu dem Tempel Platner-Ashby, Topogr. Dict. 286f.

[35] Cass. Dio 47, 19, 2; vgl. 56, 34, 2. 46, 4 den gleichen Beschluß für Augustus.

[36] Das Gelübde bei Pharsalus, App. b. c. 2, 281. Daraus, daß Appian diese Aphrodite νικηφόρος nennt, folgt nicht, daß ursprünglich die Venus Victrix gemeint war; vgl. Heinen, Klio 11, 1911, 129, 2. Der Festtag des Tempels CIL I² p. 322. 330. Dazu Fast. Praen. Bull. Comm. 1915, 170. 346. CIL XIV 4531, 11.

[37] Der Versuch, Mars auf dem Umwege über Romulus in den Stammbaum der Iulier hineinzubringen, scheitert daran, daß keine römische Überlieferung etwas von einer Deszendenz des Romulus weiß.

[38] Der Tempel lag auf dem Augustusforum; er war vor der Schlacht bei

offizielle Auffassung des Krieges gegen die Caesarmörder als legitime Rache des Sohnes für den Vater, die Augustus auch im ›Monumentum Ancyranum‹ programmatisch unterstrichen hat (1, 10). Wenn er ausdrücklich hervorhebt, daß er den Tempel *in privato solo* errichtet hatte (Mon. Ancyr. 4, 21), so soll damit wohl nur die Freigebigkeit in Erinnerung gebracht werden, mit der er dieses Areal wie das ganze Forum dem Staat geschenkt hatte. Die Staatspriesterschaft der Arvalen opfert in dem Tempel dem Mars Ultor und dem Genius des Kaisers (CIL VI 2042, 29. 2051, 88); später wird er auch bei dem Sühnopfer des *lustrum missum* bedacht (CIL VI 2107, 9). Es ist nicht gut denkbar, daß Augustus den Kult dauernd als seinen Privatkult angesehen wissen wollte. Aber allerdings wird die Pietätspflicht, den Vater zu rächen, damit zu einer Angelegenheit des ganzen Staates. Aufschlußreicher sind die Vorrechte, mit denen der neue Kult ausgestattet wird. Die Angehörigen des Kaiserhauses opfern hier bei Anlegung der *toga virilis*. Von hier gehen die Beamten in ihre Provinzen ab, der Triumphator weiht ihm seinen Kranz, erbeutete Feldzeichen werden dort aufgestellt, und der alte Ritus des Jahresnagels, den der Censor einschlägt, wird nun in den Tempel des Mars Ultor verlegt (Cass. Dio 55, 10, 2ff.). Es sind alles Riten, die in der Republik im Tempel des Iuppiter Optimus Maximus auf dem Kapitol stattfanden.[39] Es verschlägt wenig, daß die meisten

---

Philippi gelobt (*pro ultione paterna* Suet. Aug. 29, 2). Ov. Fast. 5, 545 ff. Cass. Dio 55, 10, 1. 60, 5, 3. CIL I^2 p. 318. Die Kultverbindung mit Venus bezeugt Ovid. Trist. 2, 295; vgl. Wissowa, Ges. Abhandl. 50. Ovid legt den Dedikationstag auf den 12. Mai; die übrigen Zeugen setzen den 1. August an (Vell. Pat. 2, 100, 2. Cass. Dio a. a. O.). Da Augustus im J. 20 v. Chr. einen kleinen Tempel des Mars Ultor auf dem Kapitol gebaut hatte (Cass. Dio 54, 8, 3), dessen Stiftungstag nicht überliefert ist, liegt wohl Verwechslung Ovids vor. Es entspricht dieser offiziellen Verbindung Caesars mit Mars Ultor und Venus Genetrix, wenn das Feriale Cumanum (CIL X 8373) zum Geburtstag Caesars eine *supplicatio Marti Ultori, Veneri [Genetrici]* verzeichnet.

[39] Hervorgehoben von Wissowa, RuK^2 78. Vgl. Latte RRG 152. Auch der Beschluß, den Krieg zu erklären (Dio a. O.), wurde früher gelegentlich im kapitolinischen Tempel gefaßt (App. Libyc. 348). Auf verwandte Tendenzen möchte man den Umstand zurückführen, daß die Arvalen das Opfer

dieser Vorschriften nicht praktisch geworden sind, da das veränderte Staatsrecht des Kaiserreichs Censur und Triumph dem Kaiser vorbehielt. In diesen Bestimmungen wird die Tendenz sichtbar, den alten Mittelpunkt des republikanischen Rom, den Kult des Iuppiter Optimus Maximus, durch einen neuen zu ersetzen, der mit der Person des Herrschers verbunden war und den keine Erinnerungen mit der Vergangenheit verknüpften.

In ähnlicher Weise wird der Kult des Apollo in den Vordergrund gestellt. Er dankt seine Bevorzugung dem äußerlichen Umstand, daß sich bei dem Vorgebirge von Actium ein altes Apolloheiligtum befand. Nach dem Siege hat Augustus anstelle des verfallenen Dorfes eine Stadt gegründet, die den Namen Nikopolis erhielt. Zu Ehren des Gottes werden aktische Spiele ins Leben gerufen, denen wir fortan in den inschriftlichen Listen begegnen, die die Ruhmestitel der Athleten verzeichnen.[40] Die Erzählungen von einer [304] Epiphanie des Gottes während der Schlacht sind Dichtererfindung (Prop. 4, 6, 29 ff. Verg. Aen. 8, 704) und wollen auch nur als solche genommen werden. Augustus erbaute dem Gott mit besonderer Pracht einen Tempel auf dem Palatin, der im J. 28 vollendet und geweiht wurde.[41] Es paßt zu den Tendenzen, die bei den Bestim-

---

für Dea Dia noch im Jahre 58 im Pantheon ansagen (CIL VI 32353, 50), aber schon 61 oder 62 in der Vorhalle des Concordiatempels (CIL VI 32356). Für die Gründung des Agrippa konnte es eine voraugusteische Tradition nicht geben. Der Brauch kann also frühestens damals eingeführt sein. Er verknüpft wieder eine altrömische Institution mit einem unter Augustus neu errichteten Tempel.

[40] Cass. Dio 51, 1, 2. Inschriftliche Erwähnungen der Actia IG IV 591. VII 49. XIV 739. 746. 747. Inschr. v. Olympia 237. Inscr. de Delphes I 555, 7. Inschr. v. Magnesia 180, 9. SEG 11, 494, 7. 828. 13, 540 u. s. Wie die großen griechischen Nationalfeste der Olympien und Pythien sind sie in der späteren Zeit von anderen Städten übernommen worden. Eine Inschrift aus Ostia verzeichnet *Actia apud Bostram* (CIL XIV 474), die auch auf Münzen der Stadt erwähnt werden, Head, Hist. Num.[2] 812. Aktia in Tyros und Neokaisareia, Inscr. de Delphes I, 555, in Perinth Ephesos I, 72, 9. Vgl. L. Robert, Rev. Phil. 1930, 50. Reisch, RE s. v. Actia.

[41] Mon. Ancyr. 4, 1. Ascon. p. 80 K.-S. Suet. Aug. 29, 1. CIL I^2 p. 331.

mungen für Mars Ultor sichtbar wurden, daß man die sibyllinischen Bücher, die man bisher im Tempel des Iuppiter auf dem Kapitol aufbewahrt hatte, nun in den des Apollo überführte, wo sie in zwei vergoldeten Laden unter der Basis des Kultbildes ihren Platz fanden.[42] Der Tempel war auf dem Boden des kaiserlichen Palastes in einem Teile errichtet, der durch Blitzschlag zerstört war. Die Haruspices hatten darin ein Zeichen erblickt, daß der Gott gerade diese Stätte wünschte (Suet. Aug. 29, 3). In Wirklichkeit war natürlich die enge Verbindung der Wohnung des Herrschers mit der Kultstätte des Gottes, der ihm den Sieg verliehen hatte, beabsichtigt.[43] In diesem Tempel werden die Gaben aufgestellt, die aus dem Erlös der eingeschmolzenen Statuen des Kaisers geweiht sind (Mon. Ancyr. 4, 51. Suet. Aug. 52). Auch bei den Saecularspielen trat er gleichberechtigt neben Iuppiter.

Endlich hat Augustus auf dem Kapitol selbst dem Iuppiter Tonans einen Tempel errichtet. Wieder ist der Anlaß ein ganz persönlicher. Im cantabrischen Kriege hatte ein Blitz seine Sänfte gestreift und den vorausleuchtenden Sklaven getötet (Suet. Aug. 29, 3). Der Tempel wurde mit Glocken ausgestattet, die vermutlich von irgendeinem Vorbild in Italien übernommen waren und dort der Blitzab-

---

[42] Suet. Aug. 31, 1. Tibull. 2, 5, 17. Verg. Aen. 6, 72. Servius z. d. St. gibt an, daß auch die Carmina Marciana und die Offenbarungen der Vegoia über die Blitzlehre dort aufbewahrt wurden. Das ist, wie Wissowa (RuK² 536, 6) dargelegt hat, ein Irrtum. Die Carmina Marciana hätten, wenn man sie je aufbewahrt hatte, beim Brande des Kapitols 83 v. Chr. zerstört sein müssen, konnten also nicht in den neuen Tempel überführt werden. Man hat sich nach dem Brande zwar um die Beschaffung neuer Sibyllinen bemüht (Cichorius, Röm. Stud. 179), aber von einem Versuch für Marcius verlautet nichts. Sie waren ohnehin apokryph (s. Latte RRG 255, 5) und auf eine einmalige Situation gemünzt. Die unter dem Namen der Vegoia laufende Blitzlehre (zur Lesung der Serviusstelle vgl. Thulin, RM 22, 1907, 262) ging vollends weder Apollo noch die mit den Sibyllinen befaßten Quindecimvirn etwas an.

[43] Natürlich war der Tempel, ebenso wie der des Mars Ultor, Staatstempel. Wenn Augustus ihn auf dem Boden, der ihm gehörte, bauen ließ, so wurde der Boden durch die Dedikation nach römischem Sakralrecht Eigentum des Gottes. Augustus, der aus ganz anderen Gründen beim Tempel des Mars die Errichtung *in solo privato* hervorhebt, sagt in diesem Fall nichts davon. Also sind die auf diesen Umstand gebauten Schlüsse hinfällig.

Die augusteische Restauration 39

wehr dienten; der Brauch des Gewitterläutens ist ja weit verbreitet.[44] Aber eine gleichzeitige ätiologische Erklärung zeichnet das Empfinden der Zeitgenossen gegenüber all diesen Maßnahmen. Der kapitolinische Iuppiter sollte ihm im Traum erschienen sein und sich beklagt haben, *cultores sibi abduci* (Suet. Aug. 91, 2). Darauf hätte er geantwortet, daß der Iuppiter Tonans durch die Glokken des Tempels als Tür-[305]hüter gekennzeichnet wäre. Stammt die Geschichte aus der Selbstbiographie des Augustus, so ist sie witzige Antwort auf eine Kritik, die ihm zu Ohren gekommen war; ist sie von anderen erfunden, so zeigt sie die verbreitete Opposition gegen diese Zurückdrängung des kapitolinischen Kults. Denn es kann keinem Zweifel unterliegen, daß hinter all diesen Anordnungen eine bewußte Absicht steht.[45] Neben und vor die Götter des offiziellen Kults treten nun solche, die mit dem Leben des Herrschers verbunden sind, denen er ganz persönlich zu Dank verpflichtet ist. Die Verflechtung seiner Person mit dem Staat wird sichtbar. Seine Siege bei Philippi und Actium, die Erhaltung seines Lebens in Spanien sind ebensoviel Anlässe für die Dankbarkeit aller Römer. Dahin gehört auch, daß der Senat nach seiner Rückkehr aus Syrien einen Altar für Fortuna Redux beschließt.[46] Bei einer Anzahl dieser neuen Kulte tritt eine neue Form des Ritus hinzu. An der Ara Pacis und bei der Fortuna Redux bringen alljährlich die Pontifices und die vestalischen Jungfrauen ein Opfer, bei den alle fünf Jahre für den Kaiser dargebrachten Vota wirken die vier großen Priesterkollegien mit.[47] Diese Zusammenfassung, die der in Rom üblichen Kompe-

---

[44] Vgl. Handwörterbuch des Deutschen Aberglaubens III, 826. V, 939.

[45] Diese Haltung schließt kostbare Gaben auch an den kapitolinischen Iuppiter nicht aus: *in cellam Capitolini Iovis sedecim milia pondo auri gemmasque ac margaritas quingenties sestertium una donatione (contulit)* Suet. Aug. 30, 2. Man möchte das genaue Datum dieser Gabe kennen.

[46] Mon. Ancyr. 2, 30. Er lag nahe der Porta Capena und war 19 v. Chr. errichtet. CIL I^2 p. 330. Mommsen, Res Gestae Divi Aug. 46f. Prop. 4, 3, 71. Cass. Dio 54, 10, 3. An diesem Altar werden Augustalia gefeiert, die sich zur Zeit des Claudius bereits über zehn Tage vom 3. bis 12. Oktober erstreckten. Vgl. noch Platner-Ashby, Topogr. Dict. 218.

[47] Für Fortuna Redux s. Anm. 2 [46]. Ara Pacis Mon. Ancyr. 2, 40. Dabei sind auch alle Magistrate beteiligt. Die Vota Mon. Ancyr. 2, 16. Zu ihrer

tenzverteilung widerspricht, drückt aus, daß die Gesamtheit des Staates an diesen Handlungen beteiligt ist. An die Stelle der sachlichen Teilung der Aufgaben tritt eine repräsentative Funktion dieser Körperschaften. Die Augurn sind nicht mehr ausschließlich mit den Auspizien beschäftigt, sondern verschmelzen mit den übrigen in einem allgemeinen Begriff der führenden Priesterschaften, bei dem nur ihr Ansehen von Wichtigkeit ist. Nach früherer Auffassung schließt sich der *ritus Graecus* der Quindecimvirn und die etruskische Lehre der Haruspices aus. Hier bleibt nur noch der Gedanke des Staatspriestertums als solcher übrig, und die Häufung dient dazu, die Bedeutung des Akts sichtbar zu machen.

Den gleichen Gedankengängen entspringt es, wenn nun auch der Kult der Vesta, die längst nur noch die *Vesta populi Romani* war, zum Kaiser in direkte Beziehungen gesetzt wird. Nach dem Zeugnis der inschriftlichen Fasten errichtete der Kaiser in seinem Palast der Vesta einen Altar und stellte ihr Bild auf. Es war kein privater Akt, sondern ein Senatsbeschluß.[48] [306] Die Tatsache beleuchtet die Verbindung, die nun zwischen dem Zentrum des römischen Staatskults und dem Hause des Kaisers bestand. Dementsprechend erklärte er einen Teil seines eigenen Hauses für Staatsgut, um der

---

Geschichte im 1. Jh. Lloyd W. Daly, TP AmPhA 81, 1950, 164 ff. Nicht nur das Zusammenwirken der vier großen Kollegien, sondern ihre Beteiligung an den Vota überhaupt ist gegenüber der Republik etwas Neues. Der Grundsatz, daß die Gemeinde auch den Göttern sich nur durch ihre gewählten Magistrate verpflichten kann und daß der Priester neben ihm als Gutachter und Berater wirkt, aber nicht selber sakralrechtlich verbindliche Erklärungen abgibt, wird beiseite gesetzt.

[48] Degrassi, RM 62, 1955, 144; Fast. Caer. zum 28. April: *Feriae q[uod] e(o) d(ie) sig(num) Vest(ae) in domo P(alatina) d(edicatumst)*; danach ergänzt Degrassi die Fast. Praen. *quod eo die [signum] et [ara] in domu imp. Caes. dedicatast*. Vgl. Ov. Met. 15, 864. Ov. Fast. 4, 949 *cognati Vesta recepta est limine sic iusti constituere patres. Phoebus habet partem, Vestae pars altera cessit, quod superest illis, tertius ipse tenet* ist der Formulierung zuliebe ungenau. Danach ist CIL I² p. 317 zu korrigieren. Der Praepositus Palladii Palatini CIL X 6441 (Ende des 3. oder 4. Jh.) gehört, wie Degrassi a. a. O. 149 zeigt, zu Neuerungen Elagabals. Das Palladium hat in augusteischer Zeit nur literarische Existenz. Zu dem Vestabild vgl. Latte RRG Abb. 16.

Forderung zu genügen, daß der Pontifex Maximus *in loco publico* wohnen muß, und schenkte die bisherige Wohnung des Pontifex auf dem Forum, die *domus publica*, den Vestalinnen.[49]

7. Kult des Augustus

Gegen den unmittelbaren Kult seiner Person hat sich Augustus, so gut er vermochte, gewehrt.[50] Selbst in den Provinzen des Ostens gestattete er ihn nur in Verbindung mit der Dea Roma.[51] Wie er in

---

[49] Cass. Dio. 54, 27, 3. 55, 12, 5.

[50] Zum Kult Cäsars und des Augustus vgl. L. Ross Taylor, The divinity of the Roman emperor, Papers and Monographs of the Amer. Philol. Ass. 1, 1931, 58 ff.

[51] Suet. Aug. 52 *templa quamvis sciret etiam proconsulibus decerni solere, in nulla tamen provincia nisi communi suo Romaeque nomine recepit.* M. P. Charlesworth, Pap. Brit. School Rome 15, 1939, 1 ff. Cass. Dio 51, 206 berichtet, wie auf ein Gesuch der Provinzen Asia und Bithynia in Ephesos und Nikaia ein Tempel des Divus Iulius und der Roma für römische Bürger erlaubt wird, für die Provinzialen ein solcher des Augustus und der Roma in Pergamon und Nikomedien. Für Pergamon wird das durch Tac. Ann. 4, 37 (vgl. Inschr. v. Pergamon 374) bestätigt. Vgl. noch Yale Class. Stud. 8, 1942, 25 ff. Durch überschwengliche und terminologisch ungenaue Wendungen in der Literatur darf man sich nicht täuschen lassen; D. M. Pippidi, Recherches sur le culte impérial, Bucarest – Paris 1941. Tempel des Augustus und der Roma in Ostia, CIL XIV 73. 353. 400. 4142, in Tarracina X 6305, in Ulubrae X 6485, in Pola V 18. Eine Ausnahme macht nur der Altar in Narbo, CIL XII 4333, der im J. 11 n. Chr. gelobt wurde und *numini Caesaris Augusti* gilt. Die erhaltene Inschrift stammt erst aus der Antoninenzeit; bei der Erneuerung mag man Roma weggelassen haben, die inzwischen an Bedeutung verloren hatte. Nach dem Tode des Augustus spricht man korrekt von dem *numen Augusti*, so bei dem von Tiberius errichteten Altar (L. Roos Taylor, AmJPhil. 58, 1937, 185); *[nu]mini Augusti* auch Rev. Archéol. 1952 I p. 48. Vgl. Pippidi, a. a. O. 22 ff. Im Osten sind die Tempel der Roma und des Augustus zahlreich. Ankyra Or. Gr. 533. Sardes Or. Gr. 470, 10. Mytilene, IG XII 2, 656. Caesarea in Palästina Ioseph. ant. 15, 339; bell. Iud. 1, 414. Kyrene, SEG 9, 127 u. s. Ein Augustustempel ohne Roma in Eresos, IG XII suppl. 124, 22 ff. Im übrigen wird er oft genug bei Lebzeiten als *deus* bezeichnet, sogar von römischen Bürgern, Merlin,

Rom auf alle Weise die Verschmelzung des Kaisertums mit dem Staat zur Anschauung brachte, betonte er auch in dem übrigen Reich die Einheit, die ihn zum Symbol des Reiches machte, aber der Idee des Reiches daneben ihr Recht ließ. In Italien griff er auf die altrömische Vorstellung vom Genius des Hausherrn zurück, um den unmittelbaren Kult zu vermeiden.[52] Er ver-[307]band ihn mit dem der Laren, die nun zu Schützern der Stadtquartiere geworden waren. Als er Rom neu in Regionen einteilte, richtete er in jedem *vicus* den Kult der Compitallaren ein, zwischen denen der Genius des Kaisers verehrt wurde. An der Spitze standen in Rom vier *magistri vici*, die alljährlich von den Einwohnern des *vicus* gewählt wurden; die Feiern mit Bekränzung der Altäre sollten im Frühling und im Sommer stattfinden.[53] Das Bild des Kaisers in der Toga zwischen den tanzenden Laren, die ein Trinkhorn und eine Schale halten, erscheint fortan auf zahlreichen Altären in Rom selbst und

---

CRAI 1911, 836; ILS 9495 *Augusto deo cives Romani qui Thinissut negotiantur*. Ein Denkmal des Kaiserkults aus dem J. 22 v. Chr., M. Segre, Rend. Pont. Accad. Archeol. 16, 1940, 25 ff. Mehr bei L. Roos Taylor, The divinity of the Roman emperor 270 ff. Im Osten gibt es mehr, und selbst die Gleichsetzung mit Zeus ist nicht unerhört, IG XII 2, 156. XII suppl. 42. Syll.³ 778. Buckler, Rev. Philol. 9, 1935, 177. Aber offiziell hat man noch unter Tiberius an dem Grundsatz festgehalten, wie die Inschriften von Gytheion, SEG 11, 922 f. zeigen. Vgl. dazu Rostovtzeff, Rev. historique 163, 1930, 1 ff.

[52] Die offizielle Auffassung, daß dem Kaiser erst nach seinem Tode die Göttlichkeit zuteil wird, gibt die Inschrift CIL X 3757; CLE 18 *Nam quom te Caesar tem[pus] exposcet deum, caeloque repetessed[em qua] mundum reges eqs*. Das hindert nicht, daß das Sacellum, in dem anscheinend auch L. und C. Caesar verehrt werden, als *templum* bezeichnet wird. Es zeigt sich, wie wenig all diese Wörter bedeuten.

[53] Suet. Aug. 31, 3 *Compitales Lares ornari bis anno instituit vernis floribus et aestivis*. Damit war die Feier von den alten ländlichen Compitalia, die in den Januar fielen (s. Latte RRG 91, 1), scharf geschieden. Wozu die von Augustus nach langer Vergessenheit erneuerten *ludi Compitalicii* (Suet. a. a. O.) gehörten, ist nicht sicher. Schwerlich waren es *ludi* im technischen Sinn; sie werden in keinem Kalender erwähnt. Eher kann es sich um ein allgemeines Fest gehandelt haben (s. Latte RRG 91,3; Abb. 28).

in Italien.⁵⁴ Die Reform war im J. 7 v. Chr. beendet, muß sich aber nach dem Zeugnis der Inschriften über eine Reihe von Jahren erstreckt haben, da sich *magistri* des J. 109 n. Chr. als 121. bezeichnen; ihre Fasten müssen also bereits 12 v. Chr. begonnen haben.⁵⁵ Sehr bald werden die Laren und der Genius unter der Bezeichnung Lares Augusti zu einer Einheit zusammengezogen, die im wesentlichen dem Kaiserkult gilt.⁵⁶ Die Bekleidung des Amtes war auch Freigelassenen gestattet, und so wird der Kult von dieser wohlhabenden Schicht getragen, der andere Stellungen im römischen Staat versagt waren. Er verbreitet sich rasch in den Munizipien Italiens, wo die alten *magistri* als Vorsteher von Kultgemeinschaften (s. Latte RRG 273, 1) nun das Vorbild für die Organisation abgeben.⁵⁷ Sie waren dort als [308] Augustales organisiert und hatten

---

⁵⁴ Die sorgfältiger ausgeführten tragen Porträtzüge. Vgl. z. B. Altmann, Röm. Grabaltäre, 1905, 175 ff. L'Orange, Apotheosis in Ancient Portraiture, Oslo 1947. E. Rink, Bildl. Darstellungen d. röm. Genius, Diss. Gießen 1933. Später ist deshalb der offizielle Titel *cultores Larum et imaginum dominorum nostrorum*, CIL VI 307. 671 VIII 17143 III 4038 u. s. Calza, Not. Scav. 1921, 223 ff. und die dort genannte Literatur. Bull. Comm. 68, 1940, 176, 3. Mommsen hat vermutet, daß auf dem zu der Inschrift CIL X 3757 gehörigen Altar auch die Laren Porträtzüge des C. und L. Caesar trugen.

⁵⁵ CIL VI 452. cf. 761. Eine ganze Anzahl Inschriften bezeichnen die *magistri qui primi inierunt* besonders: CIL VI 445–447. Auch sonst ist Jahreszählung üblich, CIL VI 449. 30975. *Fasti* dieser *magistri* CIL VI 2222. *Fasti sacerdotum domus Augustae* CIL VI 2010. 37163.

⁵⁶ CIL VI 445–454. 30954–30962. Sehr befremdlich ist eine Inschrift vom J. 59 v. Chr. *[A]ug. Laribus d(onum) d(ant)*, CIL I²753 (nur abschriftlich erhalten). Wäre die Ergänzung richtig, so würde daraus folgen, daß die Laren das Epitheton Augusti geführt hätten, bevor Octavian den Titel Augustus annahm. Die Ergänzung einer Ortsbezeichnung, etwa *[I]ug(ariis) Laribus*, ist wahrscheinlicher. Augustus, in der Kaiserzeit als Zusatz zu Götternamen ganz üblich, kommt in der Republik in dieser Verwendung nicht vor; gab es etwas dergleichen, so lief die Annahme des Titels Augustus der sonst so sorgfältig innegehaltenen Politik des Kaisers zuwider. CIL V 4865 *Augustis Laribus* ist kaiserzeitlich und nur dort die Voranstellung von *Augustis* isoliert.

⁵⁷ Der Übergang ist noch greifbar in einer Inschrift der *magistri Hercula-*

gewisse Vorrechte der Tracht, die ihrer halboffiziellen Stellung entsprachen. Vielleicht erst seit dem Ende des 1. Jh. stehen an ihrer Spitze *seviri*, die den Namen von den *seviri decurionum* borgen. So war für das Geltungsbedürfnis dieser Leute eine Möglichkeit geschaffen, die nicht wenig zur Volkstümlichkeit des Kultes beigetragen haben wird. Mit der eigentlichen Religion hat dieser Kult des Genius Augusti nur sehr bedingt etwas zu tun. Höchstens der Schwur beim Genius des Kaisers hat Folgen, aber auch diese sind strafrechtlicher Natur (Mommsen, St. R. II 810. RE XV 356), da der Eidbruch unter das *crimen laesae maiestatis* fällt, wenigstens später. Im übrigen besagt die Göttlichkeit des Kaisers nicht mehr als die des Senats oder des Statthalters in der vorangegangenen Periode. Wie damals kann sie auch anderen zuerkannt werden[58] und bedeutet nur Aussage des höchsten zur Verfügung stehenden Prädikats für einen Menschen. Aber man darf nicht übersehen, wie abgegriffen dieses Prädikat mit der Zeit geworden war. Vor allem hat man mit Recht bemerkt, daß der Unterschied zwischen den wirklich in der Not angerufenen Göttern und dem Kaiser bestehen bleibt. Niemand hat sich mit seinen persönlichen Anliegen an ihn gewandt, wie an Asklepios oder Apollo.[59] Man darf eben nicht ver-

---

nei et Augustales, CIL XIV 3665, vgl. 30540. Auch *magistri Mercuriales Augustales*, CIL IX 54, ist wohl so zu deuten. v. Premerstein in Ruggieros Dizion. epigr. s. v. Augustales hat darauf hingewiesen, daß sie zunächst *Augustales* heißen und sichere Belege für den Titel *seviri* nicht vor dem Ende des 1. Jh. vorliegen, was sich für Ostia bestätigt (Wickert, CIL XIV suppl. p. 611. Doch vgl. CIL XI 4170). Eine Aufarbeitung des ganzen Materials, die die lokalen Differenzen berücksichtigen müßte, fehlt. Zu v. Premersteins Liste vgl. noch CIL XIV suppl. 4560–63. K. J. Neumann, RE s. v. Augustales. Calza, Not. Scav. 1921, 235 ff. A. D. Nock, Mélanges Bidez (Annuaire de l'institut de philol. et d'hist. orientales) II 1934, 627 ff. Oliver, Historia 7, 1958, 472 ff.

[58] In Mauretanien erhalten Hiempsal (CIL VIII 8834) und Iuba (CIL VIII 20624) Weihungen. Die afrikanischen Christen heben diese Vergötterung hervor (Tert. apol. 24, 7. Lact. inst. 1, 15, 6). Ob es sich um einen späten Nachzügler des hellenistischen Herrscherkults handelt oder um autochthone Entwicklung, ist nicht zu entscheiden.

[59] So Nock, Harv. Theol. Rev. 45, 1952, 237 ff. JRS 47, 1957, 115. Er

gessen, daß der Begriff der Mächtigkeit, der eine wesentliche Komponente des antiken Gottesbegriffes ist, Abstufungen quantitativer Art zuläßt. An der Bezeichnung θεῖος ἀνήρ hat man weder in homerischer Zeit noch in der Schule Platons Anstoß genommen. In Rom bedeutete der Genius etwas Verwandtes. Die eigene Göttlichkeit bitter ernst zu nehmen, blieb Caligula vorbehalten. Erst für den absoluten Gottesbegriff der monotheistischen Religionen ergibt sich daraus ein Anstoß. In Wahrheit gilt der Kult nicht der Person, sondern der dahinterstehenden Macht des römischen Imperiums, die von den Göttern gewollt ist; die Beteiligung an ihm ist Ausdruck der Anerkennung einer politischen Wirklichkeit, nicht religiöses Bekenntnis. Das schließt nicht aus, daß das Gefühl der Dankbarkeit, das sich in Anfängen des Kults ausdrückt, ganz echt ist. Eben weil der Begriff Gott Abstufungen zuläßt, kann dieses Empfinden die Formen von der Götterverehrung borgen. *Deus est mortali iuvare mortalem* sagt der ältere Plinius (n. h. 2, 18). Ein philosophisch gebildeter Mann wie Seneca bekennt von Augustus: *deum non tamquam iussi credimus* (clem. 1, 10, 3). Diese Äußerungen, die sich vermehren ließen,[60] können davor warnen, das spon-

---

betont, daß die Göttlichkeit des Kaisers weitgehend als Wirken des Göttlichen durch den Kaiser verstanden wird. Vgl. Latte RRG 321. Nilsson, Opusc. II 518.

[60] Sehr viel weiter geht die Literatur, die schon früh die Göttlichkeit des Kaisers als gewisser als die der unsichtbaren Götter hinstellt. Val. Max. praef. *Cetera divinitas opinione colligitur, tua praesenti* (d. i. ἐπιφανεῖ) *fide paterno avitoque sideri par videtur.* Ov. ex Pont. 1, 1, 63 und selbst Horaz, carm. 3, 5, 1. Quintil. 4 praef. 5 sprechen ebenso. Vgl. K. Scott, TPAmPA 61, 1930, 43 ff. Hier wird der alte und geläufige Gegensatz der θεοὶ φανεροί und ἀφανεῖς pointiert auf den Kaiserkult übertragen, wozu das *sidus Iulium* einlud, da mit den sichtbaren Gottheiten zunächst die Gestirne gemeint waren. Es zeigt sich in solchen Äußerungen, wie wenig die alten Götter noch von den Gebildeten als lebendige Mächte gefühlt wurden. In flavischer Zeit ist die Sprache von Leuten wie Martial und Statius noch viel devoter. Vgl. F. Sauter, Der römische Kaiserkult bei Martial und Statius, Tübinger Beiträge z. Altertumswiss. 21, 1934. K. Scott, Am. JPhil. 54, 1933, 247 ff. Aber selbst in christlicher Zeit heißt es: *imperator cum Augusti nomen accepit, tamquam praesenti et corporali deo fidelis est*

tane [309] Gefühl, das hinter dem Kult des Kaisers steht, gering zu schätzen oder als heuchlerische Vergötzung der Macht abzutun. Nur fällt es aus dem Bereich des spezifisch Religiösen heraus; auch wird es naturgemäß schwächer, je mehr die Formen des Kults institutionell werden.

Ebenso ist die Apotheose zu beurteilen. Bei Augustus wächst sie aus der Weigerung hervor, anzuerkennen, daß dieses Leben, das der Welt den Frieden gebracht hatte, nun zu Ende war. Sie war auch durch den *divi filius* vorbereitet. Als Claudius die gleiche Ehre widerfuhr, war es für die herrschenden Kreise eine Farce, die der einflußreichste Berater des neuen Kaisers ohne Bedenken verspotten konnte. Auch hier wird das Zeremoniell mit sorgfältiger Überlegung gestaltet. Die Auffahrt des verstorbenen Kaisers zum Himmel wird durch einen Adler symbolisiert, der von der Spitze des gewaltigen, sich nach oben verjüngenden Scheiterhaufens auffliegt.[61] Das Symbol scheint zunächst griechischen Ursprungs; ein

---

praestanda devotio Veget. r. mil. 2, 5, hervorgehoben von Nock, Harv. Theol. Rev. 45, 1952, 225. Man muß sich also hüten, diese Formulierungen überzubewerten.

[61] Cass. Dio 56, 42, 3. 74, 5, 5. Herodian. 4, 2, der Adler 2, 11. Marquardt-Wissowa, St. Verw. III², 275. 467, 1. Zu Ov. Fast. 3, 697 ff., wo die offizielle Theologie einwirkt, Pippidi, Recherches sur le culte impérial 149 ff. L. Deubner, RM 27, 1912, 1 ff. F. Cumont, Etudes Syriennes, 1917, 35 ff., bes. 72 ff. Cumont hat die orientalische Herkunft der Vorstellung und ihren Zusammenhang mit der Sonnentheologie der Spätantike betont. Vgl. noch L'Orange, Symb. Osl. 14, 1935, 86 ff. Für die Zeit seit dem 2. Jh. n. Chr. ist das durchaus zutreffend, aber für die frühere sollte nicht übersehen werden, daß der Adler als Symbol der Erhöhung zum Himmel auch den Griechen ganz geläufig ist (Aristoph. Equit. 1013). Nur dieser erscheint bei der Apotheose des Augustus (Cass. Dio 56, 42, 3); das Alter der übrigen Zeremonien ist nicht genau festzustellen. Die Symbole können beliebig wechseln. Im Pap. Giss. 20 fährt Traian auf einem mit weißen Rossen bespannten Wagen empor, auf der Basis der Antoninsäule (Amelung, Cat. Skulpt. Vat. I S. 882 no. 223) trägt ein geflügelter Dämon Antoninus und Faustina gen Himmel. Übrigens sind all diese Formen seit dem zweiten Jahrhundert keineswegs auf den Kaiser beschränkt, sondern kommen auch auf Grabsteinen Privater vor: Cumont, Lux Perpetua 1949, 293 ff., der auf

Becher aus Herculanum, der die Apotheose Homers so darstellt (Cumont a. a. O. 78 fig. 32), stammt zwar frühestens aus neronischer Zeit, aber man hätte gerade für Homer kaum zu dem Vorbild der Kaiserapotheose gegriffen. Für die Gesinnung des Tiberius, der für die Anordnungen beim Tode des Augustus verantwortlich war, scheint ein Rückgriff auf spezifisch orientalische Vorstellungen ausgeschlossen. Es ist durchaus möglich, daß sie seit dem 2. Jh. einströmten und später mit der Sonnentheologie des dritten verschmolzen.

8. Resultat

Die Neuerungen der augusteischen Religionspolitik haben kein langes Leben gehabt. Aus einer einmaligen politischen Lage entsprungen, hat der Versuch, den Apollon von Actium, den Mars Ultor und die Venus Genetrix neben und vor der kapitolinischen Trias zu Hauptgöttern des Römischen Reichs zu machen, Augustus nicht lange überdauert. [310] Auch die Restauration altrömischer Institutionen erwies sich nicht als lebenskräftig; eine Tiefenwirkung auf das ganze Volk blieb ihr versagt. Die Wiederherstellung der alten Priestertümer hat zwar zur Folge, daß die Fetialen und die Flamines der alten Götter bis ins 3. Jh. in den Inschriften erscheinen, aber sie erfüllen nur den Zweck, die Sucht nach klingenden Titeln zu befriedigen, vielleicht auch in ihren altertümlichen Trachten bei feierlichen Gelegenheiten dekorativ zu wirken, wie auf der Ara Pacis. Die Tabubestimmungen für den Flamen Dialis aus einer fernen Frühzeit mußten sinnlos wirken, und man hat sie wiederholt erleichtern müssen, um die Besetzung überhaupt möglich zu machen.[62] Eine echte Aufgabe hatten diese Priester nicht mehr zu erfüllen. Ob man in besonderen Fällen bei einer Kriegserklärung auf die Fetialen zurückgriff (oben 297 [. . .]) oder nicht, änderte den Charakter des Krieges in den Augen der Truppe nicht im geringsten.

Espérandieu, Bas-reliefs de la Gaule romaine 2, 1510; Altmann, Röm. Grabaltäre n. 76 und Galieti, RM 57, 1943, 70 ff. verweist. CIL VI 29954 *Sol me rapuit* (der Tote spricht). CLE 1109, 9 ff.

[62] Tac. Ann. 3, 71. cf. 3, 58.

Die Arvalbrüder, die ebenfalls bis ins 3. Jh. bestanden, führten ein exklusives Dasein; die Zugehörigkeit zu dem Kollegium war eine Auszeichnung des senatorischen Adels. Aber nirgends wird es deutlicher, wie unlebendig diese Restauration war, als in den uns erhaltenen ausführlichen Akten. Ein ursprünglich agrarischer Ritus ist Männern übertragen, die zu der Arbeit des Landmanns keine Beziehung mehr hatten. Mechanisch vollzieht man die einzelnen vorgeschriebenen Handlungen, ohne sich irgendwelche Gedanken über ihren Sinn zu machen. Nichts deutet darauf, daß man den Zusammenhang mit dem Ertrag des Ackers noch empfand. Es hätte nahe genug gelegen, sich bei den immer wieder auftretenden Schwierigkeiten der Brotversorgung Roms, die den Kaisern und später den Stadtpräfekten viel Not machte, mit außerordentlichen Opfern an Dea Dia zu wenden, wenn man sich ihrer Bedeutung bewußt war. Statt dessen reicht man die alten und neuen Ähren, die bezeichnenderweise von Dienern hereingebracht werden, von Hand zu Hand, rezitiert das unverständlich gewordene Lied und macht dazu feierliche Schritte, läßt bei dem Mahl, das an altertümlichen Tischen eingenommen wird, durch dabei aufwartende Kinder, deren beide Eltern noch leben müssen, der Göttin eine Gabe auf den Altar legen und bringt bei Entfernung eines morschen Baumes aus dem heiligen Hain ein Sühnopfer wegen der Anwendung von Eisen. Man datiert bei Ernennung eines Magisters noch immer nach den Saturnalien statt nach dem iulianischen Neujahr. Für einen Tag inszeniert man das fromme Mittelalter, das für das wirkliche Leben nicht mehr existiert. All das ist in einem Protokollstil verzeichnet, der keine Akzente kennt. Selbstverständlichkeiten, wie daß man die Ansage des Festes *manibus lautis, capite velato* vollzieht, sind mit gleicher Genauigkeit vermerkt wie die zentralen Riten. Wir erfahren sogar, daß die vornehmen Herren beim Mahl die unbequeme Toga Praetexta mit der damals gebräuchlichen *cenatoria* vertauschten und daß sie die bei Einladungen in der Kaiserzeit übliche *sportula* zur Bestreitung der Kosten des Essens empfingen. Wahrscheinlich war ihnen auch die Frage, wo ihr bevorzugter Sitz im Amphitheater lag (CIL VI 32636), mindestens ebenso wichtig wie ihre sakralen Obliegenheiten. Dafür wird der [311] Dienst der Dea Dia überwuchert durch Opfer für den regierenden Kaiser bei

Die augusteische Restauration

jedem nur erdenklichen Anlaß. Diese Loyalitätsbekundungen nehmen einen viel größeren Raum ein als der Kult der Dea Dia [s. Nachträge]. Nur bei den an das Opfer für die Göttin angeschlossenen Spielen tritt das Kollegium noch handelnd an die Öffentlichkeit. Man darf annehmen, daß die *sodales Titii*, von denen wir nichts hören, da Inschriften fehlen, eine ähnlich verborgene Existenz geführt haben.[63] Einzig die Vestalinnen haben für den Volksglauben auch weiterhin eine Rolle gespielt. Die ihnen auferlegte Keuschheit umgab sie mit dem Schimmer der Heiligkeit, und man traute ihren Gebeten besondere Kraft zu.[64] Schon im 1. Jh. nennt ein Freigelassener die Vestalin, deren Iuno er eine Weihung darbringt, *patrona caelestis* (CIL VI 2128), ohne daß man das damals bereits recht abgegriffene Adjektivum[65] in seinem Sinn genauer bestimmen könnte. Die orientalisierende Religion des 3. Jh. wandelt die nüchterne *captio* durch den Pontifex in eine Erwählung durch die Götter: sie heißen jetzt *a diis electae*,[66] und noch in dem letzten

---

[63] Wir kennen eine Huldigung an Vespasian, CIL VI 934. Der Kaiser gehört der Sodalität an (CIL VI 913, Nero), und die Titulatur erscheint regelmäßig in dem *cursus honorum* der consularischen Senatoren (CIL III 1741. 2974/75. V 24. VI 1343. 1348. VIII 7050. Suppl. 12442. Cagnat-Merlin, Inscr. lat. d'Afrique, 1923, 281. Rev. Archéol. 1952 I p. 54 u. s.).

[64] Plin. n. h. 28, 13 *Vestalis nostras hodie credimus nondum egressa urbe mancipia fugitiva retinere in loco precatione*. Cass. Dio 48, 19, 4 τοσοῦτοι γὰρ ηὐτομόλουν (Sklaven zu S. Pompeius im J. 42) ὥστε καὶ τὰς ἀειπαρθένους καθ' ἱερῶν εὔξασθαι ἐπισχεθῆναι σφῶν τὰς αὐτομολίας. Der Aberglaube, der dem Priester irgendwelche Zauberkraft zuschreibt, ist eine Parallele zu der Verbreitung der Zauberei in dieser Zeit.

[65] Vell. 2. 64, 3. 66, 5 braucht *caelesti ore* von der Beredsamkeit Ciceros, ebenso Quint. 10, 2, 18.

[66] A. D. Nock, Harv. Theol. Rev. 23, 1930, 251 ff., CIL VI 406 + 30758. *Quos elexit I. o. m. D. sibi servire* zeigt das gleiche im Kult des Dolichenus. Vergleichbar ist ferner auf griechischen Inschriften derselben Zeit τιμηθείς als Ausdruck besonderer Begnadung: Nock, JHS 45, 1925, 100, dazu CIL VI 2137 *cuius laudem numen quoque Vestae honoravit*, ferner ein *sacerdos somnio factus* (CIL VIII 24213, Africa). Auf griechischem Sprachgebiet treffen wir eine Priesterin der Artemis Lochia und der Divi Augusti μαρτυρηθεῖσαν ... ἐπὶ ἀλνείᾳ ὑπὸ τοῦ Κλαρίου Ἀπόλλωνος (Spomenik 71, 1932, 239, 637, das Wort bedeutet im Griechischen dieser Zeit nur „gelobt

Zeugnis des sterbenden Heidentums, der dritten Relatio des Symmachus, tritt uns der Glaube an die Kraft ihrer Gebete entgegen, Mißwachs abzuwehren (rel. 3, 15). In einer anderen Richtung sind die Saecularspiele für die Folgezeit bedeutsam geworden. Was unter Augustus dem Gefühl entsprochen hatte, den Anbruch einer neuen und besseren Zeit zu erleben, wird nun zu einer Floskel, die bei jedem Regierungsantritt den Beginn des Goldenen Zeitalters verkündet. Entsprechend sind sie nach der Willkür der Regenten in beliebigen Abständen, zuerst unter Claudius, gefeiert worden.[67] Auch sie werden zu einem Element jener höfischen Religion, die die Oberfläche der nächsten Jahrhunderte beherrscht. Die lebendigste Kraft, die von den Reformen des Augustus ausging, lebte gerade in jener Maßnahme, die er nur zögernd zugelassen hatte, in der Schöpfung des Herrscherkults.

Nachträge

[S. 27, urspr. S. 297]: Wenn Varro von den Fetialen sagt: *per quos foedus etiam nunc fit* (L. L. 5, 86), so bezieht sich das nur auf Bündnisse, und selbst dafür kennen wir aus dem letzten Jahrhundert der Republik kein Beispiel. Cic. Rab. Post. 6 erwähnt ein mit Ptolemaeus Auletes auf dem Kapitol geschlossenes Bündnis (vgl. Caes. b. c. 3, 108, 5), nennt aber die Fetialen nicht. In ›De re publica‹ erscheinen sie als eine Institution der Königszeit. An der von Vahlen unglücklich behandelten Stelle legg. 2, 21 ist etwa zu schreiben: *Foederum, pacis, belli, indotiarum [oratorum] fetiales iudices consu‹ltores su›nto (non sunto codd.), bella disceptanto.* Cicero scheint also ihre oben (RRG, S. 213) hervorgehobene Gutachtertätigkeit als

---

wegen...“). Aristides 48, 59, p. 408, 3 Keil sagt von den Wundern, die Asklepios an ihm getan hat: ἐμοὶ συνησθήσεται (jeder) τῆς τιμῆς ἧς ἐτιμώμην. Bei den Vestalinnen spielt vielleicht mit, daß sie seit der lex Papia aus einer vom Pontifex Maximus aufgestellten Präsentationsliste ausgelost wurden (Gell. 1, 12, 11); das Los wird als göttliche Entscheidung aufgefaßt.

[67] Über die einzelnen Feiern und die verschiedene Rechnung, die sie ermöglichte, vgl. J. Gagé, Recherches sur les jeux séculaires, Paris 1934, 77 ff. Zu den neu gefundenen Säkularakten von 204 Huelsen, Rh. Mus. 81, 1932, 366 ff. Diehl, Sber. Berl. 1932, 762 ff. Pighi, a. S. 3, 2 a. O.

ihre Hauptaufgabe anzusehen (vgl. noch Cic. Verr. 2, 5, 49). Vahlens meist aufgenommene Korrektur non‹tii›sunte paßt zwischen *iudices* und *bella disceptanto* nicht und ist auch sachlich unzutreffend. Diplomatische Verhandlungen werden damals von den Fetialen nicht geführt; schon 218 in Karthago sind sie nicht mehr beteiligt.

[S. 49, urspr. S. 311]: Die Protokolle der Arvalen sprechen nur von *quadrigae* und *desultores* bei den Spielen; auch das scheint ein Archaismus, denn wir kennen einen *cursor*, der in ihnen gesiegt hat (CIL VI 33950); derselbe hatte auch in Bovillae bei den *ludi gentis Iuliae* gesiegt, es war ein Sklave, der freigelassen war. Das Ansehen dieser Spiele war offenbar nicht groß.

[Hinweis d. Hrsg.: K. Lattes z. T. sehr eigenwillige Zitierungen bes. der Quellen konnten nur in wenigen Fällen revidiert werden.]

J. Gagé, Les sacerdoces d'Auguste et ses réformes religieuses. Mélanges d'Archéologie et d'Histoire de l'École Française de Rome 48 (1931), pp. 75–108. Aus dem Französischen übersetzt von Hansjörg Hausen.

DIE PRIESTERÄMTER DES AUGUSTUS UND SEINE RELIGIÖSEN REFORMEN

Von Jean Gagé

Augustus liebte es, von seinen Zeitgenossen als Priester betrachtet zu werden. Er legte nicht weniger Wert auf seine priesterlichen als auf seine staatlichen Ämter; er stützte sich in gleicher Weise auf sie, um seine ungeheure Machtfülle zu legitimieren, und suchte in ihnen auch ein sakrales Prestige zu gewinnen. Als Fetiale erklärt er im Jahr 32 Kleopatra im Namen Roms den Krieg, als Magister des Kollegiums der Quindecimviri feiert er im Jahr 17 zusammen mit seinem Amtskollegen Agrippa die Säkularspiele. Als er endlich 12 Jahre vor unserer Zeitrechnung den durch den Tod des Lepidus frei gewordenen Platz einnimmt, vereinigt er endgültig in seiner Person die zivile und die religiöse Führung. Eine der besten Statuen, die wir von ihm besitzen, stellt ihn als Pontifex Maximus dar, und als solchen stellen wir ihn uns vielleicht auch heute noch am liebsten vor.

Es erscheint folgerichtig, die gesamten Maßnahmen, durch die Augustus sich bemühte, die römische Religion zu erneuern, wiederzubeleben oder zu verjüngen, mehr dem Priester als dem Princeps oder Imperator zuzuschreiben. Daran hat man auch tatsächlich seit der Antike immer wieder gedacht. Im biographischen Schema, dem Sueton folgt, findet sich die Mehrzahl dieser Reformen sicher absichtlich nach der Wahl vom Jahr 12 und damit unter der Rubrik *pontifex maximus* eingeordnet.[1] Die meisten Wissenschaftler neuerer Zeit weichen davon in ihrer Auffassung nicht sehr ab und sehen in Augustus als Priester vor allem den Pontifex Maximus. Diese Sicht ist z. B. bei V. Gardt-[76]hausen[2] wie auch bei G. Bois-

---

[1] Sueton, Div. Aug. 31.
[2] Augustus und seine Zeit, Leipzig 1891, ND Aalen 1964, Bd. I 2, 866 ff., insb. 869.

sier³ oder bei A. Bouché-Leclercq⁴ festzustellen. Was sie auch wirklich zu rechtfertigen scheint, ist die Tatsache, daß offensichtlich seit dem Jahr 12 vor unserer Zeitrechnung der Oberpontifikat die wesentliche Grundlage aller religiösen Betätigung der Kaiser gewesen ist. Aber es ist ebenso sicher, daß Augustus mit der Durchführung seines Programms nicht wartete, bis er dieses Amt bekleidete. Es gilt heute als sicher, daß eine Reihe von Maßnahmen, über die Sueton berichtet, tatsächlich vor das Jahr 12 zu datieren ist. Ich möchte das gleich gerade für die Maßnahme, die er am eindrücklichsten dem Oberpontifikat zuordnet, nachweisen. Wir müssen also folgende Probleme angehen: Welche priesterlichen Vollmachten besaß Augustus eigentlich bis zum Jahr 12? Welchen Gebrauch machte er von seinen verschiedenen Priesterämtern? Welche Beziehung läßt sich zwischen ihnen und seinen religiösen Reformen feststellen?

Jeder, der das Werk des Augustus auf diesem Gebiet näher untersucht hat, ist unausweichlich auf diese Fragen gestoßen. G. Wissowa hat sehr genau gespürt, welche Folge für den Kurs des Augustus ein so langes Warten auf den Oberpontifikat haben konnte; er sei versucht, von daher die Besonderheiten seiner religiösen Haltung vor dem Jahr 12 zu erklären: die Vorliebe für den Kult des Apollo und den *ritus graecus,* der auf den ersten Blick schwer mit dem nationalen Werk eines Erneuerers der Kulte zu vereinbaren scheint.⁵ Daher kann man sich, folgt man dieser Hypothese uneingeschränkt, kaum des Eindrucks erwehren, daß das religiöse Werk des Octavian etwas anders ausgefallen wäre, wenn er gleich im Jahr 36 an Lepidus' Stelle getreten wäre; zumindest wäre es schneller vollendet und homogener gewesen. Soviel zum Umfang des Pro-

---

³ La religion romaine d'Auguste aux Antonins, Paris o. J., Bd. I, 94 ff.
⁴ Les pontifes de l'ancienne Rome, Paris 1871, ND New York 1975, 339. Vgl. auch G. Bloch, L'empire romain, Paris 1922, 36f.
⁵ G. Wissowa, Religion und Kultus der Römer, Handbuch der Klassischen Altertumswissenschaft V 4, München ²1912, 84: „Dass diese (Verjüngung) zunächst nicht an die altrömischen Kulte, sondern an den *graecus ritus* anknüpfte, mag damit zusammenhängen, dass Augustus den Oberpontifikat erst verhältnismässig spät übernahm, während er bereits erheblich früher im Vorstande der Quindecimvirn sass;" usw.

blems. Dieses scheint auch A. Wilhelm nicht entgangen zu sein, den [77] das Werk, das er 1915 als Pendant zu seiner Untersuchung über das römische Sakralwesen unter dem Oberpontifikat des Augustus versprach, ganz in die Nähe dieses Problems geführt hätte.[6] Doch weder Wissowa noch Wilhelm entfernen sich im Kernpunkt der Frage von den anderen Historikern. Auch sie betrachten zumindest implizit die Wahl des Jahres 12 als späte, geduldig erwartete, aber lebhaft begehrte Krönung eines kontinuierlichen Aufstiegs. Erst das Amt des Pontifex Maximus scheint ihnen die Priestergestalt des Augustus zur Vollendung zu bringen. Wenn er mitunter widersprüchliche Wege beschreitet, dann deswegen, weil er das Amt noch nicht innehat; in seine Bewegung kommen Elemente des Zufalls, wenn nicht gar Verdruß. Aber demonstrativer Respekt vor der Unverletzlichkeit des Priesteramtes und alles in allem kluge Berechnung geben ihm die Kraft, einen späten Zeitpunkt abzuwarten. Seine übliche Vorsicht wehrt sich nach der Wahl gegen die öffentliche Begeisterung. Im Jahr 12 kommt Augustus tatsächlich ans Ziel seiner Bestrebungen; keiner seiner früheren Schritte hat ihn ernsthaft davon abgebracht.

Wenn man aber die Tatsachen näher untersucht, erweist sich diese Art, die Priesterlaufbahn des Augustus zu betrachten, nur teilweise als zutreffend. Sicher ist das Erreichen des Oberpontifikats in gewisser Weise für ihn eine Krönung. Sobald er diesen Titel führte, hat er durch umfangreichen Gebrauch bewiesen, welche Bedeutung er ihm beimaß. Aber in welchem Maß hat er vor dem Jahr 12 das Bedürfnis danach verspürt? Wie war in seinem Denken die wirkliche Rangfolge der Priesterämter? Das möchten wir auf den folgenden Seiten näher untersuchen. Dabei werden wir uns erlauben, manche Überlegungen, die wir im letzten Jahr veröffentlicht haben, wiederaufzunehmen.[7]

---

[6] Das römische Sakralwesen unter Augustus als Pontifex Maximus, Diss. Straßburg 1915. Der Autor erklärt in seinem Vorwort, daß er sich das Ereignis des Jahres 12 nur zu eigen macht, um sein Thema einzugrenzen, und eine entsprechende Arbeit über die vorhergehende Periode vorbereitet. Diese zweite Untersuchung ist meiner Kenntnis nach nie erschienen.

[7] J. Gagé, Romulus-Augustus, in: MEFR 47, 1930, 138–181 (157–171).

Die Priesterämter des Augustus

Die verschiedenen Priesterämter, die Augustus bekleidet hat, sind in [78] seinem Testament aufgeführt und durch das Zeugnis von Münzen und Inschriften bestätigt: Außer den geringerwertigen Bruderschaften gehörte er den *quattuor amplissima collegia* an: *pontifex maximus, augur, quindecimvirum sacris faciundis, septemvirum epulonum, frater arvalis, sodalis Titius, fetialis fui.*[8] Die Datierung dieser Folge von Kooptationen ist in großen Zügen gut bekannt;[9] aber der Versuch einer Präzisierung ist der Mühe wert.

Man weiß, daß Octavian wie üblich zunächst dem Pontifikalkollegium als einfaches Mitglied angehörte, bevor er dessen Vorsitzender wurde. Caesar machte ihn 48 anstelle des Domitius, der in Pharsalos gefallen war, zum Pontifex.[10] Das sollte nur ein Unterpfand sein; denn Caesar, der viele Priesterämter gleichzeitig bekleidete und sie als Belohnungen verteilte, scheint selbst, zumindest in seinen letzten Lebensjahren, als er sich über sein Streben nach der Monarchie vollkommen klar geworden war, den Oberpontifikat als ein von seinem Ahnherrn Iulus ererbtes Familiengut betrachtet zu haben, das er an seinen Nachfolger weitergeben konnte. Es wurde ihm das Recht zuerkannt, ihn auf den Sohn, der ihm geboren würde, zu übertragen.[11] Da es diesen nicht gab, hätte Octavian den Oberpontifikat nach den Iden des März vielleicht anstelle dieses Sohnes für sich gefordert, wenn Lepidus ihn nicht bereits in Beschlag genommen hätte. Er mußte diesen Tatbestand hinnehmen und einfacher Pontifex bleiben, der in dieser Eigenschaft in

---

[8] Res gestae divi Augusti, ed. Th. Mommsen, Berlin ²1883, Z. 1, 44–46. Gesicherte Wiederherstellung, die zugleich durch den griechischen Text von Ankyra und durch die neuen lateinischen Fragmente aus Antiochia in Pisidien (vgl. Monumentum Antiochenum, Klio Beiheft 19, Leipzig 1927) verbürgt ist. Vgl. auch die Inschrift des Triumphbogens von Pavia: CIL V 6416.

[9] Vgl. R. G., Kommentar S. 33.

[10] Vgl. Nikolaos von Damaskos, in: FHG 3, ed. C. Müller, Paris 1849, 429.

[11] Dio Cassius 44, 5, 3: τὸν δὲ δὴ υἱόν, ἄν τινα γεννήσῃ ἢ καὶ ἐσποιήσηται, ἀρχιερέα ἀποδειχθῆναι ἐψηφίσαντο. S. E. Meyer, Caesars Monarchie und der Prinzipat des Pompeius, Stuttgart ²1919, ND Darmstadt 1963, 518 und Anm. 1.

seinen priesterlichen Funktionen seinem Kollegen aus dem Triumvirat untergeordnet war. Neben dem Pontifex Maximus Lepidus und dem Augur Antonius ließ er auf den gemeinsamen Münzen bei seinem Bild seinen Titel und sein Zeichen als Pontifex anbringen.[12]

[79] Wenige Jahre später sehen wir Octavian als Augur. Die Datierung scheint unsicher; denn die Münzen des Triumvirats, die hier unser einziges Zeugnis sind, erlauben nicht immer eine genaue Datierung. Wenn auf Geldstücken aus dem Jahr 42 neben Octavians Kopf der *lituus* zu sehen ist, so vermittelt das einen falschen Eindruck. Die Legenden beweisen, daß man den *lituus* Antonius zuschreiben muß, der auf der anderen Seite dargestellt ist: M.ANT.AVG. auf der Vorderseite, C·CAESAR·PONT· auf der Rückseite. Andere manchmal als Beweis herangezogene Münzen, auf denen der *lituus* einem bärtigen Gesicht des Octavian beigegeben ist, stammen wahrscheinlich sehr viel eher aus dem Jahr 37 als aus dem Jahr 42, so daß sie uns überhaupt nicht weiterhelfen.[13] Ebensowenig ist in dieser Hinsicht die Anekdote über die Konsulatsauspizien vom August 43 zu berücksichtigen, die, wie wir sehen werden, sehr aufschlußreich ist, aber in keiner Weise impliziert, daß Octavian von dieser Zeit an Augur gewesen ist.[14] Im Gegensatz dazu wird dieser Umstand ausdrücklich durch die Münzen der Jahre 41 und 40 bezeugt, die geprägt wurden, bevor Octavian den Beinamen *Impera-*

---

[12] Vgl. H. Cohen, Description historique des monnaies frappées sous l'empire romain, Paris ²1931, ND Graz 1955, I, 48–50; H. A. Grueber, Coins of the Roman Republic in the British Museum, London 1910, ND 1970, II, 489–493 (um 41). Die letztgenannte Sammlung ist die zuverlässigste für die Triumviratszeit. Bei Babelon und Cohen gibt es Irrtümer in der Datierung.

[13] Über diese beiden Arten von Münzen, die zu Unrecht von B. Borghesi, Œuvres complètes I, Paris 1862, 353, herangezogen werden, vgl. Grueber II, 591 f.

[14] Dieses Argument wird zu Unrecht von F. Muller in seiner Studie über den Namen „Augustus" angeführt: Augustus, Med. der Kon. Akad. van Wetenschappen, Afd. Letterkunde, 63 A, Amsterdam 1927, 275–347 (= 1–73 separate Paginierung). Ich werde darauf im Laufe dieser Arbeit zurückkommen müssen.

tor annahm. Sie tragen die Legende C·CAESAR·COS·PONT·AVG·.[15] Es ist für uns jetzt nicht sehr wichtig, daß auf den Münzen der folgenden Jahre dieses Priesteramt wie der Pontifikat aus der Reihe der Titel verschwindet, obwohl es gelegentlich doch durch den *lituus* dargestellt bleibt. Wir besitzen den Beweis, daß Octavian nach dem Jahr 42 und vor dem Jahr 40 in das Augurenkollegium eintrat, jedenfalls vor dem Frieden von Brundisium; denn die Münzen, die dies bezeugen, sind in Gallien geprägt worden und müssen von der Reise stammen, die er nach dem Bellum Perusinum unternahm.

Octavian, der nunmehr zwei Priesterämter innehat, erlangt bald ein drittes; Münzen – offenbar aus der gleichen gallischen Prägeanstalt und hergestellt zwischen 37 und 34, wahrscheinlicher im Jahr 37 – stellen auf der Vorderseite einen Dreifuß und darüber eine *cortina* dar.[16] Manche Numismatiker wollten hierin [80] das Symbol der Erneuerung des Triumvirats sehen, worauf die Legende anspielt: IMP·CAESAR·DIVI·F·IIIVIR·ITER· Aber diese Auffassung ist nicht zu halten. Die Erneuerung des Abkommens erfolgte im Jahr 37 ohne jegliche Feierlichkeit; die Umstände waren nicht danach. Darüber hinaus paßt der Dreifuß mit der darüber befindlichen *cortina* keineswegs zu einem Opfer. Es handelt sich, wie B. Borghesi bereits bewies, um das sibyllinische Instrument der *quindecimviri sacris faciundis*. Ein priesterliches Symbol hat nichts Überraschendes in einer Münzserie, die auch auf mancher Rückseite das *simpulum* des Pontifex und den *lituus* des Augurs vereinigt. Aus einem Grund, dem Borghesi nicht nachging, ist Octavian um das Jahr 37 sehr um seine Priestertitel besorgt.[17] Der Dreifuß

---

[15] Cohen I, 21 (falsches Datum); Grueber II, 404, Nr. 74.

[16] Grueber II, 415, Nr. 115; vgl. auch E. Babelon, Description historique et chronologique des monnaies de la république romaine, Paris 1885–86, ND Bologna 1963, II, 59, Nr. 136, der den Denar (mit Cohen) fälschlicherweise auf die Jahre 33–31 datiert. Octavian wurde bereits 38 für ein zweites und drittes Konsulat designiert, zu einem Zeitpunkt, als die Triumvirn die Ämter für eine Reihe von Jahren aufteilten. Die Titulatur IIIVIR·ITER· und COS·ITER·ET·TERT·DESIG·, die auf diesem Geldstück zu lesen ist, verweist uns also etwa auf das Jahr 37.

[17] A.O. (s. Anm. 13) 354: «Mi persuado poi veramente che vi si alluda quest' officio religioso, perchè abbiamo un' altra medaglia della stessa età e

bezieht sich notwendigerweise auf seinen Eintritt ins Kollegium der *quindecimviri*. Es sei mir gestattet, hier ein weiteres Argument anzuführen: Im Jahr 36 beschließt und beginnt der Triumvir nach dem Sieg über Sextus Pompeius den Bau des Tempels des Apollo Palatinus. Diese bedeutende, aber ein wenig unvermittelt erfolgte Handlung wird erst richtig klar, wenn sie vom „sacerdos Sibyllinus" ausgeht. Der muß Octavian tatsächlich und zwar seit kurzer Zeit sein.

Es ist weit weniger wichtig für uns zu wissen, zu welchem Zeitpunkt er *septemvir epulonum* wurde. Diese Würde erscheint unter den großen Priesterämtern als recht zweitrangig. Keine wichtige Funktion, keine alte Tradition knüpft sich daran. Wir müssen uns also wohl nicht wundern, wenn Augustus sie als letzte und erst spät bekleidet hätte. Es scheint [81] tatsächlich, daß die Münze mit der Opferschale (?), die aus der Zeit vor 27 stammt und von Borghesi als Beweis angeführt wird, keinen sicheren Hinweis bedeutet und daß sich im Gegenteil das Vorhandensein der Insignien der vier bedeutenden Kollegien auf der Prägung der beiden Antistii um die Jahre 16–13 durch die jüngst erfolgte Aufnahme des Augustus unter die *septemviri epulonum* erklären läßt.[18]

Es ergeben sich also folgende Etappen der Priesterlaufbahn des Augustus: Pontifex im Jahr 48; Augur 41–40; Quindecimvir um 37; Septemvir epulonum vor 16; hinzu kommen seine geringerwertigen Priesterämter als Fetialis, Arvalbruder und Sodalis Titius, die er alle anscheinend vor dem Jahr 20 übernommen hat.[19] Er gehört den vier *amplissima collegia* an, bevor ihm der Tod des Lepidus im Jahr 13 den Oberpontifikat beschert.

---

colla medesima epigrafe, sulla quale il simpulo ... ed il lituo indicano certamente ch'egli era pontifice ed augure, onde siamo assicurati che in quel tempo, per qual si fosse cagione, vi fu motivo di celebrare i suoi sacerdozi.»

[18] Das ist die vernünftige Ansicht von Th. Mommsen a. O. 33. S. die sogenannte Münze mit der Opferschale (in Wirklichkeit ein Schild?) bei Cohen I, 82, Nr. 126; die der Antistii ebd. 115, Nr. 347f., oder bei H. Mattingly, Coins of the Roman empire in the British Museum I, London 1923, ND 1965, 20 und 24.

[19] Es folgt aus Dio Cassius 50, 4, daß Octavian im Jahre 32 Fetiale war; andererseits hat er wohl die Bruderschaften der Arvales und Titii vor 21 (s. unten) neu organisiert, und zwar als Mitglied dieser Sodalitäten.

Welchen Anteil von Zufall oder im Gegenteil von Berechnung gab es in dieser Folge von Kooptationen? Wartete Octavian, bis in jedem Kollegium ein Platz auf reguläre Weise frei wurde, um sich darum zu bewerben? Es ist berechtigt, a priori daran zu zweifeln. Wenn man sieht, welchen Gebrauch die Triumvirn in ihren Verhandlungen mit Sextus Pompeius vom Priesteramt machen, wenn man insbesondere sieht, wie Octavian im Jahr 36 einen seiner Anhänger mit dem Amt des Augurs belohnt, scheint der Zugang zu den Priesterämtern völlig der Willkür der jeweiligen Machthaber anheimgegeben. Sie haben es sich wohl nicht entgehen lassen, hieraus für sich selbst Nutzen zu ziehen.

Wenn also Octavian um 40 Augur wird, ein wenig später Quindecimvir, haben wir gute Gründe, nicht nach dem 'Wie?', sondern nach dem 'Warum?' zu fragen, zu versuchen, hinter seinen politischen Schachzügen, die relativ klar sind, die Triebfedern seiner Politik [82] im Bereich der Priesterämter aufzudecken, die zwar verborgener und von der Geschichte völlig vernachlässigt sind, aber doch – wie ich zu zeigen hoffe – kraftvoll und beharrlich wirkten.

Die Praxis der Kumulierung von Priesterämtern, die unüblich war, und die Bedeutung, die er ihnen zumißt, rühren bei Augustus sicher weitgehend vom Beispiel Caesars her, der sich auf seinen Münzen schon demonstrativ damit schmückte. Manche von ihren Rückseiten, die die Insignien des Pontifex Maximus, des Augurs und des Flamen zusammen darstellen, könnten die Münzmeister des Augustus inspiriert haben. Ganz allgemein müßten wir genauer wissen, wie Caesar wirklich über Fragen der Religion dachte, um die Originalität seines Nachfolgers angemessen zu beurteilen.

Begnügte sich Caesar damit, das Prestige, das diese Kollegien noch hatten, zynisch auszunutzen? Oder war er weitsichtiger, und muß man ihm die Absicht einer umfassenden Reform der nationalen Religion zuschreiben, für die er sich auf die Abhandlungen, die ihm die Gelehrten seiner Zeit widmeten, stützen konnte?[20] Regelte seine *lex Iulia de sacerdotiis,* die uns so schlecht bekannt ist, nur die äußeren Bedingungen der Priesterschaften in der Absicht, sie mit

---

[20] Varro und Granius Flaccus; s. zu diesem Thema Wissowa a. O. 73; E. Meyer a. O. 505; A. Piganiol, La conquête romaine, Paris ²1930, 415.

seiner Monarchie in Einklang zu bringen, oder tastete dieses Gesetz gar ihre Form an?[21] Wir werden es wohl nie erfahren; aber es ist angebracht festzuhalten, daß seine Art, sich des Priestertums ganz nach seinem Belieben zu bedienen, an die Machtbefugnisse erinnert, die wir später auf Octavian übertragen sehen.[22] Es ist auch der Mühe wert, bei dem Freund Kleopatras, der sich für hellenistische Träume begeisterte, diese Aufmerksamkeit für römische Institutionen hervorzuheben, mag sie auch noch so eigennützig sein. Darf man sich fragen, welchem seiner Priestertitel er die größte Bedeutung beimaß? Abgesehen vom Oberpontifikat, dessen umfangreiche Vollmachten er als großer Administrator natürlich schätzt, scheint seine Vorliebe dem Augurenamt zu gehören. Auf den Aurei und den Denaren, die er prägen läßt, entspricht AVGVR [83] oft dem PONT·MAX, der *lituus* dem *simpulum*.[23] Nicht selten ist auf der Münze der Augurenstab im Feld oder nahe seinem Bild die einzige Anspielung auf seine Priesterämter.[24] Diese Anhaltspunkte berechtigen uns zu der Vermutung, daß Caesar das Amt des Augurs ziemlich hoch eingestuft hat. Noch andere Tatsachen weisen in die gleiche Richtung: Schon 50 wird Antonius von ihm wärmstens für dieses Priesteramt empfohlen; als Dictator beeilt er sich, es für sich selbst zu erwerben, und verleiht es denen, die er belohnen will. Octavian macht er 48 zum Pontifex, das Augurat bietet er Quintus Cornificius an, der sich wenige Jahre später nachdrücklich darauf berufen sollte.[25] Zu der Zeit, als Cicero, der selbst Augur ist, das Werk ›De divinatione‹ schreibt, ist das Kollegium reich an großen

---

[21] Einzige Anspielung bei Cicero, Ad Brutum I 5, 3.

[22] Dio Cassius 42, 51, 4 (im Jahre 47): Caesar ernennt Priester ὑπὲρ τὸ νενομισμένον. Er hat theoretisch das Recht, die Priesterämter einzunehmen: καίπερ αὐτὸς βουληθεὶς πάσας τὰς ἱερωσύνας λαβεῖν ὥσπερ ἐψήφιστο.

[23] Grueber I, 525–527, 537f.; Babelon II, 13, 14, 16, 20; Cohen I, 7, 8; Bem. edb. 11, Nr. 20: AVGVR oben, PONT MAX darunter.

[24] Grueber I, 554, 549, 552. Vgl. des weiteren die Darstellungen von Caesar als Augur auf Münzen von Octavian.

[25] S. die Darstellung des Cornuficius als Augur auf den Münzen, die er nach 44 in Afrika prägen läßt: Q·CORNVFICI·AVGVR·IMP·. Atratinus, General des Antonius im Osten, erinnert gleichfalls an sein Augurat; Grueber I, 515.

Die Priesterämter des Augustus

Namen und an Günstlingen Caesars. Es gibt sicher kein Kollegium, dem mehr Männer der ersten Garnitur angehören.

Daran sollte man sich erinnern, wenn man die seltsame Vorliebe verstehen will, die Octavian diesem Priesteramt entgegenbringt. Aber gilt das auch für Caesar? Hat das Prestige dieses Amtes zu dieser Zeit keine tieferen Ursachen?

Es ist ein Gemeinplatz, den Niedergang der Priesterämter am Ende der Republik zu beschreiben, bevor Augustus kam, um sie vor dem Zerfall zu bewahren. In vieler Hinsicht fehlen die Beweise dafür tatsächlich nicht. Und der Gebrauch, den die Politiker von den Priesterämtern machen, bezeugt auf den ersten Blick nicht, daß diese sehr ernst genommen wurden. Daher muß man die Tatsachen, die dieser Meinung zu widersprechen scheinen, mit Vorsicht betrachten. Die priesterlichen Insignien werden durch die Münzherren des letzten Jahrhunderts verschwenderisch gebraucht, ob sie nun auf ihre eigenen Ämter oder auf die [84] ihrer Vorfahren anspielen. Aber man muß die Tragweite dieser Beobachtung durch zwei Überlegungen begrenzen: zum einen, daß der Umstand uns vielleicht weniger bemerkenswert erschiene, wenn wir für die vorherigen Zeiten über ebenso reichhaltige Münzserien verfügen würden; sodann, daß die Münzbeamten sich etwas einfallen ließen, um in jeder Hinsicht dem Ruhm der Adelsfamilien zu dienen. Wie soll man glauben, daß man den Priesterämtern in einer Zeit, die so viele Beweise ihres Skeptizismus und ihrer Irreligiosität gibt, ein wirklich religiöses Interesse entgegenbrachte? Welche Bedeutung kann man insbesondere dem Amt des Augurs zumessen in einer Zeit, in der die Auspizien laufend mißachtet werden? Die Religionswissenschaftler datieren einmütig von dieser Zeit an den endgültigen Verfall der Auguraldisziplin.

Dennoch besteht Veranlassung, an diesem Gesamtbild einige Korrekturen vorzunehmen und in gleichem Maße die traditionelle Vorstellung, die wir uns von der augusteischen Restauration machen, zu modifizieren. Zunächst einmal hat gerade diese skeptische Generation die größte Zahl an Abhandlungen über die Lehre der Auguren hervorgebracht, und zwar eben deshalb, weil sie skeptisch ist und auf alle Gebiete ihren kritischen philosophischen Geist anwendet, wie man bei Cicero sehen kann; aber wir wissen, daß einige von diesen Büchern den Wert dieser Weissagung verteidigen, manchmal mit Argumenten eines Glaubenden. Der gleichen Zeit muß der Augur Messala angehören, der der Nachwelt außer seinen Fachbüchern die Erinnerung an einen völlig seinem Dienst ergebenen Priester hinterließ.[26] Ferner bekunden die Politiker der Zeit gelegentlich ihre Ehrerbietung gegenüber den Auspizien. Clodius leugnet, sie jemals verletzt zu haben. Im Februar 44 annulliert Antonius nach Beobachtung des Himmels gegen den erklärten Willen Caesars das Konsulat des Dolabella. Seine unredliche Absicht ist unzweifelhaft. Aber Caesar, der sich 59 über die *obnuntiatio* des Bibulus so verächtlich äußerte, respektiert dieses Mal die Auffassung des Augurs Antonius. [85] Immerhin befinden wir uns in der Zeit, in der sich die Konzeption eines souveränen Imperators, der durch seine Legaten siegreich ist, ausprägt; sie kann sich keine bessere Unterstützung wünschen als die Verfügung über die Auspizien. Und um wieviel mehr Gewicht hat die Vogelschau des Imperators, wenn er selbst Augur ist!

Wenn stimmt, was man kürzlich zu zeigen versucht hat,[27] daß die Begriffe *imperator* und *augur* ursprünglich durch ein gemeinsames mystisches Element verbunden sind, da der eine wie der andere eine Art magischer Kraft besitzt, eine sakrale *auctoritas,* dann ist es nicht überraschend zu sehen, wie sie sich von neuem verbinden, als der Republik eine Staatsform folgt, die wesentlich auf diese *auctoritas* gegründet ist. So scheint es allerdings schon vor Caesar und Augustus gewesen zu sein. Sulla und Pompeius waren zu gleicher Zeit Auguren und Imperatoren; auf den Münzen, die an ihre Triumphe

---

[26] Über die *disciplina auguralis* am Ende der Republik vgl. Schanz–Hosius, Lit.gesch. I⁴, 598. Die etruskische Lehre der Haruspices ruft ebenfalls viel Interesse hervor, wie im allgemeinen alle Arten der Weissagung, die sich bald auf den *augur Apollo* konzentrieren sollten (s. unten).
Zum Augur Messala vgl. Schanz–Hosius ebd. Er scheint nicht identisch zu sein mit Messala Corvinus, den Octavian im Jahre 36 zum Augur machte.
[27] Muller a. O. 53 ff. Ich kannte diese Untersuchung nicht, als ich im vergangenen Jahr in dieser Zeitschrift ähnliche Überlegungen über die Beziehung zwischen *imperator* und *augur* veröffentlichte (s. Anm. 7).

erinnern, ist der *lituus* von Trophäen eingerahmt.[28] Geschieht das nicht, um die Auspizien ins Gedächtnis zurückzurufen, unter denen ihre Siege errungen wurden? Mir scheint bemerkenswert, daß die Theorie vom Triumph des Imperators sich genau zu dem Zeitpunkt herausbildet, als die Augurenwürde offenbar ihren höchsten Wert erlangt. Und es ist auch kein Zufall, wenn sich der Augurenstab auf der *gemma Augustea* und auf dem großen Cameo von Frankreich an vorteilhafter Stelle findet, um die Souveränität der kaiserlichen Auspizien zu bekräftigen.[29]

Aus diesen übereinstimmenden Hinweisen kann man zu Recht folgern, daß sich das Augurat beim allgemeinen Niedergang der Priesterämter zur Zeit Caesars zumindest einer relativen Wertschätzung erfreut, und dies immerhin aus einigen präzisen Gründen. Das reicht aus, um die Rolle zu verstehen, die es, wie wir gleich sehen werden, in der Folgezeit spielen wird.

Man gestatte mir, diese Angelegenheit vor allem auf den Münzen zu verfolgen: Es gibt kaum einen Zeitraum, in dem deren Untersuchung ertragreicher ist. Die Münzwerkstätten haben in erstaunlicher Weise der Propaganda des An[86]tonius, Sextus Pompeius und Octavian gedient. Die Zeitgenossen, die nicht die Mittel der Information oder Veranschaulichung hatten, über die wir verfügen, betrachteten diese Zeugen lebendiger Geschichte sicher sehr genau. Bestimmt waren sie ebenso wie wir über den Kampf erstaunt, der sich dort zwischen den großen Rivalen bis hin in den religiösen Bereich abspielte. Sextus Pompeius hat seine Ansprüche auf Neptun, Octavian seinen Titel *Divi filius*[30] teilweise durch Münzen geltend gemacht; sie geben nicht weniger Aufschluß über die Rolle des Augurats.

---

[28] Babelon I, 406, 424; II, 342; Grueber II, 459; I, 489; vgl. MEFR 47, 1930, 161 (s. Anm. 7).
[29] Vgl. RA 5, 32, 1930, 1–35 (20ff.) [s. Saeculum Augustum III].
[30] S. die Münzen von Sext. Pompeius bei Cohen I, 30f. und Grueber II, 560–565. Grueber hat die Propaganda des Octavian auf seinen Münzen von 37–36 gut herausgearbeitet; das Gesicht des Antonius verschwindet, der Titel *Divi filius* rückt in den Vordergrund, die Monarchie des Octavian nimmt ihren Anfang: ebd. 8 Anm. 2. Der Name der Münzmeister verschwindet auch.

Im Vertrag von Misenum bieten Antonius und Octavian dem Sextus das Konsulat an, um mit ihrem gefährlichen Gegner zu einem Vergleich zu kommen; nach Appian fügen sie das höchste Priesteramt, μεγίστης ἱερωσύνης, hinzu; es handelt sich tatsächlich um das Augurat.[31] Pompeius begehrte es offenbar seit langem und, was bemerkenswert ist, beanspruchte es quasi als Familiengut, ein Anspruch, den Cicero unbefangen ermutigte.[32] Aber hätte er sich so intensiv darum bemüht, wenn er darin nicht das Mittel gesehen hätte, sich durch Gleichgewicht der Waffen zum Rivalen der Triumvirn zu machen? Eine Inschrift aus Lilybaeum rückt sein Priesteramt in vorteilhafte Position, neben seinen Imperator-Titel.[33] So sind mit Ausnahme des Lepidus im Jahr 39 die drei führenden Politiker, die sich praktisch die Welt teilen, in gleicher Weise Auguren. Sextus ist übrigens von [87] dem Augenblick an nicht mehr Augur, als der Krieg zwischen Octavian und ihm wieder beginnt;[34] aber genau für die Zeit seiner Niederlage haben wir einen weiteren und sehr eindeutigen Beweis, daß das Augurenamt sehr geschätzt wird: Octavian findet keine bessere Belohnung für Valerius Messala, als ihn als überzähliges Mitglied in dieses Kollegium aufzunehmen.[35] Dieses scheinbar unbedeutende Ereignis, das uns Dio Cassius überliefert, ist in doppelter Hinsicht interessant; es wirft das Problem auf, welche Vollmachten Octavian bei der Besetzung von Priesterämtern bereits im Jahr 36 hatte, und es beweist, wie hoch der zukünftige Augustus die Augurenwürde einschätzte.

---

[31] Appian, B.c. V 72; Dio Cassius 48, 36, 4–5: ὕπατόν τε αἱρεθῆναι καὶ οἰωνιστὴν ἀποδειχθῆναι. Vgl. die jüngst erschienene Monographie von M. Hadas, Sextus Pompey, New York 1930, 97 und 100.

[32] Cicero, Phil. XIII 5, 12: *Mihi ... videtur hoc Fortuna voluisse, ut actis Caesaris firmis ac ratis Cn. Pompei filius posset et* dignitatem (das Augurat) *et fortunas patrias recuperare.* Vgl. den *lituus* auf den Münzen des Sextus, der an das Augurat seines Vaters erinnern soll, ferner den Dreifuß neben dem Bild seines Bruders; vgl. Grueber II, 560–565.

[33] Kommentiert von Th. Mommsen in Hermes 30, 1895, 456–462 (460 und Anm. 1): „MAG·POMPEIO MAG F·PIO IMP·AVGVRE COS·DESIG" usw.

[34] Dio Cassius 48, 54, 5–6.

[35] Ders. 49, 16, 1: Αὐτὸς δὲ τόν τε Μεσσάλαν τὸν Οὐαλέριον ... ἐς τοὺς οἰωνιστὰς ὑπὲρ τὸν ἀριθμὸν ἐσέγραψε.

Sehen wir uns seine Münzen zu dieser Zeit an. Der *lituus* taucht hier beharrlich auf. Man muß übrigens klar sehen, daß er eine nicht geringere Rolle auf den Münzen spielt, die Antonius im Orient verbreitet: Antonius geht so weit, sein Bildnis in voller Größe im Augurengewand prägen zu lassen.[36] Man sucht vergeblich eine Parallele in den Serien Octavians; aber man begegnet dort zwei Darstellungen, die nicht weniger erstaunlich sind und die, wie mir scheint, eine Hervorhebung verdienen. Erstens eine Reiterstatue auf der Rückseite eines *aureus*, der etwa von 37 stammt: Der Reiter ist Octavian, er hält den Augurenstab in der Hand;[37] zum andern auf einem weiteren *aureus*, der um 36 geprägt wurde, das folgende eigenartige Bild: Iulius Caesar im Priestergewand, den gleichen *lituus* in der Hand, unter der Portikus eines Tempels, dessen Giebel über der Inschrift DIVO·IVL· einen Stern trägt.[38] Eine Reiterstatue verträgt sich schlecht mit einem religiösen Attribut; was Caesar betrifft, so würde er uns als Pontifex Maximus weniger in Erstaunen versetzen. Es mußte, um über diese Besonderheiten hinwegzugehen, für Octavian ganz bestimmte Gründe geben. Im ersten Fall ist es möglich, daß der *lituus* abgebildet ist, um [88] die Auspizien zu bekräftigen, die ihn zum Sieg führen, und daß es sich um den *lituus* des Imperator-Augur handelt. Im zweiten Fall gibt es zweifellos einen Hintergedanken: Octavian, der um dieselbe Zeit nachdrücklich auf seine Privilegien als *Divi filius* pocht, beruft sich offen auf Iulius Caesar als Augur. Welcher Beweggrund treibt ihn dazu, diesen Priestertitel so hervorzuheben? Halten wir zunächst fest, daß der Augur 10 Jahre später „Augustus" werden sollte. Die umfassende Untersuchung, die F. Muller zu diesem Thema veröffentlicht hat,[39] und unsere eigenen Bemerkungen hierzu (im letzten

---

[36] Cohen I, 38, Nr. 13; Babelon I, 188, Nr. 79 (erkennt zu Unrecht einen Pontifex).
[37] Cohen I, 96, Nr. 245 und Grueber II, 409, Nr. 95. Der Bug des Schiffes erinnert an den Kampf gegen S. Pompeius.
[38] Cohen I, 76, Nr. 89 und Grueber II, 580, Nr. 32.
[39] Augustus (in holländischer Sprache, s. Anm. 14); Rezension in REL 7, 1929, 227f. Muller, der auch Autor eines ›Altitalischen Wörterbuchs‹ ist, bringt eine Fülle sehr anregender Bemerkungen über den Sinn von *augustus*, der mit *augur* und *augeo* zusammenhängt. Nach seiner Darstellung

Jahrgang dieser *Mélanges*) erübrigen eine erneute detaillierte Darlegung. Ausgangspunkt ist in erster Linie die Tatsache, daß der *lituus*, der sich vor 27 auf den Münzen von Antonius und Octavian als Zeichen des Augurats befindet, durch eine verblüffende Kontinuität nach 27 auf diesen als Symbol des Namens *Augustus* bleibt, ganz davon abgesehen, daß die Abkürzung AUG., die vor diesem Datum für den Titel *Augur* üblich ist, später gleichermaßen als Abkürzung für den Namen *Augustus* dient. Dahinter steckt offensichtlich mehr als Zufall oder ein Kunstgriff. Die Bezeichnung *Augustus* für Octavian ist über seine Bezeichnung als Augur herangereift. Die eine wie die andere gehört einem grundlegend römischen Ideenkreis an und spiegelt zu dieser Zeit die Entwicklung religiöser Vorstellungen.

Worin besteht diese „augurale" Vorstellung? Wenn sie sich auf den alten Glauben an eine fest umrissene und begrenzte Verbindung mit dem Willen der Götter durch die *auspicia* beschränken würde, könnte man schwerlich annehmen, daß sie so lebendig gewesen wäre zu einer Zeit, die eine grundlegende Wandlung der Institutionen [89] und eine Entwertung der Staatsämter erlebte. Bouché-Leclercq schreibt:

„Das Kaiserreich brach eindeutig mit dem Auguralrecht. Die Magistrate holten noch wenigstens einmal jährlich auf dem Kapitol die Auspizien ein, aber der Princeps glaubte, weder zivile noch militärische Auspizien nötig zu haben, um das Reich zu regieren und die Armeen zu befehlen."[40]

Diese Beurteilung ruft viele Vorbehalte hervor, besonders für die Zeit der Herrschaft des Augustus; zwar stimmt es, daß wir in dieser Epoche wenig von Auspizien der Magistrate hören und daß infolge-

---

wurde Augustus mit diesem Namen benannt, weil er, wie man glaubte, den *augus* par excellence besaß, eine wirksame Kraft halbgöttlicher Natur, die auch im Augur wirkt. Es ist bedauerlich, daß Mullers Untersuchung, die im wesentlichen philologisch ist, so wenig historische Dokumente berücksichtigt wie z. B. Münzen, die sicherere Zeugen sind und die man nicht so willkürlich interpretieren kann.

[40] Manuel des instit. rom., 540. Vgl. auch ders., Histoire de la divination, Paris 1879–82, ND Brüssel 1963, IV, 260: «Auguste, en restaurant de son mieux la religion, ne tenait pas à remettre en honneur le droit augural,

Die Priesterämter des Augustus 67

dessen das Auguralrecht im republikanischen Sinn des Wortes aus dem öffentlichen Leben verschwindet; andererseits muß man aber bedenken, daß auf Augustus eine Reihe neuer auguraler Zeremonien zurückgeht, die wir gleich näher untersuchen werden, insbesondere die des *augurium salutis;* außerdem darf man, wie wir gesehen haben, die militärischen Auspizien nicht so gering einschätzen. Wenn sie auch von nun an das Monopol des Kaisers sind, behalten sie unverändert ihre ganze Kraft und dienen ausdrücklich dazu, den ständigen kaiserlichen Triumph zu legitimieren.

Außerhalb dieser genau umrissenen Grundlagen umfaßt der Begriff *augur* zu der Zeit, als er sich um Augustus verdichtet, einen unendlich viel weiter gefaßten und zukunftsträchtigeren Glaubensinhalt, der uns auf den Grund zahlreicher Besonderheiten vorstoßen läßt. Auf den Ausdruck *augur Apollo,* den man bei Horaz und Vergil antrifft, hat F. Muller eine ganze Auslegung der 4. Ekloge Vergils aufgebaut. Da er von der „orientalischen" Theorie Nordens wenig befriedigt ist und die Beweisführung J. Carcopinos noch nicht kennt, kommt der holländische Gelehrte zu der alten Auffassung zurück, die das göttliche Kind mit dem jungen Octavian identifiziert: Das *incrementum Iovis* des Verses 49 sei Apollo–Octavian, *Apollo augur,* Octavian als Augur und [90] als zukünftiger Augustus. Vergil feiere die Erneuerung Roms unter den Auspizien des *iuvenis Caesar,* dessen Göttlichkeit wenig zuvor mit dem Erscheinen des berühmten Kometen der *Ludi Victoriae Caesaris* von 44 entstanden ist. Er begrüße in Octavian jene Sendung als Gründer, als neuer Romulus, die Augustus dann tatsächlich so sehr gefallen sollte.[41]

---

qui aurait pu servir d'instrument d'opposition. On n'entend plus parler des auspices, devenus aussi insignifiants que les ombres des magistrats, dont ils continuent sans doute à consacrer l'installation.»

Die gleiche Auffassung findet sich bei H. Dessau, Geschichte der römischen Kaiserzeit, Berlin 1924–30, I, 345.

[41] F. Muller a. O. 38–47. Der Autor mißt folgender Passage bei Plinius dem Älteren, Nat. hist. 2, 23, 94, große Bedeutung bei: „*Ipsis ludorum meorum diebus sidus crinitum per septem dies in regione caeli, quae sub septentrionibus est, conspectum. Id oriebatur circa undecimam horam diei clarumque et omnibus e terris conspicuum fuit. Eo sidere significari volgus*

Es ist fraglich, ob diese Interpretation die Zustimmung der Gelehrten findet, selbst derjenigen, die Carcopinos Beweisführung nicht hätte überzeugen können: Keine deutet mehr am Sinn aller Ausdrücke herum, keine berücksichtigt weniger die konkreten historischen Umstände der Entstehung der Ekloge. Im übrigen ist dies nicht der Ort, Mullers Deutung zu erörtern. Das Neue bei ihm ist, wie uns scheint, die Beziehung, die er zwischen der chiliastischen und der auguralen Bewegung herstellt. Ihre Parallelität ist verblüffend. Octavian ist frühzeitig darauf bedacht, dieser vagen Hoffnung auf Erneuerung, die sich vielleicht bei einigen in Richtung Orient verirrt, bei den Mystikern Roms und bei Vergil eine philosophische Form annimmt, ein Ziel vorzugeben: Er, der neue Romulus, ist vom Schicksal berufen, das im Entstehen begriffene neue Rom zu „inaugurieren", denn er ist Augur.

Muller hat sicher die Rolle, die in der Ausarbeitung dieses Gedankens dem geheimen Kreis der Auguren, ihren mündlichen und esoterischen Überlieferungen zukommt, übertrieben.[42] Er hat meines Erachtens auch zu Unrecht das Augurat des Octavian auf das Jahr 43 datiert [91] unter dem Vorwand, daß die Einholung von Auspizien, in deren Verlauf ihm wie Romulus zwölf Geier erschienen, Angelegenheit des Augurs und nicht des Konsuls sei.[43] Sofern

---

credidit Caesaris animam inter deorum immortalium numina receptam . . ."
Haec ille in publicum; interiore gaudio sibi illum natum seque in eo nasci interpretatus est, et, si verum fatemur, salutare id terris fuit. Vgl. Servius in Verg. Ecl. IX 47.

Aber muß man gelten lassen, daß *Pollio* ein Wortspiel mit *Apollo* bildet und daß das *incrementum* zugleich Apollo und Octavian meint? [Die Erwähnung von J. Carcopino bezieht sich auf dessen Schrift Virgile et le mystère de la IVe Eclogue, Paris 1930.]

[42] A. O. 37: «de geheime mondelinge traditie van den kring (der Auguren) waartoe hij behooren ging, gaf hem alle middelen om zijn doel te bereiken» (nämlich seiner Sendung als neuer Romulus Geltung zu verschaffen).

[43] Muller a. O. 36. Der Ausdruck *augurium capere* soll ausschließlich in bezug auf Auguren gebraucht worden sein, was man bestreiten kann. Der Text bei Sueton, Div. Aug. 95, ist formelhaft: *primo autem consulatu et augurium capienti . . .*; vgl. auch Obsequens, Prod. 69. S. dazu unsere Untersuchung in MEFR 47, 1930 (s. Anm. 7), 161 f.

die Anekdote, die so wertvoll im Hinblick auf Octavian ist, authentisch, d. h. ursprünglich ist und nicht erst viel später verbreitet wurde, muß man sie auf den Beginn seines Konsulats am 19. August 43 beziehen, den Tag seines Amtsantritts, *dies imperii,* und sie folglich dem Konsul allein zurechnen, da sein Augurat nicht vor 41 liegt. Aber ihre Bedeutung ist deswegen nicht geringer. Wenn sich Octavian, guten Glaubens oder nicht, schon 43 als Augur in der Nachfolge des Romulus ausersehen gefühlt hätte, würde uns das helfen, die Hartnäckigkeit zu verstehen, mit der er sich wenig später das Augurat verschafft hat. Gleiches gilt für die Sinngebung dieses Amtes von Romulus her, die er systematisch betrieben hat. Wenn der Komet Caesars in der Ekloge Vergils auch nur geringe Bedeutung hat, muß man Muller und Wagenvoort doch nicht weniger dafür dankbar sein, daß sie die Aufmerksamkeit auf die merkwürdige Passage des Älteren Plinius gelenkt haben. Es scheint mir bemerkenswert, daß dieser Stern auf der Münze des Octavian den Giebel eines Tempels schmückt, auf dem der *Divus Iulius* ausgerechnet als Augur dargestellt ist. Mit den Privilegien, denen durch die Erscheinung der *stella crinita* Ausdruck verliehen wird, beansprucht Octavian als Erbgut Caesars die Aufgabe des „Inaugurators": Es gibt tatsächlich Andeutungen einer Gleichsetzung Caesars mit Romulus.[44] Die Sitzung an den Iden des März schien ihr eine tragische Bestätigung zu geben. Octavian nimmt diese Tradition wieder auf, vertieft sie, pflegt sie vorsichtig. Die Umstände kommen ihm sehr zu Hilfe: Ganz Rom erwartet eine Erneuerung. Die Ekloge Vergils zeigt, in welchem Maße die Erwartung im Jahr 40 lebendig ist. Und sicher denkt der Dichter im Hinblick auf ihre Verwirklichung weder an Octavian noch an die Kinder des Antonius. Aber sein wunderbares Kind [92] hat Konkurrenten: Alle Mächtigen der Zeit machen – den *lituus* des Augurs in der Hand – ihre Rechte geltend, nicht allein Octavian, sondern auch Antonius und selbst Sextus Pompeius. Zumindest teilweise würde ich von daher das erstaunliche Prestige erklären, das damals das Augurat umgibt. Und die gleichen Umstände begünstigen das Priesteramt des

---

[44] Statue im Tempel des Quirinus; Titel *parens patriae*. Vgl. E. Meyer a. O. 510 und Anm. 1.

Quindecimvirn. Das neue Zeitalter hat als Prophetin die Sibylle, die von Apollo inspiriert wird. Als Octavian um 37 in das Kollegium ihrer Interpreten eintritt, gibt er da nicht dem Empfinden nach, das sich in seiner Umgebung mit den sibyllinischen Weissagungen verbindet: *Cumaeum carmen*? Er gibt ihm auch nach oder ermuntert es und nimmt es vor allem in Beschlag, indem er in der Nähe seines Hauses auf dem Palatin den neuen Tempel Apollos errichten läßt.

Wir glauben, so wenigstens einige von den Gründen zu sehen, die uns Octavian um das Jahr 36 nach dem Zeugnis seiner Münzen so bemüht erscheinen lassen, seine Priestertitel zur Geltung zu bringen. Nicht Zufall, sondern religiöses Denken oder, wenn man so will, Berechnung hat ihn dazu geführt, sich zwischen 41 und 37 nacheinander das Amt eines Augurs und eines Quindecimvirn zu verschaffen. Halten wir überdies fest, daß die Gestalt Octavians sich bereits um 35 fast genau so abzeichnet, wie sie nach Actium erstrahlen sollte. Als er von diesem Zeitpunkt an als der von der göttlichen Vorsehung bestimmte Retter gefeiert wird, der den Frieden zu Wasser und zu Land wiederhergestellt hat – *pace parta terra marique*[45] –, besitzt er die Klugheit, seine Vergangenheit völlig hinter sich zu lassen, und legt von nun an eine peinlich genaue Beachtung des Sakralen an den Tag. Er lehnt es ab, Lepidus zu Lebzeiten sein Amt als Pontifex Maximus zu nehmen.[46] Er hätte davon vielleicht auch weniger Nutzen als Ärger gehabt. Aber er profiliert sich immer mehr als Priestergestalt. In Vergils ›Georgica‹ ermuntert er die Frömmigkeit im italischen Volk. So geht er dem Jahr 32 entgegen, in dem ganz Italien in die Hände seines frommen Führers[47]

---

[45] Der Ausdruck scheint sich auf Münzen zu finden, die, ebenso wie die Statue des Neptun, aus der Zeit vor Actium stammen. Wahrscheinlich hat die Niederlage des Sextus Pompeius, die die Schiffahrt auf dem Meer und die Versorgung Italiens mit Lebensmitteln ermöglichte, in Italien einen ungeheuren Eindruck gemacht, den wir nur zur Hälfte erahnen können. Das Jahr 36 stellt einen charakteristischen Einschnitt in der Karriere Octavians dar.

[46] Dio Cassius 49, 15.

[47] Vgl. R. G. 5, 3–4: *Iuravit in mea verba tota Italia sponte sua et me belli quo vici ad Actium ducem depoposcit.* Bei dieser Gelegenheit erweckte Augustus, wie wir gesehen haben, die Riten der Fetialen zu neuem Leben.

Die Priesterämter des Augustus

einen Eid leisten [93] und ihm die Verteidigung seiner nationalen Götter gegen die *monstra* vom Nil anvertrauen wird. Sicher hat er sich zu keinem Zeitpunkt seines Lebens mit mehr Nutzen des religiösen Empfindens bedient. Die chiliastischen Erwartungen, die durch den tristen Alltag, der dem Frieden von Brundisium folgte, enttäuscht worden waren, beginnen, sich an ihn zu knüpfen: Fehlt nur noch Actium, um seiner Sendung die Weihe zu geben.

Und tatsächlich kommt wider allen Anschein nicht ein neuer Alexander im Jahr 29 als Sieger über den Orient nach Rom zurück, sondern ein neuer Romulus, der sich anschickt, unter unvergleichlichen Vorzeichen das neue Rom zu inaugurieren. Er strebt sogar nach dem Namen seines Vorbilds; er besucht oft auf dem Palatin alles, was an Romulus erinnert. Kaum ist er nach Rom zurückgekommen und hat seine Triumphzüge hinter sich gebracht, kümmert er sich um die Wiederherstellung aller Tempel. In dieser Atmosphäre von Begeisterung und Erwartung heiligt der Senat in seiner Person den *Augustus*. Indem er dies tut, umgibt er ihn, ohne ihn durch einen königlichen Namen zu kompromittieren, mit dem ganzen sakralen Prestige einer Gründergestalt. Er krönt die entscheidenden Fortschritte auguraler Erwartung. Man sieht zu diesem Zeitpunkt den *lituus* in der Hand Octavians seinen endgültigen Sinn annehmen: Er wird Zeichen des Augustus und nicht mehr allein des Augurs, ein privilegiertes Werkzeug, durch das er wie Romulus mit dem Himmel in Verbindung steht und von dort den außergewöhnlichen Einfluß seiner Auspizien schöpft.

Wir hatten im vergangenen Jahr Gelegenheit, ziemlich ausführlich die Bedeutung der „Romulus-Legende" des Augustus darzustellen, so daß wir an dieser Stelle nicht darauf zurückzukommen brauchen.[48] Sie zeichnet sich mit besonderer Deutlichkeit zwischen 29 und 27 ab und drückt sich in der Kunst in der fest umrissenen Gestalt des Romulus-Augustus aus, die der des Aeneas symmetrisch gegenübersteht. Den bereits mitgeteilten Zeugnissen will ich folgendes hinzufügen: Während der *lituus* die Münzen, die nach Actium geprägt worden sind, ziert und die Prägung des Gouverneurs der Provinz Cyrenaica uns auf die Weihe des Jahres 27 vor-

---

[48] S. Anm. 7.

bereitet,[49] stellt ein sehr wertvolles Geldstück, [94] das zwischen 29 und 27 im Orient herausgekommen ist, Octavian im Priestergewand dar. Er trägt einen Schleier und führt zwei Ochsen zum Pflügen. Das ist keine Anspielung auf die Erweiterung des *pomerium*, auch nicht auf die Gründung von Kolonien, sondern zweifellos ein deutlicher Hinweis auf die Neugründung Roms.[50] Der Kopf des Apollo auf der Vorderseite spricht keineswegs dagegen; denn dieses große Werk muß sich unter dem Schutz des Gottes von Actium, des *augur Apollo*, vollziehen. Und eine der Episoden, die auf der Opferschale von Boutae ziseliert ist – einem Erinnerungsstück an Actium par excellence und sicher vor 27 geschaffen –, stellt eben Apollo (und Neptun) vor den Mauern Trojas dar; da unzweifelhaft alle Szenen eine Bedeutung in Octavians eigener Geschichte haben, ist es klar, daß die hier angesprochene mit dieser mythologischen Anspielung die Wiedergeburt des neuen Troja verherrlicht.[51]

Es ist der Mühe wert, sich die priesterlichen Vollmachten des Augustus um das Jahr 27 in ihrer ganzen Fülle zu vergegenwärtigen, dem Zeitpunkt, zu dem es wie im Jahr 36 einzig in seiner Hand lag, Lepidus den Rang des Pontifex Maximus zu nehmen. Tatsache ist, daß er davon absah. Hat man darin eine neue Ehrenbezeigung ge-

---

[49] Auf Münzen dieses Statthalters, Pinarius Scarpus, wird Antonius bis zum Jahre 30 AVG *(augur)* genannt; die gleiche Abkürzung dient von 29–27 Octavian als Augur. Im Jahre 27 wird sie durch AVGVSTVS ersetzt, und der *lituus* bleibt im Feld. Vgl. Mattingly a. O. I, 111 f.; Grueber II, 583–586.

[50] Vgl. Mattingly I, 104, Nr. 638; Cohen I, 81, Nr. 117. Mattingly erkennt hier "Octavian as founder of cities". Laffranchi, BCAR 1919, 16–44, denkt ans *pomoerium*. Man kann in einem gewissen Maße mit dieser Münze diejenige vergleichen, die später durch den Münzmeister Marius geprägt worden ist und die auf die Erweiterung des *pomoerium* anspielen könnte: vgl. Mattingly I, CXI.

[51] S. zu diesem schönen Stück der Goldschmiedekunst den Aufsatz von W. Déonna, Le trésor des Fins d'Annecy, RA 5, 11, 1920, 112–206 (125). Déonna datiert es auf die letzten Jahre vor unserer Zeitrechnung. Das Fehlen des Namens „Augustus" reiche aus zu beweisen, daß es (entweder selbst oder das Modell) vor dem Jahre 27 geschaffen wurde, was auch a priori wahrscheinlich ist.

Die Priesterämter des Augustus 73

genüber dem geheiligten Prinzip des Priestertums zu sehen? Sicher, aber ein Grund hierfür ist auch, daß Augustus ohne Nachteil darauf verzichten konnte: Der *Augustus* braucht den Glanz des *pontifex maximus* nicht zu fürchten, der übrigens im vorliegenden Fall seit [95] dem Abenteuer von 36 sehr getrübt war. Und um seine Gründermission zu erfüllen, braucht Augustus den Oberpontifikat nicht; in der Geschichte der Gründerzeit kommt Romulus vor Numa, der Augur vor dem Pontifex. Es ist folgerichtig, daß Augustus sich zunächst an sein Augurat hält. Und tatsächlich ist eine der ersten wirklich grundlegenden religiösen Erneuerungen, die er in diesem Jahr 29 unternimmt, die des *augurium salutis,* eine in hohem Maß augurale Zeremonie.

Indessen sichert ihm die einfache Tatsache, drei bzw. bald vier großen Kollegien anzugehören und darüber hinaus Arvalbruder, Sodalis Titius und Fetiale zu sein, nicht direkt die völlige Kontrolle über alle Priester und die gesamte Religion, die einem Romulus zukäme. Augustus stellt, wie E. Pais schön gezeigt hat, die völlige Souveränität des königlichen *imperium* wieder her, auf religiösem ebenso wie auf zivilem und militärischem Gebiet. Er schließt den Kreis der republikanischen Geschichte, indem er Priesterämter und Magistraturen, die seit Jahrhunderten getrennt waren, durch ein unauflösliches Band vereint.[52]

Vielleicht muß man diese Feststellung in zweierlei Hinsicht präzisieren: Zunächst beweist die Geschichte der Priesterämter zur Zeit Caesars und der Triumvirn, daß sie bereits vor der augusteischen „Restauration" kräftig danach drängten, Bestandteile der neuen Formen der Macht zu werden. Insbesondere entstand wieder eine Verbindung zwischen der Vollmacht des Imperators und der des Augurs, die vielleicht auf alten Vorstellungen beruhte. Zum zweiten kehrt Augustus mit zwingender Logik zu der Konzeption des

---

[52] E. Pais, Le relazioni fra i sacerdozi e le magistrature civili nella Repubb. romana. Ricerche sulla storia e sul diritto pubblico di Roma I, Roma 1915, 273–335: «Con Augusto si chiude il ciclo dei rapporti dei sacerdozi di fronte ai magistrati curuli... Con Augusto si ritorno allo stesso periodo regio, quando l'autorità sacra, il comando milit. e la giuridiz. civile si trovavano riunite nella unica persona del *rex*.»

Romulus zurück: Als einziger Inhaber des Imperiums in all seinen Aspekten oder (um es besser in seiner eigenen Terminologie auszudrücken, die durch die Inschrift von Antiochien wiedergewonnen ist) als Inhaber der höchsten *auctoritas*[53] begnügt er sich nicht damit, Priester zu sein, und sei es der angesehenste von allen. Da er eine Art ursprünglicher Investitur besitzt wie der erste König, hat er wie dieser die [96] Macht, Priesterämter zu verleihen.[54] Ein bemerkenswerter Volksentscheid noch im Jahr 29 scheint ihm das Recht zuerkannt zu haben, alle Priester zu ernennen, selbst über die reguläre Zahl von Stellen hinaus.[55] Dies ist eine äußerst bedeutsame Tatsache, die ein noch viel wichtigeres Datum darstellt als das Erreichen des Oberpontifikats. Es ist sicher, daß Augustus auf diesem Gebiet wie auf anderen mit systematischer Zurückhaltung vorgeht und sich wohlweislich hütet, bis zur Grenze seiner theoretischen Machtbefugnisse zu gehen, sondern sich bemüht, dem Volk je nach Fall den Anschein freier Wahl und den Kollegien den Anschein freier Kooptation zu lassen. Aber daß es diesen Volksentscheid wirklich gab, ist nicht zweifelhaft, und sogar das Beispiel des Messala, der im Jahr 36 zum überzähligen Augur ernannt wurde, könnte von dieser Zeit an eine analoge Maßnahme von begrenzterer Tragweite nach sich ziehen. Im Jahr 29, und nicht im Jahr 12, beginnt im Bereich der Priesterschaften die Souveränität des Kaisers, die so stark durch Dio Cassius[56] betont wird. Außerdem ist sie nicht im Titel *pontifex maximus,* sondern im Titel *Augustus* zuerst sichtbar geworden.

---

[53] Vgl. Monumentum Antiochenum (s. Anm. 8).

[54] Über die „Romulus übertragene Anfangsinvestitur", die erste Quelle aller römischen Auspizien, s. Bouché-Leclercq, Manuel des instit. rom., 536.

[55] Dio Cassius 51, 20, 3 (im Jahre 29): ἱερέας τε αὐτὸν καὶ ὑπὲρ τὸν ἀριθμόν, ὅσους ἂν ἀεὶ ἐθελήσῃ, προαιρεῖσθαι προσκατεστήσαντο. Die Bedeutung von καί (sogar) gestattet nicht die geäußerte Auffassung, daß dieses Recht auf die Ernennung *extra numerum* beschränkt war; es ist theoretisch unbeschränkt.

[56] Dio Cassius 53, 17, 8: ἔκ τε τοῦ ἐν πάσαις ταῖς ἱερωσύναις ἱερῶσθαι καὶ προσέτι καὶ τοῖς ἄλλοις τὰς πλείους σφῶν διδόναι, ἀρχιερέων τέ τινα αὐτῶν, κἂν δύο κἂν τρεῖς ἅμα ἄρχωσιν, εἶναι, πάντων αὐτοὶ καὶ τῶν ὁσίων καὶ τῶν ἱερῶν κυριεύουσιν.

Die Priesterämter des Augustus

Man kann sich vorstellen, welchen Rang Augustus in den Kollegien hat, denen er angehört. Ob er hier nun regelrecht Magister ist oder nicht, er beherrscht notwendigerweise durch seinen ganzen Einfluß seine Amtskollegen, die zum größten Teil seine Günstlinge sind. Dies ist zunächst einmal der Fall bei den Auguren, deren *lituus* sehr wenig wirksam sein muß neben dem Romulus-Stab des Augustus. In diesem Sinn ist es zutreffend, mit Bouché-Leclercq zu sagen, daß die Auguraldisziplin unter der Entstehung des Kaiserreichs insofern leidet, als der Princeps der einzige ist, der aus dem Prestige des Augurs Nutzen zieht, und seine Auspizien allein zählen. Das trifft sicherlich auch bei den Quindecimviri zu. Wohlweislich ist Augustus so vorsichtig, zu unterstreichen, daß er die Säkularspiele [97] als Vorsitzender des Kollegiums und im Namen des Kollegiums mit Agrippa als Amtskollegen gefeiert hat.[57] Das ganze Kollegium hat ja auch die Ehre, im ›Carmen saeculare‹ genannt zu werden. Ein wenig vom Glanz des Augustus mußte wohl auf dieses zurückstrahlen. Aber wie groß mußte wirklich dessen Autorität im Kreis seiner Kollegen sein, der als Schützling Apollos galt, der im Schatten des Tempels lebte und vielleicht nichts weniger als eine Inkarnation des Gottes war? Wie sollte er nicht ebenso in den Sodalitäten der Arvales und Titii alle anderen Mitglieder in den Schatten gestellt haben?

Augustus steht also tatsächlich über allen Kollegien, denen er angehört. Nur als Pontifex ist seine Autorität theoretisch bis zum Jahr 13 der des Lepidus unterstellt. Und aus dem gleichen Grund entziehen sich die Flamines, die Vestalinnen und ein Teil des religiösen Rechts seiner Kontrolle. Er sollte peinlich genau seine Wahl im Jahr 12 abwarten, um hier einzugreifen. Aber in der von brennender Sehnsucht erfaßten Zeit, in der er lebte, ist auch das Amt des Pontifex trotz des Glanzes dieses Titels von allen Priesterämtern sicher das, welches den geringsten im eigentlichen Sinn religiösen Gehalt hat und am meisten durch Rechts- und Verwaltungsaufgaben in Beschlag genommen ist. Anders verhält es sich mit dem

---

[57] R.G. 4, 36–37: *Pro conlegio XVvirorum magister conlegii collega M. Agrippa ludos saeculares feci.* Offizielle Haltung, die durch die epigraphischen Acta und durch ein Geldstück, das sich auf die gleiche Feier bezieht, bestätigt wird: Cohen I, 128f., Nr. 461; Mattingly I, 17. Hinzufügen kann

Augurat und dem Quindecimvirat, die faktisch und wohl auch rechtlich vom Oberpontifikat unabhängig sind und über reiche Traditionen verfügen, denen die Umstände ihre ganze Kraft wiedergeben: Diese Priesterämter erlauben Augustus ein zutiefst religiöses Wirken; über sie leitet er die Säkularspiele, propagiert er den Kult des Apollo, entwickelt er den Glauben an eine Erneuerung der Jahrhunderte.

Ebenfalls über sie kann er einen guten Teil seines Programms der religiösen Erneuerung verwirklichen. Wir rühren hier an ein Problem, auf das wir schon zu Beginn dieser Untersuchung hingewiesen haben: Welche der [98] Reformen des Augustus sind dem Bereich des Pontifex Maximus zuzuordnen; welche sind vor das Jahr 12 zu datieren und aus welchen Befugnissen leiten sich diese her? Wir haben erwähnt, welche Auffassung Sueton wohl hatte, dem viele Wissenschaftler neuerer Zeit gefolgt sind: Außer der Wiederherstellung von Tempeln, die zum größten Teil in die Jahre 29 bis 28 zu datieren ist, der Errichtung neuer Tempel, der Feier der Säkularspiele im Jahr 17 und einigen Maßnahmen von geringerer Bedeutung würde sich demnach die Gesamtheit des religiösen Werks des Augustus auf die Zeit seines Pontifikats beziehen. Das gilt tatsächlich für einen Teil der Maßnahmen, für die nämlich, die ihrer Natur nach der Funktion des *Pontifex Maximus* entspringen und außerhalb von ihr nicht ohne Regelwidrigkeit denkbar sind: Bekräftigung der Privilegien der Vestalinnen, Ernennung eines *flamen Dialis,* Erneuerung der Lupercalien (?), usw.[58] Einige andere sind tatsächlich vor das Jahr 12 zu datieren; das trifft fast mit Sicherheit für die Reorganisation der Arvalbruderschaft und der Sodales Titii zu, die vor 24 abgeschlossen scheint,[59] auch für die Reform des Kul-

---

man hier das Geldstück, das durch Marius zwischen 17 und 13 geprägt wurde, auf dem Augustus und Agrippa Schleier tragen – nicht als Pontifices, sondern als Quindecimviri (ebd.).

[58] Vgl. Sueton, Div. Aug. 31.

[59] Vgl. E. Hulas, in: Arch. epigr. Mitteil. aus Österreich-Ungarn 15, 1892, 23–28; E. Bormann, in: Festschrift für O. Benndorf, 1898, 283 ff.; Wissowa a. O. 74.

Die Priesterämter des Augustus 77

tes der *Lares compitales,* die jedenfalls bereits 14 begonnen worden sein muß,[60] ganz zu schweigen von der Erneuerung des *augurium salutis,* die ausdrücklich ins Jahr 29 datiert ist.[61] Und hier beginnt, offen gesagt, unsere Verlegenheit: Es ist ganz eindeutig, daß in der republikanischen Religion Titii und Arvales in einem gewissen Maß vom Pontifex Maximus abhingen wie alle Bruderschaften nationalen Charakters; es ist auch schwer, sich ohne ihn die Reform des Kultes der Laren vorzustellen. Muß man annehmen, daß Augustus, überdrüssig, so lange auf den Tod des Lepidus zu warten, sich über dessen Trägheit hinwegsetzte oder sich offen seine Machtbefugnisse aneignete? Oder aber, daß eine legale Verordnung, von der wir nichts wissen, die Kompetenz des Princeps auf diese Bereiche [99] ausdehnte?

Zumindest für die erste dieser Maßnahmen bietet sich ein natürlicherer Grund an: Offenbar hat Augustus als Sodalis Titius das Kollegium wieder zum Leben erweckt und ihm sein Prestige wiedergegeben; genauso hat er wohl als Arvalbruder die alten magischen Praktiken der Bauernreligion erneuert.[62] Auch bemühte er sich bei jeder sich bietenden Gelegenheit, auf die Kollegien gewissermaßen von innen her einzuwirken. Und so gelang es ihm besser als durch die äußere Autorität des *pontifex maximus,* sie wiederzubeleben. Da er der Mittelpunkt jedes Kollegiums war, hat er jedem einen Auftrieb gegeben, der die Autonomie aller hätte zur Folge haben können, wenn er sie nicht zugleich durch seine Autorität einander angenähert hätte. Mit Recht kann man sagen, daß seine Reformen im allgemeinen nicht an das Wesen der priesterlichen Organisation rührten, wenn man darunter versteht, daß er den Priesterkollegien ihre Befugnisse und ihre Mitgliederzahl beließ oder sich damit begnügte, sie ihnen zurückzugeben. Aber der starke Einfluß, den er vor dem Jahr 12 auf die Mehrzahl der Kollegien ausübte, hat gezeigt, wieviel Unabhängigkeit im Hinblick auf den Pontifex Maximus jedes haben konnte.

[60] Von diesem Jahr an machen Inschriften Anspielungen hierauf: vgl. J. A. Hild, Art. ›Lares‹, in: Daremberg/Saglio, Dictionnaire des Ant., Paris 1877–1919, ND Graz 1962–63, 937 ff. (946).
[61] Nach Dio Cassius 51, 20.
[62] Vgl. Hulas und Bormann ebd.

Wir können diesen Tatbestand am Beispiel des Quindecimvirats beurteilen; gerade mit diesem Priesteramt verbindet sich eine der entscheidenden Reformen des Augustus, und im Hinblick darauf hat sich Sueton auf schwerste und auch äußerst aufschlußreiche Weise geirrt. Sueton berichtet:

„Als der Kaiser endlich den Platz des Lepidus eingenommen hatte, ließ er alles, was an prophetischen Büchern ohne ernsthafte Gewähr in griechischer oder lateinischer Sprache im Umlauf war, sammeln und verbrennen; nur die sibyllinischen Bücher behielt er zurück, ließ aber auch sie einer Revision unterziehen und in zwei vergoldete Laden unter dem Sockel der Statue des Apollo Palatinus einschließen."[63]

Gelegentlich [100] hat man sich auf diesen Text berufen, um das Vorhandensein einer gewissen Abhängigkeitsbeziehung zwischen dem sibyllinischen Priesteramt und dem Pontifex Maximus zu beweisen.[64] Und obwohl die Quindecimviri nach ihrer Herkunft und ihrer Bestimmung am Rande der eigentlich einheimischen Religion stehen und so unabhängig wie möglich von ihrem obersten Vorgesetzten sind, könnte es tatsächlich scheinen, daß der Pontifex Maximus trotzdem ein Wort mitzureden gehabt hätte beim Vollzug der Überführung von Orakelsprüchen, die unter dem Tempel des Capitols aufbewahrt wurden und über das Schicksal des römischen Staates entscheiden sollten.[65] Die Reform geschah dennoch ohne seine Mitwirkung, denn man kann sie mit Sicherheit vor das Jahr 12 datieren. Wissowa und einige Gelehrte haben bereits bemerkt, daß es einen Widerspruch zwischen dieser Angabe Suetons einerseits, andererseits einer Stelle bei Dio Cassius, die auf die Abschrift der Orakel-

---

[63] Sueton, Div. Aug. 31: *Postquam vero pontificatum maximum, quem numquam vivo Lepido auferre sustinuerat, mortuo demum suscepit, quidquid fatidicorum librorum Graeci Latinique generis nullis vel parum idoneis auctoribus vulgo ferebatur, supra duo milia contracta undique cremavit ac solos retinuit Sibyllinos, hos quoque dilectu habito; condiditque duobus forulis auratis sub Palatini Apollinis basi.*

[64] Z. B. durch E. Pais, Storia critica di Roma, Roma 1913–20, I 2, 725 Anm. 1.

[65] S. zum Kollegium der Quindecimviri den Artikel von G. Bloch, Duumviri s. f., in: Daremberg/Saglio 426 ff., der übrigens der Meinung Suetons über die Übertragung folgt.

sprüche um das Jahr 18 hinweist,[66] und Versen Vergils und Tibulls[67] gibt, die vor 19 entstanden sein müssen und anscheinend die Überführung als vollzogen betrachten. Der Irrtum des Sueton steht außer Zweifel. Tibull ist Zeuge der Überführung gewesen. Vergil spielt deutlich auf sie an. Da die Maßnahmen der Überführung, der Überarbeitung und der Abschrift der Orakel aller Wahrscheinlichkeit nach im Zusammenhang standen, haben wir, um sie wenigstens bis ins Jahr 18 hinaufzurücken, den Terminus ante quem des Dio Cassius. Das Zeugnis Vergils, der sein Buch VI der ›Aeneis‹ im Jahr 22 vollendete, würde uns veranlassen, noch weiter hinaufzugehen. Andererseits sagt Properz bei seiner [101] Beschreibung des Apollo-Tempels in dieser Hinsicht nichts. Ohne daß dies von entscheidender Bedeutung wäre, läßt es uns doch daran zweifeln, daß die sibyllinischen Bücher sich bereits anläßlich der Weihung des Tempels im Jahr 28 dort befanden.[68] Wenn man alles sorgfältig abwägt, muß die Reform zwischen 23 und 19 stattgefunden haben, d. h. wenige Jahre vor der Feier der Säkularspiele, für die sie als eine Art Vorbereitung gelten kann, jedenfalls ziemlich lange, bevor Augustus Pontifex Maximus wird. Wie bei den Säkularspielen greift er auch hier in seiner Funktion als Quindecimvir ein. Bei diesen beiden Gelegenheiten zeigt er, welch umfangreiche Befugnisse sich von diesem Priesteramt herleiten. Er gibt zugleich dem Kollegium der Quindecimviri, deren apollinischen Charakter er damit genauer festlegt, das volle Bewußtsein seiner Bestimmung. Hier sind wir versucht, eine ziemlich tiefgreifende Reform durch Augustus anzunehmen.

---

[66] Dio Cassius 54, 17, 2: καὶ τὰ ἔπη τὰ Σιβύλλεια ἐξίτηλα ὑπὸ τοῦ χρόνου γεγονότα τοὺς ἱερέας αὐτοχειρίᾳ ἐκγράψασθαι ἐκέλευσεν, ἵνα μηδεὶς ἕτερος αὐτὰ ἀναλέξηται. Das Datum 18 ist aus dem Kontext und dem chronologischen Charakter des Exposés des Dio erschlossen.

[67] Verg. Aen. 6, 69–74. Aeneas verspricht der Sibylle, Apollo einen Tempel zu bauen und ihr dort die *penetralia* vorzubehalten. Das ist eine offensichtliche Anspielung auf den Tempel des Apollo Palatinus. Tibull II 5, 17–18 bittet Apollo um die Erlaubnis, Messalinus, der als Quindecimvir den Tempel betreten hat, dort die *sacras chartas* berühren zu lassen.

[68] Prop. II 31: Es handelt sich genau gesagt um die Öffnung der Portikus der Danaiden für die Öffentlichkeit. Diese ist möglicherweise erst einige Jahre später von Augustus an den Tempel angebaut worden.

Augustus greift anscheinend in gleicher Weise als Augur ein, um im Jahr 29 den alten Ritus des *augurium salutis* zu erneuern; diese Zeremonie, an der die Magistrate teilnehmen, wird im wesentlichen durch das Kollegium der Auguren besorgt, das hier als Ganzes auftritt und bei dieser Gelegenheit das feierlichste der Gebete spricht, die *precatio maxima*.[69] Kurz gesagt: Eine Reihe seiner Reformen, darunter einige von großer Bedeutung, verdanken nichts dem Pontifikat, sondern leiten sich von seinen einzelnen Priesterämtern her.

Ist es möglich, mit ihnen die wesentlichen Linien des religiösen Werkes des Augustus vor dem Jahr 12 zu zeichnen? Vorliebe für den Kult des Apollo und den *ritus graecus,* der sich nach Wissowa durch das Quindecimvirat erklären ließe?[70] Gewiß, aber von dieser Zeit an zeichnet sich das Programm der spezifisch römischen Erneuerung deutlich ab; Wiederherstellung des [102] *augurium salutis,* der Bruderschaften der Titii und der Arvales und so vieler alter Heiligtümer: Zwischen 29 und 12 wird die nationale Religion im wesentlichen geprägt.

Daher muß man das Zentrum anderswo suchen als in der Richtung ausländischer Erscheinungsform. Gemeinsam ist den Zeremonien, die zu dieser Zeit von Augustus herausgehoben wurden, ihr auguraler Charakter. Ob es sich nun um das *augurium salutis* handelt, das durch die Auguren praktiziert wird, oder um die Riten bei der Säkularfeier, die den Quindecimviri anvertraut sind, entscheidend ist, durch eine feierliche Geste mit dem Himmel in Verbindung zu stehen. Und sicher ist es nicht einerlei, daß diese Geste im Namen der Stadt durch den ausgeführt wird, der das Privileg des Augustus besitzt, mag er nun Augur oder Quindecimvir sein. Ein Gelehrter hat sich darüber gewundert, daß Augustus die Gebete der Säkularspiele nur als Quindecimvir ohne die Mitwirkung der Konsuln gesprochen hat; er vermutet, daß Augustus hierzu vor allem als

---

[69] Vgl. Servius in Aen. 12, 176 und die Bemerkungen von G. Costa zu einer Inschrift auf dem Capitol, in: BCAR 38, 1910, 118 ff. (123). Costa zeigt, daß die *precatio maxima* sich auf das *augurium salutis* bezieht, das im übrigen nichts mit dem Kult der Salus zu tun hat.

[70] Vgl. oben Anm. 5.

Inhaber des größten *augurium*, das es in Rom gab, berechtigt war.[71] Das ist wahrscheinlich, aber es scheint sich mir direkt in der Bezeichnung *augustus* auszudrücken, die gegenüber den Titeln *augur* oder *quindecimvir* den Vorrang hat und sichtbar macht, daß der Princeps prädestiniert ist, als Mittler zwischen der Stadt und den Göttern zu dienen.

Augurat und Quindecimvirat sind also für Augustus die gemeinsamen Grundlagen für religiöses Handeln im auguralen Sinn. Aus diesem Grund hat er sie in seiner Jugend im Abstand weniger Jahre in Beschlag genommen, zu einer Zeit, als die chiliastische Bewegung auf ihrem Höhepunkt war. Er besaß das große Geschick, ihnen eine konvergierende Richtung zu geben, die römischem Empfinden entsprach; im Rahmen dieser Strömungen erscheint seine Neigung zum Kult des Apollo weder als Treulosigkeit gegenüber der nationalen Religion noch als Gegensatz zu seinem übrigen Werk. Sie steht vielmehr in dessen Zentrum. Die große Bedeutung der Untersuchung von F. Muller besteht in dem Nachweis, mit welchem Nachdruck Augustus sich im Kreis der [103] spezifisch römischen Begriffe wie *augur, augustus* und *imperator* bewegt, die alle durch den der *auctoritas* gekrönt werden.[72]

Augustus belebt also die römische Religion zwischen 29 und 12 mit einer kühnen auguralen Inspiration und bringt so die Römer in prächtigen Zeremonien ihren Göttern näher. Seine Kontrolle über die Priesterschaften ist zugleich durch die Stellung, die er dort bekleidet, und durch die Rechte, die er dort ausübt, ge-

---

[71] W. Weber, Der Prophet und sein Gott, Beihefte zum Alten Orient 3, Leipzig 1925, 21 Anm. 2: Wenn Augustus im Jahre 17 nicht Konsul war, als er opferte, so war er doch als cos. XI der ranghöchste und des größten *augurium* teilhaftige Römer. Seine Konsulate spielen hierbei keine Rolle.

[72] Muller a. O. passim, bes. 342–344. Der Autor zeigt in zutreffender Weise die Folgen auf, die ein genaues Verstehen der Bezeichnung *Augustus* sogar für die Einschätzung des Wesens des augusteischen Prinzipats haben kann. Er betont besonders nachdrücklich die Bedeutung des Begriffs *auctoritas*, der von Augustus gebraucht wird: „post id tempus (seit 27) praestiti omnibus *auctoritate* ..." (nach den neuen Fragmenten aus Antiochia in Pisidien; Mommsen, der vom griechischen Text ausging, hatte *dignitate* wiederhergestellt).

sichert. Er kann offensichtlich mit Geduld den Tod des Lepidus erwarten.

Lepidus stirbt im Jahr 13, und sogleich fordern Rom und Italien Augustus auf, den ihm zustehenden Besitz an sich zu nehmen. Er gehorcht ohne Eile und kann an der Begeisterung der Komitien im Jahr 12 den Nutzen seiner abwartenden Haltung ermessen. Von nun an bringt er den *pontifex maximus* in der Reihe seiner Titel an günstiger Stelle zur Geltung, nämlich nach seinem Namen Augustus.[73] Er ist eitel genug, alle Verpflichtungen seines Amtes zu übernehmen; und statt das Kaisertum dem Oberpontifikat anzupassen und z. B. den Palatin zugunsten der *regia* des Forums zu verlassen, zieht er es vor, den Pontifikat dem Kaisertum anzupassen, indem er neben seinem Wohnsitz ein neues Heiligtum der Vesta errichtet. Er ist eifrig bestrebt, in den Bereich des religiösen Lebens, der bis jetzt seiner Kontrolle entzogen war, einzugreifen; er reorganisiert das Kollegium der Vestalinnen, setzt wieder Flamines ein, führt die Reform des Kultes der Laren zu Ende, usw. Man ist also durchaus berechtigt anzunehmen, daß er die Wahl vom Jahr 12 gern annimmt und nur der Form halber gegen die Auswüchse der öffentlichen Freude protestiert. Aber als er den Senatoren vorhielt, [104] daß diese neue Auszeichnung kaum seine Befugnisse vermehre, kann man an seine Aufrichtigkeit glauben.[74] So wie er ihn für die Person des Lepidus eingegrenzt hatte, war der Oberpontifikat – seine Reformen haben es gezeigt – nicht wesentlich für die Richtung des religiösen Lebens und der Priesterämter. Wenn er von nun an die uns bekannte Bedeutung erhielt, wenn er beim Kaiser die ganze Fülle religiöser Vollmacht darstellte, dann deswegen, weil er sich vom Jahr 12 an um zahlreiche Befugnisse aller Art erweitert sah, die Augustus in seiner Eigenschaft als Augustus vereint hatte. Der Oberpontifikat krönt mit einem traditionellen Titel die Gesamtheit der priesterlichen Vollmachten des Princeps und bringt seine Priestergestalt zur Vollendung – aber mehr auch nicht.

[73] Vor der *tribunicia potestas* und nach dem Namen *Augustus*. Es bleibt festzuhalten, daß AVG·PONT·MAX· vor 27 *augur pontifex maximus* bedeutet hätte.
[74] Vgl. Dio Cassius 54, 27.

Augustus scheint sich mehr und mehr in dieser Gestalt zu gefallen. Warde Fowler hat die tiefgreifende Bemerkung gemacht, daß Augustus – mit oder ohne Absicht – gerade dadurch die Bewegung, die die Welt dazu trieb, ihn als Gott zu verehren, blockierte oder zumindest bremste.[75] Wie war strenggenommen für einen logischen Geist die Idee seiner Göttlichkeit mit seinem Priestertum vereinbar? Zwar hat die Logik hier kaum etwas zu suchen, aber es steckt dennoch etwas Wahres in dieser Bemerkung. Die Wahl des Jahres 12 hat die Entwicklung des Kultes, der sich im Imperium ausbreitete, nicht aufgehalten, ja nicht einmal verlangsamt. Was bedeutete im übrigen auch für die Provinzen im Orient dieser Titel eines Pontifex Maximus über das hinaus, was Augustus nicht bereits besessen hätte? In Rom selbst ist nichts [105] davon zu spüren, daß die Begeisterung nachgelassen hätte. Höchstens hat sie einen archaischeren, nationaleren Charakter angenommen; der *genius* des Augustus gesellt sich zu den Laren. Aber in dieser zweiten Hälfte seines Lebens ist seine religiöse Orientierung offenbar nicht ganz die gleiche. Keine der großen Zeremonien, die diese Jahre prägen, erinnert an die apollinische und, kurz gesagt, augurale Begeisterung der vorhergehenden. Mars Ultor ist der große Gott dieser Zeit, die auch nach außen hin durch eine größere militärische Aktivität gekennzeichnet ist. Die Weihung seines Tempels auf dem Forum Augusti im Jahr 2 vor unserer Zeitrechnung ist in jeder Hinsicht

---

[75] W. Fowler, Roman Ideas of Deity, London 1914, 124: "He was the chief member of the public officials of Roman cult, a position absolutely incompatible with godhead." Die Bezeichnung *Augustus* hatte genau den Vorzug, den Princeps über diese priesterlichen Fesseln zu erheben. Wenn nicht als einen Gott, so ließ sie ihn zumindest als eine Gestalt erscheinen, die eine außergewöhnliche Macht besaß, mit dem Himmel in Verbindung zu treten. Vom politischen Standpunkt aus betrachtet muß man hierin sicherlich einen Kompromiß zwischen der römischen Konzeption, die im Grunde genommen der Vergöttlichung eines Menschen zuwiderlief, und den aktuellen Erfordernissen des Glaubens an Octavian sehen. Es ist anzumerken, daß E. Bickermann in einem Artikel in APF 9, 1930, 24–46, der mir nicht zugänglich war, anscheinend die römischen Elemente der Kaiserapotheose besonders betont; vgl. M. Rostovtzeff, RH 163, 1930, 1–26 (15 Anm. 1).

deren Mittelpunkt. Es wäre sehr übertrieben, diese Änderung der Orientierung allein mit dem Erreichen des Oberpontifikats durch Augustus zu erklären. Vielleicht darf man einfach denken, daß zufällige Umstände ihm hier wie anderswo in wunderbarer Weise dienlich waren. Zu dem Zeitpunkt, als er die Nachfolge des Lepidus antritt, hat es den Anschein und ist a priori wahrscheinlich, daß sich die große Bewegung der Erwartung, die sich nach Actium verbreitet und in den Säkularspielen von 17 ihren Höhepunkt findet, zu erschöpfen beginnt. Das neue Zeitalter hat begonnen. Numa kann unbedenklich auf Romulus folgen oder sich ihm zumindest zugesellen. Die römische Frömmigkeit kehrt mehr und mehr in den traditionellen Rahmen zurück. Augustus selbst, inzwischen *pater patriae* geworden, profiliert sich in der Rolle des nationalen Oberhauptes.[76] Er hat also nichts zu verlieren, aber alles zu gewinnen, wenn er endlich das Gewand des Pontifex Maximus anzieht. Es ist übrigens unmöglich sich vorzustellen, daß er es anderen überlassen hätte. Seine Wahl im Jahr 12 ist unvermeidlich und notwendig. Aber glauben wir nicht, daß er sie mit viel geheimer Ungeduld erwartet hätte, und erst recht nicht, daß er hier lange eine Lücke empfunden hätte.

Es ist sicher, daß das Ereignis den Wunsch der Römer erfüllte, der sich bereits 36 deutlich artikuliert hatte. Sehr viel mehr als Augustus persönlich [106] waren sie, die von der Tradition beherrscht wurden, schockiert, daß ein anderer als er Pontifex Maximus wurde. Der Vorfall mit Lepidus scheint das Prestige dieses Titels vermehrt zu haben, statt es zu vermindern, und Augustus hat sehen können, wie zutreffend seine Berechnung gewesen war.

Aber verzichtet er von diesem Tag an darauf, sich auf seine früheren Privilegien als *Augustus,* als Inhaber der höchsten Auspizien, zu stützen? Im militärischen Bereich keineswegs; die Gemma augustea von Wien stellt ihn als Triumphator dar, den *lituus* in der Hand:

---

[76] Dieser Titel entstammt wohlgemerkt immer der Romulus-Sage, genau wie der eines *parens patriae,* den man Caesar gegeben hatte. Er entspricht streng nationalen Vorstellungen. Vgl. unsere Bemerkungen in MEFR 47, 1930, 178 (s. Anm. 7).

Die Priesterämter des Augustus 85

Imperator und Augur.[77] Sein Augurat selbst hört wahrscheinlich nicht auf, ihn zu interessieren. Ohne vom Relief des Altars „der Laren" zu reden, das ihn in dieser Funktion darstellt und aus dieser Periode stammt,[78] oder von den *auguria maxima* und *minora*, die noch mehrfach gefeiert werden,[79] finden wir mehrere Anzeichen dafür: Augustus hält unter den Priesterämtern, die er verteilt, Gleichgewicht zwischen Pontifikat und Augurat: Gaius Caesar wird Pontifex, Lucius wird Augur. Münzen, die in Lyon geprägt wurden, zeigen die beiden Knaben Seite an Seite in ihrem Priestergewand, den *lituus* des Lucius nahe beim *simpulum* des Gaius.[80] Germanicus, den Augustus so gern mag und der in vieler Hinsicht Treuhänder seines religiösen Prestiges ist, wird Augur und nicht Pontifex, und die Bedeutung der Tatsache findet sich durch mehrere Details unterstrichen: Tiberius nimmt das Augurat zum Anlaß, Germanicus vorzuwerfen, er habe seine Hände mit dem Blut der Legionen des Varus befleckt; bei seinem Tod beschließt man, daß er hier ebenso wie in seinen Funktionen als Flamen des Augustus nur durch ein Mitglied der Familie des Augustus ersetzt wird;[81] schließlich hat der Künstler, der den schönen Kameo des Cabinet des médailles geschnitten hat, auf dem man Germanicus sieht, [107] wie er auf einem Adler in den Himmel emporgetragen wird, ihm nicht ohne einen Hintergedanken den *lituus* in die Hand gegeben. Wahrscheinlich wollte er dem Augur huldigen, aber auch mit dem Wortspiel *augur* – *augustus* spekulieren.[82] Caligula, der Sohn des Ger-

---

[77] Das Werk bezieht sich auf den Triumph des Tiberius im Jahre 13. Die Argumente von E. Loewy in RPAA 3, 1925, 49–59, scheinen nicht ausschlaggebend. Vgl. unseren Aufsatz in RA 5, 32, 1930, 1–35 (28 ff.).

[78] Vgl. E. Strong, La scultura Romana da Augusto a Costantino, Roma 1923, I, 57.

[79] Costa a. O.

[80] Cohen I, 69; Mattingly I, 88; vgl. CIL VI 897 f.; A. Piganiol, Recherches sur les jeux Romains, Strasbourg 1923, 53 (auf dem bebilderten Kalender von Ostia?).

[81] Tacitus, Ann. I 62 und II 83.

[82] S. die Kamee bei E. Babelon, Camées de la Bibl. nationale, Paris 1897, 137, Pl. XXIX, Abb. 265. Wir haben sie MEFR 47, 1930, 169 kommentiert und abgebildet.

manicus, scheint selbst nach dem Zeugnis seiner Münzen dem Augurat Bedeutung beigemessen zu haben.[83] Dies sind abgeschwächte Nachklänge der Denkweise des Augustus. Mehr und mehr ist der Oberpontifikat schlechthin und fast ausschließlich der Priestertitel des Princeps, vor allem bei den Flaviern, die den religiösen Traditionen der iulisch-claudischen Dynastie gleichgültig gegenüberstehen.

Trotzdem hat die Bewegung der Gläubigkeit, die im Jahr 27 aus dem auguralen Vokabular die Bezeichnung *Augustus* hervorgebracht hatte, unter den Nachfolgern des Augustus einige zwar schwache, aber doch erstaunliche Spuren hinterlassen: Der *lituus* findet sich noch auf Münzen des Tiberius, Caligula und Nero, wo er wohl nur noch eine Anspielung auf den Namen Augustus selbst sein kann.[84]

Zum Abschluß gibt es also Veranlassung, die etwas trügerische Perspektive zurechtzurücken, unter der die Priestergestalt des Augustus erscheint, wenn man sie durch den Oberpontifikat sieht. Die endgültige Vereinigung der religiösen, militärischen und zivilen Macht in der Person des Kaisers geht dem Ereignis des Jahres 12 vor unserer Zeitrechnung voraus. Dieses bestätigt sie nur und gibt ihr einen legaleren Anschein. Sie ist in Wirklichkeit durch eine unwiderstehliche Bewegung entstanden, die spürbar wurde, noch bevor Octavian sich ihrer bemächtigte, und die die Tendenz hatte, das Imperium in seiner vollen Kraft wiederherzustellen, sowohl in mystischer wie in praktischer Hinsicht. [108] Mehr als jedes andere Priesteramt war die wichtigste religiöse Stütze für dieses *imperium* das Augurat. Daher sieht man sein Prestige parallel zum Titel *imperator* im letzten Jahrhundert der Republik wachsen.

---

[83] Vgl. besonders seine Münze von Caesarea in Kappadokien, geprägt um 37–38; auf der Rückseite: *simpulum* und *lituus*; Legende: IMPERATOR· PONT·MAX·AVG·TR·POT·. Mattingly I, 161 hat hier das Augurat nicht herausgestellt.

[84] In Judäa; vgl. F. G. Hill, Catalogue of the Greek Coins of Palestine, London 1914, 258 und 266; F. W. Madden, Coins of the Jews, legt – offenbar zu Unrecht – den Gedanken nahe, daß dieser *lituus* auf die Neigung des Tiberius zur Wahrsagerei anspielt.

Octavian beeilt sich in seinen frühen Jahren, es in seine Hand zu bekommen. Das Augurat – und auch das Quindecimvirat – dienen ihm dazu, die schwer faßbaren chiliastischen Strömungen, die Rom um das Jahr 40 durchziehen, zu seinem Vorteil nutzbar zu machen. Vor allem vom Jahr 36 an stützt er sich auf diese beiden Priesterämter, um Zutrauen zu seiner Sendung als Romulus-Nachfolger zu verbreiten. Nachdem er durch Actium für diese Sendung freie Hand erhalten hat, zeigt er sich bei seiner Rückkehr nach Rom im Jahr 29 als neuer Romulus, vereinigt in seinen Händen alle wesentlichen Vollmachten des Gründers und erhält obendrein im Jahr 27 unter dem Namen *Augustus* die Weihe seiner souveränen Auspizien.

Im Namen dieser religiösen Souveränität, die weiter gefaßt und göttlicher ist als die Autorität des Pontifex Maximus, führt er vor dem Jahr 12 den bedeutendsten und auch interessantesten Teil seines religiösen Werks durch. Dieser Teil ist nicht nur archaisierende Erneuerung, sondern auch geschicktes Bemühen, die auguralen Zeremonien im weiten Sinne des Wortes zu entwickeln. Durch diese religiöse Souveränität und durch seine einzelnen Priesterämter ist er in den Kollegien die dominierende Gestalt, er belebt sie und reformiert sie mitunter.

Es dürfte ihm also wohl nicht sehr schwergefallen sein, wenn es ihm nicht gar nützlich gewesen ist, so lange auf den Oberpontifikat zu warten. Aber selbst im Jahr 12 übernimmt er ihn nicht, ohne ihn seinem Prinzipat anzupassen. Dieses Zusammentreffen von Umständen, das ihn so spät zum Oberpontifikat führt, als er seine Möglichkeiten als Augur bereits ausgeschöpft hat, hat die Art und das Ausmaß der religiösen Vollmachten der Kaiser bestimmt. Da sie *Augusti* waren, bevor sie *Pontifices Maximi* wurden, haben sie alle aus dem religiösen Abenteuer des Gründers des Kaisertums Nutzen gezogen.

Pierre Lambrechts, La politique «apollinienne» d'Auguste et le culte impérial. La Nouvelle Clio 5 (1953), pp. 65–82. Aus dem Französischen übersetzt von Hansjörg Hausen.

DIE „APOLLINISCHE" POLITIK DES AUGUSTUS UND DER KAISERKULT [1]

Von Pierre Lambrechts

Es mag müßig erscheinen, erneut auf ein Problem zurückzukommen, das schon wiederholt behandelt worden ist. Wenn wir uns trotzdem dazu entschließen, dann deswegen, weil man zumindest nach unserer Überzeugung die Entwicklung des religiösen Denkens des Augustus noch nicht deutlich genug herausgestellt hat. Dieses Denken ist durchaus nicht aus einem Guß; es wird vielmehr durch zögernde und tastende Versuche bestimmt. Vor allem möchten wir hier deutlich machen, daß dieses religiöse Denken mit dem politischen Denken des ersten Kaisers sorgfältig abgestimmt ist. Man könnte sagen, daß es zwischen den beiden eine Verbindung von Ursache und Wirkung gibt. Und gerade hierin findet der vorliegende Aufsatz seine Rechtfertigung.

Wenn man die Religionspolitik des Augustus insgesamt ins Auge faßt, so ist man in erster Linie über die dominierende Stellung verblüfft, die Apollo darin einnimmt.[2] Erinnern wir an einige im übrigen allgemein bekannte Tatsachen: die Einweihung des neuen und prachtvoll ausgeschmückten Tempels des Apollo Palatinus im

---

[1] Ich möchte meinen Kollegen und Freunden A. Alföldi und P. van de Woestijne, denen ich wichtige bibliographische Hinweise zu verdanken habe, herzlich Dank sagen.

[2] Einige bibliographische Angaben, die im übrigen durchaus nicht vollständig sind, folgen hier unmittelbar: O. Immisch, Zum antiken Herrscherkult, in: Aus Roms Zeitwende, Leipzig 1931, 1–36; F. Altheim, A History of Roman Religion, London 1938, 350 ff.; J. Gagé, Actiaca, in: MEFR 53, 1936, 37–100; W. Déonna, Le trésor des Fins d'Annecy, in: RA 5, 11, 1920, 112–206; R. Pettazzoni, Augustus. Studi in occasione del bimillenario Augusteo, Roma 1938, 221 ff.; F. Muller, Augustus, Med. der Kon. Akad. van Wetenschappen, Afd. Letterkunde, 63 A, Amsterdam 1927, 275–347.

Jahr 28 auf dem Palatin, und zwar auf dem Privatgelände des Octavian; die Überführung der sibyllinischen Bücher vom Kapitol in eben diesen Tempel; die absolut dominierende Stellung, die Apollo und Diana im ›Carmen saeculare‹ des Horaz einnehmen, einem „inspirierten" Gedicht, wenn es je eines gegeben hat; die entscheidende Rolle, die Apollo von Vergil (Aen. VIII 704 ff.) und Properz (El. IV 6) in der siegreichen Schlacht von Actium zugeschrieben wird.[3] Diese Angaben dürften genügen; sie beweisen den „apollinischen" Charakter der augusteischen Religion.

[66] Aber unsere Untersuchung wird sich nicht auf diese allbekannte Feststellung beschränken können. Man muß in dieser „apollinischen" Politik des Augustus zwei Dinge deutlich unterscheiden: erstens seine Verehrung für den Gott, dem er – so könnte man sagen – die erste Stelle im Pantheon einräumt und den er als seinen offiziellen „Schirmherrn" anerkennt; sodann die Tatsache, daß er sich selbst mit dem Gott gleichsetzen ließ und, kurz gesagt, als dessen Inkarnation gelten wollte. Dies sind zwei Aspekte der Religionspolitik des Augustus, die zwar in Wechselbeziehung zueinander stehen, aber nicht völlig identisch sind.

Daß Octavian als eine Epiphanie Apollos anerkannt werden wollte – wobei er einer in Rom bereits ziemlich verbreiteten Tradition folgte, die wohl stark von hellenistischen Vorbildern inspiriert war[4] –, ist wohl kaum zu bestreiten. Mehrere Texte sind in dieser

---

[3] Zu den verschiedenen „Etappen" der Legende, nach der Apollo persönlich eingriff, um die Entscheidung in Actium zu erzwingen, s. die anregenden Bemerkungen von W. Déonna a. O. 168 und J. Gagé a. O. 67 ff. Diese Etappen bestehen in der 9. Epode des Horaz (unmittelbar nach der Schlacht geschrieben), der ›Aeneis‹ (Buch 8) und der Elegie IV 6 des Properz. Letztere stammt wahrscheinlich aus dem Jahre 16 v. Chr. (s. die Ausgaben von M. Rothstein, Berlin ²1924, II, 274 f. und von H. E. Butler und E. A. Barber, Oxford 1933, 355). Jedesmal wird die Rolle Apollos erweitert; in dem Gedicht des Horaz ist noch gar nicht von Apollo die Rede. Wenn man das Eingreifen Apollos einmal ganz beiseite läßt, beruhte der Sieg von Actium wohl ebensosehr auf dem Verrat eines Teils der Flotte des Antonius wie auf der Tapferkeit der Römer (s. J. Gagé a. O. 37 ff.).
[4] Wir wissen aus Dio Cassius (44, 6, 4), daß Caesar einige Monate vor seinem Tod durch einen Senatsbeschluß in den Rang des Iuppiter Iulius

Hinsicht besonders aufschlußreich. Sueton (Aug. 70, 1–2) berichtet, daß bei einem Gastmahl im Jahr 40 v. Chr. die Gäste als Götter und Göttinnen gekleidet waren und der junge Octavian als Apollo aufgemacht erschien.[5] Dies war keineswegs, wie man gesagt hat, eine Jugendtorheit;[6] denn im Kommentar des Pseudo-Acro zu Horaz, Ep. I 3, 17, lesen wir, daß Octavian in der Bibliothek des Tempels des Apollo Palatinus eine Statue hat aufstellen lassen, [67] die ihn *habitu ac statu Apollinis* darstellte. Und auch Servius spricht in seinem Kommentar zu dem berühmten Vers 10 der 4. Ekloge Vergils von einer Statue des Augustus *cum Apollinis cunctis insignibus*. Hat er hierbei das gleiche Denkmal im Sinn wie der Horaz-Kommentator? Möglich ist es. Wichtiger aber ist, daß Servius an der gleichen Stelle einige sehr geläufige Spekulationen über die Gleichsetzung von Augustus und Apollo wiedergibt. Er schreibt nämlich: *Quidam Octaviam sororem Augusti significari adfirmant* (sc. *per Lucinam*) *ipsumque Augustum Apollinem*. Man kann wetten, daß Octavian zu dieser Zeit nichts getan hat, um eine derartige Auslegung zu entmutigen. Wir können sogar behaupten, daß er sicher alles getan hat, um ihre Glaubwürdigkeit zu fördern. Denn eines ist gewiß: Auf einer recht großen Anzahl von Münzen, die Octavian prägen ließ, gleicht der Kopf des Apollo, der im Abschnitt dargestellt ist, in erstaunlicher Weise dem des Octavian.[7] Ein Irrtum in

---

erhoben worden ist und daß Antonius sein *flamen Dialis* wurde. Aber bereits vor ihm waren Statthalter östlicher Provinzen im Osten wie Gottheiten verehrt worden. S. zu diesen Fragen die ausgezeichnete Darstellung von L. R. Taylor, The Divinity of the Roman Emperor, Middletown/Conn. 1931, 35 ff.

[5] Dies erinnert an die Geschichte des syrakusanischen Arztes Menekratos, der sich als Zeus ausgab und einen Kreis von Bewunderern um sich versammelte, die er als Götter des Olymp verkleidete: Athenaios, Deipn. VII 289a und ff.

[6] O. Immisch, Zum antiken Herrscherkult a. O. 29.

[7] S. hierzu in erster Linie die Studie von J. Liegle, Die Münzprägung Octavians und die augusteische Kunst, JDAI 56, 1941, 91–119 (s. Saeculum Augustum III); A. Alföldi, Insignien und Tracht römischer Kaiser, in: MDAI (R) 50, 1935, 1–191 (105), und H. Mattingly, Coins of the Roman Empire in the British Museum I, London 1923, cxxiii Anm. 1 und cxxiv; 104 (Pl. 15, Nr. 17) und 103 (Pl. 15, Nr. 15).

dieser Sache, die faktisch unbestreitbar ist, ist nicht möglich. Es handelt sich, vergessen wir das nicht, um offizielle Dokumente, die die Politiker in Rom häufig für ihre Propaganda einsetzten.[8] Andererseits berichtet Sueton im Kapitel 94 seiner Augustus-Vita, er habe in einer Abhandlung des Asklepias von Mendes gelesen, daß Octavians Mutter Atia ihren Sohn von Apollo empfangen habe; als sie mitten in der Nacht in den Tempel des Apollo gekommen sei, um ein feierliches Opfer darzubringen, habe Apollo sich ihr in Gestalt einer Schlange genähert; dies habe Octavius, den Vater des Augustus, veranlaßt zu sagen, er habe im Traum die Sonne aus dem Schoß seiner Frau aufsteigen sehen. Diese ganze Geschichte ist natürlich nur eine Nachahmung der „göttlichen" Empfängnis Alexanders des Großen. Sogar O. Immisch sieht sich gezwungen, im Hinblick auf diese Geschichte zu schreiben (S. 34): „Trotz aller Zurückhaltung des Kaisers ist es allmählich doch dazu gekommen, in seiner geheiligten Person einen leibhaftigen Sohn des von ihm so hochverehrten Gottes zu erblicken." Er gibt sich indessen viel Mühe, den Nachweis zu erbringen, daß die Legende von der göttlichen Vaterschaft des Kaisers sich erst nach dem [68] Tod des Augustus gebildet habe.[9] Aber der deutsche Gelehrte irrt eindeutig. Denn an einer sehr interessanten Textstelle des Dio Cassius (45, 1, 2) heißt es, daß der Hauptgrund für Caesars Entschluß, den Sohn der Atia zu adoptieren, eben das umlaufende Gerücht über seine „apollinische" Herkunft war.[10] O. Immisch glaubt, sich eines für

---

[8] S. hierzu C. H. V. Sutherland, The Historical Evidence of Greek and Roman Coins, in: G&R 9, 1940, 65–80, und, was spezieller Augustus angeht, sein Werk Coinage in Roman Imperial Policy, London 1951, 25, 28 und passim.

[9] A. O. 35–36.

[10] Dio Cassius 45, 1, 2: Ἄπαις τε γὰρ ἐκεῖνος (Caesar) ὢν καὶ μεγάλας ἐπ' αὐτῷ (Octavian) ἐλπίδας ἔχων ἠγάπα τε καὶ περιεῖπεν αὐτόν, ὡς καὶ τοῦ ὀνόματος καὶ τῆς ἐξουσίας τῆς τε μοναρχίας διάδοχον καταλείψων. ἄλλως τε καὶ ὅτι ἡ Ἀττία δεινῶς ἰσχυρίζετο ἐκ τοῦ Ἀπόλλωνος αὐτὸν κεκυηκέναι, ὅτι καταδαρθοῦσά ποτε ἐν ναῷ αὐτοῦ δράκοντί τινι μίγνυσθαι ἐνόμισε καὶ διὰ τοῦτο τῷ ἱκνουμένῳ χρόνῳ ἔτεκε. Diese Nachricht könnte darauf hinweisen, daß Caesar Apollo ein gewisses Interesse entgegenbrachte, obwohl die Texte in dieser Hinsicht ziemlich unergiebig

seine These so hinderlichen Zeugnisses durch die Überlegung entledigen zu können, daß es von einem Autor severischer Zeit stammt. Aber dies schließt ja nicht aus, daß die Notiz des Dio Cassius auf eine ausgezeichnete Quelle zurückgehen kann. Man ist nur berechtigt, sie zurückzuweisen, wenn durch andere Tatsachen bewiesen wird, daß sie offensichtlich falsch ist, was aber nicht der Fall ist. Wir erfahren nämlich durch eine Stelle bei Appian (Bell. civ. III 16), daß Caesar der Abkunft seines eventuellen Nachfolgers sehr große Bedeutung beimaß: Und die Tatsache, daß Antonius, sein glänzender Stellvertreter, nach eigener Behauptung von Hercules abstammte (der sich aus Gründen, die wir hier nicht zu erörtern brauchen, wohl nicht der Gunst des Dictators erfreute), war der Grund dafür, daß er Octavian vorzog. Und andererseits zielt alles auf den Nachweis, daß die „göttlichen" Ansprüche des letzteren in eine sehr frühe Zeit zurückreichen. Von Beginn seiner politischen Laufbahn an behauptete Octavian, ein Anrecht auf göttliche Ehren zu haben. Zur Bestätigung verweise ich auf die Stelle eines Briefes von Cicero – der ja Zeitgenosse war – an Atticus (XVI 15, 3): *At quae contio! nam est missa mihi. Iurat „ita sibi parentis honores consequi liceat", et simul dextram intendit ad* [69] *statuam*. Und Cicero fügt hinzu: μηδὲ σωθείην ὑπό γε τοιούτου![11] Dieser Text besagt viel über die Haltung des jungen Octavian. Wenn er durch seine Vorsicht in vorteilhafter Weise von Caesar absticht, so gilt das nicht für die Anfänge seiner politischen Laufbahn.

sind. Unbestreitbar bevorzugte er unter den Göttern Mars und Venus und ließ sich mit Juppiter und Quirinus identifizieren (s. in erster Linie J. Carcopino, Points de vue sur l'impérialisme romain, Paris 1934, 117 ff.). Ohne Zweifel war Octavian der große Protagonist des Apollo. Ein neuer Hinweis auf die Beziehung zwischen Caesar und Apollo könnte allerdings der jüngst in Curium auf der Insel Zypern entdeckte Tempel sein, der dem Apollo Caesar geweiht war (unter der Voraussetzung, daß es sich überhaupt um den Dictator handelt): s. zu diesem Problem The London Illustrated News 1952, 588 ff. Natürlich muß man die wissenschaftliche Veröffentlichung dieser Ausgrabungen abwarten, um genau zu wissen, wer dieser Apollo Caesar ist.
[11] E. Meyer, Kleine Schriften, Halle 1910, ²1924, 452; H. Heinen, Zur Begründung des römischen Kaiserkultes, in: Klio 11, 1911, 129–177 (139 mit Anm. 1–2).

Natürlich haben nicht wenige Gelehrte die Beweiskraft der oben zitierten Texte bestritten.[12] Zwar passen diese recht schlecht zu der Vorstellung, die man sich vom Gründer des Prinzipats und Erneuerer der Republik macht, einem Mann des Maßes und des Realismus, der fest in den alten römischen Traditionen verankert ist und den hellenistischen Konzeptionen des Gottkönigtums ablehnend – ja sogar feindlich – gegenübersteht. „Schirmherr ist Apollo dem Prinzeps, apollinisch ist sein Ideal, nicht aber soll es die eigene Person sein": so faßt O. Immisch die Frage zusammen. Diese Auffassung ist, davon bin ich fest überzeugt, falsch. Aber wie soll man dann erklären, so wird man uns vorhalten, daß Augustus bei mehreren Gelegenheiten – in einer Art, die man als spektakulär bezeichnen könnte – die Ehrungen, die der Senat und das Volk ihm zuerkennen wollten, abgelehnt hat?[13] Nennen wir hier als Beispiel, daß Agrippa, nachdem er im Jahr 25 v. Chr. das Pantheon vollendet hatte, Augustus das Angebot machte, es seiner Göttlichkeit als Tempel zu weihen, und daß letzterer ablehnte.[14]

Da sind wir nun anscheinend in einer Sackgasse! Wie sind zwei Haltungen, die offenbar so widersprüchlich sind, miteinander zu vereinbaren? Hier spielt die Chronologie eine Rolle. Im allgemei-

[12] S. z. B. die bereits zitierte Untersuchung von O. Immisch, die noch immer grundlegend auf diesem Gebiet ist. Er nimmt die Authentizität der *cena* δωδεκάθεος an, spricht aber von einer „Jugendtorheit" Octavians, die keine Folgen nach sich zieht. Die Notiz des Ps.-Acro wird als „ganz unmögliche Auffassung des faselnden Horazscholiasten" (S. 33) dargestellt. Was den Text des Servius betrifft, „so bedarf es nur kurzen Nachdenkens, um diese Interpretation ... auszuschließen" (S. 33). In den Protokollen der *fratres arvales* (Wissowa, Religion und Kultus der Römer[2], 295) wird gesagt, daß der Tag der Gründung des ersten Apollotempels der 23. September ist. Dies ist aber der Geburtstag des Augustus. Es handelt sich offensichtlich nicht um eine zufällige Übereinstimmung, vielmehr ist die Angelegenheit von Octavian „arrangiert" worden. Der Symbolwert ist klar: Die „Geburt" des Gottes fällt mit der des Augustus zusammen, und die beiden vermischen sich. Die Überlegungen von O. Immisch a. O. 25 Anm. 1 gehen an diesem wichtigen Umstand vorbei. Im gleichen Sinne wie O. Immisch s. L. Deubner in ARW 33, 1936, 115 f.

[13] S. z. B. Sueton, Aug. 52 (in fine).

[14] Dio Cassius 53, 27, 3.

nen gibt man gern ein [70] globales Urteil über Person und Werk des ersten Princeps ab, aber man vergißt allzu leicht, daß die außergewöhnliche Laufbahn des Augustus, die im Jahr 44 v. Chr. beginnt, sich über mehr als ein halbes Jahrhundert erstreckt. Seine Politik hat sich nicht gleichförmig entwickelt. Sie war sprunghaft und widersprüchlich, ein ständiges Experimentieren mit dem Ziel, einen *modus vivendi* zu finden, der in den Augen der Römer (und vor allem des Senats) akzeptabel war und doch die unantastbaren Rechte des julisch-claudischen Hauses auf den Thron garantierte. Die Religionspolitik des Augustus spiegelt ziemlich getreu die Schwankungen dieser allgemeinen Politik wider. Wenn wir nicht einer Täuschung unterliegen, dann stellen wohl zwei Daten (oder sogar drei, wenn man so will) einen wichtigen Wendepunkt in dieser steten Weiterentwicklung dar. Zunächst das Jahr 27 v. Chr., das Jahr der Begründung des Prinzipats und der Rückkehr zu einer normaleren Verfassungsform; dann 12 v. Chr., das Jahr, in dem Augustus die Würde des *pontifex maximus* erhielt und eine Rückkehr zu einer „monarchischen" Form seiner Macht stattfand. Zwischen diesen Daten erstreckt sich der Zeitraum, den man, ohne sich vielleicht allzusehr zu täuschen, als den „republikanischsten" seiner Regierungszeit betrachten könnte. Schließlich scheint es, daß man bei der Proklamation des Princeps zum *pater patriae* im Jahr 2 v. Chr. Zeuge einer entscheidenden Entwicklung in Richtung auf die Vergöttlichung des Kaisers zu seinen Lebzeiten wird.

O. Immisch irrte sicher, als er glaubte, daß die Gleichsetzung von Augustus und Apollo sich nach und nach vollzog, „allmählich", wie er sagt. Zumindest meiner Kenntnis nach hat man bisher noch nicht herausgestellt, daß alle uns bekannten Hinweise auf diese Gleichsetzung aus der Zeit vor 27 v. Chr. stammen,[15] d. h. in die „monarchische" Periode des künftigen Princeps zurückreichen. Das bedeutet letzten Endes, daß es eine Verbindung von Ursache und Wirkung zwischen dem Verzicht auf Selbstvergötterung durch Octavian und der Rückkehr zu den konstitutionellen Formen

---

[15] Als Ausnahme zu dieser Regel sehe ich nur J. Liegle, JDAI 56, 1941, 91–119 (s. o. Anm. 7).

des römischen Staates gibt. Die *cena* δωδεκάθεος fand nämlich im Jahr 40 statt. Die Legende vom „apollinischen" Ursprung Octavians scheint in die Zeit Caesars zurückzureichen. Der Tempel des Apollo Palatinus wurde 36 gelobt und 28 geweiht; [71] die Statue des Octavian-Apollo gehört also in die Zeit vor dem zuletzt genannten Datum. Andererseits ist die Wiederherstellung des ersten Apollo-Tempels in Rom, dem der Prata Flaminia, durch einen gewissen C. Sosius in das Jahr 33 datiert. Wenn, wie ich annehmen möchte, das Kind, das von Vergil in seiner 4. Ekloge besungen wird, niemand anders als Octavius-Apollo ist,[16] haben wir ein weiteres Zeugnis, das uns in die vierziger Jahre vor unserer Zeitrechnung verweist. In den gleichen Zeitraum (41 v. Chr.) führt uns auch die 1. Ekloge Vergils, in der der junge Octavian *deus* genannt wird und die Rede ist von einem privaten Kult, der ihm dargebracht wird.[17] Im Jahr 36 sagt derselbe Dichter in der Einleitung zu seinen

---

[16] Ich kann nicht daran denken, diesen Gesichtspunkt hier zu entwikkeln. Ich übernehme die Theorie von F. Muller, die in dem oben Anm. 2 zitierten Artikel ausgeführt ist. Für die so oft erörterte Frage der Identifikation des geheimnisvollen Kindes, das in der 4. Ekloge besungen wird, s. zuletzt G. Jachmann in ASNP 21, 1952, 13–62.

[17] S. Vers 6 ff.:
O Meliboee, deus nobis haec otia fecit:
namque erit ille mihi semper deus; illius aram
saepe tener nostris ab ovilibus imbuet agnus.

Ferner V. 18 und 40 ff., wo noch die Rede ist von Altären, die zu Ehren des jungen Octavian entzündet wurden. Natürlich ist mir die Auffassung mehrerer Gelehrter bekannt, daß die Eklogen nur geringen dokumentarischen Wert für Rom haben. Was den Privatkult betrifft, von dem hier die Rede ist, so vertrat G. Wissowa, Hermes 37, 1902, 157–159, bereits die Meinung, daß Vergil nur ein hellenistisches Vorbild übertragen habe, ohne daß man dies als Beweis für die Existenz eines solchen Kultes in Italien ansehen dürfe. S. zuletzt F. Bömer, WJA 4, 1949/50, 60–70; er vertritt die Auffassung, daß Vergils Verse überhaupt keine historische römische Wirklichkeit abdecken, sondern einfach dem Gedicht XVII des Theokrit entstammen. Indessen hindert nichts den lateinischen Dichter, eine griechische Form zu entlehnen, um römische Wirklichkeit auszudrücken! Ich folge der Ansicht von H. Wagenvoort, Mnemosyne 58, 1930, 137–159 (146 ff.). Daß Octavian wirklich bereits in jungen Jahren in manchen italischen Städten als Gottheit

›Georgica‹ die offizielle Apotheose Octavians voraus und fordert ihn auf, sich schon auf Erden an die göttliche Verehrung, die man ihm darbringt, zu gewöhnen.[18] Und am Anfang des dritten Buches der ›Georgica‹, [72] das vor 29 verfaßt wurde, schreibt Vergil (Vers 12 ff.), daß er in Mantua einen Tempel errichten und mitten hinein die Statue des Augustus stellen will –

In medio mihi Caesar erit templumque tenebit –,

zu dessen Ehre er Wettkämpfe veranstalten und Opfergaben darbringen wird.

Auch die Auskünfte der Münzen sind eindeutig. Im Jahr 27 v. Chr. hört die Emission von Münzen auf, die die Büste des Octavian-Apollo tragen: Dies machte J. Liegle in einer scharfsinnigen Untersuchung deutlich.[19] Nach dieser Zeit sehen wir auf den Münzen die Gleichsetzung des Gottes mit seinem glühenden Verehrer nicht mehr. Nun spiegeln die Münzen bekanntlich sehr getreu die Politik der Kaiser wider. Augustus hat also bewußt die Idee seiner Gleichsetzung mit Apollo aufgegeben. Und man muß sogar das Jahr 12 v. Chr., d. h. das Jahr, in dem er den Oberpontifikat erhielt, abwarten, um die Büste des Apollo Actius auf den Münzen wieder erscheinen zu sehen (s. S. 105).

Das bedeutet indessen keineswegs, daß Apollo nicht weiterhin eine führende Rolle in der Religionspolitik des Kaisers spielt, ganz im Gegenteil. Die Zeremonien bei der Feier der Säkularspiele von

betrachtet wurde, ist andererseits durch Appian, Bell. civ. V 132, 546 bezeugt: καὶ ἦν ὁ Καῖσαρ ἐτῶν ἐς τότε ὀκτὼ καὶ εἴκοσι (dies verweist uns etwa auf das Jahr 35 v. Chr.), καὶ αὐτὸν αἱ πόλεις τοῖς σφετέροις θεοῖς συνίδρυον. Ein Zeugnis wie dieses, von einem gut informierten Historiker, kann nicht einfach ignoriert werden. Dieser Text führt uns noch einmal in die Zeit vor dem Jahr 27.

[18] S. bes. die Verse 24 ff. (Apotheose des Octavian) und Vers 42, der mit den Worten endet: *et votis iam nunc adsuesce vocari.*

[19] J. Liegle, JDAI 56, 1941, 91–119 (s. o. Anm. 7). – Die Gleichsetzung Octavians mit anderen Göttern – Merkur, Neptun – scheint ebenfalls vor 27 zu liegen (s. J. Gagé a. O. 85 ff.). Die Ode I 2 des Horaz, in der Octavian Sohn der Maia, d. h. Merkur, genannt wird, kann nicht viel später sein als die Zeit der Bürgerkriegswirren.

17 v. Chr. und das ›Carmen saeculare‹ des Horaz mit seinen wiederholten Anrufungen des Paares Apollo–Diana, während nur nebenbei von Jupiter und Juno die Rede ist, beweisen ganz deutlich, daß Apollo Palatinus und nicht mehr der kapitolinische Jupiter den ersten Rang im römischen Pantheon einnimmt. Die Elegie IV 6 des Properz, eine Hymne auf den Ruhm von Augustus und Apollo Actius, stammt wahrscheinlich aus dem Jahr 16 v. Chr.[20] Wir besitzen andererseits eine Serie von Münzen, die zwischen 12 und 10 v. Chr. in Umlauf kamen und geprägt wurden, um die Siege von Actium und Naulochos zu feiern: Apollo und Diana erscheinen im Abschnitt.[21]

[73] Aber hier liegt nicht unser Problem. Wichtig ist es zu betonen, daß wir zwischen 27 vor und 14 n. Chr. überhaupt kein Anzeichen mehr besitzen, das uns erlaubte, eine Angleichung des Augustus an seinen Lieblingsgott zu behaupten. Die ›Aeneis‹ z. B. ist erstaunlich zurückhaltend in der Frage der Göttlichkeit des Augustus.[22] Livius, der seine ›Römische Geschichte‹ um 27 zu schreiben begann, und Horaz in seinen ›Oden‹ scheinen anzudeuten, daß die Stellung des Kaisers der des Hercules oder anderer antiker Heroen ähnlich ist, die sich durch ihre auf dieser Erde entfalteten Tugenden die Unsterblichkeit im Jenseits sicherten.[23] Und ausgerechnet im Jahr 27 tauchen auch die ersten Münzen des Augustus auf, die auf der Rückseite einen Adler mit ausgebreiteten Flügeln und die Bürgerkrone zeigen.[24] Der Adler ist bekanntlich das charakteristischste Symbol der offiziellen Apotheose, die den Kaiser nach seinem Tod erwartet. Im Jahr 25 hat er das Angebot des Agrippa abgelehnt, ihm das

---

[20] S. die Ausgaben von M. Rothstein, Berlin ²1924, II, 274f. und von H. E. Butler und E. A. Barber, Oxford 1933, 355.
[21] S. diese Münzen bei H. Cohen, Monnaies, Bd. I, Paris 1880, 84ff.: es handelt sich um die Nummern 143–146, 148–150, 162–173, 177; letztere stammt aus dem Jahre 5 v. Chr. Bei H. Mattingly, Coins of the Roman Empire in the British Museum I, a. O. Pl. 11, Nr. 7–11 und Pl. 12, Nr. 1, 3, 4–12.
[22] L. R. Taylor a. O. 172 ff.
[23] Ebd. 162–164; s. z. B. Ode III 14 (24 v. Chr.) und H. Heinen a. O. 155 Anm. 2.
[24] Ebd. 165.

Pantheon, das er soeben hatte fertigstellen lassen, zu weihen. Was bedeutet das anderes, als daß sich Augustus auf religiösem Gebiet eine vorsichtige und der republikanischen Mentalität mehr oder weniger gemäße Politik zu eigen gemacht hatte, wenn er im Jahr 27 mit der bis dahin verfolgten cäsarischen und „monarchischen" Politik brach, die, wie Caesar richtig erkannt hatte, den Glauben an die Göttlichkeit des Kaisers zu seinen Lebzeiten miteinbegriff. Das Schweigen der zeitgenössischen Autoren ist auch „inspiriert". Freiwillig oder gezwungenermaßen hat Augustus seine „apollinische" Politik, die im übrigen nicht die Begeisterung der Volksmassen entfacht zu haben scheint, aufgegeben.[25] Es sieht tatsächlich so aus, als ob sich der Gott Apollo aus schwer faßlichen Gründen nicht der besonderen Gunst des breiten Publikums erfreut hätte und die Gleichsetzung des Gottes mit Octavian nicht sehr gut aufgenommen worden wäre.[26] A. Alföldi [74] hat andererseits bereits bemerkt, daß mit Ausnahme Neros kein einziger Kaiser nach Augustus mehr daran gedacht hat, sich mit Apollo zu identifizieren.[27] Muß man daraus schließen, daß Augustus nach der Errichtung des

---

[25] Zu den spärlichen Angaben, die wir über Initiativen aus dem Volk (und nicht, wohlgemerkt, von Octavian selber ausgehend) im Zusammenhang mit dem Kult des Apollo-Augustus haben, s. H. Heinen a. O. 150 Anm. 5.

[26] Was die Gleichsetzung mit dem Gott betrifft, so kann der Umstand erstaunlich scheinen, daß wir weder ein Relief noch eine Statue besitzen, die diese bezeugen (zu den Münzen s. o.), während wir für die Gleichsetzung des Augustus mit Merkur ein Zeugnis in Gestalt einer Plastik auf einem in Bologna gefundenen Altar haben (Reproduktionen in MDAI [R] 50, 1935, Taf.; Literatur bei F. Altheim a. O. 365). Wahrscheinlich muß man dieses Fehlen zunächst dadurch erklären, daß Augustus nach 27 auf die Gleichsetzung mit Apollo verzichtet und seine Apollo-Religion nicht die Gunst des Volkes gefunden hat.

[27] A. O. 105. Man kann den Mißerfolg dieser Religionspolitik des Augustus ermessen, wenn man sich daran erinnert, daß der Gott, den er „verfolgt" hat – Hercules, der Liebling seines Gegners Antonius – später das Vorbild geworden ist, das die Kaiser (vor allem die, die zum Absolutismus neigten) sich nachzuahmen bemühten: s. W. Derichs, Herakles, Vorbild des Herrschers in der Antike, Diss. Köln 1951.

Prinzipats die Idee, in den Augen seiner Zeitgenossen als Gott zu gelten und sich göttliche Ehren erweisen zu lassen, endgültig aufgegeben hat?

Sagen wir von vornherein deutlich, daß die Frage sich je nach geographischer Lage anders stellt. Im Orient wurde Augustus wie auch seine Nachfolger im allgemeinen – obwohl nach Gegenden und Provinzen differenziert – zu seinen Lebzeiten als Gott betrachtet und infolgedessen durch einen Kult geehrt.[28] Jedoch interessiert uns hauptsächlich, wie sich Rom und Italien zu diesem Problem verhielten. Und hier beginnen die Schwierigkeiten und Widersprüche.

Abgesehen von einer Textstelle des Appian (Bell. civ. V 132), die einen Kult für Octavian in den italischen Städten bezeugt (aber vor 27 v. Chr., wie der Autor vorsorglich eigens sagt: s. Anm. 17), besitzen wir drei Texte, die im wesentlichen recht genaue Angaben enthalten. Sueton (Aug. 52) versichert, daß Augustus in den Provinzen jeden Tempelbau ablehnte, wenn er nicht zugleich der Göttin Roma und ihm selbst geweiht wurde. In Rom selbst lehnte er hartnäckig diese Ehre ab: *nam in urbe quidem pertinacissime abstinuit hoc honore.*

Dio Cassius geht weiter (51, 20, 6–8). Anläßlich des Baus eines Tempels für Augustus zu seinen Lebzeiten in Pergamon und Nicomedia schreibt der Historiker, daß kein Kaiser es gewagt hat, Gleiches in der Hauptstadt und in Italien allgemein zu tun: ἐν γάρ τοι τῷ ἄστει αὐτῷ τῇ τε ἄλλῃ Ἰταλίᾳ οὐκ ἔστιν ὅστις τῶν καὶ ἐφ' ὁποσονοῦν λόγου τινὸς ἀξίων ἐτόλμησε τοῦτο ποιῆσαι.

[75] Aus diesen beiden Textstellen hat man den Schluß gezogen, daß Augustus zu seinen Lebzeiten in Rom und in Italien nie als Gott betrachtet werden wollte. Halten wir nebenbei fest, daß Sueton überhaupt nicht von Italien, sondern nur von Rom spricht; dieser Unterschied verdient hervorgehoben zu werden. Sein Text schließt ganz und gar nicht die Möglichkeit aus, daß dem Kaiser in den italischen Städten ein Kult dargebracht wurde. Was Tacitus mitteilt, steht in offensichtlichem Widerspruch dazu. An einer

---

[28] Bibliographie der wichtigsten Werke zum römischen Kaiserkult bei D. M. Pippidi, Recherches sur le culte impérial, Bukarest 1939, 11; Anm. 2.

berühmten Stelle, an der er ein Bild der Erscheinung und der Persönlichkeit des Augustus entwirft (Ann. I 10), lesen wir: *Nihil deorum honoribus relictum cum se templis et effigie numinum per flamines et sacerdotes coli vellet.* Ist es möglich, Zeugnisse, die offensichtlich so widersprüchlich sind, miteinander zu vereinbaren?

Glücklicherweise sind wir nicht allein auf literarische Zeugnisse angewiesen. Wir werden sehen, daß die Epigraphik einen wertvollen Beitrag leistet.

Eine Reihe von Inschriften, die von L. Ross Taylor[29] im Detail untersucht worden sind und die unbestreitbar aus der Zeit des Augustus stammen, nennt einen *flamen Augusti,* einen *sacerdos Augusti* oder spricht von einem *templum Augusti* in italischen Städten. Unsere sachkundige Kollegin schätzt, daß solche Inschriften, die der augusteischen Epoche angehören, in zwölf Städten Italiens gefunden worden sind; sicher ist das ein Minimum.[30] Nähme man sie wörtlich, würden diese Inschriften die Existenz eines Augustuskults zu seinen Lebzeiten in den italischen Munizipalstädten beweisen.

[76] Dies ist allerdings nicht die Auffassung von Frau Taylor. Sie meint, und darin folgt ihr D. M. Pippidi,[31] daß diese Inschriften nicht unmittelbar die Person des Augustus meinen, sondern seinen *genius.* Nach ihrer Auffassung müßte man jedesmal, wenn die Rede von einem *flamen Augusti* oder von einem *sacerdos Augusti* ist, das Wort *genius* mithören. Man weiß ja (und wir werden gleich darauf

---

[29] The Worship of Augustus in Italy, TAPhA 51, 1920, 116–133.

[30] Ebd. 117. Andere Gelehrte (s. die Belege ebd. 120f.) glauben, daß der Augustus-Kult in einer viel größeren Zahl italischer Orte bezeugt ist. Sicher hat die amerikanische Gelehrte recht, wenn sie sagt, daß nicht jede Erwähnung eines *flamen Augusti* oder eines *flamen Augustalis* sich notwendigerweise auf den ersten Princeps bezieht; denn dessen Nachfolger trugen auch den Titel Augustus. Sie hält nur die Fälle fest, in denen ausdrücklich angegeben wird, daß es sich um den ersten Augustus handelt, und so zählt sie zwölf Orte auf. Aber dies schließt nicht aus, daß möglicherweise mehrere unter den nicht datierten Nennungen eines *flamen Augusti* tatsächlich den Begründer des Prinzipats und nicht einen seiner Nachfolger meinen.

[31] A. O. 14ff.

Die „apollinische" Politik des Augustus 101

zurückkommen), daß sich während der Regierungszeit des Augustus der Kult des Genius Augusti entwickelte. Genaugenommen hatte die Unterscheidung zwischen der Person des Kaisers und seinem *genius* tatsächlich jegliche Bedeutung verloren, obwohl sie theoretisch weiterhin existierte. "The genius was but a thin veil for the emperor himself", schreibt sie. Und dies würde natürlich ausreichen, um die Fast-Göttlichkeit des Kaisers in manchen italischen Städten zu bestätigen.

Wenn wir uns nicht täuschen, ist es allerdings möglich, der Frage noch intensiver nachzugehen, als Frau Taylor es getan hat, und vor allem den Einfluß genauer zu bestimmen, den zunächst die Verleihung des Oberpontifikats an Augustus im Jahr 12 v. Chr. und vor allem die des Titels „Vater des Vaterlandes" im Jahr 2 vor unserer Zeitrechnung auf unser Problem hatten.

Frau Taylor hat die Entwicklung des Begriffs Genius Augusti glänzend dargestellt, und wir können ihr uneingeschränkt folgen.[32] Es ist nicht unsere Aufgabe, hier im Detail die zahlreichen Probleme, die sich mit dem Begriff *genius* verbinden, genau zu untersuchen: Mit Sicherheit weiß man, daß seine Wurzeln in die früheste Zeit Roms zurückreichen.[33] Schon im Jahr 30 v. Chr. hatte ein Dekret des Senats für jedes Festmahl ein Trankopfer zu Ehren des *genius* des Kaisers vorgeschrieben. Eine Reminiszenz finden wir in einer Ode des Horaz (IV 5), in der der Dichter bei der Erwähnung des *genius* des Augustus diesen *deus* und *numen* nennt und ihn mit antiken Heroen vergleicht, nämlich mit Castor und Hercules, denen nach dem Tode Unsterblichkeit zuteil wurde: Dies paßt zu der offiziellen Anschauung, nach der Augustus nach seinem Tode der Aufstieg in den Olymp sicher war. Diese Ode stammt aus dem Jahr 13 vor unserer Zeitrechnung. Der Dichter verbindet hier den Kult des *genius* mit dem der Laren, privaten Gottheiten.[34] Bis zu diesem Zeitpunkt scheint der Kult des *genius* [77] noch eher privaten Charakter zu haben als zur offiziellen Religion zu gehören.

[32] The Worship (s. Anm. 29) 128 ff. und The Divinity of the Roman Emperor, a. O. 181 ff.
[33] Für alle Fragen, die den *Genius* betreffen, s. W. F. Otto, Art. ›Genius‹, RE VII 1, 1910, 1155–1170.
[34] Divinity (s. Anm. 32) 182.

Dabei bleibt es allerdings nicht, und Frau Taylor hat gezeigt,[35] wie Augustus als *pontifex maximus* nach seiner Wahl in der allgemeinen Begeisterung den gemeinsamen Kult seines *genius* und der Laren seines Hauses zur offiziellen Religion erhob. Man sah überall, in Rom und anderswo, in den kleinen Kapellen an den Straßenkreuzungen das Bild seines *genius* und zu seinen Seiten die Bilder der Laren, die nun allgemein Lares Augusti genannt wurden. Dies veranlaßte Ovid zu sagen (Fast. V 145–146):

> Mille Lares Geniumque ducis qui tradidit illos
> Urbs habet et vici numina trina colunt.

Diese neue Phase des Kaiserkults beweist sicher die gefestigte Stellung des Augustus auf politischem und religiösem Gebiet. Allerdings wird man daraus nicht schließen können, daß ihm bereits göttliche Verehrung im eigentlichen Sinne zuteil wurde. Tatsächlich handelt es sich immer noch um seinen *genius*. Es ist möglich, daß der Unterschied zwischen der Person des Kaisers und seinem *genius* sich für den einfachen Mann auf weniger als den "thin veil" verringerte, von dem die amerikanische Gelehrte spricht. Nichtsdestoweniger ist die Situation zwischen den Jahren 12 und 2 v. Chr. und den auf diesen Zeitraum folgenden Jahren nicht die gleiche.

Denn es ist eine Tatsache, daß alle epigraphischen Dokumente, auf denen eine Erwähnung eines Priesters oder eines Tempels des Augustus ohne die Hinzufügung des Wortes *genius* erscheint, späteren Datums sind als das Jahr, in dem Augustus den Titel *pater patriae* erhielt,[36] und es scheint uns unmöglich, keine Beziehung zwischen diesen beiden Phänomenen anzunehmen. In Rom selbst hat sich jedoch keine Inschrift gefunden, die einen solchen Kult des Kaisers zu seinen Lebzeiten bezeugt. Und dies beweist, daß in der Hauptstadt die offizielle Anschauung weiterhin vorherrschte: Man

---

[35] Ebd. 185.
[36] S. den Aufsatz von L. R. Taylor in: TAPhA 51, 1920, 116–133, wo dieses Datierungsproblem – für jeden Fall gesondert – gut behandelt ist. Da ich den Angaben von Frau Taylor nichts hinzuzufügen habe, hielt ich es nicht für notwendig, hier die wichtige Frage der Datierung der verschiedenen Inschriften, die den direkten Kult des Augustus bezeugen, aufzugreifen. Wichtig ist, daß keine vor das Jahr 2 v. Chr. zu datieren ist.

ehrte den *genius* des Kaisers, nicht seine Person, die erst nach dem Tode vergöttlicht wurde. Aber in zahlreichen italischen Städten war es durchaus anders. Man hat dort mehrere epigraphische Zeugnisse gefunden, [78] die das Vorhandensein von Priestern und Tempeln des Augustus belegen, ohne daß noch vom *genius* des Kaisers die Rede ist. Dies war möglich, weil die Kolonien über Zahl und Art der Feste, die sie in ihren religiösen Kalender aufnahmen, selbst beschlossen,[37] wie ausdrücklich durch die Lex colonia Genetivae Iuliae (Dessau, Inscr. lat. sel. 6087 § 64) bezeugt wird. Wenn man, wie Frau Taylor meint, jedesmal, wenn vom *flamen Augusti* oder vom *templum Augusti* die Rede ist, den *genius* einbeziehen müßte, wäre man berechtigt, sich zu fragen, wie es kommt, daß keine solche Erwähnung vor dem Jahr 2 bekannt ist. Darüber hinaus ist nirgends bezeugt, daß man je für den *genius* eines Kaisers oder sonst irgendeines Menschen einen Tempel errichtet hätte.[38] Wenn es ferner zutrifft, daß man dem *genius* blutige Opfergaben darbringt und bei ihm schwört, so wird doch nirgends gesagt, daß es sich um einen Kult handelt, für den Priester zuständig gewesen wären; die erwähnten Inschriften sprechen aber von *sacerdotes* und *flamines Augusti*. Man kann sich daher nur schwer des Eindrucks erwehren, daß die Stellung des Augustus, die durch das Erreichen der Würde des *pater patriae* gestärkt war, in Italien einen fortschreitenden Verzicht auf die Genius-Fiktion und die Entstehung eines Kultes seiner Person und der kaiserlichen Familie zur Folge hatte. Es ist möglich, wie Frau Taylor glaubt,[39] daß es sich in Neapel eher um eine den griechischen Städten eigentümliche Sitte handelte, die immer bereit waren, die Monarchen (und sogar Prokonsuln, wie dies bereits in der republikanischen Epoche geschah) zu vergöttlichen. Aber im Falle anderer Städte wie Brescia, Verona, Perugia und Pisa, in denen der gleiche Kult bezeugt ist, wäre dies nicht durch einen Rückgriff auf das griechische Vorbild zu erklären.[40]

---

[37] A. D. Nock, The Roman Army and the Roman Religious Year, HThR 45, 1952, 186–252 (193) = Essays on Religion and the Ancient World II, Oxford 1972, 736–790 (741 f.).
[38] S. Art. ›Genius‹, a. O. 1161 ff.
[39] The Worship (s. Anm. 29) 117.
[40] Hier die Liste der Inschriften, die Tempel oder Priester des Augustus

Die Deutung von Frau Taylor, es handle sich in diesen italischen Städten tatsächlich um einen Kult für den *genius* des Kaisers, kommt uns ziemlich unwahrscheinlich vor. Ein Zeugnis wie das *feriale Cumanum*, über das Frau [79] Taylor übrigens schnell hinweggeht, scheint das Gegenteil zu beweisen.[41] Wir werden uns hier nicht damit befassen, diesen religiösen Kalender von Cumae, der auf die Person des Augustus und seine Familie ausgerichtet ist und dem Th. Mommsen schon eine eingehende Analyse gewidmet hat, im Detail zu analysieren.[42] „Daß und wie ihm bei seinen Lebzeiten göttliche Ehre gezollt wurde, zeigt kein anderes Denkmal mit gleicher Deutlichkeit und Vollständigkeit", hat der große deutsche Gelehrte geschrieben. Dieses Dokument stammt aus der Zeit zwischen 4 und 14 nach Christus. Daraus ergibt sich, daß Augustus, nachdem er den ehrenvollen Titel *pater patriae* erhalten hatte, den Kult seiner Person und seiner „Dynastie" in den italischen Städten zwar nicht befohlen, ihn aber in allen Fällen gestattet und sicherlich begünstigt hat. Insgesamt scheint uns der Text des Sueton am ehesten der Wirklichkeit zu entsprechen. Jüngst hat W. Seston den Sinn und die Bedeutsamkeit dieser Verleihung des Titels „Vater des Vaterlandes" vorzüglich erklärt:

„Durch ihn wurde Augustus nicht nur die allumfassende Vollmacht verliehen, die Recht und Brauch dem *pater familias* zuerkannten, sondern auch die Möglichkeit, diese auf seine Nachfolger zu übertragen und seine Nachkommen zu berufen, sie mit ihm zu teilen ... Absolutismus und Erblichkeit: das scheint der doppelte politische Sinn des Akts gewesen zu sein, der an diesem Tag im Senat vollzogen wurde."[43]

Nun findet eine solche Politik immer ihre Entsprechung auf religiösem Gebiet, und man wird durchaus nicht fehlgehen, wenn man

erwähnen (für die Datierung dieser Inschriften ist der Artikel von Frau Taylor heranzuziehen): CIL X 837 (Pompeji), V 18 (Pola), XI 1420–1421 (Pisa), V 852 (Aquileia), X 1613 (Pozzuoli), X 6305 (Terracina), IX 1556 (Benevent), XI 1922 und 1923 (Perugia), V 3341 (Verona), V 4442 (Brescia), XIV 2964 (Praeneste), und schließlich das *feriale Cumanum*.

[41] Der Text findet sich in CIL I^2, S. 229.

[42] Hermes 17, 1882, 631–643 = Gesammelte Schriften Bd. IV, Berlin [Dublin/Zürich] 1906, ^{2}1965, 259–270.

[43] Germanicus héros fondateur, in: PP 5, 1950, 171–184 (178 f.).

Die „apollinische" Politik des Augustus

sagt, daß zwischen dem Prinzip der Erblichkeit und der göttlichen Verehrung für den Kaiser zu seinen Lebzeiten eine Art Verbindung von Ursache und Wirkung existiert.

An dieser Stelle müssen wir den Faden unserer Ausführungen wiederaufgreifen, die ja in erster Linie auf den „Apollinismus" des Augustus zielt. Wir haben die „Zäsur" gesehen, die durch das Jahr 27 und die darauf folgenden Ereignisse markiert wird. Vor allem auf den Münzen, sagten wir, ist diese Veränderung offenkundig. Beim Studium der augusteischen Münzprägung war ich äußerst überrascht, ein völliges Fehlen des Apollo in den Münzemissionen zwischen 27 und 12 vor unserer Zeitrechnung festzustellen.[44] Es wäre schwierig [80] zu behaupten, daß es sich hier lediglich um einen Zufall handelt. Im Jahr 12 v. Chr. sehen wir hingegen die „apollinische" Propaganda auf den Münzen wiedererscheinen; sie setzt sich drei Jahre lang fort, bis zum Jahr 10. Die Werke von Cohen und Mattingly enthalten eine beeindruckende Serie von Münzen, die im Abschnitt die Büste des Augustus und auf der Rückseite die Darstellungen von Apollo und Diana tragen: Die Beitexte beweisen, daß das alte Thema des in Actium siegreichen Gottes und der Diana, die den Sieg über Sextus Pompeius verlieh, wiederkehrt.[45] Was indessen diese Serie von Münzen von denen der „monarchischen" Periode des Octavian unterscheidet, ist das völlige Fehlen einer auch nur diskreten Angleichung des Kaisers an seinen Gott. Und das ist sehr leicht zu verstehen, da es offiziell als anerkannt galt, daß die Vergöttlichung des Kaisers erst nach seinem Tod stattfinden konnte. Es kam für Augustus nicht in Frage, gegen dieses verfassungsmäßige Prinzip zu verstoßen, vor allem nicht auf offiziellen Dokumenten, wie es die Münzen waren. Das Faktum bleibt indessen, daß er nach Erreichen des Oberpontifikats von neuem versucht

---

[44] Ich kenne nur eine Münze, die eine Ausnahme darstellt, ein einfacher *denarius* übrigens, geprägt von C. Antistius Vetus (s. H. A. Cahn, Zu einem Münzbild des Augustus, MH 1, 1944, 203–208). Die Münze stammt aus dem Jahre 16 vor unserer Zeitrechnung. Sie ist für uns ohne Bedeutung, weil sie nicht von Augustus selbst stammt.

[45] S. oben Anm. 21.

hat, seinen Lieblingsgott in den Vordergrund zu stellen. Eine besonders aufschlußreiche Maßnahme veranschaulicht diese Etappe seiner Religionspolitik: die Überführung der sibyllinischen Bücher vom Kapitol zum Tempel des Apollo Palatinus in eben dem Jahr 12 (wenn die Behauptung Suetons zutrifft, daß dieses Ereignis in diesem Jahr stattfand: Aug. 31). Niemand konnte sich über den Sinn dieser Initiative im unklaren sein. Die Basis von Sorrent, gleichsam eine Synthese der Religionspolitik des Augustus, muß sehr bald nach dem Jahr 12 entstanden sein. Und es ist dem Scharfsinn von Frau Taylor nicht entgangen, daß die Dichter (z. B. Ovid) in den letzten Jahren seiner Herrschaft – übrigens verschleiert – von neuem auf die göttliche Natur des Kaisers anspielen.

Aber der Versuch des Augustus, seinen Gott in Rom und in Italien zu Ansehen zu bringen, scheint nicht mehr Erfolg gehabt zu haben als vor 27. Man beobachtet nirgends, daß das breite Publikum für den Liebling des Augustus schwärmt. Die „apollinische" Politik des Augustus endet, wenn wir uns nicht irren, mit einem Mißerfolg. Und dennoch beobachten wir, wie bereits oben gesagt, eine immer deutlichere Tendenz zur Vergöttlichung des Kaisers zu Lebzeiten. Diese vollzog sich indessen nicht nach den hellenistischen Traditionen göttlicher Epiphanie, sondern wurzelte in latinischen und römischen Traditionen: [81] Der Kult des kaiserlichen *genius* mündete aufgrund einer inneren Entwicklung in die Verehrung der Person des Kaisers selbst und seiner Dynastie. Und alles scheint zu beweisen, daß diese letzte Form des kaiserlichen Kults spontan bei den italischen Massen entstanden ist und sich in der allgemeinen Begeisterung entwickelt hat.[46]

---

[46] Es wäre der Mühe wert, die Haltung des Volkes in Rom und Italien zur Frage des Kaiserkultes genauer zu untersuchen. Ich glaube nicht, mich zu täuschen, wenn ich sage, daß das Volk im allgemeinen dazu neigte, die großen Männer zu vergöttlichen. Als sich Antonius bemühte, die durch den Senat beschlossenen göttlichen Ehren für Caesar nach dessen Ermordung zu verhindern, trug, wie wir wissen, der Druck des Volkes dazu bei, die Entscheidungen vom 1. Januar 42 über die Göttlichkeit herbeizuführen (L. R. Taylor, Divinity, s. Anm. 32, 81 ff.). Es ist andererseits erwiesen, daß Augustus ungeheure Popularität besaß (s. z. B. seine eigenen Worte über die Umstände, unter denen seine Wahl zum Pontifex Maximus stattfand, R.G. 10).

Die „apollinische" Politik des Augustus 107

Korrekturzusatz [des Originals]:
Der vorliegende Aufsatz war bereits abgefaßt, als ich von dem wichtigen Artikel von A. Alföldi, Die Geburt der kaiserlichen Bildsymbolik, MH 8, 1951, 190–215 = Der Vater des Vaterlandes, Darmstadt 1971, 14 ff., Kenntnis erhielt. Unser gelehrter Kollege und Freund bemerkt, daß die „Romulus"-Periode des Octavian am Anfang seiner Karriere, vor dem Jahr 27, liegt. Dasselbe haben wir für die „apollinische" Politik des Augustus herausgestellt. Apollo und Romulus-Quirinus waren als Städtegründer die beiden großen Gottheiten des Augustus. Siehe zu dieser „Romulus"-Ideologie zur Zeit Caesars und Augustus' auch die klugen Bemerkungen von W. Seston in PP 5, 1950, 171–184 (174 ff.) und C. Koch, Bemerkungen zum römischen Quirinus-Kult, ZRGG 5, 1953, 1–25 = Religio, Nürnberg 1960, 17–39. Es ist andererseits bezeichnend zu sehen, daß die „Romulus"-Ideologie des Augustus (s. das vollständige Verzeichnis der Zeugnisse bei K. Scott, The Identification of Augustus with Romulus-Quirinus, TAPhA 56, 1925, 82–105 und G. Hirst, The Significance of *augustior*, AJPh 47, 1926, 347–357) bereits zur Zeit Caesars offenkundig ist (J. Carcopino, Points de vue sur l'impérialisme romain a. O. 123 ff.). Entsprechendes gilt nicht für Apollo: Anscheinend hat Octavian hier wirklich Neues eingeführt (s. aber unsere Anm. 10).

S. Sueton, Aug. 52–53 und 58, wo gesagt wird, daß Augustus der Titel *pater patriae* „*repentino maximoque consensu*" verliehen wurde. Vor allem im Osten wird die Idee, daß Augustus der Retter der Welt gewesen ist, gelegentlich in überschwenglichem Lob zum Ausdruck gebracht: s. die Inschrift aus Kleinasien bei W. Dittenberger, OGIS 458, Z. 31–40, und die überaus charakteristischen Texte von Philon von Alexandreia, Leg. ad Caium 146–147, hrsg. v. L. Cohn und S. Reiter, und Sueton, Aug. 98. Nicht ohne Grund, glaube ich, könnte man behaupten (vgl. Th. Mommsen a. O. 641), daß vor allem unter Augustus die Idee der Göttlichkeit des Kaisers in hohem Ansehen stand und die nachfolgenden Regierungen eine Abnahme der Volksgunst verzeichnen: Dieser Eindruck ergibt sich jedenfalls aus den epigraphischen Texten. Aber der Unterschied zwischen Augustus und Caligula z. B. besteht darin, daß Caligula den Kult des römischen Kaisers verpflichtend einführen wollte, während Augustus im Bestreben, die Empfindlichkeit der Aristokratie nicht zu reizen, so tat, als müsse seine Einwilligung erzwungen werden. Zu Caligulas Haltung s. den meiner Meinung nach sehr klaren Text von Aurelius Victor, De Caes. 39, 4: *Namque se primus omnium Caligulam post Domitianumque dominum palam dici passus et adorari se appellarique uti deum*.

Robert Schilling. L'Hercule romain en face de la réforme religieuse d'Auguste, in: Robert Schilling, Rites, cultes, dieux de Rome. Paris: Editions Klincksieck 1979, pp. 263–289. – Ursprünglich erschienen in: Revue de Philologie 68 (1942), pp. 31–37. Aus dem Französischen übersetzt von Margot Staerk.

DER RÖMISCHE HERCULES UND DIE RELIGIONSREFORM DES AUGUSTUS

Von Robert Schilling

Gegen Ende des ersten Jahrhunderts v. Chr. erinnerte Hercules nur noch dem Namen nach an jenen umherziehenden Helden, der, von Spanien kommend, sich auf dem Gebiet der späteren Stadt Rom an dem Riesen Cacus gerächt hatte. Hercules, der Vagabund, hatte sich an den Ufern des Tiber niedergelassen; als Fremdling hatte er das Bürgerrecht erhalten; aus dem griechischen Helden war ein römischer Gott geworden. Jean Bayet hat die fesselnde Geschichte dieses Aufstiegs, der durch den Glanz des Hercules Invictus im Staatskult der Ara Maxima sanktioniert ist, Schritt für Schritt analysiert.[1]

Zu jenem Zeitpunkt hat dieser Aufstieg jedoch noch nicht seinen Höhepunkt erreicht, sondern steht anscheinend kurz davor. Hercules hatte sich in der Tat nicht nur zu einer starken Persönlichkeit entwickelt, er wurde auch immer mehr von den Heerführern des ersten Jahrhunderts verehrt und war im Begriff, den alten einheimischen Gott Mars in den Schatten zu stellen. Das Römische Reich wird sich freilich auf den militärischen Erfolg gründen, und es sieht so aus, als sei der von der Mystik des Sieges umgebene Hercules für einen der ersten Plätze in der neuen religiösen Hierarchie bestimmt. Wird er, der den hellenistischen Königen seinen Beistand gewährt hatte, nun mit Augustus eine Karriere im Kaiserreich beginnen? – Um diese Frage beantworten zu können, wollen wir zunächst die Eigenschaften des Herculeskultes untersuchen: Inwiefern konnte man zu jener Zeit von einer Herculesmystik sprechen, und vor allem, inwiefern schien diese Mystik den Einfluß des Mars zurückzudrängen? Im Anschluß daran wollen wir die Religionspolitik

[1] Jean Bayet, Les origines de l'Hercule Romain, Paris 1926.

des Augustus in ihren Auswirkungen auf den Herculeskult beurteilen.

Es mag befremdlich erscheinen, den Herculeskult im Hinblick auf seine Beziehung zu Mars darstellen zu wollen. Welche Gemeinsamkeit besteht zwischen den beiden Gottheiten? Anscheinend keine, weder was ihren Ursprung noch was ihren Kult betrifft. Mars ist ein alter in Latium beheimateter Gott, [264] [32] Hercules ein griechischer Eindringling; Mars verkörpert die militärische Tugend par excellence, Hercules gilt vor allem als eine chthonische Gottheit.[2] Dennoch beschäftigte die Verbindung zwischen ihnen immer wieder das römische Denken; man ging sogar soweit, beide Gottheiten miteinander zu verschmelzen, wobei man sich auf die Autorität der Pontifices selbst stützte: *secundum pontificalem ritum idem est Hercules qui et Mars,* sagt Servius.[3] Die Identität beider Götter wird auch in anderen, wenn auch vereinzelten Texten behauptet,[4] die ohne Bedeutung wären, wenn sich nicht im Nationalepos Vergils eine entsprechende Andeutung fände. Der Dichter bestätigt anscheinend die von den Pontifices überlieferte chaldäische Assimilation, wenn er um die Ara Maxima herum zwei Chöre von salischen Priestern gruppiert, welche die Heldentaten des Hercules besingen.[5] Die Salier wurden als dem Marskult zugehörig betrachtet.[6] Bedeutete die Tatsache, daß sie dem Hercules zugeordnet wurden, nicht eine Gleichsetzung von Mars und Hercules?[7] Diese

---

[2] Vgl. J. Bayet a. O.

[3] Servius in Verg. Aen. 8, 275.

[4] *Tertia est stella Martis quam alii Herculis dixerunt:* Hyginus, Poet. Astr. 2, 42. – *Pyrois, quam multi Herculis, plures Martis stellam vocant*: Apuleius, De mundo 2, 293. – Laut Servius (a. O.) und Macrobius (Sat. 3, 12) sollen diese *alii* und *multi* chaldäische Astrologen gewesen sein. Allein diese Erklärung zeigt deutlich die Schwierigkeiten der Kommentatoren. Vgl. J. Bayet a. O. 323, Nr. 5.

[5] Verg. Aen. 8, 285 ff.

[6] Macrobius, Sat. 3, 12.

[7] Eine Ritusänderung im Kult der Ara Maxima in historischer Zeit scheint diese Verschmelzung zu bestätigen: Euander, der das von Vergil beschriebene Opfer leitet, trägt einen Kranz aus den Zweigen der dem Hercules geweihten Pappel, *Herculea populus* (Aen. 8, 276). In historischer Zeit

Verschmelzung war übrigens auch in der Antike durchaus nicht recht zu erklären. Verschiedene Gelehrte bemühten sich, sie zu rechtfertigen: In seiner Menippea ›"Αλλος οὗτος Ἡρακλῆς‹ zeigte Varro, daß der Hercules Invictus mit Mars identisch war. Andere wollten das nicht anerkennen: Bei Macrobius[8] besteht der Gesprächspartner des Praetextatus darauf, daß die salischen Priester ausschließlich dem Marskult zuzuordnen seien. Diese Rechtfertigungsversuche führen ebenso wie die hartnäckigen Ablehnungen zu einer gemeinsamen Schlußfolgerung: Sie enthüllen das von den Römern bei der Verschmelzung von Mars mit Hercules empfundene Unbehagen. Für uns ist dieses Unbehagen sehr aufschlußreich; für Römer, die ja daran gewöhnt waren, die militärischen Attribute ihrem einheimischen Gott Mars vorbehalten zu sehen, ist es allerdings gut zu verstehen. Läßt es nicht [265] [33] auch zugleich eine Erweiterung der Herculesgestalt in militärischer Hinsicht und eventuell einen Rückgang des Marskultes gegen Ende der Republik erkennen?

Mit dem Namen Mars war zweifellos die Verehrung einer nationalen Gottheit verbunden, aber diese Verehrung gehörte mehr der Vergangenheit an als der Gegenwart. Früher hatte Mars das ganze römische Leben beherrscht: das religiöse, das militärische und das bäuerliche Leben. – Der ihm geweihte Monat leitete das religiöse Jahr ein: die ersten Feiertage, die „Feriae" am 1. März, die „Equirria" am 27. Februar und am 14. März, die „Quinquatrus" am 19. März, das „Tubilustrium" am 23. März, das „Agonium" am 17. März waren alle der Anrufung des Gottes gewidmet. – Im März wurden

---

trägt der städtische Priester, der den Kult an der Ara Maxima zelebriert, einen Lorbeerkranz (Serv. in Verg. Aen. 8, 276). Der Lorbeerkranz schmückte wahrscheinlich die griechischen Götter bei den Festmählern Apollos (J. Bayet a. O. 264). Dieser Baum war aber auch dem Mars geweiht: Vor dem Sacrarium Martis in der Regia standen zwei Lorbeerbäume (Iulius Obsequens 19, 78). – Muß man darin eine weitere Angleichung sehen? Man hat wohl übersehen, daß Appius Claudius 32 v. Chr. den Ritus eingeführt hatte, um dem Herculeskult einen mehr hellenischen Charakter zu verleihen (Bayet a. O. 265).

[8] Macrobius, Sat. 3, 12.

die Kampfhandlungen begonnen; die Priester des Salier-Kollegiums eröffneten das militärische Jahr; zum 9. März steht im Kalender des Philocalus: *arma, ancilia movent*. Unter diesem Aspekt hatte Mars an der ganzen römischen Eroberung teilgenommen. In der Überlieferung wurde von seinem persönlichen Eingreifen zugunsten seiner Schützlinge berichtet.[9] – Schließlich gewährleistete Mars auch den Schutz der Felder: Neben den Saliern erfüllten die Arvalbrüder agrarische Funktionen; in dieser Eigenschaft richteten sie ihre Gebete neben anderen Gottheiten auch an Mars, um seinen Beistand zu erlangen, ... *propterea ut fruges ferant arva*...[10] Der italische Bauer versäumte es nicht, Mars Pater um Gesundheit für seine Ochsen und um Fruchtbarkeit für seine Felder anzurufen.[11]

Diese drei Funktionen, die Mars in den Mittelpunkt des römischen Lebens gestellt hatten, erfuhren gegen Ende des ersten Jahrhunderts v. Chr. eine bemerkenswerte Einschränkung: Mars scheint im agrarischen Bereich keine Bedeutung mehr zu haben. Vergils Zeugnis ist in dieser Hinsicht beweiskräftig[12]: In seinem Werk findet sich kein einziger Hinweis auf einen agrarische Einfluß des Mars; der Gott erscheint ausschließlich in seiner militärischen Rolle. Mit seinem sicheren Gespür für das Archaische verwendet der Dichter allerdings die bedeutungsvollen Beinamen aus den alten Überlieferungen: Abwechselnd bezeichnen die alte Form Mavors, der italische Name Gradivus, das Adjektiv Bellipotens die Gottheit.[13] Wenn der Dichter der ›Georgica‹ jegliche Anspielung auf die alte agrarische Rolle des Mars unterlassen hat, so deutet dies darauf hin, daß eine Erwähnung dieser Funktion bei seinen Zeitgenossen wahrscheinlich auf Unverständnis gestoßen wäre. Diese Hypothese [34] wird durch eine bedeutsame Änderung [266] im Kult der Ambarvalia bestätigt. Dieses Fest der Lustration der Felder war früher dem

---

[9] Val. Max. Mir. 1, 6.
[10] Varro, De lingua Latina 5, 85. – Vgl. die Anrufung des Mars im Carmen Arvale.
[11] Cato, De Agric. 83.
[12] Vgl. C. Bailey, Religion in Virgil, Oxford 1935, 109.
[13] Mavors: Verg. Aen. 6, 872.
   Gradivus: Aen. 3, 35; 10, 542.
   Bellipotens: Aen. 11, 8.

Mars gewidmet gewesen; jetzt ist es Ceres und Bacchus geweiht.[14] Tibull ignoriert die Erinnerung an Mars so vollständig, daß er ohne Zögern „die von den Vorfahren überkommenen Gebräuche" bemüht, um das Fest unter die Schirmherrschaft der neuen Götter zu stellen:

> ... fruges lustramus et agros
> Ritus ut *a prisco traditus exstat avo.*
> Bacche, veni, dulcisque tuis e cornibus uva
> Pendeat, et spicis tempora cinge, Ceres.

Seltsamerweise hat man die Ambarvalia anscheinend nicht nur dem Mars entzogen, sondern sie auch noch indirekt mit dem Kult des rivalisierenden Gottes verbunden. Aufgrund einer afrikanischen Verbindung gehört Hercules zum Thiasos des Bacchus; diese Verbindung mit Bacchus bleibt über die ganze Kaiserzeit bestehen; Septimius Severus erkennt in den beiden Gefährten seine *di patrii*[15]. Die Verbindung zwischen Hercules und Ceres wird durch ein gemeinsames Fest belegt: „Am 12. Tag vor den Kalenden des Januar (= 21. Dezember) opfert man Hercules und Ceres eine trächtige Sau, Brote und Honigwein."[16]

Mars hat also seine Funktionen als Schutzgottheit der Felder verloren. – Hierbei handelt es sich vielleicht nur dem äußeren Schein nach um eine „Enteignung". Die militärische Rolle, der wesentliche Charakter des Gottes, hat durch diesen Verzicht auf Nebenfunktionen an Einheitlichkeit gewinnen können.

Mars ist also nur noch der Gott des Krieges. Von Vergil[17] bis Augustinus[18] sehen die lateinischen Schriftsteller ihn nur unter dem militärischen Aspekt. Auch Ovid[19], der die Vormachtstellung des Mars im archaischen Latium feststellt – ... *ante omnes Martem*

---

[14] Vgl. Tibull II 1 und Vergil, Georg. 1, 343 ff.
[15] Vgl. H. Cohen, Monnaies Impériales IV, Paris 1884, ND Graz 1955, Sept. Sev., Nr. 113.
[16] Macrobius, Sat. 3, 11, 10.
[17] Z. B. Aen. 12, 179 f.:
> ... tuque, inclute Mavors,
> cuncta tuo qui bella, pater, sub numine torques.
[18] Augustinus, De civ. dei 7, 14.
[19] Ovid, Fasti 3, 79. 80. 85.

coluere priores –, beachtet das Gebet des Bauern bei Cato nicht und sieht nur eine Erklärung, nämlich die kriegerischen Instinkte jenes Volksstammes:

> Hoc dederat *studiis bellica turba suis*
> ....
> Mars Latio venerandus erat, *quia praesidet armis.*

Mehr denn je scheint Mars demnach ausschließlich zum Kriegsgott geworden zu sein, der seinen Sitz in den geweihten Lanzen in der Regia hat und durch sie seinen Willen kundtut: *Mavors telum suum concutit.*[20]

Man kann also sagen, daß der Charakter des Gottes einheitlicher geworden ist. Hat der Marskult durch diese Vereinfachung der Persönlichkeit des Mars aber an Bedeutung gewonnen? Wir glauben es nicht. Gewisse Anzeichen sprechen für das Gegenteil. Schon bei Vergil erscheint Mars an einigen Stellen entpersonalisiert, auf eine Art Formel reduziert, so z. B. in den Ausdrücken *aequo, secundo, adverso Marte.*[21] – Es gibt noch stichhaltigere Beweise: Im ersten Jahrhundert v. Chr. haben es sich die Heerführer immer mehr zur Gewohnheit gemacht, die Marstempel links liegen zu lassen; schon Quintus Fabius Maximus Aemilianus hatte seinen Sieg über die Kelten nicht mehr Mars allein zugeschrieben: „Er errichtete zwei Tempel, den einen zu Ehren des Mars, den anderen zu Ehren des Hercules."[22] Im zweiten und ersten Jahrhundert gingen die Feldherren aber noch einen Schritt weiter: Sie vernachlässigten Mars und dankten dem Rivalen von der Ara Maxima für die erworbene Beute.[23] Kann man geographische Gründe anführen, um diese Unbeliebtheit zu erklären? Die beiden Marstempel befanden sich in der Tat außerhalb des „Pomerium"; den kultischen Mittelpunkt bildete die Ara Martis auf dem Campus Martius.[24] Nun hatte sich

---

[20] Vgl. Livius 22,1,11. – Zur Identifizierung des Gottes mit der Lanze siehe Varro bei Clemens Alex. Protr. 4,46,4.

[21] Vgl. Verg. Aen. 7,540; 10,21f.; 11,899; 12,497; 12,1.

[22] Strabo 4,1,11.

[23] Plutarch, Sulla 35; Crassus 2.

[24] Vgl. G. Wissowa, Religion und Kultus der Römer, München ²1912, 142.

aber die städtische Betriebsamkeit des Handels wegen zum Stadtzentrum hin verlagert, auf das Forum Boarium, den Sitz des Hercules Invictus bei der Ara Maxima. Dieser geographische Faktor wäre jedoch für eine Erklärung allein unzureichend. Warum opfern die Feldherren dem Hercules so freizügig den Zehnten? Halten sie ihn in ihrer Beutegier für einen wirksameren und freigebigeren Schutzgott? Welche Bedeutung hat der Hercules der Ara Maxima für den damaligen Römer?

Wenn man die anregenden Ausführungen von Jean Bayet liest, versteht man, wie sehr das Ansehen des Gottes mit der Komplexität seiner chthonischen Natur und seiner erstaunlichen Aufnahmefähigkeit zusammenhängt.[25] Der Hercules der Ara Maxima, der die Eigenschaften seines ehemaligen Rivalen von der Porta Trigemina übernommen, von den unzähligen lokalen Verbindungen des Forum Boarium profitiert und „die Eigenschaften mehrerer anderen Herculesgestalten absorbiert"[26] hatte, war im eigentlichen Sinn der Gott [268] [36] des Erfolgs, des guten Gelingens. Als solcher sicherte er den Kaufleuten, die ihm den Zehnten ihrer Güter, die „pars Herculanea"[27], opferten, den Erfolg ihrer Unternehmungen. In dieser Eigenschaft brachte er all seinen treuen Anhängern materiellen Reichtum; der Herculesmythos eröffnete ja auch verführerische Perspektiven: Hercules war der Held, der das Füllhorn trug und die goldenen Äpfel aus dem Garten der Hesperiden geholt hatte. Es ist daher nicht verwunderlich, daß die Heerführer bald dem Vorbild der Kaufleute folgten und an seinem Altar opferten. Für den Zehnten konnte Hercules ihnen eine reiche Kriegsbeute einbringen. Zu einer Zeit aber, in der die Kriege weniger eine Staatsangelegenheit als vielmehr die Angelegenheit eines Feldherrn sind, gewinnt die Kriegsbeute immer mehr an Bedeutung: Damit wird der Kriegszug des Heerführers bezahlt, seine Beliebtheit bei den Truppen gewährleistet und ein feierlicher Triumphzug ermöglicht.[28] Männer wie Sulla, Lucullus und Crassus bringen dem Her-

[25] J. Bayet a. O. 462.
[26] Ebd. 359.
[27] Diodor, 4,21,3.
[28] Vgl. die ausführliche Beschreibung des triumphalen Einzugs des Lucullus in Rom bei Plutarch, Luc. 37.

cules Invictus den Zehnten dar.[29] Oft lassen sie das Volk mit einem üppigen *polluctum* an den Freudenfesten um die Ara Maxima teilhaben.[30] Auf diese Zeit muß wohl auch der bei Plinius[31] erwähnte Brauch zurückzuführen sein, eine der Sage nach von Euander geweihte Herculesstatue während der Triumphfeier mit einem Triumphgewand zu drapieren: . . . *triumphos vestitur habitu triumphali.* – Diesen Feldherren erschien im übrigen der Titel eines Hercules Invictus als sicheres Faustpfand für den Sieg. Zur Erinnerung an ihre Triumphe sehen wir sie dem Hercules auch Tempel weihen und damit den neuen Brauch in Stein verewigen: In Rom werden zu Ehren des Siegers Hercules nacheinander der Tempel des Hercules Victor 145 von L. Mummius, die Aedes Aemiliana nach dem Triumph von Aemilius Paullus und 61 das Heiligtum des Pompeius errichtet. Durch seine Anrufung als Garant des Erfolgs hatte Hercules Invictus die Gunst der Militärs für sich gewonnen.

Mars bleibt der Gott des Krieges, des Kriegsgeräts, doch Hercules genießt anscheinend das Privileg, für den Sieg verantwortlich zu sein; nach den Ehrenbezeugungen zu urteilen, geht von ihm geradezu eine Siegesmystik aus. Diese Feststellung ist um so interessanter, als die Kalender[32] ein Fest des Mars Invictus verzeichnen, das zu jener Zeit offenbar völlig in Vergessenheit geraten ist: Keine einzige Inschrift aus republikanischer Zeit [269] [37] erwähnt Mars Invictus.[33] Man darf sich also nicht darüber wundern, daß das Beiwort „Sieger" von den Schriftstellern als das zum römischen Hercules gehörige Charakteristikum – seine *proprietas* – betrachtet wurde.[34]

Gott der Fülle, Gott des Sieges – das sind die beiden Haupteigenschaften des Gottes der Ara Maxima. Sie bezeichnen jedoch noch nicht hinreichend seine Vielseitigkeit, die sowohl in seinen erworbenen als auch in seinen latenten Eigenschaften begründet ist. Denn

---

[29] Plutarch, Sulla 35; Crassus 2 und 12.
[30] Vgl. Plutarch a. O.
[31] Plinius, N. H. 34,33.
[32] Fasti Venusini: 14. Mai.
[33] Vgl. Wissowa a. O. 146.
[34] Vgl. Macrobius, Sat. 3,6, 9–10, der Varro, Divinarum lib. quart., zitiert.

wenn je eine Gottheit den tiefgreifenden Veränderungen der Zeit hat trotzen können, dann Hercules. Das chthonische Fundament seines Wesens paßt sich den neuen Bedürfnissen an: Werden sich nicht an ihn die Vorstellungen von einem zukünftigen Paradies knüpfen, wodurch der Herculesmythos vom Garten der Hesperiden eine symbolische Bedeutung erhält? Inzwischen ist es Hercules anscheinend bestimmt, der Staatsgott par excellence zu werden. Dabei haben wohl mehrere Gründe seine Wahl beeinflußt: Wie bereits gesagt, waren seine beiden Hauptfähigkeiten die Verleihung von Sieg und Reichtum. Gerade damit wollte nun der neue Kaiser die Römer segnen. In der Darstellung der Übergabe der römischen Feldzeichen durch die Parther auf dem Panzer der Statue von Prima Porta stehen beide Themen an zentraler Stelle[35]: Der kniende parthische Soldat symbolisiert den Sieg des Augustus über den Erbfeind; Terra Mater neben dem Füllhorn repräsentiert den Wohlstand des Reiches. Dieselbe Szene wird auch von den „offiziellen" Dichtern besungen: Horaz verknüpft die militärischen Erfolge mit der Herrschaft der Copia:

> ... *ius imperiumque* Phraates
> *Caesaris* accepit genibus minor; *aurea, fruges*
> Italiae *pleno* defundit *Copia cornu.*[36]

Für die Dichter des Kaiserreiches ist der Überfluß im übrigen eng mit dem Sieg verbunden; denn der Wohlstand ist gleichermaßen die Frucht der Arbeit im wiedergewonnenen Frieden wie das Ergebnis des siegreichen Feldzuges. Mußte nicht Hercules, der die beiden Eigenschaften in sich vereinigte, zum Schirmherrn für das Wohl des Kaiserreiches werden?

Außerdem scheint seine „Patenschaft" für den Kaiser selbst nötig zu sein. Im Kaiserreich bilden sich nämlich auf den Herrscher bezogen zwei neue Institutionen heraus: Triumph und Apotheose. – Der Triumph ist nicht mehr Privileg des siegreichen Feldherrn; er ist ständiges und ausschließliches Attribut des Kaisers geworden, der

---

[35] Vgl. J. Gagé, Un thème de l'art impérial romain: La Victoire d'Auguste, MEFR 49, 1932, 61–92 (91) [s. E. Simon in Saec. Aug. III].
[36] Horaz, Ep. 1, 12, 27–29.

als einziger das Recht hat, die Auspizien einzuholen.[37] Der [270] [38] Feldherr ist lediglich die rechte Hand des Kaisers, der seinerseits der wahre Triumphator ist. Diese bedeutsame Entwicklung hatte bereits im Jahr 40 begonnen, als Augustus beschloß, für jeden Sieg seiner Legati selbst den Lorbeerkranz zu tragen.[38] 27 v. Chr. war diese Entwicklung zum Abschluß gekommen: Der Kaiser war nicht nur der Nutznießer möglicher Siege, er wurde sogar zum *victor perpetuus* erklärt. Per Dekret wurden Augustus ein *clipeus*, Lorbeeren und ein Eichenlaubkranz verliehen, ὡς καὶ ἀεὶ τούς τε πολεμίους νικῶντι καὶ τοὺς πολίτας σώζοντι.[39] Der Kaiser war seinem Wesen nach ein siegreicher Heros geworden und konnte in Hercules Invictus sein Vorbild finden. In der Bildhauerkunst war Hercules zumeist in der Pose des ausruhenden Siegers dargestellt worden: Der „Hercules Olivarius" des Scopas fand unter der Bezeichnung „Hercules cubans" in zahlreichen Nachbildungen im Römischen Reich Verbreitung.[40]

Schließlich stellte Hercules für den Kaiser auch einen Präzedenzfall für Apotheose dar. Vor seiner Erhebung in göttlichen Rang hatte er auf der Erde gelebt. Mit der Errichtung des Scheiterhaufens auf dem Oeta hatte er außerdem, wie es schien, auch den Ritus der Apotheose begründet. Denn nach Ovid[41] hatte die Kraft des Feuers seine menschliche Natur vernichtet, um ihm seine göttliche zurückzugeben:

> Interea, quodcumque fuit populabile flammae
> Mulciber abstulerat; nec cognoscenda remansit
> Herculis effigies; nec quidquam *ab imagine ductum*
> *Matris habet; tantumque Iovis vestigia servat.*

Deutet die Vernichtung der menschlichen Überreste nicht – allgemeiner gesprochen – auf den Übergang in die Götterwelt hin? So

---

[37] Vgl. J. Gagé, La théologie de la Victoire impériale, RH 171, 1933, 1–34; Note additionnelle: 35–43.
[38] Dio Cassius 48,16,1: ὥσθ' ὁσάκις οἱ τὰ νικητήρια πέμψαντες εἰώθεσαν αὐτῷ (= δαφνίνῳ στεφάνῳ) χρῆσθαι, καὶ ἐκεῖνόν οἱ κοσμεῖσθαι.
[39] Dio Cassius 53,16,4.
[40] Vgl. J. Bayet a. O. 357.
[41] Ovid, Met. 9,262 ff.

sahen es zumindest die „Freunde des Hercules"[42]: ἐλθόντες ἐπὶ τὴν ὀστολογίαν καὶ μηδὲν ὅλως ὀστοῦν εὑρόντες, ὑπέλαβον τὸν Ἡρακλέα τοῖς χρησμοῖς ἀκολούθως ἐξ ἀνθρώπων εἰς θεοὺς μεθεστάσθαι. So konnte Hercules zum Kaiserkult nicht nur die Idee der Apotheose beisteuern, sondern auch den Einäscherungsritus, wobei die Vernichtung der menschlichen Überreste durch das Feuer die Reise in den Himmel anzeigt.[43]

[271] [39] Wegen dieser verschiedenen Eigenschaften drängte sich die Wahl des Hercules zum kaiserlichen Schutzgott dem Augustus geradezu auf. Der Kult dieser Gottheit entspricht den neuen Vorstellungen von Wohlstand und Sieg. Seine Gestalt wirkt wie die Präfiguration des Kaisers, des Siegers auf Lebenszeit, der für die Apotheose prädestiniert ist. Bedenkt man, daß im ersten Jahrhundert alle Feldherren sich von den Marstempeln abgewandt hatten, um dem Hercules Invictus der Ara Maxima zu huldigen, so brauchte Augustus nur einer bereits starken Tradition zu folgen. Entgegen all unseren Erwartungen kommt jedoch der Marskult wieder zu Ehren und erfährt einen beispiellosen Auftrieb. Worauf ist dieser Umschwung zurückzuführen?

Wenn die allgemeinen Gründe insgesamt für Hercules sprechen, so hat sich Augustus bei seiner Neuerung vermutlich vor allem von persönlichen Gründen leiten lassen. Und einige davon sprechen tatsächlich eher gegen Hercules und für Mars. Die entscheidende Etappe bei der Eroberung der Kaiserherrschaft war Augustus' Sieg über seinen letzten Konkurrenten Antonius gewesen. Antonius nun hatte eine besondere Vorliebe für den Herculeskult; er rühmte sich, direkt von ihm abzustammen, und führte sein Geschlecht auf Anton, Hercules' Sohn, zurück; außerdem betonte er die Ähnlichkeit mit seinem göttlichen Vorfahren in seiner Kleidung und seinen Gesten.[44] In Rom hatte er eine Statue des Hercules Antonianus

---

[42] Diodor 4,38,5.
[43] Vgl. E. Bickermann, Die römische Kaiserapotheose, ARW 27, 1929, 1–31 [= Römischer Kaiserkult, WdF 372, Darmstadt 1978, 82–121]. 4–10 [86–92].
[44] Plutarch, Antonius 4.

Hercules und die Religionsreform des Augustus

errichten lassen; diese Statue stand auf einem so wichtigen Platz, daß Cicero sich darum bemühte, sie anderswo aufstellen zu lassen.[45] Bei Appian ist ein besonders interessantes Zeugnis überliefert, da es gleichzeitig Antonius und Augustus betrifft: Zu Beginn ihrer Rivalität äußerte sich Octavian gegenüber Antonius ironisch zu dessen Anhänglichkeit an Hercules: „Cäsar", sagte er, „hätte ganz bestimmt Antonius adoptiert, wenn er geglaubt hätte, Antonius würde als **Nachkomme des Hercules eine Verbindung mit dem Geschlecht des Äneas akzeptieren."**[46] Wenn Octavian dieser Gegensätzlichkeit im Kultischen noch vor kurzem eine solche Bedeutung beigemessen hatte, wie konnte Augustus dann jetzt bereit sein, den Gott seines besiegten Feindes zu übernehmen?

Selbst wenn er kein solches Vorurteil gehegt haben sollte, so wäre der Platz des Hercules doch von einem anderen aus Griechenland stammenden Gott besetzt gewesen – von Apollo. Seit Actium widmete Augustus dieser Gottheit eine mystische Verehrung.[47] Seine abergläubische Veranlagung bewog ihn, bereitwillig den Kreis der römischen Gottheiten zu verlassen, [272] [40] um bei neuen Göttern besonderen Schutz zu suchen. Der ganze Glanz der griechischen Sage, der dem römischen Hercules verblieben war, konnte also die Aufmerksamkeit des Augustus, die sich bereits dem griechischen Apollokult zugewandt hatte, nicht auf sich ziehen. Außerdem stand die Religion des pythischen Gottes in einem harmonischen Verhältnis zum Marskult: In der Antike fand man Gefallen daran, zahlreiche Ähnlichkeiten zwischen den beiden Göttern zu entdecken.[48]

Augustus' Hinwendung zu Mars wurde vor allem von starken persönlichen Gründen bestimmt. Der Adoptivsohn Cäsars hatte die Religion der Gens Iulia mitgeerbt. Cäsar hatte behauptet, nicht nur – über Aeneas – von Venus abzustammen, sondern – über die

---

[45] Cicero ad Caesarem Iuniorem, fr. 7.
[46] Appian, Bell. Civ. 3, 16.
[47] Vgl. J. Gagé, Un thème de l'art, a. O. 72.
[48] Siehe Roscher, Lexikon II.2, Deutung und Name des Mars; seine Übereinstimmung mit Apollon, 2435.

albanischen Könige – auch von Mars.⁴⁹ Die kleinasiatischen Städte hatten Cäsar als von Mars und Venus abstammenden Gott verehrt, τὸν ἀπὸ Ἄρεως καὶ Ἀφροδε[ί]της θεὸν ἐπιφανῆ.⁵⁰ Cäsar hatte einen Marstempel bauen wollen, um diesen weniger bekannten Aspekt seiner Abstammung zu verbreiten.⁵¹ Im Gegensatz zu Antonius hatte Augustus keinen Grund, die Fortführung des Marskultes abzulehnen.

Seit der Schlacht von Philippi war diese Fortführung für ihn sogar zu einer persönlichen Verpflichtung geworden. Vor dem Kampf hatte sich Augustus unter den Schutz von Cäsars Gott gestellt und gelobt, dem Mars Ultor einen Tempel zu bauen. Zu diesem Zeitpunkt, 42 v. Chr., entsteht der Kult des Mars Ultor, des Rächers von Cäsars Tod. Erst 40 Jahre später wird der Kaiser sein Versprechen erfüllen. Jedenfalls war jener Tag von entscheidender Bedeutung: Der Gott, damals fast ohne Kapital, hatte einen Wechsel auf die Zukunft erhalten.

Nach diesen Bemerkungen drängt sich allerdings ein Einwand auf. War die Gestalt des Mars nicht zu farblos, um den Anforderungen kaiserlicher Prachtentfaltung zu genügen? In der Praxis stellte sich dieser Nachteil als bedeutungslos heraus. Wie wir festgestellt haben, war es ein Vorteil für Hercules gewesen, daß er dem Kaiser das Thema des ständigen Sieges und der Apotheose lieferte. Augustus fand nun in den Traditionen seiner Adoptivfamilie Elemente einer Religion der Victoria: Dem Beispiel Cäsars folgend, begründete er den Kult der Victoria Augusti⁵², der um so leichter zu etablieren waren, als diese Victoria häufig mit der Venus Victrix verschmolz, die wiederum von Cäsar an Venus Genetrix angeglichen worden war.⁵³ Augustus schuf sich auf diese Weise eine [273] [41] Mystik der Victoria Augusti: Ihre Gestalt erscheint auf mehreren Monumenten, vor allem auf dem Flachrelief des Larenaltars im Vatikanischen

---

⁴⁹ Vgl. L. R. Taylor, The Divinity of the Roman Emperor, Phil. Monogr. APhA 1, Middletown 1931, 58.
⁵⁰ Dittenberger, Sylloge 2, 760.
⁵¹ Sueton, Caesar 44, 1.
⁵² Vgl. J. Gagé, La théologie, a. O. 6–10.
⁵³ Ebd. 6.

Museum;[54] sie erhielt einen Ehrenplatz im Senat, und Augustus selbst weihte die Victoria Curiae.[55] Noch mußte aber die Verbindung zwischen der Victoriareligion und dem Marskult hergestellt werden. Anknüpfungspunkte hierfür fand Augustus im Marsmythos, aber auch im Marskult selbst; aufgrund seines Sieges über Acro[56] wird Romulus, der Sohn des Mars, zum Inbegriff des siegreichen Helden, dessen Ruhm um so heller erstrahlt, als er zugleich der Gründer Roms ist. Auch Augustus bemühte sich, diese Episode bekanntzumachen: Eine Statue des Romulus als Besieger des Acron wurde auf dem Kaiserforum aufgestellt; in einem in Stein gehauenen *elogium*[57] wurde der Sieg genannt. Der Typus des „Romulus als Sieger" wurde im ganzen Reich verbreitet. Plutarch berichtet, daß Statuen mit diesem Thema überall in Rom auftauchten.[58] Es ist nicht verwunderlich, daß dieses Motiv sich auch bei der Innenraumdekoration wiederfindet, wie z. B. in Pompeji, wo auf einem Fresko Romulus im Gewand des Triumphators und mit Siegeszeichen ausgestattet abgebildet ist.[59]

Dazu kommt noch, daß zu Romulus ebenfalls das Thema der Apotheose gehört; denn der Mythos berichtet von einer plötzlichen Entrückung des Marssohnes. Am Ende des *elogium,* das in den Sokkel der Statue auf dem Augustusforum gemeißelt war, hat man mit Nachdruck hinzugefügt: *receptusque in deorum numero Quirinus appellatus est.* Der Ritus der Kaiserapotheose wird sich nach dem Bericht der Romulussage gestalten. Der Glaube an die Himmelfahrt des Romulus gründete sich übrigens hauptsächlich auf die Zeugenaussage eines Senators Iulius Proculus, der behauptete gesehen zu haben, wie Romulus in den Himmel auffuhr.[60] Auch bei Augustus gilt als Beweis für seine Aufnahme unter die Götter nicht das Verschwinden seiner sterblichen Überreste auf einem Scheiterhaufen, wie es nach dem Ritus der Verbrennung des Hercules auf

---

[54] Vgl. J. Gagé, Un thème de l'art, a. O. 62.
[55] Vgl. J. Gagé, La théologie, a. O. 10.
[56] Vgl. J. Gagé, Romulus–Augustus, MEFR 47, 1930, 138–181 (140).
[57] Ebd. 143.
[58] Plutarch, Romulus 16 (am Ende).
[59] Vgl. J. Gagé, Romulus, a. O. 141 (mit Abb.).
[60] Livius 1, 16, 5–8.

dem Oeta nahegelegen hätte; vielmehr „wurden die Gebeine des Augustus von Livia aufgesammelt und in einem Grabmal niedergelegt"[61]. Wie bei Romulus fand sich ein Senator, Numerius Atticus, der „gesehen" hatte, wie die Seele des Augustus gen Himmel fuhr. Die Apotheose des Augustus folgt [274] [42] also ausschließlich dem Vorbild der Apotheose des Romulus. Dio Cassius sagt wörtlich[62]:

„Livia gab einem gewissen Numerius Atticus, einem Senator, der das Amt eines Prätors ausgeübt hatte, 250000 Drachmen als Geschenk, weil er, so wie man es von Proculus und Romulus erzählt, beeidet hatte, er habe Augustus gen Himmel fahren sehen."

Wir können die Bedeutsamkeit dieser Zeugnisse gar nicht genug betonen: Unseres Erachtens wird in ihnen die Absicht deutlich, einen Platz im Zentrum des Marskultes und des Marsmythos zu okkupieren, und wenn man bedenkt, welch hervorragende Möglichkeiten der Gott der Ara Maxima geboten hatte, sind wir versucht hinzuzufügen: Es handelte sich um eine systematisch verfolgte Absicht. Wir haben auch keine Bedenken, die Traditionen des Hercules und des Romulus voneinander zu trennen. Romulus als einen mit Hercules verbundenen „Nachfolger" darzustellen, wie es Anderson versucht,[63] ist in unseren Augen zumindest für die augusteische Epoche ungenau. Anderson gründet seine Auffassung hauptsächlich auf eine Liviusstelle, wonach Romulus den von Hercules eingeführten Kult weitergeführt hat: *haec tum sacra Romulus una ex omnibus peregrina suscepit, iam tum immortalitatis virtute partae,* ad quam eum sua fata ducebant, *fautor.*[64]

Der römische Geschichtsschreiber stellt hier in der Tat Hercules und Romulus nebeneinander, sozusagen aufgrund ihrer gemeinsamen Eigenschaft, die Unsterblichkeit ihren Verdiensten zu verdanken. Auf diese Stelle kann man aber nicht die Behauptung stützen, Romulus sei nach dem Vorbild des Hercules unter die Götter aufge-

---

[61] Dio Cassius 56, 42, 4.
[62] Ebd. 56, 46, 2.
[63] A. R. Anderson, Heracles and his successors, HSt 39, 1928, 7–58.
[64] Livius 1, 7, 15.

nommen worden, ohne weitere Nachforschungen über das Datum der Heroisierung des Romulus anzustellen. – In der augusteischen Zeit will die Staatsreligion jedenfalls nicht einmal von dieser Ähnlichkeit etwas wissen. Indem sie anstelle des Hercules den Triumphator Romulus wählt und statt des von Hercules begründeten Einäscherungsritus den der Himmelfahrt übernimmt, bleibt sie fest im Rahmen des Marskults. Die Religionspolitik des Augustus hat somit der Romulustradition eine mit der Herculessage unvereinbare nationale Bedeutung verliehen.

Bedeutet dies nun, daß zur Zeit des Augustus gar kein Hinweis auf Hercules zu finden ist? Keineswegs; der Kult an der Ara Maxima war zu weit verbreitet, als daß man die Gestalt des Hercules stillschweigend hätte übergehen können. Die Dichter haben es auch nicht versäumt, Hercules mit Augustus zu vergleichen. Als der Kaiser im Jahr 24 siegreich von seinem Spanienfeldzug zurückkam, feierte Horaz seine Heimkehr[65]:

> [235] [43] Herculis ritu, modo dictus, o plebs
> *Morte venalem petiisse laurum,*
> Caesar *Hispana* repetit penatis
> *Victor ab ora.*

Diese Angleichung an Hercules geht bis in den Ausdruck hinein; denn von Hercules heißt es: *emit morte immortalitatem.*[66] Aber sie hat nur Gelegenheitswert: Augustus kehrt aus Spanien zurück, so wie Hercules nach seinem Sieg über Geryon in Spanien an die Stätte des späteren Rom gekommen war. – An anderer Stelle verheißt der Dichter dem Kaiser Unsterblichkeit, wobei er sich auf die Vorbilder Pollux und Hercules beruft[67]:

> Hac arte Pollux et *vagus Hercules*
> Enisus arcis attigit igneas
> Quos inter Augustus recumbens
> Purpureo bibet ore nectar.

---

[65] Horaz, Carm. III 14, 1–4.
[66] Vgl. Quintilian, IX 3, 71.
[67] Horaz, Carm. III 3, 9–12.

Hercules ist hier nur dichterisches Exemplum, mit Pollux auf einer Stufe stehend; er ist hier nicht der *deus Invictus,* sondern der *vagus Hercules,* der die Welt durchstreifende Held. Seines kultischen Beinamens beraubt, dient er eigentlich nur noch zur Ausschmückung. Wie wahr dies ist, zeigt sich daran, daß Vergil in seinem Vergleich Hercules ohne Bedenken unter Augustus stellt [68]:

> Nec vero *Alcides* tantum telluris obivit.

Diese dichterische Freiheit ist nur deshalb möglich, weil sich an Hercules keinerlei religiöses Interesse heftet. Es ist bemerkenswert, daß alle Bezeichnungen in diesem Text den eigentlich göttlichen Aspekt des Hercules vernachlässigen, daß sie sozusagen die uralte Tradition der Ara Maxima verleugnen, um lediglich die Sage des abenteuerlustigen Helden in Erinnerung zu rufen. Bezeichnungen wie *vagus Hercules* oder *Alcides* hätte ein frommer Verehrer der Ara Maxima nicht in den Mund genommen. – Diese Tendenz zeigt sich auf besonders eindrucksvolle Weise in der Leichenrede, die Tiberius bei der Totenfeier des Augustus hielt. Da der Redner nur noch die äußerlichen Aspekte der Herculessage beibehält, kann er ohne weiteres die Überlegenheit des Augustus über Hercules verkünden:

„Der eine", sagt er, „tötete noch als Kind Schlangen, als Mann eine Hirschkuh, ein Wildschwein und, beim Zeus, einen Löwen, wobei er einen ihm auferlegten Befehl befolgte; [276] [44] der andere hingegen, indem er freiwillig kämpfte, und zwar nicht mit Tieren, sondern mit Menschen, und unter diesen Recht stiftete, hat wirklich den Staat gerettet und sich selbst Ruhm und Ehre erworben." [69]

Die Tatsache, daß hier auschließlich an die griechische Überlieferung erinnert wird, impliziert eine völlige Mißachtung des römischen Kultes der Ara Maxima. Wird diese Mißachtung in den offiziellen Kreisen nicht so weit führen, Hercules aus dem römischen Pantheon zu verbannen?

Diese Frage drängt sich bei der Lektüre jener erstaunlichen Passage bei Tacitus auf, wo Hercules seines Römertums beraubt und als Grieche dem Römer Quirinus gegenübergestellt wird; diese

---

[68] Verg. Aen. 6, 801.
[69] Dio Cassius 56, 36, 4–5.

Worte werden – vergessen wir das nicht – im römischen Senat gesprochen, wo die Senatoren Tiberius, der eine kultische Verehrung seiner Person von sich gewiesen hatte, schmeicheln wollen:
... *Optumos quippe mortalium altissima cupere: sic* Herculem *et* Liberum apud Graecos, Quirinum apud nos *deum numero additos.*[70]

Obwohl sie so vielversprechend begonnen hatte, ist die Karriere des Hercules als Staatsgott anscheinend also gescheitert. Und zu dem Zeitpunkt, da der Gott der Ara Maxima in Vergessenheit gerät, erfährt die Marsreligion einen beispiellosen Aufschwung.

Durch seine sensationelle Umkehrung, die hauptsächlich auf die Initiative des Augustus zurückzuführen ist, wird Mars zur dominierenden Gottheit der Religion der Kaiserzeit. Man könnte nun annehmen, daß der Kaiser ernsthafte Widerstände überwinden mußte, um das Ansehen einer im Niedergang befindlichen Gottheit wiederherzustellen. Das war jedoch keineswegs der Fall; das religiöse Werk des Augustus wurde dadurch vielmehr erleichtert. Es stand dem Kaiser frei, einen verarmten Gott mit der neuen Mystik zu erfüllen, seine Gestalt durch die kaiserliche Prachtentfaltung aufzuwerten. In dieser Hinsicht wäre es schwieriger gewesen, Hercules mit seinem komplexen Wesen in das Konzept einzupassen, da seine Gestalt sich gegen Änderungen stärker sperrte. Augustus hatte vollkommen freie Hand, um die Persönlichkeit des Mars „aufzubauen". Im Jahr 42 hatte der aus einem Gelübde Octavians entstandene Ultorkult im wesentlichen Züge eines Familienkults: Der Gott war Rächer der Ermordung des Adoptivvaters. Das Geschick des Augustus bestand darin, diese private Funktion der Gottheit zu einer nationalen umzubilden, wobei ihm die Geschichte zu Hilfe kam. Das Abkommen des Jahres 20 v. Chr. mit dem Partherkönig ermöglichte diesen Schritt: Die dem besiegten Crassus abgenommenen *signa* wurden zurückgegeben. Dieser diplomatische Erfolg wurde als glänzender Sieg dargestellt und ermöglichte die Einbeziehung des Mars Ultor. Die Feldzeichen wurden feierlich in einem Heiligtum aufgestellt, das eigens für diesen Zweck unter dem

[70] Tacitus, Ann. 4, 38.

Schutz des Mars Ultor auf dem Kapitol [277] [45] errichtet worden war.[71] Auf Münzen aus dem Jahr 19 ist das Gebäude abgebildet mit der Legende MARTI VLTORI. So wurde Mars zum „Rächer der Feldzeichen"[72]. Diese neue Funktion sollte sogar die alte verdrängen. Die Rückkehr der Feldzeichen des Crassus verlieh dem Marskult von nun an ein nationales Gepräge. Ovid hebt dies nachdrücklich hervor: Mars „hat zweifache Rache geübt"; er hat seinen Beinamen zweifach verdient – *deus bis ultus*[73]:

> Nec *satis est meruisse semel cognomina Marti:*
> Persequitur Parthi signa retenta manu.
> . . . .
> Rite deo templumque datum nomenque *bis ulto*
> Et meritus voti debita solvit honor.

Die neue Marsreligion war geschaffen; und Augustus meinte, dieser wirklich neuen Religion auch ein neues Zentrum zuweisen zu müssen. Das Heiligtum auf dem Kapitol war nur ein „Ruhealtar". Der 42 versprochene Tempel wurde auf dem Augustusforum errichtet und 2 v. Chr. fertiggestellt. In diesem Bauwerk wurde die beabsichtigte Vermischung familiärer und nationaler Interessen in der „neuen Religion" sanktioniert. Die Rolle, die Augustus dabei gespielt hatte, brachte ihn in enge Verbindung zum Marskult.

„Augustus", berichtet Dio Cassius,[74] „weihte persönlich den Tempel des Mars Ultor auf dem Forum, obwohl er das Recht, solche Zeremonien abzuhalten, ein für allemal an Gaius und Lucius Caesar abgetreten hatte."

Der Tempel wurde am 1. August geweiht ἐν τῇ τοῦ Αὐγούστου νουμηνίᾳ.[75] – Er sollte nicht allein dem Mars vorbehalten sein, sondern auch die julischen Götter Venus und Divus Iulius aufnehmen. – Um ein unvergeßliches Andenken an diesen Tag zu hinterlassen, wurden aufwendige Feierlichkeiten veranstaltet: Dem Volk wurden

---

[71] Dio Cassius 54,8,3.
[72] Vgl. J. Gagé, Un thème de l'art, a. O. 83.
[73] Ovid, Fasti 5,579f. und 595f.
[74] Dio Cassius 55,10,6.
[75] Ebd. 60,5,3.

zirzensische Spiele, Gladiatorenkämpfe und eine Naumachie geboten.[76] Alljährlich sollten die Ludi Martiales abgehalten werden zum Gedenken an die Weihung des Heiligtums auf dem Kapitol am 12. Mai und des Tempels auf dem Augustusforum am 1. August.[77]

Die Bedeutung der Errichtung des Forumtempels für die Religion des Mars Ultor muß besonders hervorgehoben werden. Seitdem [278] [46] wohnt der Gott nicht mehr außerhalb des „Pomerium"; früher hatte er nur zwei Tempel, fernab vom städtischen Leben, auf dem Campus Martius und an der Porta Capena. Nun braucht Mars den Kult der Ara Maxima nicht mehr um sein Privileg zu beneiden. Im Gegenteil; während Hercules in der Nähe des alten Forums bleibt, richtet Mars Ultor sich auf dem neuen Kaiserforum ein, dem die Zukunft gehört. Augustus bemühte sich, den Ultortempel zum Zentrum des römischen Lebens zu machen, und ordnete bedeutsame Maßnahmen an[78]: Der Kaiser und die Mitglieder seiner Familie sollen im Tempel des Mars Ultor die Toga virilis anlegen; dorthin sollen sich die Prokonsuln vor ihrer Abreise in ihre Provinzen begeben; dort soll der Senat über Kriegszüge beraten und über Triumphzüge Beschluß fassen; dort sollen die siegreichen Feldherren die Insignien ihres Triumphes – Szepter und Lorbeerkranz – niederlegen: Dies war eine besonders bedeutsame Neuerung, wenn man bedenkt, daß damit allen militärischen Traditionen des ersten Jahrhunderts, nach denen die Feier des Triumphes an der Ara Maxima abgehalten werden mußte, ein Ende bereitet wurde. Der Mars-Ultor-Tempel wurde zugleich zum Zentrum des kaiserlichen, politischen und militärischen Lebens. All diese Angaben des Dio Cassius werden von Sueton[79] bestätigt:

sanxit ergo (Augustus) ut de bellis triumphisque hic consuleretur senatus, provincias cum imperio petituri hinc deducerentur, quique victores rediissent huc insignia triumphorum conferrent. –

Von Augustus neu eingesetzt, wird Mars das ganze erste Jahrhundert beherrschen. Ihm treu zu bleiben bedeutet, den göttlichen

---

[76] Ebd. 55,10,6–7.
[77] Vgl. Wissowa a. O. 457.
[78] Dio Cassius 55,10,2–4.
[79] Sueton, Aug. 29,2.

Charakter des Divus Augustus zu respektieren. Kurz nach dem Tod des Kaisers bietet ein Feldzug die Gelegenheit, die von Augustus begründete Tradition umfassend zur Geltung zu bringen. Der Feldzug des Germanicus gegen die Germanen im Jahr 16 n. Chr. sollte die Manen des Varus rächen. Der Sieg wurde im Zeichen des Mars Ultor gefeiert: So wie dieser Gott 20 v. Chr. die Feldzeichen des Crassus zurückgebracht hatte, wurde er nun zum Rächer für die Niederlage des Varus. Dieses Mal nimmt der Divus Augustus an der Zeremonie teil, da er inzwischen zu den Unsterblichen gehört. Laut Tacitus[80] ließ Germanicus ein Siegesdenkmal mit der stolzen Inschrift – *congeriem armorum superbo cum titulo* – errichten:

Debellatis inter Rhenum Albimque nationibus exercitum Tiberii Caesaris ea monimenta Marti Ultori et Augusto sacravisse.

Bei der Feier zum Gedenken an diesen Sieg ist für Tiberius die Erinnerung an Augustus eng mit dem Ultor verknüpft. [279] [47] Auf der Scheide des „Tiberiusschwertes", das im British Museum aufbewahrt wird, wohnt der Gott an der Seite der Victoria Augusti der Rückkehr des Germanicus bei.[81] Auf einer Gedenkmünze,[82] die Germanicus vor Tiberius darstellt, erscheint im Hintergrund der bärtige Gott Mars, mit seinem Speer und dem großen Schild bewaffnet, neben der Victoria Augusti.

Unabhängig von den augusteischen Traditionen wurde Mars Ultor von den Kaisern nur allzu bereitwillig übernommen, da sie ihn als den göttlichen Garanten par excellence für die Kaiserwürde betrachteten. Der Beiname „Ultor" schien eine Drohung gegen jeden einzuschließen, der es wagen sollte, die Hand gegen das Reich oder den Kaiser zu erheben. Ungeachtet der anderen Götter, in deren Gewand er schlüpfte, richtete der Kaiser Caligula instinktiv an Mars Ultor seinen Dank dafür, daß er einem Attentat entkommen

---

[80] Tacitus, Ann. 2,22. Wir halten Hirschfelds Korrektur *Marti Ultori* anstelle von *Marti et Iovi,* was aus mehr als einem Grund zu verwerfen ist, für richtig.

[81] Vgl. J. Gagé, Un thème de l'art a. O. 85.

[82] Vgl. J. Gagé, La Victoria Augusti et les auspices de Tibère, RA 32, 1930, 1–35 (11).

konnte: *tres gladios in necem suam praeparatos Marti Ultori addito elogio consecravit.*[83] Diese Vorliebe für Mars erklärt auch die schmeichelhaften Beinamen, die man in Griechenland einigen Kaisern zuerkannte: νέος Ἄρης – „Sohn des Mars" oder „neuer Mars". Diese Anrede richtete sich zunächst an die Enkel des Augustus, die *principes iuventutis* Gaius und Lucius Caesar.[84] Caligula beanspruchte in Griechenland die beiden Titel eines Sohns des Augustus und eines neuen Mars.[85]

Die Bürgerkriege nach dem Tod Neros stellten den Ultorkult auf eine entscheidende Probe. Zu dieser Zeit tritt seine eigenständige Kraft deutlicher hervor, da er nicht mehr so unmittelbar von der Erinnerung an Augustus unterstützt wird. Interessanterweise kann man während dieser unruhigen Jahre eine zunehmende Verbreitung der Aufschrift MARTI ULTORI auf den Münzen feststellen.[86] Die Bewerber um die Herrscherwürde berufen sich alle auf die *ultio* des Mars und scheinen sein Eingreifen zu ihren Gunsten erzwingen zu wollen. In dieser Krise von Armee und Herrschaft, auf welche die Restauration Vespasians folgt, treten einige Charakterzüge des Mars deutlicher hervor. – Man glaubt, daß Mars Ultor als Sieger aus den Kämpfen, die das Reich zerrissen haben, hervorgehen wird: Auf einer Münze ist er mit [280] [48] Schwert und *tropaeum* abgebildet.[87] Vor allem hat er neue Titel erworben: Seit Galba taucht die Bezeichnung MARS VICTOR auf.[88] Nach der Belastungsprobe in den Bürgerkriegen ist er zum Gott des Sieges geworden – nicht mehr mit Hilfe der Victoria Augusti, sondern aus eigener Kraft. So hat Mars also den Beinamen „Sieger" erworben oder zurückerhalten,[89] was

---

[83] Sueton, Caligula 24,3.
[84] Vgl. J. Gagé, Romulus, a. O. 178.
[85] IG III 1, Nr. 444:
ὁ δῆμος
Γαῖον Καίσαρα Σεβαστοῦ υἱόν
νέον Ἄρη
[86] Vgl. H. Mattingly-E. A. Sydenham, Roman Imperial Coinage, London 1923 ff., Bd. I, 179; 181, Nr. 1,2,3,4; 184, Nr. 9; 185, Nr. 15,17, etc.
[87] Ebd. II, 45, Nr. 257.
[88] Ebd. I, 215, Nr. 154.
[89] Siehe oben S. 115.

um so bemerkenswerter ist, als Hercules Invictus auf keiner Münze aus dem ersten Jahrhundert zu finden ist. Von da an ist der Gott imstande, den Glauben der Armeen auf sich zu ziehen: Eine Münze aus dem Jahr 69/70 zeigt auf der Rückseite die Inschrift CONSENSUS EXERCITUUM, dazu ein Bild des Mars mit Schwert und Adler.[90] Auf einer anderen Münze wird die Beschützerrolle des Mars für die Person des Kaisers und das Reich hervorgehoben: Auf der Vorderseite ist Vespasian dargestellt, auf der Rückseite der mit Schwert und Siegeszeichen versehene Gott mit der Beischrift MARS CONSERVAT.[91]

Am Ausgang des ersten Jahrhunderts erfüllt Mars also die Doppelfunktion, die Augustus ihm zugedacht hatte und die durch den Beinamen Ultor definiert wird. Mars Ultor, Rächer der Feldzeichen, ist beim Heer wieder populär geworden und sichert den Schutz des Reiches. Der Ultor als Rächer Caesars wacht über die Person des Kaisers; er ist *conservator*. Die doppelte Ausrichtung, die Augustus ihm anfangs gegeben hatte, ist durch den Gang der Geschichte anscheinend nur bestätigt worden.

Die natürliche Folge dieser Ausbreitung des Marskultes im ersten Jahrhundert war, daß Hercules – obwohl an sich zur Gottheit der Kaiserherrschaft berufen – zurückgedrängt wurde. Unter Augustus erscheint der Gott der Ara Maxima auf keiner Münze[92]: Er ist von offiziellen Begünstigungen ausgeschlossen. Um die Jahrhundertmitte findet sich allerdings eine an Hercules Augustus gerichtete Widmung, die von einem Sekretär aus der Kanzlei Vespasians stammt.[93] Man sollte aber die Bedeutung dieser Bezeichnung, die auf einigen wenigen Inschriften von Privatpersonen zu finden ist, nicht überschätzen. Nachdem Mars ihn aus seiner militärischen Rolle verdrängt hat, zieht sich Hercules auf seine chthonischen Funktionen zurück. Die einzige offizielle Erwähnung bezieht sich auf Hercules als Gott des Wohlstands. Eine Münze aus der Zeit

---

[90] Mattingly-Sydenham a. O. II, 45, Nr. 255.
[91] Ebd. II, 47, Nr. 272.
[92] Nach unseren persönlichen Nachforschungen bei Mattingly-Sydenham.
[93] CIL VI 1, Nr. 301.

Galbas zeigt [281] [49] vorn einen lorbeerbekränzten Herculeskopf mit der Beischrift *Hercules adsertor,* auf der Rückseite Fortuna mit Ölzweig und Füllhorn und der Inschrift *Florente Fortuna P. R.* – Welches Gewicht hat dieses Zeugnis? Man kann seine Bedeutung erheblich relativieren mit dem Hinweis, daß diese Münze, obwohl sie in Gallien geprägt wurde,[94] weniger eine Huldigung an den römischen Hercules als vielmehr an den Hercules von Cadiz darstellt, den Hercules von Spanien, das Galba gerade verlassen hatte, um die Herrschaft zu übernehmen.[95] Falls diese Überlegung richtig ist, so folgt daraus, daß sich notwendig eine Verschmelzung mit dem Hercules der Ara Maxima, dem Gott des Wohlstands, ergeben mußte. Selbst wenn man mit Eckhel[96] der Einwirkung der äußeren Umstände eine große Rolle zugesteht, so ist darum diese Verbindung – nicht etwa mit irgendeiner Fortuna, sondern mit der Fortuna des römischen Volkes – nicht weniger interessant. Hercules wird zum befreienden *adsertor* erklärt, weil er nach den Kriegsjahren den Wohlstand wieder herbeiführen kann. Erinnert man sich daran, daß Augustus die Terra Mater dem Hercules als Symbolfigur für den Reichtum vorgezogen hatte,[97] so muß man zugeben, daß diese offizielle Bestätigung des Hercules einen Fortschritt anzeigt.

Dieser Fortschritt ist jedoch sehr gering im Verhältnis zu dem Prestigeverlust, der die Karriere des Hercules in der Kaiserzeit anscheinend unwiderruflich gefährdet. Während Mars als Gott des Kaiserhauses residiert, wird Hercules zu einer Art „Hofnarr". Der Gott der Ara Maxima hatte das Pech, daß die exzentrischsten Kaiser wie Caligula, Nero und Domitian ihn für ihre Zwecke benutzten. – Während seiner Wahnsinnsanfälle – δεινῶς ἐξεφρόνησεν, sagt Dio Cassius[98] – verkleidete sich der Kaiser Caligula unter

---

[94] Vgl. Mattingly-Sydenham a. O. I, 184, Nr. 1.
[95] Sueton, Galba 9,2.
[96] J. Eckhel, Doctrina nummorum veterum 6, S. 298: „Quemadmodum Hercules ex Hispania redux, occiso Caco latrone septem colles in libertatem adservit, sic et Galba ex eadem Hispania reversus deiecto Nerone Romam iisdem septem collibus impositam liberavit effecitque ut florere Fortuna P. R. iterum inciperet."
[97] Siehe oben S. 116.
[98] Dio Cassius 59,26,5.

anderem auch als Hercules, indem er ein Löwenfell umlegte und sich mit einer Keule bewaffnete. – Nero machte die Herculessage lächerlich, indem er auf der Bühne den „rasenden Hercules" spielte[99] und vorgab, seine Heldentaten nachzuvollziehen; er hatte offenbar sogar einmal vor, mit nacktem Oberkörper im Amphitheater einen vorher dafür abgerichteten Löwen mit der Keule zu erschlagen.[100] Bei seiner Rückkehr aus Griechenland, wo er sich als Musiker und Athlet produziert hatte, kleidete er sich in Gold und Purpur [282] [50] und setzte sich einen Kranz aus Olivenzweigen auf, um sich in Rom als Nero-Apollo und Nero-Hercules bejubeln zu lassen.[101] – Unter Domitian scheint das Ansehen des Hercules auf den ersten Blick zu steigen. Der Kaiser ließ in der Nähe der Via Appia einen Herculestempel errichten, in dem eine mit den Zügen Domitians ausgestattete Herculesstatue stand.[102] Außerdem wird der militärische Aspekt des Hercules durch die Verbindung mit der Kriegsgöttin Minerva Victrix, einer neuen Verkörperung der Victoria,[103] anscheinend wieder betont. Um die Rolle des Hercules unter Domitian aber richtig zu verstehen, braucht man nur die Literatur zu Rate zu ziehen.

Bei den Panegyrikern wird der Kaiser häufig mit dem Gott gleichgestellt. Statius[104] vergleicht den Kaiser mit Hercules und verheißt ihm große Triumphe: Ebenso wie sein ruhmreiches Vorbild werde Domitian „immer siegreich" sein und sich einen ebensolchen Ruf als Eroberer erwerben.[105] – Das für sich allein stehende Epithe-

---

[99] Sueton, Nero 21,3.
[100] Ebd. 53.
[101] Dio Cassius 63,20,5.
[102] Martial IX 64,1.
[103] Auf einer Münze aus Alexandria ist Hercules, oder besser gesagt Domitian-Hercules, mit Keule und Löwenfell abgebildet, wie er ein Bildnis der gehelmten Pallas hochhält. Vgl. K. Scott, The Imperial Cult under the Flavians, Stuttgart 1936, 178.
[104] Statius, Silv. IV 3, 153 ff.
[105] Vgl. Statius, Silv. IV 1, 39 und IV 3, 155 ff.:
    Ibis qua vagus Hercules et Euhan
    Ultra sidera, flammeumque Solem,

Hercules und die Religionsreform des Augustus 133

ton *Invictus* bezeichnet häufig Domitian [106] und unterstreicht somit die Identifizierung mit Hercules. Das alles sind aber nur devote Schmeicheleien: Trotz ihrer Übertreibung erscheinen sie dem Dichter bald nicht mehr hochgestochen genug. Statius vergnügt sich nun mit einem sublimeren Spiel: Er stellt Domitian der Reihe nach mit Pollux, Dionysos und Hercules gleich, verwirft dann aber alle diese Vergleiche zugunsten von Iupiter.[107] Doch selbst der Vergleich mit Iupiter ist nicht erhaben genug; wie uns Statius berichtet, rangiert der *dominus et deus* Domitian auch für Vitorius Marcellus vor dem Gott des Donners: *posthabito ... Tonante*.[108] – Bei all diesen zahlreichen Drehungen und Wendungen war Hercules nur ein Versatzstück, das schließlich der Verachtung anheimfiel. – Martial ist ein noch typischeres Beispiel: Überall dient Hercules nur dazu, Domitian weiter in den Vordergrund zu schieben. Die Sage berichtet von der Reihe der Ungeheuer, die der Held besiegt hat. Ja, doch welche weit denkwürdigeren Heldentaten vollbringt Carpophorus, der Gladiator des Kaisers, tagtäglich [283] [51] im Amphitheater.[109] Es ist daher nur selbstverständlich, daß die Götter, die Hercules die Unsterblichkeit gewährten, Domitian dasselbe Privileg zugestehen ..., am Ende eines langen Lebens.[110] Der Dichter treibt die Schmeichelei so weit, daß er die Heldentaten des Kaisers nach den Arbeiten des Hercules anführt, um dem zum *Hercules*

> Et Nili caput, et nives Atlantis
> Et laudum cumulo beatus omni,
> Scandes, belliger, obviosque (*v. l.* abnuesque) currus.

[106] Ebd. IV 8, 61; IV 7, 49. Vgl. Martial VII 6, 7–8; IX 23, 5–6; IX 1, 8–10.
[107] Statius, Silv. IV 2, 47–56.
[108] Ebd. IV 4, 58.
[109] Martial V 65, 8 ff.:
> *Dat maiora novus proelia mane dies.*
> Quot graviora cadunt Nemeaeo pondera monstro!
> Quot tua Maenalios conlocat hasta sues!
> Reddatur si pugna triplex pastoris Hiberi
> Est tibi qui possit vincere Geryonem!
[110] Ebd. V 65, 15 f.:
> Pro meritis caelum tantis, Auguste, dederunt
> Alcidae cito di, *sed tibi sero dabunt.*

maior beförderten Domitian den zum *Hercules minor* degradierten Gott gegenüberzustellen:

Haec *minor Alcides:* maior quae gesserit, audi.[111] Wenn Domitian die Züge des Hercules angenommen hat, so ist dies eine hohe Ehre – nicht für den Kaiser, sondern für den Gott:

> Herculis in magni vultus *descendere Caesar*
> *dignatus* Latiae dat nova templa viae,[112]

ein außerordentliches Entgegenkommen seitens des Kaisers; denn, so fügt der Dichter hinzu,

> Herculeum tantis numen non sufficit actis.[113]

Der Gläubige, dem an der Erfüllung seiner Gebete gelegen ist, kann da nichts falsch machen: Die wichtigen Bitten richtet er an Domitian, während er für Hercules nur die unbedeutenden aufhebt:

> Hunc magnas rogat alter opes, rogat alter honores;
> *Illi securus vota minora facit.*[114]

In dieser peinlichen Häufung von Übertreibungen wurde Hercules zu einer mythologischen Verbrämung, die durch ständige Verwendung schnell abgenutzt war. Nach dem Tod Domitians wird der Dichter seine kriecherischen Schmeicheleien eingestehen.[115] Gleichwohl bleibt an Hercules ein recht zweifelhafter Ruf hängen, der sich auf seine Zukunft negativer auszuwirken droht als die Gleichgültigkeit. Verständlicherweise wäre es [284] [52] für einen Politiker wie Vespasian keine vorteilhafte Propaganda gewesen, wenn er sich unter den Schutz einer Gottheit gestellt hätte, die Nero für seine Überspanntheiten mißbraucht hatte und Domitian in Mißkredit bringen sollte. Der Kaiser, der sich ganz unter den

---

[111] Martial, IX 101,11.
[112] Ebd. IX 64,1–2.
[113] Ebd. IX 101,23.
[114] Ebd. IX 64,7–8.
[115] Ebd. X 72,1–3:
> Frustra, blanditiae, venitis ad me
> *attritis miserabiles labellis:*
> dicturus dominum deumque non sum.

Schutz des Mars Ultor begeben hatte, entmutigte die ungeschickten Schmeichler, die ihn zu einem Gefährten des Hercules machen wollten, durch seinen Spott:

Quin et conantis quosdam originem Flavii generis ad conditores Reatinos *comitemque Herculis*, cuius monumentum extat Salaria via, referre *irrisit ultro*.[116]

Dieser Mißkredit blieb jedoch auf die offiziellen Kreise beschränkt. Außerhalb dieses Bereichs sollte sich die Herculessage das ganze Jahrhundert hindurch weiter entfalten. Zur gleichen Zeit, als die herrschenden Herren mit ihren Überspanntheiten die Gestalt des Hercules ins Lächerliche zogen, ließ die ›Geschichte Alexanders‹ des Curtius Rufus den Gott in einem ganz anderen Licht erscheinen; immer wieder zeigt sie, mit welcher Ehrerbietung der große Eroberer der Gottheit begegnet. Seinen Soldaten gegenüber nimmt Alexander das Recht für sich in Anspruch, seinem Vorbild nachzueifern;[117] um sie anzuspornen, ermahnt er sie, auf den Spuren des Helden[118] vorzurücken. Kurz vor der Schlacht gegen die Armee des Darius verbindet er den Kampf seiner Soldaten – als höchsten Ansporn – mit dem von Hercules unternommenen Werk der „Befreiung des Erdkreises" und erklärt sie so gleichsam zu Mitstreitern der Gottheit.[119] Nach dem Sieg erweist Alexander dem Hercules für den Beistand in der Schlacht seinen Dank, indem er ihm Altäre errichtet und Opfer darbringt.[120] Im Gegensatz zu Männern wie Caligula, Nero und Domitian, die Hercules lächerlich gemacht hatten, erweist Curtius Rufus in seiner romanhaften Erzählung dem Gott die ihm gebührende Ehre, und indem er ihn mit der Erinnerung an die Wundertaten des „Großen Eroberers" verbindet, stellt er Weichen für die Zukunft: Er bereitet geistig den kaiserlichen Herculeskult vor, der zu Beginn des dritten Jahr-

---

[116] Sueton, Vesp. 12.
[117] Curtius Rufus IX 2,29.
[118] Ebd. IX 4,21.
[119] Ebd. III 10,5: *Illos terrarum orbis liberatores,* emensosque olim Herculis et Liberi patris terminos *non Persis modo, sed etiam omnibus gentibus imposituros iugum.*
[120] Ebd. III 12,27 und IV 8,16.

hunderts mit der Rückbesinnung auf Alexander Hand in Hand geht.

Andererseits wird die Erzählung von den zwölf Arbeiten des Hercules immer populärer; ihre Kurzfassung in den ›Fabulae‹ des Hyginus liefert künftig Stoff für die Literatur. Berühmtheit erlangen nicht [285] [53] nur die Erzählungen, in denen die physische Kraft des Helden verherrlicht wird. Immer häufiger wird Hercules als der Besieger von Ungeheuern und somit als Wohltäter der Menschheit dargestellt. Dabei war es von großem Vorteil, daß dieser Aspekt in einfachen Mythen ausgedrückt wurde, die die Einbildungskraft des Volkes ansprachen: Hercules hatte Diomedes, den Tyrannen von Thrakien und Menschenfresser, getötet; er hatte Antaeus in Libyen und Busiris in Ägypten bestraft, weil sie das Gastrecht verletzt hatten...[121] Dieser „Befreier" besaß immer noch den Schlüssel zum Erfolg: Hatte er nicht den Höllenhund Cerberus bezwungen, hatte er nicht das Wunder vollbracht, aus der Unterwelt zurückzukehren?[122] Je größer die Neugier auf das Jenseits wurde, um so mehr Bedeutung gewannen die Themen von der Rückkehr aus der Unterwelt und dem Garten der Hesperiden. Schon bei Statius[123] erklärt sich Hercules zum Sieger über den Tod und verspricht seinem guten Freund Pollius aus Dankbarkeit ein langes Leben:

> Quas referam grates? Parcarum fila tenebo
> Extendamque colus: *duram scio vincere mortem,*
> Avertam luctus, et tristia damna vetabo.

Dieser „paradiesische" Aspekt findet zwar beim Volk großen Anklang, doch nicht nur er allein: Die Sage ist nicht auf Erbauung aus und erinnert gern an die „deftigen" Abenteuer des Gottes, wie an seine Würfelpartie mit dem Wächter seines Tempels um eine schöne Dirne.[124] Auch Statius wagt in dem genannten Gedicht eine Anspielung auf die Liebesabenteuer des Helden.[125]

[121] Hygin, Fab. 30,9; 31,1,2.
[122] Ebd. 30,13.
[123] Statius, Silv. III 1, 171 ff.
[124] Macrobius, Sat. I 10,12.
[125] Statius, Silv. III 1, 161 f.

Die Philosophen begegnen diesen unsystematischen Überlieferungen mit Abneigung. Ihrem Einfluß ist es zu verdanken, daß der moralische Aspekt der Herculessage stärker betont wird, denn in ihrer Bewunderung für Hercules sind sich Kyniker und Stoiker einig.[126] Wo die Cäsaren einen Vorwand für Circusspiele sahen, finden die Philosophen Stoff für Symbole: Als Diogenes gefragt wurde, wer sein Vorbild sei, antwortete er: „Hercules" und verwies auf seinen Stab als seine Keule und auf seinen Philosophenumhang als sein Löwenfell.[127] Für seine Anhänger war Hercules ein Held geworden, der den äußeren Dingen gleichgültig gegenübersteht und die innere Vollkommenheit anstrebt. Diogenes rühmte [286] [54] sich, ἄπολις, ἄοικος, πατρίδος ἐστερημένος zu sein, um nach dem Vorbild des Hercules die sittliche Läuterung zu suchen.[128] – Die kynischen Redner legen ein besonderes Geschick bei der Interpretation der Herculessage an den Tag. Auf eine Frage des Tiberius antwortet Dio Chrysostomus in einigem Abstand: Es waren keine Raubtiere, die Hercules besiegt hat; diese Ungeheuer waren vielmehr seine Begierden und Leidenschaften.[129] Hercules hat die goldenen Äpfel gepflückt, d. h. die Tugenden, wie der kynische Philosoph zurechtrückt: ἀφείλετο τὰ μᾶλα, ὅπερ ἐστὶ τρεῖς ἀρετάς. τὸ μὴ ὀργίζεσθαι, τὸ μὴ φιληδονεῖν, τὸ μὴ φιλαργυρεῖν.[130] Das Gewand des Nessos wird als Hedonie interpretiert, als jenes Laster, „das sich an die Seele heftet wie Aussatz an den Körper" und nur im Feuer geläutert werden kann. So gilt Hercules also in den Predigten der Kyniker als Inbegriff des sittlichen Menschen: Ein Lieblingsthema wird die berühmte Fabel des Prodikos von ›Hercules am Scheidewege‹.

Die stoische Philosophie ging den Dingen tiefer auf den Grund. Die Gestalt des Hercules, so wie sie sich in den beiden Tragödien

---

[126] Vgl. zu diesem Thema L. François, Essai sur Dion Chrysostome, Diss. Paris 1921, 160 ff. und J. Bayet, Hercule funéraire, MEFR 39, 1921/22, 219–266 (234 f.).
[127] Vgl. Lukian, Vitarum auctio 8 und Diog. Laërtios 6,71.
[128] Diog. Laërtios 6,38; vgl. Lukian, Vit. auctio 8: στρατεύομαι δὲ ὥσπερ ἐκεῖνος ἐπὶ τὰς ἡδονάς, ... ἐκκαθᾶραι τὸν βίον προαιρούμενος.
[129] Dio Chrys. 5,22 f.
[130] Cramer, Anecdota Graeca, Bd. II, Oxford 1839, ND Hildesheim 1967, 381.

Senecas ›Hercules Furens‹ und ›Hercules Oetaeus‹ zeigt, wurde zum Inbegriff der Vollkommenheit, zu einer Leitfigur für die Menschheit. Der Held erscheint als Retter der Erde und ist als solcher die rechte Hand Iupiters.[131] Wie ein zur Erde gesandter Messias legt er seinem Vater Rechenschaft über seine Taten ab:

> Pacata Tellus, inquit, et caelum et freta,
> Feris subactis omnibus victor redi:
> Depone fulmen.[132]

Die eigentliche Mission des Helden, dem die Aufnahme in den Götterhimmel verheißen ist, bestand aber wohl darin, den Sterblichen die Furcht vor dem Tod zu nehmen. Das Thema des Triumphs über den Tod erhält hier einen tief religiösen Akzent; es taucht immer wieder auf, gipfelt im Jubel bei der Begrüßung des Hercules durch den Chor:

> Transvectus vada Tartari
> Pacatis redit inferis;
> *Iam nullus superest timor:*
> Nil ultra iacet inferos.[133]

[287] [55] Die Angst vor der Unterwelt ist verschwunden. Man muß es deutlich sagen: „Es gibt keinen Grund zur Furcht mehr, weil die Sterblichen sich nicht mehr vor der Unterwelt zu fürchten brauchen."[134] Wie läßt sich diese allgemeine Freude erklären? Hercules hat den Tod nur für sich selbst besiegt; was kann er für seine Anhänger tun? Gewiß wirkt schon die Offenbarung schrecklicher Geheimnisse beruhigend:

> Et sacra *dirae mortis in aperto iacent*.[135]

Es gibt aber einen noch überzeugenderen Grund: Wenn Hercules sich einen Platz im Himmel erworben hat, so verdankt er das

---

[131] Seneca, Herc. Oet. 749f.:
    Decus illud orbis atque praesidium unicum
    Quem fata terris *in locum dederant Iovis*.
[132] Ebd. 794ff.
[133] Seneca, Herc. fur. 889ff.
[134] Vgl. J. Bayet, Herc. funéraire, a. O. 244.
[135] Seneca, Herc. Fur. 56.

schließlich seinem letzten und größten Sieg, dem Sieg über sich selbst. Folgende Verse bringen das ganz deutlich zum Ausdruck:

> Ut dignus astris videar, *hic* faciet dies.
> *Leve est quod actum est;* Herculem *hic,* genitor, *dies*
> *Inveniet aut damnabit.*[136]

Die Apotheose wird sozusagen zu einem **durch sittlichen Wert erworbenen Recht**, in dessen Genuß jeder kommen kann: Der Sieg über den Tod ist ein Sieg des Menschen über seine Leidenschaften. 'Christliche Gedanken', möchte man sagen. Erinnert der folgende Vers nicht auch an christliche Vorstellungen?

> Virtus in astra tendit, in mortem timor.[137]

„Timor" heißt nicht mehr „Angst vor dem Tod", sondern „todgeweihte Feigheit". Der Mensch verdankt Hercules, daß er sein Schicksal selbst gestalten kann. Es ist recht interessant festzustellen, für welch ausgefeilte Sittenlehre sich derselbe Held eignete, der Kaisern dieser Zeit für ihre Narreteien diente. Die Tatsache, daß das Volk sich mit seiner Sage vertraut macht und die gebildeten Schichten, dem Hofe zum Trotz, ihre Ethik mittels seiner Person gestalten, ist ein unanfechtbarer Beweis dafür, wie lebendig Hercules geblieben ist. Man kann sich jedoch fragen, ob nicht trotz dieses hohen Interesses außerhalb der offiziellen Religion ein Aspekt des Gottes nun endgültig in Vergessenheit gerät: seine Verehrung als Gottheit des Militärs.

Unweit von Rom gab es einen ganz dem Hercules geweihten Ort, *urbs Herculi sacra,*[138] wo man es sich zur Aufgabe gemacht hatte, diesen militärischen Kult aufrechtzuerhalten: Tibur. Hercules wurde dort unter dem Namen Victor [288] [56] oder Invictus verehrt. Seine Verwandtschaft mit dem Gott der Ara Maxima kam durch zahlreiche Gemeinsamkeiten zum Ausdruck[139]: Hier wie in

---

[136] Seneca, Herc. Oet. 1713 ff.
[137] Ebd. 1971.
[138] Sueton, Caligula 8,2. Vgl. Strabo 5,3,11.
[139] Für Hercules Victor: 12 Inschriften; für Hercules Invictus: 3 Inschriften (in CIL XIV). Zur Verwandtschaft der beiden Gottheiten vgl. J. Bayet, Les origines de l'Hercule Romain, a. O. 313.

Rom erwähnt die Legende Cacus und Euander; hier hatte Hercules dem Iupiter Praestes einen Altar geweiht, so wie er dem Iupiter Inventor auf dem Aventin einen Altar errichtet hatte. In Tibur wie an der Ara Maxima brachte man ihm den Zehnten als Opfer dar.[140] Diese Gemeinsamkeiten lassen sich um so leichter erklären, als der Hercules von Tibur wahrscheinlich Einfluß auf den Hercules der Ara Maxima ausgeübt hat.[141] – Der Charakter des Hercules von Tibur war eindeutig militärisch; seine Priester nannten sich seit alters Salier[142] und waren nach einem Sieg der Tiburtiner über die Volsker eingesetzt worden. Während der Kaiserzeit behielt Hercules seine Vorrangstellung in der Stadt: Dieser Besonderheit ist es zu verdanken, daß die Verbindung zwischen Hercules und dem Kaiserhaus hier schon gleich zu Beginn besiegelt wurde. Aus den schriftlichen Quellen läßt sich allerdings nicht auf eine besondere Vorliebe des Augustus für Tibur schließen: Es wird nur gesagt, daß der Kaiser im Sommer gern in der Portikus des Herculestempels zu Gericht saß.[143] Von größerer Bedeutung ist jedoch die Tatsache, daß der Kaiserkult in Tibur von Anfang an mit dem Herculeskult in Verbindung gebracht wurde. Entgegen der üblichen Praxis wurden in Tibur für Augustus keine besonderen Priester eingesetzt: Das alte *Collegium Herculaneorum,* das neben den Saliern bestand, absorbierte den Kaiserkult und brachte die *Herculanei Augustales* hervor, Priester, die gleichzeitig für Augustus und Hercules zuständig waren.[144] Diese Verschmelzung wird durch eine Inschrift (CIL XIV, Nr. 3679) bestätigt: Derselbe Schatz wird in Zeile 10 als *thesaurus Herc(ulis)* und in Zeile 5 als *thesaurus Herculis et Augus(ti)* bezeichnet.[145] Als wichtige Tatsache bleibt festzuhalten, daß in Tibur die Verbindungen zwischen dem siegreichen Hercules und dem Kaiserkult offizieller Natur sind.[146] Diese Religion ist zwar

---

[140] Vgl. CIL XIV, 3541.
[141] J. Bayet, Les origines, a. O. 331.
[142] Servius in Verg. Aen. 8, 275.
[143] Sueton, Aug. 72, 2.
[144] Vgl. CIL XIV, Nr. 3665, 3679, 3679a, 3681.
[145] Vgl. CIL XIV Index S. 565: *thesaurus Herculis et Augus(ti).*
[146] Wir glauben, daß man es damit für jene Zeit gut sein lassen muß. In einem Artikel der ›Revue Archéologique‹ von 1863 [P. Foucart, Le Temple

auf einen [289] [57] kleinen Ort beschränkt; man muß jedoch berücksichtigen, daß dieser Ort vor den Toren Roms liegt und zur Sommerfrische für die reichen Römer geworden ist. Zahlreiche Villen wurden dort gebaut; Piso, Maecenas, Horaz und Catull hielten sich zeitweise dort auf; später ließ Hadrian dort seine Kaiservilla errichten.[147] Diese berühmten Männer nahmen gern die *cura* für den Hercules-Victor-Tempel auf sich. Die in den Inschriften erwähnten *curatores fani Herculis* sind fast alle Senatoren und Ritter.[148] Viele führen außerdem den Titel eines *patronus* des Municipiums.[149] Auf diese Weise bewahrte der Hercules Victor von Tibur einen Funken der Flamme, deren Glanz an der Ara Maxima in Rom erloschen war.

Die alten Traditionen des römischen Hercules haben also die religiösen Reformen des ersten Kaisers überdauert. Augustus konnte sie zwar mißachten, schaffte es jedoch nicht, sie zu zerschlagen. Als er einen Gott, der alle erforderlichen Eigenschaften aufwies, aus dem Staatskult entfernte, unterbrach er freilich eine Entwicklung, die wohl gegen Ende des ersten Jahrhunderts v. Chr. ihren Höhepunkt erreicht hatte; indem er der blassen Gestalt des Mars neue

---

d'Hercule Vainqueur à Tivoli, RA 7, 1863, 81–92 (91)] glaubte Foucart die Behauptung aufstellen zu können, daß Hercules in Tibur zum „Bundesgenossen und Beschützer" der Familie des Augustus erklärt worden sei. Zur Untermauerung seiner Behauptung zitierte er eine von Orelli erfaßte Inschrift (Nr. 1550): DEO / HERCULI TIBURT / INVICTO / COMITI / ET CONSERVATORI / DOMUS AUG / VI VIR. AUG / (nomina sex) P.P.

Diese wirklich sensationelle Inschrift kommt uns mehr als suspekt vor: „titulus admodum suspectus", fügt Orelli übrigens als Anmerkung hinzu (a. O.). Wir haben keine Spur davon im CIL finden können und sehen uns außerstande, ihre Echtheit zu bestätigen. Falls man sie für authentisch hält, müßte man das Datum auf eine sehr viel spätere Zeit verschieben (wenigstens bis zum Ende des 2. Jh. n. Chr.), es sei denn, man wollte in dieser einzelnen Inschrift die wundersame Andeutung einer zwei Jahrhunderte später eintretenden Entwicklung erblicken.

[147] Vgl. P. Gusman, La villa impériale de Tibur, Paris 1904, 7.
[148] Vgl. CIL XIV, Nr. 3599, 3600, 3601, 3609, 3611, etc.
[149] Z. B. CIL XIV, 3609.

Kraft verlieh, nahm er Hercules anscheinend alle Zukunftsaussichten. Die Auswirkungen dieser Tat ziehen sich mit Sicherheit durch das ganze erste Jahrhundert unserer Zeitrechnung. Unter Augustus hat Hercules zwar keine offizielle Beförderung erhalten, war deshalb aber nicht aus dem Kaiserreich verbannt. Außerhalb des staatlichen Machtbereichs vollzieht sich eine tiefgreifende Neugestaltung: In den Erzählungen des Curtius Rufus und der Mythographen entwickelt sich so etwas wie ein Herculesepos. Durch das Wirken der Philosophen wird die Herculessage offen für moralische und religiöse Interpretationen. Und statt der Ara Maxima bewahrt Tibur den Kult des Hercules Victor in seinem offiziellen und militärischen Charakter. Nichts ist für die Zukunft verloren.

Originalbeitrag 1984.

AUGUSTUS UND SEINE RELIGIONSPOLITIK GEGENÜBER ORIENTALISCHEN KULTEN

Von Ilse Becher*

1. Vorbemerkungen

Die Haltung des römischen Staates fremden Religionen gegenüber war durch Toleranz gekennzeichnet, sofern die fremden, d. h. außeritalischen und besonders die orientalischen Kulte, die zuerst von Nichtrömern gepflegt wurden, ohne Anspruch auf Allgemeingültigkeit und Ausschließlichkeit auftraten, das Selbstverständnis der Römer nicht gefährdeten und den Bestand des römischen Staates und seiner Institutionen nicht vorgeblich oder tatsächlich bedrohten. Bestand in den Augen der Herrschenden eine potentielle Gefahr, war durch eine entsprechend hohe Zahl von Kultanhängern oder durch spezifische Kultformen eine sichere Kontrolle durch die staatlichen Organe nicht mehr möglich, dann schränkten die Behörden die Wirksamkeit der Kulte ein.[1]

Am Beispiel von zwei aus dem Orient stammenden Kulten[2] soll die Haltung des Kaisers Augustus und der herrschenden Schichten zu den nicht auf römisch-italischem Boden gewachsenen Kulten dargelegt werden:

(1) am Kult der ägyptischen Götter Isis und Sarapis, an Hand dessen die politischen Implikationen besonders deutlich werden,[3]

---

* Prof. Dr. sc., Karl-Marx-Universität, Leipzig, DDR, Sektion Fremdsprachen.

[1] M. J. Vermaseren, Die orientalischen Religionen im Römerreich, Leiden 1981.

[2] Kulte anderer orientalischer Gottheiten erlangten nicht die gleiche Bedeutung oder sie erlangten diese später (Sabazios, Dea Syria, Mithras, Iuppiter Dolichenus).

[3] Ausführliche Erörterungen bei I. Becher, Augustus und Ägypten – Stu-

(2) am Kult der Kybele, dem ältesten orientalischen Kult, der in Rom durch den Staat eine Heimstatt erhielt.

Die Zeugnisse zur Religionspolitik des Augustus, der fast ein halbes Jahrhundert die Geschicke des Imperium Romanum bestimmte, sollen nach Möglichkeit chronologisch geordnet vorgestellt werden, damit Zeitbezüge und Entwicklungen deutlich hervortreten. Die Darstellung kann nicht darauf verzichten, die Entwicklung in den letzten Jahrzehnten der Republik und die Ausgangssituation am Ende der Bürgerkriege zu umreißen. Es macht sich außerdem eine Restriktion auf die Hauptstadt Rom notwendig. Diese Beschränkung ist legitim, weil Rom als Zentrum der Macht eine Ausnahmestellung besaß und weil Entwicklungen, besonders auch solche, die den politischen Intentionen der Herrschenden in Rom zuwiderliefen, außerhalb Roms ungestörter und kontinuierlicher als in der Hauptstadt verlaufen konnten. Denn politische Eingriffe erfolgten zuerst in Rom, und der Staat reagierte erst dann auf religiöse Bewegungen, wenn diese die Hauptstadt erreicht hatten.[4] In den herrschenden Kreisen Roms gab es idealisierte Vorstellungen vom alten Rom und dem *mos maiorum,* deren prägende Kraft in die römische Staatsreligion und die in Rom vollzogenen Kulte hineinwirkte und davon Abweichendes ausschloß. Diese Vorstellungen schlugen sich auch in den Dichtungen nieder. Deshalb sollen in die Darstellung auch die Dichterzeugnisse der augusteischen Zeit einbezogen werden, wobei man sich der Tatsache bewußt bleiben sollte, daß eine Identität zwischen der Meinung der Dichter und der des Augustus nicht vorausgesetzt werden darf, daß die Dichter durch ihre Bindung an hofnahe Kreise jedoch vorherrschende Stimmungen, Einstellungen und Meinungen vortrugen.

dien zu Religionspolitik und Propaganda in augusteischer Zeit, Habil.-Schrift Leipzig 1969.
[4] Varro unterscheidet zwischen Eliminierung aus Rom und aus ganz Italien (Antiqu. Frg. 45 Cardauns).

2. Kult der Isis und des Sarapis

2.1 Republikanische Zeit

Der Kult von Isis und Sarapis war im 2. Jh. v. u. Z. nach Sizilien und in die kampanischen Küstenstädte eingedrungen und hatte sich von dort in das Landesinnere Italiens und bis in die Stadt Rom ausgebreitet. Die Bevölkerung, durch den Bürgerkrieg verarmt, entwurzelt, ein Opfer der politischen Machthaber, suchte verbittert und in Existenzangst Halt im Irrationalen und in der Religion. Die arme Bevölkerung und die zahllosen Fremden, unter ihnen viele Sklaven, standen den unpersönlichen römischen Staatsgöttern, den starren Riten des römischen Staatskultes, dem formalistischen Vollzug von Kultpflichten beziehungslos gegenüber. So erklärt sich aus der historischen Situation der große Zulauf, dessen sich die Kulte der ägyptischen Götter (Isis, Sarapis, Osiris, Anubis) erfreuten. Die soziale Struktur der Anhänger war differenziert; Vorstellungen, daß die Anhänger unter der stadtrömischen Bevölkerung allein dem Lumpenproletariat oder der Halbwelt zuzuordnen seien, müssen ferngehalten werden. Die Plebs urbana umfaßte Handwerker, Lohnarbeiter, Händler und Veteranen. Manche von ihnen waren relativ begütert und nicht bereit, sich von der kompromittierten Nobilität unbegrenzt manipulieren zu lassen. Vielmehr mußten die Machthaber in ihren Kämpfen mit den Interessen und Aktivitäten derer rechnen, die durch diese Machtkämpfe in Existenznot gebracht worden waren. Archäologische Zeugnisse aus spätrepublikanischer Zeit – Wanddekorationen, Gemmen, Ringsteine, Gegenstände des gehobenen Kunsthandwerks – zeigen die weite Verbreitung ägyptischer Motive und ägyptischen Gedankengutes und gestatten Einblicke in die Vorstellungswelt breiter Bevölkerungskreise. In welchem Maße Ägyptisches, z. B. auch die Malereien des sogenannten zweiten Pompejanischen Stils mit ägyptisierenden Sakrallandschaften, nicht nur eine Modeströmung repräsentierte, religiöse Aura schuf, also Kunstmode war und das Signum des Kulturellen trug, sondern auch ein religiöses Anliegen spiegelte, ist umstritten. Eine beträchtliche Variabilität ist vorauszusetzen, so daß aus den Funden nur mit Vorsicht verbindliche Schlüsse gezogen werden dürfen. In Kombination mit literarischen Zeugnissen gilt als gesichert: Seit Sullanischer Zeit gab es ein Kollegium von Isispriestern in Rom (Apuleius, Metamorph. 11, 30, 5); mit hoher Wahrscheinlichkeit ist P. Caecilius Metellus Pius, Konsul des Jahres 80, der Erbauer eines Isisheiligtums[5] gewesen. Varro (Men. frg. Nr. 128 und 152 Buecheler-Heraeus) und Cicero (De divin. 2, 59, 123) nennen Sarapis als Heilgott; im Heiligtum erfolgte Inkubation. Der Heilgott Sarapis wurde als Rivale des Heilgottes Apollon empfunden und dem Aesculapius gleichgesetzt (Varro, Men. frg. Nr. 439, Cicero a. O.).[6] Von den achtziger Jahren an und besonders in den sechziger oder fünfziger Jahren erscheinen in Rom Münzen, die den Kopfputz der Isis zeigen.[7] Sie sind auf Druck der öffentlichen Meinung[8] von den Ädilen geprägt worden. Es gab Zusammenhänge zwischen den Münzarbeitern und der Isis Capitolina. Ein Heiligtum der Isis auf dem Kapitol aus republikanischer Zeit ist inschriftlich bezeugt (CIL I² 1263 = CIL VI 2247). Um 56 gab es einen Tempel des Sarapis (Catull, c. 10). Harpokrates, der Horusknabe, Sohn von Isis und Osiris, ist als Gott des Schweigens in Rom bekannt (Catull, c. 102). Die Auflösung der Collegia im Jahre 64 v. u. Z. richtete sich auch gegen die Anhänger der ägyptischen Kulte. Die Kultgemeinschaften als mögliche (getarnte) politische Klubs scheinen wegen ihrer sozialen Zusammensetzung besonders beargwöhnt worden zu sein. Verfolgungen in den Jahren 59 (Cicero, Att. 2, 17, 2), 58 (Tertullian, Nat. 1, 10; Apol. 6, 8), 53 (Dio 40, 47, 3), 50 (Valerius Maximus 1, 3, 4) und 48 (Dio 42, 26, 2) beweisen einerseits die Hartnäckigkeit der Kultanhänger, die immer wie-

---

[5] F. Coarelli, I monumenti dei culti orientali in Roma, in: La soteriologia dei culti orientali nell'impero Romano, hrsg. von U. Bianchi und M. J. Vermaseren, Leiden 1982, 53–57.

[6] I. Becher, Antike Heilgötter und die römische Staatsreligion, Philologus 114, 1970, 228–232.

[7] A. Alföldi, Isiskult und Umsturzbewegung im letzten Jahrhundert der römischen Republik, Schweizer Münzblätter 5, 1954, 25–31; M. Malaise, Les conditions de pénétration et de diffusion des cultes égyptiens en Italie, Leiden 1972, 371.

[8] L. Vidman, Isis und Sarapis bei den Griechen und Römern, Berlin 1970, 104.

der Heiligtümer, Altäre und Statuen errichteten; andrerseits bezeugen sie die Tatsache, daß die Nobilität die Plebs urbana verachtete und sie ihrer potentiellen Macht wegen bekämpfte, daß aber auch Politiker aus ihren Reihen, besonders die Popularen, die Kulte deckten, um die Gunst der Anhänger zu gewinnen, die aus den sozial aufsteigenden Schichten kamen. Das Sozialprestige der Kulte scheint besonders, nachdem Caesar sie tolerierte, gewachsen zu sein. Ein Zusammenhang zwischen Caesars Toleranz und seiner Beziehung zur ägyptischen Königin Kleopatra, die in ihrem Lande als Nea Isis verehrt wurde, darf angenommen werden. Während der Proskriptionen konnte der Proskribierte Marcus Volusius unter der Anubismaske eines Isispriesters unerkannt aus Rom entkommen (Appian, Bell. civ. 4, 200; Valerius Maximus 7, 3, 8), ein Zeichen dafür, wie vertraut und auch in unruhigen Zeiten vertrauenswürdig den Römern die Kultpraktiken bereits waren.

Im Jahre 43 gelobten die Triumvirn Marcus Antonius, Oktavian und Lepidus für Isis und Sarapis einen Tempel (Dio 47, 15, 4). Die Aufnahme unter die *sacra publica* und die administrative Zulassung der Kultgemeinde hätten es den staatlichen Institutionen ermöglicht, Riten und Zusammenkünfte besser zu überwachen und zu reglementieren. Der Tempel ist nicht gebaut worden.[9] Diesem durch den Zwang der Umstände zustande gekommenen Gelöbnis für eine ungeliebte Gottheit hat sich Oktavian entzogen. Denn ihm, dem in Rom residierenden Machthaber, wäre die Betreuung des Tempelbaus zugekommen. In den dreißiger Jahren erwies er sich den Anhängern der ägyptischen Kulte gegenüber als geschickt taktierend: Während er die Zauberer und Astrologen, in ihrer Zahl beschränkt und wegen ihrer möglichen Prophezeiungen gefährlich, durch Agrippa ausweisen ließ (Dio 49, 43, 5), schonte er die Isiaci, vielleicht ihrer großen Zahl wegen. Vom Jahre 33 an war das Verhältnis zwischen Oktavian und Antonius wegen der Verbindung des Letztgenannten mit Kleopatra und wegen des in Alexandreia gefeierten ersten Triumphes gestört (Dio 50, 25, 3 f.: Antonius läßt sich als Osiris, Kleopatra als Isis verehren). In der Vorkriegspropaganda

---

[9] Coarelli (o. Anm. 5) 64 greift eine alte Hypothese auf, wonach der Tempel gebaut worden und mit dem Iseum Campense identisch ist.

konzentrierten sich die Angriffe Oktavians auf die Tierverehrung der Ägypter und auf die Selbstdarstellung des Paares Antonius – Kleopatra = Osiris – Isis (Dio 50, 5, 3; Plutarch, Antonius 54, 9; Servius, Aeneis 8, 696; Münzbilder zeigen Kleopatra als Isis). Der politische Haß auf Ägypten wirkte auch auf den Isiskult in Ägypten und in Rom zurück. Nach der Unterwerfung Ägyptens wurde Augustus in den genuin ägyptischen Kulten als Pharao verehrt und in traditioneller Weise auf den Tempelwänden dargestellt. Auch in den Isistempeln ist der Kaiser auf den Tempelwänden mit den gleichen Ritualen wie seine ptolemäischen Vorgänger befaßt. Im offiziellen griechischen Kult hat der neue Herrscher sofort entscheidende Eingriffe vorgenommen. Zwar erklärte Oktavian nach der Eroberung des Landes, Sarapis, der dynastische Gott der Ptolemäer, sei einer der Gründe für die Schonung der Stadt Alexandreia (Dio 51, 16, 4; Julian, Epist. 51, 434 A); er traf aber andererseits Vorkehrungen, daß die beiden Hauptgötter des Landes, die mit dem ptolemäischen Königshaus eng verbunden waren, Isis und der Reichsgott Sarapis, von den in Alexandreia geprägten Kupfermünzen sofort und für die gesamte Regierungszeit verschwanden.[10] Die im gesamten Mittelmeerraum seit langer Zeit hochverehrten Beschützer der Seefahrt (Isis Pelagia, Isis Euploia, Isis Pharia), dazu fast ausnahmslos alle diesen Göttern nahestehenden Symbole (Apisstier, Uräus als Attribut der Isis) erscheinen erst im Laufe des ersten Jahrhunderts langsam wieder auf den Münzen in Alexandreia – ein aufschlußreiches Zeugnis für die Sorgfalt, mit der der Kaiser Symbole ausschied, die sich nicht den Leitmotiven augusteischer Propaganda, der Verherrlichung seiner Person und seiner Leistungen zuordnen ließen. Oktavian wahrte den ägyptischen Göttern Isis und Sarapis gegenüber nicht nur Distanz bei seinem Aufenthalt in Ägypten, sondern er brach auch mit jahrhundertealten Traditionen. So vermied er es, den Orakelgott Apis zu besuchen (Dio 51, 16, 5; Sueton, Div. Aug. 93), wie es vor ihm Alexander der

---

[10] J. Vogt, Die alexandrinischen Münzen, Stuttgart 1924; J. G. Milne, Catalogue of Alexandrian Coins, Oxford 1933 (repr. 1971 mit Suppl. von C. M. Kraay); R. S. Poole, Catalogue of the Coins of Alexandria and the Nomes, London 1892.

Große getan hatte (Arrian, Anab. 3,1,4), vielleicht aus Sorge, von ihm ein unerbetenes negatives Orakel zu erhalten.

2.2 Augusteische Zeit – Historische Zeugnisse

Als Oktavian Alleinherrscher geworden war, galt seine Aufmerksamkeit besonders der Reorganisation des römischen Staatskultes. Mit seiner Haltung setzte er für die herrschenden Schichten Maßstäbe: *Peregrinarum caerimoniarum sicut veteres ac praeceptas reverentissime coluit, ita ceteras contemptui habuit* (Sueton, Div. Aug. 93). In der Pax Augusta war für die Götter Isis und Sarapis kein Platz vorgesehen. Sie waren nicht Träger altrömischer Wertvorstellungen vom *mos maiorum,* waren Leitgedanken augusteischer Religionspolitik nicht zugänglich und ließen sich in die augusteische Kulturpolitik nicht einfügen. Nicht wie die römischen Staatskulte einem strengen Reglement unterworfen, suspekt wegen ihrer Offenheit auch für Sklaven und Ausländer, entzogen sie sich jeder staatlichen Bevormundung und konnten potentiell ein Sammelpunkt für alle mit der neuen politischen Ordnung und der Alleinherrschaft eines einzelnen Unzufriedenen werden. Von welcher Seite er seine Herrschaft gefährdet sah, lehrt die Vereinsgesetzgebung des Kaisers (Sueton, Div. Aug. 32,1). Waren die Isiaci von der Vertreibung des Jahres 33 durch den Ädil Agrippa noch ausgenommen, so galt ihnen allein das Verbot vom Jahre 28: Es wurde ihnen untersagt, innerhalb des Pomeriums Heiligtümer zu errichten (Dio 53,2,4). Dieses bedingte Verbot ist ein Kompromiß, der die meist aus den Reihen der Popularen stammenden Anhänger der ägyptischen Kulte nicht zu Feinden des Kaisers machte. Über Existenz und Schicksal bereits bestehender Heiligtümer innerhalb des Pomeriums liegt Dunkel; von Tempelzerstörungen hören wir in diesem Zusammenhang nichts. Daß die Entscheidung des Kaisers als Kompromiß aufgefaßt wurde und nicht als Verdikt gelten konnte, lehrt die Schrift über die Architektur des Vitruv. Es wird darin empfohlen, die Tempel für Isis und Sarapis *in emporio,* d. h. in Hafennähe, anzulegen (1,7,1). Die Empfehlung für die Schutzgötter der Seefahrt ist ebenso bemerkenswert wie die Partie im

Buch 8 über die Bedeutung und die Verwendung des Wassers im ägyptischen Kult (Praefatio 4).[11] Wäre Augustus der „Verfolger" der ägyptischen Kulte gewesen – das Werk ist dem Herrscher gewidmet –, hätte sich Vitruv Bemerkungen dieser Art erspart. Durch seine Beziehungen zum Kaiserhaus, besonders zu Oktavia, der Schwester des Herrschers (De arch. 1, Pr. 3), war er mit der Stimmung am Hofe vertraut. Die Entscheidung des Jahres 28 lehrt zugleich, daß der Herrscher verfeinerte Methoden gegen die ägyptischen Götter anwandte. Man konnte nicht mehr, wie in den fünfziger Jahren geschehen, Tempeltüren mit der Axt einschlagen. Durch die Verweisung aus dem Pomerium deklassierte man die Kulte und ihre Anhänger. Sie sanken auf Vorstadtmilieu herab, während die Götter des Kaiserhauses zu gleicher Zeit auf dem ältesten Stadtgebiet Tempel erhielten. Nur wenige Jahre währte diese halbe Duldung des Isis- und Sarapiskultes. Im Jahre 21 dehnte Agrippa das Verbot, Heiligtümer für diese Götter zu errichten, auf den Umkreis von 7½ Stadien aus (Dio 54,6,6). Dieses ungleich härtere Verbot, das auch die Vorstadt mit einschloß (Dio a. O.), gewinnt an Aussagekraft, wenn man es im Zusammenhang mit den Ereignissen des Jahres 23 betrachtet. Verstärkte Opposition der Senatskreise, die Verschwörung des Varro Murena, Krankheit des Kaisers, eifersüchtige Spannungen zwischen diesem und Agrippa wegen des präsumtiven Nachfolgers Marcellus, dazu Tiberüberschwemmung, Hungersnot, Seuche und Prodigien hatten eine gefährliche Krise heraufbeschworen. Dios Zeugnis lehrt, daß die Anhänger der ägyptischen Kulte wiederum im Stadtkern aktiv geworden waren; ob sie an den Unruhen beteiligt waren (Dio 54,6,1; 54,6,6), ist nicht bekannt, aber denkbar. Es waren die unteren Bevölkerungsschichten, die die Krisenerscheinungen am empfindlichsten trafen. Aus ihren Reihen stammte ein großer Teil der Kultanhänger. Weitere historische Zeugnisse aus augusteischer Zeit besitzen wir nicht. Man darf daraus schließen, daß sich die Isiaci diszipliniert verhielten und offiziell einfach übersehen wurden. Die Zahl der Anhänger aus den mittleren und oberen Schichten hat sich vergrößert; das darf man aus

---

[11] R. A. Wild, Water in the Cultworship of Isis and Sarapis, Leiden 1981, 104f.

den später zu behandelnden Dichterzeugnissen und aus den neuen, harten Verfolgungen erschließen, die im Jahre 19 unter Tiberius erfolgten. Ein einziges inschriftliches Zeugnis aus dem Jahre 1 u. Z. läßt erkennen, daß die ägyptischen Götter zunehmend an Bedeutung gewannen. Der Freigelassene L. Lucretius Zethus weihte eine marmorne Ara Augusta für verschiedene Gottheiten. In den erlauchten Kreis der römischen Götter Mercurius, Iuppiter, Iuno, Minerva, Luna, Apollo, Diana, Fortuna und Ops ist auch Isis aufgenommen worden (CIL VI 30 975). Im Selbstverständnis der Isisgläubigen gehörte in den späteren Regierungsjahren des Augustus Isis zu den staatserhaltenden göttlichen Kräften.

Die bildende Kunst der augusteischen Zeit kann zwar die Informationslücken nicht schließen, stützt aber die Annahme, daß die ägyptischen Kulte erstarkten. Die Isissymbole gehörten zu den beliebtesten Motiven der Zeit. Die in Italien beliebte Kunstmode ägyptisierender Sakrallandschaften machte vor der Hauptstadt nicht halt. Wie bereits oben erwähnt, bleibt ihr Bekenntnischarakter umstritten; ihr Vorkommen darf nicht schlüssig auf Isiskult gedeutet werden. Zweifellos schufen die Aegyptiaca jedoch eine religiöse Aura. So ist es nicht ohne Ironie, daß der Mann, der wenige Jahre vorher streng gegen die Isiskulte eingeschritten war, seine Villa in Boscotrecase mit Sakrallandschaften ausmalen ließ (mit Darstellung von Göttern, darunter auch Isis)[12] und damit den sogenannten dritten Stil inaugurierte. Auch die Malereien in der Aula Isiaca auf dem Palatin, die man jetzt auf 20 v. u. Z. datiert, gehörten der kaiserlichen Familie.[13]

2.3 Augusteische Zeit – Poetische Zeugnisse

Mittelbare Zeugnisse über Geltung und Achtung der ägyptischen Kulte in augusteischer Zeit findet man bei den Dichtern. Es scheint

---

[12] P. H. v. Blanckenhagen–C. Alexander, The Paintings from Boscotrecase, MDAI (R), 6. Erg.heft, Heidelberg 1962, 10f. 61.
[13] Zu Datierungsfragen M. Malaise, Inventaire préliminaire des documents égyptiens découverts en Italie, Leiden 1972, 215–219.

wegen der angenommenen Entwicklung innerhalb der Regierungszeit methodisch angemessen, die Bezeugungen nicht nur getrennt nach den Dichterpersönlichkeiten vorzustellen, sondern auch die Chronologie der Werke zu berücksichtigen.

Horaz stand den ägyptischen Kulten wohl indifferent und eher fremd gegenüber. Sieht man von möglichen Anspielungen ab, nennt der Dichter nur einmal den Gott Osiris (Epist. 1, 17). Ein Possenreißer, der Mitleid und religiöse Gefühle der Umstehenden zu seinem Spaß mißbraucht, behauptet, er habe ein Bein gebrochen und schwört dabei *per sanctum... Osirim* (V. 60). Der Brief stammt aus der Zeit kurz vor 20, fällt also in die Zeit, als Agrippa durch sein strengeres Verbot die Isisanhänger als mißliebig gebrandmarkt hatte. Die Schilderung eines unsympathischen Kultanhängers gerade in der Zeit der strengeren Restriktionen wurde gewiß mit Genugtuung von den Kreisen aufgenommen, die das Verbot begrüßt hatten.

Für Vergil existiert der Kult der ägyptischen Götter als kulturhistorisches Phänomen nicht. Io ist das gequälte Lebewesen der griechischen Sage (Georgica 3, 153: *Inachiae iuvencae*), obwohl die Identifikation mit der Göttin Isis seit Jahrhunderten bestand. Allerdings bleiben dem Kenner in der ›Aeneis‹ die Bezüge zu Isis bei der Nennung der Io neben Turnus und Iuno als den dem Aeneas feindlichen Mächten nicht verborgen (Io auf dem Schild des Turnus 7, 789). In der Schildbeschreibung des achten Buches greift Vergil ein Thema der oktavianischen Kriegspropaganda auf: der Kampf gegen die zur Landesfeindin erklärte Kleopatra und gegen Antonius wird mythisiert und zum Kampf gegen die orientalischen Kulte stilisiert. Auf der Seite des „Ostens", der alles Drohende, Fremde verkörpert, wird die verhaßte Königin, nur *regina* genannt, der Göttin Isis, die gleichfalls mit der Epiklese *regina* angerufen wurde, nahegerückt. Mit dem Sistrum klappernd und in Gemeinschaft mit *omnigenumque deum monstra et latrator Anubis* (8, 698) bedrohe sie Italien und das Imperium Romanum. Die feindliche Haltung gegenüber der fremden Macht kristallisiert sich im verzerrten Bild[14] eines Kultes von Gottheiten, die sich im Mittelmeerraum

---

[14] I. Becher, Oktavians Kampf gegen Antonius und seine Stellung zu den

hoher Verehrung erfreuten und nur im Rom der ausgehenden Republik in das Arsenal parteipolitischer Polemik aufgenommen wurden.

In der Deutung zeitgeschichtlicher Ereignisse steht Properz in Vergiltradition. Wie Vergil stellt der Dichter Bezüge zwischen der verhaßten Landesfeindin und dem Isiskult her, wobei er Sistrum und Anubis nennt und Wert und Würde der beiden kämpfenden Parteien jeweils durch göttliche Repräsentanten charakterisiert. In der Auswahl offenbart sich die gezielte Diffamierung: Iuppiter steht gegen den „Beller Anubis", den schakalköpfigen Gott, die ägyptischen Kulte bedrohten die Existenz des Römischen Reiches, ein Reflex der offiziellen Interpretation und der Vorkriegspropaganda eine halbe Generation nach den Ereignissen (3, 11, 41–43). Das dritte Gedichtbuch des Properz wird auf die Zeit um 22 datiert, als Properz durch seine Bindung an Maecenas und hofnahe Kreise mit deren Interpretation der jüngeren Zeitgeschichte und der gegenwärtigen Haltung zu den ägyptischen Kulten vertraut war. Im zweiten Buch seiner Gedichte, zu einer Zeit also, da der Sieg über Antonius und Kleopatra noch in frischer Erinnerung war, bewegten sich die Emotionen des Dichters gegen die Göttin Isis ganz im privaten Bereich: Die Forderung des Isiskultes, vor der Einweihung zehn Keuschheitsnächte zu beachten, nötigten den Dichter zum Verzicht (2, 33, 1 ff.). Zeugnisse dieser Art führten bei der Darstellung der ägyptischen Kulte häufig zu der unerlaubten Verallgemeinerung, der Kult der Isis sei ein Hetärenkult gewesen.[15] Daß die Verehrung der Isis als Heilgöttin in ungebrochener Kontinuität auch in augusteischer Zeit erfolgte, lehrt Properz im Gedicht 2, 28, 61. Ist es Zufall, daß der Elegiker später, als er zum Maecenaskreis gehörte, im 5. Gedicht des 4. Buches, das in der Zeit der strengeren Maßregelung des Isiskultes entstand, eine moralisch anrüchige, habgierige Kupplerin aus der sozial niedrigsten Schicht

---

ägyptischen Göttern, Das Altertum 11, 1965, 40–47; Anubis als der repräsentativste Tiergott des Isiskultes war das gern gewählte Objekt der Angriffe.

[15] I. Becher, Der Isiskult in Rom – ein Kult der Halbwelt?, Zeitschrift für ägyptische Sprache und Altertumskunde 96, 1970, 81–90.

vorstellt und diese einer Hetäre raten läßt, sie solle die von der Göttin Isis geforderten Keuschheitsnächte als Vorwand vorschieben, um den Geliebten zu erpressen? Die Gestalt der Kupplerin paßt zu dem in den gleichen Jahren vorgestellten Possenreißer des Horaz, der bei Osiris schwört.

Auch Tibulls Geliebte Delia ist in einer vor der Schlacht von Aktium geschriebenen Elegie eine Kultanhängerin der Göttin Isis. An sie als Heilgöttin wendet sich der Dichter, als er krank auf Korfu lag (1,3). Aus konservativen Kreisen stammend, bekundet er mit seiner Hinwendung zu Isis eher ein Zugeständnis an seine Geliebte. Er zieht es vor, römischen Göttern, den Penaten und dem Lar seine Verehrung zu bekunden (1,3,33f.). Gleichwohl ist Tibulls Ton frei von Mißachtung. Der Dichter ist mit den Kultpraktiken vertraut, seine Beschreibungen sind die frühesten in Rom (Sistrumklappern, Leinengewänder, kultische Waschungen, geschlechtliche Enthaltsamkeit vor der Einweihung; 1,3,23–34). Er ist auch Zeuge dafür, daß in mehreren Heiligtümern der Göttin der Brauch geübt wurde, nach erfolgter Heilung Votivbilder aufzustellen (1,3,27f.). Einzigartig in der augusteischen Literatur ist das Festgedicht 1,7, das Messallas Geburtstag und seinen Sieg über die Aquitanier feiert und als Hauptstück den Preis auf Osiris einschließt (V. 27–54). Wie wir es von den Wandmalereien in Pompeji kennen, wird hier Osiris einerseits mit dem Vegetationsgott Bacchus identifiziert, der den Wein- und Getreidebau gelehrt habe, andrerseits umfaßt das synkretistische Osirisbild Züge des Sarapis und des mit dem Nil verbundenen ägyptischen Gottes, der getötet wurde und wieder auferstand. Tibull schließt auch Ägyptisches in seine Darstellung ein: Die Menschen beklagen den Tod des zum Kreis der ägyptischen Götter gehörenden Stiergottes Apis (1,7,28). Das Gedicht entstand wohl um 27, in einer Zeit, als der Kult der ägyptischen Götter als unerwünscht deklariert worden war und man in Rom Kenntnis von der schroffen Ablehnung Oktavians hatte, den Stiergott in Alexandreia auch nur anzuschauen. Dabei bleibt eine offene Frage, ob bereits damals die Suche nach dem getöteten und gefundenen Osiris so ausgebildet war, wie uns spätere Zeugnisse von Ovid und Seneca berichten. Mit dem ungewöhnlichen Gedicht legt Tibull Zeugnis seines unabhängigen Denkens ab, lehrt aber auch, daß Kultpraxis und Kultanhänger nicht die moralische Entrüstung rechtfertigen, aus der sich die Beschränkungen ableiten ließen; es waren heterogene, nämlich politisch-ideologische Gründe maßgebend für die Entscheidungen und die Haltung des Kaisers. Im Selbstverständnis der herrschenden Kreise hatte beim Zusammenprall einer Staatsreligion mit einer religiösen Bewegung, die sich an das Individuum wandte, die Staatsraison zu entscheiden. Das Tibullgedicht lehrt auch, daß die Vorstellungswelt der „Augusteer", wie sie uns in den Dichtungen des Vergil, Horaz und Properz vorliegt, durchaus nur einen Ausschnitt aus den religiösen Anschauungen der Zeit umfaßt.

Ovids Werk entstand in mehreren Jahrzehnten der augusteischen Epoche. In seinen frühen Dichtungen, etwa vom Jahre 25 v. u. Z. an, deutet nichts auf die in der Stadt Rom geltenden Beschränkungen der ägyptischen Kulte hin. Ovid erweist sich als ein guter Kenner der Kultpraktiken. Er kennt Isis als die Göttin der unteren Volksschichten, die als Heil- und Rettergöttin auch von den Frauen der „Halbwelt" angerufen wird. Nach einem Abtreibungsversuch seines Mädchens Corinna wendet sich der Dichter in der Elegie Amores 2,13 an die Rettergöttin Isis mit der Bitte um Hilfe und gibt dabei der Göttin die Epiklese *Ilithyia* (V. 21) in dieser spezifischen Funktion etwa in der Zeit, in der im ›Carmen saeculare‹ des Horaz die römische Geburtsgottheit die gleiche Epiklese erhielt (V. 14–16: *Ilithyia* = *Lucina* = *Genitalis*) und Kaiser Augustus seine bevölkerungspolitischen Bemühungen durch die entsprechende Ehegesetzgebung förderte. Vergil und Properz hatten, wie besonders aus christlichen Schriften deutlich wird, den *latrator Anubis* zum Negativsymbol verkehrten Glaubens gemacht, für Ovid dagegen ist der Gott *Anubis verendus,* der verehrungswürdige Anubis (Amor. 2,13,11). Daraus darf man schließen, daß die offizielle Meinungsbildung und die Wirkungskraft hoher literarischer Vorbilder nicht vermocht haben, die Vorstellungen zu uniformieren. In den Liebesgedichten und besonders in der ›Ars amatoria‹ spielt Ovid immer wieder modifiziert das Thema durch, daß die Tempel aller Götter Stätten der Verführung seien. Er unterscheidet dabei nicht zwischen den Heiligtümern der ägyptischen und denen der griechisch-römischen Götter (Ars 1,77–81; 3,389–393; Tristia 2,289–300) und plaziert sogar die Göttin Isis zwischen Mars Ultor und Venus

Genetrix, die beiden speziellen Hausgötter des Augustus (Tristia 2, 295–299). In den ›Metamorphosen‹ hat Ovid nach dem Vorbild einer Verwandlungssage des Nikander von Kolophon eine Isisaretalogie gestaltet, in der die Göttin ein Mädchen namens Iphis zu einem Jungen gleichen Namens verwandelt und dadurch von der Familie und besonders von dem Verwandelten Unglück abwendet (9, 666–797). Die Elemente dieser Aretalogie sind ovidisch und zeigen subtile Kenntnis des Kultes. Im Original des Nikander war Leto, die Mutter des Apollon, die helfende Göttin. Ihre Statue befand sich in dem von Augustus errichteten Apollontempel (Properz 2, 31, 15). Ovid eliminierte die Göttin und ersetzte sie durch die in Hofkreisen ungeliebte Göttin Isis – vielleicht ein Akt der Opposition. Aus den ›Epistulae ex Ponto‹ läßt sich ablesen, daß in der späten Regierungszeit des Augustus die Isisgläubigen wie in der Zeit der Republik zum Straßenbild gehörten und daß man angebliche Strafwunder der Göttin öffentlich pries, bestaunte oder belächelte (1, 1, 37–45. 51–58).

2.4 Ergebnisse

Mögen die vorgestellten Zeugnisse auch viele Fragen offenlassen, so darf man doch eine kontinuierliche Entwicklung der ägyptischen Kulte annehmen, die sich außerhalb der staatlichen Sakralzone im Zentrum der Stadt als eine Art Unterströmung vollzog. Nachdem zweifellos die Auseinandersetzungen mit Kleopatra-Nea Isis den Kult mit Ressentiments belastet hatten, scheint sich mit wachsendem historischen Abstand die Realität immer weiter vom Wunschdenken des Kaisers entfernt zu haben, wie es sich in den Restriktionen des ersten Jahrzehnts seiner Herrschaft manifestiert hatte. Das negative Urteil der „augusteischen" Dichter prägte die Vorstellungen der Nachwelt, nicht zuletzt deshalb, weil die christlichen Schriftsteller die negative Bewertung in ihrem Kampf gegen die heidnischen Kulte übernahmen. Das differenzierte Bild von der Werbekraft und Breitenwirkung der ägyptischen Kulte, wie es bei Tibull und Ovid vorliegt, besaß dagegen geringeres Wirkungsvermögen in der Tradition.

3. Kult der Kybele – Magna Mater

3.1 Entwicklung des Kults und augusteische Ausprägung

Einzigartig unter den römischen Kulten ist der früheste aus dem Orient stammende Kult der Magna Mater. Der im Jahre 205/04 v. u. Z. auf Grund eines Sibyllenorakels unter nicht sicher zu klärenden Umständen eingeführte Kult der Mater Deum Magna Idaea, der im östlichen Mittelmeer am weitesten verbreitete Kult der Vegetations- und Muttergottheit, war seit Jahrhunderten in Griechenland eingeführt. Die Griechen hatten den Kult hellenisiert und die ekstatischen Riten aus ihm entfernt. Auch die Römer hatten den neuen Kult sofort streng reglementiert. Die Priester waren Phryger, römischen Bürgern war die aktive Teilnahme am Kult und die Erlangung eines Priesteramtes verschlossen (Dionysios von Halik. 2, 19, 5), weil diese mit Selbstverstümmelung verbunden waren. Damit und durch die amtliche Kontrolle war die denkbare Ausbreitung eingegrenzt. Der 191 v. u. Z. eingeweihte Tempel[16] befand sich mitten im Zentrum Roms, auf dem Palatin, dem Wohnsitz wohlhabender aristokratischer Familien und Ort der ältesten Siedlung der Römer. Die Einwohner kamen nur selten mit den Verehrern der Göttin in Berührung, da die Zeremonien innerhalb des Tempelbezirkes stattfanden. Die Galli, die verschnittenen Diener der Göttin, zogen gelegentlich mit aufreizender phrygischer Musik, wilden Tänzen und angetan mit exotischen Gewändern durch die Straßen und durften an bestimmten Tagen ihre Geldsammlungen durchführen (Varro, Men. frg. Nr. 119. 120. 121. 132; Cicero, Leg. 2, 22; Ovid, Ars 1, 505–508; Fasti 4, 181–186). Die im Tempelbezirk vollzogenen Riten konnte die Bevölkerung Roms nur aus der Ferne wahrnehmen, wie aus der Satire ›Eumeniden‹ von Varro zu erschließen ist (Men. frg. Nr. 149. 150). Vielleicht stand der Tempel nicht nur anläßlich der Gründungsfeierlichkeiten offen,

---

[16] Coarelli (o. Anm. 5) 34–41 zum Tempel auf dem Palatin und zu der Existenz eines zweiten Tempels, der sog. Tholus; P. Pensabene, Nuove indagini nell'area del tempio di Cibele sul Palatino, in: La soteriologia (o. Anm. 5), 68–108.

damit das Volk Geschenke darbringen konnte (Livius 29, 14, 14). Der der Kybele im Mythos zugeordnete Attis war den Römern wohlbekannt, wie Catull c. 63 und Diodor (3, 58, 4–59, 1) beweisen. Welche Rolle der junge Gott Attis, das Vorbild des Kybelepriesters für die Selbstentmannung, ein sterbender und auferstehender Gott wie Osiris, im Tempel der Mater Magna auf dem Palatin gespielt hat, ist für die republikanische und augusteische Zeit nicht näher bekannt und umstritten.[17] Varro schweigt nach dem Zeugnis Augustins (Civ. d. 7, 25, 1), weil Attis nicht zum Staatskult gehörte.[18] Bei Ausgrabungen auf dem Palatin gefundene, aus republikanischer Zeit (2. Jh. v. u. Z.) stammende Attisstatuetten aus Terrakotta lassen auf einen vorhandenen Kultzusammenhang mit dem „phrygischen" Kult schließen.[19] Riten, die den Tod und die Auferstehung des Gottes feierten, wurden allerdings erst in der Kaiserzeit gefeiert; in Ovids ›Fasten‹ erscheinen sie nicht.

Während die ägyptischen Kulte wegen ihrer Massenwirksamkeit von den staatlichen Stellen beargwöhnt wurden, stellte die eine der beiden Existenzformen des Kultes, die „phrygische", infolge der Isolierung kaum eine potentielle Gefahr für den römischen Staat dar. Die abstoßenden Riten ließen den Kult römischem Empfinden damals noch fremd und unannehmbar erscheinen und blieben auch in augusteischer Zeit eine Barriere. Die römischen Behörden wurden wegen ihrer staatsmännischen Weisheit in dieser Frage von Dionysios von Halikarnassos gelobt (Antiqu. 2, 19, 2 f.). In welchem Umfang die Zahl der Anhänger des Mater-Magna-Kultes in augusteischer Zeit gewachsen ist, kann nicht ermittelt werden. Der innerweltlich-soteriologische Aspekt der Verehrung liegt wesentlich jenseits der hier betrachteten Zeit.

Wie der Kult einer anderen Gottheit erscheinen die Riten und

---

[17] Die Diskussion darüber ist auf Grund archäologischer Funde wieder in Gang gekommen; vgl. Pensabene 69. 72.

[18] B. Cardauns, M. Terentius Varro, Antiquitates rerum divinarum, Teil 2 (Kommentar), Wiesbaden 1976, 232.

[19] Pensabene (o. Anm. 16) 85 f. mit Abb. S. 103–106; F. Bömer, Kybele in Rom. Die Geschichte ihres Kultes als politisches Phänomen, MDAI (R) 71, 1964, 130–151, bes. 139, 31 (vielleicht als Kultgenosse zu gleicher Zeit wie Kybele eingeführt, wenn auch ohne offizielle Beachtung).

Begehungen, die der römische Staat für Mater Magna in der Republik beging. Augustus hat an diesem „Doppelkult" festgehalten. Von Anfang an waren irrationale, emotionale und amtlich nicht beherrschbare Elemente ausgeschieden und Kultformen ausgebildet worden, die die römische Nobilität akzeptierte. Einmal im Jahr vollzog der Prätor ein Opfer nach römischem Brauch (Dionysios von Halikarnassos 2, 19, 4). Am 27. März eines jeden Jahres erfolgte die Lavatio, die Waschung des Götterbildes im Flüßchen Almo (Ovid, Fasti 4, 340). Vermutlich liegt dem Ritus die Vorstellung eines Frühlingsfestes zugrunde; allein an diesem Feste durften die römischen Bürger zur Zeit des Augustus teilhaben. Der von Ovid beschriebene Aufzug, der mancherlei Probleme aufwirft,[20] scheint der Mentalität der Gläubigen und den Bedürfnissen des „kleinen Mannes" entsprochen zu haben. Es ist denkbar, daß die Prozession erst in augusteischer Zeit eingeführt worden ist; wir besitzen zumindest vor dieser Zeit keine Zeugnisse darüber. Von staatlicher Seite handelt es sich dabei um den geglückten Versuch, den an bestimmten Tagen gestatteten Bettelumzügen des phrygischen Ritus eine römischem Brauche angemessene und in geordneten Bahnen durchgeführte Veranstaltung gegenüberzustellen. Die Leitung dieses Staatsfestes lag in den Händen der Quindecimviri (Lukan 1, 600), die die sakrale Aufsicht über den Kult der Mater Magna hatten. Augustus war seit dem Jahre 37 Mitglied auch dieses Kollegiums (Monum. Anc. 7). Seine Kollegen im Amt waren ihm nahestehende, gleichgesinnte, loyale, wenn nicht ergebene Vertreter aus der römischen Oberschicht, z. B. Agrippa. Die Regie des Kaiserhauses ist damit unbestritten.

Die Ludi Megalenses, die Festtage zu Ehren der Mater Magna, wurden alljährlich als Ludi scaenici und Ludi circenses vom 4.–10. April auf einer hölzernen Bühne vor dem Tempel der Göttin auf dem Palatin (Cicero, Harusp. 24) und im Circus (Iuvenalis

---

[20] Die offenen Fragen faßt F. Bömer, P. Ovidius Naso, Die Fasten, Heidelberg 1958 (Kommentarband) 220 f. zusammen: ist der Zug zum Almo erst in augusteischer Zeit eingeführt worden? Entspricht die Beschreibung Ovids der Realität? Wie ist die Datendifferenz zu erklären (27. 3. Lavatio; bei Ovid unter den Aprilfeiern)?

11, 193 ff.) gefeiert. Dionysios von Halikarnassos charakterisiert sie als römische Spiele (2, 19, 4). Die Politiker suchten auch zu diesen Spielen die Gunst des Volkes durch Prachtentfaltung zu gewinnen, so Caesar als Ädil im Jahre 65 (Dio 37, 8, 1). Wenn Cicero die Spiele als *maxime casti, solemnes, religiosi* bezeichnet (Harusp. 26), so will er die Freveltat des Clodius drastisch vor Augen führen, der als kurulischer Ädil im Jahre 56 mit Scharen aufgepeitschter Sklaven auf die Bühne stürzte und die Teilnahme freier, ehrbarer Bürger und Frauen unmöglich machte. In den Augen Ciceros und seiner Standesgenossen hatte es also Grenzverletzungen sozialen Charakters gegeben, die weniger mit dem Kult der Göttin als mit innerpolitischen Kämpfen zu tun hatten. Bezeichnend ist immerhin, daß es möglich war, die Göttin und deren offizielle Kultformen, eben diese Spiele, als Bestandteil ehrwürdigen Kultbrauches zu beanspruchen.

Dem Charakter römischer Spiele entsprechend wurden in republikanischer Zeit Stücke des Plautus und Terenz aufgeführt. Bezüge zu der Gottheit, der das Fest galt, sind durch ein Zeugnis des Ovid aus augusteischer Zeit bekannt: die Legende von der Einholung der Göttin durch Quinta Claudia[21] wurde auf der Bühne aufgeführt[22] (Fasti 4, 326), doch wohl ein patriotisches Stück im Sinne der Nobilität. Daß damals bereits wie in der Spätantike (vgl. Arnobius 4, 35) szenische Aufführungen den Attismythos gestalteten, ist nicht wahrscheinlich.

Die orientalische Kultform dagegen ist Gegenstand von Komödien gewesen. Bei einer Komödienaufführung – anläßlich welcher Spiele ist nicht überliefert – in Oktavians Jugend gab es einmal Aufsehen, als ein auf einen Kybelepriester mit Tympanon bezogener Vers von den Zuschauern umgedeutet und als Anspielung auf Oktavians freizügiges Geschlechtsleben beklatscht wurde (Sueton, Divus Augustus 68 aus einem Komikerfragment).

Zum staatlichen aristokratischen Kult der Mater Magna gehörten

---

[21] Bömer, Kybele (o. Anm. 19) 146 untersucht in einem Anhang die Überlieferung zu dieser Claudia.
[22] O. Ribbeck, TRF Leipzig 1897³, S. 335 hat das Stück als Praetexta aufgenommen.

Einladungen exklusiven Charakters während der Megalesia (Cicero, Cato maior 45; Gellius 2, 24, 2).[23] Die Einladungen der Hocharistokratie stellten die Kontraposition zu den danach folgenden Cerialia der Plebejer dar (Gellius 18, 2, 11) und scheinen in solcher Üppigkeit ausgerichtet worden zu sein, daß man ein Aufwandsgesetz dagegen erließ (Gellius a. O.).

Weitere Riten und Veranstaltungen im römischen Mater-Magna-Kult sind aus augusteischer Zeit nicht bekannt. Als im Jahre 3 der Tempel der Göttermutter auf dem Palatin abbrannte, ließ ihn Augustus in seinem ursprünglichen, altertümlichen Charakter wiederherstellen (Monum. Anc. 19, 5). Er war in augusteischer Zeit zu einem Bestandteil des Palastbezirkes auf dem Palatin geworden und hatte auch durch seine Nachbarschaft eine ideelle Erhöhung erfahren. Ein gemeinsames Band umschloß die Hauptkulte auf oder am palatinischen Hügel und bezog auch Mater Magna ein; das lehrt die in augusteischer Zeit entstandene Sorrentiner Basis, auf der neben Apollo, Artemis, Leto, Vesta, Mars Ultor auch die thronende Kybele im Relief dargestellt ist.[24]

Interessant und politisch brauchbar für das Kaiserhaus waren zwei Bestandteile in Mythos und Kult der Göttermutter. Zum einen war der Mythos der Göttermutter mit dem Trojamythos verflochten. Die gütige Göttin vom Berge Ida in Kleinasien hatte sich dem Urahnen der Dynastie gnädig gezeigt und empfahl sich für die Pflege des dynastischen Gedankens.[25] In diesem Verständnis wurde Attis mit seinen Mythen völlig ferngehalten und als unbequemes Accidens ignoriert. Da im Zuge des Synkretismus Mater Magna den Göttinnen Demeter und Vesta zugeordnet wurde, gab es für Attis in der augusteischen Zeit keinen Platz. Aus der Bindung der Mater Magna an die Aeneassage erklärt sich der Umstand, daß es Zeug-

---

[23] CIL I, 2. Aufl. Fasti Praenestini zum 4. April: *Ludi M.D.M.I. Megalensia vocantur quod ea dea megale appellatur Nobilium mutitationes cenarum solitae sunt frequenter fieri* (= Degrassi, XIII 2, 107).

[24] W. Amelung, Bemerkungen zur Sorrentiner Basis, MDAI 15, 1900, 198–210; M. Guarducci, Enea e Vesta, MDAI (R) 78, 1971, 94. 110. 114; Tran Tam Tinh, Le culte des divinités orientales en Campanie, Leiden 1972, 94. 122–124.

[25] Bömer, Kybele (o. Anm. 19) 144.

nisse gibt, die im sozialen Umfeld von Sklaven und Freigelassenen aus dem Kaiserhaus auf kaiserliche Förderung des Kultes schließen lassen.[26] Vermutlich hat Livia, die Gattin des Augustus, Anteil an der Förderung des Kultes der Göttermutter. Nach dem Tode des Augustus ließ sie sich auf dem Sardonyx von Wien als Livia-Kybele darstellen.[27] Ein zweiter Grund für die Förderung des Mater-Magna-Kultes war die Überlieferung, eine Claudierin habe im Jahre 204 die Göttin in Empfang genommen und mit einem Seil das im Tiber steckengebliebene Schiff mit dem Bild der Göttin flußaufwärts gezogen. Die Person, der Anlaß und Einzelheiten der Aktion sind widersprüchlich und in der Forschung stark umstritten.[28] Die Claudierin wurde zum *exemplum* für Pudicitia (Sueton, Tiberius 2,3), ihre Statue, so berichtet ein Teil der Überlieferung, sei nach zwei Bränden unzerstört aus dem Brandschutt gerettet worden (Valerius Maximus 1, 8, 11; Tacitus, Ann. 4, 64, 3). Zu Tiberius' Zeiten galt die wunderbare Rettung des Bildes als ein Zeichen dafür, daß die Claudier unter besonderem göttlichen Schutz stünden. Als Claudierin hat die ehrgeizige Livia den römischen Kult der Göttermutter zum höheren Ruhme ihres Geschlechtes und der Dynastie gefördert. Familienpolitik galt als ihr Betätigungsfeld.

3.2 Zeugnisse augusteischer Dichter

Der Kaiser erhielt auch im Falle der Mater Magna ideelle Beihilfe von den Dichtern. Wie oben erwähnt, war der Kult der Göttermutter bei den Griechen Jahrhunderte zuvor eingeführt, gräzisiert, von seinen abstoßenden ekstatisch-orgiastischen Zügen befreit und die Göttin der griechischen Demeter oder Rhea, der Mutter der olympischen Götter, ja sogar der Hera angenähert worden. Als eine

---

[26] F. Bömer, Untersuchungen über die Religion der Sklaven in Griechenland und Rom, Teil 4, Wiesbaden 1963, 29 f.
[27] P. Lambrechts, Livie-Cybele, La Nouvelle Clio 4, 1952, 251–260.
[28] Bömer, Kybele (o. Anm. 19), 146; von der Beurteilung der Überlieferung als erfunden, wie sie E. Schmidt, Kultübertragungen, Gießen 1910 vertritt (6. 97), ist man allerdings abgerückt.

Gottheit des weiblichen Prinzips, als Quelle des Lebens in der Natur, als gütige Beschützerin der Menschen hatten die griechischen Dichter die Göttin angenommen. Bei den Römern konnte Mater Magna mit Ceres, mit Ops und Tellus identifiziert werden. Nach dem Zeugnis Augustins (Civ. d. 7, 24) hat Varro sie als Tellus, Ops, Proserpina und Vesta aufgefaßt. Für die augusteischen Dichter ist auch im Falle des Kultes der Göttermutter eine Differenzierung bezeichnend. Sie konnten sich auf den Mythos beschränken, vom Kultbrauch und von historisch-politischen Aspekten absehen wie etwa Catull im Gedicht 63. Sie konnten auch die Ebenen von Mythos und Ritus ineinanderfügen, wobei sie entweder den offiziellen Kultbrauch oder die fremdartigen Riten des „phrygischen" Kultes bevorzugen oder ignorieren konnten. Da eine verbindliche, glaubwürdige Überlieferung über die Anfänge des Kults in Rom nicht existierte, war ihnen ein freier Umgang mit dem Stoff möglich. Die Trennung zwischen tatsächlich vollzogenen Riten und „poetischer Mythologie" ist zum Teil schwierig.

Im Werk des Horaz beschränken sich die Hinweise auf den phrygischen Kult. Mit der Erwähnung der phrygischen Flöte (c. 1, 18, 13 f.: *Berecyntio cornu;* c. 3, 19, 18 f.: *Berecyntiae ... tibiae*) oder der Dindymene (c. 1, 16, 5) spielt der Dichter auf die das Maß und die Würde eines Götterkultes überschreitende Raserei und Ausschweifung an. In der zweiten Satire des ersten Satirenbuches zitiert er Philodemos aus Gadara: Ehefrauen, die ihren Liebhabern gegenüber Aufschub und Ausflüchte suchten, seien geeignete Partner für die Galli (120 f.). Die Verachtung des Dichters ist unüberhörbar. Für den römischen Kult der Mater Magna oder für Bezüge der Göttin zum Trojamythos der Römer gibt es bei Horaz keine Zeugnisse. Im ›Carmen saeculare‹ knüpfen zwar die Verse 37 f. und 41 f. an den Trojamythos des Aeneas an. Aber es ist Tellus, die Personifikation der Fruchtbarkeit, die ebenso wie Ceres im Gebet um Segen für Saat und Vieh genannt werden (V. 29 f.). Die feierlich-kultische Begehung der Säkularfeier war bis in die Einzelheiten hinein von Ateius Capito, einem hervorragenden Kenner des Sakralrechts, ausgearbeitet worden. Horaz hatte den Auftrag erhalten, das Festlied zu dichten, und war an die Sinngebung der Feier und an die Realität der vollzogenen Riten gebunden. Er erfüllte den ehrenvollen Auftrag, die kaiserlichen Intentionen in einer Dichtung zu verwirklichen. Es waren die alten höchsten Gottheiten des republikanischen Staates, die im Mittelpunkt der feierlichen Handlungen und des Säkularliedes standen, unter deren Schutz man die alte Zeit abschließen und ein neues, glückverheißendes Saeculum beginnen wollte. Mater Magna gehörte im Jahr 17 v. u. Z. nicht zu diesem altehrwürdigen Götterkreis.

Horazens Gönner Maecenas hat sich in seinen dichterischen Versuchen in der Nachfolge Catulls auch einmal dem Sujet gewidmet. Wie die Fragmente erkennen lassen, gelten die Verse dem Mythos, nicht dem in Rom geübten Kult (FPL Büchner Frg. 5 und 6).

Eine belangvolle Partie für den hier behandelten Fragenkreis findet sich im Werk des Properz. Das vierte Buch enthält das Trauergedicht auf den Tod der Cornelia (11). Die Tote rühmt sich, wegen ihrer Sittenreinheit werde sie weder Claudia entehren, die das Schiff mit der Göttin Kybele flußaufwärts gezogen hatte, noch die Vestalin, die das Feuer der Vesta mit ihrem Gewand wieder entfachte (V. 50–54). Diese Partie ist ein Stück Hofpoesie. Claudia ist eine Angehörige des Geschlechtes, aus dem Livia stammte. Cornelia, die Tochter der Scribonia, der zweiten Gattin des Augustus, aus einer früheren Ehe, war die Stieftochter des Kaisers Augustus gewesen. So pflegte auch Properz die Translationslegende zum höheren Ruhme des Kaiserhauses und pries die moralische Integrität seiner Mitglieder zu einer Zeit, als die Ehegesetzgebung des Augustus um sittliche Erneuerung, Förderung und Schutz von Ehe und Familie bemüht war. Die übrigen Partien im Werk des Properz, die sich auf die Göttermutter beziehen, enthalten keine Hinweise auf Zeitgeschichtliches (im Preis des Weingottes Bacchus wird Cybele genannt, weil ihr Kult dem orgiastischen Treiben des Weingottes ähnlich ist, 3, 17, 35; das Becken der Cybele in der Unterwelt, 4, 7, 61; das Bild der Cybele auf dem Dindymos, 3, 22, 3).

Daß die orientalischen Kulte wie eine Münze zwei unterschiedliche Seiten besaßen und die öffentlich bekundete Einstellung eines Römers zu ihnen auch von der Bindung an den Kaiser und an Hofkreise abhängig war, lehrte Tibull bereits im Hinblick auf die verfemten ägyptischen Götter. Auch gegenüber der Mater Magna nimmt der Dichter die Kontraposition ein. Welcher junge Mann seine Liebe verkaufe, der solle dem Wagen der Idaea Ops – Kybele folgen, bettelnd durch die Städte ziehen und sich nach phrygischer Art verschneiden (1, 4, 67–70). Die Empfehlung ist dem Priapus in den Mund gelegt, läßt jedoch darauf schließen, wie abstoßend und entwürdigend der Dichter die Bettelei der verschnittenen Priester der Göttermutter empfunden hat, in diesem Punkte dem Horaz verwandt. Vom römischen Staatskult der Mater Magna nimmt Tibull in seiner Dichtung keine Kenntnis.

Vergil dagegen hat in seinem Werk vielerlei Bezüge zur Mater Magna hergestellt. In der Heldenschau des sechsten Buches der Aeneis erscheint die *Berecyntia mater* in glanzvollem Aufzug, die Städteschützerin, Symbol der Fruchtbarkeit, und dient zum Vergleich dafür, in welchem Maße Rom durch zahlreiche Nachkommenschaft an Macht gewinnen wird. Die gedankliche Verbindung zwischen der Göttin, dem julischen Geschlecht und besonders Augustus wird in den darauffolgenden Versen gezogen (6, 784–792). Für Vergil ist Kybele zugleich Rhea, die Iuppiter als ihren Sohn anspricht (9, 82–84) und von ihm die Gewißheit dafür fordert, daß die aus dem Holze ihres heiligen Pinienwaldes gebauten Schiffe die Fahrt unversehrt überstehen. Kybele wird dadurch eng mit dem Schicksal des Aeneas und mit dem Trojamythos vom Ursprung Roms verbunden.[29] Sie rettet die vom Feind bedrohten Schiffe, indem sie sie in Nymphen verwandelt (9, 114–122), und läßt sie in dieser Gestalt dem Aeneas raten und helfen (10, 220–245). So kann Aeneas im Kampf um den Beistand der Göttin bitten, hatte doch diese bereits seine Gattin Creusa unter ihren Schutz genommen (2, 788). Er ruft sie mit dem gleichen, hohe Verehrung bekundenden Attribut *alma* an, das Horaz beim Anruf des Sol im Säkularlied verwendet[30] (V. 9: *alme Sol*):

Alma parens Idaea deum, cui Dindyma cordi
turrigeraeque urbis biiugique ad frena leones,
tu mihi nunc pugnae princeps, tu rite propinques
augurium Phrygibusque adsis pede, diva, secundo (10, 252–255).

[29] Bömer, Kybele (o. Anm. 19) 134. 142.

[30] Die Quadriga des *almus Sol* befand sich auf dem Apollontempel des Palatin (Properz 2, 31, 11); das Attribut erhalten in augusteischer Zeit auch Ceres, Tellus, Venus.

Obwohl sich Mater Magna der Gunst des Herrscherhauses erfreute, konnte Vergil nicht an der Reserve, Ablehnung und Verachtung vorbeisehen, die viele Römer der phrygischen Spielart des Kultes gegenüber bekundeten. Der Dichter greift Stimmen dieser Art auf und verarbeitet sie in eigener Weise in seinem Epos. Die Feinde verhöhnen Aeneas und seine Gefährten als *Phryges* (9, 599); Turnus nennt Aeneas einen „Halbmann" (*semivir Phryx*, 12, 99)[31]. Numanus, der Schwager des Turnus, schilt den jungen Iulus Ascanius, den Sohn des Aeneas, mit Worten, die an die einschlägigen Partien Varros und an andere augusteische Stimmen erinnern:

> Vobis picta croco et fulgenti murice vestis,
> desidiae cordi, iuvat indulgere choreis,
> et tunicae manicas et habent redimicula mitrae.
> o vere Phrygiae (neque enim Phryges), ite per alta
> Dindyma, ubi adsuetis biforem dat tibia cantum!
> Tympana vos buxusque vocat Berecyntia Matris
> Idaeae: sinite arma viris et cedite ferro (9, 614–620).

Ascanius streckt den Spötter mit einem Pfeil zu Boden und erweist damit dessen Vorwurf der Unmännlichkeit als eine infame Verleumdung. Die Verse könnten ein Versuch sein, Unvereinbares, den mit Makel behafteten phrygischen Kult, mit dem Trojamythos auszugleichen. Dabei wird die augusteische Ideologie Opfer ihrer eigenen Propaganda, hatte sie doch in dem von ihr aufgebauten Feindbild vom orientalisch-dekadenten Abtrünnigen Antonius als bitterem Vorwurf vermerkt, daß sich Antonius durch die Wahl nichtrömischer Kleidung vom Römertum abgewendet habe.[32] Für Vergil galt es zu beweisen, daß dem scheinbar weibischen Äußeren der Trojaner durchaus Mut und Tapferkeit zugehören können, wie auch an dem Priester Chloreus sichtbar wird (11, 768–777). So wie die Aktiumpartie des achten Buches zeitgeschichtliche Bezüge und Vorkriegspropaganda enthüllt, so kann man auch in den hier vor-

---

[31] Die antiken Vergilerklärer (Donatus, Servius) fassen die Partien als Schmähungen auf.
[32] Dio 50, 5, 3; Plutarch, Antonius 54, 8; als Topos hatte Cicero diesen Vorwurf gegen eine Gruppe von Anhängern des Catilina verwendet (Catil. 2, 22).

gelegten Passagen Gedanken aufdecken, die in der öffentlichen Meinung zumindest der Bildungsschicht über die Ambivalenz des Mater-Magna-Kultes vorgetragen wurden und denen sich auch Vergil bei der Zeichnung der Trojaner gegenübersah.

Die Zeugnisse Ovids zum Kult der Mater Magna spiegeln die Ambivalenz der Auffassungen von der Göttin. Sie gehören dem Mythos an (unter den Bäumen, die Orpheus folgten, ist die Fichte genannt, in die Attis verwandelt wurde, Metamorph. 10, 103–105; ein Tempel des Echion für die Göttermutter und die Erklärung, warum die Göttin von Löwen begleitet wird, Metamorph. 10, 686–704). Auf den zeitgenössischen Kultbrauch und das Auftreten phrygischer Priester in der Öffentlichkeit bezieht sich die Warnung des Dichters an die jungen Männer in der Ars, sie sollten sich nicht die Haare am Körper mit dem Eisen oder mit Bimsstein entfernen:

> Ista iube faciant, quorum Cybeleia mater
> concinitur Phrygiis exululata modis (1, 507 f.).

Die äußere Erscheinung der jungen Stutzer in Rom erinnerte den Dichter an die phrygischen Priester; sie entsprach nicht dem männlichen Schönheitsideal der Römer. Ähnliche Verachtung des phrygischen Kultes darf man aus dem Schmähgedicht ›Ibis‹ auf einen ungenannten Feind erschließen: dieser möge wie die verschnittenen Diener der Kybele in Verzückung geraten und sich selbst entmannen und danach, wie Attis weder Mann noch Frau, das Tympanon schlagen (453–456). Diese Partie ist zwar eingebettet in einen mythischen Kontext von Verwünschungen, hatte aber, wie das Beispiel aus der Ars zeigt, auch einen aktuellen Zeitbezug.

In Vergilnachfolge greift Ovid den Trojamythos auf und schildert die Verwandlung der Schiffe des Aeneas in Nymphen durch die Göttermutter (Metamorph. 14, 530–558 = Aeneis 9, 114–122). Die endgültige Verbindung zwischen der Sage von der trojanischen Urheimat der Römer und der Einholung der Göttermutter liegt in den ›Fasti‹ Ovids vor.[33] Die Göttin wäre bereits damals, als Aeneas

---

[33] Da Ovid noch nach seiner Verbannung im Jahr 8 u. Z. daran gearbeitet hat, sind die ›Fasti‹ geeignet, ein abgerundetes Bild über den Mater-Magna-Kult der augusteischen Zeit zu vermitteln; sie stellen „die in Folie literari-

mit seinen Gefährten das brennende Troja verließ, den Flüchtenden gefolgt (4, 251 f.). Bereits damals wußte die Göttin, daß ihre Translation nach Rom erfolgen werde (V. 253 f.), und so erklärte sie im Jahre 205 v. u. Z.

> Ipsa peti volui. ne sit mora. mitte volentem.
> Dignus Roma locus, quo deus omnis eat (V. 269 f.).

Von dieser Einholung der Göttin berichtet Ovid in der anschließenden Partie, wobei er die Tat der sittenreinen Claudia Quinta in epischer Breite in den Mittelpunkt stellt (V. 305–330) – vom Interesse des Hofes und besonders der Livia an dieser Geschichte war oben gesprochen worden. In den folgenden Versen legt Ovid von den zu seiner Zeit geübten Kultbräuchen Zeugnis ab (Geldsammlungen für die Göttin, Gelage der Aristokratie, Megalesische Spiele, Bereitung eines Kräutergerichtes). Das Fest der Lavatio, der Waschung des Götterbildes im Flüßchen Almo, bleibt uns in mancherlei Hinsicht unklar, wie oben angedeutet, da wir keine Parallelüberlieferung aus dieser Zeit besitzen. Unter allen Dichterzeugnissen der augusteischen Zeit ist die Darstellung des Mater-Magna-Kultes des Ovid die ausführlichste und zeichnet sich durch Ausgewogenheit insofern aus, als sie beide Kultformen – den phrygischen und den römischen Ritus – berücksichtigt. Daß die Sympathie des Dichters der römischen Kultform gehört, wird man dem Römer gern zugestehen.

Beim Vergleich ergibt sich, daß Augustus die beiden orientalischen Kulte behutsam gefördert bzw. unter Vermeidung von Härten zurückgedrängt hat, nicht in dem Maße ihres religiösen Gehaltes, ihrer moralischen Wertvorstellungen oder entsprechend den Wünschen und Bedürfnissen der Bevölkerung, sondern in dem Maße ihrer Brauchbarkeit zur Durchsetzung politischer Ziele, zur Verbreitung des römischen Herrschaftsgedankens, zur Festigung einer dynastieorientierten Staatsideologie, zur Reinhaltung der römischen Kultreligion und zur Abwehr alles dessen, was sich nationaler

scher Aufbereitung eingewickelten Fakten" dar (W. Fauth, Römische Religion im Spiegel der ›Fasti‹ des Ovid, ANRW II 16, 1, 167).

Thematik verschloß. Die augusteischen Dichter spiegeln die Realität meist nur partiell, wobei die Hofnähe bzw. die „künstlerischen Anpassungsschwierigkeiten"[34] entscheidende Faktoren für die Darstellung gewesen sind. Die Entwicklung der späteren Jahrzehnte lehrt, daß die Religionspolitik des Kaisers Augustus im Falle der ägyptischen Kulte nur eine Retardierung des Entwicklungsprozesses zur Folge hatte und daß die in augusteischer Zeit geförderten Elemente des Mater-Magna-Kultes später von den phrygischen Formen des Kultes überdeckt wurden.

4. Literatur

Malaise, M.: Inventaire préliminaire des documents égyptiens découverts en Italie, Leiden 1972.

Vidman, L.: Sylloge inscriptionum religionis Isiacae et Sarapiacae, Berlin 1969.

Vermaseren, M. J.: Corpus Cultus Cybelae Attidisque (CCCA) III. Italia-Latium, Leiden 1977.

Bianchi, U., und M. J. Vermaseren: La soteriologia dei culti orientali nell' Impero Romano, Leiden 1982.

Börner, F.: Kybele in Rom. Die Geschichte ihres Kultes als politisches Phänomen, MDAI (R) 71, 1964, 130–151.

Cumont, F.: Die orientalischen Religionen im römischen Heidentum, Leipzig–Berlin 1931 (3. Aufl. nach der 4. franz. Aufl.).

Doren, M. Van: Peregrina sacra, Historia 3, 1954/55, 488–497.

Graillot, H.: Le culte de Cybèle, Paris 1912.

Gressmann, H.: Die orientalischen Religionen im hellenistisch-römischen Zeitalter, Berlin–Leipzig 1930.

Griffiths, J. G.: Apuleius of Madauros, The Isis-Book (Metamorphoses, Book XI), Leiden 1975.

Hepding, H.: Attis, seine Mythen und sein Kult, Gießen 1903 (repr. 1967).

Kempter, H.: Der Kampf des römischen Staates gegen die fremden Kulte, Diss. Tübingen 1941.

Latte, K.: Römische Religionsgeschichte, München ²1967, 258–262.

---

[34] D. Flach, Die Dichtung im frühkaiserzeitlichen Befriedungsprozeß, Klio 54, 1972, 157.

Sanders, G. M.: RAC 8, 1972, 984–1034, s. v. Gallos.
Schmidt, E.: Kultübertragungen, Gießen 1910.
Showerman, G.: The Great Mother of the Gods, Madison/Wisconsin 1901.
Tschudin, P. T.: Isis in Rom, Diss. Basel 1958; Aarau 1962 (verkürzte Fassung).
Vermaseren, M. J.: Die orientalischen Religionen im Römerreich, Leiden 1981, darin S. 41–72: H. S. VERSNEL, Römische Religion und religiöser Umbruch; S. 121–147: L. VIDMAN, Isis und Sarapis; S. 264–291: G. SANDERS, Kybele und Attis.
Vidman, L.: Isis und Sarapis bei den Griechen und Römern, Berlin 1970.
Wissowa, G.: Religion und Kultus der Römer, München 1912 (repr. 1971).

Korrekturzusatz: Die Arbeit von P. Lambrechts, Cybèle, divinité étrangère ou nationale?, Bull. de la Société Royale belge d'anthropologie et de préhistoire 62, 1951, 44–60, habe ich leider erst nach Abschluß des Manuskripts einsehen können. Modifizierungen der Arbeit ergeben sich daraus nicht.

II. LITERATUR UND SPRACHE

Originalbeitrag 1984.

DIE UNAUGUSTEISCHEN ZÜGE DER AUGUSTEISCHEN LITERATUR

Von Eckard Lefèvre

> Ein jeder, nur zehn Jahre früher oder später geboren, dürfte, was seine eigene Bildung und die Wirkung nach außen betrifft, ein ganz anderer geworden sein.
> Goethe, Dichtung und Wahrheit (Vorwort)

Einleitung:
Augusteisch und Unaugusteisch

Zwar hat die römische Literatur mit den urwüchsigen Dichtungen eines Plautus, Ennius oder Lucilius schon in der archaischen Zeit bemerkenswerte Leistungen hervorgebracht, doch gelangte sie erst durch Lukrez, Catull, Cicero oder Sallust zu Höhepunkten, die in späteren Zeiten wohl erreicht, aber kaum übertroffen wurden. Die Krise des Revolutionszeitalters setzte in den römischen Autoren Kräfte frei, wie sie in der griechischen Literatur von Anfang an wirksam waren. Als der in der Schlacht von Aktium 31 v. Chr. über den Rivalen Antonius siegreiche Oktavian eine Zeit des Friedens und der kulturellen Erneuerung heraufführte – das nach seinem im Jahre 27 v. Chr. verliehenen Ehrentitel benannte Augusteische Zeitalter –, erreichte die römische Literatur einen zweiten Höhepunkt, der noch heute durch die leuchtenden Namen Vergil, Horaz, Livius, Tibull, Properz und Ovid repräsentiert wird. Ihre Werke werden allgemein als augusteische Literatur bezeichnet.[1]

---

[1] Wenig förderlich sind die beiden folgenden althistorischen Arbeiten, die der Individualität der einzelnen Autoren nicht gerecht werden: H. D. Meyer, Die Außenpolitik des Augustus und die augusteische Dichtung,

Es ist zunächst zu fragen, wie der Terminus 'augusteisch' sinnvoll zu definieren ist. Ein nur zeitlicher Bezug – die Regierungszeit des Kaisers Augustus umfassend – ist unzureichend. Zwar machte der Einschluß der frühen Werke von Vergil und Horaz keine Schwierigkeiten, insofern Oktavian in ihrer Entstehungszeit bereits bestimmende Macht in Rom ausübte und sie häufig auf ihn anspielen. Doch täuscht die rein zeitliche Definition eine falsche Objektivität vor. Es ist bekannt, daß Augustus und der ihm freundschaftlich verbundene Maecenas immer wieder Einfluß auf die Werke der Dichter zu nehmen versuchten und diese teils mit Übereinstimmung, teils mit Auseinandersetzung, teils mit Ablehnung reagierten. Auch wenn die Bindungen an den Prinzeps nicht allzu eng waren wie etwa in Livius' Fall, ist die indirekte Bezugnahme auf seine Person und Bestrebungen nicht zu verkennen.

Es kommt ein weiterer interessanter Tatbestand hinzu. Ein Blick auf die Literatur der augusteischen Epoche lehrt, daß sie sich in auffälliger Weise auf das gute erste Drittel der Regierungszeit des Prinzeps, von 29 an gerechnet, konzentriert: 19 starb Vergil, wohl 17 Tibull. Nach der communis opinio hörten Properz 16, Horaz etwa 13 [2] auf zu schreiben. Augustus regierte aber noch 26 Jahre, bis 14 n. Chr. Aus dieser Periode sind nur zwei herausragende Namen bekannt: Livius und Ovid. Das Werk des ersten kann bei dieser

---

Kölner Hist. Abh. 5, Köln–Graz 1961; D. Flach, Die Dichtung im frühkaiserzeitlichen Befriedungsprozeß, Klio 54, 1972, 157–170. Herausragende Gegenbeispiele: H. Strasburger, Vergil und Augustus, Gymnasium 90, 1983, 41–76; ders., Livius über Caesar – Unvollständige Überlegungen, in: Livius – Werk und Rezeption, Festschr. E. Burck, München 1983, 265–291. – Augustus' Religionspolitik führt (zu) ausschließlich auf Berechnung zurück W. Speyer, Religion als politisches und künstlerisches Mittel. Zum Verständnis des Augusteischen Zeitalters, in: P. Neukam (Hrsg.), Widerspiegelungen der Antike, Klassische Sprachen und Literaturen 14, München 1981, 28–51.

[2] Es ist wahrscheinlich, daß Horaz sogar bis zu seinem Tode dichtete (vgl. E. Lefèvre, Die große Florus-Epistel des Horaz [2,2]. Der Schwanengesang der augusteischen Dichtung, u. S. 342–359), doch handelt es sich hierbei um einen Ausklang der großen augusteischen Dichtung, nicht um etwas Neues.

Betrachtung nicht in das Gewicht fallen, da es aufgrund seiner annalistischen Anlage kontinuierlich Buch um Buch fortgeführt wurde, wie es einmal begonnen war. So stellt in diesem langen Zeitraum nur Ovids Dichtung etwas Neues dar: Offenbar sind die bestimmenden Kräfte der Epoche relativ schnell versiegt. Es ist aber sehr unwahrscheinlich, daß nicht irgendein Zusammenhang mit der Person oder der Regierung des Prinzeps bestehen sollte. Insofern ist es sinnvoll, die positive Form 'augusteisch' sowohl im Hinblick auf die Zeit ('augusteische Epoche') als auch auf den Prinzeps ('augusteische Züge'), die negative Form 'unaugusteisch' in dem Sinne 'die Bestrebungen des Prinzeps nicht unterstützend' ('unaugusteische Züge') zu gebrauchen.

Kinder der Republik

Auf ein gutes Jahrzehnt konzentriert sich die Geburt der Männer, die die augusteische Restauration am ehesten getragen haben. Folgt man hinsichtlich Livius' Lebensdaten der Annahme von R. Syme,[3] handelt es sich sogar nur um ein knappes Jahrzehnt. Werden die beiden einschneidendsten Ereignisse in der Entwicklung des römischen Staats während der Lebenszeit dieser Männer, der Tod Caesars und die Schlacht von Aktium, in Rechnung gestellt, ergibt sich folgende Übersicht (siehe S. 176).

Diese Männer hatten noch die letzte Phase der alten Republik voll miterlebt. Sie konnten die Wiederherstellung eines geordneten Staatswesens aus vollem Herzen begrüßen. Bezeichnenderweise sind diejenigen, die Oktavian am nachhaltigsten unterstützten, auch am ältesten: Varius, Maecenas und Vergil.

Es gehört in diesen Zusammenhang, daß Vergil um das Jahr 40 in seiner ersten großen Dichtung, den ›Eklogen‹, nicht so sehr das Chaos der Bürgerkriege in den Vordergrund gestellt hat, obwohl er von ihm persönlich betroffen war, als vielmehr die ordnende Hand Oktavians und die Hoffnung auf eine durchgreifende Besserung der Zeit: Inmitten der von ihren Besitzungen Vertriebenen blickt Tityrus

---

[3] Livy and Augustus, HarvSt 64, 1959, 27–87; deutscher Auszug in: E. Burck (Hrsg.), Wege zu Livius, Darmstadt 1967, 40–47, hier: 46.

	Geburtsjahr	Alter bei Caesars Tod	Alter z. Z. von Aktium
Varius	~ 70	~ 26	~ 39
Maecenas	~ 70	~ 26	~ 39
Vergil	70	26	39
Horaz	65	21	34
Oktavian	63	19	32
Livius nach Syme	64	20	33
Livius nach Hieronymus	59	15	28

in der programmatischen ersten Ekloge unbeirrt auf den göttlichen Jüngling, der ihm Frieden und Ordnung gewährt. Und die Prophezeiung künftiger glücklicher Zeiten in der vierten Ekloge nimmt sogar 'messianischen' Charakter an.[4] Diese Gedichte fallen in die Zeit, als die versammelten Heere der beiden Rivalen Antonius und Oktavian von Friedenssehnsucht erfüllt waren: An dem *foedus Brundisinum* war Maecenas maßgeblich beteiligt.[5] Dieselbe Zuversicht wie die ›Bucolica‹ bestimmt auch die in der zweiten Hälfte der dreißiger Jahre entstandenen ›Georgica‹. Es ist keine falsche Harmonisierung des vergilischen Lebenswerks, wenn man feststellt, daß die ›Aeneis‹ schließlich die Erfüllung dessen brachte, was in den ›Bucolica‹ und ›Georgica‹ noch Hoffnung war. Vergil lebte auf die Restitution der Vergangenheit hin: Er war ein *Propheta retroversus*.

Nicht anders ruft Horaz in seinen beiden frühesten politischen Gedichten, den Epoden 7 und 16, zur Abkehr von den Bürger-

---

[4] Beide Gedichte dürften sich auf die Person und Wirkung Oktavians beziehen: E. Lefèvre, Vergil: Propheta retroversus, Gymnasium 90, 1983, 17–40, hier: 19–22.

[5] App. Bell. civ. 5,59 u. 64.

kriegen und zu moralisch-politischer Umkehr auf. Aber auch er erstrebte nicht ein neues Rom, sondern beschwor das alte Rom. Wie Vergil und Maecenas setzte er bereits vor der Entscheidung von Aktium auf Oktavian (Epode 1 und 9).

Es war konsequent, daß die Dichter Oktavian bei seiner Rückkehr nach Italien im Jahre 29 begrüßten: Vergil in Atella mit der Lesung der ›Georgica‹, die Oktavians rühmlich Erwähnung taten, und Varius bei der Siegesfeier mit dem – doch wohl panegyrisch angelegten – ›Thyestes‹. Auch mochte der Caesar-Erbe Horaz' in der Folgezeit entstandene Römer-Oden als Bestätigung seiner Bestrebungen auffassen. Schließlich erhoffte er sich die nachdrücklichste Verherrlichung seiner Leistungen durch das von Vergil geplante große Römer-Epos.

Und doch schufen diese Dichter keinerlei höfische Poesie. Varius hatte sich im ›Thyestes‹ nur im mythologischen Gleichnis geäußert; Einzelheiten sind nicht mit Sicherheit zu rekonstruieren. Hingegen läßt die Erwähnung Oktavians in den vergilischen ›Georgica‹ (2, 170) *maxime Caesar* die wichtige Beobachtung zu, daß dieser hier in einer Reihe mit den beiden Decius Mus, Marius, Camillus und den Scipionen genannt wird – sozusagen als deren Erbe, als Fortsetzer ihrer Taten. Es liegt auf derselben Linie, wenn Vergil in der ›Aeneis‹ Augustus nicht direkt pries, sondern – wie Varius – eine gleichnishafte Darstellung der Vergangenheit gab und sich in vielfacher Hinsicht als *retroversus* erwies.[6] Nimmt man hinzu, daß er weder mit Kritik an dem Zerstörer der Republik, Caesar, (Aen. 6, 815 ff.) noch mit Lob an dem Verteidiger derselben, Cato, (8, 670) gespart hat, wird deutlich, daß er sich, Kind der alten Republik,[7] als einziges politisches Ziel die Wiederherstellung der Republik wünschen mußte.

Nur insofern Augustus nicht bereit war, die Republik wiederzuerrichten, mochte Vergil in Distanz zu seinen Bestrebungen geraten. Es ist aber nachdrücklich zu betonen, daß die vornehmlich in den sechziger und siebziger Jahren entwickelte Theorie der ameri-

---

[6] Vgl. dazu – und auch im folgenden – ausführlich den in Anm. 4 genannten Aufsatz.
[7] Vgl. u. Anm. 17.

kanischen Vergil-Forschung, nach der die ›Aeneis‹ ein oppositionelles Werk darstellt, völlig abwegig ist.[8] Die Auffassung, daß die ›Aeneis‹ 'two voices' habe – eine offen bejahende und eine versteckte oppositionelle –, ist schon vom Ansatz her falsch, da sie Vergil eine Kritik an Augustus' Verhalten in der Vergangenheit unterstellt. Wenn es aber in der ›Aeneis‹ eine Kritik Vergils an Augustus gab, dann war es eine an dessen Verhalten in der Gegenwart.

Die amerikanische ›Aeneis‹-Interpretation begeht drei Grundfehler, die wenigstens in Stichworten genannt seien:
1. Aus Vergils Sympathie für die geschlagenen Italiker wird fälschlich auf ein Ressentiment gegen die Sieger geschlossen. Natürlich hat Vergil Sympathie mit den Besiegten: Es sind ja die zukünftigen Römer. Deshalb zeichnet er sie nicht als Verbrecher, sondern als Verblendete (Amata, Turnus, Mezentius, Lausus sowie ihre Schutzgöttin Iuno).
2. Die ›Aeneis‹ wird auf Handlung reduziert und das ethisch-moralische Netz, in das Vergil seine Personen gestellt hat, vernachlässigt. Das ergibt: Sieger ohne Moral.
3. Die *furor-ira*-Komponente wird bei Aeneas im 10. Buch und am Schluß des 12. Buchs stark betont, bei den anderen Personen aber übersehen. Sie wird nicht als Kampf-Ingrediens par excellence erkannt.

Hinzu kommt eine bedenkliche philologische Methode, die vielfach mit simplen Gleichsetzungen und Verallgemeinerungen operiert.

Nicht anders als Vergil trug Horaz das Bild der untergehenden Republik in sich. Einem Manne wie Asinius Pollio[9] zollte er hohe Achtung, und er rühmte in der ihm gewidmeten Ode 2,1 den unbeugsamen Sinn des Caesar-Gegners Cato,[10] dessen *nobile letum* er auch in C. 1,12,36 hervorgehoben hatte. Insofern mußte er Oktavians Programm der Wiederherstellung der Republik aufrichtig begrüßen. Und doch war er weit davon entfernt, panegyrische Dich-

---

[8] Kritische Behandlung dieser Forschungsrichtung bei A. Wlosok, Gymnasium 80, 1973, 129–151 und R. Rieks, ANRW II, 31, 2, 1981, 832 bis 846.
[9] Zu diesem u. S. 180.
[10] *atrocem animum Catonis* (24).

tung auf den Herrscher zu verfassen. Wie Vergil in der ›Aeneis‹ maß Horaz Augustus an der Vergangenheit: Er war ihm in der dritten Römer-Ode ein Kulturgründer und Friedensstifter wie Hercules, Pollux, Bacchus und Romulus. Die *mores maiorum* standen ihm stets als Ideal vor Augen. Selbst in der Ode 3,2, die das vielleicht mißverständlichste Horaz-Wort enthält – *dulce et decorum est pro patria mori* –, geht es nicht um den Preis gegenwärtiger Kriegskunst, sondern um die Beschwörung der Selbstgenügsamkeit vergangener Zeit in altepischen Tönen.[11]

Im Grunde war Horaz ein unpolitischer Mensch. So wie er das hohe Amt des Privatsekretärs bei Augustus ausschlug und sich nach und nach aus den Verpflichtungen des Maecenas-Kreises löste, bedeutete ihm die *pax Augusta* vor allem die Voraussetzung dafür, seinen künstlerischen und privaten Interessen zu leben.[12] Als Spanien im Jahre 25 befriedet wurde – woran sein Freund Aelius Lamia einen entscheidenden Anteil hatte –, jubelte er in C. 1,26, daß er nun wieder sorgenfrei den Musen leben könne *(musis amicus)*;[13] und als Augustus von diesem Feldzug im Jahre 24 zurückkehrte, malte sich Horaz in C. 3,14 eine Siegesfeier aus, die zu gleichen Teilen offiziell das Volk mit Livia und Octavia (Strophe 1–3) und privat den Dichter (Strophe 5–7) in den Blick nimmt: Bei dem hochbedeutenden Anlaß will er mit der Sängerin Neaera, wohl

---

[11] Vgl. F. Klingner, Studien zur griechischen und römischen Literatur, Zürich–Stuttgart 1964, 346f.

[12] Selbst in der programmatischen ersten Römer-Ode steht das Individuum Horaz mit seiner künstlerischen Anschauung am Anfang (1–4) und mit seiner moralischen Anschauung am Ende (41–48). Zu negativ urteilen über Horaz Speyer (o. Anm. 1) und Norden (u. Anm. 30): „Die Notwendigkeit einer Rückkehr zur altväterlichen Frömmigkeit, die ihm als Menschen nachweislich nichts galt, predigt er als Musenpriester so eindringlich wie nur möglich; die poetische Verherrlichung der nach uraltem Ritus vollzogenen Feier des Jahres 17 wurde ihm übertragen, der so gut wie der kaiserliche Veranstalter selbst wußte, daß die ostentativ zur Schau getragene Werkheiligkeit nur aus Staatsinteresse wertvoll sei" (379). Zur Problematik des ›Carmen Saeculare‹ vgl. u. S. 182f.

[13] E. Lefèvre, 'Musis amicus'. Über 'Poesie' und 'Realität' in der Horaz-Ode 1,26, Ant. u. Abdld. 29, 1983, 26–35.

einer Hetäre, feiern. Man denke! Die Heimkehr des Kaisers veranlaßt ihn nicht zu einer hymnischen Preisung oder zu staatspolitischer Reflexion, sondern – in der Mittelstrophe – zu der dankbaren Feststellung, daß die *pax Augusta* ihm persönliche Sicherheit bringe: *ego nec tumultum / nec mori per vim metuam tenente / Caesare terras.* Auf diesen privaten Aspekt reduziert sich im Grunde das weltpolitische Geschehen für Horaz. Daß er nicht nur in den ›Satiren‹ und ›Episteln‹, sondern auch in den ›Oden‹ immer wieder als ein Individuum in seiner eigenen Sphäre in Erscheinung tritt, hat ihm seit je die Liebe seiner Leser gewonnen.

Auch die Geschichtsschreibung hielt zäh an der Idee der alten Republik fest. Asinius Pollio vertrat in seiner Darstellung der Bürgerkriege nach Tacitus' Zeugnis[14] das Lob der Caesar-Mörder Brutus und Cassius; und der bereits unter Augustus schreibende, unter Tiberius durch Selbstmord endende Cremutius Cordus tat dies, wie wiederum Tacitus berichtet, ebenso: Er berief sich in seiner Verteidigungsrede auf Livius, der seinerseits Brutus und Cassius als *insignes viri* bezeichnet und Caesars[15] Gegner Pompeius so gelobt hatte, daß er von Augustus ein 'Pompejaner' genannt worden war; doch tat das deren '*amicitia*' keinen Abbruch.[16] Hier ist ganz sicher ein unaugusteischer Zug erkennbar: Livius war Republikaner.[17]

[14] Ann. 4,34,4.
[15] Zu der „sicheren Feststellung, daß Livius Caesar ablehnend gegenüberstand", vgl. Strasburger, Livius über Caesar (o. Anm. 1) 267, zu der Konsequenz: „kein Augustus ohne Caesar!" 271. Vgl. ebd.: „Schwerlich kann Augustus [...] dieses Vermächtnis des angesehenen Historikers mit gleicher Genugtuung gelesen haben wie etwa Vergils *Aeneis*. Es ist ein großes Zeugnis seines politischen und geschichtlichen Weitblickes, daß er es hinnahm."
[16] Ann. 4,34,3.
[17] "Livy, like Virgil, was a Pompeian. [...] The term 'Pompeianus', however, need not denote an adherent of Pompeius. The Romans lacked a word for 'Republican'" (R. Syme, The Roman Revolution, Oxford 1939, 464 und Anm. 2). „*Pompeianer* ist übrigens eine wohlbedachte Verniedlichung dessen, was eigentlich zur Diskussion stand, und wohl ein Fingerzeig, auf welche neutrale Mittellinie wenigstens der Caesar-Erbe den Republikaner Livius herunterzuhandeln versuchte, nämlich auf das Schema

Livius bekannte in dem Vorwort seines Werks ausdrücklich, daß er sich von den Übeln, die seine Zeit so lange gesehen habe, bei der Vergegenwärtigung der Vergangenheit abwenden wolle: *me a conspectu malorum quae nostra tot per annos vidit aetas, tantisper certe dum prisca illa tota mente repeto, avertam* (5). Das heißt: Livius war bei dieser etwa um das Jahr 27 abgefaßten Erklärung von einer Aufbruchsstimmung weit entfernt. Und es ist nicht anzunehmen, daß er nach der Feststellung, er lebe in einer Zeit, in der man weder die Laster noch deren Heilmittel ertragen könne,[18] später zu einer wesentlich positiveren Einschätzung seiner Umgebung gelangt sei. Jedenfalls sprechen die zahlreichen pessimistischen Äußerungen in seinem Werk[19] für sich: Sie waren schwerlich in Augustus' Sinne. Livius schaute in die Vergangenheit, Augustus aber in die Zukunft.

Auf der anderen Seite ist es selbstverständlich, daß Livius die Leistung des Prinzeps anerkannte und sie mehrfach hervorhob.[20] Die *pax Augusta* mußte er als Segen empfinden.[21] Die Verehrung der altrömischen *mores maiorum* verband die beiden Männer: In diesem Sinne war Livius zweifellos ein 'augusteischer' Historiker.[22] Aber es gibt keinerlei Grund zu der Annahme, daß Livius sein Geschichtswerk in den Dienst des Regimes gestellt habe.[23] Es ist nicht

---

zweier gleich gut bzw. gleich schlecht berechtigter Bürgerkriegsparteien" (Strasburger, Livius über Caesar [o. Anm. 1] 269).

[18] *haec tempora quibus nec vitia nostra nec remedia pati possumus* (9).

[19] Zitiert bei P. G. Walsh, Livy. His Historical Aims and Methods, Cambridge 1961, 18 mit Anm. 1, und W. Hoffmann, Livius und die römische Geschichtsschreibung, Ant. u. Abdld. 4, 1954, 170–186 = S. 68–95 des oben in Anm. 3 genannten Sammelbands (hier: 91).

[20] Zitiert bei W. S. Liebeschuetz, The Religious Position of Livy's History, JRS 57, 1967, 45–55, hier: 55 Anm. 133.

[21] Vgl. 1, 19, 3.

[22] E. Burck, Livius als augusteischer Historiker, in: Die Welt als Geschichte, Stuttgart 1935, I, 448–487 = S. 96–143 des oben in Anm. 3 genannten Sammelbands = ders., Vom Menschenbild in der römischen Literatur II, Heidelberg 1981, 144–180. Vgl. dens., Die römische Expansion im Urteil des Livius, ANRW II, 30, 2, 1982, 1148–1189 (1185–1189: Livius' Stellung zur augusteischen Zeit und Restauration).

[23] Das betont Walsh (o. Anm. 19) 14. Vgl. auch M. Mazza, Storia e ideo-

unwahrscheinlich, daß er als Republikaner auf die Dauer den Prinzipat als (notwendiges) Übel[24] empfand.[25]

Wie verträgt sich die These einer zunehmenden Distanzierung von Livius gegenüber Augustus mit der klaren Tatsache, daß Horaz in seinem Spätwerk eindeutig Preislieder auf diesen und seine Stiefsöhne verfaßt hat? Ist hier eine grundsätzlich andere Mentalität zu spüren? Sosehr man sich bemüht hat, Suetons Nachricht über den Druck des Prinzeps bei der Entstehung des ›Carmen Saeculare‹ und des vierten Oden-Buchs[26] zu entkräften, sowenig lassen das die Zeitumstände berechtigt erscheinen. Nach Vergils Tod im Jahre 19 war Horaz unbestritten der erste Dichter des Reichs, und die Ehre, das ›Carmen Saeculare‹ zu den Säkularspielen im Jahre 17 zu verfassen, war so groß, daß er darüber seinem Entschluß, nie wieder lyrisch zu dichten,[27] untreu wurde. Hatte er aber erst einmal dem Drängen des Prinzeps nachgegeben, wurde es immer schwieriger, weiteren Aufträgen auszuweichen. So entstanden auf Augustus' Wunsch die Lieder auf Drusus (4) und Tiberius (14), auf Iullus Antonius' Wunsch[28] das (apologetische) Lied auf Augustus (2) und auf Maecenas' Wunsch[29] das Lied auf Lollius (9). Über die Anlässe der beiden Augustus-Oden (5 und 15) ist nichts bekannt.

logia in Tito Livio, Catania o. J. (ristampa 1966), 7. Kap.: Livio e Augusto – La Storia come ideologia (165–206).

[24] "In the long run he can hardly have accepted the Principate as more than the inevitable solution to an intolerable situation" (Liebeschuetz 55).

[25] H. Petersen ging so weit, zahlreiche Passagen des ersten Buchs als Warnung für Augustus zu verstehen, keine Monarchie zu begründen (Livy and Augustus, TAPA 92, 1961, 440–452, S. 452: "[...] his message being: Romans will not tolerate unmitigated monarchy.").

[26] *scripta quidem eius usque adeo probavit mansuraque perpetua opinatus est, ut non modo saeculare carmen conponendum iniunxerit, sed et Vindelicam victoriam Tiberii Drusique privignorum suorum, eumque coegerit propter hoc tribus carminum libris ex longo intervallo quartum addere* (Vita Horatii).

[27] Epist. 1, 1.

[28] E. Fraenkel, Horace, Oxford 1957, 433.

[29] R. Heinze, Einleitung zu C. 4,9 (Q. Horatius Flaccus. Oden und Epoden, erkl. v. A. Kießling, 7. Aufl. bes. v. R. Heinze, Berlin 1930).

Der Umstand, daß auf Horaz Druck ausgeübt wurde, berechtigt jedoch nicht zu der Annahme, er sei im Laufe der Jahre in Distanz zu Augustus geraten. Es waren offenbar vor allem künstlerische Gründe, die ihn veranlaßten, sich gegen die seiner Muse fremde 'große' Dichtungsart zu wehren. Diese Fakten lehren aber auf der anderen Seite, daß Augustus etwa seit dem Jahre 19 – nach der Rückkehr aus dem Osten – in erhöhtem Maße auf die Verherrlichung seiner Taten bedacht war und das, was er durch kultische Verordnungen (Säkularspiele) und Bauaufträge (Ara Pacis) erreichen konnte, auch bei den Dichtern zu erreichen suchte. Es ist nicht ausgeschlossen, daß Horaz – wie viele Republikaner – trotz seiner durch Jahrzehnte hindurch uneingeschränkten Anerkennung der Leistungen des Prinzeps dessen zunehmend monarchisches Gebaren nicht schätzte.

Die in den Jahren 70 bis 64 bzw. 59 geborenen Autoren Vergil, Horaz und Livius gingen zunächst mit Oktavian/Augustus aus Überzeugung mit. Der gemeinsame Nenner der Bestrebungen dieser Männer war die Liebe zur Vergangenheit, d. h. zur Republik, und die Hoffnung, sie politisch und moralisch restituieren zu können. E. Norden hatte von einer 'romantischen Stimmung' sowohl der Revolutionszeit als auch der augusteischen Zeit gesprochen[30] und sich damit auf ein Wort F. Leos bezogen, der im ersten Jahrhundert v. Chr. einen 'romantischen Zug' gesehen hatte, insofern sich die besten Römer aus der Zerfahrenheit der sittlichen und der Trostlosigkeit der politischen Zustände in die Zeit des alten Römertums zurückgewendet hätten.[31] In diesem Sinne sind die behandelten Autoren sämtlich romantisch, 'zurückgewendet', *retroversi*, eminent römisch, aber nie höfisch. Auf ihre Werke trifft H. Georgiis Charakterisierung der ›Aeneis‹ als „national und patriotisch, nicht augusteisch und höfisch"[32] zu, wenn man augusteisch mit höfisch

---

[30] Vergils Aeneis im Lichte ihrer Zeit, NJbb 7, 1901, 249–282, 313–334 = Kleine Schriften zum Klassischen Altertum, Berlin 1966, 358–421 (hier 361–371: Die romantische Stimmung der Revolutionszeit; 371–377: Die romantische Stimmung der Augusteischen Zeit; 377–396: Die Romantik in der Augusteischen Literatur).

[31] Plautinische Forschungen. Zur Kritik und Geschichte der Komödie, Berlin ²1912, 24.

[32] Die politische Tendenz der Aeneide Vergils, Progr. Stuttgart 1880, 32.

gleichsetzt. Augustus war diesen Männern zunächst der Garant für die Wiederherstellung der alten Ordnung; indem sie ihn priesen, dachten sie national und patriotisch, nicht höfisch. Augusteisch sind ihre Werke, insofern sie national und patriotisch sind, unaugusteisch, insofern sie sich der Prinzeps höfisch wünschte. Die Diskrepanz zwischen Augustus und den Schriftstellern wurde unmerklich größer. Denn Schritt für Schritt entfernte er sich von den republikanischen Idealen seiner Getreuen: „Wohl niemals ist mit größerer Virtuosität als von Augustus die [...] Kunst geübt worden, unter dem Schein konstitutioneller, ja reaktionärer Formen eine faktische Neuordnung der Verhältnisse zu begründen, so daß die Umwandlung des Freistaats in den Prinzipat der Wiederherstellung der ältesten Einrichtungen eben dieses Freistaats glich."[33] Es kam wohl zu Enttäuschungen der Autoren, nicht aber zu Konflikten mit dem Prinzeps: Dafür waren seine Alters- und Leidensgenossen zu dankbar im Hinblick auf die *pax Augusta*.

Kinder des Chaos

Eine bedeutende Gruppe von Dichtern ist bisher nicht behandelt worden: die Elegiker. Betrachtet man die Lebenszeit ihrer bedeutendsten Vertreter,[34] ergibt sich ein ganz anderes Bild:

	Geburtsjahr	Alter bei Caesars Tod	Alter z. Z. von Aktium
Tibull	~ 50	~ 6	~ 19
Properz	~ 50	~ 6	~ 19

Vgl. dazu Norden (o. Anm. 30) 360, der 'national' und 'augusteisch' nicht scheiden will.
[33] Norden (o. Anm. 30) 372.
[34] Properz gilt allgemein gegenüber Tibull als etwas jünger. R. Herzog setzt seine Geburt „etwa 47" an (Kl. Pauly IV, 1180). Das macht die Über-

Die Übersicht läßt erkennen, daß diese Dichter bei Caesars Tod Kinder waren, von der Republik also keine persönlichen Vorstellungen mehr haben konnten. Hingegen war ihre Jugend ausschließlich vom Bürgerkrieg, von dem Ringen zwischen Antonius und Oktavian geprägt, so daß es nicht verwunderlich ist, wenn sie nach der Beilegung des Konflikts kein echtes Verhältnis zum Staat zu gewinnen vermochten, sondern ihm mit Gleichgültigkeit und zuweilen Ressentiment begegneten. Die Antipathie gegen jegliche Art von Krieg zieht sich kontinuierlich durch ihr Werk.

Properz hat an hervorgehobener Stelle seines ersten Buchs eine Selbstbiographie gegeben, in der Sphragis, dem letzten Gedicht (1,22). In ihm ist nicht von seinem Künstlertum die Rede, sondern von der Herkunft aus Assisi. Obwohl diese Stadt mühelos in einem Distichon genannt werden konnte,[35] umschreibt er sie in erschütternden Versen mit dem nahe gelegenen Perusia, das durch den entsetzlichen Krieg des Jahrs 40 berühmt geworden war, in dem Properz einen nahen Verwandten verloren hatte (3–10):

> si Perusina tibi patriae sunt nota sepulcra,
>   Italiae duris funera temporibus,
> cum Romana suos egit discordia civis,
>   (sic mihi praecipue, pulvis Etrusca, dolor,
> tu proiecta mei perpessa es membra propinqui,
>   tu nullo miseri contegis ossa solo),
> proxima supposito contingens Umbria campo
>   me genuit terris fertilis uberibus.

Offenbar wollte Properz durch diese Umschreibung die prägende Wirkung des Bürgerkriegs auf sich hervorheben. Dieses kleine Gedicht darf als charakteristisch für die ganze Generation bezeichnet werden, der Tibull und Properz angehörten. Auch Tibull hat an die exponierte Schlußstelle seines ersten Buchs ein Gedicht gestellt, das nicht zwischen gerechtem und ungerechtem Krieg unterscheidet,

---

legung noch deutlicher. Auf die Einordnung von Sulpicias Werk wird hier wegen seiner Kürze und der Unsicherheit der Datierung verzichtet.

[35] *scandentisque Asisi consurgit vertice murus* (4,1,125). Dort wird auch Properz' *ingenium* erwähnt (126).

sondern den Krieg überhaupt verdammt (1, 10). In eben derselben Zeit, als Horaz schrieb (C. 3, 2, 13):

> dulce et decorum est pro patria mori,

heißt es bei Tibull (1, 10, 33):

> quis furor est atram bellis accersere mortem?

Es ist das durch eine Welt getrennte Denken zweier Generationen, das in diesen beiden Versen in seltener Klarheit zum Ausdruck kommt. Während Horaz an den Feldzügen des Kaisers stets Anteil nahm,[36] ironisierten die Elegiker solche Unternehmungen. Properz bezieht sich in 3, 4 direkt auf einen von Augustus gegen die Parther geplanten Feldzug und überläßt es den anderen, für die *Romana historia* zu 'sorgen';[37] ihm selbst genüge es, später auf der Via Sacra dem Triumphzug – im Schoße der Geliebten – Beifall zu klatschen![38] Tibull sagt in allgemeiner Weise dasselbe: Andere mögen in den Krieg ziehen und die feindlichen Anführer niederstrecken; er selbst bescheide sich, später den Heimkehrenden beim Renommieren zuzuhören, wenn sie auf dem Tisch das Kriegslager mit Wein aufzeichnen.[39]

Es mußte auf zeitgenössische Leser, zumal solche, die ernsthaft an der Restitution des Staats arbeiteten, wie ein Schock wirken, wenn sie das Lebensprinzip dieser Elegiker in ihren Programm-Gedichten lasen. Tibull propagierte im fünften Vers des ersten Gedichts ein 'kunstloses' Leben, ein Leben ohne Taten, *vita iners*, als seine Maxime. Und er wiederholt, daß er auf Ruhm verzichte und es ihm nichts ausmache, träge *(iners)* genannt zu werden.[40] Nicht weniger provozierend war es für römische Leser, die gewohnt waren, die strenge Abfolge der Ämterlaufbahn als das höchste Ziel anzusehen, wenn ihnen Properz sein Prinzip vorstellte: ein Leben ohne Plan und Ziel zu führen, *nullo vivere consilio*.[41] Ganz konse-

---

[36] C. 1, 35; 3, 14.
[37] 3, 4, 10 *(ite et Romanae consulite historiae!)*.
[38] 3, 4, 11–18.
[39] 1, 10, 29–32.
[40] 1, 1, 57f.
[41] 1, 1, 6.

quent traten die Elegiker „in eine Auseinandersetzung mit der gängigen Bewertung der überkommenen römischen Berufe und Stände ein".[42] Während man sich bemühte, den alten Götterkult zu restaurieren, bekannte Properz den Zwang, die Götter zu Feinden zu haben.[43] Die Elegiker gerieten allenthalben in Distanz zu Augustus' Bestrebungen; ihre Werke müssen in diesem Sinne als unaugusteisch bezeichnet werden.

Es ist daher verständlich, daß sich diese Dichter nicht dazu entschließen konnten, 'offizielle' Themen, wie sie sowohl Augustus als auch ihre Gönner, Messalla und Maecenas, gern gesehen hätten, in ihren Werken zu behandeln. Das einzige 'Rom-Gedicht' Tibulls, die Elegie 2,5, verdankt die Entstehung dem äußeren Anlaß der Aufnahme des Messalla-Sohns Messallinus in das Kollegium der Quindecimvirn. Und selbst bei dieser Gelegenheit hat es Tibull nicht unterlassen, seine ganz persönliche Thematik miteinzubeziehen: das ländliche Fest (83–100), die Liebe junger Leute (101–108) und vor allem den eigenen Liebesschmerz (109–114). Wie wenig Tibull mit rombegeisterten Lesern rechnete, geht daraus hervor, daß er ihnen mitteilte, er liege schon ein Jahr, von der Liebe verwundet, danieder und hege seine Krankheit, deren Schmerz ihn erfreue! Ohne die Geliebte füge sich keiner seiner Verse recht![44] Im Gegensatz zu Tibull hat Properz in seinem vierten Buch eine ganze Reihe rombezogener Gedichte geschrieben und ihre aitiologische Thematik programmatisch in dem Einleitungsgedicht angekündigt.[45] Und doch fällt es schwer, in dem Wechsel des Inhalts einen Wechsel der Gesinnung, d. h. eine Wendung vom persönlichen Bereich zu 'offiziellen' Sujets zu sehen. Es hat vielmehr den Anschein, als seien in diesem Falle rein künstlerische Gründe entscheidend

---

[42] E. Burck, Römische Wesenszüge der augusteischen Liebeselegie, Hermes 80, 1952, 163–200 = ders., Vom Menschenbild in der römischen Literatur I, Heidelberg 1966, 191–221, hier: 198f. (dort auch über das 'tatenlose Leben' der Elegiker).
[43] 1,1,8 *(adversos deos)*.
[44] *iaceo cum saucius annum/et faveo morbo cum iuvat ipse dolor* (109 bis 110). *usque cano Nemesim, sine qua versus mihi nullus/verba potest iustos aut reperire pedes* (111–112).
[45] *sacra diesque canam et cognomina prisca locorum* (69).

gewesen. Properz hatte mit dem ersten Wort des dritten Buchs Kallimachos, den großen hellenistischen Dichter, beschworen und sich in seine Nachfolge gestellt. Dieser Anspruch konnte aber nur hinsichtlich eines Teils der kallimacheischen Werke gelten, nicht aber hinsichtlich der ›Aitia‹, die den größten Ruhm genossen. Es mußte Properz daher reizen, auch mit ihnen in die Schranken zu treten, wenn er sich zu Recht als *Romanus Callimachus* bezeichnen wollte, wie er es im Einleitungsgedicht des vierten Buchs tat (64). Erleichtert wurde dieses Unternehmen dadurch, daß mit dem Ende des dritten Buchs die Liebesthematik durchgespielt und nahezu erschöpft war.[46] Wie sehr es Properz um künstlerische Fragen ging, zeigt der Umstand, daß er das Gedicht mit der augusteischen Thematik par excellence, die Aktium-Elegie 4,6, mit einer ausführlichen, um nicht zu sagen: manieristischen Erörterung seiner künstlerischen Prinzipien gerahmt (1–14, 69–86) und den 'neuen Weg', *novum iter* (10), in Kallimachos' Weise (4) gebührend hervorgehoben hat. Es wäre auch merkwürdig, wenn Properz am Ende seines Lebens den Krieg plötzlich verherrlicht hätte!

'Augusteisch' hat auch Properz nicht gedichtet: Es ist nicht vorstellbar, daß Augustus nicht gemerkt haben sollte, in welchem Maße Properz die eigene künstlerische Leistung wichtiger war als die politische Leistung des Kaisers.[47]

---

[46] Vgl. zur Problematik des vierten Buchs E. Lefèvre, Propertius ludibundus. Elemente des Humors in seinen Elegien, Heidelberg 1966, 90–130.

[47] Der Archeget der römischen Liebeselegie, Cornelius Gallus, ist bisher nicht genannt, da seine Elegien in die voraugusteische Zeit, vielleicht sogar in die vierziger Jahre (W. Stroh, Die Ursprünge der römischen Liebeselegie, Poetica 15, 1983, 205–246, hier: 219), gehören. Aber auch wenn mit dem Caesar des neuen Fragments Oktavian gemeint sein sollte (G. O. Hutchinson, Notes on the New Gallus, ZPE 41, 1981, 37–42), kann Gallus kaum als 'augusteischer' Dichter bezeichnet werden. Wohl 70/69 geboren, hat er sich als Feldherr *rei publicae restituendae* bewährt, doch ist seine schillernde Figur schwer zu fassen. Den Umbruch der Zeiten spiegelt Gallus eindrucksvoll wider.

Die unaugusteischen Züge der augusteischen Literatur 189

Kinder des Friedens

Die Literatur des langen Zeitraums, der auf das erste Drittel der Regierungszeit des Prinzeps folgte, wird für uns dem Erhaltungszustand zufolge allein durch die Namen Lygdamus und Ovid repräsentiert. Von den Ausläufern des horazischen und der Fortsetzung des livianischen Werks darf hier abgesehen werden, da sie beide in der früheren Periode wurzeln. Für die Lebenszeit ist folgende Übersicht festzuhalten:

	Geburtsjahr	Alter bei Caesars Tod	Alter z. Z. von Aktium
Lygdamus	44[48]	–	13
Ovid	43	–	12

Das bedeutet, daß diese Autoren im Gegensatz zu ihren Vorgängern weder von der untergegangenen Republik noch von den Wirren der Bürgerkriege geprägt waren, sondern in ihrer geistigen Entwicklung praktisch als Kinder des Friedens zu bezeichnen sind. Die Auseinandersetzungen zwischen Pompeius und Caesar sowie zwischen Antonius und Oktavian konnten ihnen nur noch in den Erzählungen der Großväter und Väter lebendig geworden sein. Zu Recht hat E. Fraenkel Ovid im Vergleich zu Vergil und Horaz den „Sohn eines neuen Zeitalters" genannt.[49] Es ist daher verständlich, daß in den Werken dieser Autoren Themen wie Krieg oder Staat ganz zurücktreten. Was Dichtern wie Tibull oder Properz existentielle Probleme bedeutete, ist den späteren nur noch Konvention. Bei Lygdamus wird das vor allem in der dritten Elegie deutlich, in der er sich in ʻelegischer' Weise gegen Reichtum und Königreiche ausspricht,

---

[48] Die alte Frage, ob 5,17f. auf 44 oder 43 hinweise, diskutiert in Auseinandersetzung mit der Literatur W. Erath, der sich für das erste Datum entscheidet: Die Dichtung des Lygdamus, Diss. Erlangen 1971, 262–267.
[49] Die klassische Dichtung der Römer, in: W. Jaeger (Hrsg.), Das Problem des Klassischen, Leipzig 1933, 47–73, hier: 47.

ohne sich jedoch grundsätzlich davon zu distanzieren. Er ist lediglich bereit, auf sie zu verzichten, wenn er damit seine Geliebte zurückgewönne. Das aber heißt, daß er am liebsten an beiden Bereichen – Reichtum und privatem Liebesglück – teilhätte.[50] Im Vergleich mit Tibull und Properz ist diese Dichtung ohne lebendige Kraft, im Vergleich mit Ovid ohne eleganten Witz: Sie ist epigonal.[51] Insofern sie sich ganz in der privaten Sphäre bewegt, ist sie überdies unaugusteisch.

Auch Ovid war im Frieden aufgewachsen. Ihm konnte es kaum bewußt werden, welchen Einsatzes es bedurft hatte, den Staat neu zu ordnen: *tantae molis erat Romanam condere gentem* – ein solches Bekenntnis wird man vergeblich bei ihm suchen. Einem Kind des Friedens und des Wohlstands konnte leicht das Verständnis für jede ernsthafte Anstrengung fehlen und allein das Spiel des Ernsts wert erscheinen. Für seine 'Verantwortungslosigkeit' war er schwerlich verantwortlich.

Wie Properz hat auch Ovid eine Selbstbiographie in Form einer Sphragis geschrieben: Trist. 4, 10. In ihr wird die fundamentale Andersartigkeit seiner Lebensumstände deutlich. Er bezeichnet sich sogleich in dem ersten Vers als spielend-tändelnder Dichter, als *lusor amorum* – eine Formulierung, die Properz kaum auf sich angewendet hätte. Noch in der Spätzeit, als dieser die Liebesdichtung weitgehend aufgegeben hatte, sprach er vom Erleiden der Liebe

---

[50] Gut Erath zu diesem Gedicht: Es werde deutlich, daß Lygdamus „nicht den Mut eines Properz oder Tibull besitzt, die selbstbewußt die Forderungen und Konventionen der Gesellschaft ablehnen, lediglich gestützt auf ihre Liebeserfahrung oder neue Lebensansicht. Er nimmt philosophische Gedanken zu Hilfe, um den konventionellen Wertvorstellungen absagen zu können, und wagt es nicht, allein seine Liebe als Äquivalent dagegen zu stellen. Die Begründung dafür liegt wohl weniger in der Rücksicht auf das Leserpublikum als in der eigenen Persönlichkeit des Dichters. Er steht zwischen beiden Welten, will an beiden partizipieren, ohne einen radikalen Bruch mit einer der Lebensweisen heraufzuführen. Für ihn bildet 'paupertas' den geläufigen Gegensatz zum Reichtum, ohne daß sie ihm selbst zur Lebensmaxime wird" (99).

[51] Vgl. Erath (o. Anm. 48) 315: Der Epigone empfange „alles aus zweiter Hand".

(pati) als seiner Berufsbestimmung.⁵² Während Properz die schweren Bürgerkriege in der Jugend und die Verluste seiner Familie erwähnte – was offenbar zu dem Verzicht auf eine politische Laufbahn geführt hatte –, macht Ovid keinen Hehl daraus, daß er zu rhetorischen Studien und senatorischer Betätigung einfach keine Lust hatte. Die Musen 'überredeten' ihn, das öffentliche Leben zu meiden und Muße in Sicherheit zu wählen (*tuta otia*, 39f.): Das altrömische Ideal war endgültig dahin, es wird kurzerhand, weder mit einer Entschuldigung noch mit Bedauern, zur Seite geschoben!

Entsprechend unbekümmert und launig, witzig und elegant ist das Einleitungsgedicht der ersten Sammlung, ›Amores‹ (1, 1), das wohl auch schon der ersten Auflage angehörte. Hatten sich Vergil, Horaz oder Properz in immer neuen apologetischen Gedichten den immer neuen Wünschen ihrer Gönner nach panegyrischer Dichtung zu entziehen gesucht, bestand natürlich für Ovid kein Zwang mehr. Er benutzte in geistreichster Weise eine alte Form für das Proömium seiner Gedichte: Bei ihm herrschte Unverbindlichkeit statt Notwendigkeit. Properz hatte in seinem Einleitungsgedicht Amor als einen Gott gezeichnet, der sein Haupt mit den Füßen bis auf den Boden preßte – ein eindrucksvolles Bild für die Leidenschaft, die den Dichter bedrängte. Bei Ovid erscheint Amor als kecker Knabe Cupido, der dem Dichter lachend einen Versfuß stiehlt, so daß dieser nicht episch dichten kann, sondern elegisch dichten muß. Und als er sich beschwert, er habe nicht den geeigneten Stoff *(materia)* dafür, schießt ihm Cupido einen Pfeil in das Herz. So also kam Ovid zu seiner Dichtung!⁵³ Es ist zu fragen, wieweit man dieses Bild ernstnehmen darf. Man ist nämlich versucht zu verstehen, daß Ovid z u e r s t entschlossen war, elegisch zu dichten, und sich erst d a n n den Stoff zurechtlegte – also den genau umgekehrten Weg im Vergleich zu Tibull und Properz ging. Es ist sicher überinterpretiert,

---

⁵² 4, 1, 137. Die Metapher *militiam Veneris pati* ist zwar geläufig, ihre Aussage in diesem Zusammenhang aber keineswegs abgeschwächt.

⁵³ "From this comparison [sc. mit Properz] and from the evident irony of Ovid's surrender to Cupid the reader may well expect a more lighthearted and literary approach to love-poetry than is to be found in Propertius or, for that matter, in Catullus and Tibullus" (Ovid's *Amores*, Book One, ed. with transl. and runn. comm. by J. A. Barsby, Oxford 1973, 43 ff.).

zu sagen, daß bei Ovid die Form stets vor dem Inhalt da ist – aber ein wenig ist wohl doch daran. Jedenfalls treffen wir abermals auf Unverbindlichkeit statt Notwendigkeit.

Und dann die Absurdität der ›Heroides‹, der Briefe der verlassenen Frauen! Phaedra hatte ja 'wirklich' einen Brief an Hippolytus geschrieben, aber daß Penelope an Ulixes schreibt, dessen Anschrift sie nicht kennt, ist schon am Beginn der Sammlung ein Witz, an den man sich erst gewöhnen muß. Nichts ist für die Wandlung der Verhältnisse bezeichnender als die Tatsache, daß Ovid im Dido-Brief (7) Vergils Konfrontation von individueller Leidenschaft und politischer Notwendigkeit zu unverbindlichem Spiel variierte. Vergils Dido sprach 12 Verse als *novissima verba* (Aen. 4,650), Ovids Dido spricht 196 Verse als *ultima verba* (2) – mehr als sechzehnmal soviel.

Auf dem einmal eingeschlagenen Weg ist Ovid konsequent fortgeschritten. Mit der ›Ars amatoria‹ rückte er der *ars oratoria*, der Redekunst, zu Leibe,[54] mit den ›Metamorphosen‹ der großen Dichtung (in den Büchern 13 und 14 besonders auch dem römischen Nationalepos, der ›Aeneis‹)[55] und mit den ›Fasten‹ dem aitiologischen Genos in Kallimachos' Manier. Noch in der Exildichtung trieb er selbst mit der Verzweiflung sein Spiel[56]: Keine literarische Gattung und kein Stoff waren vor Ovids Geist und Witz sicher.

Ausblick:
Unaugusteisch und Antiaugusteisch

Es ist bisher nur von unaugusteischen Zügen in der augusteischen Literatur die Rede gewesen, und es wird Zeit zu fragen, ob unaugusteische Züge antiaugusteische Züge sind. Mußte nicht der Prinzeps

---

[54] W. Stroh, Rhetorik und Erotik. Eine Studie zu Ovids liebesdidaktischen Gedichten, WüJbb 5, 1979, 117–132.
[55] J. Latacz, Ovids Metamorphosen als Spiel mit der Tradition, WüJbb 5, 1979, 133–155.
[56] E. Doblhofer, Ovids Spiel mit Zweifel und Verzweiflung. Stilistische und literaturtypologische Betrachtungen zu Tristia und Ex Ponto, WüJbb 4, 1978, 121–141.

diejenigen, die nicht für ihn oder seine Bestrebungen waren, als Gegner empfinden?

Es ist das Großartige der augusteischen Literatur, daß sie augusteisch im Sinne von höfisch nie gewesen ist, jedenfalls soweit sie erhalten oder kenntlich ist.[57] Entsprechendes wie der im Corpus Tibullianum überlieferte Panegyricus auf Messalla ist der Nachwelt im Hinblick auf Augustus erspart geblieben. Wohl aber sind Vergil, Horaz und Livius insofern Augusteer, als sie wie Augustus für die Erneuerung der Religion und Moral der alten Republik eintraten. Nur darin unterschieden sie sich von dem Prinzeps, daß dieser, auf die Dauer gesehen, nicht auch die politische Erneuerung der Republik betrieb. Aber sie wogen wohl den Frieden gegen die Greuel des Bürgerkriegs ab.[58] Horaz sprach immer wieder aus, was ihm Augustus' Herrschaft teuer machte. So schrieb er noch in dem Gedicht, das er an das Ende seiner lyrischen Dichtung stellte: *custode rerum Caesare non furor/civilis aut vis exiget otium* (C. 4, 15, 17–18).

Die augusteische Literatur prägte das Generationenproblem ihrer Autoren.[59] Die jüngere Generation der Elegiker, die gleichzeitig mit Varius, Vergil und Horaz schrieb, war nicht mehr bereit, Frieden mit Krieg zu erkaufen wie die Älteren. In der ›Aeneis‹ hatte dieses Denken eine eindrucksvolle poetische Gestaltung gefunden. Die Nachgeborenen konnten und mochten die Idee des Imperium Romanum nicht mehr schätzen. Sie lehnten den Krieg schlechthin ab. In diesem Sinne ist ihre Dichtung ganz sicher unaugusteisch. Noch

---

[57] Selbst wenn Varius' ›Thyestes‹ panegyrisch war, wird er kaum höfisch gewesen sein. Über den von Porphyrio zu Hor. Epist. 1, 16, 25 genannten ›Panegyricus Augusti‹ wüßte man freilich gern Näheres.

[58] „Geheime politische Widerstandskämpfer aus Vergil und Horaz machen zu wollen, wäre abwegig. Keiner wünschte insgeheim den Tod oder Sturz des Augustus, der die Schrecknisse des Bürgerkrieges wieder hätte herbeiführen können" (Strasburger, Vergil und Augustus [o. Anm. 1] 61).

[59] Vergleichbar ist der Unterschied zwischen der älteren Generation eines Crassus, Cicero, Pompejus und der jüngeren eines Lukrez, Sallust oder Catull, die – aufgewachsen unter der Diktatur Sullas und den anschließenden innenpolitischen Richtungskämpfen – den Glauben an den römischen Staat weitgehend verloren hatten.

ausgeprägter ist das bei dem wiederum jüngeren Ovid der Fall. Er war weder für das Imperium Romanum noch gegen den Krieg. Ihm war alles unverbindlich, im Pro wie im Kontra: Was die Früheren zutiefst bewegte, wurde ihm zum Spiel. Die Literatur seiner Generation ist schwierig abzuschätzen: Ovids überragendes Talent hat bewirkt, daß außer seinem Werk kaum etwas anderes erhaltenswert erschien. Er selbst zählt an die dreißig Dichter in dem Schlußgedicht der ›Epistulae ex Ponto‹ auf (4,16). Die dort genannten Werke legen den Schluß nahe, daß die Dichtung vielfach nicht mehr welthaltig war, sondern nur noch periphere Themen behandelte: Grattius' 541 Hexameter über Jagdgeräte (›Cynegetica‹) sind noch erhalten. Und wo man sich an große Themen wagte, war offenbar die *ars* größer als das *ingenium* wie in den ›Res Romanae‹ eines der bekanntesten Dichter der Zeit, Cornelius Severus.[60] Ovid war nicht der einzige, der in der Dichtung manieristisches Spiel betrieb: Zufällig ist bekannt, daß sein Freund Sabinus Antwortbriefe der Helden auf die ovidischen Heroinen-Briefe verfaßte.[61]

An Ovids Werk hat sich die Debatte über antiaugusteische Dichtung am leidenschaftlichsten entzündet: Ist Ovid ein Antiaugusteer, wenn das schon Vergil oder Horaz nicht sind? Kann man etwa bei der Phaethon-Fabel der ›Metamorphosen‹ einen antiaugusteischen Ton nachweisen[62] oder gar – um die neueste Literatur zu nennen – aus diesem Werk eine „scharfe Kritik am Regime" heraushören, wie S. Lundström?[63] Wohl kaum. Man braucht nur die einzelnen Kapitelüberschriften seines Buchs durchzusehen, um zu erkennen, daß

---

[60] H. Dahlmann, Cornelius Severus, Abh. Akad. Mainz, Geistes- u. sozialwiss. Kl. 6, 1975, bes. S. 9.

[61] Am. 2,18,27f.

[62] E. Doblhofer, Ovid – ein 'Urvater der Résistance'? Beobachtungen zur Phaethonerzählung in den Metamorphosen, 1,747–2,400, in: 400 Jahre Akademisches Gymnasium in Graz, Festschrift, Graz 1973, 143–154.

[63] Ovids Metamorphosen und die Politik des Kaisers, Uppsala 1980, 104. Vgl. die Besprechung von F. Bömer, Gymnasium 88, 1981, 451–453 (dort reiche Literatur zu dem Thema), ferner seinen Kommentar zu den ›Metamorphosen‹ zu 1,163 ff. und 13,623 ff. (Heidelberg 1969 bzw. 1982). Zu 1,163 ff. wird richtig gesagt, daß Augustus und Ovid einander nicht verstehen konnten.

Die unaugusteischen Züge der augusteischen Literatur 195

Ovid seinen Witz und Spott auf alle Bereiche des privaten und öffentlichen Lebens ausgegossen hat: Sexualmoral, Götter, Könige, Kriegshelden, ›Aeneis‹, Aktium usw. Und einer dieser Bereiche war eben Augustus: Letztlich ging Ovid das 'artistische Vergnügen' vor ernsthafte Kritik.[64] Sonst hätte er nicht so naiv von Tomis aus Augustus die Lektüre der ›Metamorphosen‹ empfohlen.[65]

Es ist zu unterscheiden. Augustus' Welt und Ovids Welt waren grundverschieden. Keiner konnte den anderen verstehen. Augustus mußte Ovid als antiaugusteisch empfinden, während Ovid sich selbst wohl nur als unaugusteisch eingeschätzt haben dürfte. Das war ein unausgleichbarer Konflikt. Es ist ja leicht und heutzutage verbreitet, über Augustus den Stab zu brechen. Aber man muß auch sehen: Die Republik war nicht zu restituieren, der Prinzipat unvermeidlich. Tacitus hat darüber im ›Dialogus‹ und in der Galba-Rede der ›Historien‹ reflektiert. Der Prinzipat aber entfremdete den einzelnen Römer dem Staat. Tacitus hat im Proömium der ›Historien‹ beide Pole in den Blick genommen: Die Geschichtsschreibung der Republik sei gleicherweise von Beredsamkeit und Freiheit bestimmt gewesen; nach der für die Erhaltung des Friedens notwendigen Errichtung des Prinzipats seien aber die großen Talente ausgeblieben *(magna ingenia cessere)*; zugleich sei die Wahrheit vielfach gebrochen worden, wobei zuerst die Unkenntnis dessen, was Staatsleben ist und bedeutet, *(inscitia rei publicae)* eine Rolle gespielt habe.[66] Es ist Ovids Tragik, daß er von dieser Entwicklung betroffen wurde; es ist aber auch Augustus' Tragik, daß die Talente versiegten, daß er in dieser Hinsicht immer einsamer wurde.

Worauf es ankommt: Sowenig Horaz' Werk nur aus seinem individuellen Charakter zu erklären ist, sowenig ist das bei Ovids Werk

---

[64] Vgl. die guten Ausführungen von W. Stroh, Ovids Liebeskunst und die Ehegesetze des Augustus, Gymnasium 86, 1979, 323–352, bes. 350–352.

[65] Trist. 2,555 ff. Vgl. H. Herter, Verwandlung und Persönlichkeit in Ovids Metamorphosen, in: Kulturwissenschaften, Festgabe f. W. Perpeet, Bonn 1980, 185–228, hier: 228 Anm. 95.

[66] [...] *dum res populi Romani memorabantur, pari eloquentia ac libertate: postquam bellatum apud Actium atque omnem potentiam ad unum conferri pacis interfuit, magna illa ingenia cessere; simul veritas pluribus modis infracta, primum inscitia rei publicae ut alienae* [...] (Hist. 1,1,1).

möglich. Beide sind Kinder ihrer Zeit. Wäre Ovid 20 Jahre eher geboren – wer weiß, ob er nicht aus Überzeugung Römer-Oden gedichtet hätte? So aber war er – wie jeder augusteische Dichter – ein Kind, wenn man will, ein Opfer seiner Zeit.[67]

---

[67] Vgl. oben S. 173 das Motto aus Goethes ›Dichtung und Wahrheit‹.

DER NEUE WELTHERRSCHER
DER VIERTEN EKLOGE VERGILS

Von Andreas Alföldi

Die vom Orient stammenden soteriologischen Lehren, die den Hintergrund der 'messianischen' Ekloge bilden, hat Ed. Norden erst jüngst aus weitabliegenden oder späten und abgeleiteten Zeugnissen mit Meisterhand herausgeschält.[1] Es spiegeln sich jedoch die Weissagungen, die dem erschöpften Römertum jener Revolutionszeit das Kommen eines göttlichen Erlösers und einer durch diesen heraufgeführten Glücksperiode verkündeten, auch auf gleichzeitigen Denkmälern. Es sind dies die Münzen, deren Betrachtung uns der Gedankenwelt Vergils etwas näher bringen kann.

I

Bei dem hohen Ansehen, welches die sibyllinischen Bücher im Staatsleben genossen haben, nimmt es nicht wunder, daß der Kopf der Sibylle und ihr Dreifuß auf den Denaren des L. Manlius Torquatus[2] (s. S. 214 Abb. 1) erscheinen. In der von Heilserwartungen überfüllten Atmosphäre dieser Übergangszeit ist es auch nicht verwunderlich, daß die Münzen auch die Verheißungen der Sibyllinen von der Rückkehr des paradiesischen Glückes auf Erden spiegeln. Diese Bildersprache dringt auf den Prägungen der drei Münzmeister des Jahres 45 v. Chr.[3] durch. Ein Denar des Münzbeamten

[1] Ed. Norden, Die Geburt des Kindes. Geschichte einer religiösen Idee, 1924.

[2] Um 70 v. Chr. – Man erinnere sich noch an die Denare des M. Plaetorius Caestianus, die die *sortes Praenestinae* verewigen (Babelon II 315, 9–10 = Grueber, British Mus. Catal. I, 436, Nr. 3525 ff.).

[3] Daß die Triumvirn T. Carisius, C. Considius Paetus und L. Valerius

T. Carisius zeigt den Himmelsglobus, auf dem ein Füllhorn sitzt, zwischen einem Szepter und einem Steuerruder (Abb. 3). Da Caesar damals das Bildnisrecht noch nicht besaß, weist die Vorderseite den Romakopf auf; trotzdem ist es [370] zweifellos, daß diese Allegorie den Regenten verherrlichen soll. Andererseits handelt es sich hier keineswegs um rein irdische Machtsymbole.[4] Der Globus wurde durch einen Senatsbeschluß der Statue Caesars als göttlichem κοσμοκράτωρ und zweitem Iuppiter beigefügt;[5] Szepter[6] und Ruder gelten dem Beherrscher des Festlandes und des Meeres. So daß wir hier bildlich dargestellt finden, was das oft zitierte Epigramm von Philae[7] von Augustus schreibt: Καίσαρι ποντομέδοντι καὶ ἀπείρων κρατέοντι, Ζανὶ τῷ ἐκ Ζανὸς πατρὸς Ἐλευθερίῳ, ... ἄστρῳ ἁπάσας Ἑλλάδος, ὃς σωτὴρ Ζεὺς ἀνέτειλε μέγας. Unser Münzbild enthält noch etwas sehr Wesentliches: das Füllhorn auf dem Globus bedeutet den Segen, den der Weltherrscher der Menschheit bringt. Die Ankündigung eines neuen goldenen Zeitalters steht vor uns, genau in der Form wie auf dem durch Rostovtzeff vortrefflich erläuterten Augusteischen Altar von Kar-

Asciculus zusammengehören und in das Jahr 45 zu setzen sind, hat Grueber a. O. I, 529 festgestellt.

[4] Wie Grueber a. O. I, 529 meint. – Als Träger dieser Insignien der Weltherrschaft und der Weltbeglückung durften in den vorhergehenden Jahrzehnten allein die Personifikation von Rom, der *Genius p. R.*, die *Fortuna p. R.* etc. auftreten (vgl. die Denare von Corn. Lentulus Marcellinus, P. Corn. Lentulus Spinther, Faustus Sulla, Q. Fufius Calenus, Q. Sicinius bei Babelon I 417, 54–55; I 419, 58; I 423, 61 f.; I 512, 1; II 460, 5); als sie nun auf die Leiter des Staates bezogen werden, rücken diese dadurch in die Beleuchtung hellenistischer Herrschergötter. (Über die griechischen und hellenistisch-orientalischen Wurzeln des römischen Weltherrschaftsgedankens J. Kaerst, Neue Jb. 5, 1929, 663 f., 668 ff. u. 675. Die Übernahme zeigt sich auch in der obigen Symbolik. Für den Globus siehe das Material bei Schlachter, Der Globus 64 ff.)

[5] Dio XLIII 14, 6. Dazu: Bickermann, Arch. f. Rel.-Wiss. 27, 1929, 29.

[6] Das Szepter ist das Abzeichen des Zeus als Herrscher einer großen Weltperiode; vgl. auch Or. Syb. I 292 (in der Lesung von Rzach, Wiener Stud. 1912, 120): μετόπισθε Κρόνος βασιλήιον ἀρχὴν σκηπτροφόρον ἕξει. Diese Astralsymbolik ist hier besonders wichtig, s. u.

[7] Kaibel 978.

thago.[8] Ein anderer gleichzeitiger Denartypus des Carisius (S. 214, Abb. 2) scheint mir zu verraten, woher dieses Versprechen kommt. Er trägt den Kopf der Sibylle und ihr Wappentier, die Sphinx[9]. Die Sibyllinen sind hier [371] also ähnlich ausgenützt wie z. B. bei dem Versuche, Caesar durch ein solches Orakel zum Königstitel zu verhelfen.[10]

Wir sehen auch: nicht nur Vergil schöpfte aus einem *Cumaeum carmen* seine Freudenbotschaft. Die Prägungen des zweiten *triumvir monetalis*, des L. Valerius Asciculus übernehmen auch den Sibyllenkopf.[11] Er prägt außerdem einen Silbersesterz, dessen Darstellung man fälschlich auf Kornverteilungen bezogen hat.[12] Nicht das gewöhnliche *cornu copiae* ist da abgebildet, sondern das mit der Königsbinde[13] verzierte ägyptische Doppelfüllhorn, das die *aurea aetas*, die an die Person des Herrschers gebunden ist, versinnbildlicht. Bezeichnenderweise kommt dieser Typus in Rom erst mit Sulla auf, um seine *felicitas* zu vergegenwärtigen; ein Vergleich unserer Abb. 9 und 8 führt es klar vor die Augen, wie getreu seine Denare (und Aurei) das ägyptische Vorbild nachahmen.[14] Eine

---

[8] M. Rostovtzeff, Augustus (Univ. of Wisconsin Studies, No. 15) Taf. I = Röm. Mitt. 38–39, 1924, Beil. IV.

[9] Daß hier wirklich die Sibylle gemeint ist, beweisen eine Stelle von Phlegon sowie die Lokalmünzen von Gergis. Vgl. Rzach, RE A II, 2083f. und 2094.

[10] Cic. de divin. II 54, 110–112; Cass. Dio XLIV 15, 3; Plut. Caes. 60; Suet. Div. Iul. 79; Appian. bell. civ. II 110.

[11] Durch diese Tatsache entfällt die übliche (und für die frühere Zeit vollberechtigte) Erklärung aus der Familiengeschichte von selbst.

[12] Grueber a. O. I, 537.

[13] Daß auf den ägyptischen Münzen tatsächlich das Diadem um das Füllhorn gewunden ist, bezeugen einwandfrei die Fransen dieser Binde, die, wie man auf Abb. 8 deutlich sieht, denen der Diademschleifen der Ptolemäerköpfe genau entsprechen.

[14] Sehr charakteristisch ist hier folgendes: Diese Münzen Sullas sind in Vibo-Valentia geprägt. (S. die Literatur bei M. v. Bahrfeldt, Die röm. Goldmünzenprägung 24.) Nun haben auch die gleichzeitigen Lokalprägungen das Doppelfüllhorn, aber ohne das Diadem! Vgl. z. B. die Abb. bei S. W. Grose, Catal. of the Mc Clean Coll. of Greek Coins I, 1923, Taf. 56, 13–15. – Lehmann–Hartleben, Röm. Mitt. 42, 1922, 164ff. hat die ägyptischen Vorlagen der Füllhornsymbolik schon erkannt. (Nur begegnet der Bocks-

Zufallserscheinung ist das keineswegs: zu ägyptischen Wurzeln führten auch die Fäden, die Norden in der Ekloge entdeckt hat. Auf einem Sesterz des dritten Münzbeamten des Jahres, des C. Considius Paetus, kehrt das Doppelfüllhorn, diesmal auf dem Globus, wieder (Abb. 10 d. Taf.), mit einem lachenden, geflügelten Gottkinde auf der Vorderseite. Ist das schon der *nascens puer* Vergils, oder nur das Kind der Göttin, die Caesars *aureum saeculum* garantiert? Jedenfalls deutet ein [372] solches geflügeltes Kindlein, auf den Denaren des Man. Fonteius auf der Ziege reitend und durch den Blitz näher kenntlich gemacht, auf die Glückseligkeit, die mit dem Wachstum Iuppiters in Erfüllung ging.

Im J. 44 treten die Weltherrschersymbole auf dem Denar des L. Aemilius Buca auf (Abb. 6 der Tafel). Die *fasces* und das Beil als Sinnbild der höchsten priesterlichen Gewalt betonen diesmal stärker die menschliche Machtsphäre des *dictator perpetuus,* die verschlungenen Hände müssen aber auf die göttliche *clementia* des Caesar anspielen.[15] Die Hauptsache für uns ist der Merkurstab neben dem Globus, ein Zeichen, das in diesem Kreise stets das Glück der Zeit kundgibt. – In all diesen Euphemismen spielt freilich die Propaganda der Regierung die Hauptrolle. Daß sie aber in gewaltigen Zeitströmungen wurzelte, beweist ihre Fortsetzung nach den Iden des März.

Die Sehnsucht der Menge nach einer Errettung aus dem Elend jener fürchterlichen Krise gipfelte eben nach dem Tode Caesars. Die orientalische Vorstellung, daß die Ankunft des Erlösers mit dem Erscheinen eines Sternes verbunden ist, hat sich in Rom damals schon fest eingebürgert,[16] und als das *sidus Iulium* am Himmel erschien, hat die astrologische Spekulation die Wiederkehr des

---

kopf am Ende der Füllhörner nicht erst in augusteischer Zeit, sondern ist schon auch in Rom sehr alt.) – Nebenbei will ich nur erwähnen, daß schon der hier Abb. 7 reproduzierte Denar (um 133 v. Chr.) mit Füllhorn auf Blitz in *spicea corona* die goldene Zeit des jungen Iuppiter bedeuten muß.

[15] Vgl. Dio XLIV 6 und Appian b. c. II 106 und dazu Kornemann, Klio 1, 96.

[16] H. Wagenvoort, Vergils vierte Ekloge und das Sidus Iulium, Mededeelingen d. koninkl. Akad., Afd. Letterkunde, Deel 67, Serie A, No. 1, Amsterdam 1929, 33 ff.

Der neue Weltherrscher der vierten Ekloge Vergils 201

goldenen Weltzeitalters damit verknüpft.[17] Octavian schrieb selbst in seinen Memoiren: *Vulcanius aruspex in contione dixit cometen esse, qui significaret exitum noni saeculi et ingressum decimi.*[18] Auch Vergil besingt den Segen, den jener Komet bringen [373] sollte, zuerst in den ›Eklogen‹[19] und dann, in mythologisches Gewand gekleidet, in der ›Aeneis‹[20].

Das Gestirn Caesars erscheint schon 44 auf den Münzen – (so z. B. auf dem Sesterz Taf. Abb. 5) –, und so darf man auf ihnen auch die Spiegelung der Erwartungen, die daran geknüpft wurden, suchen. In der Tat enthalten die Bildseiten, die die vier Münzbeamten des Jahres 43[21] bis zum Abschluß des zweiten Triumvirates ausmünzen ließen, eine ganze Reihe von Anspielungen auf die Welterneuerung. So muß man vor allem den Denar des Mussidius Longus (Abb. 4) hervorheben, auf welchem der Globus mit dem Segenshorn, der *caduceus*, der auch hier die *felicitas temporum* andeutet, das Steuerruder und die Flamenmütze mit *apex* – also die Attribute des Soter-Kosmokrators mit dem Kopfe des *divus Caesar* gepaart sind. (Da das Amt des *flamen Dialis* in der Caesarischen Zeit überhaupt nicht besetzt war, kann letztere auch nur ein Herrschersymbol[22] oder ein Hinweis auf Iuppiter sein.) – Die Wiedergeburt der Zeit melden die Gold- und Silberstücke des P. Clodius mit Sol-Kopf und Halbmond mit fünf Sternen auf der Rückseite (Abb. 25) an: *Est praeterea*

---

[17] Die zuletzt genannte treffliche Abhandlung von Wagenvoort (S. 13 ff.) hat die astrologische Theorie, aus welcher die glückbringende Wirkung dieses Kometen geweissagt wurde, klargelegt.

[18] Bei Servius, ad ecl. 9, 46. Zum plötzlichen Tod des *haruspex*, der das große Geheimnis verriet, vgl. Lietzmann, Der Weltheiland 26 und 37. – Zum Verständnis der Welterneuerung in der *ultima aetas* vgl. Reitzenstein, Das iran. Erlösungsmysterium, 1920, 157 und Reitzenstein–Schaeder, Studien z. ant. Synkretismus aus Iran u. Griechenland, 1926, 67. Zepf, Arch. f. Rel.-Wiss. 25, 1928, 242 A. 2.

[19] Ecl. 9, 47 sqq.

[20] Aen. II 682 sqq. Wagenvoort a. O. 20f.

[21] Zur chronologischen Einteilung der Prägungen der Viermänner L. Mussidius Longus, P. Clodius, C. Vibius Varus und L. Livineius Regulus s. zuletzt M. v. Bahrfeldt, Die röm. Goldmünzenprägung 50.

[22] Vgl. z. B. Hor. carm. I 34, 14 sqq., oder III 21, 20 *(regum apices)* etc.

annus, quem Aristoteles maximum potius quam magnum appellat, quem solis et lunae vagarumque quinque stellarum orbes conficiunt, cum ad idem signum, ubi quondam simul fuerunt, una referuntur... sagt Censorinus.[23] Und auch noch später, z. B. auf dem Denar des Septimius Severus Abb. 24, wird die *saeculi felicitas* durch Halbmond und sieben Sterne bildlich ausgedrückt. Wie sehr diese Astralmystik und Aionsymbolik in den Jahren nach Caesars Ermordung in Rom die Menschen beschäftigten, wird auch durch den Namen der i. J. 40 geborenen Zwillinge von Antonius und Kleopatra, die Alexandros Helios und Kleopatra Selene hießen, bezeugt.[24] Ich würde sogar für möglich halten, daß auch der andere Typus [374] des P. Clodius (Abb. 22) mit Apollokopf und Diana lucifera[25] auf das neue Saeculum hinweist. Denn Nigidius Figulus, der Aion mit Ianus gleichstellte,[26] behauptete *Ianum eundem esse atque Apollinem et Dianam ... et in hoc uno utrumque exprimi numen*[27]. Das Nahen des *fatalis annus*[28], der die große Schicksalswendung mit sich bringt, hielt die Gemüter in Erregung. So kann man die Nemesis auf dem Aureus des C. Vibius Varus[29] (Abb. 11) als einen Auftakt zu dieser Münzreihe betrachten[30].

[23] De die nat. XVIII 11. Ähnlich (aber mit *septem sidera errantia*) Festus, p. 131 Lindsay; Servius, ad ecl. 4, 4 usw.

[24] S. dazu Norden, Die Geburt des Kindes 141 ff. Vgl. auch 150 A. 1 ebendort.

[25] Babelon I, 355, Nr. 14 = v. Bahrfeldt a. O. 50, Nr. 30.

[26] Vgl. Reitzenstein, D. iran. Erlösungsmysterium 213.

[27] Bei Macrob. Sat. I 9, 5–8. Vgl. Zepf, Arch. f. Rel.-Wiss. 25, 1928, 226 f., 237.

[28] Cic. in Catil. III 9–10.

[29] Auf der Vs. ist nicht Pallas, sondern Roma dargestellt, so richtig schon L. Cesano in der Zeitschr. Roma 6, 1928, 393.

[30] Die Denare des Mussidius Longus mit der Venus Cloacina (Abb. 23) müssen auf die *expiatio* hinweisen, deren Legende Plin. n. h. XV 36, 119 erzählt. Freilich kann das auf die Sühnung der verübten politischen Freveltaten bezogen werden, aber der Gedanke zieht die Frage mit sich: *Cui dabit partes scelus expiandi Iuppiter?* (Hor. carm. I 2, 29 sqq.). Die *sceleris vestigia nostri* müssen verschwinden, wenn die Palingenesie kommt: nur eine *pia gens* darf die *aurea aetas* erleben. – Auch die Typen mit Ceres und Ährenkranz scheinen auf Überfluß und Reichtum des neuen Zeitalters zu deuten.

Auch nachdem im November 43 das zweite Triumvirat geschlossen wurde, amtierte dieses Münzmeisterkollegium weiter, aber den Habitus der Münzen bestimmt nunmehr ganz der Wille der Machthaber. Nicht nur daß ihre Porträts die Hauptseiten einnehmen, sondern auch die Auswahl der Bildertypen hängt von ihnen ab. Wie zu erwarten ist, sind jetzt die Bilder von der goldenen Zeit in erster Reihe mit Antonius – als dem Erben der hellenistischen Staatsauffassung Caesars – verbunden. Er erscheint von nun an immer wieder als Sol,[31] also der Archeget der neuen Glücksperiode der Welt (der *tuus Apollo* der Ekloge), während Octavianus auch hierin weise Zurückhaltung übte und Lepidus, wie immer, farblos und unbedeutend blieb. Die häufigste Darstellung der Goldmünzen der Jahre 43/2 ist das mit der Diadembinde um-[375]wundene Füllhorn (Abb. 13), welches mit dem Bildnis eines jeden Triumvirs geprägt wurde: alle drei inaugurieren zugleich die Wendung der Dinge zum Besseren. Der Aureus des Domitianus daneben (Abb. 12) veranschaulicht, wie man dieses Symbol stets weiter kopiert hat, um die *felicium temporum reparatio* anzumelden, die dem jeweils regierenden Herrscher angedichtet wurde.

Wie auf dem schon erwähnten, dem Kult der Gens Iulia geweihten Altar von Karthago[32] wird auch auf den Münzen d. J. 43–42 v. Chr. die Füllhornsymbolik durch die Szene der Errettung des Anchises begleitet (Abb. 17). Die *pietas*, die dadurch symbolisiert wird und die in Verbindung mit Bildern des Saturnischen Glückes

---

[31] Die diesbezüglichen Typen hat L. Cesano, Bull. assoc. arch. rom. 2, 1912, 238 ff. zusammengestellt. – Charakteristisch für Octavianus ist es, daß er nur Mars und Venus, seine göttlichen Ahnen, auf die Münzen setzt, statt selbst als Gott aufzutreten.

[32] Univ. of Wisconsin Studies Nr. 15, Taf. III = Röm. Mitt. 38–39, 1923–24, Beil. 3. Zu den Analogien, die Merlin, Bull. arch. du comité des travaux hist. 1919, CLXXXVII A. 3 und Rostovtzeff, Röm. Mitt. a. O. 296 aufzählen, kommt noch eine Münze von Galba mit der Legende PIETAS AVGVSTI und der Aeneas-Anchises-Szene (Mattingly, Br. Mus. Catal. I., CCXVI). – Auch auf den Prägungen des Münzmeisters M. Herennius (um 106 v. Chr.; Babelon I, 539f., Nr. 1 und 4) erscheinen der *Pietas*-Kopf mit der Aeneas-Anchises-Szene und das Doppelfüllhorn. Ist die Verbindung der beiden Typen bei ihm nur ein Zufall?

auch auf den Münzen der Kaiserzeit dargestellt wird,[33] ist nicht altrömisches Pflichtgefühl, sondern die *pietas saeculi (aurei)*, eine unrömische sittlich-religiöse Neugeburt der Menschheit, die Vorbedingung der seligen Tage, die den Sündern nicht zuteil werden können.[34] Diese altorientalische Vorstellung[35] verdankte ihre Verbreitung in Rom hauptsächlich den sibyllinischen Prophezeiungen, in denen der Römer oft als *Troiugena* angesprochen wurde.[36] Octavianus, der sich so geschickt durch die Glorie seiner göttlichen Ahnen bestrahlen ließ, hat auch dieses Moment glücklich auf-[376]gegriffen: der seinen Vater tragende Aeneas war im augusteischen Rom in Statuen[37], Reliefs[38], Gemälden überall zu sehen, er ist der Held der Aeneis usw. In der Tat hat Augustus die Rolle, die Vergilius in der 4. Ekloge dem Asinius Pollio zudachte (v. 13 sq.):

> te duce si qua manent sceleris vestigia nostri
> inrita perpetuo solvent formidine terras,

nach Actium erfüllt. Aber vor dem großen Entscheidungskampf wollten auch andere die Heraufführer des *pium saeculum* werden. Ungefähr zu gleicher Zeit mit den Glückssymbolen Abb. 15 entstanden im J. 41 die *Pietas*-Typen Abb. 16 und 21, welche zugleich auf Lucius Antonius, mit dem Beinamen *Pietas,* anspielen. Das Füllhorn[39], welches die Personifikation diesmal hält, beweist, daß

[33] S. meine Bemerkungen in Numismatic Chronicle 1929, 270f. und Taf. XX 7–16.

[34] Diese Seite des Pietas-Begriffes hat die fleißige Dissertation von Th. Ulrich, Pietas (pius) als polit. Begriff im röm Staate, Breslau 1930, leider nicht berührt.

[35] Norden, Die Geburt des Kindes 124. Kampers, Histor. Jahrb. 1915, 264. Lietzmann, Der Weltheiland 28f.

[36] Ein charakteristisch dem obigen entsprechender Zusammenhang: Hor. carm. saec. v. 37 sqq. Von den troianischen Relationen der Sibyllinen zuletzt W. Weber, Der Prophet und sein Gott 1925, 49. Siehe auch Norden a. O. 145ff.

[37] Ovid. fast. V. 563, zitiert durch Merlin a. O.

[38] Vgl. Rostovtzeff a. O.

[39] Die Vögel, die aus dem Füllhorn picken, kehren auf den Kaiseraltären der Julisch-claudischen Zeit, z. B. auf der Altarplatte des Thermenmuseums, Röm. Mitt. 42, 1927, Beil. 21, wieder.

mit ihr die Sittlichkeit der *pia gens* gemeint ist. Es lohnt sich, das Zusammengehen der Begriffe vom glücklichen Weltalter und Religiosität noch etwas weiter zu verfolgen.[40] 22–23 n. Chr. prägt man zwei Arten von Bronzemünzen parallel[41]: auf dem *as* gucken zwei lachende kaiserliche Knaben aus Füllhörnern heraus, auf dem *dupondius* ist das Brustbild der Livia – ähnlich wie L. Antonius vorher – als *Pietas* bezeichnet. *Pio imperatori omnia felicia* wünschen die Münzaufschriften des Commodus. Die Vorgeschichte der Kaisernamen *pius felix* reicht also in das Jahrhundert der Bürgerkriege zurück, wohin wir uns jetzt wieder wenden.

Die mannigfaltige Münzreihe, die Mussidius Longus und seine Amtsgenossen seit dem Abschluß des zweiten Triumvirates prägen ließen, enthält außer den oben besprochenen noch andere Typen,[42] die der römischen Welt Frieden und Reichtum angezeigt haben. Am wichtigsten ist es, daß diesmal nicht nur die Segnungen der erwarteten Palingenesie aufgeführt wurden, sondern auch das Bild des Gottes, der als Vollzieher des Wandels zum Besseren gedacht [377] war. Man hat diese sonderbare Gestalt (Abb. 18 auf der Tafel, die Rs. vergrößert in der beigelegten Abbildung) einfach als 'ältestes

---

[40] S. auch Liv. VI 26, 7. Suet. Tib. 17, 2 u. a. m.
[41] Mattingly, Br. Mus. Catal. I, 133, Nr. 95–96.
[42] Z. B. v. Bahrfeldt a. O. 57, Nr. 44.

Beispiel einer Pantheos-Darstellung' bezeichnet.[43] Eine Kontamination der Olympier, wie sie im 3. Jh. n. Chr. bei dem Zusammenschmelzen der Sondergottheiten des alten Pantheons vorgenommen wurde, wäre aber dem Römer der caesarisch-augusteischen Zeit ein Greuel gewesen. Kein Pantheos in diesem Sinne, sondern der παντόμορφος θεός 'par excellence', Aion als Segensbringer steht vor uns,[44] das *saeculum frugiferum,* wie er auf den Münzen des Septimius Severus (Abb. 20) heißt. Als Herrscher der neuen Weltperiode tritt er auf den Globus,[45] in den beiden Händen hält er den *caduceus* und das *cornu copiae,* die Symbole der Rückkehr des goldenen Zeitalters. Seine Flügel sind eben Aionflügel und nicht die Schwingen der Victoria. **Es scheint dabei, daß dieselbe Prophezeiung, aus der Vergil die Schilderung des Weltherrschers entnahm, auch die Ausstattung unseres Aionbildes bestimmt hat:** Die Strahlen ums Haupt charakterisieren ihn als Sol, doch trägt er den Schopf der Diana und ist zugleich Apollo,[46] dessen Attribute der Köcher und der Bogen sind. *Tuus iam regnat Apollo* heißt es in der Ekloge. Aber vor ihm [378] sitzt

[43] Auch Wissowa, Relig. u. Kultus[2] 91 A. 6. – Die 'pantheistischen' Darstellungen der antiken Münzen hat Imhoof-Blumer, Nomisma 6, 1911, 13 ff. und Taf. II vortrefflich zusammengestellt. Zumeist handelt es sich um Karpophoren aus dem 2. und 3. nachchristlichen Jahrhundert. – Die Bibliographie des oben behandelten Goldstückes ist bei v. Bahrfeldt a. O. 58 zusammengestellt; sie kommt für uns nicht weiter in Betracht.

[44] Dazu und zu den folgenden Ausführungen grundlegend Reitzenstein, Das iran. Erlösungsmysterium, bes. 151, 168 A. 4, 172 A. 2, 201, 216, 225. Die neue Literatur über Aion ist z. B. bei Cumont, Les religions orientales, [4]1929, 268 A. 108, 269 A. 109, 277 A. 46, 288 A. 50 bezeichnet.

[45] Aion auf Globus stehend: z. B. Cumont, Mon. myst. de Mithra I, 340. Wenn Caesar als ἡμίθεος auf Globus tretend abgebildet wurde (Dio XLIII 14, 6), ebenso wie Augustus oft, ist das ebenso theologische Symbolik wie im obigen Falle.

[46] Das ist die Aion-Vorstellung, die wir schon erwähnten (Macrob. Sat. I 9, 5–8). Aion ist Apollon und Diana, die auch als Sol und Luna aufgefaßt sind; vgl. auch Abb. 22 und 25 und dazu die Ausführungen oben. Schade, daß das Aionbild Augusteischer Zeit aus Eleusis (Ditt. Syll.[3] 1125 und Weinreich, Arch. f. Rel.-Wiss. 19, 1918, 174ff.), εἰς κράτος Ῥώμης gewidmet, nicht erhalten blieb.

der Adler, der das *magnum Jovis incrementum* anzeigt: Apollo bringt die Heilsbotschaft, das himmlische Glück wird jedoch unter der Herrschaft des jungen Iuppiter eintreffen. Und da noch vor der Verwirklichung des endgültigen Weltfriedens Kriege sein müssen[47] – *erunt etiam bella* –, ist ein Schild an den Fuß des Gottes gelehnt. Glücklicherweise können wir auch die Gegend andeuten, aus welcher dieses Καρποφόρος-Bild herstammt. Schon ein Tetradrachmon des pontischen Königs Pharnakes (190–168 v. Chr.) stellt nämlich einen ähnlichen Aion-Erlöser dar (Abb. 19). In einer Hand hält er Füllhorn und Merkurstab – deren Bedeutung wir oben sahen –, in der anderen einen Zweig mit Weinblättern, an denen eine Hindin schnuppert. Auch er ist mit den Attributen verschiedener Gottheiten versehen, von denen die Kappe des Mithras (oder Attis) und der Blitz des Zeus die wichtigsten sind; Halbmond und Stern werden ihn als Aion bezeichnen. Eine weitere Analogie bildet der Erlösergott Apollon – Helios – Hermes – Mithras auf der bekannten Inschrift des Antiochos IV. von Kommagene.[48] Das sind Gebiete, in welche uns auch die Aion-Forschungen von Reitzenstein und die Nordensche Analyse der IV. Ekloge führten.

Daß dieser Zeitgott in Rom so schnell in Vergessenheit geraten ist, hat die Befestigung der Monarchie verursacht. Schon in dem jetzt besprochenen Falle ist das Aionbild mit dem Kopfe des Antonius verbunden, und die Bilder von seinem *saeculum frugiferum* gehen, wie wir gleich sehen werden, auch in den folgenden Jahren weiter. Nicht mehr die *omina* oder die an sie geknüpften astrologisch-mystischen Zeitbestimmungen, sondern die Person des Herrschenden ist da ausschlaggebend: die Prophezeiungen konnte man schon nach ihr richten. Und vollends seit Augustus hat der irdische

---

[47] Vgl. Norden a. O. 147 (dieselbe Behauptung in den Sibyllinen) s. auch Verg. Aen. VI 794 sq.

[48] Dittenberger, Or. Gr. Inscr. 383, und dazu Reitzenstein, Das iran. Erlösungsmysterium 168 A. 4 und 185. – An den Aion-Karpophoros des Philon von Byblos (Euseb. praep. evang. I 10) sei auch erinnert. Der alexandrinische Aion heißt in ähnlichem Sinne Αἰὼν Πλουτώνιος (im Alexanderroman I 33), wie man auch dem afrikanischen Fruchtbringer als *Plutoni Aug. frugifero deo* (CIL VIII 12362) huldigt; man muß also nicht mit Lackeit RE Suppl. III Sp. 66 bei Philon Entlehnung aus der Mithrasreligion annehmen.

praesens deus die theologische Traumgestalt, deren Erlöserrolle er sich aneignete, gänzlich verdrängt. Doch manchmal [379] bricht noch der echte Hintergrund durch, so z. B. in den *Frugifer*-Darstellungen der Münzen[49] des Sept. Severus (Abb. 20) oder in einem Epigramm (27) des Martial, der, mit dem Namen des Bestiarius Carpophorus spielend, schreibt:

> Saecula Carpophorum, Caesar, si prisca tulissent,
> Pavisset nullas barbara tellus feras . . .

Mit den schon erwähnten Pietas-Münzen des Jahres 41 ungefähr gleichzeitig werden Denare des Antonius mit Caduceus zwischen zwei gekreuzten Füllhörnern auf dem Globus geprägt (Abb. 15), eine Zusammenstellung, die in der Folgezeit auf Skulpturen[50] und Münzen (z. B. Abb. 14) ständig als Emblem der *temporum felicitas* gebraucht wurde. Auch hierin ist die Nachwirkung alter hellenistisch-orientalischer religiöser Symbolik zu spüren. Schon auf dem Münzstempel des Pharnakes sahen wir den Merkurstab mit dem Füllhorn als Wappen des Segenbringers. Man darf eine Linie von ihm zu dem Mercurius-Augustus[51] des Altars von Bologna ziehen, dessen Frontseite ebenfalls die gekreuzten Füllhörner mit Caduceus aufweist; vielleicht auch zum *filius Maiae* des Horaz.[52]

---

[49] Vgl. noch weitere ähnliche Reverse bei Imhoof-Blumer, Nomisma VI, Taf. II.

[50] So am Altar von Bologna aus der Augusteischen Epoche, Lehmann-Hartleben, Röm. Mitt. 42, 1927, 167 und Beil. 20. Relief in Rom, H. St. Jones, Sculpt. Pal. Conserv. Taf. CXIII, Gall. sup. II, 5a. Zwei Füllhörner ohne Caduceus: Altar aus Bagnacavallo, Röm. Mitt. 23, 1908, 132. Altarplatte im Thermenmuseum, ebd., 42, Beil. 21 (Augusteisch.) Merkurstab allein für das *saeculum frugiferum* tragen Münzen des Postumus mit dieser Aufschrift, ohne ausdrückliche Bezeichnung aber schon solche von Antonius und Domitian. Vgl. auch die Prägungen des Sepullius Macer a. d. J. 44 (Babelon I 441, 10–11) etc.

[51] Lehmann-Hartleben a. O. 173f.

[52] Carm. I 2, 41 sqq. Schade, daß der in den S.-Ber. Preuß. Akad. 1922, 185 erwähnte Vortrag von Norden nicht gedruckt ist; er hat hier die Übertragung aus dem Pharaonenkult festgestellt. Vgl. auch Heinen, Klio 11, 1911, 150 A. 3.

Die letzterwähnten Kundgebungen des Antonius über den Siegeszug von Sittlichkeit, Frieden und Glück auf Erden verlauteten noch vor dem Perusinischen Kriege, noch lange vor dem Ausgleich mit Octavianus. Zu gleicher Zeit hat Vergil in seiner Ekloge aus der gleichen Quelle schöpfend dieselben Erwartungen an das Konsulat seines Gönners geknüpft. Man sieht es wieder einmal, daß [380] diese Bildersprache absolut nicht «inséparable de la paix de Brindes» ist, wie ein Gelehrter[53] noch jüngst behauptete; dann auch, daß sie nicht um jeden Preis mit Himmelszeichen verbunden werden muß, wie Wagenvoort meinte.[54]

II

Die Aionsmystik, die wir betrachteten, vermischte sich mit den Zügen der *Saturnia regna*: die Identifikation des Κρόνος mit χρόνος und die bekannte Erzählung von der gemeinsamen Herrschaft des Saturnus und Ianus (= Aion) in Latium konnten diese Vermischung leicht zuwege bringen. Die Zeit erneuert sich also mit der Wiedergeburt des Iuppiter. Ich folgerte dies schon an anderer Stelle[55] aus späteren Münzbildern, wo der Kaiser oder der Thronfolger als neuer *Iuppiter crescens* erscheint, der die *laetitia temporum* bringt. Die Rolle des Iuppiter wurde auch durch die astrologische Speku-

---

[53] J. Carcopino, Virgile et le mystère de la 4ᵉ églogue, 1930, 133 ff. – Seine weiteren Einwände gegen die Datierung Nordens auf das Ende d. J. 41 sind m. E. auch nicht stichhaltig. Daß Pollio am 1. Jan. d. Jahres seinen *processus consularis* nicht abhalten konnte, wissen wir seit jeher; daß er sich aber laut der Vereinbarung von 43 *de iure* als Konsul betrachtete, steht nicht minder fest. (Appian b. c. V 43, 180 beweist nur, daß die Partei des Pollio ihn wirklich für den Konsul des Jahres hielt, und das genügt.) – Daß man die Worte *iam redit et Virgo* nicht in streng astrologischem Sinne werten darf, zeigt die genau entsprechende Stelle bei Horaz, Carm. Saec. 57–60: *iam Fides et Pax et Honos Pudorque / Priscus et neglecta* redire *Virtus / Audet adparetque beata pleno / Copia cornu*. Er leugnet es S. 22 ff. gänzlich, daß das Kind der Ekloge ein Erlöser sei; ich glaube nicht, daß man das noch ausdrücklich widerlegen muß.
[54] A. O. 32.
[55] Numismatic Chronicle 1929, 270 ff.

lation geboten, denn der segenbringende Komet nach Nechepso-Petosiris ὁ ἀστὴρ Διὸς μέν ἐστι[56] und nach Hephaistion (I 24) ὁ δὲ φύσει κομήτης, λεγόμενος τοῦ Διὸς ... καί ... ἀγαθὰ σημαίνει τοῦ Διὸς etc. Und auch Vergil singt Ecl. 9,47 sqq.: *ecce Dionaei processit Caesaris astrum, astrum quo segetes gauderent frugibus,* etc.

Wie später der Kaiser oder der Thronfolger als neuer *Iup-*[381]*piter crescens* sein *saeculum* eröffnete, so ist in der Ekloge Asinius Pollio ein Abbild des Heilands. Wie ein Erwachsener als *nascens puer* aufgefaßt werden konnte, lehrt uns ebenfalls die astrologische Theorie. In einem anderen Konsulatsgedicht, bei Statius Silv. IV 1, 2 sqq., heißt es von Domitianus:

> ... insignemque aperit Germanicus annum
> Atque *oritur cum sole novo,* cum grandibus astris
> Clarius ipse nitens et primo maior Eoo.

Ebenso bezeichnend und erst in diesem Zusammenhange verständlich wird die Wiedergeburt des Augustus mit dem Aufleuchten des *sidus Iulium* bei Plinius, n. h. II 23, 94: *(Augustus) interiore gaudio sibi illum (cometen) natum* seque in eo nasci *interpretatus est. et si verum fatemur, salutare id terris fuit.*[57] Auch über Vespasianus' Thronbesteigung spricht Plinius (n. h. XXXIII 3, 41) als *salutaris exortus Vespasiani imperatoris;* Tacitus (Agric. 3) schildert den Anfang der Regierung Nervas als *beatissimi saeculi ortus.* Von den Anfängen des Claudius heißt es bei Seneca, ad Polyb. 12: *sidus hoc* (= Claudius), *quod praecipitato in profundum et demerso in tenebras orbi refulsit.*[58] Curtius Rufus X 9, 3 ebenfalls von einer Proklama-

---

[56] Lydus, De ostent. 14. Die Zitate nach Wagenvoort, 15 und 16 A. 1. – Interessant auch die von Wagenvoort herangezogene Stelle des Ps.-Cicero, Ep. ad Oct. 6.

[57] II 25, 93 sagt Plinius, daß der Stern *incipiente eo (Augusto) apparuit.* – Über mystische Verjüngung Erwachsener s. auch Dornseiff, D. Alphabet², 17–20.

[58] Vgl. auch Seneca, Apocoloc. 4, 1, 25 sqq. – Vita Diadumeniani 3, 3: *quasi sidereus et caelestis emicuit.* Optat. paneg. 10, 29: *cui* (Constantino) *Claudius acer, magnanimum sidus, dat clarum e numine divo imperium.* – Der später oft gebrauchte Ausdruck *claritas Augusti* wurzelt auch hier. Die

tion: *proinde iure meritoque populus Romanus salutem se principi suo debere profitetur, qui noctis, quam paene supremam habuimus, novum sidus illuxit. Huius, hercule, non solis ortus lucem caliganti reddidit mundo, ... non ergo revirescit solum, sed etiam floret imperium...* Mamert. grat. act. 2,3: *hic quasi quoddam salutare humano generi sidus exortus est.*[59] Mühelos könnte man diese Beispiele [382] vermehren. Die Formensprache, die in ihnen entfaltet wurde, stammt natürlich nicht von Vergil. Die Panegyrici, die an den Festtagen der hellenistischen Herrscherkulte gehalten worden sind, und die selbstverständlich die Wohltaten der Könige als Weltherrscher feierten, konnten als Muster dienen. Die Könige mußten in diesen als δεύτεροι θεοί neben den ursprünglichen Erlösergöttern[60] gepriesen werden, und diese Auffassung des Herrschers als Abbild eines bestimmten Heilands wurde in die römischen Lobgedichte zu Ehren der Jahresregenten übernommen,[61] – zweifellos schon vor Vergil.[62] Wir wissen zufällig, daß in Ägypten die Panegyrici auf die Gottherrscher am Neujahrstage feierlich vorgetragen

---

griechischen Urkunden zum Kaiserkult, die z. B. Wendland, Die hell.-röm. Kultur$^{2-3}$, 406 ff. vereinigt hat, enthalten freilich auch schon diese Bilder.

[59] Schon früh sind freilich diese Ausdrücke Vorschriften der Rhetorenschule geworden, vgl. Menander, Περὶ ἐπιδ. (IX p. 219 Walz): ὅτι ἐξέλαμψεν ἐξ ὠδίνων εὐειδὴς τῷ κάλλει καὶ καταλάμπων τὸ φαινόμενον ἀστέρι καλλίστῳ κατ' οὐρανὸν ἐφαμιλλώμενος.

[60] S. Reitzenstein, Poimandres 285.

[61] Vgl. Kornemann, Klio 1, 57 A. 5. Vgl. Stat. Silv. IV 1, 17 sq., wo Ianus (-Aion) den Kaiser als Konsul begrüßt: *Salve magne parens mundi, qui saecula mecum instaurare paras* (vgl. auch v. 37); ferner die Doppelbüste des Saturnus und eines Kaisers des 3. Jh. bei Max. Mayer in Roschers Lex. II, Sp. 1461.

[62] Im Konsulatsgedichte von Cicero stand nicht nur, daß *vides me consule natam fortunatam Romam*, sondern daß er in den Himmel aufstieg, wie der Erlösergott der vierten Ekloge. Zweifellos war Cicero durch die nämliche Formensprache gebunden, wenn er so etwas zu schreiben sich traute. – Die Erneuerung der Natur parallel mit dem Antritt des Konsulats auch in dem Paneg. in Messalam, v. 121 sqq., wie schon Boll, Mem. Accad. Bologna 1923, 15 [Kl. Schriften 332] A. 1 bemerkte.

wurden, wenn der Siriusstern aufging.[63] Hier, wo man das Geburtsfest des Aion jährlich feierte, könnte die Idee von einer mystischen Neugeburt des Herrschers parallel mit dem Aufgang des Erlösersternes wohl entstanden sein.

III

F. Kampers schrieb in seinem geistreichen Aufsatze ›Die Geburtsurkunde der abendländischen Kaiseridee‹[64]: „Durch Vergils Ekloge faßte die jüdisch-hellenistische Überlieferung von dem messianischen Herrscher, zu dessen Bilde das Königtum des großen Alexander manche Farben hergab, in Rom festen Fuß." Dies [383] geschah aber schon viel früher. Lange bevor die großen Staatslenker von Rom an eine monarchische Herrschaft denken konnten, waren sie schon in den Augen der Massen Erlöser geworden. Dieselbe römische Anschauungswelt, die es für die großen Individuen unmöglich gemacht hat, nach dem Königtum zu streben, hat es als natürlich empfunden und als *consuetudo communis*[65] zugelassen, daß sie in die göttliche Sphäre gehoben wurden. Diese von der unsrigen grundverschiedene Auffassung vom Verhältnis des Menschen zu der Gottheit[66] macht es verständlich, daß nicht nur die Anbetung der Generäle und Statthalter im Orient, Hellas und Süditalien geduldet, sondern daß in Rom selbst das Evangelium der hellenistischen Gottmenschen in einer langen und komplizierten Entwicklung auf

---

[63] Kornemann, Klio 1, 57 A. 5.

[64] Hist. Jahrb. 1915, 255. – Zu den Gelehrten, die in dem Heiland der Ekloge Augustus entdecken wollten, tritt jetzt Wagenvoort a. O. 29 ff. Leider ist dies eine ganz grundlose Vermutung. Der Adressat des Gedichtes, Pollio, ist unzweideutig genannt, und hoffentlich wird seine Erlöserrolle aus den obigen Ausführungen verständlich.

[65] Cic. de nat. deor. II 24, 62. Bezeichnend ist Appian. b. c. II 148, 618.

[66] Vgl. auch O. Weinreich, Antikes Gottmenschtum, Neue Jhb. 1926, 633 ff. H. Schaeder hat jüngst das große Verdienst Reitzensteins gebührend hervorgehoben, der die merkwürdige 'Anthropologie' des Hellenismus, die der griechischen Philosophie und der modernen Gedankenwelt gleich ferne liegt, als erster herausgearbeitet hat.

die hervorragenden Persönlichkeiten übertragen wurde. Die religiöse Scheu, welche die Scipionen der Menge eingeflößt haben, hat sie in der Erinnerung der folgenden Generationen zu übermenschlichen Weltherrschern verklärt,[67] und als im Jahrhundert der Bürgerkriege orientalische Weissagungen das Kommen eines weltbeherrschenden Königs voraussagten,[68] wollten sich die *principes* in Rom gerne mit dem Heiligenschein dieses Heilandes umgeben. Als die Wahrsager ein Wunderzeichen so deuteten, daß bald Einer kommen werde, der den Staat von den Unruhen der Gegenwart befreie, sagte Sulla, daß er selbst dieser Mann sei.[69] Cornelius Lentulus, der Genosse des Catilina, wollte *ex fatis Sibyllinis* der schicksalsbestimmte Herrscher des Weltreiches werden[70] usw. Einiges aus der Fortsetzung dieser Aspirationen, in [384] denen „die Führeridee noch nicht ganz von der Herrschaftsidee aufgesogen wurde", die also oft noch nicht mit dem Streben nach der Alleinherrschaft verwachsen waren, sahen wir eben, wie auch die religiöse Formensprache, in deren Bahnen sie sich bewegten. Die Ekloge Vergils mit der Anwartschaft Pollios auf die Rolle des *pacator orbis* ist ein Glied dieser Reihe. Die gehobene Stimmung der prophetischen Rede, die aus ihr ertönt, schwindet, da die Verkündung der Freudenbotschaft zur Pflicht des gutgesinnten Staatsbürgers herabsank. *Hoc duce si dixi felicia saecula... parcite divi,* bittet der verbannte Ovid.[71]

---

[67] Über sibyllinische Weissagungen über die Erneuerung der Weltherrschaft der Cornelier vgl. Cic. in Catil. III 9–10; Sallust, Catil. 47, 2; Plut. Cic. 17, 4.

[68] Näheres z. B. bei W. Weber, Der Prophet und sein Gott 48f., 71f., 78f.

[69] Plut. Sulla 6. Auch sonst hören wir von Chaldäern, etruskischen Sehern, Traumbildern, die ihm alle die Herrschaft verhießen.

[70] Cic. in Catil. III 9–10.

[71] Trist. I 2, 103 sqq. – Ich benutze noch die Gelegenheit, den Münzkabinetten in Berlin, Budapest und Wien für die Gipsabgüsse der abgebildeten Münzen zu danken. Die Provenienz der Münzen ist wie folgt. Budapest: Nr. 1–3, 8. Wien: Nr. 5–7, 9–12, 14, 16, 17, 20, 24, 25. Berlin: Nr. 4, 10a, 13, 15, 18, 19, 21–23, 25. – Auf Behandlung numismatischer Einzelfragen habe ich verzichtet, um die Beweisführung zu entlasten.

Der neue Weltherrscher der vierten Ekloge Vergils

Nachwort 1983 von Elisabeth Alföldi-Rosenbaum

Das Grundthema des vorliegenden Aufsatzes wurde von Andreas Alföldi in einer Reihe von Aufsätzen und zwei grundlegenden Kapiteln eines Buches wiederaufgenommen. Der Titel der gesamten Serie schließt deutlich an den ›Hermes‹-Aufsatz von 1930 an: Redeunt Saturnia Regna. Die Beiträge erschienen in verschiedenen Zeitschriften auf Deutsch, Französisch und Englisch. Andreas Alföldi plante daher eine englische Ausgabe aller Beiträge in Buchform. Er hatte dafür auch den frühen ›Hermes‹-Aufsatz vorgesehen. Obwohl die Reihe noch nicht abgeschlossen war, als er starb (es waren noch drei weitere Beiträge vorgesehen), wird das Vorhandene seinem Wunsch gemäß in Buchform erscheinen. Es handelt sich um RevNum Ser. 6, 13, 1971, 75–89; Chiron 2, 1972, 215–230; Chiron 3, 1973, 131–142; Chiron 5, 1975, 165–192; Chiron 6, 1976, 143–158; Greece and the Eastern Mediterranean in Ancient History and Prehistory. Studies Presented to Fritz Schachermeyr, Berlin–New York 1977, 1–30; Chiron 9, 1979, 553–606; Madrider Beiträge 6, 1979, IX. X. 1–25. – Das Material für die noch vorgesehenen Beiträge befindet sich im Hause 272 Mercer Street, Princeton, N.J. 08540, USA, und kann interessierten Kollegen zugänglich gemacht werden.

Jackie Pigeaud, La médecine d'après la poésie scientifique de Lucrèce et de Virgile. Originalbeitrag 1982. Aus dem Französischen übersetzt von Alfrieda Pigeaud.

DIE MEDIZIN IN DER LEHRDICHTUNG DES LUKREZ UND DES VERGIL

Von Jackie Pigeaud

1. Physiologische Vorstellungen des Lukrez und des Vergil und mögliche Vorbilder

Zuerst möchte ich klarstellen, was ich unter dem Begriff Medizin verstehe. Ich habe nicht vor, hier einen Katalog von Krankheiten und Heilmitteln, wie sie in der Antike beschrieben und angewendet wurden, aufzustellen. Im 19. Jahrhundert, als die Ärzte noch gut Latein konnten und die Dichtung des Altertums kannten, findet man diese Art unterhaltender medizinischer Literatur noch ziemlich häufig. Aber das Anliegen der antiken Medizin ist ehrgeiziger: Sie versucht, den Menschen als lebendes Wesen zu verstehen, den der Ort und die Umstände, in denen er lebt, beeinflussen, und der sich verändert. Die wichtigste und schlimmste Veränderung ist die Krankheit.

Wenn ich das Thema erschöpfend behandeln wollte, würde sich herausstellen, daß die Medizin in dem Gedicht des Lukrez einen weit größeren Platz einnimmt als in Vergils ›Georgica‹. Das Anliegen der beiden Dichter ist verschieden. Lukrez behandelt die Welt insgesamt, und die Anthropologie gehört notwendig dazu. Die ›Georgica‹ dagegen scheinen auf den ersten Blick nichts mit Medizin zu tun zu haben, es sei denn ganz sporadisch. Bei beiden Dichtern finden wir aber Probleme, die man nur verstehen kann, wenn man auf die medizinischen Auffassungen und Überlegungen ihrer Zeit Bezug nimmt. Dieser notwendig kurze und daher zu systematische Beitrag läßt das quantitative Mißverhältnis zwischen ›De rerum natura‹ und den ›Georgica‹ nicht unbedingt in Erscheinung treten.

Es geht darum, herauszustellen, an welche physiologischen Vorstellungen Lukrez und Vergil anknüpfen. Für Lukrez drängt sich dabei im Rahmen des Epikureismus der bedeutende Name des Asklepiades von Bithynien auf; er ist, wie ich an anderer Stelle gezeigt habe,[1] Begründer einer mechanistischen Lehre, die gegen den hippokratischen und aristotelischen Vitalismus gerichtet ist[2]. Man kann zwar nicht mehr wie im 19. Jahrhundert sagen, Asklepiades sei der Lehrer des Lukrez gewesen,[3] er gehört aber ganz sicher zu dessen Vorbildern. Als wesentlichen Unterschied möchte ich hier nur anführen, daß Lukrez der Auffassung folgt, die Seele habe ihren Sitz im Körper, während Asklepiades die Seele als „das Zusammenspiel von Empfindungen" definiert.[4]

Man spricht manchmal von Eklektizismus bei Lukrez;[5] aber es handelt sich nicht um bunt zusammengewürfelte Bemerkungen und Theorien: Wenn man bezüglich medizinischer Theorien im ersten Jahrhundert v. Chr. von Eklektizismus spricht, so hat das eine präzise Bedeutung.[6] Es geht, kurz gesagt, darum, eine Wahl zu treffen zwischen den Ideen des Vitalismus, die in der Schrift ›De ali-

---

[1] Über Asklepiades vgl. bes. I. M. Lonie, Medical Theory in Heraclides of Pontus, Mnemosyne 5/VI, 18. 2, 1965, 126–143, und The 'ΑΝΑΡΜΟΙ 'ΟΓΚΟΙ of Heraclides of Pontus, Phronesis 9, 1964, 156–164; J. Pigeaud, La maladie de l'âme, Etude sur la relation de l'âme et du corps dans la tradition médico-philosophique antique, Paris: Belles Lettres 1981, bes. 171 bis 196; P. Mudry, La préface du De medicina de Celse, Institut suisse de Rome 1982.

[2] La maladie de l'âme 188 ff.

[3] Vgl. z. B. M. Albert, Les médecins grecs à Rome, Paris 1894.

[4] Diels, Doxographi graeci 387, 7; vgl. La maladie de l'âme 196 ff.

[5] Vgl. F. Solmsen, Epicurus or the growth and decline of the Cosmos, AJPh 74, 1953, 34–51; P. H. Schrijvers, La pensée de Lucrèce sur l'origine du langage, De rerum natura V 1019–1090, Mnemosyne 27, 1974, 337–364; La pensée de Lucrèce sur l'origine de la vie, De rerum natura V 780–820, Mnemosyne 27, 1974, 245–261; La pensée d'Epicure et de Lucrèce sur le sommeil, De rerum natura IV 907–961, un chapitre des Parua naturalia épicuriens, Cahiers de Philologie, Publication de l'Université de Lille III, 1: Etudes sur l'Epicurisme antique, 231–259; Le regard sur l'invisible, Entretiens de la Fondation Hardt, 1978, 77–121.

[6] Ich verweise auf meinen Aufsatz La physiologie de Lucrèce, REL 58, 1980, 176–200.

mento‹ des ›Corpus Hippocraticum‹ ihren Ausdruck finden, und denen des Mechanismus oder Antivitalismus, die zum Teil schon bei Erasistratos formuliert wurden, vor allem aber in Rom im Werk des Asklepiades als systematische Lehre vorgestellt wurden; nach ihm hat die Gegenüberstellung von Mechanismus und Vitalismus einen Sinn.

Die beiden Begriffe können als anachronistisch erscheinen. Unter Vitalismus verstehe ich den Glauben (wie er in ›De alimento‹ ausgedrückt ist), die Natur sei vollkommen, und man könne sie nicht unterrichten (§ 39); alles Lebende sei eins (§ 23–24); alle Teile trügen zum Leben des Ganzen bei, sie unterlägen dem Prinzip der Veränderung. Der Mechanismus bei Asklepiades behauptet dagegen, es gebe keine eingeborene Kraft (Galen, VII K 615), keine Lebenskraft (VIII K 713), keinen Tonos, keine Dynamis (VIII K 646 und VIII K 713); es gebe auch keine Einheit der Substanz, die aus Kanälen und sich darin fortbewegenden Einzelelementen bestehe, sowie keine Veränderung, z. B. keine Pepsis („Kochen").[7] Bei Hippokrates kann man mechanistische und vitalistische Vorstellungen antreffen.[8] Nach Asklepiades muß man zu diesem oder jenem Punkt der Physiologie eine Wahl treffen.

Nehmen wir das Problem der Fortbewegung (Rer. nat. IV 877.

---

[7] Man kann meines Erachtens der Klassifizierung Galens folgen, um das Problem zu klären (N. F. 1, 12 = II K 27): „Es gibt in der Medizin und in der Philosophie zwei Hauptsekten unter denen, die sich über die Natur geäußert haben. Die eine behauptet, daß die Substanz, die dem Werden und dem Tod unterliege, ursprünglich eins sei (ohne leeren Zwischenraum), daß sie sich aber verändern könne; die andere behauptet, sie sei unwandelbar, unveränderlich, ursprünglich in kleine Fragmente aufgeteilt, die ein leerer Zwischenraum trenne. Diejenigen, die die Folgen dieser Vorgaben begreifen, glauben in der zweiten Sekte, daß es weder Substanz noch besondere Fähigkeiten der Natur oder der Seele gebe, Substanz und Fähigkeiten ergäben sich aus dem jeweiligen Zusammentreffen von Grundkörperchen. Vertreter dieser letzteren Sekte ist in der Philosophie Epikur, in der Medizin Asklepiades.

[8] Vgl. La physiologie de Lucrèce (s. Anm. 6) 178, und I. M. Lonie, The hippocratic treatises "On generation, On the Nature of child, Diseases IV", Berlin-New York 1981, 67 f. 150 ff. 169 ff. 180–182.

906): Es zeigt sich, daß Lukrez einer kohärenten mechanistischen Physiologie folgt.[9] Bezüglich der Ernährung dagegen stellt man abweichende Theorien fest: In Rer. nat. II 660 ff. 700 ff. erklärt Lukrez die Ernährung und den Stoffwechsel ohne jegliche Veränderung und Umwandlung der Substanz; die Ernährung ist ein einfacher Verteilungsprozeß ohne Umwandlung. In Rer. nat. IV 630–632 erwähnt er jedoch ein „Auskochen" vor der Verteilung: Hier stellt Lukrez sich Asklepiades gegenüber und riskiert es, an einer Stelle, wo man einen mechanistischen Standpunkt erwartet, eine vitalistische Terminologie zu wählen. In Rer. nat. IV 1233 ff. spricht Lukrez vom Reifen des menschlichen Samens: Seine Samentheorie steht der Schrift ›De genitura‹ des ›Corpus Hippocraticum‹ weit näher als den Theorien des Asklepiades, der glaubt, der Samen entstehe erst beim Coitus.[10]

Im Zeitalter des Lukrez bedeutet Eklektizismus, Erklärungen zweier verschiedener Arten zu wählen, Mechanismus und Vitalismus zu kombinieren. Bei der Frage der Fortbewegung wählt Lukrez die Problemstellung und die Theorie der aristotelischen ›Mechanica‹[11] bezüglich der Physiologie der Fortbewegung, indem er die Analogie mit der Maschine bis zur Identifizierung weiterführt. Wenn Lukrez jedoch für die Ernährung die Annahme eines Kochprozesses wählt, der mit antivitalistischen Aspekten des Ernährungsprozesses zusammengestellt wird, so muß man darin eine für ihn spezifische Ernährungslehre sehen, die gegenüber dem systematischen Mechanismus bei Asklepiades zurücktritt.

Bei Vergil ist es schwieriger, Verbindungen mit einer präzisen Konzeption der Physiologie aufzuzeigen. Für Georg. I 84–93, wo es um die Wirkung des Feuers auf sterile Felder geht, glaube ich gezeigt zu haben, daß es sich um die Analogie zwischen einem lebenden Organismus und der Erde handelt.[12] Vergil unterscheidet

[9] Vgl. La physiologie de Lucrèce (s. Anm. 6) 179–183.
[10] Diels, Doxographi graeci 233; vgl. La physiologie de Lucrèce (s. Anm. 6) 191–193.
[11] Mechanica 850 b 29.
[12] Virgile et la médecine. Quelques réflexions sur l'utilisation de la pensée physiologique dans les Géorgiques, Helmantica (Bimilenario de Virgilio, Simposio internacional) 33, 1982, 539 ff.

zwischen dem positiven Einfluß des Feuers und einer negativen Erklärung, wie Feuer das Übel verhindert. Er nennt drei Hypothesen: Die erste nimmt Bezug auf die hippokratische Theorie des Auskochens der Säfte. Die zweite und die dritte Hypothese kann man wohl nur mit Bezug auf Themison verstehen: Der beginnende Methodismus macht es möglich, Begriffe wie *uias, caeca spiramenta* und die Gegenüberstellung von *relaxat, durat, adstringit* in den Versen I 89 ff. zufriedenstellend und exakt zu erklären. Es handelt sich um die Porentheorie und die Gegenüberstellung von *strictum* und *laxum*.

Eine methodische Interpretation der Stelle I 417–432 scheint mir auch sehr aufschlußreich. Ich verstehe diese Stelle so:

„Aber, wenn das Wetter und die sich bewegende Feuchtigkeit des Himmels die Wege, d. h. die Kanäle, umgewandelt hat, und wenn Juppiter und sein feuchter Südwind das, was vorher ausgeweitet war, zusammenzieht und entspannt, was zusammengezogen war, ändert sich die Stimmung der Tiere, und die Brust füllt sich mit anderen Trieben als zu der Zeit, da der Wind die Wolken brachte; daher das Konzert der Vögel auf den Feldern und die Freude der Herden und die Krähen, aus deren Kehlen Freudenrufe dringen."

Erst wenn man versteht, daß Vergil den Einfluß des Wetters auf die Gefühle mit den mechanistischen Theorien des Methodismus erklärt, werden diese Verse verständlich.[13]

Es ist also nicht unwesentlich, eine mögliche Quelle für einige Verse der ›Georgica‹ nachzuweisen. Dabei zeigt sich, daß Vergil sich für die Entwicklung der Physiologie seiner Zeit interessiert, so daß manche Stellen nur unter Berücksichtigung bestimmter hippokratischer und methodischer physiologischer Auffassungen zu verstehen sind.

---

[13] Die Umwandlung der *uiae* durch das Wetter und die Feuchtigkeit des Himmels drücken den gleichen Vorgang aus wie das Sich-Ausweiten und Sich-Zusammenziehen in 418–419:
> Verum ubi tempestas et caeli mobilis umor
> mutauere uias et Iuppiter uuidus austris
> denset, erant quae rara modo, et quae densa relaxat.

Vgl. Virgile et la médecine (s. Anm. 12) 554 ff.

2. De rerum natura VI und Georgica III: Die Epidemien

Ich möchte jetzt ein besonderes Problem herausgreifen, das uns ermöglicht, einen sinnvollen Lukrez-Vergil-Vergleich anzustellen; es handelt sich um die beiden Epidemien am Ende von Lukrez VI und von Georg. III (sogenannte norische Seuche).

2.1 Pest im Corpus Hippocraticum und bei Thukydides

Um Mißverständnisse zu vermeiden, müssen wir einige Probleme vorab betrachten und zunächst die genaue Bedeutung des Begriffes Pest oder Seuche untersuchen. Für den antiken Gebrauch soll man allerdings diesem Terminus keine spezifische Diagnose zuschreiben. Wir nennen Pest eine im modernen Sinn ansteckende Krankheit.[14] Kennt aber Hippokrates die Pest? Und was ist für Hippokrates eine Epidemie? Die beiden Fragen hängen zusammen, wie schon die antike Geschichte der Medizin, insbesondere die Ausführungen Galens hierzu zeigen. Ursprünglich bedeutet das Wort Epidemie „Besuch". Für Hippokrates ist eine epidemische Konstitution (Katastasis) die Beschreibung der Krankheitszustände an einem bestimmten Ort und zu einem bestimmten Zeitpunkt. Es geht also um den Aufenthalt der Krankheiten und ihre Aitiologie. In der hippokratischen Schrift Epid. III 3, 3[15] sagt dies der Verfasser ganz deutlich, wenn er z. B. von Erysipel, Angina, Causus, Phrenitis und anderen Erkrankungen sagt: „Dies waren die Krankheiten, die epidemisch auftraten." Die hippokratische Schrift ›De natura hominis‹ 1[16] spricht von einer einzigen Krankheit, die eine große Zahl von Menschen zur gleichen Zeit befällt. Das scheint dem modernen Begriff der Epidemie schon näherzukommen insoweit, als es sich um das Vorkommen einer Krankheit und deren Verschlimmerung handelt, die auf ähnliche Weise eine große Anzahl von Individuen befällt, die in der gleichen Gegend wohnen und die

---

[14] Vgl. La maladie de l'âme (s. Anm. 1) 211–242.
[15] III L 70.
[16] Vgl. J. Jouanna, Hippocrate, Nature de l'homme, C. M. G., 1975.

gleichen Symptome haben. Die hippokratischen Ärzte schweigen jedoch über die Entstehung der Krankheit, ihren Übergang von einem Ort zum anderen und ihre Verbreitung, d. h. die Übertragung der Krankheitserscheinungen von einer Person auf die andere; dies erscheint auf den ersten Blick merkwürdig. Ihre Ursachenlehre ist diesem Problem nicht angepaßt. In der schon zitierten Stelle aus der Schrift ›De natura hominis‹ nennt der Verfasser die Ursachen einer gemeinsamen Erkrankung und führt Beweise dafür an. Mit der Luft kann man erklären, daß verschiedene Individuen (Frauen, Männer, Kinder), die eine unterschiedliche Ernährungsweise haben (sie trinken Wein oder nicht, sie essen Brot oder nicht, etc.), an derselben Krankheit zu gleicher Zeit erkranken; denn die Luft ist das einzige Element, das diese Leute gemeinsam haben. Wenn aber in ›De natura hominis‹ die Identität und Gleichzeitigkeit der Krankheit durch die Identität des Elementes, nämlich die eingeatmete Luft, erklärt wird, so ist damit weder etwas von der Ansteckung noch von der Wanderung der Krankheit gesagt. Ich kann hier nicht auf Einzelheiten eingehen, möchte aber betonen, daß bei den hippokratischen Ärzten und bei den Ärzten der Antike überhaupt ein Widerwille gegenüber dem Phänomen der Ansteckung und der geographischen Verbreitung der Krankheit besteht. Der Raum ist in abgeschlossene Einzelräume aufgeteilt, von denen jeder je nach Luft, Wasser und Bodenbeschaffenheit seine eigenen Bedingungen hat. Von Hippokrates bis Galen und sogar bei Asklepiades von Bithynien findet man diese gleiche Überzeugung und den gleichen Widerwillen gegenüber dem Problem der Wanderung von Krankheiten.

Aber es hat sich etwas äußerst Wichtiges ereignet: die epidemische Krankheit im Athen des fünften Jahrhunderts v. Chr., welche der Historiker Thukydides beschreibt (II 47 ff.). Es handelt sich hierbei um ein historisch unwiderlegbares Ereignis, das für die medizinische Aitiologie höchst lästig war. Ein Geschehen bricht in den genau abgezeichneten Horizont der Ursachenlehre ein. Nicht ein Arzt, sondern ein Historiker gibt die erste Beschreibung der Pest, und es ist wohl ausgeschlossen, es sei denn mit sophistisch ausgefeilten Argumenten, im ›Corpus Hippocraticum‹ Anspielungen darauf zu finden.

Die Medizin bei Lukrez und Vergil

Was bringt der Text des Thukydides Neues? Und was ist daran so skandalös? Thukydides sagt, daß es sich um ein neues Übel handele,[17] gegen das die Ärzte ebensowenig vermöchten wie religiöse Riten[18]. Das Übel komme anderswoher, aus Äthiopien über Ägypten und Libyen.[19] Es befalle die Menschen ganz plötzlich, ohne *prophasis*, d. h. ohne sichtbare Ursache, die es hätte auslösen können. Im Gegenteil, die Erkrankten seien bei guter Gesundheit gewesen.[20] Die wirklichen Ursachen und der Ursprung sind dem Historiker unbekannt, und er will sich mit diesen Fragen auch nicht befassen.[21] Die Krankheit, sagt er, überfalle auch Tiere.[22] Keine Konstitution könne der Krankheit widerstehen, eine robuste so wenig wie eine schwache; auch die Einhaltung einer bestimmten Lebensweise helfe nichts, jeder werde befallen.[23] Die Krankheit führe zu Athymie, zu Entmutigung. Thukydides schließt mit einer Bemerkung, die aus der ansteckenden Krankheit eine Krankheit besonderer Art macht: sie ignoriere nicht nur die Hygiene, sondern auch die Moral: der Feige wie der Mutige würden dahingerafft. Die Werte, die Bräuche würden negiert, es herrsche totale moralische Verwirrung.[24] Alle diese Umstände tragen zu einer Topik der Pest bei, die, wie man sieht, nicht nur ein epistemologisches Problem ist.[25]

---

[17] II 47, 3.
[18] II 47, 4; 51, 2.
[19] 48, 1.
[20] 49, 2.
[21] 48, 3.
[22] 50, 1.
[23] 51, 3.
[24] 51, 5–53, 1.
[25] Über den Widerstand der Ärzte und die Definitionen der Pest vgl. La maladie de l'âme (s. Anm. 1) a. O.; dazu Galen VII K 289 ff., der die hippokratische Aitiologie und Thukydides in Einklang zu bringen versucht; auch Rufus von Ephesus, ed. Daremberg-Ruelle, Paris 1879 (ND Amsterdam 1963) 352; ferner Philo Alexandrinus über die „kranke Luft" (ein vom stoischen Denken beeinflußter Text) in Aet. 126; Caelius Aurelianus, Akute Krankheiten I 12, überliefert uns die Definition des Asklepiades, der hier merkwürdigerweise der allgemein herrschenden Ansicht folgt.

2.2 Lukrez, Thukydides und Epikur

In Rer. nat. VI 1090 ff. beginnt Lukrez mit der Darstellung der Ursachen der Krankheit, „die fähig ist, ihre tödliche Verheerung unter Menschen und Vieh zu verbreiten". So wie es *semina rerum* gibt, die fähig sind, das Leben zu erhalten, gibt es zahlreiche andere, die Krankheiten erregen. Wenn die letzteren zufällig (es gibt keine Finalität der Krankheit) in größeren Mengen zusammentreffen (1096), verderben sie die Atmosphäre *(caelum)*, und die Luft wird krank (*fit morbidus aer,* 1097). Diese Krankheit der Luft läßt sich auf dem Wasser, der Nahrung oder den Weiden nieder. Die *semina* dringen so über Essen und Trinken ins Innere der Lebewesen, oder aber ihre Verbreitung erfolgt durch Einatmen (1125–1130).

Die Thukydides-Imitationen bei Lukrez sind schon wiederholt untersucht worden; ich will daher nur berücksichtigen, was wesentlich für die Problemstellung der Pest ist. Lukrez erkennt erstens an, daß der *mortifer aestus* (1138), der sich über Athen verbreitete (*incubuit,* 1143), aus Ägypten kommt (1141). Damit stellt er sich der Hauptschwierigkeit in der Aitiologie der epidemischen Krankheiten. Für Lukrez kommen die störenden Elemente

„aus äußeren Regionen (*extrinsecus,* 1099), wie die Wolken und der Nebel, oder aus der Erde selbst, woraus sie in Mengen auf uns zuströmen, wenn der von Feuchtigkeit getränkte Boden unter dem Einfluß von übermäßigem Regen und übermäßiger Sonneneinstrahlung verwest".

Was bedeutet das Adverb *extrinsecus*? Hat es eine geographische Bedeutung, heißt es, daß die Krankheit anderswoher aus dem Erdbereich kommt? Hat es eine kosmische Bedeutung, wobei mit ‚anderswo' das Jenseits gemeint ist? Ernout, Bailey und Giussani wählen die kosmische Bedeutung, aber Bailey setzt hinzu, daß die Bedeutung „von auswärts" (from outside) nicht inkohärent sei.[26] Ich meine, daß wir hier eine wertvolle Zweideutigkeit vor uns

---

[26] De rerum natura, Textausgabe und franz. Übersetzung von A. Ernout, Paris 1959–1964; Textausgabe, engl. Übersetzung und Kommentar von C. Bailey, Oxford 1947–1950; Textausgabe und Kommentar von C. Giussani, Turin 1896–1898.

haben. Und dieses Problem zwingt uns, über die Stellung der Pest am Ende des sechsten Gesanges nachzudenken.

Ich habe schon an anderer Stelle[27] geschrieben, daß ich nicht an eine romantisch-melancholische Interpretation glaube: Es ist unwahrscheinlich, daß das erschreckende Bild der Pest Folge einer Streßerscheinung bei Lukrez ist. Aber weil die Pest vom epistemologischen Gesichtspunkt aus am schwersten zu erklären ist, steht sie als das komplizierteste Problem an letzter Stelle. Um die Aitiologie der Pest deutlich zu machen, war es notwendig, die Wolkenbildung, die tödlichen Ausdünstungen des Averner Sees und die Anziehungskraft des Magneten zu erklären. Vor der Beschreibung der Pest steht eine Pathologie des Universums, eine Analogie zwischen Physik und Physiologie: Der Blitz wirkt wie eine Krankheit und beweist, daß die Körper porös sind (348 ff.); die Wolken werden größer, so wie unser Körper wächst (497 ff.); die Erdbeben sind die epileptischen Anfälle der Erde (535), sie werden mit Frostschauer und Fieber verglichen (591–595). Fieber, Erysipel, Anschwellen der Füße, Zahnschmerzen geben zu verstehen, daß Krankheit die Erde befallen kann. Das Beispiel des Ätna zeigt, daß die gleichen atomistischen Ursachen die Krankheit des menschlichen Körpers und die Katastrophen der Welt hervorrufen (662–669). Und wie die Erde und der Himmel eine Krankheitsquelle für den Körper sind, so ist das Unendliche auch Quelle von Übeln für Himmel und Erde. Wir wissen, daß für die Epikureer die Welt nicht geschlossen ist, daß es ein Anderswo, ein Auswärts gibt.

Zurück zu *extrinsecus*: Handelt es sich um ein kosmisches Auswärts? Dies ist möglich: In der Nachfolge des Demokrit werden einigen seltenen Krankheiten außerirdische Ursachen zugeschrieben.[28] Meines Erachtens ist der Ausdruck *extrinsecus* bewußt zweideutig; er kann auch „aus der Fremde" bedeuten. Die Frage nach dem geographischen Ursprung ist gestellt, wenn Lukrez schreibt:

„Siehst du nicht auch, daß die Neuheit des Klimas und des Wassers alle die in Mitleidenschaft zieht, die fern von Heimat und Haus in die Fremde

---

[27] Vgl. La maladie de l'âme (s. Anm. 1) 210 ff.
[28] Plutarch, Conv. VIII 733 D.

ziehen, und zwar wegen des tiefgreifenden Unterschiedes in den Lebensbedingungen" – *ideo quia longe discrepitant res* (1103–1105)?

Somit kehren wir in den wohlbekannten Rahmen der hippokratischen Konstitution zurück, und Lukrez bezeichnet die Elefantiasis als eine Krankheit vom Nil, die Ophthalmie als eine Krankheit aus Achaia: . . . *Inde aliis alius locus est inimicus / partibus ac membris; uarius concinnat id aer* (1117 f.).

Aber wird so nicht das Problem der Krankheitsverbreitung vertuscht? Lukrez vertauscht die Epidemie mit einer Endemie. Es handelt sich um eine traditionelle medizinische Erklärung; wir begegnen hier dem Prinzip der Spezifität: Diese Luft ist schlecht für die Füße, jene für die Augen. Aber wir sind weit entfernt von der Universalität, dem Kriterium der epidemischen Krankheit, die alle Individuen am gleichen Ort zur gleichen Zeit befällt. Die Idee der Verbreitung entfällt; und Lukrez sagt, es komme auf dasselbe heraus, ob jemand an einen andern Ort ziehe und dort den besonderen Bedingungen dieses Ortes unterworfen sei, oder ob diese Bedingungen selbst an einen anderen Ort zögen. Im Grunde ist für Lukrez, wie für alle anderen, die Epidemie eine Endemie, die anderswohin zieht, wie z. B. die Luft von Alexandrien, die nach Athen kommt.

Aber so wird ein anderes Problem verwischt: Wie kann man das Prinzip der Universalität der Krankheit, die Alexandriner wie Athener befällt, mit dem spezifischen Charakter der Krankheitserscheinungen in Alexandrien und Athen und der spezifischen Natur der Alexandriner und der Athener in Einklang bringen? Wir wissen, daß bei den Epikureern die Idee der Spezifität vorherrscht. Lukrez spricht einfach von dem plötzlichen und hinterhältigen Einbruch einer feindlichen Luft.

> . . .
> . . . atque aer inimicus serpere coepit
> ut nebula ac nubes paulatim repit (1120–1121).

Dieses schlangenartige Eindringen erinnert an die Art, wie die *semina rerum* von außen in unsere Welt eindringen. Diese Ähnlichkeit ist gewollt. Damit bestätigt sich die Zweideutigkeit von *extrinsecus*: Lukrez will, daß man sich zweierlei „Auswärts" vorstellt, das

Die Medizin bei Lukrez und Vergil 227

eine ein „Außerhalb unserer Welt", das andere ein „Außerhalb unserer Gegend"; oder anders gesagt, wir haben zwei Explikationstypen: eine metaphysische, kosmische, epikureische, und andererseits eine meteorologische Erklärung. Diese zweite Erklärung argumentiert sowohl mit dem Idiotismus der Volksstämme und ihren spezifischen Krankheiten als auch mit der Wanderung der Luft, die fremde Luft aufnimmt und so den Einwohnern feindlich wird (1124).

Man sieht, welche Schwierigkeiten die Pest aufwirft, wenn man versucht, sich logisch vorzustellen, wie man sie erklären kann. Die Aitiologie, die Lukrez vorschlägt, erwächst meines Erachtens aus dem Zusammentreffen zweier Traditionen:

– einer medizinischen, anscheinend konstanten Tradition, die aus der Pest keinen Sonderfall unter den Krankheiten machen will; diese Tradition verschweigt den Ursprung der Pest von auswärts, ihre Propagation;
– einer philosophischen Tradition, in der die epikureische Kausalitätslehre am Werk ist und die einen auswärtigen Ursprung der Krankheit annehmen kann; diese stößt sich mit der medizinischen Aitiologie, die ganz auf die Erklärung bestimmter Krankheiten an bestimmten Orten ausgerichtet ist.

Ich kann hier nicht auf das Krankheitsbild eingehen, möchte aber noch einmal auf die anderen wichtigen Elemente der Topik der Pest zurückkommen, die Thukydides aufzählt, insbesondere auf die Athymie und die Tatsache, daß Diät, Lebensweise und Moralität keinen Einfluß auf Krankheitsursache und Krankheitsverlauf haben. Die Pest hat physische und moralische Aspekte: Sie stellt die Frage nach dem Verhältnis zwischen der physischen Krankheit und dem moralischen Verhalten; sie ist eine tiefgehende Prüfung der Seele. Lukrez schreibt:

„... Die Seele verlor alle ihre Kräfte, und der Körper zerfiel schon an der Schwelle des Todes. Diese unerträglichen Übel hatten noch eine beklemmende Angst (*anxius angor*) ständig zum Begleiter" (1156 ff.). Und etwas später: „Kaum sah der Kranke sich von der Krankheit betroffen, so glaubte er sich zum Tode verurteilt, verlor jede Hoffnung und blieb unbeweglich liegen" (1231 ff.).

Den Ärzten fällt es schwer zu glauben, daß die Diät, die Lebensweise, nichts dagegen vermag. So stellt die Pest ein metaphysisches

Problem dar, insofern nämlich, als der Gerechte wie der Ungerechte gleichermaßen betroffen sind. Die Pest ist ein Argument, das jede Theodizee zurückweisen muß; denn sie macht den Skandal des Todes der Gerechten und Unschuldigen so offenkundig. Lukrez weist das Argument nicht zurück; er bedient sich der Pest, um das Fehlen der Vorsehung aufzuzeigen: „Gerade die Besten erlagen so diesem Tod" (1246).

Die Pest steht also mit Recht am Ende des 6. Gesanges:

– vom epistemologischen Gesichtspunkt aus, denn sie zu erklären, ist im höchsten Maße komplex; alle anderen naturwissenschaftlichen Probleme dienen dazu, die Erklärung der Pest vorzubereiten;
– vom philosophischen Gesichtspunkt aus, denn sie ist der radikale Beweis, daß es keine Vorsehung gibt; dies aber hat keine deprimierende Wirkung, sondern eine kathartische, reinigende, befreiende Wirkung und trägt zur Euthymie bei.

2.3 Vergil, Thukydides und Hippokrates

Ich möchte nun zeigen, wie Vergil die Seuche von Noricum, Georg. III 478 ff., behandelt.

Betrachten wir die charakteristischen Züge der Seuche. Es handelt sich nicht um eine ursprünglich menschliche Krankheit. Kann man also überhaupt von Medizin sprechen? Man kann zunächst feststellen – wie es Richter in seinem Kommentar tut[29] –, daß die antike Tiermedizin über Viehseuchen schweigt. Ich glaube aber nicht, daß man diese Stelle nur als ein Stück Tiermedizin betrachten darf.

Vergil sagt zu Beginn, er wolle die Ursachen, Gründe und Symptome der Krankheit darlegen (440). Hauptursache sei die Krankheit der Luft *(morbus caeli)*. Davon war schon hinreichend die Rede; es soll hier aber noch ein Text aus den pseudo-galenischen Definitionen hinzugefügt werden, die nach J. Kollesch am Ende des ersten Jahrhunderts n. Chr. abgefaßt wurden.[30] Der Text zählt eine Reihe von Definitionen der Pest auf (XIX K 391):

---

[29] W. Richter, Vergil, Georgica, Das Wort der Antike V; München 1957.
[30] Untersuchungen zu den pseudo-galenischen Definitiones medicae, Berlin 1973.

Die Pest (loimos) ist eine Krankheit, die alle oder die meisten befällt wegen der Verderbnis der Luft, so daß die meisten umkommen. Hier noch eine andere Definition: Die Pest ist eine Krankheit, die die meisten bei gleicher Gelegenheit (kairos), innerhalb einer Stadt und eines Volksstammes befällt; diese Gelegenheit ist der Faktor höchster Gefahr und des Todes. Man kann sie auch noch so definieren: Die Pest besteht in einer Veränderung der Luft, die bewirkt, daß die Jahreszeiten nicht ihre gewohnte Reihenfolge einhalten und daß zu gleicher Zeit eine große Anzahl an der gleichen Krankheit stirbt.

Diese Definitionen gehören natürlich einer traditionellen Topik der Pest an. Man findet immer wieder Texte, die die Luft für das Phänomen der Pest verantwortlich machen. In seinem Kommentar zitiert Richter die Schrift ›De ventis‹ des ›Corpus Hippocraticum‹ (VI L 96–98).[31] Von allen Texten trifft dieser sicher die Sache am wenigsten; denn obwohl als Ursache der Pest (loimos) das gemeinsame Element Luft angeführt wird, fügt der Verfasser hinzu, daß nicht alle Arten von Lebewesen zugleich betroffen sind.

Jedenfalls trifft der hippokratische Text absolut nicht die Situation der norischen Viehseuche, denn dort sind alle Arten gleichzeitig betroffen. Seit Servius hat man diese Viehseuche mit der von Lukrez beschriebenen Pest verglichen; und seit Scaliger haben die Philologen alle Punkte verzeichnet, in denen Vergil die Darstellung des Lukrez imitiert. Aber Servius geht noch weiter: Für ihn ist die Beschreibung der norischen Viehseuche die Weiterführung der Pest von Athen, die ihren Ursprung an den Ufern des Nils hatte. In Anbetracht der Diskussion zwischen Geschichtsschreibern und Medizinern, die ich oben dargelegt habe, kann man verstehen, wie wichtig diese Bemerkung ist.

Vergil spricht nicht von einer von auswärts kommenden Krankheit. So vermeidet er das Problem, wie man die Propagation, die Ankunft der Krankheit erklären soll; er kann sie im Rahmen der traditionellen, ich möchte sagen, der hippokratischen Medizin darstellen. Es handelt sich um eine allen gemeinsame Krankheit. Nur in diesem Sinn kann man von Epidemie oder Seuche sprechen. Die Krankheit verbreitet sich innerhalb der Region durch Kontakt (*con-*

---

[31] IV L 96–98; Richter a. a. O. 320.

tagia, 469), und die Krankheiten befallen die Tiere nicht eins nach dem anderen, sondern plötzlich alle auf einmal, die ganze Art, vom ältesten bis zum jüngsten Tier. Vom hippokratischen Gesichtspunkt aus ist das ganz verständlich, wie die oben zitierte Stelle aus ›De natura hominis‹ 9 zeigt: „eine einzige Krankheit, die eine große Anzahl von Individuen zur gleichen Zeit befällt".

In den ›Georgica‹ wird die Luft als wesentliche Ursache angeklagt. Man kann sich vorstellen, daß sie direkt wirkt durch Einatmen (was aber nicht genauer angegeben wird) oder wahrscheinlicher auf indirektem Wege durch Verderben des Viehfutters, weil ja die Luft Seen und Weiden durch das *tabum* (481) verdirbt.[32] Dies letztere bezeichnet die Realität des Krankheitsstoffes – *tabo pro pestilentia utitur*, schreibt Servius. Das Ganze spielt sich in einem heißen Herbst ab (479). Der Herbst ist eine besonders gefährliche Jahreszeit. Ich möchte die folgenden Verse kurz kommentieren (482–485):

> Nec uia mortis erat simplex; sed ubi ignea uenis
> omnibus acta sitis miseros adduxerat artus,
> rursus abundabat fluidus liquor omniaque in se
> ossa minutatim morbo conlapsa trahebat.

Und der Tod nahm nicht nur einen Weg, sondern, wenn das Feuer des Durstes,
das in allen Adern brannte, die unglücklichen Glieder ausgemergelt hatte,
dann entstand ein reiches Maß einer Flüssigkeit, die alle Knochen wegspülte,
die sich nach und nach unter dem Einfluß der Krankheit auflösten.

„Der Tod nahm nicht nur einen Weg": Was bedeutet dieser Ausdruck? Wenn man Benoist folgt, so heißt das, daß die Symptome der Krankheit, die den Tod herbeiführte, verschieden waren, während die Endsymptome identisch waren: Durst, Fieber, wässeriger Ausfluß, Eiterungen, Auflösung der Knochen. Während die Glieder schrumpfen, bildet sich im Gegenteil reichlich Saft.

Interessant ist nicht nur das Problem der Symptome, sondern das der Identität der Krankheit überhaupt. Die Frage, die sich stellt: Gibt es eine oder mehrere Krankheiten? Letzteres läßt sich aus dem

---

[32] Das Wort *tabum* wird von Lukrez III 661 für das Gift der Schlange gebraucht.

Plural *morbi* (471) nicht schließen; bei der Bemerkung *nec singula morbi / corpora corripiunt* handelt es sich eher um eine generelle Sentenz. Aber wir müssen immer wieder auf die Erstbeschreibung der Pest durch Thukydides zurückkommen. Der Historiker notiert mit Bedacht zweimal, daß alle anderen Krankheiten sich in das gleiche Übel verwandelten (49, 1) und daß zur gleichen Zeit keine der geläufigen Krankheiten auftrat; wenn man irgendwie erkrankte, endete die Erkrankung immer auf diese Weise (51,1), d. h. sie verwandelte sich in die Grundkrankheit, die Pest, deren *Idea*, d. h. generelle Form (51, 1), Thukydides beschreibt.

Wenn Lichtenthaeler in seinem Buch ›Thucydide et Hippocrate vus par un historien-médicin‹ bei Hippokrates Vergleichbares zu dieser Behauptung feststellt,[33] so befindet er sich im Irrtum; denn wenn in diesen Texten von Krankheiten die Rede ist, die sich verwandeln und in einer anderen Krankheit enden, so ist dort doch nie die Rede von einer vorherrschenden Krankheit, in der alle anderen Krankheiten enden. Das ist etwas ganz anderes als die Labilität der Krankheiten, die ein ausgesprochen hippokratisches Phänomen ist. Aber ich meine auch, daß man in dieser Frage einen Umweg über Hippokrates machen muß. Für die allgemeine Aitiologie der Pest wurde schon mehrfach die hippokratische Schrift ›De natura hominis‹ zitiert. Für diese Epidemiologie hat man schon seit langem den Text des Thukydides mit den epidemischen Konstitutionen von Epidemien III 3 und dem epidemischen Husten von Perinthos verglichen, den M. G. Grmek kürzlich vorzüglich dargestellt hat.[34] Ich übernehme hier nur Grmeks Schlußfolgerungen: Man irrt, wenn man in der Epidemie eine spezifische Krankheit sucht. Will man die hippokratische Darstellung verstehen, so muß man die nosologische Einheit zerbrechen: Es handelt sich um das gemeinsame Vorkommen von Krankheiten, deren Symptome im Gleichgewicht sind, als Ausdruck einer jahreszeitlich bedingten Pathozenose.

---

[33] Thucydide et Hippocrate vus par un historien-médecin, Genf 1965, 48; II L 623, 673; II L 181.
[34] Ep. VI 7, 1 = V L 330–336; vgl. M. D. Grmek, Hippocratica, Actes du Colloque hippocratique, 1980, 199–221; wiederaufgenommen in Les maladies à l'aube de la civilisation occidentale, Paris 1983, 437–481.

Ich möchte näher auf die Konstitutionen der Epidemien III 3 eingehen, die für unsere Deutung sehr interessant sind. In diesen Konstitutionen beschreibt Hippokrates Fälle von Erysipel (III L 72), Geschwüren am Hals (76), Causus und Phrenitis (80), komatöse Zustände (im antiken Sinn des Wortes, d. h. Schlaffheit, Betäubung), Brechreize, Schüttelfrost, nicht sehr hohes Fieber (84), Aphten, Mundgeschwüre, Katarrh der Geschlechtsteile, Geschwüre, Anschwellungen, Bubonen, Augenentzündungen, Verfleischung der Augenlider, Verlust der Sehkraft, Karbunkel und eine andere Erkrankung, Fäulnis genannt (ἁ σὴψ καλέεται); er beschreibt ferner Pusteln, Bläschenausschlag, Verdauungsstörungen, Stuhlzwang, Lienterie, Ruhr: Alle sterben an Bauchschmerzen (88). Wir finden auch die Beschreibung einer Anorexie (90). Die ärgste Krankheit schließlich war die Schwindsucht (92) mit viel Husten (94); bei Verschlimmerung trat Schüttelfrost auf, dazu reichlicher kalter Schweißausbruch. Weiter finden wir die Beschreibung von Ödemen, Wassersucht, Wahn (96). Das alles sind besonders schwere Krankheiten.

Bezüglich des Erysipels bemerkt man in den Texten einige typisch hippokratische Ausdrücke: Das Erysipel breitet sich in alle Richtungen aus und führt bei den meisten zu einem Empyem (72),[35] d. h. Fleisch, Sehnen und Knochen lösen sich; einige Zeilen weiter spricht der Verfasser von Entblößung und Loslösung der Knochen.[36] Meint der von Vergil gebrauchte Ausdruck *collapsa* (485) nicht das Phänomen der *ekptosis*? Bei Hippokrates tritt als Begleiterscheinung Ausfluß, rheuma (72), auf, der nicht wie Eiter aussieht, sondern einer anderen Fäulnisart gleicht; er ist reichlich und verschiedenartig. Die Entblößung und Loslösung der Knochen, sagt er noch, hat reichlichen Ausfluß, poulla rheumata (74), als Begleiterscheinung.

Die Assoziierung des *fluidus liquor* und des sogenannten *collapsus* der Knochen, wie Vergil beschreibt, weisen offenbar auf die hippokratische Beschreibung des Erysipels zurück. Es scheint mir interessanter, zwischen diesen beiden Texten einen Zusammenhang

---

[35] σαρκῶν, καὶ νεύρων καὶ ὀστέων ἐκπτώσιες μεγάλαι.
[36] ὀστέων ψιλώματα καὶ ἐκπτώσιες...

Die Medizin bei Lukrez und Vergil

herzustellen, als, wie üblich, Vergils Beschreibung mit Lukrez VI 1167f. zu vergleichen, wo es heißt:

> ...... per membra sacer dum diditur ignis.
> intima pars hominum uero flagrabat ad ossa.

Natürlich soll man die Modelle, die Thukydides und Lukrez boten, nicht vernachlässigen, aber Hippokrates gehört auch zu ihnen. Ein Erysipel ist im Text nicht diagnostiziert, aber man kann diese Diagnose für den Menschen unter der Bezeichnung *ignis sacer* (Georg. III 566) finden. Die Symptome des Erysipels ermöglichen Vergil eine Beschreibung, die dramatisch und, sagen wir, wissenschaftlich zugleich ist.

Wir können noch weitere hippokratische Ausdrücke nachweisen. Zunächst den *incertus sudor* (500f.), d. h. Schweiß, der weder heiß noch kalt, weder günstig noch ungünstig ist und bei den Sterbenden kalt wird (501). In seinem Kommentar notiert Richter gut den hippokratischen Aspekt der Schweißausbrüche in diesem Vers, verfehlt aber den hippokratischen Sinn von *crudescere*, wenn er schreibt: „*crudescere*: bis zum 3. Jahrhundert ein rein poetisches Wort, das von Vergil mehrfach (s. Aen. 7, 788; 11, 833, beide Male von der Schlacht) verwendet wird". Das stimmt; aber was sagt der Text der ›Georgica‹? *Sin in processu coepit crudescere morbus* (504) – „Wenn aber im Fortschreiten die Roheit der Krankheit beginnt..." Die Roheit ist das Gegenteil des Gekochten. Wir haben einen medizinischen Ausdruck vor uns, der aus der hippokratischen Medizin stammt. Die Heilung erfolgt durch Kochen in der Krise. Im gegenteiligen Fall mit fatalem Ausgang bleibt der bösartige Saft roh. Vergil spricht hier von Rohwerden, das im Gegensatz zum Kochen, zur Heilung steht. Der kalte Schweiß (501) war im übrigen ein Zeichen der Roheit. Die von Vergil verwendeten Ausdrücke sind zweifellos hippokratischen Ursprungs.

Aber man muß noch weitergehen. Kommen wir zu unserer Frage zurück: Handelt es sich um eine oder mehrere Krankheiten *(nec uia mortis erat simplex)*? Die Folge zwingt uns wohl, mehrere Krankheiten anzunehmen. Wir haben zuerst die Beschreibung des sogenannten *collapsus* des Opfertieres, wahrscheinlich eines Schafes, vor dem Altar (486 ff.), dann die unbestimmte Krankheit der Kälber, dann die Tollwut der Hunde (496), den Husten der Schweine, die Krankheit der Pferde. Vergil beschreibt die auffallendsten Symptome, stellt jedoch keine Diagnose im eigentlichen Sinne, was, nebenbei bemerkt, typisch hippokratisch ist.

Wie steht es nun mit den Symptomen? In seinem Buch ›L'agriculture dans l'Antiquité‹[37] bemerkt Billiard, daß Vergil zwar mit bewundernswerter Genauigkeit alles beschreibt, was die Böden, den Weinbau, die Viehzucht usw. betrifft, daß er aber nicht mit der gleichen Sorgfalt zu schreiben scheint, wenn es um die Krankheit des Viehs geht. Allerdings kann Billiard die Qualität der beschriebenen Symptome doch genügend würdigen, um eine Reihe von Diagnosen aufzustellen.[38] Für die Rinder nennt er den Anthrax, für die Kälber den Kälberdurchfall, für die Hunde fragt er sich, ob Vergil die *rabies* als Symptom oder als Krankheit oder den Typhus meint. Billiard neigt dazu, Typhus anzunehmen, mit dem Hinweis auf Lukrez, der von Hunden spricht, die mitten auf der Straße verenden (Rer. nat. VI 1223). Bezüglich der Schweine erklärt Billiard, daß der Husten an die Schweinepest erinnert, d. h. an eine infektiöse Pneumo-Enteritis. Bei den Pferden handelt es sich wohl um akute Rotze.

Aber Billiards Vorgehen ist an sich interessant. An verschiedenen Symptomen erkennt er verschiedene spezifische Krankheiten. Unter spezifisch muß man hier verstehen, daß es sich um Krankheiten handelt, die jeweils verschiedene Tierarten befallen. Andererseits hat Billiard aber die Idee, daß Vergil eine einzige Krankheit beschreibt. So sagt er, daß Vergil vielleicht versucht hat, den Anthrax bei den wichtigsten Haustierarten zu beschreiben.[39] Etwas weiter schreibt er:

„Wie es auch sei, ich denke, man darf annehmen, daß die Darstellung der Tierseuche bei Vergil hauptsächlich das Anthrax-Fieber bei den wichtigsten Haustieren beschreiben will, aber man kann auch versucht sein, darin andere Krankheiten zu erkennen."[40]

[37] R. Billiard, L'agriculture dans l'Antiquité d'après les Géorgiques de Virgile, Paris 1928.
[38] A. O. 348, 353–355.
[39] A. O. 355.
[40] A. O. 357.

Billiard bringt, wie man sieht, eine Symptomatologie in Schwierigkeiten, die dazu führt, verschiedene Krankheiten zu diagnostizieren; für diesen Fall sind die Symptome ziemlich zutreffend. Wenn es sich aber um eine einzige Krankheit handelt, müssen die Symptome annähernd die gleichen sein, was allerdings nicht in dem Maße zutrifft, um etwa für alle Tierarten den Anthrax zu beschreiben.

Wenn man sich von dem Gedanken frei macht, daß es sich um eine einzige Krankheit handelt, wird der Text viel interessanter. Wir haben dann einen Text vor uns, der wie eine hippokratische Konstitution aufgebaut ist. Eine meteorologische Bedingung erklärt, daß zahlreiche Individuen gleichzeitig erkranken. Aber wie bei den hippokratischen Konstitutionen und – nach Grmek – bei der Hustenepidemie von Perinthos läßt sich auch im Vergiltext eher eine Differenzierung der Symptome und Krankheiten finden. Man muß sich von der Idee der Einheit lösen, wenn man zu einem richtigen Verständnis des Textes kommen will. Bei den ›Epidemien‹ wird das differenzierende Verständnis wohl von einem gewissen Widerstand der hippokratischen Medizin gegen die Idee der Spezifität der Krankheiten behindert. Dafür gibt es neben vielen anderen zunächst einen methodischen Grund. Für den hippokratischen Arzt ist das Wesentliche nicht, eine Diagnose zu stellen, d. h. Symptome unter einen Krankheitsbegriff zu subsumieren. Wesentlich ist vielmehr die Beschreibung der Symptome im Hinblick auf eine Prognose.

In Vergils Text sind alle Tiere zur gleichen Zeit krank, aber es sieht doch wohl so aus, daß jede Art an einer artspezifischen Krankheit erkrankt ist. Ob die Tollwut ein Symptom oder eine Krankheit ist, man schreibt sie doch immer dem Hund zu. Wir haben gesehen, daß bei Hippokrates von einer Ausbreitung der Krankheit auf Tiere nicht die Rede ist. Im Gegenteil, schon die hippokratische Schrift ›De ventis‹ schloß die Idee aus, daß verschiedene Arten gleichzeitig an den gleichen Krankheiten erkranken können. In diesem Punkt liegt also nicht die vergilische Nachahmung hippokratischer Texte. Vergil hat aber m. E. bewußt die Verschiedenheit und die Spezifität der Krankheiten benutzt, um eine Art hippokratischer Konstitution zu bilden. Wie Hippokrates in ›Epidemien‹ III 3 könnte man sagen: „Das sind die Krankheiten, die epidemisch auftraten." Was man allgemein die Viehseuche von Noricum nennt, ist wie eine hippokratische Konstitution aufgebaut, und es ist gar nicht ausgeschlossen, daß Vergil eine hippokratische ›Epidemie‹ gelesen hat. Der Anfang der Darstellung, die der Beschreibung eines Erysipels wie in ›Epidemien‹ III 3 sehr nahe kommt, bestärkt mich in dieser Annahme.

3. Lukrez und Vergil: Resultate und Ausblick

Wir haben die Problematik der epidemischen Krankheit, wie sie sich aus dem Bericht des Thukydides ergibt, herausgestellt. Wir haben auch gesehen, wie Lukrez sich dieser Problematik direkt stellt und versucht, sie mit Grundsätzen der epikureischen Philosophie in Einklang zu bringen.

Vergil ahmt Lukrez zwar mitunter nach, aber sein Standpunkt ist ganz persönlich, originell; denn er greift auf eine eindeutig hippokratische Auffassung der Problematik zurück. Er schließt das Problem des Aufkommens der Epidemie aus seinem Gedicht aus und kann so die epidemische Krankheit im strikten Rahmen des medizinischen Verständnisses behandeln. Die norische Seuche erscheint so als eine bewußte und bedachte Nachahmung einer hippokratischen Katastasis, einer hippokratischen epidemischen Konstitution. J. Heurgon hat in einem Artikel[41] nachzuweisen versucht, daß es die norische Seuche historisch nicht gegeben habe. Die vorliegende Strukturuntersuchung kann diese These bestätigen: Die norische Seuche ist eine Schöpfung des Dichters nach dem Modell der hippokratischen Katastasis.[42]

Um vollständig zu sein, muß man noch einen Punkt hinzufügen. Ein nichtmedizinisches Problem, das aber bei Thukydides und Lukrez aufgeworfen wird, findet sich auch bei Vergil, nämlich die

---

[41] J. Heurgon, L'épizootie du Norique et l'histoire, REL 42, 1964, 231 bis 247.

[42] Für eine Interpretation der norischen Viehseuche aus der keltischen Tradition vgl. H. Grassl, Zur „Norischen Viehseuche" bei Vergil, RhM 125, 1982, 67–77.

Frage nach dem Zusammenhang zwischen Ethik und Krankheit. Thukydides stellte fest, und das schockierte Galen, daß weder die Lebensweise noch irgendwelche Veranlagungen der Individuen bei den Ursachen der Krankheit eine Rolle spielten. Gleich ob tugendhaft oder voller Laster, die Krankheit befiel jeden. Vergil (526 ff.) schreibt bezüglich der kranken Tiere, daß weder der Wein noch zu reichliche Nahrung zu ihrem Verderben beigetragen hätten, ebensowenig wie die Sorgen einen heilbringenden Schlaf gestört hätten. Diese Bemerkung kann man im Rahmen einer Darstellung der Pest verstehen, welche die Frage nach der Ungerechtigkeit der Krankheit stellt und mit der sich die verschiedenen Theodizeen auseinandersetzen mußten.

Bei Lukrez sind medizinische Fragen und Probleme viel häufiger anzutreffen als bei Vergil. Dieses Mißverhältnis konnte im Rahmen dieses kurzen Beitrages nicht unbedingt in Erscheinung treten; eine erschöpfende Behandlung des Themas ist hier nicht möglich. Bei Lukrez müßte auch von der Psychopathologie die Rede sein.[43] Im 3. Gesang finden wir die Beschreibung körperlicher Krankheiten, bei denen die Seele in Mitleidenschaft gezogen wird, wie z. B. Fieberwahnsinn (III 463–464), Lethargie (465–469), Trunkenheit (476 ff.), Epilepsie (486 ff.). Viel interessanter ist jedoch jener Wahnsinn der Seele in III 828: *Adde furorem animi proprium et obliuia rerum ...* Man kann hierin das *taedium uitae*, die Melancholie der Philosophen, sehen. Die Beschreibung erinnert an die Versicherung bei Plato, Tim. 86b, es gebe eine der Seele eigene Krankheit, diese Krankheit sei der Irrsinn (ἄνοια); es gebe zwei Arten von Irrsinn, den Wahnsinn einerseits und die Unwissenheit andererseits (τὸ μὲν μανίαν, τὸ δὲ ἀμαθίαν). Es besteht kein Grund, das Interesse des Lukrez für die Psychopathologie mit einer Neurose des Dichters zu erklären.[44] Es gibt bei Lukrez noch viele andere Stellen, an denen der Einfluß medizinischen oder medizinphilosophischen Denkens

---

[43] La maladie de l'âme (s. Anm. 1) 200–211.

[44] Ebd., im Gegensatz zu den Ansichten von Dr. Logre, L'anxiété de Lucrèce, Paris 1946, und L. Perelli, Lucrezio poeta dell' angoscia, Florenz 1969. Über die Glaubwürdigkeit dieser Viten s. P. Grimal, Virgile ou la seconde naissance de Rome, Paris, 1985, 23 ff., 36 ff.

sichtbar wird; sie sind noch längst nicht alle aufgefunden und erörtert worden. Ich denke vor allem an Rer. nat. V und das Problem vom Ursprung des Lebens.[45]

Aber auch bei Vergil bleibt dem Medizinhistoriker noch viel zu erforschen. Die Kleinarbeit des Medizinhistorikers soll aber keineswegs das Werk der Dichter schmälern: Er vergißt nicht, daß Lukrez und Vergil Dichter sind.

Ich habe in einem anderen Aufsatz gezeigt, daß die Bugonia, Georg. IV, genau dem Kanon der Urzeugung entspricht, wie er bei Aristoteles zu finden ist: Pneuma + Verwesung = Leben.[46] Die ›Georgica‹ enden mit diesem *mirabile monstrum*: für den Menschen in seinem Verhältnis zu der Natur, die er hegt und pflegt, im höchsten Maße ein Rätsel, ein Wunder, für das Vergil eine physiologische Erklärung gibt, die aber das Rätsel nicht lösen kann. Was Vergil in den ›Georgica‹ leidenschaftlich interessiert, könnte man die Kunst nennen, Leben zu manipulieren. Dieses Manipulieren setzt eine immer höhere Verkomplizierung der Pflanzenwelt (II) und der Tierwelt (III) voraus bis hin zu den Bienen (IV), die eine „natürliche Gesellschaft" bilden. Insofern als die Bugonia ein Verfahren ist, an das Vergil glaubt, muß man sie der Physiologie der Urzeugung zuordnen. Sie berührt aber auch die Frage nach dem Geheimnis des Lebens, und insoweit gehört die Bugonia untrennbar zu dem nachfolgenden aitiologischen Mythos, zur Geschichte von Aristaeus und Eurydice.[47]

Über die Beziehungen zwischen Physiologie und dem Denken Vergils und des Lukrez nachzudenken, heißt nicht, ihre Dichtung zum Objekt von Quellenforschung zu machen. Diese Physiologie ist eine aus der Vorstellung entstandene, eine erdachte Lehre; unsere Überlegungen wollen andere Träumereien und die Kohärenz anderer Vorstellungsbilder offenbar machen. Von einem mehr philologischen und historischen Gesichtspunkt aus ist es nicht gleich-

---

[45] P. H. Schrijvers hat mit seinem schon zitierten Aufsatz den Weg gewiesen: La pensée de Lucrèce sur l'origine de la vie (s. Anm. 5).

[46] J. Pigeaud, Nature, culture et poésie dans les Géorgiques de Virgile, Helmantica 28, 1977, 431–473.

[47] Zu dieser Frage vgl. bes. 464 ff.

gültig, die Beziehungen zwischen Lukrez und Asklepiades zu diskutieren und zu zeigen, daß Vergil die hippokratischen Lehren und die Theorien Themisons kannte. Immerhin ist uns für Vergil überliefert: *Inter cetera studia medicinae quoque ac maxime mathematicae operam dedit!*[48] Es stellt sich auch die für die Geschichte des Methodismus wichtige technische Frage nach dem Einfluß der methodischen Schule auf die zeitgenössische Literatur.

Abkürzungen:
L – Littré, Œuvres complètes d'Hippocrate, Paris, Baillière, 1839–1861; zitiert II L 35 = Band II, Seite 35.
K – Claudii Galeni opera omnia, ed. Kühn, Leipzig 1821–1833; zitiert V K 322 = Band V, Seite 322.

Ich danke M. D. Grmek für seine wertvolle Hilfe bei der Übersetzung der medizinischen Begriffe und G. Binder für eine Revision der deutschen Fassung des Beitrages.

[48] Vitae Vergilianae antiquae, ed. C. Hardie, Oxford Classical Texts, 1966, Vita Donat. 15.

Pierre Grimal, Énée à Rome et le triomphe d'Octave. Revue des Études Anciennes 53 (1951), pp. 51–61. Aus dem Französischen übersetzt von Hartmut Froesch.

AENEAS IN ROM
UND DER TRIUMPH DES OCTAVIAN

Von Pierre Grimal

Wenn es zutrifft, wie wir an anderer Stelle zu zeigen versuchten,[1] daß der Gang des Aeneas und Euander über das Gelände des zukünftigen Rom im achten Gesang der ›Aeneis‹ zum Ziel – oder wenigstens zur Folge – hat, die heiligen Örtlichkeiten der augusteischen Stadt in ihrer jeweiligen Funktion zu präfigurieren, mag es erlaubt sein, die Untersuchung noch weiter zu treiben und sich zu fragen, ob nicht die Umstände, unter denen Vergil seinen Helden in dem ihm verheißenen Land vorstellt, eine ähnliche Bedeutung haben. Es geht keineswegs darum, der ›Aeneis‹ irgendeine hermetische Absicht zu unterstellen, doch ist unsere Kenntnis von den Umständen, unter denen diese Episode erdacht wurde, und von dem geschichtlichen Augenblick, der ihre Ausarbeitung bestimmte, nach so vielen Jahrhunderten unvollständig und birgt die Gefahr, Nebentöne zu verschleiern, die den zeitgenössischen Lesern leicht faßbar waren, und zwar so leicht, daß sie es unterlassen haben, uns in ihren Kommentaren darauf aufmerksam zu machen. Hier liegt ein Problem, das unseres Erachtens die Aufmerksamkeit moderner Interpreten[2] nur wenig auf sich gezogen hat, nicht mehr jedenfalls als die der Autoren des sogenannten servianischen Corpus: wir stellen nämlich fest, daß Vergil daran lag, die ganze Episode mit größter Genauigkeit zu datieren. Gerade an dem Tag, an dem Aeneas vor Pallanteum erscheint, trifft es sich, daß der Arkaderkönig und sein Volk vor der Stadt am großen Altar des Hercules zur

---

[1] Vgl. meinen Artikel La promenade d'Evandre et d'Enée à la lumière des fouilles récentes, REA 50, 1948, 348 ff.
[2] Mit Ausnahme von D. L. Drew, The Allegory of the Aeneid, London 1927, 13.

jährlichen Opferfeier versammelt sind.[3] Wir wissen sehr gut, welche Bedeutung die Römer Daten und Jahrestagen beigemessen haben; daher verdient dieses an sich ja recht verwunderliche zeitliche Zusammentreffen hervorgehoben zu werden. Wir wissen besonders, welche Sorgfalt – nach Caesar – Augustus und ebenso alle seine Nachfolger darauf verwendet haben, jeweils einen regelrechten „dynastischen Kalender"[4] zu erstellen. Die Landung [52] des Aeneas am Ufer beim Forum Boarium stellt einen zu feierlichen Augenblick in der Entwicklung der Fata dar, als daß Vergil bloß einer Laune seiner Phantasie nachgegeben hätte, wenn er diesem Ereignis ein so genaues Datum zuordnete. Man kann zweifellos behaupten, daß die Laune der Dichter kein Gesetz kennt und daß Vergil lediglich eine feierliche Handlung aus alter Zeit in den lebendigsten Farben malen wollte, ja, daß er dem Drang nicht widerstehen konnte, eine schöne Sage zu erzählen. Mögen dies tatsächlich Motive Vergils gewesen sein, sie genügen nicht, alles zu erklären. Der Scharfsinn der antiken Kommentatoren hat bereits manche vom Dichter beschriebene Einzelheit des Rituals mit den Regeln in Verbindung gebracht, die die Pontifices oder Priester der klassischen Zeit befolgten. Wir spüren, daß Vergil nicht einer Laune nachgibt. Warum, zum Beispiel, sollte er sich bemühen, die Sitze zu erwähnen, die der alte König seinen Gästen anbot, wenn es nicht ausgerechnet der Brauch verlangte, daß man im Sitzen und nicht im Liegen an den Gastmählern der Ara Maxima teilnahm?[5] Wenn die Episode hübsch, malerisch und bezaubernd ist, so ist das ein Verdienst der Kunst, mit der sie gezeichnet wurde; aber diese Qualitäten entfalten sich bei einem Thema, das der Dichter sich selbst gestellt hat, aus Gründen, die noch zu bestimmen sind: Über die Hauptabsicht können sie keine Auskunft geben. Es ist recht unwahrscheinlich, daß Vergil diese Gleichzeitigkeit mit dem Fest des Her-

---

[3] Verg. Aen. 8, 102f.: *Forte die solemnem illo rex Arcas honorem / Amphitryoniadae magno divisque ferebat / ante urbem in luco...*

[4] Siehe zuletzt V. Ehrenberg und A. H. M. Jones, Documents illustrating the Reigns of Augustus and Tiberius, Oxford 1949.

[5] Aen. 8, 176: *...gramineoque viros locat ipse sedili;* und 8, 178: *...solioque invitat acerno.*

cules ersonnen hätte, ohne die ganze Bedeutung eines so auffälligen Nebeneinanders zu erwägen.

Der Tag des Jahresfestes an der Ara Maxima ist uns ziemlich genau bekannt. Zwar erwähnen ihn die inschriftlichen Kalender nicht ausdrücklich, doch haben wir praktisch nur die Wahl zwischen zwei Tagen, dem 13. und dem 12. August, je nachdem, ob man die Feier mit dem Hercules Invictus der Porta Trigemina oder mit dem des Circus Maximus in Verbindung bringen will.[6] Das Datum des 12. August, das G. Wissowa annimmt, ist wohl das wahrscheinlichste,[7] um so mehr, als die Ara Maxima vermutlich in unmittelbarer Nähe der Basilika S. Maria in Cosmedin zu suchen ist, also näher am Circus Maximus als an der Porta Trigemina, die unmittelbar am Fuße des Aventin liegt.[8] Es ist sogar möglich, [53] daß das Fest der Ara Maxima bald am 12., bald am 13. August gefeiert wurde, entsprechend den Veränderungen in einem Kult, dessen geschichtliche Entwicklung sehr kompliziert ist. Ob man nun dem einen oder dem anderen Datum den Vorzug gibt, die Unsicherheit in der Zeitbestimmung hat keine große Bedeutung; der Umstand, daß im Gedicht die Bäume ihr Laub tragen, bestätigt ein Datum im Sommer.[9] Nun wissen wir durch den Kalender von Antium, daß am 13. August des Jahres 29 v. Chr. der Triumph des Octavian begann[10]: War es schon auffällig, daß Vergil seinen Helden am Festtag des Hercules nach Rom kommen läßt, muß dann nicht die Feststellung noch auffälliger sein, daß dieses Ereignis ausgerechnet am Tag oder am Vortag eines Triumphes stattfindet, dessen Feier für das

---

[6] Fasti Allif. (CIL I², 217); Fasti Amit. (a. O. 244).

[7] G. Wissowa, Religion und Kultus der Römer, München ²1912, 273 ff.; vgl. F. Haug, Art. Hercules, in: RE VIII/1, 1912, 563.

[8] Vgl. G. Lugli, Roma Antica, Rom 1946, 576. Der Standort der Porta Trigemina ist bisher nicht gefunden worden, und wir wissen nicht, ob er zwischen Aventin und Tiber oder näher am Circus Maximus gesucht werden muß; auf jeden Fall stand dieses Tor unmittelbar am Fuß des Hügels und nicht auf dem Forum Boarium.

[9] Zur Chronologie der ›Aeneis‹ s. L.-A. Constans, L'«Enéide» de Virgile, Paris o. J., 422 ff., der das Datum des 12. August für seine Argumentation benutzt.

[10] CIL I², 180; vgl. Macr. Sat. I 12, 35.

gesamte Imperium den Beginn einer neuen Zeit ankündigte? Haben wir dieses weitere Zusammentreffen bemerkt, können wir uns der Einsicht nicht verschließen, daß Vergil in der ganzen Episode bewußt die Absicht verfolgt, uns die Wirklichkeit des augusteischen Rom vor Augen zu stellen. Um jedoch diese Absicht ganz zu verstehen, müssen wir zunächst nach den Gründen fragen, die Octavian selbst veranlaßten, den 13. August zur Feier seines Triumphes zu wählen.

Diese Gründe sind freilich recht zahlreich. Schon im zweiten Jahrhundert vor unserer Zeitrechnung gab es eine traditionelle Beziehung zwischen Hercules und dem Ritus des Triumphes. Als Triumphator par excellence trug der siegreiche Hercules des Circus Maximus die Insignien des Triumphes bei jeder Feier des Ritus.[11] Es ist sogar möglich, daß die Triumphatoren im heiligen Bezirk des Altars eine Art öffentliches Mahl gaben, wie es der Brauch verlangte.[12] Keineswegs außer Gebrauch gekommen, wurde diese Verbindung des Hercules mit dem Triumph von Pompeius wiederaufgenommen, wie die Errichtung eines Tempels beweist, der seither den Namen des Triumvirn trug: Dieser Tempel des Hercules Pompeianus scheint in unmittelbarer Nähe der Ara Maxima errichtet worden zu sein.[13] Andererseits vermittelt uns eine bekannte Stelle bei Plinius, wie der Triumph des Pompeius den siegreichen Feldherrn nicht nur mit Alexander dem Großen, sondern auch mit Hercules und „fast" mit Dionysos gleichsetzte,[14] ein Vergleich, der nicht auf [54] Plinius selbst zurückgeht, sondern zweifellos auf Pompeius, der am Vorabend von Pharsalus den Namen jenes Gottes

---

[11] Plin. Nat. hist. 34, 33.

[12] Athen. 4, 38 (p. 153c), der Poseidonios zitiert; ders., 5, 65 (p. 221f.). Der Bezug auf Poseidonios stimmt, was die Daten angeht, mit der berühmten Inschrift des Mummius überein: CIL I 541 = VI 331 (145 v. Chr.).

[13] Vitr. 3, 3, 5; Plin. Nat. hist. 34, 57. Vgl. Art. Hercules, a. O. 552 ff.

[14] Plin. Nat. hist. 7, 95: *Verum ad decus imperii Romani non solum ad viri unius pertinet victoriam Pompei Magni titulos omnes triumphosque hoc in loco nuncupari, aequato non modo Alexandri Magni rerum fulgore sed etiam Herculis prope ac Liberi Patris.* Dieser Text schließt in keiner Weise ein, daß die Gleichsetzung bei den Triumphen des Pompeius offenkundig war.

zur Losung wählte, den er vordem anläßlich seines Triumphes geehrt hatte.[15] Dieselben Kalendarien, die uns Auskunft über das Datum des Festes des Hercules Invictus geben, lassen uns wissen, daß Pompeius für die Weihung des großartigsten seiner Bauwerke eben jenen Tag gewählt hatte. Zum 12. August findet sich die Eintragung: V(eneri) V(ictrici) H(onori) V(irtuti) V(ictrici?) Felicitati, ohne Ausnahme Gottheiten des heiligen Bezirkes, der durch den großen Platz des Marsfeldes gebildet wurde. Die siegreiche Venus und der siegreiche Hercules fanden sich also in ein und derselben Ehrung vereint.[16] Und somit erhielt der 12. August eine tiefe symbolische Bedeutung, die aus ihm einen Jahrestag für Sieg und Triumph machte. Es war selbstverständlich, daß Octavian ihn für seine Zwecke zu beanspruchen trachtete: Jener Sieg des Pompeius war ja nichts anderes als das Vorspiel und gewissermaßen der Vorabend seines eigenen Triumphes.

Doch zu diesen entfernteren Motiven kommen noch andere, die sich aus den Umständen seines dreifachen Sieges ergeben. Wir wissen, daß in dem Propagandakampf, der dem endgültigen Bruch zwischen Octavian und Antonius vorausging, letzterer bestrebt war, sich als Abkömmling des Hercules darzustellen. Verschiedene Argumente stützten diese Absicht: äußere Ähnlichkeit mit dem herkömmlichen Erscheinungsbild des Heros, Verwandtschaft der Gens Antonia mit Hercules[17] usw. Und wenn auch Antonius in seinen letzten Lebensjahren bisweilen dem Dionysos als Schutzgott den Vorzug gegeben zu haben scheint, so hat er dennoch seine „herakleischen" Ambitionen bei einer Kleopatra nicht aufgegeben, die er gern mit Omphale verglich.[18]

[15] Appian, Bell. civ. 2, 76. Die Losung der Pompeianer lautete bekanntlich: Ἡρακλέα ἀνίκητον, die der Caesaranhänger: Ἀφροδίτη νικηφόρος.
[16] Fasti Allif., CIL I², unter dem 12. August: Herculi invi[cto ad Circ. Max] / V. V. H. V. Felicita[ti in Theatro Pompeio]. Die Ergänzung wird bestätigt durch Fasti Amit., a. O. 244: Herculi Invicto ad Circum Maximum. Veneri Victrici Hon (ori) Virtuti Felicitati in Theatro Marmoreo.
[17] Appian, Bell. civ. 3, 16; Plut. Antonius 4, 36, 60; Demetr. und Ant. 3. Vgl. R. Schilling, L'Hercule romain en face de la réforme religieuse d'Auguste (RPh 16, 1942, 31–57 [= in diesem Sammelband s. S. 108–142].
[18] Plut. Demetr. und Ant. a. O.

Indem Octavian für seinen Triumph den Tag – oder den Vortag – des Festes der Ara Maxima wählte,[19] griff er allerdings nicht nur die pompeianische Tradition auf, sondern machte auch die Bestrebungen [55] seines Rivalen lächerlich, indem er sich an dessen Stelle in den Schutz und unter das Patronat des Heros stellte.

Wenn nun Vergil seinerseits die Ankunft der Troianer an diesem bedeutungsvollen Tag stattfinden lassen wollte, folgte er auch in diesem Punkt lediglich dem Plan, der die Episode insgesamt beseelt, jener „in die Vergangenheit projizierten Zweckbestimmtheit", die den Örtlichkeiten und Daten gleichsam die Präfiguration dessen zuspricht, was sie im augusteischen Rom einmal sein sollen. Ein derartiges Vorgehen hat nicht nur die Wirkung, die Zukunft zwischen den Zeilen der Erzählung sichtbar werden zu lassen und auf diese Weise den Leser vor mehr oder weniger durchsichtige Rätsel zu stellen, sondern wir stehen hier an den Ursprüngen der epischen Poesie, wenn es zutrifft, daß diese in dem Empfinden des Gegensatzes zwischen der Ahnungslosigkeit der handelnden Personen und dem klaren Willen der Götter besteht, wobei erstere in aller Arglosigkeit Handlungen ausführen, von denen wir wissen, daß sie das Zukünftige festlegen. Damit ein solches Empfinden möglich wird, muß der Leser „auf der Seite der Götter" stehen und in der Lage sein, seinerseits in den Ereignissen den Schicksalsfaden zu erkennen. Die Dichtung entwickelt sich auf zwei Ebenen: Über die bewußt einfach gehaltene Erzählung von einer Begegnung und einem Gang in ländlicher Umgebung hinaus gibt es den Triumph des Imperiums und den Kalender der entstehenden Herrschaft sowie die glorreiche Erinnerung an den dreifachen Triumph, die das lange Grauen der Bürgerkriege beendete.

Aber es geht noch weiter! Das Datum des 12. August in der Episode des Besuches bei Euander erhält seine volle Bedeutung nicht nur durch die Beziehung zum Triumph des Octavian und erweist sich nicht nur auf diese Weise als „schicksalsträchtig". Es lag auf der

---

[19] Selbst bei der Datierung des Herculesfestes an der Ara Maxima auf den 12. August bleibt die Tatsache bestehen, daß der 13. August als erster Tag des Triumphes in gleicher Weise dem Hercules Invictus (der Porta Trigemina) gewidmet ist. Vgl. oben Anm. 7, unten S. 247f.

Hand, das Eintreffen des Aeneas in Rom an dem Tage stattfinden zu lassen, an dem der römische Hercules durch seinen Sieg über Cacus und besonders durch sein Opfer an Iuppiter den Ritus des Triumphes begründet hatte.[20] Es war aber vor allem bedeutungsvoll, daß der Sohn der Venus und des Anchises seinen Fuß zum ersten Mal gerade an dem Tag auf den ihm vom Schicksal bestimmten Boden setzte, an dem seine Nachkommen – gleichzeitig mit dem Fest des Hercules – das der Venus Victrix feierten. Denn allein die siegreiche Venus war die Venus der Iulier, Venus Genetrix, die die durch Iunos Eifersucht aufgetürmten Hindernisse überwunden hatte und die von Caesar auf dem Schlachtfeld von Pharsalus angerufen worden war.[21] Die historischen Ereignisse hatten bewiesen, daß Rom nur eine Venus Victrix besaß, die „Mutter der Aeneaden". Unter solchen Vorzeichen also kündigte sich der Besuch des Aeneas an.

[56] Vergils Erzählung vom Fest der Ara Maxima enthält Einzelheiten, die zu Recht die Aufmerksamkeit der antiken Kommentatoren auf sich gezogen haben. Servius vermerkt, daß Vergil, indem er die Salier in den Ritus einbezog, Hercules und Mars[22] gleichsetzte und sich dadurch als Kenner des Rituals der Pontifices erwiesen habe. Man hat auch betont, daß die Teilnehmer und Zuschauer des Opfers in der Schilderung Vergils Kränze aus Pappellaub statt der herkömmlichen Lorbeerkränze tragen.[23] Weitere Einzelheiten verlangen ebenfalls eine Erklärung. So gibt es z. B. in der Schilderung eine sonderbare Episode, die bis heute unerklärt geblieben ist: Cacus, von Hercules angegriffen, ist gerade in seine Höhle zurück-

---

[20] Erinnerungen an den Ritus des Triumphes lassen sich z. B. in dem Bericht feststellen, den Dion. Hal. 1, 39 ff. vom Sieg des Hercules gibt.

[21] Vgl. oben Anm. 15.

[22] Serv. ad Aen. 8, 275: ... *secundum pontificalem ritum, idem est Hercules qui et Mars.* Der Hinweis wird bestätigt durch ein Fragment Varros bei Macr. Sat. 3, 12, 6 (Hercules ist ein zweiter Mars . . .). Die modernen Forscher bringen die Salier des Hercules von Tibur hiermit in Verbindung.

[23] Serv. ad Aen. 8, 276–277: ... *lauro coronari solebant qui apud aram maximam sacra faciebant* ...; und Servius versichert ernsthaft, daß dieser Brauch erst nach der Gründung der Stadt aufkam; vorher bediente man sich des Pappellaubs. Vgl. unten S. 253.

gekehrt. Er schließt ihren Eingang und ist nun in der Erde verborgen, sicher vor der Strafe. Hercules rast vor Zorn; er sucht einen Zugang zu seinem Gegner. In seiner Wut läuft er um den Aventin herum. Dreimal umkreist er den Hügel,[24] dreimal ruht er sich aus. Der Nachdruck, den Vergil auf diese dreifache *lustratio* des Aventin legt, hat ohne Zweifel seine Bedeutung. Man erinnert sich, daß es in der Tat am Fuße des Hügels ein Tor mit drei Torbögen gab, die Porta Trigemina, offenbar das einzige Tor dieser Art in der servianischen Mauer. Darf man nicht vermuten, daß der dreifache Umlauf des Hercules die drei *iani* des Tores ankündigte und im voraus begründete? Diese Annahme ist um so verführerischer, als sich eines der beiden Heiligtümer des Hercules Invictus in unmittelbarer Nähe dieses Tores befand. Und dies ist auch der Ort, wo der Heros dem Iuppiter Inventor einen Altar errichtete,[25] nachdem er seine geraubten Rinder wiedergefunden hatte. Die Übereinstimmung wird noch augenfälliger, wenn wir bedenken, daß der Bogen, mit dem Octavian auf dem Forum an seinen Triumph vom Jahr 29 v. Chr. erinnern wollte, ebenfalls drei Bögen aufwies.[26] Ein Bogen [57] dieses Typs stellte eine architektonische Neuerung dar;[27] man findet zwar in Italien und in den Provinzen noch weitere Bögen dieser Art, doch sie stammen alle aus der Zeit nach 29 v. Chr.[28]

---

[24] Aen. 8, 230ff.: ... *Ter totum fervidus ira / lustrat Aventini montem; ter saxea tentat / limina nequiquam; ter fessus valle resedit*. Wenn es sich um eine Episode ohne besondere Bedeutung handelte, wäre ihre Hervorhebung durch die dreifache Anapher *ter* schlecht verständlich.

[25] Dion. Hal. 1, 39; vgl. Macr. Sat. 3, 6, 10.

[26] Wenn auch die Frage lange diskutiert wurde, ob das Tor mit drei Bögen, dessen Überreste südlich des Caesar-Tempels auf dem Forum gefunden wurden, das von 29 v. Chr. oder das von 20 v. Chr. sei, läßt sich heute nicht mehr bezweifeln, daß es sich um das erstgenannte handelt. Vgl. N. Degrassi, L'edificio dei Fasti Capitolini, RPAA 21, 1945–1946, 57–104; G. Gatti, La ricostruzione dell'arco di Augusto al Foro romano, ebd. 105 bis 122; L. B. Holland, The triple arch of Augustus, AJA 1946, 52–59.

[27] Siehe die Aufstellung bei H. Kähler, Art. Triumphbogen, in: RE VII A, 1939, 373–493.

[28] Besonders der Triumphbogen von Orange, dessen Errichtung frühestens in das Jahr 27 v. Chr. zu setzen ist. Vgl. I. A. Richmond, Commemo-

Wahrscheinlich wollte Octavian durch die drei Tore seines Triumphbogens an die Feier seiner drei aufeinanderfolgenden Triumphe erinnern, den 13., 14. und 15. August des Jahres 29 v. Chr. Wenn das mittlere Tor höher war, so deshalb, weil der zweite Tag dem glorreichsten seiner drei Siege gewidmet war, dem von Actium.[29] Doch gleichzeitig wurde auf diese Weise das Abbild jener dem unbesiegten und triumphierenden Hercules zugeeigneten Porta Trigemina auf das Forum übertragen.[30] In letzter Konsequenz läßt sich Vergils Anspielung auf die dreifache *lustratio* des Hercules nur aus der Perspektive des Triumphes vom Jahr 29 v. Chr. erklären. Jede Einzelheit der Schilderung zielt darauf ab, uns diese glorreiche Gedenkfeier in Erinnerung zu rufen. Sollte das nicht gleichfalls für die beiden oben genannten weiteren Einzelheiten gelten, die Gleichsetzung von Hercules mit Mars und den Kranz aus Pappellaub? Bevor wir eine Antwort auf diese Frage wagen, ist es sicher nötig, die Umstände zu untersuchen, unter denen die Episode vom Besuch bei Euander entworfen und verfaßt wurde.

In einer Untersuchung der Anspielungen auf Bauwerke des augusteischen Rom in dieser Passage der ›Aeneis‹ haben wir gezeigt, daß die berühmtesten Verse dieses Textes, in denen die Arkader von den Höhen des Kapitols in den Wolken die Aigis des donnernden Iuppiter sehen,[31] nur dann verständlich sind, wenn Vergil der Tempel des Iuppiter Tonans vor Augen stand, der im Jahr 22 v. Chr. von Augu-

---

rative arches and City gates in the Augustan age, JRS 23, 1933, 149–174. Richmond betont ganz richtig eine gewisse Verwandtschaft zwischen den Triumphbögen und den Stadttoren. Er geht dabei aber nicht auf den Zusammenhang zwischen dem Triumphbogen des Augustus und der Porta Trigemina ein, obwohl dies seine These stützen könnte. Wir haben hier nämlich ein gutes Beispiel dafür, daß ein Tor aus der Umfassungsmauer einer Stadt ein architektonisches Muster hervorbringt; die Übertragung hat religiöse und symbolische Gründe.

[29] Am 13. der Triumph über die Dalmatier, am 14. Actium, am 15. der Triumph über Ägypten. Vgl. Macr. Sat. 1, 12, 25.

[30] In der Tat begann der dreifache Triumph am 13., dem Festtag des Invictus der Porta Trigemina.

[31] Aen. 8, 351: *Hoc nemus, hunc inquit, frondoso vertice collem ...*

Aeneas in Rom und der Triumph des Octavian 249

stus geweiht wurde.[32] Normalerweise erscheint der Iuppiter Optimus Maximus der kapitolinischen Trias nicht als Gott des Donners. Der einzige Gott dieser Eigenschaft auf dem Kapitol ist gerade derjenige, dem von Augustus aus Verehrung und aus Dankbarkeit für das „Wunder", [58] das ihn in Spanien gerettet hatte,[33] ein so prächtiges Heiligtum errichtet worden war, daß es die Eifersucht jenes anderen Iuppiter erregen konnte. Die modernen Topographen lokalisieren übereinstimmend diesen Tempel an der Süd-Ost-Spitze des Kapitols, nahe beim Eingang der Area Capitolina, hoch über dem Platz, den Aeneas und Euander bei ihrem Gang langsam passieren.[34] Daraus folgt, daß diese Anspielung nicht vor Beginn der Errichtung dieses Tempels datiert werden kann, daß man sie also ohne Zweifel in die Jahre 23 oder 22 v. Chr. zu setzen hat. Man darf nun nicht annehmen, hier liege eine Korrektur vor, die nach der Abfassung der Episode erfolgt sei. Aeneas' Erkundungsgang über die durch die Erscheinung des Gottes geheiligte Örtlichkeit und der Glaube des Volkes bilden das Herzstück seiner *lustratio*. Es enthüllt sich ihm die höchste Gottheit des zukünftigen Rom. Wie kann man da annehmen, daß dieses alles entscheidende Element vom Dichter lediglich später hinzugefügt worden sei? Ebensowenig läßt sich bezweifeln, daß die Episode insgesamt aus jenen Jahren stammt.

Im Jahr 23 v. Chr. erlebte die augusteische Herrschaft eine noch nie dagewesene Krise: Augustus kehrt so krank aus Spanien zurück, daß er an seinen Tod denkt. Sein Amtskollege im Konsulat, A. Terentius Varro Murena, der integre Schwager des Maecenas, wurde der Verschwörung gegen Augustus angeklagt und hingerichtet. Angesichts der Möglichkeit, ja der drohenden Gefahr, daß der Princeps sterben könnte, zeigte sich keine Möglichkeit, die das politische Gleichgewicht und den Frieden hätte aufrechterhalten können. Augustus selbst wagt keine Empfehlung. Er begnügt sich damit, Agrippa seinen Ring zu übergeben, händigt jedoch gleichzeitig die wichtigsten Akten seinem eigenen Amtskollegen, dem

---

[32] A. O. 350.
[33] Suet. Aug. 29.
[34] Vgl. Platner-Ashby, A Topographical Dictionary of Ancient Rome, Oxford 1929, ND Rom 1965, s. v. Iuppiter Tonans (305f.).

neuen Konsul Calpurnius Piso, aus. Wie würde die Macht zwischen diesen beiden Männern verteilt sein? Bewegte man sich auf neue Bürgerkriege zu? Und zusätzlich traf ein weiterer Schlag das Kaiserhaus. Der junge Marcellus starb am Ende desselben Jahres. Der Triumph der Iulier sollte offensichtlich den Tag nicht überdauern.

Und dennoch, dies ist der Zeitpunkt, an dem Vergil beschließt, die glorreiche Sendung des Herrschers zu feiern, wie es bisher noch niemand getan hatte. Derselbe Gesang des Epos, der von der Ankunft des Aeneas auf römischem Boden erzählt, schließt mit dem prächtigen Bild der Schlacht von Actium und des dreifachen Triumphes, der auf sie folgte.[35] Und der sechste Gesang, [59] von dem wir wissen, daß er nach dem Tode des Marcellus geschrieben wurde, kündet gleichfalls von der Größe des Augustus.[36] Es hat den Anschein, als ob Vergil angesichts der drohenden Gefahren mit verstärkter Inbrunst den „schicksalhaften" und von der Vorsehung bestimmten Charakter des Heros bestätigen wollte, der den Frieden der Welt gesichert hatte.[37] Vielleicht will er sich selbst Mut machen, vielleicht dem Princeps das Selbstvertrauen zurückgeben, das dieser zu verlieren im Begriff schien. Vielleicht spricht er aus sich selbst, vielleicht erweist er sich aber auch einer Eingebung gehorsam, die ihn von höherem Ort erreichte.

Die frommen Beteuerungen der ›Aeneis‹ stehen nicht allein da, und einige Verse des Horaz können zweifellos – freilich etwas unerwartet – dazu beitragen, ihre wirkliche Bedeutung zu erhellen.

Unter den Dichtern aus dem Kreise des Maecenas waren die Absichten Octavians bei der Wahl des 13. August 29 v. Chr. für seinen Triumph durchaus nicht unbemerkt geblieben. Horaz, fügsam wie er war, hatte bereits früher von der Verheißung der Unsterblichkeit gesungen, die in jenem Vergleich des Siegers mit Hercules enthalten

---

[35] Aen. 8, 714 f.: *At Caesar, triplici invectus Romana triumpho / moenia...* Dieser Bezug auf den Triumph des Jahres 29 v. Chr. stellt für das ganze Buch ein Prinzip der Einheit dar; in der Abfolge der einzelnen Episoden würde man es vergeblich suchen.

[36] Aen. 6, 788: *Huc geminas nunc flecte acies...*

[37] Aen. 6, 791: *Hic vir, hic est, tibi quem promitti saepius audis, / Augustus Caesar, Divi genus, aurea condet / saecula qui rursus Latio regnata per arva / Saturno quondam...*

ist.[38] Doch einige Jahre später ändert sich der Ton, und eine andere Ode, die dasselbe Thema aufnimmt, feiert den Herrscher bei seiner Rückkehr aus Spanien wie folgt:

> Herculis ritu modo dictus, o plebs,
> morte venalem petiisse laurum,
> Caesar Hispana repetit Penatis
> victor ab ora.[39]

Es sind nicht mehr nur Vergil oder Horaz oder die Freunde des Maecenas, die Augustus mit Hercules vergleichen. Es ist die Stimme des Volkes, die – nicht ohne Schadenfreude – daran erinnert, daß die Abenteuer bei Geryon und im äußersten Westen die letzte Tat des Hercules vor seinem Abstieg in die Unterwelt waren – der Ruhm, den man um den Preis seines Lebens erwirbt. Würde der erkrankte Augustus dort drüben sterben? Würde man ihn in der Hauptstadt wiedersehen? Man spürt in dieser Strophe das Echo einer spöttischen Opposition, einer Art Schmähschrift, die einer Propaganda entstammte, deren Stoßkraft und Macht die Verschwörung des Murena einige Monate später enthüllten sollte. [60] Es war daher für die in Rom gebliebenen Freunde eine dringende Aufgabe, Propaganda mit Propaganda zu beantworten und der herrschenden Ideologie, die ihre Macht zu verlieren drohte, neue Lebenskraft zu verleihen. Es war eine dringende Aufgabe, zu jener Gleichsetzung des Herrschers mit Hercules, die bisher als zwangsläufiges Attribut aller Sieger recht unbestimmt und traditionell gewesen war, eine

---

[38] Hor. carm. 3, 3, 9 ff.: *Hac arte (sc. constantia) Pollux et vagus Hercules / enisus arces attigit igneas, / quos inter Augustus recumbens. / purpureo libat ore nectar.* Diese Ode, auf jeden Fall nach dem Januar 27 v. Chr. entstanden (Augustus-Titel), darf gleichwohl nicht viel später angesetzt werden. Vielleicht wurde sie eben durch die Verleihung des Titels Augustus angeregt, der ja die „Vergöttlichung" miteinschließt. Derselbe Vergleich sollte von Tiberius in der Totenrede auf Augustus wiederaufgenommen werden (Dio Cass. 56, 36, 4); er war auch für Pompeius verwendet worden, vgl. oben S. 243.

[39] Hor. carm. 3, 14, 1–4. Die Ode stammt aus der Zeit der Rückkehr aus Spanien (24 v. Chr.); sie ist auf jeden Fall vor dem Tod des Marcellus geschrieben (Anwesenheit der Octavia).

„Theologie" zu liefern. Die Stellung des Maecenas ist durch die Verschwörung seines Schwagers und durch die Indiskretion geschwächt, der er sich schuldig gemacht hatte, indem er jenen von der Verfolgung in Kenntnis setzte. So verdoppelt er seinen Eifer und setzt den Dichtern seines Kreises heftig zu. Wie gewöhnlich antwortet Horaz mit einer unverbindlichen Ode und entzieht sich so dem Anliegen; er behält sich vor, das Thema später wiederaufzunehmen, und zwar zu einem von ihm selbst gewählten Zeitpunkt, je nach Laune und Inspiration.[40] Vergil jedoch zeigt sich folgsamer, und an seiner Seite finden wir Properz, der nun beginnt, seine ersten „römischen" Elegien zu schreiben.[41] Das Entstehen des achten Buches ist das Ergebnis der Bemühungen des Maecenas.

Genau betrachtet entbehrt dieses Buch der ›Aeneis‹ jeder äußeren Einheit. Die in ihm enthaltenen Ereignisse unterbrechen den Fortgang der Erzählung im dramatischsten Augenblick; es ist recht eigenartig, daß der Troianer seine Gefährten verläßt, als seine Anwesenheit am nötigsten wäre. Nur ziemlich lose mit dem Fortgang des Epos verbunden, macht dieses Buch den Eindruck eines Exkurses. Die Ankunft bei Euander nach der Erscheinung des Tiber, der festliche Abend, das Bündnis, die lange Beschreibung der göttlichen Waffen, all das ist im Grunde ohne rechten Zusammenhang. Alles findet jedoch seine Erklärung, wenn man voraussetzt, daß im Zentrum der Komposition des ganzen Buches die Vergegenwärtigung des Triumphes des Octavian steht. Dieser Triumph war der Schlußstein des ideologischen Gebäudes, das das neue Regime errichten wollte. Und da die Opposition die Gleichsetzung von Augustus und Hercules lächerlich machen wollte, zeigte der Dichter, daß dieser herculische Triumph wirklich und wahrhaftig im Schicksalsbuch Roms verzeichnet war. Dies sollte das große Ziel sein, auf

---

[40] Hor. carm. 4, 5, 35 ff. (nach 18 v. Chr. und ohne Zweifel in die Nähe des Zeitpunktes der Säkularspiele zu setzen); epist. 2, 1, 5 ff. (ein Brief an Augustus selbst, verfaßt nach 14 v. Chr.).

[41] Ich hoffe, an anderer Stelle zeigen zu können, daß des Properz Begeisterung für Rom in der Mitte der Abfassung des 3. Buches gegen 24 v. Chr. einsetzte und – freilich nach Vergil – darauf abzielte, im 4. Buch der Elegien ein dynastisches Denkmal für Augustus zu errichten (vgl. Latomus 11, 1952, 183–197. 315–326. 437–450).

das die Jahrhunderte und Geschlechter Roms zustrebten. Augustus ist der wahre Hercules, der Friedensbringer und Triumphator. Er kehrt aus Spanien unter dem offensichtlichen Schutz Iuppiters zurück. Ebenso war vor Zeiten Hercules bei seiner Rückkehr aus Hesperien in den Ebenen Liguriens durch die Hilfe des Gottes gerettet worden. Die Priester der Ara Maxima tragen aus [61] diesem Grunde den Kranz aus Pappellaub; dieses Laub, mitgebracht aus der Unterwelt, ist ein Unterpfand der Unsterblichkeit. Später, als das wirkliche Rom gegründet war, sollte der augusteische Lorbeer an die Stelle des mystischen Baumes treten, doch die Erinnerung an jenes erste Versprechen sollte keineswegs verblassen. Zweifellos hat Vergil das ältere Symbol bewahrt, um an die religiöse Bedeutung des Hercules-Mythos zu erinnern.

Doch gleichzeitig war es Vergils Absicht, hinter der Gestalt des Hercules den italischen Mars durchscheinen zu lassen. Der Gott der Ara Maxima, für den die Salier tanzen, ist identisch mit dem Vater der Romuliden; er ist der Geliebte der Venus Genetrix, der Stammutter der Iulii. Überall in diesem schicksalsträchtigen Spiel zwischen Euander und Aeneas an jenem Vortag der Iden des August tauchen Symbole auf, die auf Augustus hindeuten. Es ist gleichfalls bezeichnend, daß der Dichter in der Schildbeschreibung am Ende desselben Buches so nachdrücklich die Rolle des Agrippa beim Sieg von Actium herausstellt.[42] Agrippa, der Partner und Nachfolger, dem Augustus gerade seinen Ring übergeben hatte, wird einmal mehr zum ergebenen Helfer und zum Urheber der politischen Stabilisierung nach der Krise des Jahres 23 v. Chr. Vergil drückt in dichterischer Form die Lösung aus, zu der der Herrscher soeben gekommen war,[43] und er deutet bereits die Umrisse einer Dynastie an.

[42] Aen. 8, 682: *Parte alia, ventis et Dis Agrippa secundis* ... Agrippa nimmt somit teil an der Göttlichkeit und dem göttlichen Auftrag des Augustus. Sein Erscheinen an dieser Stelle ist nur dann verständlich, wenn er zu jener Zeit in aller Augen der einzige Mann war, der das Werk des Herrschers fortsetzen konnte, der von der Vorsehung bestimmte Retter und der auserwählte „Sohn".

[43] Zur Rolle des Agrippa in jener Krise des Jahres 24 v. Chr. und den Aufträgen, die ihm in den Provinzen übertragen wurden, vgl. R. Syme, The

Auf diese Weise ist es uns möglich geworden, den Dichter im geheimen Bereich seiner Schöpfung zu beobachten. Keineswegs dem Einfluß der Ereignisse entzogen oder in einer stillen Kammer geschrieben, zeigt sich die ›Aeneis‹ ganz von der Geschichte jener wirren Jahre und vom täglichen Wachsen einer Herrschaft durchdrungen, die noch weiterhin viele Kämpfe ertragen mußte. Dieser Herrschaft bietet Vergil die Hilfe eines *vates* an, eines Mitwissers und Deuters des göttlichen Willens. Er will die Römer dazu bewegen, sich des gewaltigen Horizonts bewußt zu werden, in dessen Zenit sich der „iulische" Augustus erhebt, und wie schon zu Zeiten des Meliboeus und Tityrus möchte er ihnen den Glauben an dessen Göttlichkeit vermitteln.

Roman Revolution, Oxford 1939, 337. Syme stellt zu Recht die Tatsache heraus, daß diese Aufträge die Annahme nicht zulassen, Agrippa sei zu jener Zeit in Ungnade gewesen. Augustus stattete ihn mit dem *imperium proconsulare* aus, sowohl im Westen als auch im Osten, wie es scheint. Möglicherweise bezieht sich die Aufzählung der besiegten oder befriedeten orientalischen Völker am Ende des 8. Buches auf Unternehmungen des Agrippa im Osten. Zu all diesen Punkten vgl. die Liste bei R. Syme a. O. 338.

Originalbeitrag 1983.

AITIOLOGISCHE ERZÄHLUNG UND AUGUSTEISCHES PROGRAMM IN VERGILS ›AENEIS‹ *

Von GERHARD BINDER

Robert Schröter
zum 65. Geburtstag
am 7. Mai 1986

1. Literatur

1.1

Vor 70 Jahren hat R. Heinze auf die Fülle der Aitia in Vergils ›Aeneis‹ hingewiesen. Zwar treibe es, meint Heinze, Vergil

„so schlimm durchaus nicht wie Apollonios; in den meisten Fällen begnügt er sich damit, die Beziehungen des Erzählten zur Gegenwart vom Leser selbst finden zu lassen, aber z. B. bei genealogischen Angaben oder um Örtlichkeiten zu identifizieren, spricht er öfters von späteren Verhältnissen".[1]

Aitia sind ursprünglich ein der epischen Erzählung fremdes Element, und Heinze vermerkt, daß Kallimachos, der Dichter der ›Αἴτια‹, das häufige Durchbrechen der epischen Erzählung bei Apollonios durch aitiologische Hinweise auf Gegenwärtiges oder noch Gegenwärtiges „sicherlich als grobe Stilwidrigkeit" emp-

* Die folgenden Ausführungen gehen auf einen Vortrag zurück, der – einzelne Aspekte unterschiedlich betonend – in mehreren Fassungen gehalten wurde: u. a. als Antrittsvorlesung in der Fakultät für Philologie der Ruhr-Universität Bochum am 13. 7. 1983 und unter dem Titel ›Les récits étiologiques et le programme d'Auguste dans l'Enéide de Virgile‹ im November 1984 an den Universitäten Nantes, Poitiers und Rennes.
[1] R. Heinze, Virgils epische Technik, Leipzig ³1915, 373; vgl. 55. 102–104. 372f.

fand.² Heinze hatte, wie in vielen anderen Details vergilischer Erzähltechnik, den Blick in die richtige Richtung gelenkt.³

Schon E. S. Duckett bedauert, daß ältere Untersuchungen zum alexandrinischen Einfluß auf Vergils Werk

"have endeavored rather to point out signs of direct influence: verbal resemblances in literary descriptions, similes, and phrases consciously or half-consciously borrowed by Vergil to adorn his verse. No one as yet, . . ., has adequately traced the indirect influence of the literary atmosphere, charged with Alexandrian elements, upon the poet who grew up in its midst."⁴

---

² A. O. 373; vgl. E. Norden, Aeneis Buch VI, S. 197 f. (zu Aen. 6, 234 f.), und unten S. 261–263.

³ Vgl. jetzt B. Effe, Epische Objektivität und auktoriales Erzählen. Zur Entfaltung emotionaler Subjektivität in Vergils Aeneis, Gymnasium 90, 1983, 171–186. Effe verweist nachdrücklich auf die Verstärkung des „auktorialen Moments" bei Apollonios, das sich u. a. in der Mitteilung gelehrten Wissens zeigt, speziell „in einer Fülle ätiologischer Ausblicke auf geographische und kultische Gegebenheiten der Gegenwart sowie auf zeitgenössische Bräuche". Für Vergil dagegen konstatiert Effe ein entschiedenes Zurücktreten des gelehrt-ätiologischen Elements (weniger Raum nehmen die Aitiologien in Effes demnächst in ANRW erscheinender Arbeit ›Epische Objektivität und subjektives Erzählen. Zur Entfaltung 'auktorialer' Erzählweisen im römischen Epos der frühen Kaiserzeit‹ ein). T. M. Klein, The Role of Callimachus in the Development of the Concept of the Counter-Genre, Latomus 33, 1974, 217–231, bes. 220 f. mit Anm. 9, zählt in der Tat über 30 aitiologische Passagen im Epos des Apollonios (bei einem Gesamtumfang von gut 5800 Versen); Vergil bleibt jedoch mit ca. 45 Aitiologien (auf ca. 9900 Verse) kaum hinter dem hellenistischen Vorbild zurück.

⁴ E. S. Duckett, Influence of Alexandrian Poetry upon the Aeneid, CJ 11, 1915/16, (333–347) 333; die Aitia werden nur kurz gestreift (a. O. 342). In der Abhandlung ›Hellenistic Influence on the Aeneid‹ (Smith College Class. Stud. I, Northampton Mass. 1920) 24–26 geht E. S. Duckett auf aitiologische Erzählungen und Vergils Intention ein: "Aetiological tales are deftly introduced; like Callimachus, Vergil brought his scientific notes into harmony with his tale; . . . Vergil constantly brings forward for the glory of Augustus the Trojan origin of the Roman race, and describes the celebrating before Aeneas of the Ludus Troiae which Augustus himself reinstated, as he did the old secular games" (24 f.). Vgl. auch L. Bozzi, Ideali e correnti letterarie nell'Eneide, Messina–Milano 1936, 169–179.

Dem damals kurz nach Erscheinen von Heinzes Werk konstatierten Mangel wurde seither in der Forschung vielfältig Rechnung getragen.[5] Das erzähltechnische Problem der Aitiologie und die den Aitia in der ›Aeneis‹ vom Dichter zugedachte Funktion fanden jedoch zunächst relativ wenig Interesse. Dies zeigen z. B. F. Mehmels und M. Hügis[6] seinerzeit neue Perspektiven eröffnende Untersuchungen ebenso wie in jüngster Zeit etwa E. Burcks Bemerkungen zu Vergils „Quellen und dichterischen Vorlagen"[7] und W. W. Briggs' ›Virgil and the Hellenistic Epic‹.[8]

[5] Vgl. etwa M. Puelma Piwonka, Lucilius und Kallimachos. Zur Geschichte einer Gattung der hellenistisch-römischen Poesie, Frankfurt 1949; W. Wimmel, Kallimachos in Rom. Die Nachfolge seines apologetischen Dichtens in der Augusteerzeit, Hermes Einzelschr. 16, Wiesbaden 1960; J. K. Newman, Augustus and the New Poetry, Coll. Latomus 88, Bruxelles 1967; auch W. Clausen, Callimachus and Latin Poetry, GRBS 5, 1964, 181 bis 196 (leider endet dieser gute Überblick mit Vergils ›Georgica‹). Speziell zu Vergil z. B.: E. S. Duckett, Hellenistic Influence (s. Anm. 4); besonders B. Otis, Vergil. A Study in civilized Poetry, Oxford 1963, und wieder W. Wimmel, 'Hirtenkrieg' und arkadisches Rom. Reduktionsmedien in Vergils Aeneis, Abh. d. Marburger Gel. Ges., Jg. 1972, Nr. 1; München 1973 (s. dazu unten S. 260f.).

[6] F. Mehmel, Virgil und Apollonius Rhodius. Untersuchungen über die Zeitvorstellung in der antiken epischen Erzählung, Hamb. Arb. z. Altertumswiss. 1, Hamburg 1940; M. Hügi, Vergils Aeneis und die hellenistische Dichtung, Noct. Rom. 4, Bern–Stuttgart 1952; unergiebig die mir erst nach jahrelangen Bemühungen zugänglich gewordene Dissertation von R. Leitich, Der Einfluß der Argonautika des Apollonios auf Vergil und Ovid, Wien 1940.

[7] Das römische Epos, hrsg. v. E. Burck, in: Grundriß der Literaturgeschichten nach Gattungen, Darmstadt 1979 (Abschnitt ›Vergils Aeneis‹ von E. Burck: S. 51–119), 79–83.

[8] W. W. Briggs, Virgil and the Hellenistic Epic, in: ANRW II 31,2, Berlin–New York 1981, 948–984. Man kann in diesem Zusammenhang auch auf Arbeiten zur Frage „Mythos und Geschichte" in der ›Aeneis‹ verweisen, in jüngerer Zeit z. B.: J.-P. Brisson, Temps historique et mythique dans l'Enéide, in: Vergiliana. Recherches sur Virgile = Roma Aeterna III, Leiden 1971, 56–69, wo das „Zeitproblem" und seine Lösung im Sinne einer «inversion du temps du mythe et du temps de l'histoire qui permet, au niveau de la fiction poétique, de passer sans rupture d'un registre à l'autre» ausführlich, jedoch ohne Bezug auf die Aitientechnik, besprochen ist; Ähn-

Burck läßt poetische Theorien und Techniken ganz beiseite und begnügt sich in einem Abschnitt über „hellenistische Anregungen" unter Hinweis auf B. Otis mit einer Erläuterung des Liebes-Themas (Medea bei Apollonios, Dido bei Vergil). Bei Briggs überrascht, daß das Aition "as a narrative feature" generell mit den poetischen Grundsätzen und dem Werk des Kallimachos verbunden wird (für die ›Georgica‹ ebenso wie für die Fortentwicklung der Technik in der ›Aeneis‹)[9]; denn Briggs betont für die ›Georgica‹ und mehr noch für die ›Aeneis‹ den Einfluß der ›Argonautika‹ und kann diesen – neben deutlich kallimacheischem Einfluß – auch nachweisen. Wenn Briggs mit Recht sagt, "it is quite clear that after the Callimachean renaissance, no serious poet could ignore the principles by which epic themes could be made relevant to a sophisticated society. Consequently, Apollonius follows at least as many of Callimachus' precepts as he ignores", und anschließend die These formuliert, ". . . it was Apollonius who showed Virgil how to write the kind of poem he wanted, not Callimachus"[10], so hätte dies eine Behandlung der Aitia aus der Perspektive der epischen Gattung nahegelegt. Briggs beschränkt sich jedoch auf eine umfängliche Zusammenstellung von Reminiszenzen und Parallelen, die den großen Einfluß des Argonauten-Epos bezeugen, um dann in Stichworten dem kallimacheischen Einfluß gerade die für die Entwicklung der poetischen Technik wichtigen Anregungen zuzuschreiben, unter ihnen "the numerous aitia especially in Book 8"[11].

---

liches gilt von dem lesenswerten Versuch von P. H. Schrijvers einer stark schematisierten "Inleiding in de theorie en de praktijk van vertelletechniek: Vergilius' Aeneïs I en IV", Lampas 4, 1971, 189–209. R. Girod, Virgile et l'histoire dans l'Enéide, in: Présence de Virgile = Caesarodunum XIIIbis, Paris 1978, 17–33, beschränkt sich auf eine Analyse der Iuppiter-Rede, der Heldenschau, der Schildbeschreibung in Aen. I. VI. VIII. Deutliche Hinweise gibt dagegen G. E. Duckworth, Foreshadowing and Suspense in the Epics of Homer, Apollonius, and Vergil, Princeton 1933, bes. beim Vergleich Apollonios–Vergil (33 ff. 119 ff.), ohne freilich die Aitientechnik als solche zu untersuchen; B. Rehm (s. Anm. 65).

[9] Zu den ›Georgica‹ vgl. Briggs a. O. 956 mit dem Hinweis auf S. Shechter, The Aition and Virgil's Georgics, TAPhA 105, 1975, 347–391, ebd. Anm. 28.

[10] A. O. 958 f.

[11] Mit Hinweis auf E. V. George, Aeneid VIII and the Aitia of Callimachus, Mnemosyne Suppl. 27, Leiden 1974; s. dazu unten S. 259.

1.2

Unlängst widmete R. Rieks in seiner Abhandlung ›Vergils Dichtung als Zeugnis und Deutung der römischen Geschichte‹ ein Kapitel dem Problem von „Aitiologie und Eschatologie".[12]

Neben den Hinweisen auf Aitiologien in den ›Eklogen‹ (besonders Ekl. IV[13]) und ›Georgica‹ nehmen die Ausführungen zur ›Aeneis‹ bezeichnenderweise nur geringen Raum ein. Rieks verweist – im Anschluß an E. Norden[14] – auf die Aitia des Ianus-Brauches (Aen. 7) und des Troia-Spiels[15] (Aen. 5) und den allenfalls vage angedeuteten Brauch der Anrufung des Mars *(Mars vigila)* zu Kriegsbeginn (Aen. 8).

Offenbar konnte Rieks nicht mehr auf die Arbeiten von E. V. George und W. Wimmel eingehen, die wenigstens partiell Vergils Aitien-Technik gewidmet sind.[16]

E. V. George unternimmt, bei weiter Auslegung des Begriffs Aition, den Versuch, die Hauptmotive der in Aeneis VIII sich häufenden Aitia auf die von Kallimachos in der Aitien-Dichtung angewandten Erzähltechniken zurückzuführen, wobei mitunter die Divergenzen zwischen beiden Werken deutlicher werden als die postulierte Abhängigkeit des Römers von dem Alexandriner.[17]

---

[12] ANRW II 31,2, Berlin–New York 1981, (728–868) 817–829.

[13] Vgl. dazu Verf., Lied der Parzen zur Geburt Octavians. Vergils vierte Ekloge, Gymnasium 90, 1983, 102–122.

[14] E. Norden, Aus altrömischen Priesterbüchern, Lund/Leipzig 1939, 154 ff. 187 ff.

[15] Vgl. Verf., Lusus Troiae. L'Enéide de Virgile comme source archéologique, BAGB 44, 1985, 349–356.

[16] E. V. George, Aeneid VIII (zit. Anm. 11); W. Wimmel, Hirtenkrieg (zit. Anm. 5); vgl. auch S. Mack, Patterns of Time in Vergil, Hamden Conn. 1978, und dazu Verf., Gymnasium 86, 1979, 565–568.

[17] In einer Reihe von Besprechungen des Buches wurde hierzu das Nötige gesagt: Vgl. J. Perret: REL 53, 1975, 491 f.; N. Horsfall: JRS 65, 1975, 228 f.; K. W. Gransden: CR 90, 1976, 183 f.; G. K. Galinsky: Latomus 35, 1976, 900–902; K. J. McKay: Mnemosyne IV, 30, 1977, 446 f.; siehe auch K.-W. Weeber, Properz IV 1, 1–70, Latomus 37, 1978, (489–506) 504 f. Das Verhältnis Kallimachos–Apollonios (und somit das Verhältnis Apollonios–Vergil) läßt George um der Verbindung Kallimachos–Vergil willen fast ganz

In der Abhandlung ›'Hirtenkrieg' und arkadisches Rom‹[18] zeigt W. Wimmel in konsequenter Fortführung früherer Überlegungen[19] Vergils Technik der Reduktionsmedien[20] in der ›Aeneis‹ auf, zu denen auch die Aitiologien zu zählen sind.[21] Ich schließe diese Übersicht mit einem Abschnitt aus Wimmels Buch, in dem alexandrinisches und vergilisches Interesse, poetisches Prinzip und rombezogene Funktion der Aitia in der epischen Erzählung überzeugend verbunden sind:

„... die ganze Aeneis kann man auffassen als ... ein Ausweichen vor den Problemen eines modernen Themas, eines Augustusepos, wie es von Vergil zunächst erwartet wurde. Ausweichen und Vermeiden ist nicht nur bei den Alexandrinern, sondern ebenso bei Vergil eine Kunstbewegung ersten Ranges. So wird die Frühzeit, die Aeneiszeit insgesamt ... als das 'kleinere' und ursprünglichere Thema zum reduzierten Darstellungsmedium für die großen modernen Stoffe, für Augustussieg bei Actium und Rom als Stadt des Weltreiches, die sich der epischen Gestaltung entziehen. Das ist der eigentliche Sinn des vergilischen Zeitstufenbaues; hier hat die geheime Spannung zwischen Aeneaszeit und geschichtlichen Vorausweisungen ihren Grund. Von hier aus ... läßt sich ein hellenistisches Grundphänomen erklären, das den Deutern seit langem Schwierigkeiten gemacht hat: der Zusammenhang von Ursprungserfassung, dichterischer Aitiologie und Kleinform. Der Ursprung hat fast stets das Merkmal des Unscheinbaren, zu dem die Kleinform paßt. Hier stimmen alexandrinisches und vergilisches Interesse überein. Vergils Ursprungs-Rom ist das reduzierte Rom des armen Euander, in dem gleichwohl die künftige Größe sich abzeichnet.[22] ... In der ganzen

---

außer acht. In der Beschränkung auf Aeneis VIII wird die Fülle der Aitia in der Aeneis vernachlässigt, deren Funktion im vergilischen Epos nur angedeutet.

[18] S. oben Anm. 5.

[19] In: ›Kallimachos in Rom‹ (s. Anm. 5).

[20] Zu Begriff und Technik der Reduktion s. W. Wimmel, Hirtenkrieg, bes. 33. 36–38. 104f. mit Anm. 99a.

[21] Das gelehrte Element in der Dichtung und damit ein Interesse an Aitiologien, das wir gern am Namen und Programm des Kallimachos „festmachen", verstärkt sich schon bei Antimachos. Kallimachos' Aitiendichtung ist eher der Spezialfall im Rahmen des inzwischen bereits Selbstverständlichen (s. Anm. 25).

[22] Vgl. dazu auch Verf., Aeneas und Augustus, Meisenheim 1971, 78–149 passim.

aitiologischen Bewegung des Hellenismus hat sich jedenfalls der verweisende Charakter des Aition, der mit dem Künftigen das Größere einschließt, wohl nie deutlicher enthüllt als hier bei Vergil."[23]

2. Aitia und epische Dichtung

2.1

Aitiologische Geschichten sind ursprünglich epos-fremde Erzählungen: Sie veranlassen den Erzähler, seinen gegenüber der epischen Handlung an sich neutralen Standpunkt ganz oder partiell aufzugeben, durch die offene oder verdeckte Herstellung eines Gegenwartsbezugs die zeitliche Ebene der epischen Erzählung zu verlassen. Ein durch die homerischen Epen begründetes Gesetz der epischen Gattung wird damit durchbrochen.[24]

Im Überschreiten der zeitlichen Ebene der Erzählung durch Aitiologien eröffnet der Erzähler dem Hörer/Leser des Epos mehrere Perspektiven: Aus der Sicht der epischen Handlung wird die historische Gegenwart (= Gegenwart des Dichters/Publikums) zur Zukunft; aus der Sicht der Gegenwart (des Dichters/Publikums) wird die Zeitebene der epischen Erzählung zur (eigenen) Vergangenheit. In aitiologischen Erzählungen des Epos werden also gleichsam drei zeitliche Ebenen übereinander projiziert, eine Erzähltechnik, die Vergil nicht erfunden, aber in der Aeneis konsequent genutzt hat. Um den Ort zu finden, an dem Aitia massiv in die epische Erzählung Eingang fanden, müssen wir den Punkt aufsuchen, an dem für uns nach den homerischen Epen die Gattung erstmalig wieder faßbar wird: die ›Argonautika‹ des Apollonios.

---

[23] W. Wimmel a. O. (s. Anm. 20) 104f.; vgl. auch J. Perret, REL 53, 1975, 492 (Besprechung von E. V. George, mit Bezug auf W. Wimmel).

[24] Zur nahezu grundsätzlichen Neutralität des homerischen Erzählers, zur Verstärkung des „auktorialen Moments" bei Apollonios und dem Durchbruch des „Moments emotionaler Subjektivität" in Vergils ›Aeneis‹ s. B. Effe (Anm. 3). Dieser Aspekt soll hier nicht weiter verfolgt werden.

2.2

Apollonios von Rhodos stellte sich mit dem Wagnis einer Erneuerung des heroischen Epos bewußt in Gegensatz zur Ablehnung der 'großen Form' im Literaturprogramm des Kallimachos.[25] Wie sehr das Epos des Apollonios gleichwohl ein Kind seiner Zeit ist und wie wenig Apollonios in den ›Argonautika‹ den Alexandriner und die Nähe zu Kallimachos verleugnet, zeigt neben anderem[26] die Vorliebe für die Verflechtung gelehrten Wissens und damit das zeitweilige Hervortreten der Persönlichkeit des Dichters in der epischen Erzählung. Dies vollzieht sich besonders – man könnte sagen: wegen und trotz Kallimachos – in zahlreichen aitiologischen Partien. Apollonios nahm Episoden der Argonautensage zum Anlaß, mythische Vergangenheit und historische Gegenwart im Epos zu verbinden.[27] Die Aitiologie ist Mittel der Selbstdarstellung, sie dient

---

[25] Vgl. z. B. W. Wimmel, Kallimachos (s. Anm. 5) 122: „Kallimachos hat die Rettungsmöglichkeit aus der apollonischen Macht des 'Feinen' anerkannt, aus ihr die Wege der Reduktion gefunden und diese in einer auch äußerlich schlagenden (aber nicht für alle Zeit rundum gültigen) Stillehre verdichtet." Daß Kallimachos selbst in den ›Aitia‹ – eben dem Werk, dessen Prolog zum Programm vor allem des neoterischen Literaturschaffens, aber auch für die Augusteer wurde – in spielerischer Reihung die 'große Form' mit neuen Mitteln erprobte, sei hier angemerkt, weil hieraus bei allem Festhalten an der Programmatik des Kallimachos Ovid, aber auch Vergil, ihr „Alibi" für den schrittweisen Übergang zur 'großen Form' gewinnen konnten.

[26] Z. B. Liebe als zentrales Motiv der epischen Erzählung; Einlage von Episoden mit feiner Detailschilderung; Wunsch nach möglichst umfassender Berücksichtigung der (inzwischen weitgehend kanonisierten) Mythentradition; Gestaltung von Götterszenen nach dem Vorbild des Lebens an hellenistischen Fürstenhöfen. [Korrekturzusatz: Vgl. E.-R. Schwinge, Künstlichkeit von Kunst, Zetemata 84, München 1986.]

[27] Vgl. z. B. E. V. George, Aeneid VIII (zit. Anm. 11), 8 mit Anm. 2. Ein – auch im Blick auf Vergil – besonders schönes Beispiel ist Argon. 1, 1063 bis 1077, wo Apollonios berichtet, wie die Quelle Kleite entstand und zu ihrem Namen kam und warum die Einwohner von Kyzikos beim jährlichen Totenopfer Opferspelt mahlen. Die für aitiologische Geschichten typischen Signalbegriffe und das die Gegenwart des Dichters/Lesers bezeichnende

dem Dichter zur Auflockerung der Mythenerzählung und erzeugt
– wegen des Gegenwartsbezugs – erhöhte Aufmerksamkeit beim
Leser. Eine darüber hinausreichende, auf die Gegenwart, den Leser
wirken wollende Intention des Dichters ist nicht zu erkennen.
Ehe wir uns damit beschäftigen, was Vergil in der ›Aeneis‹ aus
diesem von Apollonios erstmalig massiv ins Epos eingeführten
poetischen Mittel gemacht hat, soll in einigen Sätzen die Funktion
aitiologischer Geschichten (und damit ihre Wirkung) allgemein und
ihre Verwendung in augusteischer Literatur beleuchtet werden.

2.3

Aitiologien finden sich weltweit in unzähligen Mythen, Sagen und Legenden, die im weitesten Sinne Ursprünge erklären wollen: also z. B. in
Kosmologien; in Erzählungen von der Abstammung eines Stammes, von
der Begründung einer Dynastie; in Stadtgründungssagen; in Legenden zur
Einsetzung eines Kults, zur Gründung eines Heiligtums; in lokalen Sagen,
die die Bedeutung von Örtlichkeiten, das Wesen markanter Erscheinungen
in der Landschaft, Entstehen und Benennung von Bauwerken erklären wollen. Aitiologische Sagen stellen einen Sagentypus dar, der einem Grund-
bedürfnis des Menschen nach Erklären, Organisieren, Bewältigen der ihn
umgebenden Welt, besonders seiner Kleinwelt, Ausdruck gibt. Sie sind
wichtiger Teil einer vor- und nichtwissenschaftlichen Welterklärung; ihre
„Begründung" ist gebunden an das jeweilige Weltverständnis des Erzählers
und seines Publikums. Dies impliziert, daß aitiologische Erzählungen zumindest in der Zeit ihres Entstehens von den Menschen angenommen, „geglaubt" werden, und ferner, daß Änderungen des Weltverständnisses zu
neuen Erklärungen alter, unverändert fortbestehender Sachverhalte führen
können, Erklärungen, die – in räumlicher oder zeitlicher Distanz zu früheren Erklärungen – ebenfalls „geglaubt" werden können. Dies alles gilt
mutatis mutandis auch für Aitia in hoher Literatur und deren Rezeption
durch den zeitgenössischen Leser; generell gilt auch, daß „Glaubwürdigkeit" oder „Richtigkeit" einer Erklärung letztlich nicht durch antiquarische

---

Präsens sind in dem Text reichlich vertreten: κρήνην..., ἥν καλέουσιν
Κλείτην, ... ἔνθεν νῦν, εὖτ' ἄν σφιν ἐτήσια χύτλα χέωνται..., ἔμπεδον
αἰεὶ... πελανοὺς ἐπαλετρεύουσιν.

Forschung bestätigt oder widerlegt werden,[28] sondern auf der jeweiligen Konformität mit einem existierenden Weltverständnis und der jeweiligen Realität des Publikums beruhen, dem etwas erklärt werden soll. Grundsätzlich: Die Geschichte, die zur Erklärung eines Sachverhalts erzählt wird, ist variabel; konstant dagegen ist das zu Erklärende selbst.

2.4

Hier liegt auch ein Schlüssel für die Deutung aitiologischer Partien in Vergils ›Aeneis‹.[29] Beim Stichwort „Aitia in römischer Dichtung" denkt man spontan nicht an die ›Aeneis‹, sondern an Ovids ›Fasti‹ und damit zugleich an die Aitia des Kallimachos, an jene beiden poetischen Sammlungen aitiologischer Erzählungen, aus denen antiquarische Gelehrsamkeit ebenso wie der Wille zur formvollendeten Gestaltung des Entlegenen spricht: Beide Dichter reizte die bunte Welt dieser jeweils nur ein begrenztes Geschehen umfassenden Sagen zu poetischer Gestaltung und zu ihrer Zusammenfassung in einem größeren poetischen Ganzen; beide Gedichte gehören in den Bereich der Elegie, und wir empfinden das bewußte Hervortreten der Persönlichkeit des Erzählers – selbstbewußt, distanziert, kritisch, ironisch, humorvoll – als selbstverständlich.[30]

Properz war bereits einige Jahre tot, als Ovid mit der Arbeit an den ›Fasti‹ begann. Er hatte sich im Einleitungsgedicht zu seiner letzten Elegiensammlung als neuer, römischer Kallimachos vorgestellt (4, 1, 64 *Umbria*

---

[28] Römische Sagen dieses Typus sind uns ausschließlich in antiquarischer Literatur oder in hoher Prosa und Poesie überliefert. Hierbei ist zu bedenken, daß die Aufzeichnungen aitiologischer Sagen in anderen Kulturbereichen meist ebenfalls eine späte Phase der Sagenentwicklung widerspiegeln. Zu dem antiquarischen Wert vergilischer Aitia vgl. Verf., Lusus Troiae (s. Anm. 15).

[29] S. dazu unten S. 266. 271 f. 274–276.

[30] Im Gegensatz zu Kallimachos' Rahmentechnik und lockerer Führung der Erzählung werden die Aitia des Römers Ovid zusammengehalten durch das strenge Gerüst des römischen Festkalenders und durch das über alles gegossene nationale Kolorit, das so penetrant ist, daß man an der Ernsthaftigkeit des Dichters zweifeln darf, der auch in diesem Zusammenhang „den süffisanten Ton des Salonpazifisten oder das Augenzwinkern des alten Gourmand auf erotischem Gebiete" keineswegs unterdrückt (F. Bömer, P. Ovidius Naso. Die Fasten, Bd. I, 14; über die Formulierung kann man streiten, sachlich ist es richtig).

Romani patria Callimachi) und aitiologische Geschichten in elegischer Form als sein neues Thema bezeichnet (69 *sacra diesque canam et cognomina prisca locorum*). National ist der Grundton auch bei ihm,[31] sein 'understatement' angesichts des „großen Stoffes" drückt programmatisch das Festhalten an der durch das Modell propagierten „kleinen Form" aus (59f. *sed tamen exiguo quodcumque e pectore rivi / fluxerit, hoc patriae serviet omne meae*).

Die zahlreichen Motivverbindungen zwischen Properz IV und Ovids ›Fasti‹ bedürfen hier ebensowenig der Erläuterung wie die selbstbewußte Kallimachos-*aemulatio* beider Autoren.[32] Zu betonen ist jedoch, daß gerade hinsichtlich der Bearbeitung aitiologischer Themen zwischen Kallimachos und den beiden Elegikern Vergils ›Aeneis‹ steht[33] und daß die Funktion vergilischer Aitia im Gesamtkonzept der ›Aeneis‹ „das leicht nationalistische Kolorit, das Kallimachos, seiner Zeit und seiner Herkunft fernlag"[34], unmittelbar nach Vergil als selbstverständliche Neuerung begründet.

---

[31] Soll man die sog. römischen Elegien des Properz als Zeichen einer Konversion des Liebesdichters oder als subtile Fortsetzung der *recusatio* im nationalen Gewand bewerten? Dieses die jüngere Forschung beherrschende „Entweder-Oder" dürfte die Intention des Dichters, der sich auf das für ihn neue Gebiet der aitiologischen Elegie begab, nicht treffen. Vermittelnd etwa K.-W. Weeber, Das 4. Properz-Buch, Diss. Bochum 1977, bes. 9ff. 267ff., und M. von Albrecht, Properz und Rom (in diesem Band S. 360ff.), bei denen jedoch die kallimacheischen Wesenszüge zu wenig betont werden.

[32] Vgl. etwa die Notizen bei F. Bömer a. O. (s. Anm. 30) 25f.

[33] Zum Verhältnis Vergil–Properz vgl. z. B. Verf., Aeneas und Augustus (s. Anm. 22), Stellenregister s. v. Propertius; ders., Compitalia und Parilia, MH 24, 1967, 104–115; K.-W. Weeber a. O. (s. Anm. 31), bes. 280–283; ders., Properz IV 1, 1–70 und das 8. Buch der Aeneis, Latomus 37, 1978, 489–506. – Zum Verhältnis Vergil–Ovid vgl. F. Bömer a. O. (s. Anm. 30) 24f. 27; Verf., Aeneas und Augustus, Stellenregister s. v. Ovidius. – Während Properz mehrere Themen des 8. Aeneisbuches in Buch IV aufgreift und neu gestaltet (etwa Aen. 8,184ff. in IV 9; 8,306ff. in IV 1; 8,675ff. in IV 6), erzählt Ovid mehrfach die ausführliche Geschichte zu Motiven, die Vergil nur knapp andeutet (etwa Fast. 1,477ff. zu Aen. 8,337–341; 1,235 bis 246 zu 8,355–358; ähnlich Properz IV 4 zu Aen. 8,347f.). Vgl. Verf. a. O. 110. 128. 133ff. 229 u. ö.

[34] Vgl. F. Bömer a. O. (s. Anm. 30) 25.

3. Aitia in Vergils ›Aeneis‹

3.1

Vergil hat Aitien-Dichtung größeren Stils nach Rom vermittelt. In Aen. 7,601–622 wird der Brauch geschildert, das Ianus-Tor bei Kriegsbeginn zu öffnen, in Friedenszeiten geschlossen zu halten (7,601–603. 607. 616f.):

> Mos erat Hesperio in Latio, quem protinus urbes
> Albanae coluere sacrum, nunc maxima rerum
> Roma colit . . .
> sunt geminae Belli portae . . .
> hoc et tum Aeneadis indicere bella Latinus
> more iubebatur tristisque recludere portas.

Iuno öffnet die Pforten des Kriegs und nimmt für sich somit ein Recht in Anspruch, das eigentlich König Latinus zusteht. Der „römische" Brauch, im „Geschichts"-Werk des Livius auf König Numa zurückgeführt (1,19,2f.), wird also von Vergil mit der Herrschaft des Latinus verbunden. Das Aition – hier wichtiger Bestandteil der epischen Erzählung; es macht dem Leser die Tragweite des Handelns der Göttin Iuno bewußt – gibt den Sinn des Ritus richtig wieder. Vergil hat nicht etwa versucht, den Ianus-Brauch in antiquarischem Sinn auf König Latinus zurückzuführen. Er hat den Ritus in die epische Handlung eingebaut und aus ihr begründet, dabei Sinn und Bedeutung des Ritus „richtig" (d. h. auch augusteischem Verständnis entsprechend) mitgeteilt; er hat den Ritus in einen neuen Kontext gestellt, ohne sich darum zu kümmern, daß die Tradition auch andere Begründungen des Ritus kannte; und er hat – die Distanz des epischen Erzählers zu seinem Stoff verkürzend – auf das Fortbestehen des Ritus im Rom der Gegenwart hingewiesen (Signale: *mos erat . . ., protinus urbes Albanae . . ., nunc maxima rerum Roma, hoc et tum . . . more*). Der Leser weiß, daß Augustus bereits zweimal die Pforten des Ianus zum Zeichen des Friedens geschlossen hat; er erfährt also an einem entscheidenden Punkt des Epos, daß das eigenmächtige Handeln der Göttin Iuno die Mission des Aeneas zwar behindern, ihren Erfolg aber letztlich nicht verhindern kann.

3.2

Aitia finden sich in der ›Aeneis‹ von Buch I bis XII. Eine deutliche Konzentrierung ist jedoch in der Aeneismitte zu verzeichnen.[35]

In Buch V beginnt die Aeneishandlung auf italischem Boden; die epische Erzählung ist nun ganz auf Italien, im engeren Sinn auf Latium und das zukünftige Rom ausgerichtet. Sizilien-Buch, Katabasis-Buch, Latium-Buch, Rom-Buch: Die Handlung reicht von der Landung auf Sizilien bis zur berühmten Schildbeschreibung, die Aeneas das Telos seiner Mission zeigt, das Rom des Weltherrschers Augustus. In diesem Rahmen konnte Vergil zwanglos italisch-römische Aitia anführen, die eben jenen zeitlichen und ideellen Spannungsbogen zwischen Aeneas und Augustus ausdrücken, den die Aeneismitte insgesamt aufweist.[36]

Im folgenden sollen die vor diesem Block liegenden Aitia der Bücher I bis IV besprochen werden. Sie verdienen besonderes Interesse; denn in ihnen müssen „römische" Institutionen, deren Ursprung sonst möglicherweise anders erklärt wurde, aitiologisch an Episoden der Aeneassage gebunden sein, die vor der Landung der Troianer auf italischem Boden liegen, es sei denn, ein Aition stünde in der Iuppiter-Rede von Aeneis I, jenem ersten der historischen Vorausblicke, die ohnehin den Bogen zur Gegenwart Roms schlagen.[37]

---

[35] Vgl. zum folgenden die Zusammenstellung der Aitia unten S. 285f.
[36] Die Aitia ab Buch V sind in die Zusammenstellung unten S. 285f. aufgenommen, unten S. 278ff. aber nur kurz behandelt. Zu den Aitia in Buch V und VI vgl. einstweilen Verf., Lusus Troiae (s. Anm. 15); Buch VI: R. Merkelbach, Aeneas in Cumae, MH 18, 1961, 83–99; Buch VII: V. Buchheit, Vergil über die Sendung Roms, Heidelberg 1963; Buch VIII: Verf., Aeneas und Augustus (s. Anm. 22); E. V. George, Aeneid VIII (s. Anm. 11); K. W. Gransden, Virgil, Aeneid VIII, Cambridge 1966.
[37] S. dazu unten S. 269f.

3.3

Zuvor soll eine einfache Klassifizierung der Aitia in der ›Aeneis‹ versucht werden. Man kann schematisch zwei Haupttypen unterscheiden[38]:

Typ A: Klein-Aitia, die i. a. in ein bis drei Versen vorgetragen werden und lediglich einen noch existierenden Orts-, Familien-, Stammesnamen usw. mit einem Namen oder Ereignis der epischen Handlung verbinden. Differenzierung:
– Typ A 1, in dem der Dichter die Distanz des epischen Erzählers verkürzt oder aufgibt und ausdrücklich die genannte Verbindung herstellt, und
– Typ A 2, in dem es dem Leser überlassen bleibt, die (meist naheliegende) Verbindung herzustellen.

Typ B: Groß-Aitia, d. h. breit ausgeführte aitiologische Erzählungen, die einen (auch im augusteischen Rom noch vorhandenen oder wieder zu Aktualität gelangten) Brauch usw. in der epischen Handlung verankern. Differenzierung:
– Typ B 1, in dem der Bezug zur Gegenwart durch Formeln (Signale) wie *mos erat...*, *qui nunc* ausdrücklich hergestellt wird, und
– Typ B 2, in dem der Dichter auf die Herstellung der (meist naheliegenden) Verbindung zur Gegenwart verzichtet.

Ergänzend:
1. Klein-Aitia (Typ A) können selbständig und innerhalb von Groß-Aitia (Typ B) auftreten.
2. Beide Haupttypen können durch Reihung zu längeren aitiologischen Zusammenhängen ausgebaut sein.

---

[38] Man könnte statt dessen oder zusätzlich auch inhaltlich gliedern: z. B. Kultaitia, römische Familiennamen, italische Ortsnamen, altrömische Bräuche usw. Fürs erste scheint eine Zusammenstellung nach Aeneisbüchern und Einteilung in Typen ausreichend (s. unten S. 285–287).

4. Aitia in Aeneis I–IV und augusteisches Programm

4.1 Buch I

Die beiden ersten Aitia der ›Aeneis‹ stehen in der Trostrede Iuppiters an seine Tochter Venus, die um die Zukunft ihres Sohnes Aeneas und der Aeneaden besorgt ist. Iuppiter zeigt seiner Tochter, welch große Zukunft die unverrückbaren Fata den Aeneasnachkommen bestimmt haben; dabei grenzt er die römische Geschichte im engeren Sinn durch die Gründung Roms und das Ende der Bürgerkriege unter Augustus ein.[39] Iuppiter sagt (1, 275–279):

> Inde lupae fulvo nutricis tegmine laetus
> Romulus excipiet gentem et Mavortia condet
> moenia Romanosque suo de nomine dicet.
> his ego nec metas rerum nec tempora pono:
> imperium sine fine dedi.

Die Römer tragen also ihren Namen nach Romulus, dem Stadtgründer: ein Aition des Typs A 1. Wenig später sagt Iuppiter zu Venus (1, 286–288):

> Nascetur pulchra Troianus origine Caesar,
> imperium Oceano, famam qui terminet astris,
> Iulius, a magno demissum nomen Iulo.

Iuppiters Prophezeiung bezieht sich auf Caesar Augustus[40]: Dieser ist Iulier durch Adoption und trägt seinen Namen (wie alle Iulier) nach Ascanius-Iulus, dem Aeneassohn; er ist also Nachkomme des Aeneas, ein Troianer (A 1).

Die ersten Aitia des vergilischen Epos bieten einen Schlüssel für das Verständnis aller weiteren Aitia: Sie werden von Iuppiter

---

[39] Vgl. hierzu bes. A. Wlosok, Die Göttin Venus in Vergils Aeneis, Heidelberg 1967, 60–73; W. Kühn, Götterszenen bei Vergil, Heidelberg 1971, 23–27.

[40] A. Wlosok a. O. (s. Anm. 39) 62; vgl. P. Vergili Maronis Aeneidos liber I, ed. R. G. Austin, Oxford 1971, z. St.; The Aeneid of Vergil, Books 1–6, ed. R. D. Williams, London 1972, z. St.

gesprochen, der den Inhalt der Fata erläutert; sie stehen an der ersten Stelle des Epos, die dem Leser den teleologischen Charakter der ganzen epischen Handlung entschlüsselt; insonderheit klärt das Iulus-Aition die genealogische Verbindung zwischen Aeneas und Augustus zum frühestmöglichen Zeitpunkt, eine Verbindung, auf der letztlich auch die typologische Verbindung zwischen Aeneas und Augustus,[41] also der ganze mythisch-historische Spannungsbogen des Epos ruht.

4.2 Buch II

Das einzige Aition in Buch II gehört zum Typ B 2. Im Angesicht des brennenden Troia bittet Creusa ihren Mann Aeneas inständig, sich nicht erneut in einen aussichtslosen Kampf zu stürzen, seinen Vater Anchises, seinen Sohn Iulus und sie selbst nicht hilflos in dem Inferno zurückzulassen (vgl. 2, 675–678). Da erscheinen züngelnde Flammen um das Haupt des kleinen Iulus: ein Omen, das Anchises sogleich positiv deutet; er betet zu Iuppiter (2, 689–691):

> 'Iuppiter omnipotens, precibus si flecteris ullis,
> aspice nos, hoc tantum, et si pietate meremur,
> da deinde augurium, pater, atque haec omina firma.'

Das erbetene Zeichen trifft unmittelbar danach ein: Donner von links und eine Sternschnuppe, die über den Himmel eilt und in den Wäldern des Idagebirges verschwindet. Anchises deutet das Zeichen (2, 701–704):

> 'Iam iam nulla mora est; sequor et qua ducitis adsum.
> Di patrii, servate domum, servate nepotem;
> vestrum hoc augurium, vestroque in numine Troia est.
> Cedo equidem nec, nate, tibi comes ire recuso.'

---

[41] S. dazu Verf., Aeneas und Augustus (s. Anm. 22) 2–5 und passim; K. W. Gransden (s. Anm. 36) 14–20; R. Rieks a. O. (s. Anm. 12) bes. 811 bis 816; kritisch zu dem in diesen Arbeiten vertretenen Typologie-Begriff V. Buchheit, Vergilische Geschichtsdeutung, Grazer Beitr. 1, 1973, 23–50.

Die noch auf dem Boden Troias spielende Episode ist Aition für das römische Auguralwesen: Das Flammenzeichen am Haupt des Iulus ist das von den Göttern gesandte *augurium oblativum*; Donner und Sternschnuppe sind Antwort der Götter auf die menschliche Bitte, das *augurium impetrativum*.[42]

Der Auszug aus Troia markiert einen neuen Abschnitt im Leben der Aeneaden, den Aufbruch zur Gründung eines neuen Troia: er sollte *auspicato* erfolgen. So ist Aeneas' Verlassen des alten Troia nicht Flucht, sondern ein durch *religio* abgesicherter Akt: nach römischem Verständnis ein Staatsakt, für den vergilischen Aeneas ein Akt der *pietas*, hinter dem man unschwer die Intention des Dichters erkennt, ein Element des politischen Programms des Augustus in der Aeneassage zu verankern, den Versuch nämlich, Rom nach dem Zusammenbruch zu erneuern und die neue Herrschaftsform zu stabilisieren durch strenge Beachtung alter, besonders kultischer Traditionen.[43]

Vergil hat Form und Sinn des alten Ritus korrekt wiedergegeben;

---

[42] Vgl. bes. B. Grassmann-Fischer, Die Prodigien in Vergils Aeneis, München 1966, 9–28; Verf., Aeneas und Augustus (s. Anm. 22) 226–230. In einem demnächst erscheinenden Aufsatz versucht I. Borzsák, Vergils Flammen- und Sternerscheinung in Verbindung zu setzen mit der iranischen *xvarnah*-Idee, die sich besonders mit der Geburt von Heroen und Königen verbindet (vgl. G. Widengren, Die Religionen Irans, Stuttgart 1956, 52 ff. 98 ff. 332).

[43] Neben unverändert beibehaltenen Traditionen dienten diesem Ziel die Wiederbelebung älterer Kulte und Bräuche (bei der mitunter massive, den ursprünglichen Charakter erheblich verändernde Eingriffe in die Überlieferung vorgenommen wurden; man denke etwa an die Ludi Saeculares, die Lupercalia) und Gewichtsverlagerungen im staatlichen Kultus, verbunden mit Neuschöpfungen, denen der Anstrich des Alten, Bewährten gegeben wurde (vgl. dazu K. Latte, Röm. Religionsgeschichte 302 ff. = oben 34 ff.). Vieles von dem, was mit „augusteischer Restauration" umschrieben wird, wurde aus politischer Programmatik heraus neu geschaffen und in die Vergangenheit projiziert, war also Fiktion einer Tradition, die in Rom nie lebendig gewesen war (vgl. dazu auch Verf. a. O. 53. 144. 151. 261 f. und Saeculum Augustum I, Einleitung, zum *mos maiorum*). Vergils Verwendung der Aitia spiegelt eben diese Methode im Medium der epischen Dichtung (s. unten 272–275).

er hat aber für seine Entstehung eine neue aitiologische Geschichte erzählt, ohne Rücksicht darauf, daß der Ursprung der altrömischen Auguraldisziplin unbekannt war, die Einsetzung der ersten Augurn aber in historischer und antiquarischer Literatur auf den Stadtgründer Romulus bzw. die Sakralverfassung Numas zurückgeführt wurde.

4.3 Buch III

4.3.1

Während der Irrfahrten landen die Aeneaden an verschiedenen Küsten: Thrakien, Delos, Strophaden, Actium, Buthrotum. Immer wieder muß Aeneas aus berufenem Mund erfahren, daß das Ziel, der Ort für ein neues Troia, nicht erreicht ist – mit einer Ausnahme: Actium. Und gerade dieser Ort hat als einzige Station eine ideelle Verbindung mit Rom, dem neuen Troia, eine Verbindung, die durch ein merkwürdiges Aition (B 2) hergestellt wird. Die Aeneaden nähern sich zur See der Küste von Leukas-Actium, sichten den Apollotempel; sie landen (3, 278–282):

> Ergo insperata tandem tellure potiti
> lustramurque Iovi votisque incendimus aras
> Actiaque Iliacis celebramus litora ludis.
> Exercent patrias oleo labente palaestras
> nudati socii, ...

Merkwürdig ist dieses Aition, weil hier nicht ein alter, noch existierender Brauch aus dem Mythos begründet, sondern ein erst im Jahr 28 v. Chr. nach dem Sieg von Actium von Augustus gestiftetes Jahresfest[44] in mythische Zeit zurückprojiziert wird: Damit werden die aktischen Spiele des Aeneas zum Prototyp für die von seinem Nachfahren Augustus eingesetzten, d. h. also „erneuerten" Spiele. Gerade weil die Station Actium – wie R. Heinze richtig sagt – „ohne

---

[44] Vgl. die Nachweise bei Verf., Aeneas und Augustus (s. Anm. 22) 251 bis 254; D. Kienast, Augustus. Prinzeps und Monarch, Darmstadt 1982, 376 mit Anm. 37.

Beziehung auf die leitende Idee" der Irrfahrtenerzählung ist,[45] weil sie im Gegensatz zur verzweifelten Unrast der Irrfahrten und ihren wiederholten Enttäuschungen einen heiter-unbeschwerten Ruhepunkt darstellt, kommt die Intention des Dichters besonders deutlich zum Ausdruck: Es sind *ludi Iliaci*, welche die Troianer in Actium feiern.[46] Der Aufenthalt der Aeneaden in Actium und das Aition für die Spiele dienen der Teleologie der ›Aeneis‹: Der Aeneade Augustus siegt und stiftet Spiele an einem «lieu sacré» seiner Ahnen.

4.3.2

Buthrotum, das Klein-Troia des Troianers und Apollopriesters Helenus, ist die nächste Station der Irrfahrten. Buthrotum liegt, nicht weit von Actium, im Siedlungsgebiet der Chaones. Chaonien heißt das Land an der albanischen Küste nördlich von Korfu; in einem Aition (A 2) leitet Vergil den Namen von einem Troianer namens Chaon her, den die Sagentradition sonst nicht kennt[47] (3,333–336). Das typisch „hellenistische" Aition zeigt, wie sehr Vergil daran lag, Orte und Bräuche in seine Aeneassage zu integrieren; es zeigt freilich auch, wie vorsichtig der Vergilinterpret sein muß, wenn er Aitia der ›Aeneis‹ auf antiquarisch verwertbare Informationen hin befragt.

4.3.3

Beim Abschied von Buthrotum legt Vergil dem Aeneas ein Aition besonderer Art in den Mund. Schon die antike Vergilkommentie-

---

[45] R. Heinze a. O. (s. Anm. 1) 102.

[46] Aeneas weiht gerade dort, wo einst sein Nachfahre Augustus durch einen in der Propaganda hochstilisierten Sieg seine Herrschaft begründen wird, einen ehernen Schild, ein Beutestück aus dem Kampf gegen die Griechen vor Troia (3,286–288). Die Sagentradition weiß von einem solchen Weihgeschenk an mehreren Orten, Vergils Aeneassage beschränkt es auf Actium (Heinze a. O. 102 f.).

[47] Vgl. Serv. auct. zu Verg. Aen. 3,333. 334.

rung hat es auf die von Augustus nach dem Sieg bei Actium gegründete Stadt Nikopolis bezogen. Vergil erwähnt Nikopolis nicht; er läßt Aeneas sagen (3, 500–505):

> Si quando Thybrim vicinaque Thybridis arva
> intraro gentique meae data moenia cernam,
> cognatas urbes olim populosque propinquos
> Epiro Hesperiam, quibus idem Dardanus auctor
> atque idem casus, unam faciemus utramque
> Troiam animis; maneat nostros ea cura nepotes.

Das Klein-Troia des Helenus und das neue Troia, Rom, werden hier zueinander in Beziehung gesetzt. Dabei geht Vergil deutlich von historischen Gegebenheiten aus und verankert diese aitiologisch in der epischen Erzählung.[48] „Augenblickssituation innerhalb des epischen Geschehens und prophetisch vorweggenommene, für den Leser jedoch schon Gestalt gewordene historische Gegenwart fließen ... hier ineinander."[49] Schon Servius (auct. zu Aen. 3, 501) hat zu Vergils Prophezeiung bemerkt: *cognatas vero urbes quidam in honorem Augusti dictum accipiunt; is enim cum in Epiro Nicopolim conderet, cavit in foedere civitatis ipsius, ut cognati observarentur a Romanis.* Nikopolis, eigentlich ein Zusammenschluß aus Bewohnern zahlreicher Nachbargemeinden, war eine *civitas libera*, genoß also einen ähnlichen Sonderstatus wie das historische Ilion/Troia.[50]

Wir haben hier ein Aition (A 2) vor uns, das Vergil völlig neu aus der Geschichte und dem Geist seiner Zeit gestaltete, eine Prophetie, die zum Aition wird durch die Projektion augusteischer Verhältnisse in die Vergangenheit der Sage.

---

[48] Man beachte die Futura des Textes, das Schlüsselwort *olim* sowie die über die Handlung des Epos hinausweisende Conclusio *maneat nostros ea cura nepotes*. Ausführlich zu diesen Versen: V. Buchheit (s. Anm. 36) 155 bis 159; vgl. auch H. L. Tracy, Aeneas' Visit to Buthrotum, in: Echo du monde classique 11, Ottawa 1967, 1–3.

[49] V. Buchheit a. O. 156.

[50] Zu Nikopolis s. D. Kienast, Augustus (s. Anm. 44) 353f. 373–376; vgl. F. Schober, Art. Nikopolis 2, RE XVII 1, 1937, (511–518) 516f. bzw. E. Meyer, Art. Nikopolis 3, KlPauly 4, 1972 (124f.) 124. – Zu Ilion vgl. K. Ziegler, Art. Troia, KlPauly 5, 1975, (977–983) 982; Th. Mommsen, Röm. Staatsrecht III 682 Anm. 3.

Aitiologie und augusteisches Programm – ›Aeneis‹

Die ganze Tragweite dieses „Aitions" erweist sich erst, wenn man das Nikopolis-Aition mit dem Aition für die *ludi Actiaci* verbindet: Beide Gründungsgeschichten des 3. Aeneisbuches schließen sich zu einem aitiologischen Komplex zusammen, der seinen Sinn durch die vergilische Konstruktion der Aeneassage und die augusteische Komponente des Epos erhält.[51]

4.3.4

Nach dem Abschied von Buthrotum setzen die Aeneaden nach Italien über. Das verheißene Land kommt in Sicht, und Anchises begrüßt die Götter des Landes mit der Bitte um günstigen Wind zur Landung. Die Aeneaden steuern dem Hafen zu, erblicken den Minervatempel, legen an. Ein Omen in Gestalt vier weißer Pferde deutet Anchises auf bevorstehenden Krieg. Aeneas berichtet weiter (3,543–547):

> ... tum numina sancta precamur
> Palladis armisonae, quae prima accepit ovantis,
> et capita ante aras Phrygio velamur amictu
> praeceptisque Heleni, dederat quae maxima, rite
> Iunoni Argivae iussos adolemus honores.

Die Troianer bringen Iuno ein Opfer dar, *rite*, und sie tun es *capite velato*, also in der bei den meisten römischen Opferhandlungen vorgeschriebenen Opfertracht. Damit folgen die Troianer einer Weisung des Apollopriesters Helenus, die in Buthrotum an sie ergangen war (3,403–409):

> 'Quin ubi transmissae steterint trans aequora classes
> et positis aris iam vota in litore solves,
> purpureo velare comas adopertus amictu,
> ne qua inter sanctos ignis in honore deorum
> hostilis facies occurrat et omina turbet.
> hunc socii morem sacrorum, hunc ipse teneto,
> hac casti maneant in religione nepotes.'

---

[51] Nach Abzug dieser Kriterien bleibt an diesen Aitia nichts antiquarisch Verwertbares.

Beide Stellen des 3. Buches zusammen ergeben das Aition (A 1) für den römischen Brauch des Opfers *capite velato*.[52]

Der Brauch, *capite velato* bzw. *capite operto* zu opfern, wird seit Plautus wiederholt in der Literatur genannt; Cato bezeichnet die Tracht in den ›Origines‹ richtig als Teil des *cinctus Gabinus*.[53] Auch hier wird deutlich, daß für Vergil die aitiologische Verbindung eines Brauches mit seiner Aeneassage Vorrang hat vor anderen Herleitungen. In Aeneis III kommt es Vergil darauf an, daß sein Held Aeneas in der Befolgung der Weisung des Apollopriesters Helenus als *pius Aeneas* erscheint, der als Priester *capite velato* ein Element des römischen Opferritus beachtet und somit am Anfang einer religiösen Tradition Roms steht – *hac casti maneant in religione nepotes*.

Die Bewahrung oder Wiederbelebung kultischer Überlieferungen oder auch die Neuschöpfung von Elementen des staatlichen Kultus und deren Projektion in eine römische Vergangenheit gehören zum politischen Programm des Augustus, und Augustus nahm seine priesterlichen Pflichten selbst sehr ernst. Ein offizielles Monument augusteischer Zeit zeigt uns, wie der zeitgenössische Aeneisleser das Opfer-Aition verstehen sollte und konnte: Das Aeneas-Relief der Ara Pacis zeigt den Troianer in priesterlicher Haltung *capite velato* beim Opfer eines Schweines; der Längsfries der Südseite des Altars zeigt Augustus *capite velato* im Zug einer Opferprozession, die sich auf das Aeneas-Relief hinbewegt.[54]

---

[52] Die Zurückführung auf den Troianer Helenus und die Aeneaden ist dabei ebenso vergilisch wie die Begründung mit der Gefahr, beim Opfer einen Feind zu erblicken; an die Stelle der Toga des römischen Priesters tritt der Phrygermantel, in der Weisung des Helenus der *purpureus amictus* (dessen Farbe offenbar böse, das Opfer störende Einflüsse abwehren sollte).

[53] Cato Orig. fr. 18 Peter (aus Servius zu Aen. 5, 755 in der Erklärung zu *urbem designat aratro*, nämlich Aeneas bei der Gründung von Segesta): *quem Cato in originibus dicit morem fuisse. conditores enim civitatis taurum in dexteram, vaccam intrinsecus iungebant et incincti ritu Gabino, id est togae parte caput velati, parte succincti, tenebant stivam incurvam*, . . . Vgl. Varro bei Macrob. sat. 3, 6, 17; Festus p. 432, 2 ff. ed. Lindsay; Ovid, Fast. 3, 363 mit Kommentar von F. Bömer z. St.

[54] Vgl. E. Simon, Ara Pacis Augustae (Monumenta Artis Antiquae I,

4.4 Buch IV

Die Thematik des Dido-Buches eignet sich weniger für aitiologische Geschichten, die auf Roms Gegenwart zielen. So finden wir auch nur eine Passage, die man bedingt als Aition (A 1) ansprechen kann, die Schlußverse in der Fluchrede Didos. Nachdem Dido Krieg und Tod über Aeneas und die Aeneaden beschworen hat, weitet sie den Fluch auf die Nachkommen aus (4, 621–629):

> 'Haec precor, hanc vocem extremam cum sanguine fundo.
> Tum vos, o Tyrii, stirpem et genus omne futurum
> exercete odiis cinerique haec mittite nostro
> munera. Nullus amor populis nec foedera sunto.
> Exoriare aliquis nostris ex ossibus ultor,
> qui face Dardanios ferroque sequare colonos,
> nunc, olim, quocumque dabunt se tempore vires.
> Litora litoribus contraria, fluctibus undas
> imprecor, arma armis: pugnent ipsique nepotesque.'

Damit wird die historische Auseinandersetzung Karthago–Rom aus dem Treuebruch des Aeneas begründet, einem Treuebruch, der durch göttliche Satzung geboten war: Aeneas' Mission weist nach Rom, und der Aeneisleser weiß, was der Gehorsam des Aeneas für Rom bedeutet. Rom war ja, nach dem Willen der Götter, Sieger geblieben im Kampf gegen Karthago. Nach Karthagos Untergang konnte sich Rom als Machtzentrum der Welt begreifen: Die Weichen für die Weltherrschaft Roms und für deren Höhepunkt unter Augustus waren gestellt. So gewinnt das in Didos Fluch liegende Aition für den Krieg Karthago–Rom[55] eine über das dritte und zweite Jahrhundert hinaus in die Gegenwart weisende Bedeutung.

Tübingen 1967) 16f. 23 mit Taf. 10, 2. 11. 25. 30; Verf., Aeneas und Augustus (s. Anm. 22) 160f.

[55] Später vertröstet Iuppiter in der Götterversammlung die kampfbereiten Gottheiten auf die historische Auseinandersetzung (10, 11–14): *adveniet iustum pugnae (ne arcessite) tempus, / cum fera Karthago Romanis arcibus olim / exitium magnum atque Alpis immittet apertas: / tum certare odiis, tum res rapuisse licebit.*

5. Ausblick: Aitia in Aeneis V–XII

5.1

In der Aeneismitte häufen sich die Aitia.[56] Zugleich verstärkt sich die Tendenz des Dichters, den Leser ausdrücklich auf die Verbindung der Ursprungsgeschichten mit römisch-historischen und augusteisch-aktuellen Sachverhalten hinzuweisen (Aitia des Typs A 1/B 1). Handlungsbedingt gewinnen Aitia das Übergewicht, die sich auf topographische Punkte, auf römische Familien und vor allem auf römische Kulte (nicht einzelne Kulthandlungen) beziehen: Themen der Aitia sind also, wie später Properz für sein letztes Elegienbuch formuliert (4, 1, 69), *sacra diesque ... et cognomina prisca locorum*.

Nach dem Verlassen Karthagos kehren die Troianer nach Sizilien zurück – scheinbar ungeplant, vom Sturm getrieben, aber eben gerade recht, um das Jahresfest zur Erinnerung an den Tod des Anchises zu feiern. Die richtige Erklärung für die Notwendigkeit dieser zweiten Landung an der Westspitze Siziliens hat schon R. Heinze gegeben:

„Ein beliebiger Küstenpunkt, etwa von Kalabrien oder Lukanien, war künstlerisch unzulässig: der Ort mußte an sich von Bedeutung sein. Es war aber in der Tat von sämtlichen Stationen des Aeneas auf der Irrfahrt gen Westen die sizilianische für die Römer weitaus die wichtigste: die Aeneaslegende ist in die Anfänge der römischen Herrschaft in Sizilien verflochten, und das Heiligtum der Aphrodite Aineias auf dem Eryx, die Mutterstätte des römischen Venuskults, mußte gerade in augusteischer Zeit höchste Verehrung genießen."[57]

Folgerichtig werden am Ende des Sizilien-Buches die Aitia (B 1) für die Stadt Segesta und den Tempel der Venus Erycina gegeben. Buch V der ›Aeneis‹ ist bereits ein Stück Antwort auf das „Aition" in Didos Fluch (s. oben): Sizilien, der Zankapfel des ersten Punischen Kriegs, ist altes Troianerland, Roms Land seit mythischer Zeit. Wie „römisch" dieses Sizilien der Aeneaszeit ist, zeigt die Folge der Aitia dieses Buches.[58]

[56] S. oben S. 267.
[57] R. Heinze a. O. (s. Anm. 1) 148.
[58] Vgl. die schematische Zusammenstellung der Aitia in Buch V unten S. 287.

Aeneas ordnet zunächst eine neuntägige Totenfeier zu Ehren des Anchises an (5, 58–63). Daß er damit die Stiftung des römischen Totenfestes der Parentalia vollzieht, wird erst aus der folgenden Ankündigung der Totenspiele für den Schlußtag des Festes deutlich (5, 64–70): Dieser neunte Tag bezeichnet die Feralia, den Schlußtag der neun römischen *dies parentales,* der als einziger im römischen Festkalender verzeichnet war und zu den *feriae publicae* gehörte, während die acht vorhergehenden Tage dem privaten Totenkult gewidmet waren.

Der Beschreibung des Totenfestes sind in Aeneis V zwei Drittel des Buches gewidmet; schon durch ihre Länge wird die Bedeutung dieser aitiologischen Passage unterstrichen. Beide Aitia – für Parentalia und Feralia – gehören zu unserem Typ B 2. Die Verankerung einer altrömischen Festperiode in der Aeneassage und die Fixierung ihrer Ursprünge auf Sizilien fügt sich ideal in das religiöse Programm des Augustus.

Aber Vergil gibt sich mit diesem Groß-Aition nicht zufrieden. Er gibt dem Leser gezielte Hinweise, wie diese aitiologische Erzählung verstanden werden soll: Es sind Ahnen römischer Familien, die eine wichtige Rolle als Teilnehmer am Schiffswettkampf spielen – Mnestheus, Ahnherr der Memmii; Sergestus, Ahnherr der Sergii; Cloanthus, Ahnherr der Cluentii (5, 117–123: Aitia des Typs A 1) –, und im abschließenden Lusus Troiae findet sich an der Spitze der jugendlichen Reiter neben Ascanius-Iulus (vgl. 1, 286–288: A 1) ein *puer* namens Atys, *genus unde Atii duxere Latini, / parvus Atys pueroque puer dilectus Iulo* (5, 568 f.: A 1). Dem zeitgenössischen Leser der ›Aeneis‹ erklärte sich die Freundschaft der jungen Troianer und ihre führende Rolle im Kampfspiel leicht: Eine Atia war Mutter des Octavius und späteren Augustus; Iulius Caesar war sein Adoptivvater.

Das Troia-Spiel beendet die Festlichkeiten (5, 545–603): ein Aition im Aition, Musterbeispiel einer aitiologischen Erzählung des Typs B 1, das in folgenden Versen endet (5, 596–603):

> Hunc *morem* cursus atque haec certamina *primus*
> Ascanius, Longam muris *cum cingeret* Albam,
> rettulit et *priscos docuit celebrare* Latinos,
> *quo* puer ipse *modo,* secum *quo* Troia pubes;

> Albani *docuere* suos; *hinc maxima porro*
> *accepit Roma* et *patrium servavit* honorem;
> Troiaque *nunc* pueri, Troianum *dicitur* agmen.
> *hac celebrata tenus* sancto certamina patri.

In diesem Text ist das ganze vergilische „Lösungs-"Vokabular für Aitia versammelt. Ein alter Brauch wird geschildert und sein „Sitz im Leben" bestimmt.[59]

5.2

Wie sich – die Buchgrenze überschreitend – Didos Fluch, zweite Landung in Sizilien, Gründung von Segesta und Venusheiligtum aitiologisch zusammenschließen,[60] so findet das große Kultaition für Parentalia/Feralia seine Fortsetzung in Buch VI. In beiden Fällen liegt zwischen den Aitia ein einschneidender Wechsel des Schauplatzes (Karthago/Sizilien, Sizilien/Campanien) und, was wichtiger ist, eine erneute Gefährdung des Troianerunternehmens (Seesturm und Schiffsbrand): Verzögerung und Ortswechsel – Kontinuität in der aitiologischen, auf Rom gerichteten Linie.

Die aitiologische Verknüpfung von Aeneis V und VI wird vom Dichter in doppelter Weise hergestellt:

(1) Nach der Landung kommt Aeneas zum Tempel der Diana in Cumae, auf dessen Türen das kretische Labyrinth dargestellt ist (6, 14 ff., bes. 23–27); unmittelbar vor dem oben zitierten Schluß

---

[59] Über das wirkliche Alter des Brauches ist damit noch nichts gesagt, auch nicht über seine wirkliche Herkunft (vgl. Verf., Lusus Troiae: s. Anm. 15). Es ist möglich, ja wahrscheinlich, daß das Troia-Spiel augusteischer Form erst von Sulla eingeführt und von Caesar wiederaufgegriffen wurde (vgl. dazu K.-W. Weeber, Troiae Lusus. Alter und Entstehung eines Reiterspiels, Ancient Society 5, Leuven 1974, 171–196), was die Existenz eines älteren, vielleicht archaischen Reiterspiels anderer Provenienz keinesfalls ausschließt. Der aitiologische Zusammenhang in Aeneis V–VI (s. unten S. 287) impliziert jedenfalls, daß Vergil in das den Lusus Troiae seiner Zeit beschreibende Aition Elemente und Vorstellungen hohen Alters hineinnahm, die das Reiterspiel in den sakralen Bereich rücken.

[60] S. oben S. 278.

des Aitions für den Lusus Troiae vergleicht Vergil die komplizierten Figuren des Reiterspiels mit dem Irrgang des kretischen Labyrinths (5, 588–595; vgl. bes. 5, 591 *indeprensus et inremeabilis error* und 6, 27 *inextricabilis error*).

(2) Vor ihren *responsa* fordert die Sibylle von Aeneas *vota precesque* (vgl. 6, 51–53. 81 f.). Aeneas verspricht einen Marmortempel für Phoebus und Trivia, ein Fest zu Ehren des Phoebus Apollo, ein Heiligtum und eine Priesterschaft für die Sibylle und ihre *carmina* (6, 69–76), setzt aber vor diese *vota* die Bitte (6, 66–68): *da – non indebita posco / regna meis fatis – Latio considere Teucros / errantisque deos agitataque numina Troiae*. Ohne Zweifel werden hier – noch in Gestalt von *vota* – Aitia gegeben für den Bau des palatinischen Apollotempels, für die Stiftung der Ludi Apollinares (bzw. der Ludi Saeculares), für die Einsetzung der *XVviri sacris faciundis* und für ein Heiligtum zur Aufbewahrung der sibyllinischen Bücher;[61] insgesamt leiten diese *vota* die Katabasis des Aeneas ein, die „von Vergil als Aition der *ludi saeculares* aufgefaßt worden ist"[62].

Verbindender Aspekt der Aitia in Aeneis V und VI sind Totenwelt und Totenkult.[63] Man darf vermuten, daß dieser das Mosaik aitiologischer Geschichten beherrschende Grundton nicht Vergils „Erfindung" ist. Vergil hat das Mosaik aus typisch augusteischer Perspektive neu gefügt und als Ganzes in die ferne Vergangenheit seiner Aeneas-„Geschichte" projiziert.

5.3

Das Aition zur Öffnung der *belli portae* bei Kriegsbeginn (7, 601–625: B 1) wurde bereits oben kurz besprochen;[64] seine

---

[61] Vgl. E. Norden, Aeneis Buch VI, z. St. (S. 142f.); R. Merkelbach (s. Anm. 36) 83. 90f. 94–96; Verf., Aeneas und Augustus (s. Anm. 22) 219ff. 266ff.

[62] So R. Merkelbachs weitreichende These a. O. 97.

[63] Unter Einschluß des Aitions für den Lusus Troiae, vgl. Anm. 59 und das Schema unten S. 287.

[64] S. S. 266 und bes. V. Buchheit (s. Anm. 36) 80–85. Daneben finden sich in Aeneis VII vier Aitia des Typs A 1/2: 7, 1–4 (das in subtiler Weise helle-

augusteische „Spitze" wird deutlich im Vergleich mit den entsprechenden Passagen bei Livius (1, 19, 2f.) und Ovid (Fast. 1, 277–282).

5.4

Dichter noch als in Aeneis V ist die Folge der Aitia in Buch VIII. Hier, wo der Dichter die Distanz zur Handlung praktisch aufgibt[65] (die Lokalität der epischen Handlung ist identisch mit dem aktuellen Zentrum der Macht Rom und in gewissem Maße mit dem Entstehungsort der Dichtung und dem Sitz ihres Publikums), enthüllt sich die Funktion der Aitia ähnlich direkt wie in der Iuppiter-Rede von Buch I: Vergil zeigt dem Leser das Rom seiner Zeit.[66] Die erste Hälfte des 8. Buches wird (ähnlich Buch V) von einem Groß-Aition des Typs B 1 beherrscht, der dramatischen Erzählung vom Ursprung des Hercules-Kultes in Rom, in die (ähnlich dem Aition für den Lusus Troiae) gegen Ende das Aition für den Kultort, die Ara Maxima, eingelagert ist. Diese ebenso wie die danach im Rahmen der „Urgeschichte Latiums" und des „Spaziergangs zum Palatin" (8, 306 ff.) gebotenen Aitia sind von Vergil konsequent auf die epische Situation zugeschnitten worden, d. h., sie erläutern den Ursprung noch existierender Lokalitäten Latiums und Roms und römischer Kulte aus der Perspektive des Gastgebers Euander. Aber im Ur-Rom des Griechen Euander, der sich längst zum Italer gewandelt hat (8, 331 f.), kündigt sich das historische Rom, das Rom des Augustus an (Schlüsselstellen: 8, 99f. 340f. 347f. 360f.), oder

---

nistische Technik und augusteische Intention verbindende Aition für Caieta: s. V. Buchheit a. O. 174–176); 59–63 (Laurentes: s. Buchheit a. O. 94 mit Anm. 371); 409–413 (Ardea); 706–709 (Gens Claudia).

[65] Vgl. oben S. 267 mit Anm. 36; Verf., Aeneas und Augustus (s. Anm. 22) 112; B. Rehm, Das geographische Bild des alten Italien in Vergils Aeneis, Philol. Suppl. 24, 2, Leipzig 1932, 84–87. Nach K. Bühler, Sprachtheorie, Jena 1934 = ND Stuttgart–New York 1982, handelt es sich um Deixis am Phantasma, hier entsprechend der *demonstratio ad oculos* (vgl. bes. 123ff. 132ff.).

[66] Für Einzelheiten s. Verf. a. O. 84 ff. passim.

Aitiologie und augusteisches Programm – ›Aeneis‹   283

anders gewendet: das Rom der Geschichte ist durch das Mittel der Aitiologie reduziert auf Euanders Ur-Rom.[67]

5.5

Mit Buch IX nimmt die Häufigkeit der Aitia schlagartig ab: Nur noch je ein Aition (A 1/2) findet sich in jedem der den Kämpfen in Latium gewidmeten Bücher. Zugleich verschwindet der aktuelle Bezug der Aitia, wie überhaupt nach dem Höhepunkt in Buch VIII (endend im Schlußbild des Aeneasschildes) die augusteische Komponente entschieden in den Hintergrund tritt zugunsten der Beschreibung der Kampfhandlungen, verbunden mit der Darstellung der in den Kämpfen wirksam werdenden Kräfte, der seelischen Struktur der Einzelkämpfer (besonders des Paares Aeneas–Turnus) und des Phänomens Krieg.[68] Dieser Wechsel zeigt indirekt noch einmal, daß Vergil den Aitia weithin eine auf die augusteische Gegenwart bezogene Funktion innerhalb des Gesamtepos zugedacht hat (etwa drei Viertel aller Aitia lassen diese Intention erkennen).

[67] S. Anm. 20. – Antiquarisch gesehen sind die Aitia in 8,322 ff. praktisch bedeutungslos; dies gilt auch für die Herleitung der Lupercalia: vgl. Verf. a. O. 120 f.; ders., Die Aussetzung des Königskindes, Meisenheim 1964, 83 f.; wenig überzeugender Versuch einer Neubewertung der Quellen jetzt bei Chr. Ulf, Das römische Lupercalienfest, Impulse der Forschung, Bd. 38, Darmstadt 1982, s. bes. 9 ff. 29 ff.; grundsätzlich s. U. W. Scholz, Zur Erforschung der römischen Opfer (Beispiel: Lupercalia), in: Le sacrifice dans l'antiquité, Entrétiens sur l'antiquité classique 27, Vandoeuvres–Genève 1981, 289–328.

[68] In der Aeneismitte liegt deutlich der „augusteische", im letzten Drittel der „humane" Faden oben: Man sollte beide Tendenzen in der aktuellen Auseinandersetzung um eine adäquate Gesamtdeutung des Epos und seiner Hauptakteure nicht gegeneinander ausspielen wollen. Vgl. die Diskussion bei W. Suerbaum, Vergils Aeneis. Beiträge zu ihrer Rezeption in Geschichte und Gegenwart, Auxilia 3, Bamberg: Buchner 1981, bes. 13–45.

5.6

Zugleich bestätigen Häufigkeit und Bedeutung der Aitia insgesamt die Überlagerung von zwei- und dreiteiliger Komposition der ›Aeneis‹: Die Massierung von Aitia in V–VIII weist diese Bücher als einen Block eigener „Valenz" aus; die Aitia sind ein Mittel des Dichters zur Herstellung eines die Odyssee-Ilias-Fuge überbrükkenden Spannungsbogens.

Vergil hat die hellenistische Erzählform der Aitiologie als tragendes Element in ein römisches Groß-Epos integriert. Dabei leitete ihn nicht der Wunsch nach Selbstdarstellung durch Dokumentieren eigenen Wissens; er machte vielmehr, wo immer es möglich war, die Aitiologie der teleologischen Ausrichtung des Epos dienstbar und setzte damit eine neue Norm für die Verwendung von Aitia in der epischen Erzählung. Soweit die Aitia der ›Aeneis‹ eine italischrömische, speziell eine augusteische Spitze erkennen lassen, wird man sie mit W. Wimmel den Reduktionsmedien des Epos zurechnen. Ihre breite Streuung und ihre Funktion erweisen sie als Bausteine einer Gesamtkonzeption, die das Epos als eine Aitiologie für Rom und seine Geschichte bis zur Gegenwart begreift.

Der hier gegebene Überblick ist zu verstehen als lückenhafter Versuch der Sammlung von Aitia und der Bestimmung ihrer Funktion in Vergils ›Aeneis‹. Eine tiefer ansetzende, systematische Untersuchung müßte u. a. den gattungsgeschichtlichen und -theoretischen Implikationen nachgehen, den formalen Bau vergilischer Aitia darstellen, im einzelnen die ihnen zugedachte Funktion präzise bestimmen und – losgelöst von der epischen Handlung – ihren antiquarischen Gehalt bewerten.

Aitiologie und augusteisches Programm – ›Aeneis‹

Zusammenstellung der Aitia in der ›Aeneis‹

Nr.	Buch	Verse	Aition für	Typ
1	I	275–277	Romani (von Romulus)	A1
2		286–288	Iulii, bes. Caesar Augustus (von Ascanius/Iulus)	A1
3	II	689–704	Römisches Auguralwesen	B2
4	III	278–282	Ludi Actiaci (schon von Aeneas gefeiert)	B2
5		334–335	Chaonia in Epirus (vom Troianer Chaon)	A2
6		500–505	Stadt Nikopolis (Verbindung mit Nr. 4)	A2
7		543–545	Römisches Opfer *capite velato* (vgl. III 403 bis 409)	A1
8	IV	621–629	Krieg Karthago–Rom (Didos Fluch)	A1
9	V	58– 64	Dies Parentales (Parentalia)	B2
10		65– 70	deren Schlußtag (Feralia)	B2
11		117	Gens Memmia (von Mnestheus)	A1
12		121	Gens Sergia (von Sergestus)	A1
13		122–123	Gens Cluentia (von Cloanthus)	A1
14		545–603	Lusus Troiae	B1
15		568–569	Gens Atia (von Atys)	A1
16		718–761	Stadt Segesta (von Acestes) und Tempel der Venus Erycina	B1
17	VI	69	Apollotempel	A2
18		70	Ludi Apollinares (Ludi Saeculares)	A2
19		71– 73	Heiligtum der Sibylle (zur Aufnahme der *libri Sibyllini*)	A2
20		74	Priesterkollegium *(XVviri sacris faciundis)*	A2
21		232–235	Kap Misenum (von Misenus)	A1
22		378–383	Kap Palinurus (von Palinurus)	A1
23	VII	1– 4	Hafen Caieta (von Caieta, Amme des Aeneas)	A1
24		59– 63	Laurentes (von *laurus*)	A2
25		409–413	Stadt Ardea (als Gründung der Danae)	A1
26		601–625	Öffnung der *belli portae* bei Kriegsbeginn (Ianus)	B1
27		706–709	Gens Claudia (von Clausus)	A1
28	VIII	42– 48	Gründung und Name von Alba Longa (vgl. IX 387f.)	A1

[Forts. s. u. S. 286]

Zusammenstellung (Forts.)

Nr.	Buch	Verse	Aition für	Typ
29		51– 54	Pallanteum (vom Arkader Pallas)	A2
30		97–100	Pallanteum („Ur-Rom")	A1
31		102–305	Römischer Herculeskult	B1
32		271–275	Ara Maxima in Rom	A1
33		322–323	Latium (von *latere*; Versteck des Saturnus)	A2
34		330–332	Thybris/Tiberis (von König Thybris)	A1
35		337–341	Ara Carmentalis, Porta Carmentalis (von Carmentis)	A1
36		343–344	Lupercal, Lupercalia (von Pan Lycaeus)	A2
37		345–346	Argiletum (von *Argi letum*)	A2
38		347–354	Capitolium als heiliger Hügel, Iuppiterverehrung	A1
39		355–358	Ianiculum und Saturnia, zwei alte Burgen	A2
40		597–602	Grotte bei Caere, ihre Heiligkeit	A2
41	IX	387–388	Alba–Albani (vgl. VIII 42–48)	A1
42	X	145	Stadt Capua (von Capys)	A1
43	XI	246–250	Stadt Arpi in Apulien (Argyripa von Ἄργος ἵππιον)	A2
44	XII	134–135	Mons Albanus	A1

Zu Nr. 9–20
(Buch V–VI)
s. das Schema
S. 287

Aitiologie und augusteisches Programm – ›Aeneis‹ 287

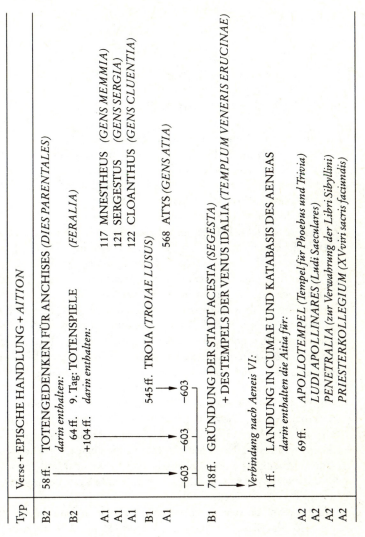

Anordnung der Aitia in Buch V (–VI) der ›Aeneis‹

Typ	Verse + EPISCHE HANDLUNG + AITION
B2	58 ff. TOTENGEDENKEN FÜR ANCHISES *(DIES PARENTALES)* *darin enthalten:*
B2	64 ff. 9. Tag: TOTENSPIELE *(FERALIA)* +104 ff. *darin enthalten:*
A1	117 MNESTHEUS *(GENS MEMMIA)*
A1	121 SERGESTUS *(GENS SERGIA)*
A1	122 CLOANTHUS *(GENS CLUENTIA)*
B1	545 ff. TROIA *(TROIAE LUSUS)*
A1	568 ATYS *(GENS ATIA)*
	–603 –603
	–603 –603
B1	718 ff. GRÜNDUNG DER STADT ACESTA *(SEGESTA)* + DES TEMPELS DER VENUS IDALIA *(TEMPLUM VENERIS ERUCINAE)*
	Verbindung nach Aeneis VI:
	1 ff. LANDUNG IN CUMAE UND KATABASIS DES AENEAS *darin enthalten die Aitia für:*
A2	69 ff. APOLLOTEMPEL *(Tempel für Phoebus und Trivia)*
A2	LUDI APOLLINARES *(Ludi Saeculares)*
A2	PENETRALIA *(zur Verwahrung der Libri Sibyllini)*
A2	PRIESTERKOLLEGIUM *(XVviri sacris faciundis)*

HORAZ UND AUGUSTUS

Von Lothar Wickert

Nicht von persönlichen Beziehungen soll hier die Rede sein; nicht das gesellschaftliche Zu- und Miteinander, sondern das geschichtliche Nebeneinander des Dichters und des Kaisers wird uns beschäftigen, insofern beide die Wende des römischen Schicksals in sich und ihrem Werke darstellen, jeder aber nach seiner Art und nach Art der Aufgabe, die ihm zuteil geworden ist.

Die augusteische Neuschöpfung des römischen Staates legitimiert sich vor dem historischen Urteil als klassische politische Leistung durch die Tatsache, daß sie – zum mindesten für die Anfänge des geschichtlichen Daseins der neuen Staatsform – einen in sich einheitlichen Stil des nationalen Gemeinschaftslebens erzeugt hat. Diese Einheitlichkeit zeigt sich in der wesensmäßigen Übereinstimmung von Politik und Kultur; die auf die Erneuerung des Römertums abzielenden politischen Ideen, von denen der Begründer des Prinzipats sich leiten ließ, finden ihren Ausdruck sowohl in der bildenden Kunst der Zeit wie in der Literatur, die eben dadurch, daß ihre Vertreter sich als die berufenen Künder des Wollens und Fühlens der Nation erweisen, die Fähigkeit erwirbt, Weltliteratur zu werden. Sie tun es je nach den Mitteln ihrer dichterischen Genialität; während Vergil im Mythos die geschichtliche Gestalt Roms erkennt und formt, tritt Horaz – um nur die beiden vornehmsten Namen zu nennen – vor das römische Volk als Mahner und Warner, der die *mores maiorum* durch die fortzeugende Kraft der *exempla* zu neuem Leben erwecken will.

Aber wenn die neuere Forschung, zumal die deutsche, dazu neigt, sich das Werk des Horaz als einen Gedankenbau vorzustellen, der zwar Hallen und Gemächer ungleicher Bestimmung und Ausstattung umschließe, vom prunkvollen Thronsaal bis zum bescheidenen Studierzimmer, der aber als Ganzes doch eine in voller

Harmonie sich zusammenfügende architektonische Einheit bilde, so läßt sich einer solchen Betrachtungsweise gegenüber eine andere Anschauung geltend machen, die, um im Bilde zu bleiben, anstelle des geschlossenen Großbaues vielmehr zwei getrennte Wohnbereiche zu erkennen glaubt, untereinander so verschieden wie das weltentlegene Sabinergut und der vom politischen Lärm des Tages widerhallende Stadtpalast des Maecenas. Derselbe Dichter, der unaufhörlich die Römer aufruft zur Wiedererwerbung der politischen Eigenschaften, welche Rom groß gemacht haben, der der römischen Jugend Lieder singt, wie sie noch nie gehört worden sind, Lieder von drohendem Ernst, durch und durch erfüllt von politischem Ethos – derselbe Horaz wird nicht müde, mit der ihm eigenen Liebenswürdigkeit sich seiner Lebensweise zu rühmen. Diese Lebensweise aber ist ganz und gar [159] unpolitisch, sie ist die des Privatmannes κατ' ἐξοχήν.

Er rühmt sich ihrer, er stellt sie, ausdrücklich oder durch Ton und Färbung seiner Worte, als vorbildlich hin;[1] das ist das Wesentliche. Denn man könnte hier eine Frage von grundsätzlicher Bedeutung stellen: ist der Lehrer, mag er als Dichter, Prophet oder Staatsmann auftreten, verpflichtet, seine eigene Lehre zu leben?[2] Besitzt sie nicht Geltung und Wirkungskraft auch dann, wenn sie sich von der Person ihres Verkünders völlig löst? Der außerordentliche Mensch, das heißt derjenige, der außerhalb und oberhalb menschlicher Ordnung steht, welcher Art auch die Genialität sein mag, die ihm diesen Platz anweist, kann nicht Vorbild sein; Vorbild ist derjenige, der den höchsten Grad menschlicher Ordnung erreicht hat, der die menschliche Norm, das menschliche Maß in seiner Person darstellt. Es hieße nach kleinbürgerlichen Maßstäben urteilen, wollte man Augustus, der die römische Familie zu erneuern unternahm, einen Vorwurf daraus machen, daß er, im Widerspruch zu dem Geist seines eigenen Gesetzes, seine kinderlose Ehe nicht gelöst hat, oder wollte man Horaz, der im ›Carmen saeculare‹ die Lex

---

[1] Über die Verbindung von Selbstdarstellung und pädagogischem Zweck bei Horaz vgl. R. Heinze, Vom Geist des Römertums, ²1939, 249 ff. (Neue Jbb. 43, 1919); das dort Gesagte gilt nicht nur für die Episteln.
[2] Vgl. Goethe, Divan, Noten und Abhandlungen, Hafis.

marita der fördernden Huld der Göttin empfiehlt, tadeln, weil er selbst sich nicht entschließen konnte, eine Ehe einzugehen. Wir würden also an sich gegen die Lebensweise des Privatmannes Horaz kaum etwas einzuwenden haben; scheint es uns doch auch nicht ein Verrat Vergils an der politischen Idee seiner Dichtung zu sein, wenn er dem epikureischen Imperativ womöglich noch entschiedener gehorchte als jener. Aber er macht kein Aufhebens davon. Durch die Art, wie Horaz immer und immer wieder von sich selber spricht, stellt er sich der Beurteilung nach dem Maßstab seiner eigenen Lehren.[3]

Um über das gegenseitige Verhältnis der beiden Wertbereiche in der Sittenlehre des Horaz zu einiger Klarheit zu kommen, ist es notwendig, seine Dichtung auf Widerspruch und Einheit hin zu untersuchen.[4] Wir gehen dabei von der Überzeugung aus, daß man dem Dichter auf keinem der beiden Gebiete Unaufrichtigkeit nachweisen kann. Horaz wäre nicht er selbst, wenn er nicht von der Gültigkeit seiner Lehren durchdrungen wäre; jedes Wort empfängt seine Prägung von der Ehrlichkeit des Sprechers. Die Frage ist aber, ob es sich dabei etwa um eine nur subjektive Ehrlichkeit handelt; ob nicht manche seiner Worte, ohne sein Wissen und gewiß gegen seinen Willen, für den aufmerksamen Hörer einen Klang haben, der ihren Sinn abschwächt, ja ihn in sein Gegenteil verkehrt; ob nicht zuweilen das, was er sagt, und vielleicht noch mehr das, was man von ihm erwarten möchte und was er nicht sagt, die Tragfähigkeit seiner ethischen Ideologie in Zweifel stellt.[5]

---

[3] In seiner Dichtung den Hagestolz herauszukehren, hat er immerhin klüglich vermieden; er wußte genau, wie weit er gehen durfte. Aber natürlich dachte er nicht daran, seinen Zivilstand zu tarnen (C. 3, 8, 1).

[4] Besonders im Hinblick hierauf bedauere ich es, daß mir die neuere Literatur nur zum Teil zugänglich ist; so kenne ich die Schriften von E. Turolla, Orazio, Florenz 1931, und L. Dalmasso, L'opera di Augusto e la posizione artistica di Orazio, Turin 1934, nur aus dem Bericht von K. Büchner, Horaz, Bursian Suppl. 267, 1939, 33. 35. – Heinzes Kommentar ist überall zu Rate gezogen (vom Kommentar zu den ›Episteln‹ stand mir nur die 4. Auflage zur Verfügung).

[5] Vor dem Fehler, zwischen der Einleitung der Römeroden und dem Inhalt der ersten einen unüberbrückbaren Gegensatz zu sehen, schützt uns

[160] Den Rahmen für unseren Interpretationsversuch bietet die erste Ode des ersten Buches, das Widmungsgedicht an Maecenas. Es ist im Jahre 23 geschrieben, also wohl 4 Jahre, nachdem Horaz die Römeroden abgefaßt und veröffentlicht hatte,[6] zu einer Zeit, als die Leitgedanken der augusteischen Staatsschöpfung, soweit sie überhaupt der Öffentlichkeit preisgegeben wurden, bereits deutlich erkennbar waren, aber noch nichts von ihrer Frische eingebüßt hatten. Wenn irgendwo, dann dürfen wir hier damit rechnen, den *vates* Horaz in Übereinstimmung mit dem Geist der geschichtlichen Stunde zu finden.

Horaz reiht Lebensformen aneinander, um am Schluß dem Beruf des lyrischen Dichters altgriechischer Art, seinem Beruf also, den für die römische Welt entdeckt zu haben sein Ruhm ist, den Platz anzuweisen, der ihm neben, nach seiner Überzeugung im Grunde vor den anderen Lebensformen gebührt. Zu dem Wettkämpfer im olympischen Wagenrennen gesellt sich der Bewerber um die hohen römischen Staatsämter und der Großgrundbesitzer, neben dem Bauern steht der seefahrende Kaufmann, neben dem beschaulich Genießenden der Soldat und der Jäger. Gewiß handelt es sich hier um oft gebrauchte Requisiten der Dichtung und der Popularphilosophie; aber wenn es nicht irgendein Dichterling ist, der sich bereitliegender τόποι bedient, sondern ein Dichter vom Range des Horaz, dann würden wir ihm wenig gerecht werden, wenn wir ihm nicht zutrauen wollten, daß er sich etwas dabei denkt.[7] Ist es nun nicht, immer nach dem Maßstab der sozialen und politischen Ethik der Zeit, höchst verwunderlich, ja kaum begreiflich, wie bunt

die Interpretation von C. Koch, Neue Jbb. 1941, 62 ff. und seine Warnung ebd. 67. Wohl aber würde sich seine Auffassung von der Stellung der ersten Römerode im Sinnzusammenhang des ganzen Zyklus in unseren Gedankengang einfügen, wenn wir die von Horaz verkündete Lehre, wie Koch sie versteht, im Spiegel anderer Äußerungen des Dichters betrachten wollten.

[6] Über die Publikation der Römeroden vgl. R. Heinze, Vom Geist des Römertums, ²1939, 235 (Neue Jbb. 5, 1929); zustimmend C. Koch a. O. 64.

[7] Daß Horaz überall, wo er seine Grundsätze mit Hilfe tralatizischer Motive gleichviel welcher Art verdeutlicht, genauso beim Wort genommen werden kann, als wenn er selbst der Erfinder wäre, wird in dieser Untersuchung vorausgesetzt.

gemischt die Gesellschaft ist, die Horaz uns so lebendig vor Augen stellt? Daß der Träger kurulischer Ämter, daß der im Kampfgetümmel bewährte Soldat es sich gefallen lassen muß, mit dem Kaufmann oder gar mit dem Träumer am rieselnden Bach in einem Atem genannt zu werden? Spricht sich darin ein Werturteil des Horaz aus, so sind wir verpflichtet, es nicht leichtzunehmen. Wir suchen den richtigen Standpunkt dazu zu gewinnen, indem wir die beiden Motive der *honores* und der *militia* durch die horazische Dichtung hindurch verfolgen. Weil Horaz, wie sich zeigen wird, zur *militia* ein sehr viel engeres Verhältnis hat als zu den *honores,* wollen wir mit ihr beginnen.

Hier hat Horaz, über seine Legitimation als Dichter hinaus, das Recht, aus eigener Lebenserfahrung mitzureden. Spricht er auch von der Rolle, die er im Bürgerkrieg gespielt hat, mit geziemender Bescheidenheit, so tut er es anscheinend doch nicht ungern; *virtus* ist es gewesen, die bei Philippi gegen die Triumvirn im Felde stand, mag sie auch an der Überlegenheit der besseren Sache zerbrochen sein (C. 2, 7, 11). Aber nach der Niederlage wendet er dem Kriegsgeschehen entschlossen den Rücken und führt ein höchst ziviles [161] Leben, bis zum Jahre der Entscheidungsschlacht. Als Maecenas sich anschickt, im Gefolge Oktavians über die Adria zu gehen, will Horaz nicht zurückbleiben; seinem Wunsch, den Freund zu begleiten, gibt er Ausdruck in dem Gedicht, das er dann an die Spitze des Epodenbuches gestellt hat. Aber nicht die Begeisterung für das nationale Anliegen Oktavians ist es, die ihn in den Krieg treibt, noch viel weniger das soldatische Verlangen, im Kampf um Rom sein Leben einzusetzen, zumal er, seit über einem Jahrzehnt der Kriegsarbeit entwöhnt, zugeben muß, *inbellis ac firmus parum* zu sein (v. 16); allein seine Freundschaft zu Maecenas führt ihn hinaus, das Bedürfnis, in der Stunde der Gefahr an seiner Seite zu sein. Gewiß ist diese Haltung nicht nur Ausdruck eines schönen menschlichen Gefühls persönlich-privater Natur, sondern Betätigung jener *fides,* welche im Gefüge der politisch-sozialen Ethik des Römers einen so wichtigen Platz einnimmt; nur mit Soldatentum hat sie wenig zu schaffen. Als Horaz dann freilich an Ort und Stelle ist,[8]

---

[8] Ob er wirklich nach Aktium gegangen ist, läßt sich allerdings nicht mit

als er teilhat an Erwartung und Siegesfreude und schließlich an der Ungewißheit, die die Flucht des Gegners den Siegern hinterläßt, da wird ihm völlig klar, was alles auf dem Spiele steht; hingerissen und hinreißend kündet er in der neunten Epode von Caesars Sieg, von nationaler Ehre und Schande. Und weil er wieder unmittelbar angerührt ist von der *virtus Romana,* die sich im Kampfe darstellt als *fortitudo* und *constantia,* findet er, tadelnd und anklagend, die einfache und scheinbar selbstverständliche Wortverbindung *Romanus miles,* die sich in Wirklichkeit schon lange nicht mehr von selbst versteht. *Romanus miles* ist der Soldat, der für Rom kämpft oder doch kämpfen soll, nicht für die ehrgeizigen Ziele eines oder des anderen Heerführers oder gar auf Befehl einer orientalischen Königin. Die altrömische Gestalt des waffentragenden Bürgers, scheinbar schon völlig verdrängt durch den Söldling machthungriger Condottieri, taucht als Möglichkeit, ja schon als Wirklichkeit aus dem Dunst und Qualm der Bürgerkriege hervor, um für eine beglückende, weil römische Zukunft zu kämpfen.

Von diesem Erlebnis des Horaz führt ein gerader Weg zu den entsprechenden Mahnungen und Warnungen der Römeroden. Ob der Dichter in der sechsten Ode den Geist des römischen Bauernsoldaten beschwört, ob er in der fünften mit unerbittlicher Strenge vom Wesen der Soldatenehre spricht, die, einmal verloren, nicht mehr wiedergewonnen werden kann, ob er in der zweiten [9] seine Auffassung vom Soldatentum zusammenfaßt in der klassischen Formulierung *dulce et decorum est pro patria mori* – überall tragen seine Worte das klare Gepräge der Echtheit, so daß die Erwägung, ob sich der Dichter vielleicht hier an seinen eigenen Worten berauscht,

---

Sicherheit ermitteln; vgl. z. B. H. Dessau, Geschichte der römischen Kaiserzeit 1, 1924, 490, 1; A. Stein, RE XIV, 210 f. Der Schwung der neunten Epode spricht für persönliche Teilnahme (vgl. die Interpretation von F. Wurzel, Hermes 73, 1938, 369 ff.), sollte es sich aber um Wirkung in die Ferne handeln, so würde das für unseren Zusammenhang keinen großen Unterschied machen.

[9] Mommsens Interpretation der zweiten Römerode, wonach Horaz schon hier, im Jahre 27, den Berufssoldaten (und, v. 25 ff., den Verwaltungsbeamten) der Kaiserzeit vor Augen gehabt hätte (Reden u. Aufs. 171 ff., 1889), ist unhaltbar.

sich in unehrlicher Weise über sich selbst erhebt, unberechtigt erscheint.[10] Im selben Geiste betrachtet das Gebet an die Fortuna von Antium (C. 1, 35), das wenig später, [162] im Jahre 26, abgefaßt ist, die bevorstehenden Kriege als Anliegen der waffentüchtigen römischen Mannschaft – *serves ... iuvenum recens / examen Eois timendum / partibus Oceanoque rubro* (v. 29 ff.) –, gedenkt im Jahre 24 das Gedicht auf die Rückkehr des Augustus (C. 3, 14) der mit dem Kaiser wohlbehalten aus Spanien heimkehrenden Kämpfer (v. 9 f.).

Aber in denselben Jahren, in denen diese Oden entstanden sind, läßt Horaz sich auch ganz anders vernehmen. „Was geht es uns an, ob vielleicht an den Enden der Welt Krieg geführt werden muß" – *quid bellicosus Cantaber et Scythes, / Hirpine Quincti, cogitet Hadria / divisus obiecto, remittas / quaerere* (C. 2, 11, 1 ff.) – ruft er einem guten Freunde zu (Mitte der zwanziger Jahre). Einer, der sich anschickt, am arabischen Feldzug des Jahres 25 teilzunehmen, wird mit einem ironischen Geleitwort bedacht, das in die resignierte Feststellung ausläuft, von ihm, dem philosophisch interessierten Bücherfreund, habe man Besseres erwarten können (*pollicitus meliora*, C. 1, 29, 16); und in dem huldigenden Absagegedicht an Agrippa, in welchem Horaz sich unfähig erklärt, die Taten des hochgestellten Mannes zu besingen (C. 1, 6), setzt er die *proelia virginum / sectis in iuvenes unguibus acrium* (v. 17 f.) als den Gegenstand, dem seine Dichtung gewachsen sei, in Parallele zu den Kämpfen des ersten Feldherrn seiner Zeit. In der Ode 3, 14 des Jahres 24, derselben, in welcher der *iuvenes sospites* gedacht wird (v. 9 f., s. oben), klingt bereits ein Motiv an, das erst in Gedichten der letzten Jahre breit ausgeführt werden sollte (vgl. S. 299): wenn nur der Kaiser wacht, braucht ein friedlicher Bürger wie ich keine Sorge zu haben – *ego nec tumultum / nec mori per vim metuam tenente / Caesare terras* (v. 14 ff.).[11] Das Äußerste aber ist, daß Horaz die Forderung der zweiten Römerode *augustam amice pauperiem pati / robustus acri militia puer / condiscat* alles Gewichtes zu berauben

---

[10] Anders B. Snell, Die Entdeckung des Geistes, 1946, 147.
[11] Dazu Heinze: „H(oraz) denkt hier, recht als einer *de plebecula*, nur an Ruhe im Land und die Sicherheit des eigenen Lebens."

scheint, indem er im Gedicht an Varus (C. 1, 18, unbestimmter Zeit, aber natürlich spätestens 23) den Gedanken an *militia* und *pauperies* (v. 5) unter die *sollicitudines* rechnet, die man mit Wein verscheuchen soll.[12] Und endlich ist hier anzureihen die Gleichstellung des Soldaten mit den Vertretern höchst privater Lebensformen in der Ode 1,1, von der wir ausgegangen sind.

Wer die Dinge so betrachtet, muß des Vorwurfs gewärtig sein, er habe keinen Humor, er wisse nichts von horazischer Ironie, er übersehe in unverzeihlicher Weise die Stilregeln der von Horaz gepflegten poetischen γένη. Zugegeben aber die Möglichkeit, daß wir uns hier in der Tat eines ästhetischen Anachronismus schuldig machen, daß das Neben- und Durcheinander so verschiedenartiger Paränesen ebenso hingenommen werden muß wie die mit den Regeln unseres Geschmacks nun einmal unvereinbare Tatsache, daß derselbe Mann, der im Jahre 30 die Epoden 8 und 12 der Veröffentlichung für würdig hielt, 3 Jahre später als *Musarum sacerdos* vor die römische Jugend treten durfte – diese Möglichkeit also grundsätzlich zugegeben, so wird sich [163] doch sogleich herausstellen, daß des Dichters Verständnis für echtes Soldatentum sich weiterhin sichtlich verflüchtigt hat. Müdigkeit des früh Alternden, der nach seinem eigenen Geständnis *lassus maris et viarum militiaeque* ist oder es doch bald sein wird (C. 2, 6, 7f.),[13] mag im Spiele gewesen sein;[14] unverkennbar aber ist seine Entwicklung mitbestimmt durch die politische Wirklichkeit.[15]

---

[12] Nicht hierher gehört der *miles,* den die lange Dienstzeit drückt, Sat. 1, 1, 4f. Die Satire ist abgefaßt etwa in der Mitte der dreißiger Jahre, also zu einer Zeit, wo Horaz sich für *militia* wenig interessierte. Die Zeichnung des Soldaten bleibt denn auch ganz im Allgemeinen; keinesfalls konnte Horaz damals an den Berufslegionär der Kaiserzeit denken, weil es diesen noch nicht gab.

[13] Heinze setzt die Ode kurz vor den Abschluß der Sammlung (Jahr 23), Horaz stand damals am Anfang des fünften Jahrzehnts seines Lebens (zustimmend F. Klingner, Philol. 1935, 285 [= Studien, Zürich–Stuttgart 1964, 314]).

[14] Daß der Dichter als solcher *militiae piger et malus* und trotzdem *utilis urbi* ist (Epist. 2, 1, 124), gehört nicht in diesen Zusammenhang.

[15] Zum folgenden vgl. Th. Mommsen, Die Conscriptionsordnung der

Daß der Prinzipat sich durchsetzte, beruht nach Mommsens Erkenntnis nicht zuletzt darauf, „daß Augustus die Bürger nicht bloß vom Krieg, sondern auch vom Kriegsdienste befreite". Wohl blieb der Grundsatz der allgemeinen Wehrpflicht in Geltung; in Zeiten dringender Gefahr – beim Ausbruch des pannonischen Aufstands; nach der Schlacht im Teutoburger Walde – griff man auf ihn zurück, aber das waren Ausnahmen. Die Umgestaltung der römischen Wehrmacht zu einem verhältnismäßig kleinen Berufsheer langdienender Soldaten machte einerseits die Durchführung der allgemeinen Wehrpflicht unmöglich, anderseits erlaubte und bezweckte sie den Verzicht auf volle Ausnützung der Wehrkraft; wir wissen, daß die römischen Bürger der Hauptstadt und Italiens, soweit sie nicht den höheren Ständen angehörten, also als Offiziere dienten, allmählich aus den Legionen verschwanden, um den Söhnen der Außenbezirke des Reiches Platz zu machen. Die wohlerwogenen Absichten des Augustus und seiner Nachfolger und der Wunsch der Betroffenen begegneten sich; während im römisch-italischen Herrenvolk der Wehrwille zusehends schwand – eine *res perpetui praecipuique timoris* nennt Velleius Paterculus die Einberufung zum Heeresdienst[16] –, hielten die Kaiser ihrerseits es für bedenklich, den noch immer mit republikanischen Vorurteilen belasteten Altbürgern unterschiedslos Waffen in die Hand zu geben. Diese planmäßige Verlagerung des Wehrdienstes, ein *arcanum imperii*, das zunächst nur dem aufmerksamen Beobachter kenntlich werden konnte, gehört zu dem System der Sicherungen, das den Staatsbau des Prinzipats in allen seinen Teilen durchzieht. Wie für andere Erscheinungsformen der *virtus*, so ist auch für die *virtus* des Soldaten in der engeren *civitas Romana* nicht mehr recht Platz; sie wird gefordert, weil sie zum römischen Tugendkanon gehört, aber man weiß nichts mehr mit ihr anzufangen.

Zeichnete sich diese Entwicklung zu Lebzeiten des Horaz auch vorerst nur in Umrissen ab, so mußte sie bei einem so eindrucks-

---

römischen Kaiserzeit, Ges. Schr. VI, 20 ff. (Hermes 19, 1884), besonders 22. 57. 80 [dort das Zitat]; H. Dessau a. O. 225 ff.; M. Rostovtzeff, Ges. u. Wirtschaft 1, 1931, 77 u. ö.

[16] 2, 130, 2; vgl. Dessau a. O. 228.

fähigen Beobachter der Zeitgeschichte doch eine Wirkung auslösen, deren Spuren wir in den Gedichten suchen würden, wenn sie uns nicht von selbst entgegenträten. Aber noch ein anderes kam hinzu. Die national gesinnten Kreise und Horaz als ihr Sprecher hatten erwartet, daß Augustus die britische Insel und das Land der Parther erobern und damit den *orbis terrarum* im vollen Sinne des Wortes zum *orbis Romanus* machen werde: *praesens divus habebitur / Augustus adiectis Britannis / imperio gravibusque Persis* heißt es zu Anfang der fünften [164] Römerode, *serves iturum Caesarem in ultimos / orbis Britannos et iuvenum recens / examen Eois timendum / partibus* redet Horaz die Fortuna von Antium an (C. 1,35,29ff.). Aber seit der Mitte der zwanziger Jahre wußte man, daß Britannien sich selbst überlassen bleibe, seit dem Jahre 20, daß Rom sich mit der diplomatischen Regelung der Partherfrage abzufinden habe; auch auf dem Gebiete der großen Politik war der Bruch zwischen republikanischer Ideologie und kaiserzeitlicher Wirklichkeit, zwischen dem grenzenlosen Wollen von einst und der weisen Selbstbescheidung von jetzt offenbar geworden. Die Art aber, wie Horaz auf all diese unwägbaren Einflüsse reagiert, gestattet Rückschlüsse auf die von vornherein in ihm angelegten Möglichkeiten.

Die Säkularfeier des Jahres 17 v. Chr. war eine religiös-politische Veranstaltung größten Stils, also ein rechtes Staatsfest im römisch-antiken Sinne. Das Ethos des Liedes, das Horaz aus diesem Anlaß in amtlichem Auftrag dichtete, scheint den Preis der soldatischen *virtus Romana* geradezu zu verlangen: man sucht ihn vergebens, will man nicht in die Worte des Dichters hineindeuten, was nicht darin steht. Dieser negative Befund wird dadurch bestätigt, daß die in den Säkularakten überlieferten Festgebete die *legiones populi Romani Quiritium* neben dem *populus Romanus Quiritium* nennen – die Zeit, da *populus* und Aufgebot identisch waren, ist vorbei.[17] Es

[17] Von Mommsen ergänzt nach dem Muster der Severusakten, vgl. Dessau ILS 5050, Anm. 30. Dazu Mommsen, Reden u. Aufs. 356 (1891): „Eine Neuerung wird es sein, und sie ist bezeichnend, daß die Fürbitte neben der Gemeinde noch deren Legionen nennt. Solange diese nichts waren als die Bürgerschaft in Waffen und die Legionen nach beendigtem Feldzug auseinandergingen, ist es kaum denkbar, daß bei dergleichen Fürbitten die Armee regelmäßig neben der Bürgerschaft genannt worden ist. Aber seit es ein

hat demgegenüber wenig zu sagen, wenn Horaz nicht lange darauf das panegyrische Gedicht auf Lollius (C. 4, 9), dessen Name in der Erinnerung an die *clades Lolliana* unrühmlich fortlebt,[18] in das Lob seines soldatischen Opfermutes ausklingen ließ: *non ille pro caris amicis / aut patria timidus perire* (v. 51 f.)[19]: man spürt, im Gegensatz zum *dulce et decorum est* der Römerode, den konventionellen Charakter eines persönlich gewendeten Kompliments, wie denn Horaz in diesem Gedichte sich die leidige Gewohnheit der Panegyriker zu eigen macht, zu loben, wo es nichts zu loben gibt. Aber wenig später findet er erwünschte Gelegenheit, echte Verdienste zu besingen (C. 4, 14). Die Stiefsöhne des Kaisers, Tiberius und Drusus, haben im Jahre 15 die Alpenvölker besiegt: es sind Siege des Augustus, unter seinen Auspizien erfochten;[20] *milite tuo,* so redet Horaz den Kaiser an, hat Drusus gekämpft (v. 9), *te copias ... praebente* (v. 33 f.) Tiberius. *Miles tuus:* das ist zwar nicht der entwurzelte Soldat der Bürgerkriege, der für sich und seinen Feldherrn kämpft, für Rom nur, soweit dies im Interesse des Feldherrn liegt; es ist aber auch nicht der *Romanus miles* längst vergangener Zeiten, der in den Entstehungsjahren des Prinzipats zu neuem Leben zu erwachen schien; es ist der Soldat des Kaisers.[21]
[165] Natürlich, der Kaiser ist der Staat, ein Gegensatz zwischen Rom und Imperator ist nicht mehr möglich, wer für den Kaiser

---

stehendes Heer gab und wer sich den ‚ersten Bürger' Roms nannte, zugleich der Kriegsherr der dreißig Legionen war, ist es wohl verständlich, daß die Götter angerufen werden für Heil und Sieg der römischen Gemeinde sowohl wie auch ihrer Legionen."

[18] Das Gedicht sollte nach Heinzes Annahme zur Rehabilitierung des Lollius vor der öffentlichen Meinung beitragen; aber ob die Schlacht im Jahre 17 oder 16 geschlagen worden ist, läßt sich nicht mit Sicherheit ermitteln (vgl. Groag, RE XIII, 1382 f.).

[19] Auch hier *militia* mit *pauperies* verbunden: W. Theiler, Das Musengedicht des Horaz, Schr. d. Kbg. Gel.-Ges., 1935, 25–27 [= Untersuchungen zur antiken Literatur, Berlin 1970, 423–25].

[20] Siehe S. 305 und vgl. Heinze zu v. 9; J. Stroux, Die Antike 13, 1937, 209 f.

[21] Vgl. *exercitus meus* Aug. Res.g. 30 [s. dazu Prinzipat und Freiheit, WdF 135, 116 ff.; 135].

kämpft, kämpft für Rom. Aber dieser *miles* zieht nicht mehr in eigenem Auftrag ins Feld, wie es seine Vorfahren taten, insofern sie, vollberechtigte Mitglieder der Quiritenversammlung, die Lex de bello indicendo hatten beschließen helfen; er ist nichts als Werkzeug des jetzt im Kaiser sich zusammenfassenden Staatswillens, seine soldatische *virtus* verwandelt sich in die berufliche Bravheit des Befehlsempfängers; der Kaiser stellt seinem Beauftragten die Truppen zur Verfügung – *praebet copias* –, und man kann vom *miles* jetzt im Instrumentalis reden.[22]

Der Ausdruck *miles tuus* hat sein Gegenstück in der Verbindung *tuus populus*, die Horaz in der an Augustus gerichteten Epistel verwendet (2, 1, 18; J. 14). Man weiß nun schon, daß allein der Kaiser Rom und die Welt regiert – *cum tot sustineas et tanta negotia solus* (v. 1)); so versteht es sich ganz von selbst, daß Volk und Heer ihm gehören, damit er sich ihrer bedienen könne; denn er ist es, der Italien mit den Waffen schützt (v. 2). Wenn Horaz in der eben erwähnten Ode 4, 14 ihn huldigend anredet *maxime principum* (v. 6), dann widerspricht der distanzierende Superlativ dem Wesen der republikanischen Prinzipatsidee ebenso wie der betonte Singular im Leistungsbericht des Augustus.

Alles, was Horaz für den Kaiser empfindet, faßt er zusammen in dem von wärmster Verehrung getragenen Preislied, das Carl Koch als siebente Römerode bezeichnet[23] (C. 4, 5; aus ungefähr gleicher Zeit wie die Epistel). Weil die Worte dieses Gedichts aus dem tiefsten Herzen des Dichters zu strömen scheinen, sehen wir in ihnen ein besonders gewichtiges Zeugnis. Die Friedseligkeit, die schon jene frühen Oden scherzhaft oder andeutungsweise verrieten, findet hier inbrünstig-ernsten, wortreichen Ausdruck.[24] „Was

---

[22] Anders natürlich C. 1, 6 (an Agrippa), 3 f.: *quam rem cumque ferox navibus aut equis / miles te duce gesserit* – anders, weil es die Zeit des *Romanus miles* ist und weil auch davon abgesehen der Soldat kaum als *miles Agrippae* hätte bezeichnet werden können. Den Ausdruck *miles Crassi* (C. 3, 5, 5) in unseren Zusammenhang einzufügen, scheint nahezuliegen, würde aber nur bei forcierter Interpretation möglich sein.
[23] A. O. 83.
[24] Vgl. R. Reitzenstein, Das Römische in Cicero und Horaz, Neue Wege zur Ant. II, 1926, 35 [= Aufsätze zu Horaz, Darmstadt 1961, 137].

kümmern uns die grimmen Feinde in Ost und West, solange uns der Kaiser erhalten bleibt? Friedlich arbeitet der Winzer an seinen Reben, friedlich kehrt er abends heim, um den Tag beim Wein zu beschließen" – *quis Parthum paveat, quis gelidum Scythen, / quis Germania quos horrida parturit / fetus incolumi Caesare? quis ferae / bellum curet Hiberiae? / condit quisque diem collibus in suis / et vitem viduas ducit ad arbores; / hinc ad vina redit laetus –;* lesen wir diese Strophen (v. 25 ff.), dann fühlen wir uns an die Stimmung des Osterspaziergangs erinnert [25]:

> Nichts Bessers weiß ich mir an Sonn- und Feiertagen
> Als ein Gespräch von Krieg und Kriegsgeschrei,
> Wenn hinten, weit, in der Türkei,
> Die Völker aufeinander schlagen.
> Man steht am Fenster, trinkt sein Gläschen aus
> Und sieht den Fluß hinab die bunten Schiffe gleiten;
> Dann kehrt man abends froh nach Haus
> Und segnet Fried' und Friedenszeiten.

[166] So erfüllt war der Dichter von Dankbarkeit für dieses Bürgerglück, daß er ihr in den letzten Strophen des jüngsten Gedichts, das wir von ihm besitzen, noch einmal in ganz ähnlichen Worten Ausdruck gab (C. 4, 15, 17 ff.; J. 13): es war das Jahr, in welchem der Senat beschloß, der *Pax Augusta* einen Altar zu bauen.

Anders als zur *militia* steht Horaz, wie bereits angedeutet, zu den *honores*. Man kann sich des Eindrucks nicht erwehren, daß sein Verhältnis zum Ämterwesen durch seine soziale Stellung [26] beeinflußt ist. Im Bürgerkrieg, in dem alles möglich war, gelangte der Libertinensohn unversehens zum Offiziersrang und in den Ritterstand; aber es war ihm selbst nachher nicht ganz wohl dabei (Sat. 1, 6, 49 f.). Scheinbar war er nun auch für den Eintritt in den Senat und für die Ämterlaufbahn qualifiziert; aber wenn es schon die Söhne römischer Ritter schwer genug hatten, sich im Senat durchzusetzen, hätte man ihn erst recht nicht für voll genommen, ja, er hätte damit rechnen müssen, bei einer *lectio senatus* den Senatssitz zu verlieren (Sat. 1, 6, 20 ff.). Gewiß würde Horaz auf die *honores*

---

[25] Zum Kapitel Goethe und Horaz ist noch manches zu sagen.
[26] Zu dieser vgl. A. Stein, Der römische Ritterstand, 1927, 110 f. 203 f.

verzichtet haben, auch wenn sein Vater Ritter, ja wahrscheinlich auch wenn er Senator gewesen wäre; daran zweifeln hieße ein unberechtigtes Mißtrauen in die Folgerichtigkeit seiner Lebensweisheit setzen. Es ist nicht die Not, aus der er eine Tugend macht; die Trauben hängen ihm nicht nur zu hoch, sie sind ihm auch wirklich zu sauer. Aber ein völlig freiwilliger Verzicht wäre nicht nur viel gewichtiger als ein halb erzwungener, sowohl als sittliche Leistung im Sinne des Horaz wie als *exemplum,* sondern er hätte auch zu einer anderen Prägung der Worte geführt. Wir vermissen, wenn Horaz auf dieses Thema zu sprechen kommt, die souveräne Unbefangenheit, die er sonst in allen sittlichen Fragen an den Tag legt; zuweilen glaubt man in seinen Worten fast eine leise Erbitterung zu spüren, die an die Sinnesart des *homo novus* erinnert und sich ähnlicher Ausdrucksformen bedient wie diese. Und während er mit der Kraft unverdächtiger Überzeugung zum Kriegsdienst aufruft, mag er auch für seine Person solcher Betätigung überdrüssig sein, läßt er sich nirgends dazu herbei, die Jugend der höheren Stände mit klaren Worten zur Übernahme der Ämter, das heißt zu aktiver Teilnahme an der Politik aufzufordern. In der Zeit der Größe Roms war die Bewerbung um die *honores* nicht Ausdruck verwerflichen Ehrgeizes, sondern Erfüllung vaterländischer Pflicht der durch Abkunft und Fähigkeit zur Führung Berufenen; Augustus handelte auch hier als *restitutor rei publicae,* wenn er, wie wir wissen,[27] darauf hielt, daß sich niemand dieser Pflicht entzog. Der Ton, in dem Horaz von der *misera ambitio* (Sat. 1,6,129) der Bewerber spricht,[28] ist also beinahe anstößig, jedenfalls aber ein Zeichen für die Unabhängigkeit des „Propagandisten".

Daß er nicht könnte, auch wenn er wollte, und nicht wollte, auch wenn er könnte, macht die Stimmung der schon mehrfach zitierten sechsten Satire des ersten Buches (Mitte der dreißiger Jahre), in der diese Dinge ausführlich zur Sprache kommen, einigermaßen unerquicklich. Horaz findet sein Leben viel behaglicher als das eines

---

[27] Vgl. Mommsen, Staatsrecht I, ³1887, 476; Dessau a. O. 103 f.; Heinze zu C. 3,2,17 ff.
[28] Aber das *contemnere honores* Sat. 2,7,85, das der rigorose Stoiker fordert, gehört nicht hierher.

Herrn aus dem Senatorenstand (*his me consolor* [167] *victurum suavius ac si / quaestor avus pater atque meus patruusque fuisset* v. 130f.), und *insanus* scheint ihm derjenige, der sich der senatorischen Tracht bequemt (v. 27f.); er hat keine Lust, sich eine lästige Bürde (*onus molestum* v. 99) aufzuladen, an die er nicht gewöhnt ist, und er darf dabei mit der Zustimmung des Maecenas rechnen (*demens / iudicio volgi, sanus fortasse tuo* v. 97f.). Nicht etwa weil dieser es scheinbar ebenso macht; denn abgesehen davon, daß seine hohe Abkunft dem Verzicht einen ganz anderen Charakter gab, den Vergleich also von vornherein ausschloß, dürfen wir dem Horaz auch zutrauen, daß ihm die weit, bis in den Beginn der Revolutionszeit, zurückreichenden politischen Hintergründe dieser Haltung des Kaiserfreundes bekannt waren. Aber Maecenas ist feinfühlig genug, um sich in die durch Geburt und Neigung bestimmte Lage des Dichters zu versetzen; er weiß genausogut wie Horaz, daß diesem gar nichts anderes übrig bleibt als *in propria pelle quiescere* (v. 22). Wenn Horaz seinem Gönner unterstellt, daß er die Herkunft eines Mannes für ein ἀδιάφορον halte (v. 7f., 64f.), so kehrt diese Herabsetzung des *genus* zugunsten der *virtus* bezeichnenderweise anderthalb Jahrzehnte später in der Selbstcharakteristik des Dichters (Epist. 1, 20, 22) wieder: sie ist im Grunde unrömisch, gehört aber ebenso zum Repertoire des *homo novus* wie die Geringschätzung, mit der von der Urteilskraft des Volkes (v. 15f., 19f., 97f.; vgl. *plausus et amici dona Quiritis* Epist. 1, 6, 7) oder von *tituli* und *imagines* (v. 17; vgl. Sat. 2, 3, 212 *titulos inanis*) gesprochen wird.

Aber diese Satire ist zu einer Zeit geschrieben, als Oktavian selbst gerade erst zu begreifen begann, daß und in welchem Sinne er der *restitutor rei publicae* zu werden habe; man kann billigerweise von Horaz nicht verlangen, daß er päpstlicher sei als der Papst. Er hat sich aber auch später niemals anders geäußert. *Virtus repulsae nescia sordidae / intaminatis fulget honoribus / nec sumit aut ponit securis / arbitrio popularis aurae:* wenn diese Verse der zweiten Römerode bedeuten, daß die *virtus* vom Urteil der Menge befreit ist und der Dichter das freigewordene Amt übernimmt,[29] dann ist das

---

[29] K. Büchner, Die Antike 15, 1939, 161; vgl. *civium ardor prava iubentium* C. 3, 3, 2 und K. Koch a. O. 71.

ebenso gegen den Geist der *res publica* wie die Wahlreform des Tiberius, welche die Wahlen vom Marsfeld in die Kurie verlegte. Wir erinnern uns wieder des Widmungsgedichts C. 1,1: wie dort der Wert der Ämter durch die Gleichsetzung mit anderen Beschäftigungen in Frage gestellt wird, so begegnet der *petitor* in der Typenreihe der ersten Römerode, C. 3,1,9ff.: *est ut viro vir latius ordinet / arbusta sulcis, hic generosior / descendat in campum petitor, / moribus hic meliorque fama / contendat, illi turba clientium / sit maior.* Hier werden nicht Lebensformen durch Aufreihung einander gleichgeordnet, sondern innerhalb einer jeden wird durch den Komparativ der Überlegene dem minder Erfolgreichen, der nicht genannt ist, gegenübergestellt. Worauf es aber ankommt, ist doch die Gleichheit, nämlich die Gleichheit vor der Unerbittlichkeit des Todes. Die wuchtig abschließende Mahnung *aequa lege Necessitas / sortitur insignis et imos* läßt alles menschliche Streben, nicht nur das übermäßige, [168] als nichtig erscheinen, auch das nach den *honores*, die ja, wie es anderswo heißt, ohnehin *incerti* sind (C. 3,29,51). Hohes Amt hat nicht mehr Wert als Reichtum: Seelenruhe vermögen solche Güter nicht zu geben – *non enim gazae neque consularis / submovet lictor miseros tumultus / mentis* (C. 2,16,9ff., Anfang der zwanziger Jahre); *quid pure tranquillet, honos an dulce lucellum / an secretum iter et fallentis semita vitae* (Epist. 1,18,102f., J. 20) –, und es ist töricht, ihnen nachzujagen – *vides, quae maxima credis / esse mala, exiguum censum turpemque repulsam, / quanto devites animi capitisque labore* (Epist. 1,1,42ff.; vgl. 36, wohl aus demselben Jahre). Daß Horaz auch weiterhin seine Meinung nicht geändert hat, zeigt deutlich wiederum die Tatsache, daß im ›Carmen saeculare‹ die *honores* ebensowenig einen Platz finden wie die *militia*.

Bekleidung der großen Ämter ist nur die vornehmste Form politischer Betätigung; an sich ist diese jedem Bürger möglich; und die Grenzen zwischen ihr und der *militia* sind fließend. So paßt denn auch das, was Horaz von der Teilnahme am politischen Leben überhaupt zu sagen hat, völlig zu der Anschauungsweise, die sich in den bisher betrachteten Meinungsäußerungen zu erkennen gab; das heißt, wir müssen uns damit abfinden, daß Horaz einerseits jene eminent politische Gesinnung zeigt, wie sie am stärksten die Römeroden, als Ganzes genommen, bekunden,[30] und zur gleichen Zeit erklärt, daß er von Politik nichts wissen will. Was bei den Skythen oder den Parthern sich zutrage, lasse ihn gänzlich kalt, ruft er übermütig aus – *quis sub Arcto / rex gelidae metuatur orae, / quid Tiridaten terreat, unice / securus* (C. 1, 26, 3 ff., Anfang der zwanziger Jahre). Besonders aufschlußreich sind die beiden Einladungsgedichte an Maecenas, da sie nicht im Allgemeinen stehenbleiben, sondern auf greifbare persönliche Verhältnisse Bezug nehmen, C. 3, 8 (J. 28[31]) und 3, 29 (einige Jahre später). Er solle sich der politischen Sorgen entschlagen, rät er im ersten Gedicht dem Freunde, *mitte civilis super urbe curas* (v. 17); an den Grenzen stehe alles gut (v. 18 bis 24), und was die Staatsverwaltung betreffe, so könne Maecenas als Privatmann, der er doch sei, sich auch einmal ein wenig gehen lassen: *neglegens, ne qua populus laboret, / parce privatus nimium cavere* (v. 25 f.). Nun ist Maecenas ja nicht irgendein Bürger, sondern der Vertraute des Kaisers, der, wenn er auch keine *honores* bekleidete, oder gerade deswegen, in der Politik des werdenden Kaiserreiches eine überaus wichtige Rolle spielte. Privatmann in dem Sinne, wie Horaz es war, ist er wohl zu keiner Zeit gewesen; es wäre unbillig, wenn wir dem Dichter die läppische Gleichsetzung seiner Lebensweise mit der des Maecenas zutrauen wollten. Das Wort *privatus* scheint hier schon fast die Bedeutung zu haben, die wir aus dem Sprachgebrauch der Kaiserzeit kennen, wo es auf jeden angewendet werden kann, der nicht Kaiser ist, mag er Ämter bekleiden oder nicht.[32] Ist dies richtig, dann bereitet sich schon hier die Trennung der „privaten" Sphäre von der kaiserlichen vor, die wir in gleichzeitigen Gedichten angedeutet, in den späten vollzogen sahen.

---

[30] Hierher gehört auch C. 1, 14 *(o navis referent)*, falls K. Büchners einleuchtende Datierung auf das Jahr 28 sich bewährt (Bursian a. O. 109).

[31] So, mit Heinze, Theiler a. O. 261.

[32] Die außerordentlichen Vollmachten, die Augustus dem Maecenas übertrug und die so wenig bestimmt waren, daß sie titular nicht faßbar sind (vgl. A. Stein, RE XIV, 212), muß man, glaube ich, bei der Erklärung der beiden Gedichte, trotz Porphyrio, beiseite lassen.

[169] Hatte aber Horaz in dem ersten Einladungsgedicht seine Mahnung mit dem Hinweis begründet, daß ja an den Grenzen alles in Ordnung sei, und sie dadurch abgeschwächt, daß er nur die übertriebene Sorge für das Gemeinwohl *(nimium cavere)* nicht gelten lassen wollte, so drückt er sich in dem um einige Jahre jüngeren zweiten Einladungsgedicht schon viel entschiedener aus. Die politische Tätigkeit des Maecenas, wie sie in den Versen 25–29 geschildert wird – *tu civitatem quis deceat status / curas et urbi sollicitus times, / quid Seres et regnata Cyro / Bactra parent Tanaisque discors* –, bezeichnet genau die Lebensform, die Horaz, wie wir sahen, für seine Person – und nicht nur für diese – ablehnt. Er begnügt sich jetzt aber nicht mehr mit einer Begründung, die aus der politischen Situation des Augenblicks abgeleitet wird, also auch nur für den Augenblick Geltung beansprucht, sondern er gibt seinem Widerspruch das Gewicht einer grundsätzlichen Stellungnahme, indem er ihn in die Form eines breit ausgeführten philosophischen Glaubensbekenntnisses kleidet. *Prudens futuri temporis exitum / caliginosa nocte premit deus / ridetque, si mortalis ultra / fas trepidat* (v. 29 ff.): die Worte *ultra fas* sollen die Gültigkeit der Mahnung nicht einschränken im Sinne eines μηδὲν ἄγαν, nehmen also nicht das konziliante *nimium* des ersten Gedichts wieder auf, sondern sind so gemeint wie das *scire nefas* des Gedichts an Leuconoe (C. 1, 11): ängstliches Sorgen um die Zukunft ist schlechthin *nefas*.

Militia und *honores*, die beiden Lebens- und Leistungsformen römischer Art, die wir als Motive der Sittenlehre des Horaz, jedes für sich, durch seine Dichtung verfolgt haben, schließen sich auf den höchsten Stufen zur Einheit zusammen: der Inhaber eines Oberamtes ist im Besitze der militärischen Befehlsgewalt und damit befähigt, Heere zu führen. Ihre letzte Ausprägung findet diese Einheit im Triumph; anders ausgedrückt, die *virtus Romana* als soldatisches und politisches Mannestum erfährt im triumphierenden Imperator ihre höchste Verkörperung. *Imperator* aber, der alte Titel des Triumphators, ist zur Zeit des Horaz bereits Eigenname des Kaisers; und auch als Titel bleibt dieses Prädikat bald ihm allein vorbehalten, kaum noch ein anderer ist des Triumphes fähig, weil alle Siege unter seinen Auspizien erfochten werden und deshalb seine Siege sind.[33] Wir erkennen auch in der Geschichte des Wortes *imperator* die strenge Folgerichtigkeit der augusteischen Ideologie: Wie der Kaiser den Staat und das Volk in seiner Person darstellt, wie er die *maiestas populi Romani* in sich trägt, so scheint er dadurch, daß er allein Imperator heißt und *imperator* ist, auch alle *virtus* sich selbst vorzubehalten; er monopolisiert sie, wenn der Ausdruck gestattet ist. Wir sahen vorhin, daß man der soldatischen *virtus* des römisch-italischen Altbürgers kaum noch bedarf. Wir fügen jetzt hinzu, daß der Kaiser die Pflicht zur Bewährung dieser *virtus* den Römern abgenommen, daß er sie allein auf seine Schultern genommen hat. Das gilt in anderer Weise auch von der politischen *virtus*, die sich in der magistratischen Leistung zu erkennen gibt. Wie nach der Auffassung der Kaiserzeit, die aus der von Augustus geprägten Form sich entwickelt, das Kaisertum den höchsten Gipfel des *cursus honorum* bedeutet,[34] [170] so ist *dignitas* und *gravitas* der Magistratur, ist ihre lebendige Seele auf den Kaiser übergegangen.

Um zu Horaz zurückzukehren: In der Widmungsode an Maecenas hat er seinen Beruf, den des lyrischen Dichters, den anderen Berufen, die er aufzählt, äußerlich gleichgestellt; Ausdruck und Wortfülle lassen aber erkennen, daß er ihm vor jenen den Vorzug gibt. Wir empfanden es als anstößig, ja als unrömisch, daß Horaz die übrigen profanen Lebensformen mit *honores* und *militia* in einem Atem nennt; wir müssen es als nicht weniger unrömisch bezeichnen, wenn er dem Beruf des *lyricus vates* die gleiche und noch größere Ehre zuerkennt. Aber ist es nicht die hohe, letzten Endes politische Würde altgriechischen Dichtertums, die Horaz für sich in Anspruch nimmt?[35] Gewiß; aber das hindert nicht, daß eine solche

---

[33] Diese Auffassung beherrscht die vorhin erwähnte Ode 4,14 (s. S. 298f.). – Praenomen Imperatoris: Mommsen, Staatsrecht II, ³1887, 767ff.; Ausschließlichkeit des kaiserlichen Oberbefehls: ebenda 848; Beschränkung des Imperatortitels auf die Träger der Monarchie: ebenda I, ³1887, 125f.; der Triumph kaiserliches Reservatrecht: ebd. 135f.

[34] Klio 32, 1939, 337.

[35] Vgl. F. Solmsen, Die Dichteridee des Horaz und ihre Probleme. Ztschr. f. Ästhetik 26, 1932, 149ff., besonders 156f. 161. Zum Selbstbewußtsein des Dichters Horaz vgl. auch B. Snell a. O. 252ff.

Anschauung und ein solcher Anspruch unrömisch sind, daß sie im Widerspruch stehen zu allen *exempla,* welche die Soziologie der römischen Literatur bis dahin aufzuweisen hatte. Gipfelte die politisch-poetische Wirksamkeit des *vates* Horaz in der Abfassung des ›Carmen saeculare‹,[36] so ist dies der einzige Fall, daß seine Lyrik sich in das öffentliche Leben Roms einzufügen vermochte.[37] Wohl konnten dieses eine Mal der kaiserliche Auftraggeber sowohl wie der beauftragte Dichter sich scheinbar auf den *mos maiorum* berufen; aber beide wußten, daß keiner der früheren Verfasser öffentlicher Kultgesänge den Ehrennamen eines *Romanae fidicen lyrae* oder eines *Musarum sacerdos* in dem Sinne, wie Horaz es tat, sich hätte beilegen dürfen.[38]

Aber das ist noch nicht alles. Horaz begnügt sich nicht damit, den dionysischen Efeu zu tragen, *doctarum praemia frontium.* Im Schlußgedicht des dritten Buches, dem Gegenstück zur Eingangsode des ersten, verlangt er für sich den Lorbeer. Nun sagt er zwar nicht ausdrücklich, daß dabei an den Lorbeer des Triumphators gedacht werden solle, aber die Zeitgenossen haben ihn so verstanden,[39] und das spätere Gedicht C. 4, 3 bestätigt es. Denn dort werden – abermals mit souveräner Nichtachtung römischer Wertmaßstäbe – aneinandergereiht der Sieger im isthmischen Faustkampf, der Sieger im Wagenrennen und der Triumphator: ihr Ruhm kann nicht größer sein als der des Horaz, welchen *spissae nemorum comae / fingent Aeolio carmine nobilem* (v. 11 f.). Das Wort *nobilem,* mit starker Betonung ans Ende der Strophe gesetzt, mußte und sollte beim Hörer die Vorstellung der *nobilitas* hervorrufen: nicht

---

[36] Vgl. G. L. Hendrickson, Vox vatis Horati, Class. Journal 31, 1935/36, 189 ff., besonders 194; E. Bickel, Geschichte der römischen Literatur, 1937, 559.

[37] Vgl. F. Klingner, Die Antike 6, 1930, 76.

[38] Gewiß auch keiner der späteren. Zu den Resten des ›Carmen saeculare‹ vom Jahre 204 n. Chr. vgl. E. Diehl, SB Pr. Ak. 1932, 775 ff. Ich weiß nicht, ob schon bemerkt worden ist, daß das Wort *inlex* v. 6 möglicherweise dem ›Carmen saeculare‹ des Jahres 249 v. Chr. entnommen ist, vgl. C. Cichorius, Röm. Studien, 1922, 2.

[39] Vgl. Heinze z. St.; aber es ist bezeichnend, wie Properz (3, 1, 9 ff.) den Gedanken abwandelt, indem er ein harmlos-spielerisches Bild daraus macht.

weniger adelig ist der Dichter als derjenige, der sich im politisch-gesellschaftlichen Bereich so nennen darf.[40]

[171] Der lyrische Dichter neben dem triumphierenden Imperator als dem Inbegriff der *virtus Romana:* ein nach römischen Anschauungen ungeheures Verlangen, eine Zumutung an die römische Welt, deren Geist doch jeder der beiden mit seinen Mitteln zu erneuern trachtete. Die letzte Konsequenz dieser Erhöhung der Poesie war die Identität des Sängers und des Kaisers; als sie ein paar Jahrzehnte später Wirklichkeit wurde – freilich in verzerrter Form, und wie wäre es anders möglich gewesen? –, da konnte selbst das späte und müde Römertum dieser Tage sie nicht ertragen.

Grundlage unserer Horazbetrachtung war die Überzeugung, daß wir in seiner Dichtung den Stil der Zeit in gültiger Form ausgeprägt finden; ihr Ergebnis ist, daß die Art dieser Übereinstimmung etwas anders gesehen werden muß, als es zu geschehen pflegt. Es ist, mit einem Wort, nicht die Geschlossenheit, sondern die Brüchigkeit des Zeitcharakters, die im Werk des Horaz zum Ausdruck kommt.[41] Ein Vergleich der römischen Situation mit der entsprechenden griechischen kann den Sachverhalt noch deutlicher machen.[42]

Die Entwicklung der griechischen Geschichte von der hochpolitischen Klassik zum Hellenismus spiegelt sich wie in anderen Erscheinungsformen des geistigen Lebens so in der Dichtung. Der

---

[40] Daß der Lorbeer des Triumphators ebenso wie das Diadem des Königs nur dem Weisen gebührt, der den Reichtum verachtet (C. 2, 2, 21 ff.), ist stoisches Paradoxon.

[41] Daß sich diese Auffassung, zwar nicht in der Begründung, aber im Prinzip, auf Mommsen berufen kann (Reden u. Aufs. 171), dürfte nicht gegen sie sprechen. Ähnlich neuerdings R. A. Schröder in einem seiner Aufsätze zu Horaz, die im übrigen von Fehlern und Mißverständnissen entstellt sind (Aufs. u. Reden 1, 1939, 112f.). – Für die jetzt weithin geltende Meinung, deren Richtigkeit hier bezweifelt wird, die Belege anzuführen, erübrigt sich; vgl. aus den letzten Jahren etwa die Arbeiten von H. Oppermann, HZ 164, 1941, 1 ff., besonders 14 ff.; Das neue Bild der Antike 2, 1942, 265 ff. und F. Klingners Aufsätze über Horaz, die der Verfasser in dem Sammelband ›Römische Geisteswelt‹ (1943 [⁵1979]) neu herausgegeben hat.

[42] Zum folgenden vgl. Neue Jbb. 1941, 13 ff. [= Saeculum Augustum I, WdF 266, 61 ff.]

Poet, mag er Menander, Kallimachos oder Theokrit heißen, ist Repräsentant einer privaten Lebensweise, die auch dann nichts von ihrem grundsätzlich unpolitischen Charakter einbüßt, wenn sie höfisch orientiert ist. Denn das Königtum ist ja nur eine andere Spielart der hellenistischen Daseinsform, es ist das rechte Gegenstück zu der des politisch uninteressierten Untertanen. Beide, König und Privatmann, sind vom Politen des klassischen Stadtstaats gleich weit entfernt, politische Gleichgültigkeit und Selbstherrschertum liegen auf einer Ebene, sind polare Verwirklichungen eines und desselben Anspruchs, der sich auf das Eigenrecht der Einzelpersönlichkeit gründet. Weder dem König noch seinem Poeten konnte es einfallen, auf der Grundlage der Monarchie den Gedankenbau der klassischen Politik neu zu errichten.[43] Die philosophische Lehre vom Recht des Stärkeren war nicht von Bürgern griechischer Poleis, sondern von Königen makedonischen Stammes in geschichtliche Wirklichkeit umgesetzt worden; die Monarchie war nicht aus der Polis hervorgegangen, sondern hatte sich von außen neben sie gestellt.

In Rom war es anders. Auch hier verliert der Bürger das Gefühl für das Wesen echter 'Politik', auch hier konzentriert sich die staatliche Gewalt in den Händen eines einzigen. Aber die Voraussetzungen dieses Vorgangs sind andere als in Griechenland, insofern sie nämlich vorwiegend auf dem Gebiet der äußeren Geschichte liegen, das heißt mit der Entstehung des Welt-[172]reichs gegeben sind; und auch der Verlauf ist ein anderer. Der Prinzipat des Augustus erwächst aus dem republikanischen Gemeindestaat als dessen natürliche Fortsetzung; es geht, sozusagen, dem Staatskörper keine politische Energie verloren, sie ist jetzt nur an einer Stelle aufgehäuft, während sie vorher gleichmäßig verteilt war. Das Verhältnis des Kaisers zur alten *res publica* ist daher ein völlig anderes als das eines Ptolemaios oder Attalos zur griechischen Polis; aber auch das Verhältnis des Horaz zu Altrom ist viel intimer als das des Menander zum Athen des Perikles – mit dem des Kallimachos zu Alexan-

---

[43] Daß die Könige, wenn die Politik es so mit sich brachte, sich als Wiederhersteller altgriechischer ἐλευθερία und αὐτονομία gefielen, hat nichts damit zu tun.

dria läßt es sich überhaupt nicht vergleichen. Mit anderen Worten: der römische Kaiser und sein Dichter hatten in ungleich höherem Maße als der hellenistische König oder der hellenistische Poet die Möglichkeit, Romantiker zu sein.[44]

Sie haben beide von dieser Möglichkeit Gebrauch gemacht, indem sie, jeder in seiner Art, das Tote und Sterbende zu neuem Leben zu erwecken suchten. Für den Kaiser war es dabei leichter als für den privatisierenden Dichter, sich die im römischen Sinne richtige Rolle zuzuweisen; von seiner bewunderswerten Fähigkeit, sich selbst geschichtlich zu sehen, geleitet, stellt er sich in die unendliche Reihe derer, welche *exempla* empfangen, befolgen, weitergeben und selbst ihre Zahl vermehren.[45] Einen altrömischen *vates* aber nach Art des Horaz gab es nicht und konnte es nicht geben; Horaz macht die Anleihe bei den Griechen und fügt zu dem Irrtum des Romantikers den historischen Stilfehler. Das Schicksal des ehrlichen Ideologen, der den Widerspruch zwischen Ideal und Wirklichkeit erfolglos zu überwinden sucht,[46] ist weder dem einen noch dem anderen erspart geblieben. Daß Augustus den Riß sah, der durch sein politisches Werk ging, ist an seinen Taten wie an seinen Worten zu erkennen.[47] Horaz bestätigt dem Kaiser noch in der letzten Ode, daß er *veteres revocavit artis, / per quas Latinum nomen et Italae / crevere vires* (C. 4, 15, 12 ff., Jahr 13), und in der letzten Epistel schildert er noch einmal, schalkhaft und bescheiden, aber doch mit ungeminderter Selbstsicherheit, die erzieherische und religiöse, das heißt die politische Aufgabe, der er selbst genügt (Epist. 2, 1, 124 ff., Jahr 14);[48] ob er gefühlt hat, wie es um Augustus und

---

[44] Der bedenkliche Vergleich wird hier nur deshalb verwendet, weil er die Möglichkeit gibt, die archaisierende Neigung der politisch-ethischen Ideologie des Augustus und der Augusteer mit einem Worte zu bezeichnen.

[45] Res. g. c. 8; vgl. H. Volkmann, Das neue Bild der Antike 2, 1942, 258 f. (Kl. Schr., 1975, 184 f.).

[46] Man vergleiche, was E. Howald, Vom Geist antiker Geschichtsschreibung, 1944, 171 f. über Livius und Augustus sagt.

[47] Dies bedarf weiterer Ausführung, die an die ›Res gestae‹ anzuknüpfen haben würde [s. jetzt Prinzipat und Freiheit, WdF 135, 109 ff.].

[48] Vgl. E. Fraenkel, Die klassische Dichtung der Römer (in: Das Problem des Klassischen und die Antike, 1931) 70 ff.; F. Solmsen a. O. 158.

wie es um ihn selber stand, verrät er nicht,[49] obwohl Tat und Wort bei ihm, dem Dichter, dasselbe ist.

Nachtrag 1980

Den folgenden Nachtrag entnehme ich – mit einigen Änderungen – meinem Bericht ›Neue Forschungen zum römischen Principat‹, in ANRW II 1, 1974; dort S. 35 ff.

In dem Aufsatz ›Horaz und Augustus‹ habe ich meine Meinung von der Zwielichtigkeit des monarchischen Principats und von der Dichtung des Horaz als einem Spiegel dieser Beschaffenheit des neuen Zeitalters auseinandergesetzt und zu begründen versucht. Daß es mir gelungen ist, mich verständlich zu machen, konnte ich dem Referat von Gerhard Radke, Gymnasium 61, 1954, 245 f., entnehmen. D. Kienast, Augustus und Alexander, Gymnasium 76, 1969, 452, bestreitet, daß die augusteischen Dichter die Intentionen des Princeps nicht verstanden hätten. „Denn Augustus selbst hat in dieser Zeit ... auch in Rom das Andenken an Alexander als den Welteroberer bewußt gepflegt." Weiter sagt Kienast: „Durch die Verleihung des *imperium proconsulare* wurde Augustus ähnlich wie Pompeius zum Feldherrn des Reiches. Ja, die Berechtigung seiner Ausnahmestellung konnte überhaupt nur in militärischen Erfolgen liegen" (S. 453). Aber Augustus' Ruhmestitel sind die Wiederherstellung der *res publica* und die Schöpfung der *pax Augusta*. Die militärischen Erfolge kamen ja zum großen Teil auf die Rechnung anderer, was natürlich nicht offen gesagt wurde, aber doch die Frage der Ausnahmestellung beeinflussen mußte. – Was bei H. Dahlmann, Die letzte Ode des Horaz (C. 4, 15), Gymnasium 65, 1958 (jetzt in: Kleine Schriften, 1970, 197 ff.) zu lesen ist, paßt so gut zu meiner eigenen Meinung, daß ich die betreffenden Sätze, die sich auf die Schlußstrophen des Gedichts beziehen, hier ausschreiben möchte: „Nicht allein die Ruhmestaten der großen Männer Roms sollen den Inhalt der ersehnten Tafellieder bilden, sondern auch die Ahnen Roms, Troja, Anchises und der Sproß der Venus, Aeneas, aber auch und vor allem Augustus... Alter Brauch

---

[49] Wenn Horaz sich selbst wegen des Widerspruchs zwischen Lebensweisheit und Lebensführung verspottet (Sat. 2.7.22 ff.) und, wie Heinze am ersten Epistelnbuch entwickelt hat (Vom Geist des Römertums, Darmstadt ³1960, 295 ff. [Neue Jbb. 43. 1919]), an seiner Läuterung arbeitet, so gehört das nicht hierher, weil sich diese Erkenntnisse und Bemühungen in den Grenzen des 'privaten' Bereiches halten.

wiedererweckt, aber nicht als zeitfernes Relikt, sondern angewandt und mit neuem Sinne erfüllt ... Gerade aber in diesem Schlußbilde liegt etwas von dem Unwirklichen, Fiktiven der ganzen *restitutio:* zu einem *canere* der Taten der *virtute functi duces Romani* nach vermeintlich altem Brauch ist es nie gekommen. ... Und was für dies eine Beispiel ersehnter Wiederkehr guter alter Sitte gilt, ... das betrifft vieles von dem insgemein, was Horaz hier und sonst an Friedenswerken des Kaisers feiert, als sei es nicht allein erstrebt, sondern erreicht, ja für immer verwirklicht." Was Dahlmann hier kennzeichnet, ist eine der Aufgaben jedes Panegyristen. Weiterhin spricht Dahlmann von der Diskrepanz zwischen Idee und Wirklichkeit. – Meiner Horazinterpretation stimmt H. D. Meyer, Die Außenpolitik des Augustus und die Augusteische Dichtung, 1961, nur in einem Teilaspekt zu (2 Anm. 1), und andere Wege geht die Abhandlung von V. Pöschl, Horaz und die Politik, in: Prinzipat und Freiheit, WdF 135, 136 ff., besonders S. 146 f. Überhaupt weiß ich wohl, daß meine Meinung von der angeblichen *restitutio rei publicae* durch Augustus – denn darauf laufen alle diese Fragen letzten Endes hinaus – nicht gerade die communis opinio ist. Von der „wohltätigen und notwendigen Lüge des Principats" ist in meinem Artikel ›Princeps‹ (RE XXII, 1954, Sp. 1998–2296) allenthalben die Rede, nicht nur dort, wo dieser Ausdruck gebraucht wird (2070, 8 f.), und ich möchte wohl denken, daß er dazu beitragen könnte, den guten Willen, den noch heute viele Historiker den offiziellen und halboffiziellen Kundgebungen jener Zeit entgegenbringen, als Erfolg eben dieser propagandistischen Bemühungen zu erweisen (vgl. etwa 2136, 60 ff.). Wenn G. Walser, Der Kaiser als Vindex Libertatis, Historia 4, 1955, 353, den Anspruch des Augustus, das Kaisertum bedeute nichts anderes als die Wiederherstellung der Republik, als Fiktion erkennt, an der alle seine Nachfolger festgehalten hätten, so freue ich mich der Übereinstimmung. Von der Fiktion, die Augustus nährte, und von der ambivalenten Position, die er bezogen hatte, spricht auch W. Hoffmann, Der Widerstreit von Tradition und Gegenwart im Tatenbericht des Augustus, Gymnasium 76, 1969, 32 [= Saeculum Augustum I, WdF 266, S. 109]. Aber wenn darin ein Vorwurf liegt, so sucht Hoffmann ihn dadurch zu entkräften, daß er Haltung und Worte des Augustus aus der spezifisch römischen Bindung an die Vergangenheit erklärt. „Nicht nüchterne Berechnung hat ihn veranlaßt, so und nicht anders zu schreiben; vielmehr war er ähnlich wie auch seine Zeitgenossen gar nicht in der Lage, seine Leistung, durch die er doch die Voraussetzungen für die kommende Entwicklung geschaffen hatte, anders als in den ihm vorgegebenen Denkformen zu erfassen." (S. 110) – Von typisch kaiserzeitlicher Spannung zwischen Realität und Ideologie spricht treffend D. Timpe, Die Bedeutung der Schlacht von Carrhae, Mus. Helveticum 19, 1962, 128, in bezug auf die enttäuschende und trotzdem zu einem großen Erfolg aufgebauschte Ostpolitik des Augustus: „Der bleibende und nun wirklich definitiv werdende Machtdualismus des römischen und des Arsakidenreiches wurde mit dem unwirklichen ideologischen Nebel des römischen Herrschaftsanspruches über die Welt und der Kaiserpanegyrik umgeben."

Originalbeitrag 1984.

AUGUSTEISCHE ERFÜLLUNG ZWISCHEN VERGANGENHEIT UND ZUKUNFT

Eine Retraktation der politischen Lyrik des Horaz

Von Reinhart Herzog

nil oriturum alias, nil ortum tale fatentes

1

Die vielbesprochene Regulusode des Horaz (III 5) bleibt rätselhaft und widersprüchlich[1], wie so manches in dieser Lyrik, das – nach Fraenkels treffendem Wort – die angestrengten Verständnisbemühungen eher überkrustet haben.[2] Die Schwierigkeiten liegen in der ersten Gedichthälfte:

> Caelo tonantem credidimus Iovem
> regnare: praesens divus habebitur
> Augustus adiectis Britannis
> imperio gravibusque Persis.
>
> 5   milesne Crassi coniuge barbara
> turpis maritus vixit et hostium
> – pro curia inversique mores! –
> consenuit socerorum in armis,
>
> sub rege Medo Marsus et Apulus
> 10   anciliorum et nominis et togae
> oblitus aeternaeque Vestae,
> incolumi Iove et urbe Roma?

---

[1] Die Ode enthalte «una netta e clamorosa contradizione», heißt es in der letzten Untersuchung (G. Marconi, RCCM 9, 1967, 39).
[2] E. Fraenkel, Horaz, Darmstadt 1963 (Oxford 1957), XIII.

hoc caverat mens provida Reguli
dissentientis condicionibus
15   foedis – – – (es folgen die Rede
und das Schicksal des Regulus)

Das richtige Verständnis kreist hier um drei Fragen: 1. "What have the soldiers of Crassus to do with the expectation that Augustus will undertake the conquest of Parthia?"[3] Man kann ergänzen: Was verbindet den geforderten und sicher erwarteten[4] Parthersieg des Augustus[5] mit der emphatischen Ablehnung eines Gefangenenloskaufs durch Regulus? – Diese Fragen zielen auf die Verbindung zwischen Strophe 1 und 2/3 sowie zwischen 1 und dem Regulusteil. 2. In Strophe 2/3 ist nicht von der Erwägung eines Loskaufs die Rede, vielmehr von der schimpflichen Assimilation der Gefangenen an die Parther. Dieser Kontrast verschärft sich dadurch, daß Horaz die ihm vorliegende Regulustradition noch eigens mit der Überlieferung von den Verhandlungen zum Loskauf der Gefangenen nach Cannae kontaminiert hat (vgl. zuletzt H. Kornhardt, H 82, 1954, 106f.). Was verbindet die Strophen 2/3 mit dem Ziel der Regulusrede? 3. Wenn Regulus mit seiner Rede und seinem Tod ein Präjudiz (*exemplum* v. 15) verhindert haben soll – und zwar erfolgreich –, wenn er damit Unheil von der Nachwelt abwendete (v. 15ff.), so führt das vor eine weitere Verständnisschwierigkeit. Diese Voraussicht hat ja gerade nicht gefruchtet (Strophe 2/3). Genauer: Was bedeutet hoc *caverat mens provida Reguli*? – Diese Fragen zielen auf die Verbindung des Regulusteils mit Strophe 1/3 insgesamt.

Es muß zugestanden werden, solche Fragen wirken seit den letzten Dezennien der Horazphilologie nicht ganz zeitgemäß. Sie

---

[3] R. Saeger, Athen. 58, 1980, 112.

[4] *Habebitur* richtig interpretiert bei H. P. Syndikus, D. Lyrik d. Horaz II, Darmstadt 1973, 75, und G. Williams, Tradition and Originality in Roman Poetry, Oxford 1968, 440 ("he can and will"). Zur 'Bedingung' in der Partizipialkonstruktion (v. 3f.) überzeugend W. Wimmel, Glotta 40, 1962, 132, und E. Doblhofer, ANRW II 31, 3, 1958.

[5] Richtige Interpretation des *praesens divus* bei H. Haffter, Philol. 93, 1938, 96ff.

erinnern an jenen verpönten 'Naturalismus'[6], welcher die Lyrik zwischen Wirklichkeit und Logik verrechnet; widersprechen sie nicht gar dem weithin akzeptierten Grundsatz, „daß sich Horaz in seinem ganzen Werk sowohl entschlossen als auch befähigt zeigt, all das auszudrücken, was für das Verständnis und die Würdigung eines Gedichts von Bedeutung ist"?[7] Indessen: mögen wirklich andere methodische Fragen gegenwärtig die Interpreten horazischer Lyrik beschäftigen[8] – für seine politische Lyrik hat jene Wende zur Werkimmanenz in der Philologie die fatale Folge gehabt, daß die Althistoriker zumeist diesen Weg nicht mitgehen konnten, daß ihr Verständnis vielfach nach wie vor in wichtige Oden[9] „einen Gesichtspunkt von außen hereintrug"[10], daß wir also vor einem doppelgleisigen Horazverständnis stehen. Das könnte andeuten, daß methodisch nicht vorangeschritten wurde, sondern ein Dogma das andere ablöste. Eben dies zeigt sich an den Versuchen, die oben formulierten Probleme der Regulusode zu lösen.

[6] Sein Manifest bei A. Kießling, Philol. Untersuchungen II, Berlin 1881, 48 ff.; zu seiner Denkform führt aber häufig auch noch das in Heinzes Odentheorie beschlossene Prinzip der (realen wie fiktiven) Situationsgenauigkeit. Zum 'Naturalismus' abschließend V. Pöschl, Horazische Lyrik, Heidelberg 1970, 11.

[7] Fraenkel, 31 – also ein Manifest der Werkimmanenz, dem sich aufs beste die humanistische Hochschätzung des Klassikers einfügte und dann zuweilen bemerkenswerte hermeneutische Bindungen verfocht. Beispiel: Das nicht Verständliche ist horazischer Humor (vgl. bereits die treffenden Bemerkungen R. Reitzensteins, Aufsätze zu H., Darmstadt 1963 [1921], 55). Oder: „Horaz ist so lange nicht verstanden . . ., solange etwas menschlich Schiefes herauskommt"; der „Adel seiner Menschlichkeit muß höchstes philologisches Kriterium sein" (K. Büchner, Stud. zur röm. Lit. III, Wiesbaden 1962, 171). Das Postulat Werkimmanenz konnte ferner anschließen an die alte Tradition der Horaz-Apologetik und ihr Argument des 'ästhetischen' (gegenüber dem 'unsittlichen' sowie dem 'adulatorischen') Horaz; vgl. z. B. E. H. Schmid, Apologie des H., Neue Lit.- u. Völkerkunde 1, 1789, 33 ff.

[8] Nämlich jene der symbolischen Deutung sowie der Fiktion; ich komme darauf zurück.

[9] So – neben III 5 – bekanntlich I 2, I 7, I 14, I 15, III 2, III 14, III 27.

[10] Haffter, 132.

Zur ersten Frage: Der Anstoß führte im 19. Jh. natürlich zur Statuierung einer Lücke; [11] dann bauten Periphrasen logische Eselsbrücken: „Ist's möglich, daß, während Juppiter..." [12]; noch für Heinze (1930, 17, z. St.) war Strophe 1 lediglich als Folie für die Empörung ab v. 5 „vorangeschoben" [13]. Haffter suchte das Problem zu lösen, indem er die imperiale erste Strophe aus ihrer Rolle als 'Präambel' löste [14] und v. 5 ff. dem Regulusteil zuordnete: Der schmähliche Zustand kontrastiert dem altrömischen Exempel. Der Zusammenhang von Strophe 1 und 2/3 kann aber dann nur noch sehr allgemein umschrieben werden. [15] In der Folge mündet die Interpretation auch hier in die Feier des 'Gleitens', der 'Balance' und des 'Schwebens' ein. [16]

[11] Zuletzt im Odenkommentar L. Müllers (Leipzig/St. Petersburg 1900), z. St.

[12] Kießling, z. St. Vgl. ähnlich H. Th. Plüß, Horazstudien, Leipzig 1882, 248 („da frag ich mich...").

[13] Die Sprunghaftigkeit nach v. 4 führte bei N. O. Nilsson, Eranos 45, 1947, 40 ff. gar zu dem Versuch, Horaz jeden möglichen Krieg mit den Parthern als Bürgerkrieg empfinden zu lassen, solange die Gefangenen nicht befreit seien.

[14] Wobei allerdings der Eindruck schwer abzuweisen ist, „als verschwinde der Princeps im folgenden ganz aus dem Gedicht" (E. Doblhofer, Die Augustuspanegyrik d. Horaz in formalhistorischer Sicht, Heidelberg 1966, 148). Es wirkt daher gezwungen, wenn Haffter (154; ihm folgen Fraenkel 267 ff. und Doblhofer, Augustuspaneg. 150 ff. sowie noch ANRW II 31, 3, 1957) Regulus direkt und quasi-typologisch auf Augustus beziehen will, das Gedicht also eher als Augustus- denn als Römerode interpretiert. Hier wirkte seit Heinze die Vorstellung von den beiden III 4 'rahmenden' Oden als Systemzwang.

[15] „Neu sinas Medos equitare inultos te duce Caesar [I, 2, 51 f.]. Dies ist der Gedanke der drei ersten Strophen" (Haffter, 149). In diesem Zusammenhang J. Krokowski, Eos 56, 1966, 152: „Wer würde aber vom Dichter eine rigorose Logik erwarten?"

[16] Vgl. T. Oksala, Religion u. Mythologie bei H., Helsinki 1973, 111 („der Gedanke wandert"); ähnlich metaphorisch, unter Verschleifung des Futurs in v. 2, W. Wili, H. und d. august. Kultur, Basel 1948, 144. Solche bildlichen Überbrückungen sind auch im Falle von III 5 eine Folge der Klingnerschen Interpretationsmetaphorik gewesen. Die „Sinnbezüge", die Klingner zwischen den Teilen der Ode statt eines „eingeteilten Oberbegriffs" „aufblitzen" sah (F. Klingner, Horazens Römeroden, in: Stud. z. gr. u. röm. Lit., Zürich 1964 [1952], 351), senden schon bei Büchner die in Brechungen funkelnden Diamanten der Römeroden aus (Die Römeroden,

Zur zweiten Frage: Gegen die herkömmliche Antwort, Horaz müsse einen tagespolitischen Anlaß für seine Akzentuierung der Regulusgeschichte (Loskauf) gesehen haben, wendet sich (nach anderen) ausführlich Haffter: „zu straff" würden hier die Gedichtteile aufeinander bezogen; „nur vom Mythus" (sc. dem Regulusteil) „und seinen selbständigen Bedürfnissen her" sei die Kontamination mit der Cannae-Tradition recht zu verstehen.[17] Fraenkel folgt ihm;[18] bei Syndikus sind die Strophen 2/3 bereits „Durchgangsstadium", das die pindarische Form (sie soll, wie häufig, auch hier die Sprünge und Anstöße erklären), vorbereitet.[19] – Hier ist eine denkbar große Distanz zum Lösungsversuch Mommsens erreicht, der als erster[20] aus textexternen Hinweisen (einer Überlieferung über zeitgenössische Ten-

---

a. O. 126); dieser Diamant ist seit Rudolf Borchardt im Umlauf (Brief v. 17. 8. 1907, Neue Rundschau 1957, 567). – Die Bemerkung erscheint nicht überflüssig, daß diese Hinweise von keiner Ironie veranlaßt sind: Wie die 'naturalistischen' Gerüste zu den Horazoden (oder die 'Liebesromane' bei den Elegikern) ein beachtenswertes Zeugnis des historistischen Paradigmas in den Geisteswissenschaften vor Augen führen, so die Interpretationsmetaphorik der 'inneren Form' ein Zeugnis des nachhistoristischen Interpretationsstils humanistischer Inständigkeit. Daß manchem unbehaglich wird, wenn hier „die eigentliche Durchschlagskraft den Dingen ihr Gesicht gibt" (Büchner, Röm. Literaturgeschichte, Stuttgart 1957, 262), steht auf einem anderen Blatt.

[17] Haffter, 144. 152. Ähnlich Amundsen, D. Römeroden des H., [1942] in: Horaz WdF, hrsg. v. H. Oppermann, Darmstadt ²1980, 136f.

[18] 322f.

[19] 75. 79. Der Rekurs auf 'Pindarisches' dient zur Eliminierung von Verständnisschwierigkeiten wie die Berufung auf gleitende Gedankenführung. Hier hätte indes der Detailvergleich, wie er intensiv seit Theiler angestellt wurde (W. Theiler, Das Musengedicht d. H., in: Untersuchungen z. ant. Lit., Berlin 1970 [1935], 394ff., hierzu die wichtige Rezension von F. Klingner, Gnomon 1937, 36ff.), für die Römeroden ausführlich von H. Kempter (D. röm. Geschichte bei H., München 1938, 103ff.), erweisen können, daß gerade der Übergang von v. 13 sich aus pindarischer Tradition nicht vollständig erklären läßt. – Für die Wertung der Ode ergibt die Rückführung auf pindarische Form die auch sonst bekannte Beliebigkeit: hie 'Meisterwerk' (so der Odenkommentar A. Arnaldis (Mailand ⁵1959), dort 'Frostigkeit' (so E. Castorina, La poesia di H., Rom 1965, 279ff.).

[20] Zu gleicher Zeit mit ähnlichem Ergebnis: A. Teuber, Neue Jb. 139, 1889, 417ff.

denzen zum Gefangenenloskauf) zu einer konsistenten Lösung der ersten und zweiten Frage gelangte: Strophe 1 gebe die auf Revanche drängende öffentliche Meinung wieder, der Horaz nach „schroffem Übergang" (dieser sollte Augustus' Absichten „nicht offenbaren, sondern verdecken") mit dem Hinweis begegne, „der gefangene Römer sei kein Römer mehr"[21]. Hiernach wären also in der Tat die drei Teile der ersten Gedichthälfte aufeinander zu komponiert: Die Überblendung der Cannae- und Regulustradition soll zwar einer bestehenden und damit hinter dem Text von Strophe 2/3 zu statuierenden Tendenz zum Gefangenenloskauf begegnen, vor allem aber einen starken, ebenfalls impliziten Kontrast zum Expansionsprogramm der ersten Strophe setzen. Dieser Lösungsversuch ist dadurch bemerkenswert, daß seine historische Deutung variabel ist: Dem verhüllten 'opinion-leader' Horaz trat alsbald (bei gleicher Struktur der Interpretation) Horaz als mehr oder weniger offener Kritiker der zögernden Ostpolitik des *princeps* gegenüber.[22]

Trotz des anhaltenden Widerspruchs seitens der Philologen ist noch nach Heinze eine – wie auch immer geartete – aktuelle Tendenz der Ode akzeptiert worden;[23] und noch die letzten althistorischen Arbeiten zum Prinzipat des Augustus und seiner Partherpolitik weisen zwar vorsichtig auf die philologischen Interpretationen seit Haffter hin, verzichten aber nicht auf III 5 als 'Quelle' aktueller Politik.[24]

Die dritte Frage ist merkwürdigerweise bisher nicht gestellt worden; sie fordert aber bei jeder Übersetzung von v. 13 implizit eine Antwort. Hier ist bisher keine befriedigende Lösung ohne Färbungen oder gar Umbiegungen des Wortlauts gelungen: a) das naheliegendste Verständnis wäre: „Für einen solchen Fall hatte Regulus, vorausschauenden Sinns, Vorsorge getroffen." Dann aber geht die Verhinderung eines *exemplum*, das – ausdrücklich – die *pernicies veniens in aevum* nach sich ziehen würde, ins Leere. b) "had foreseen" (Williams, z. St.): offenbar das Desaster von Carrhae – wiederum stimmt die erfolgreiche Verhinderung eines *exemplum* nicht (zudem wird

---

[21] Th. Mommsen, Reden u. Aufsätze, Berlin 1905 (1889), 168 ff.

[22] So z. B. H. D. Meyer, D. Außenpolitik d. Augustus u. d. august. Dichtung, Graz 1961, und Saeger a. O. Anders z. B. G. De Plinval, H. et le sort des prisonniers d'Orient, in: Mélanges J. Marouzeau, Paris 1948, 491 ff. (H. als Sprachrohr der Politik des Augustus, auch ihrer Wandlungen); ähnlich A. Oltramare, REL 16, 1938, 121 ff.

[23] So neben Heinze auch G. Pasquali (Orazio lirico, Firenze 1920, 701 f.) und Williams (Tradition 441 f.).

[24] Vgl. D. Kienast, Augustus, Darmstadt 1982, 283, und D. Timpe, Z. august. Partherpolitik zw. 30 u. 20 v. Chr., WürzbJb NF 1, 1975, 167.

mens provida redundant); c) „hatte verhüten wollen" – also Plusquamperfekt *de conatu*[25] – hier wird der Widerspruch zwischen zweitem und drittem Gedichtteil wenigstens berührt;[26] er bleibt allerdings bestehen.

Man mag, nicht ohne Resignation, in diesem Spektrum das auf ein eng umschriebenes Problem verkleinerte, aber getreue Abbild der divergierenden, in ihrer Divergenz seit langem konstanten Auffassungen von der politischen Lyrik des Horaz erkennen, wie sie zuletzt Doblhofer zusammen mit ihrer Forschungsgeschichte vorgeführt hat.[27] Ein erneuter Lösungsvorschlag erscheint bei dieser Sachlage kaum möglich. Aber vielleicht scheinen die Wege nur ausgeschritten zu sein, weil die genannten Methoden des Horazverständnisses nicht zureichen; vielleicht muß der Philologe sich dann nicht vom Historiker trennen, wenn er sein Geschäft an bescheidene Beobachtungen knüpft, Beobachtungen so unscheinbarer, äußerlicher Art, daß sie bisher nicht systematisch verfolgt wurden. Es fällt ja auf, daß in den drei genannten Teilen der Regulusode das Verhältnis der Tempora eine Rolle spielt – und daß das Präsens geradezu 'fehlt'.[28] Folgendes Zeitgefüge ist erkennbar: Augustus wird *praesens divus* sein (I); was ihm diese Geltung verschaffen wird, steht von der Gegenwärtigkeit des lyrischen Sprechens her gesehen noch aus (Ia; das Partizip in v. 3 ist also durchaus als – im Sinne des Aspekts – präsensorientiertes Futur erkennbar). Aber diesen Tempora korrespondiert nur das ebenfalls präsensorientierte Perfekt, die 'anstehende' (schlechte) Vergangenheit der Strophe 2/3 (IIa), sowie schließlich die abgeschlossene (Signal: *caverat*, v. 13) Vergan-

---

[25] So z. B. Plüß, 249; Haffter, 152; der Oden- und Epodenkommentar von K. Numberger, Münster 1972, z. St.; D. Gall, D. Bilder d. horaz. Lyrik, Königstein 1981, 79; Syndikus, 80: „hätte (!) dem vorbeugen wollen".

[26] Am deutlichsten bei Heinze (z. St.): „hatte vorbeugen wollen, indem er das exemplum für die Zukunft verhinderte – freilich vergebens."

[27] ANRW, a. O. 1922 ff. Doblhofer eröffnet den Überblick mit der Bemerkung, es scheine „an den dichterischen Äußerungen des Horaz selbst zu liegen, daß sein Verhältnis zu Augustus von jeher Raum für weit auseinandergehende Deutungen bot" (1923).

[28] Und in dieses 'Fehlen' stieß gerade die Tendenzdeutung Mommsens hinein.

genheit (II). Wer sich auf diese Beobachtung einläßt, wird alsbald merken, daß (1) eine vergleichbare Zeitstruktur in den meisten politischen Oden anzutreffen ist, (2) daß sich diese Zeitstruktur entwickelt, und zwar von der direkten präsentischen Darstellung fortentwickelt und erst im Spätwerk zu ihr zurückkehrt, (3) daß diese Entfaltung der Zeitstruktur eine formgeschichtliche Chronologie erlaubt und (4) daß das Element, aus dem diese Reihe entwickelt wird, inhaltlich identisch bleibt (Bürgerkrieg und Partherbedrohung). – Dieser Befund nötigt dazu, die Reihe zunächst einmal nachzuzeichnen, und zwar – dies ist zu beachten – nur unter dem partiellen Aspekt der Zeitstruktur, das heißt ohne Hinblick auf eine sonst akzeptierte Chronologie, ohne Hinblick auf die Deutungskontroversen zu den einzelnen Gedichten, freilich auch ohne den Anspruch auf eine Deutung der einzelnen Oden.

2

Nur in zwei politischen Gedichten spricht Horaz durchgehend im Präsens: in der gestischen Erregtheit der jambischen Szene in Epod. 7 und in der Ruhe der panegyrischen Bildfolge in IV 5. In beiden ist, wie in III 5, von der lebensbedrohenden oder endgültig bewältigten Parthergefahr die Rede; der Kontrast der Regulusode zwischen Punier- und Partherkrieg bildet sogar den Kern der Epode.[29] Aber man kann das frühe Präsens nicht allein dem bekannten Gattungsgesetz[30] der horazischen Jambik, der erregten, sprachlich prägnanten und kühnen metaphorischen Dramatik[31], zurechnen. Denn es ist überzeitlich; es wird durch die fortdauernde Gegenwärtigkeit des Brudermord-Fluchs (v. 17–20) gestiftet. Trotz der Nachweise von Vorläufern dieses 'Geschichtsmythos'[32] scheint

[29] V. 5–10 (Schluß der ersten Gedichthälfte).
[30] Vgl. (mit Nachweisen) D. Ableitinger-Grünberger, D. junge H. u. d. Politik, Heidelberg 1971, 29.
[31] Sein Fortwirken in den Oden ist im Zusammenhang mit den noch weitaus stärker in die Lyrik hineinragenden Formen der Diatribe (vgl. z. B. I 7, III 24, II 15) darzustellen.
[32] Es handelt sich um die Gewißheit einer Geschichtsunterworfenheit,

die hier ausgedrückte horazische Konzeption ohne Beispiel[33]: „daß der Fluch ein ganzes Volk betrifft und über einen Zeitraum von vielen Jahrhunderten auf ihm lastet, und daß er sich ferner ausschließlich in innerer Selbstzerstörung äußert."[34] Man sollte hier nicht von 'Wiederholung' des Fluchs, gar von typologischem Denken[35] sprechen; es handelt sich, jenseits der gewählten Situation des Jambus, beim negativen Präsens der 7. Epode um das Aussprechen des hier und immer gültigen Gesamtsinnes der römischen Geschichte, die aber noch nicht entfaltet wird. Die eine, präsentische Zeitdimension der 7. Epode drückt die Verzweiflung vor der Vernichtung durch die eigene Geschichte aus.

Diese Zeitdimension wird in Epod. 16 entfaltet.[36] Die vernichtende Gegenwart der Bürgerkriege schrumpft zum Einsatz v. 1f. und wird von der dramatischen Fiktion der Volksversammlung in der Gedichtmitte stark abgerückt: Dazwischen schiebt sich die erste

die noch elementarer ist als die von A. Wlosok (A. u. A. 16, 1970, 44) am Werk Vergils gekennzeichnete spezifisch römische Geschichtstheologie; sie wird sich später mit ihr verbinden.

[33] Dies lehren die wiederholt angestellten Vergleiche gerade mit den frühen vergilischen Parallelen (die Rettung vor der Vernichtung in der 4. Ekloge; die Rückführung des Fluchs auf Laomedon sowie die positive Konzeption von Romulus schon in den ›Georgica‹ und dann im 1. Buch der ›Aeneis‹); vgl. zuletzt V. Pöschl, ANRW II 31, 2, 716/18. – Ähnlich urteilt E. A. Schmidt, DVjSchr 56, 1982, 534: die „gleichzeitige Bewältigungsarbeit" Vergils stelle „schwächeres Betroffensein" dar.

[34] H. J. Krämer, D. Sage v. Romulus u. Remus in d. lat. Literatur, in: Synusia, Festschr. Schadewaldt, Pfullingen 1965, 364.

[35] Krämer, 363: „Archetyp". Es liegt aber nicht ein „Zusammenfallen von Frevel und Sühne" (Schmidt, 534) vor; diese sind vielmehr noch gar nicht auseinandergetreten *(fata Romanos agunt)*.

[36] Bei näherem Zusehen kündigt sich diese Entfaltung schon in Epod. 7 an; mit den beiden Gliedern *non ut*... (v. 5ff.) und *sed ut*... (v. 9ff.) werden die siegreichen Punierkriege dem Untergang der Stadt durch die Parther konfrontiert: die positive Vergangenheit der negativen Zukunft. Dies ist bereits die genaue Konstellation der temporalen Entfaltung in Epod. 16 (daher verkennt die Isolierung der Aussage auf die 'aktuellen' Parther das Gedicht: M. Wissemann, D. Parther in d. augusteischen Dichtung, Frankfurt 1982, 49 und Meyer, 33).

temporale Öffnung der bedrückenden *cura* in Präteritum (v. 3–8: positive Vergangenheit) und (negatives) Futur[37] (v. 9–14) – und damit eine erste Aufzehrung des Präsens.[38]

Den präsentischen 'Rest' von v. 1f. suchte Horaz in Epod. 16 durch die Evasion in die vergilisierenden *arva beata*[39] zu balancieren – in das ebenfalls präsentische Märchen. Diese Gegenwelt kann in der formgeschichtlich nächsten Stufe (sie bezeichnet zugleich den Übergang der politischen Lyrik in die Odendichtung) bei der Bewältigung der Gegenwart die Allegorie ablösen: in I 14. Die Ode beginnt zwar mit dem unveränderten 'negativen' Futur (*O navis, referent in mare te novi fluctus!*[40]) von Epod. 16, 9ff. Aber die Ode bringt solche Beschwörung des gegenwärtigen Verderbens erstmals in die paränetische Adressatensituation der äolischen Lyrik (wobei die drängenden Fragen und Aufforderungen v. 2f. und 15ff. stili-

---

[37] Diese Verzeitlichung bedeutet noch keine Lösung vom Fluchgedanken: er erfährt vielmehr durch seine Berührung mit dem kosmischen Modell der 4. Ekloge (in der zweiten Gedichthälfte) eine apokalyptische Zuspitzung schon für das Futur v. 9–14: Rom wird in v. 10f. ja nicht etwa von den 'Barbaren' zerstört, sondern zerfällt und verödet durch sich selbst (richtig W. Wimmel, H 81, 1953, 317ff.; zur Verbindung des futurischen mit dem zweiten Gedichtteil vgl. auch Fraenkel, 61[3]).

[38] Es ist bezeichnend, daß die zahlreichen Interpretationen von Epod. 16 den Tempuswechsel zum Futur bisher nicht erklärt haben (ein Ansatz bei Ableitinger-Grünberger, 27). Aber ihn betont die Gliederung des ersten Gedichtteils: v. 1, 3 und 9 korrespondieren, wie Fraenkel (66[2]), Kempter (18) und schon die genaue Analyse von H. Drexler, SFIC 12, 1935, 119ff.) gezeigt haben, syntaktisch und inhaltlich; verfehlt wäre die Gliederung von v. 1–8 als 'Einleitung' (Ableitinger-Grünberger, 24).

[39] Die Formgeschichte spricht also für eine Priorität von Epod. 7 vor Epod. 16 (sowie der 4. Ekloge vor letzterer); so – z. B. – auch Ableitinger-Grünberger, 66[1] (mit Literatur), anders – z. B. – R. Rieks, ANRW II 31, 2, 771.

[40] Ich interpungiere mit Orelli–Baiter (z. St.), Heinze und Klingner mit dem Ausrufungszeichen; Fragezeichen: Bentley und Nauck (z. St.); gründliche Diskussion bei Drexler, 152. Die logische Schwierigkeit beim emphatisch konstatierenden Futur entsprang dem (in der politischen Lyrik des Horaz hier erstmaligen) Nebeneinander von Futur und Paränese; inhaltlich widersprechen sich die Tatbestände von v. 1f. und v. 4 nicht.

stisch durchaus noch die jambische Herkunft verraten). Und hierbei wird eine fortgesetzte Eliminierung des direkten präsentischen Sprechens – inhaltlich: eine Umformung des alkaischen Seesturms – erreicht, und zwar mittels der 'Einklammerung' der aktuellen Situation durch vorangestelltes, adressatenbezogenes *nonne vides ut.* Diese 'Klammer'[41] ist zum einen deiktisch,[42] leserbezogen, indem sie die Fiktion der Anrede Horazens an das Schiff sowohl stabilisiert wie distanziert (der Dichter steht im Unterschied zu Alkaios nicht zufällig an Land und bezieht den Leser in das Sprechen ein). Zum anderen aber kann sie – eben durch ihre Distanzierung – das Zerstörung bringende Präsens der Odenmitte zulassen, als ein nunmehr allegorisches Präsens erträglich machen. Es kann in keinem seiner zahlreichen Details mehr direkt politisch aufgelöst werden,[43] stellt im ganzen aber das Gemeinte, Bedrohliche vor Augen und sucht es damit zu bewältigen.

Die Umformung des Gegenwartsausdrucks in Evasion und Allegorie wird erst die Verbindung der horazischen politischen Dichtung mit einer weiteren lyrischen Tradition, der sympotischen Situation,[44] hinter sich lassen; sie geschieht noch in einem der spätesten Jamben, Epod. 9. Das negative Futur kann sich nun zur erwartungsvoll drängenden futurischen Frage (v. 1–6) wandeln – denn es beschränkt sich jetzt auf die Realisierung des Gelages: freilich als Besiegelung der politischen Rettung; und der bereits mögliche

---

[41] Die häufige horazische Junktur *(nonne) vides (vel)ut* hat durchweg diese distanzierende Funktion (man vergleiche vor allem den 'Winter' der Soracte-Ode); sie bleibt wie die ähnlich häufige Junktur *frustra, nam* (beim Tempusübergang zum Futur; häufig ein 'verfehltes' Präsens eingrenzend) im Zusammenhang zu untersuchen.

[42] Vgl. die für Horaz ertragreichen Bemerkungen W. Röslers, D. Deixis u. einige Aspekte des schriftlichen u. mündlichen Stils antiker Lyrik, Würzbg.Jb. 9, 1983, 7 ff.

[43] Daher noch die moderne Deutungsvielfalt von politischen Situationen vor Aktium über erotisches Verständnis bis zum Symbol menschlichen Reifwerdens (letzter Forschungsbericht: Doblhofer, ANRW II 31, 3, 1936 ff.).

[44] Vgl. Fraenkel, 89, und J. Buchmann, Untersuchungen z. Rezeption hellenist. Epigrammatik in d. Lyrik d. H., Konstanz 1974, 167 f.

Verweis auf das schon Erreichte des letzten Sieges Oktavians (v. 7 ff. *ut nuper*) konstituiert eine noch drängende[45], angstvolle[46], aber schon hoffnungsvolle Spannung zwischen möglicherweise besserer Zukunft und bereits gelungener Vergangenheit. Dieses neue, aber noch fragile temporale Gefüge kann nun (ohne daß noch eine präsentische Gegenwelt aufgesucht werden müßte!) die negative Gegenwart, die in Epod. 9 zum letzten Mal im direkten Präsens jambischer Empörung erscheint (v. 11–16), umrahmen. Diese bricht freilich hier noch unvermittelt, durch das sympotische Gefüge noch kaum gebändigt, hervor: v. 10/11 und 16/17 stellen schon vor die gleichen Verständnisprobleme wie die Strophen 2/3 der Regulusode.[47] Aber sie kann bereits in der Aktiumsepode nicht mehr nur allegorisch, sondern temporal 'eingeklammert' werden, und zwar mittels des **futurischen Rückblicks**, einer von Horaz fortan häufig geübten Fügung: *posteri negabitis* (v. 11) kann die Unglaublichkeit des schlechten Gegenwärtigen hervortreten lassen (und damit seine präsentische Darstellung erträglich machen), aber es zugleich in die Distanz rücken.

In diesem kunstvollen Gefüge umzingelt und bewältigt, ist das negative Präsens seit I 37, der Antwort auf Epod. 9, aus der politischen Lyrik des Horaz verschwunden. Noch kein positives (panegyrisches) Präsens kann es hier ablösen, aber wenigstens das Symposion ist in der ersten Strophe dieses „Jubelliedes" (Fraenkel) Gegenwart geworden; eine Gegenwart freilich besonderer lyrischer Art: Die Emphase des dreimaligen *nunc* statuiert sie, kontrastiert sie einer nunmehr negativ gewordenen Vergangenheit (v. 5 ff. *antehac*) – aber in ihr zittert das Überwundene noch so nach, sie ist so drängend, daß sie sich selbst schon fast wieder versäumt hat[48]: Das nahezu überpräzise *tempus erat*[49] – zwischen *nunc* und *antehac*! –

---

[45] Vgl. v. 21: *io Triumphe, tu moraris...?*

[46] Vgl. v. 37 f.

[47] Daher bei Heinze (z. St.) innerhalb dieser Reihe das erste Beispiel der glättenden Periphrase („die Erinnerung lenkt den Blick...").

[48] Fraenkel (188 f.) hat gezeigt, daß diesem Befund der Wechsel zwischen dem Alkaioszitat v. 1 und dem 'horazischen' Rest der Strophe entspricht.

[49] Da *tempus erat* so zum Indiz des lyrischen Zeitgefühls selbst wird, ist es schwer logisch auflösbar und eröffnet wiederum ein Feld 'naturalistisch'

legt Zeugnis ab für die komplizierte temporale Entwicklung, an deren Ende es steht.[50]

Die erste das Präsens aussparende politische Ode, der gewaltige Bau von I 2, krönt die Entwicklung des temporalen Darstellungsarsenals. Das geschieht wieder durch die Rezeption einer lyrischen Form, des Päan;[51] er erlaubt durch seine mythischen Kompositionen die Integration – und zugleich poetische Nutzung – des noch verbliebenen Aspekts der anhaltenden, zerstörerischen Gegenwart in die politische Dichtung: des Fluchgedankens.

Wieder ist im perspektivischen Zentrum, der sechsten Strophe,[52] das Leitmotiv des Verderbens benannt: *(audiet) cives acuisse ferrum / quo graves Persae melius perirent* (v. 21 f.). Aber es ist bereits indirekt geworden, ist in der seit der Kleopatraode erreichten Sperrung zwischen Vergangenheit und Futur verschwunden: Die Vergangenheit der Zukunft ist die Gegenwart.[53] Aber in dieser Form ist sie anwesend, ja sie beherrscht das Gedicht nun durch die Gegenwart des lyrischen Sprechens, welches sie in temporalen Bögen umkreist, gleichsam Ringe um sie legt[54]: Dem von der 'Klammer' *audiet* in die Vergangenheit transportierten Geschehen entspricht in seinem Pendant[55] *vidimus* ein zeitlich vorrangiges Ereignis, das seinerseits das

---

nachzurechnender Kontroversen; vgl. Orelli–Baiter, z. St.; Heinze, z. St.; Pasquali, 46 ff.; Nisbett-Hubbard, z. St.; sowie Syndikus, 333. Sorgsame und wohl zutreffende Deutung bei Pöschl, Horaz. Lyrik 75 ff.

[50] Der eigentliche Wendepunkt, was die Zeitstruktur angeht, liegt zwischen I 14 und Epode 9; und auch inhaltlich weist das *sollicitum taedium* (I 14, 17) auf die frühen Epoden zurück, *desiderium* und *cura* (I 14, 18) auf die Aktiumgedichte voraus; vgl. Fraenkel, 296 ff., Commager, 163 und Doblhofer, ANRW, 1937.

[51] Vgl. vor allem F. Cairns, Eranos 69, 1971, 68 ff.

[52] Zutreffend als 'stilles Auge' des ganzen Gedichts gekennzeichnet von H. L. Tracy, Thought Sequence in the Ode, Studies G. Norwood, Toronto 1952, 209, und N. E. Collinge, The Structure of H's Odes, London 1961, 103.

[53] Vgl. Commager, 175 ff.

[54] Begleitphänomen ist die Folge asyndetischer Brüche (so schon Porphyrio) zwischen den Strophen 3/4, 5/6 und 6/7.

[55] Vgl. Fraenkel, 296, der auch auf die futurische Rückschau der Aktiumepode verweist.

letzte Glied einer von *iam satis* (v. 1) an erinnerten Kette ist. Und erst diese Stufungen vermögen die Zeitlosigkeit des Fluchs in die Zeitlichkeit eines gedeuteten Mythos zu überführen. Die vergilischen und ennianischen Vorlagen zu v. 1–20 erlauben es, diese Leistung genau zu verfolgen. Vergil hatte von den Prodigien nach Caesars Tod den Blick sogleich auf den rettenden *iuvenis* gelenkt. Die scheinbare Prodigienkette ab I 2,1 [56] öffnet bereits mit dem *ne* von v. 5 eine erste Mythennutzung: Die schon erlebten Prodigien hätten gedeutet werden müssen, damit nicht die apokalyptische Zukunft (Wiederkehr des *saeculum Pyrrhae*) eintritt [57] – technisch ein Widerspiel zum negativen futurischen Rückblick der Aktiumepode, inhaltlich ein dem *audiet* von v. 21 (23) korrespondierender Hinweis auf die zu bewältigende Gegenwart. Sodann gibt das letzte 'Prodigium', mit dem die Flut bereits einzutreten droht, [58] die Tiberüberschwemmung, sich in v. 16–20 als applizierter Mythos zu erkennen, der die volle zeitliche Ausdehnung des Fluchs umgreift und deutet: Die versuchte Rache der Ilia gilt auch dem Mord an dem neuen Romulus (Caesar). [59] Sie darf nicht eintreten; die äußerste Not der Gegenwart kann nun, da sie im Mythos dargestellt wurde, auch nach dem zum Gott überhöhten, am Ende einer Gebetsreihe [60] stehenden politischen Soter rufen, dem die Zukunft der Fluchentsühnung (*cui dabit partes scelus expiandi Iuppiter*: v. 29f.) gehören wird. [61] Mit dem Zeitgefüge von I 2 ist erstmals eine Ambi-

---

[56] Zur symbolischen Deutung vgl. bereits Heinze, z. St.; vgl. auch L. A. MacKay, AJPh 83, 1962, 168.

[57] Horaz nimmt hier die apokalyptischen Bilder der 16. Epode auf.

[58] Richtig Cairns, 80f.

[59] Generell zu dieser mythischen Adaptation und zu möglichen horazischen Parallelen (I 15) V. Cremona, La poesia civile di Orazio, Mailand 1982, 128; zum strukturellen Vergleich mit Vergils Georgica: Williams, Tradition 92ff.; Syndikus, 41f., und Doblhofer, ANRW, 1646.

[60] Vgl. jetzt die Diskussion des religionsgeschichtlichen Hintergrundes bei D. Pietrusinski, Eos 65, 1977, 103ff.; zu den politischen Voraussetzungen: Krämer 202ff.

[61] Die positive Zukunftsmöglichkeit zeigt I 2 schon vor dem Oktavian-Teil in v. 19 (Iuppiter will die Flut nicht) und in dem futurischen Rückblick der sechsten Strophe.

valenz der künftigen politischen Lyrik des Horaz gegeben: Das mit der Mythennutzung erweiterte temporale Spektrum kann fortan aus einem begrenzten Moment des lyrischen Sprechens die römische Geschichte insgesamt deuten; andererseits hat die mit ihm ebenfalls vollendete Eliminierung eines mit dem lyrischen Sprechen zu identifizierenden Präsens[62] eben zu jenem Dilemma geführt, das schon an der Regulusode beobachtet wurde: Der Deutungshorizont ist hier nur ausnahmsweise einem 'aktuellen Anlaß' zuzuordnen. Das zeigen bereits die divergierenden Lösungsversuche zu I 2 eindrucksvoll.[63]

Hinter diese geschichtliche Entfaltung geht die Zeitstruktur der politischen Oden nicht mehr zurück; ihre nächste Ausformung in der Sequenz der Regulusode wie auch die identische Anordnung der nachfolgenden Ode III 6[64] zeigt eine Stabilisierung; unter dem hier betrachteten Aspekt bilden III 5 und 6 die Mitte der politischen Lyrik. Die Elemente dieser Zeitsequenz sind oben zur Regulusode aufgeführt worden: I) positive Zukunft – *praesens divus habebitur;* Ia) „Bedingung" – in III 6 negativ formuliert: *delicta lues, donec refeceris.* Mit dem Element Ia wird die futuristische Eliminierung

[62] Hierzu – als einem Problem der Theorie vormoderner Lyrik – unten im dritten Teil.

[63] Seit E. Reifferscheid, Coniectanea nova, Progr. Breslau 1880, 3f., der *acuisse ferrum* (v. 21) mit der Ermordung Caesars identifizierte, sind einzelne Krisensituationen vor 27 vorgeschlagen worden. Die Zeitstruktur von I 2 ist jedoch von der jüngeren Forschung im Widerspruch gegen Heinzes Deutung der ersten Odenhälfte als Darstellung einer bereits überwundenen Gefahr herausgearbeitet worden; bahnbrechend die Interpretation von I 2 als Mahnung an Oktavian von Commager (zuerst AJPh 80, 1959, 37ff.); genaue Nachzeichnung des Zeitgefüges – aber wieder mit unterschiedlicher Deutung, sowie das lyrische Sprechen von I 2, dessen 'Gegenwart' sich zwischen 44 und 27 erstreckt, aktualisiert werden soll – bei Cairns, MacKay und H. Womble, AJPh 91, 1970, 1ff.

[64] Beide Oden sind bisher nur von C. Koch, NJb Ant. u. dt. Bildung 4, 1941, 81ff. eng aneinandergerückt worden, jedoch lediglich inhaltlich. Hierzu trug die gerade durch den 'Pessimismus' ihrer Schlußstrophe verursachte Frühdatierung von III 6 bei; dagegen H. Silomon, Philol. 92, 1937/38, 444ff.; G. Williams, JRS 52, 1962, 31f., und B. Fenik, Hermes 90, 1962, 86.

des Präsens seit Epode 16 (zuletzt in I 2: *ne rediret* und *quo melius perirent*) in eine präzise temporale Nachrangigkeit gebracht; IIa): die noch 'anstehende' schlechte Vergangenheit der in III 5 (5ff.) und III 6 (9ff.) nahezu identischen Partherstrophen. Mit diesem Element erscheint der Rest des bedrückenden Präsens der Epoden, nunmehr in die Vergangenheit transportiert; II): die positive Vorvergangenheit, in III 5 wie 6 erstmals altrömisch (Regulus und das bäuerliche Altrom). Mit II 5 wird das temporale Gefüge komplettiert. Die Eliminierung des Fluchgedankens setzt eine der Zukunft entsprechende positive Vergangenheit frei, die historisch einmal degeneriert sein muß (und daher die Rezeption der altrömischen Exempla ermöglicht), so wie sie historisch im augusteischen Programm überwunden werden wird (und daher die Anknüpfung an konkrete Aufgaben – Partherkrieg in III 5, Restauration der Tempel in III 6 – ermöglicht). In dieser Koppelung der Vergangenheit an die Zukunft gründet die bemerkenswerte Offenheit der horazischen politischen Lyrik, welche sie von der Panegyrik (die stets eine Erfüllung der Vergangenheit in der Gegenwart darstellt) deutlich abhebt – eine Offenheit einmal für die Probleme der wechselnden und in den Gedichten verborgenen Gegenwart, eine Offenheit aber auch für eine stets mögliche lyrische Distanziertheit gegenüber dem Politischen überhaupt. Gerade an III 6 und 5 läßt sich zeigen, daß sie das Erbteil des alten Fluchgedankens war, dessen Auflösung in historische Bewegung die Einfügung des auch bei Livius explizierten Dekadenzschemas begünstigte. Sein Kontrast mit der augusteischen Zukunft ist nichts anderes als der vieldiskutierte Widerspruch im Geschichtsbild der Ode III 6; aus ihm aber erwächst auch der eingangs besprochene Gegensatz zwischen dem gelungenen *exemplum* des Regulus und dem nachfolgenden Verfall in III 5.[65]

---

[65] Der *immeritus* Büßende von III 6, 1, dem ein Aufhören des Verderbens in Aussicht gestellt wird, erscheint in der letzten Strophe – der letzten der Römeroden! – als keineswegs letztes Glied einer Dekadenzkette. Die Glättungsversuche sind zahlreich (Zusammenstellung bei Cremona, 267f.), aber die offene Dissonanz bleibt bestehen. Die stufenweise Dekadenz, welche die zeitlose Identität der Fluchwirkung abgelöst hat (*hoc fonte derivata clades*: III 6, 19), kann mit der augusteischen Erneuerung noch in keiner

In der dritten Römerode ist nun das zeitliche Gefüge selbst, aus dem jede gegenwärtige Situation Roms gedeutet werden kann, zum Thema geworden[66] – in einem solchen Maße, daß dieses geschichtstheologische Gedicht Vergangenheit und Zukunft nahtlos zusammenzufügen scheint.[67] Horaz überbaut nunmehr die unvermittelte Korrespondenz von Mythendeutung und Gebet an den Soter Oktavian, wie sie I 2 hergestellt hatte,[68] durch eine zweite großangelegte Vergil-[69] und Ennius-[70]Rezeption: Die im ersten Buch der ›Georgica‹ angelegte Entsühnung des Laomedon-Fluches, ihre im ersten Buch der ›Aeneis‹ noch vertiefte Hindeutung auf Romulus und den neuen Quirinus Augustus wird in das gesamte historische Spannungsfeld Troia–Rom eingefügt. Doch zeigt wiederum das temporale Gefüge der Ode – das komplexeste in der politischen Dichtung des Horaz – den Unterschied zum vergilischen Seitenstück. Die segensreiche Zukunft ist hier an keine Bedingung mehr gebunden,[71] steht fest: Augustus wird die Apotheose zuteil werden. Er ist in

gemeinsamen historischen Bewegung abgebildet werden. Wie in III 6 die positive Zukunft nicht aus dem Duktus der römischen Geschichte heraus vermittelt werden kann, so in III 5 das gelungene Exempel des Regulus nicht in die römische Geschichte hinein: Die von Regulus verhinderte *pernicies veniens in aevum* (v. 15) tritt doch ein. – Erst die Nachzeichnung der in III 5 und 6 identischen Zeitstruktur erlaubt also die oben geforderte Erklärung dieser Diskrepanz: Sie folgt aus dem Kontrast der augusteischen Wende mit der geschichtlichen Dekadenz, dem Thema beider Oden.

[66] Commager, 223: III 3 "is about chronology"; vgl. auch Cremona, 208.

[67] Vgl. die Kritik Cremonas, 211, der den Gegenwartsbezug vermißt. Verstärkt wird dieser Eindruck durch das gnomische Präsens der ersten beiden Strophen; zu ihm Doblhofer, ANRW, 1956.

[68] Der Ilia-Romulus-Mythos wird in v. 29ff. zitiert; vgl. auch die Bemerkungen Cremonas, 209.

[69] Zu ihr vgl. Krämer 364ff., V. Buchheit, Vergil über die Sendung Roms, Heidelberg 1963, 146ff., und M. Pani, Troia resurgens, Ann. Fac. Bari 18, 1975, 65ff.

[70] Vgl. zur Sonderung der ennianischen Elemente die eingehende Auseinandersetzung mit Buchheit bei Cremona, 213f.

[71] Auch v. 43f. zweifelt nicht mehr an der Lösung der traditionellen 'Aufgabe', am Parthersieg; anders Saeger, 109f.

einen griechisch-römischen Heroenkatalog eingereiht, der sich bis zu den spätesten Gedichten nicht mehr wandeln wird.[72] Immerhin steht die Apotheose noch aus *(bibet)*[73] und wird vergangenen Apotheosen konfrontiert: Zwischen Vergangenheit und Zukunft spricht nach wie vor nur das lyrische Präsens. Aber es hat sich in der Rede Junos ein zweites reflektierendes Medium geschaffen, das mit dem lyrischen Präsens interferiert und hierbei den Beziehungsreichtum des Gedichts erst ermöglicht: Juno redet nach v. 17f. von der Apotheose des Romulus; ihr zeitlicher Horizont aber greift nicht nur in die Vorvergangenheit des Laomedon zurück (v. 22), sondern transzendiert ab v. 37[74] auch das Präsens des Dichters (bis zur Weltherrschaft v. 56)[75]. Die für die Interpretation entscheidende Frage ist nun, ob das Futur der dem Romulus huldvollen Juno das die Apotheose des Augustus bezeichnende Futur des Dichters erreicht und damit die 'augusteische' Gegenwart des Dichters mit einschließt. Wäre das der Fall, dann läge eine temporal genau bestimmte typologische Dichtung, deren Energie auf die gesteigerte Identität des *princeps* mit Romulus gerichtet wäre,[76] vor. In ihr wäre die aktuelle Gegenwart als offenes Problem in der Tat nicht mehr angedeutet: Die Zukunft augusteischer Erfüllung bewegte sich dann durch die Typologie der beiden Apotheosen auf eine augusteische Gegenwart hin und öffnete sich damit typologischer Panegyrik (Vergangenheit

---

[72] Vgl. I 12, IV 5 und noch Epist. II 1, 5. Zum Katalog und seinem Hintergrund H. J. Mette, Hermes 88, 1960, 458 ff. Die Verschiebung von der Inkarnation des Gottes (I 2) auf den seiner Apotheose sicheren Heroen diskutiert zuletzt D. Pietrusinski, Eos 68, 1980, 267 ff.

[73] Entscheidend für die Interpretation von III 3 ist die Lesart *bi*bet; lehrreich daher die textkritische Diskussion seit Bentley. Unter dem hier untersuchten Aspekt gewinnt es seine Bedeutung, daß der überlieferte Horaztext häufig zwischen Präsens- und Futurformen schwankt.

[74] Eingeleitet durch ein *dum* von unbestimmter Dauer.

[75] Es kongruiert also – ganz wie der horazische Sprechhorizont in bezug auf die 'Gedichtsituation' – keineswegs mit dem genauen Zeitpunkt von Junos Rede; nicht nur der „Anachronismus" von v. 42f. (Heinze, z. St.), sondern auch v. 38f. (noch die Situation des irrenden Aeneaden voraussetzend) deutet dies an.

[76] Vgl. für viele Klingner, 131: „ganz und gar auf Augustus bezogen".

– Erfüllung). Dagegen spricht zunächst die Überlagerung der beiden Sprecherperspektiven, sodann die Tatsache, daß Horaz in deutlichem Kontrast zu den anderen Heroen die Apotheose des Augustus eben nicht ins Präsens setzt, ferner überhaupt die Nennung des Augustus: Echte typologische Dichtung wiese auf die Identität mit dem *princeps* eben durch die Darstellung eines sichtlich gesteigerten 'Romulus'[77].

Vor allem aber hindert die vielbesprochene 'Bedingung' der Juno v. 57ff., das Verbot, Troia wiedererstehen zu lassen, den Zusammenschluß der Typologie[78] – und zwar so deutlich, daß sie wiederum eine aktualisierende Deutung geradezu herausforderte.[79] Auch wer sie als Aufruf zur Abwendung von Troia als der moralisch schlechten Vergangenheit versteht[80] (also ähnlich III 1 und III 6; hierfür spricht die scheinbar aus dem Kontext der Rede fallende Strophe v. 49ff.), wird damit eben auf die scheinbar ausgesparte, noch zu bewältigende Gegenwart geführt. Der eigentliche Sinn dieses Überschusses aber erhellt aus dem Vergleich mit Vergil[81]: Im Unterschied zur grundsätzlichen Augustus-Typologie der Aeneis, die durch den Dardanus-Mythos auch räumlich zum vollen Zyklus gestaltet worden ist, fordert das offene Geschichtsdenken des Horaz die Lösung von der Vergangenheit als Aufgabe vor der künftigen Erfüllung: Troia[82] muß zerstört bleiben, um die Palinodie des Fluches der 16. Epode[83] zu vollenden.

Die Endform lyrischen Zeitgefüges kündigt sich bereits in dem letzten datierbaren politischen Gedicht der ersten Odensammlung an: in III 14 v. 1–4:

---

[77] Man vergleiche demgegenüber die Formulierung Aen. 1,292.

[78] Nur wer sie, mit Heinze (Einl. zu III 3), als „poetische Einkleidung" betrachtet, wird dieser Schwierigkeit entgehen.

[79] Vgl. wiederum Mommsen, 173 ff. Auch ein durch I 15 nahegelegtes allegorisches Verständnis von v. 25 ff. (Antonius und Kleopatra) stünde quer zur typologischen Sequenz.

[80] Vgl. Cremona, 209, mit Überblick über die Forschung.

[81] Vgl. Buchheit, 147 ff.; Kempter, 58, und Pani, 67/64.

[82] Troia ist hier das „Urbild verhängnisvoller naher Vergangenheit" (Klingner, 132).

[83] So mit W. Wimmel, Act. Phil. Aenip. 2, 1967, 88.

Augusteische Erfüllung – Horaz

> Herculis ritu modo dictus, o plebs,
> morte venalem petiisse laurum,
> Caesar Hispana repetit Penatis
> victor ab ora.

Erstmals spricht Horaz im positiven Präsens – und zwar in einer sichtbaren Abwandlung der Augustus-Zukunft von III 3, welche die nach wie vor bestehende Offenheit und Gefährdung dieser politischen Dichtung erweist. Wie der griechische Heros hat der *princeps* den Tod besiegt – von der Apotheose ist nicht mehr die Rede[84] –; die Segnung der Gegenwart besteht gerade darin, daß er lebt, seine Abwesenheit schon bedeutet Unsicherheit. Zu Recht hat der Blick sich auf die „Krise des Prinzipats" in der Entstehungszeit des Gedichts (23 v. Chr.) gerichtet, haben aber auch die vernehmlichen Untertöne und Befremdlichkeiten[85] des Gedichts Beachtung vor allem durch die Historiker gefunden. Die Philologen in ihrer Mehrheit versuchten zu harmonisieren; noch in der Interpretation von III 14 kehrt die unterschiedliche Horazdeutung der beiden Disziplinen wieder.[86] Es kann nicht mehr überraschen, daß auch in dieser Ode die Zeitverhältnisse das Interpretationsdilemma beleuchten. Durchweg unbeachtet[87] blieb nämlich das Futur *exiget* (v. 14): „dieser Tag", so Horaz – und zwar nach der Aufforderung und den Anweisungen zur Festprozession –, werde ihm die Sorgen verscheuchen; es folgt dann die zweite Aufforderung an den *puer* zur Vorbereitung des Symposiums. Die naturalistische Logik fand bis heute (da man an dem Problem gewöhnlich vorbeigeht) keine widerspruchslose 'Situation' für diese Sequenz,[88] insbesondere für das Futur. Es hat

---

[84] Unzutreffend die Kritik Doblhofers (ANRW, 1964) an den richtigen Beobachtungen D. Kienasts (Chiron 1, 1971, 242 f.).

[85] Vgl. v. 11 ff., sodann die *atrae curae* des Dichters (v. 13 f.), vor allem jedoch das fatale Epitheton *unicus*, das Augustus als Gatte der Livia gegeben wird (man lese gegenüber den Glättungsversuchen neuerer Zeit die Kommentare von Mitscherlich und Orelli-Baiter).

[86] Guter Forschungsbericht: Doblhofer, ANRW, 1962 ff.

[87] Ausnahme: Heinzes Erklärung, „weil der Tag ja noch nicht abgelaufen ist".

[88] Orelli–Baiter und Numberger (z. St.) nahmen als Situation das „Bekanntwerden" der Abreise des Augustus aus Spanien an; Heinze (z. St.) ver-

jedoch wiederum einen Eigenwert, bezeichnet den Ort des lyrischen Sprechens. Es distanziert nämlich erneut das Futur der Erfüllung – dieses Mal sogar vom Präsens des Sieges; und es projiziert, wie am Anfang der Reihe, diese Erfüllung in den sympotischen Bezirk.[89] Die Nachzeichnung der Zeitstruktur in der horazischen Lyrik allein erlaubt es nicht, diese Entwicklung als eine Regression, inhaltlich als einen Rückzug aus den stehengelassenen Fassaden offiziöser Poesie, zu deuten. Aber man muß feststellen, daß die politische Panegyrik[90] weiterhin durch die Variation nach anderen lyrischen Funktionen suppliert und durchkreuzt wird – hier durch die sympotische 'zweite Gedichthälfte'[91] und noch in der 'letzten' horazischen Ode, IV 15, durch die Klammer der *recusatio*, sogar unter Abgehen von der präsentischen Endform. Der versprochene Gesang steht dort zusammen mit der politischen Erfüllung (IV 15, 17f. *non... exiget otium*, ein Negativzitat von III 14, 14 *exiget curas*) im Futur, und dieses tritt der positiven, 'anstehenden' Vergangenheit der *aetas* des Augustus gegenüber. Diese Zeitstruktur ist das letzte Wort der politischen Dichtung des Horaz; und man kann ihm füglich entnehmen, daß der Dichter sich der durchschrittenen Entwicklung bewußt war.[92]

steht eine *supplicatio* vor der Rückkehr; beide Interpretationen werden zur Hauptsache durch das Futur in v. 14 ausgelöst. Syndikus (149/33) ignoriert es und nimmt den 'Tag' als das wirkliche Einzugsfest.

[89] Man vergleiche das Zeitgefüge am Beginn der Aktiumepode und der Kleopatraode.

[90] In ihrer pindarischen Form (IV 4 und 14) bleibt sie ein Sonderfall, dessen Interpretation doch wohl auch den Blick auf die Suetonvita erfordert. Aber auch die durchgehend präsentische Endform dieser formgeschichtlichen Reihe IV 5 erinnert mit der Apostrophe des entfernten *princeps* an III 14: An die Stelle der zeitlichen Distanzierung tritt das Thema der räumlichen Ferne.

[91] Gerade das 'Auseinanderfallen' beider Gedichthälften hat die Forschung seit Klingner immer wieder beschäftigt; bereits Burck betonte die zentrale Funktion der Strophe v. 13ff. (Nachweise bei Doblhofer, ANRW, 1962f.).

[92] Das zeigt die Häufung der Motive seit den Anfängen der Gruppe: die deutliche Reminiszenz an den Fluchgedanken (v. 11), das Parthermotiv

3

Der formale Aspekt der Zeitstruktur, der für die Reihe der wichtigsten politischen Gedichte des Horaz hier zur Untersuchung stand, ist nur begrenzt aussagefähig.[93] Die sichtbare Entwicklung der temporalen Verschränkungen in dieser Reihe weist jedoch über sich hinaus. Das zeigt sich zunächst darin, daß ihre formgeschichtliche Chronologie im wesentlichen mit der historisch oder gattungsgeschichtlich zu ermittelnden Folge übereinstimmt.[94]

Über das Verhältnis zwischen Epod. 7 und Epod. 16 macht die Formgeschichte eine klare Aussage (s. oben); ebenso bemerkenswert ist die frühe

(v. 7f.), die moralische Restitution (v. 9ff.), der Rekurs auf Altrom (v. 12ff.), die Meisterung der Bürgerkriegsgefahr (mit Reminiszenz an Epod. 7: v. 19) und der Deutungshorizont der troianisch-römischen Geschichte (v. 31f.).

[93] Seine Untersuchung vermag etwa die seit Fraenkel (besonders 43ff.) analysierte Umwandlung der altgriechischen lyrischen Formen bei Horaz zu beleuchten; sie nähert sich auch – unter den Aspekten 'Offenheit' und 'Distanzierung' – den Interpretationen Pöschls über den Platz der politischen Lyrik im Gesamtwerk; endlich hebt sie die temporalen Gefüge bei Horaz von den typologischen Bildungen Vergils ab (vgl. auch W. Kreinekker, D. polit. Oden d. vierten Buches d. H., Diss. Innsbruck 1970, 138f.), unterstreicht also den Formenreichtum geschichtlicher Darstellungsformen in augusteischer Zeit. Vgl. zur vergilischen Typologie die Zwischenbilanzen von G. Binder, Vergils Aeneis und der Staat d. Augustus, KFS 46, 1981, 46ff. und R. Rieks, ANRW II 31, 2, 805ff. Nicht behandelt werden konnte an diesem Ort das Verhältnis von 'futurischen' und 'präsentischen' Steigerungsstufen in der Typologie – der futurische Bezugspunkt, wie er in III 3 gegeben ist, schließt an sich noch nicht die Typologie aus. Eine solche Untersuchung träfe auf eine parallele Diskussion über die Typologie in der spätantiken Poesie; vgl. R. Herzog, Entr. Fond. Hardt 23, 1977, 373ff. und V. Buchheit, H 109, 1981, 235ff.

[94] Für die historisch gewonnene Chronologie sind heranzuziehen: Meyer, Timpe, Saeger, Kienast; vgl. im übrigen besonders K. Eckert, AU 2, 1959, 69ff., Commager, 160ff., Wimmel (o. Anm. 83), G. Wille, Horaz als polit. Lyriker, in: Festschr. K. J. Merentitis, Athen 1972, 439ff., Doblhofer, ANRW, 1936ff.

Datierung von I 14.[95] Der Kleopatraode folgen würde hiernach I 2; nicht eindeutig entschieden werden kann auch unter dem Tempusaspekt[96] das Verhältnis von III 3 und III 5 (mit III 6): Beide führen in I 2 erreichte Konfigurationen weiter, III 6 rückt jedoch nahe an die Regulusode heran. III 14, historisch sicher spät (24) zu datieren, gibt sich auch temporal als Anknüpfung an III 3 zu erkennen. Im vierten Odenbuch würde IV 5 gegenüber dem im allgemeinen als letzte Ode angesehenen IV 15 die Endstufe bezeichnen.

Weit über das Feld der politischen Dichtung hinaus aber führen diese Untersuchungen zum Zeitgefüge, weil sich zeigen läßt, daß seine sämtlichen Züge, vor allem die Präseneliminierung und die Verschränkung von Futur und Präteritum, sich auch in den Reihen der sympotischen und der erotischen Oden entwickeln. Eine Darstellung des Gesamtzusammenhangs kann hier nicht gegeben werden; immerhin nötigt der Befund dazu, die Zeitstruktur der horazischen Lyrik ernst zu nehmen und sie abschließend in eine Verbindung mit den schon mehrfach berührten Aspekten der Gedichtsituation, der Fiktion und des Verhältnisses zwischen lyrischer Zeit und Situationszeit zu stellen.

Die Thesen Heinzes[97] – die bisher einzige Theorie zum poetischen Verfahren der horazischen Ode – hatten bereits den engen Zusammenhang zwischen der streng situationsgebundenen[98] und realen[99] Adressatenlyrik und ihrem „voluntaristischen" (weil dialo-

---

[95] Vgl. zum Problem Doblhofer, ANRW, 1937.

[96] Für III 5 kann nach den historischen Indizien nur ein Ansatz von 27 bis 25/24 v. Chr. gegeben werden; vgl. Timpe, 167 Anm. 3.

[97] NJb 51, 1923, 153 ff. = V. Geist d. Römertums, Darmstadt 1960, 172 ff.

[98] Diese Situationsgenauigkeit, bereits durch Herder erkannt (vgl. Adrastea: Werke ed. Suphan 24, Berlin 1886, 203 = Briefe über das Lesen des Horaz an einen jungen Freund, Brief 2), ist auch nach der Herrschaft der naturalistischen Interpretationsmethode stets nachzuzeichnen; wenn Horaz „auf einem ganz bestimmten Hintergrund, einer bestimmten Szene, die kurz, aber scharf umrissen" ist (Hanslik, 339), seine lyrische Kunst aufbaut, verdient gerade diese fingierte Realität Aufmerksamkeit. Daß auf diesem Felde noch immer Neues ans Licht kommt, hat jüngst die Interpretation von I 26 durch E. Lefèvre, AuA 29, 1983, 26 ff. gezeigt.

[99] Im allgemeinen wird jedoch übersehen, daß bereits Heinze die genaue Festlegung der Situation zwischen Dichter und Adressat als „Fiktion" (und

gischen), besonders auch futurischen Charakter hervorgehoben. Dieses Konzept stieß sogleich auf Widerspruch, einmal wegen seiner verfehlten Einschätzung der 'modernen' Lyrik als Erlebniskunst,[100] sodann wegen seiner zu schmalen Basis: Nicht wenige Horazoden kennen keinen Adressaten im Heinzeschen Sinn[101] – darunter gerade auch die wichtigsten politischen Oden. Diese Ablehnung hat sich mit den formalen Beobachtungen Heinzes nicht eigentlich auseinandergesetzt,[102] sie nur verdrängt; sie verhinderte Untersuchungen zum Zeitaspekt, die für andere römische Dichter nicht fehlen.[103]

Doch die Untersuchung hat gezeigt, daß Heinzes Beobachtungen zum Futur nicht an sein Verständnis 'dialogischer' Lyrik gebunden sind. Das Zeitgefüge der horazischen Ode ist nicht das seiner fingierten Realität; die Verschränkung von Futur und Präteritum verweist auf das verborgene 'Präsens' des lyrischen Sprechens selbst; die Verwerfungen zwischen situativer Geschlossenheit und temporaler Lyrik verweisen auf den 'zweiten' Adressaten: den Leser als Partner des sprechenden Dichters (vgl. besonders I 14). Dieser Befund aber entspricht den Analysen zur Zeit in der Lyrik,

---

damit in seiner Sicht als anachronistisches Verfehlen der frühgriechischen Kunst) bezeichnet; vgl. 188.

[100] So schon R. Reitzenstein, NJb 53, 1924, 232ff.

[101] Vgl. Syndikus I, 14ff.

[102] Eine Weiterbildung des Konzepts findet sich nur bei K. Quinn, Texts and Contexts, London 1979, 172ff. (sowie Latin Explorations, London 1963, 84ff.); vgl. auch die Verteidigung E. Pöhlmanns, AfdAlt 35, 1982, 92ff.

[103] Nur P. H. Schrijvers (Mnem. 26, 1973, 140ff.) hat statistische Untersuchungen zum Zeitgebrauch, im Anschluß an die Dialogtheorie Kibedi Vargas, vorgelegt. – Zum Zeitgebrauch Vergils vgl. jetzt die Monographie von S. Mack, Patterns of Time in Vergil, Hamden 1978 (hierzu G. Binder, Gymn. 86, 1979, 565ff. sowie M. v. Albrecht, Glotta 48, 1970, 219ff.); J. P. Brisson, Temps historique et temps mythique dans l'Enéide, in: Vergiliana, hrsg. von H. Bardon/R. Verdière, Leiden 1971, 56ff. und R. Girod, Virgile et l'histoire dans l'Enéide, in: Présence de Virgile, hrsg. von R. Chevallier, Paris 1978, 17ff.); zu Statius: A. M. Taisne, Temps historique et temps légendaire chez Stace, in: Aion, hrsg. von R. Chevallier, Paris 1976, 145ff.

die K. Maurer vorgelegt hat [104] – an Beispielen, die keine grundsätzliche Differenz zwischen antiker und moderner Lyrik statuieren und die z. T. auch am Horaz gewonnen wurden.[105] Die Austauschbarkeit von Vergangenheit und Zukunft in der lyrischen Aussage kann nach Maurer eben durch jene 'präsensbezogenen' Aspekte des Exaktfuturs und des 'anstehenden' Perfekts komplettiert werden, die gerade die politische Lyrik des Horaz auszeichneten.[106] Maurers Beobachtungen stoßen aber damit den Horazinterpreten auf Schwierigkeiten: 1. Woraus entspringt eigentlich die immer wieder nachgewiesene Präsenseliminierung bei Horaz; warum vermeidet der lyrische Standort des Dichters das Präsens? 2. Maurer sieht sich genötigt, seine grundsätzlich idealtypische Theorie in einen historischen Kontext zu stellen: Seit den römischen Elegikern[107] verändere eine grundsätzlich monologische lyrische Haltung die ursprünglich dialogische und präsentische Situationsgebundenheit[108] der griechischen Lyrik. – Wie man sieht, hängen beide Fragen zusammen: Sie verweisen auf die Tatsache, daß Horaz gerade in der 'Modernität' seines Tempusgebrauchs „eigensinnig" (Heinze) an der Projektion in eine Situation festhält. Führt dieser Eigensinn auf das Spezifikum der lyrischen Kunst des Horaz, gerade auch in seinem Verhältnis zu seinen griechischen Vorbildern?

---

[104] Poetica 5, 1972, 1 ff. Maurer entwickelt seine Zeittheorie im Anschluß (zugleich Widerspruch) an die formalistische 'Abweichungstheorie' der Poesie vom normalen Sprechakt und an die narrative Zeittheorie K. Hamburgers.

[105] Vgl. die Interpretation von I 37, 1 ff., insbesondere von *tempus erat* (12 f.).

[106] Also die Formen „I a" und „II a" der Regulusode. – Vgl. Maurer, 13 und 24: gezeigt an Properz und Petrarca.

[107] Daher war die Anwendung der Maurerschen Theorie so fruchtbar, die E. Lefèvre auf die Elegien des Properz vorgenommen hat (L'unità dell' elegia properziana, in: Colloquium Propertianum, Assisi 1977, 37 ff.); vgl. insbesondere die Bemerkungen zum ersten Auftreten der temporalen Verfügbarkeit in Catulls Alliuselegie (39).

[108] Auch hier war Heinze (188) vorangegangen; Horaz tendiere eigentlich bereits zu monologischer Lyrik; er halte um der *lex artis* willen am Rahmen frühgriechischer Lyrik fest.

In diese Richtung zielt in der Tat die Deutung dieses Verhältnisses, die Rösler vorgelegt hat;[109] sie beschreibt die Entwicklung zwischen Alkaios und Horaz als einen Prozeß sich potenzierender Indirektheit zwischen den Polen 'Mündlichkeit' und 'Buchpoesie'. Eine direkte präsentische Realitätswiedergabe und Deixis *(demonstratio ad oculos)* und damit eine Identität zwischen lyrischem und situativem Präsens am Beginn der Entwicklung vorausgesetzt, ist schon in der Phase oraler Tradierung der 'zweite' Adressat zur Rekonstruktion und Aktualisierung aufgerufen; vollends der anerkannte Poet jenseits der Hetairie (bei Rösler repräsentiert Theognis diese Stufe) produziert 'Deixis am Phantasma'; die situativen Muster werden nun nicht nur Fiktion; sie beginnen beim Übergang in die späte Buchpoesie mit der freien Verfügbarkeit sprachlicher Fiktion zu operieren; ihr deiktisches Potential, die Anschaulichkeit der Situation reichert sich an – und steigert damit zugleich das Widersprüchlichkeitspotential, da ihre Details nicht mehr unvermittelt und als Realitätsabbildungen komponiert werden. Sie sind symbolisch geworden[110] im Hinblick auf den Austausch zwischen Dichter und Leser.

Wenn diese Deutungen erwägenswert scheinen, so führen sie die Beobachtungen zur Zeitstruktur der horazischen Ode zu folgender Deutung: 1. Horaz vermittelt sich seinem Leser nicht (wie etwa der Elegiker) im Monolog, der temporal ähnlich wechselt, aber auch das lyrische Sprechen im Präsens kennt. 2. Vielmehr artikuliert der Odendichter – unter zunehmender Aussparung des Präsens – sich im Präteritum und im Futur der fingierten Situationen, an denen er nicht einfach festhält, sondern die er anreichert und deren 'Realität'

---

[109] Vgl. o. Anm. 42. Auch Rösler geht von der linguistischen Diskussion aus; er rezipiert die Sprachphilosophie K. Bühlers und sein Theorem von der Deixis am Phantasma; da diese Theorie selbst Stufen progressiver Indirektheit behandelt, vermag sie auch historische Phasen abzubilden.

[110] Wenn die Horazinterpretation in diesem, allgemeinen Sinn am Begriff des Symbolischen festhielte, könnte sie an die Erörterungen E. Cassirers (Philosophie der symbolischen Formen III, ND Darmstadt 1964, 358f.; vgl. auch W. Iser, D. Wirklichkeit der Fiktion, München ²1979, 290ff.) anknüpfen; sie wäre der nach Gadamer obsoleten Konfrontation von Allegorie und Symbol überhoben; vgl. E. A. Schmidt, DtVJ Schr 56, 1982, 527ff.

er durchkreuzt, vor allem mittels ihr nicht zugehöriger 'versetzter' Tempora. Dem Leser wird die Situation illusioniert (Rekonstruktion durch Identifizierung) und zugleich als 'gezeigt' eingeklammert. 3. Durch die Aussparung des dichterischen Präsens wird auch das Präsens der fingierten Realität ausgeblendet; die fingierten Situationen werden so gestaltet (oder ausgewählt), daß sie eine Verschränkung von Futur und Präteritum zeigen. Hinzu tritt der betonte Hinweis auf die Ausblendung des situativen Präsens (in den 'bezogenen' Tempora des Exaktfuturs und des 'entstehenden' Präsens). 4. Dem Leser wird durch diese Überblendung von lyrischem und situativem Tempus im Bereich des Präsens eine aufzulösende Spannung vermittelt. In der politischen Lyrik wird auf diese Weise die Bewältigung einer drohenden Gegenwart verlangt – und poetisch eingelöst. In der erotischen Odenreihe (so kann hier angedeutet werden) soll ein 'verfehltes' (zu Beginn der Reihe: elegisches) Präsens durch die temporale Verschränkung überwunden werden, in der sympotischen Reihe aus der Verfallenheit an Zukunft und Vergangenheit der *cura* auf eine erfüllte Gegenwart hingewiesen werden. Auch in diesen beiden Reihen wird diese Aufgabe poetisch vermittelt und poetisch eingelöst.

Damit führt die Nachzeichnung der Zeitstruktur in das Zentrum der **horazischen Odendichtung als philosophischer Dichtung**. Die Scheidung zwischen einer 'philosophischen' und 'lyrischen' Werkhälfte hat die Horazforschung seit je behindert, stärker noch als die Opposition zwischen politischen und privaten Bezirken in seinem Werk. Traditionell hatte sich das Thema 'Horaz und die Philosophie', was die Lyrik betrifft, auf die Analyse der gnomischen Kristallisationen in seinen Oden[111] und ihre Verrechnung auf eine der 'Schulen' beschränkt.[112] Sollte die nahezu trivial gewordene Hochachtung vor dem genauen und feinen Kunstverstand

---

[111] Deren Auftreten – außerhalb der fingierten Situation – freilich nicht zufällig ist. Eine exemplarische Interpretation (unter Einbeziehung antiker Zeittheorie) von III 29 bei G. Vogt, AU 26, 1983, 36 ff.

[112] Vgl. den Forschungsbericht von W. D. Lebek, ANRW II 31, 3, 2031 ff. und bereits die Anregungen bei A. La Penna, Orazio e la morale europea, jetzt in: Orazio, ed. E. Cetrangole, Florenz 1978, LXXVII.

dieses Dichters nicht dazu veranlassen, sich die von ihm so oft bezeugte Einformung der *vita* in das Philosophieren, ja dessen Primat vor der Dichtung selbst, nicht nur an verstreuten Sentenzen bestätigen zu lassen, sondern das philosophische Telos im poetischen Verfahren selbst aufzufinden?

Originalbeitrag 1984.

DIE GROSSE FLORUS-EPISTEL DES HORAZ (2,2)

Der Schwanengesang der augusteischen Dichtung

Von Eckard Lefèvre

Unter den drei umfangreichen Gedichten, die Horaz' zweites Buch der Briefe bilden, steht die Florus-Epistel (2,2)[1] stets im Schatten der beiden Briefe an Augustus (2,1) und an die Pisonen, der sogenannten ›Ars poetica‹ (2,3). Sind es im ersten Fall der Adressat und im letzten die Dichtungs-Theorie, die diesen Werken hinreichend Aufmerksamkeit sichern, gilt die Florus-Epistel zumeist als eine ausführliche Variante der im ersten Brief an Maecenas (1,1) gegebenen Absage an die Dichtkunst. Selbst der feinsinnige, sonst jede Nuance hörende Wieland meinte, sie habe mit dem Maecenas-Brief „beynahe einerley Veranlassung und Absicht"[2]. Der grundverschiedene Ton beider Werke ist jedoch schwerlich zu überhören: Während Wieland in dem ersten Brief „eine gewisse leichte Farbe von Persiflage" sah, die der Ton gewesen sei, der in Maecenas' Haus geherrscht habe und der „auch unserm Dichter so natürlich war",[3] ist die Grundstimmung der Florus-Epistel unbeschadet der wie eh und je satirischen Gesprächsführung zutiefst resigniert. Nach R. A. Schröder äußert sich so nur jemand, der wirklich meint, „es sei nun vorbei mit dem eigentlichen Geschäft

---

[1] Folgende Literatur wird mehrfach zitiert: C. M. Wieland, Horazens Briefe, I–II, Leipzig ³1816; Q. Horatius Flaccus, Briefe, erkl. v. A. Kießling, 4. Aufl. bearb. v. R. Heinze, Berlin 1914; F. Klingner, Der Florusbrief, Philologus 90, 1935, 464–468 = Studien zur griechischen und römischen Literatur, Zürich–Stuttgart 1964, 321–324 (hiernach zitiert); M. J. McGann, Horace's Epistle to Florus (*Epist.* 2.2), RhM 97, 1954, 343–358; C. O. Brink, Horace on Poetry, Cambridge, I: 1963, II: 1971, III: 1982.

[2] 1816, II, 132.

[3] 1816, I, 21.

Die große Florus-Epistel des Horaz (2,2)

und Inhalt früheren Daseins, und der die Schatten des Endes, wo nicht über seinem Haupt, so doch nahe fühlt".[4] Die beiden Briefe sollten schon aus dem äußeren Grund nicht zu sehr aneinandergerückt werden, daß der erste nur der Lyrik eine Absage erteilt und als Proömium einer neuen Sammlung von Gedichten fungiert, der zweite aber ein deutlicher Abschied an jede Form von Dichtung ist. In 1,1 stellt der Dichter Weichen, in 2,2 ist er am Ziel.

Non verba sequi fidibus modulanda Latinis

Während in Epist. 1,1 nur ein einziger Grund genannt wird, der Horaz zu verändertem Schaffen veranlaßt, nämlich das Alter – *non eadem est aetas, non mens* (4) –, ist dieser Grund in der Florus-Epistel lediglich ein Punkt unter anderen: In sechsfacher Argumentation versucht der Dichter, Florus – und zugleich allen Auftraggebern und Lesern – klarzumachen, warum er überhaupt nicht mehr dichten möchte (26–140). Auch aus diesem Grunde muß 2,2 erheblich später als 1,1 entstanden sein.

Wie es Horaz seit seinen frühesten Satiren liebt, werden die einzelnen Gründe unter Vermeidung jeglicher Systematik und Schulmeisterei so verschlüsselt dargelegt, daß auch der aufmerksame Leser Mühe hat, sich nicht durch vordergründige Formulierungen in die Irre schicken zu lassen.

1. paupertas audax (26–54). Schon dieser erste Punkt ist trotz eingängigen Formulierungen im einzelnen so verhüllt gegeben, daß er seit Jahrhunderten Anlaß zu intensiver Diskussion gegeben hat. Was sagt Horaz wirklich? Die verbreitete Auffassung, er deute an, nach Philippi seinen Lebensunterhalt mit Dichten verdient zu haben,[5] dürfte aus zwei Gründen unzutreffend sein. Erstens hat er,

---

[4] Und er fuhr fort: „Wir haben Äußerungen ähnlichen Kleinmuts schon des öfteren vernommen. Es muß dem Temperament des Dichters ein Teil Melancholie beigemischt gewesen sein, wie es sich ja gern der *vis comica* gesellt" (Gesammelte Werke, Frankfurt 1952, V, 1081).

[5] Ausführlich diskutiert bei N. Rudd (Horace's Poverty, Hermathena 84, 1954, 16–25), der zwischen der 'Ready Cash Theory' (Verkauf von Einzelgedichten an private Interessenten) und der 'Patronage Theory' (Bestreben,

wie Sueton berichtet, gerade damals als *scriba quaestorius* gearbeitet: *victisque partibus venia inpetrata scriptum quaestorium conparavit* – was er somit hier verschwiegen hätte.[6] Zweitens ergibt die Aussage, seinerzeit habe ihn die Armut zum Dichten veranlaßt, jetzt aber sei er vermögend (*quod non desit habentem*, 52), keinen Sinn. Bei aller Freude des Satirikers zu provozieren: Was sollte das bedeuten? Sinnvoll wird der Passus hingegen, wenn man ihn nicht als die äußere, sondern die innere Situation des jungen Horaz beschreibend versteht. Das Philosophiestudium in Athen bedeutete einen Höhenflug, die Landenteignungen nach Philippi – die offenbar auch Horaz trafen[7] – rissen ihn hingegen aus allen hohen Träumen (*decisis humilem pinnis*, 50): Der Wahnsinn der Zeit, den er am eigenen Leibe zu spüren bekommen hatte, brachte ihn zum Dichten, nämlich zur Angriffsdichtung der Jamben und Satiren. Die beiden politischen Epoden 7 und 16 gelten als die ältesten der Sammlung, und die wohl älteste Satire, 1,2, rechnet mit den Mitmenschen auf dem Gebiet der Moral ab: *dum vitant stulti vitia, in contraria currunt* (24). Diese Angriffsdichtung im Stile der Vorbilder Archilochos und Lucilius erforderte Kühnheit: Deshalb ist *audax* von *paupertas* nicht zu trennen. Der Schwerpunkt der Aussage liegt also auf dem seelischen, nicht auf dem materiellen Nichts, vor dem Horaz nach 42 stand. Daher wird der Bildungsweg zuvor ausführlich geschildert. Klingner hat gut bemerkt, der Bürgerkrieg werde als „gewaltsame Unterbrechung eines beginnenden Philosophenlebens hingestellt [...], als ob Horazens Trachten längst auf das gezielt hätte, was ihn jetzt beschäftigt", nämlich die Philosophie.[8]

Wie die Folgerung der These *paupertas audax → versus facerem* ist auch die Folgerung der Antithese *quod non desit habentem → dormire* übertragen zu verstehen: So wie sich Horaz' persönliche Verhältnisse gewandelt haben, haben sich auch die politischen Verhältnisse gewandelt. Für Angriffsdichtung im Stile der Epoden und

---

durch Veröffentlichungen einen Mäzen zu gewinnen) unterscheidet und die zweite bevorzugt.

[6] E. Fraenkel, Horace, Oxford 1957, 14; Brink 1982 zu 51.
[7] K.-H. 1914 z. St.
[8] 1964, 323. Vgl. McGann 1954, 348.

Satiren besteht kein Anlaß mehr. Es ist dies die Tragik des alternden Horaz: Was in politischer Hinsicht höchst befriedigend ist, ist in künstlerischer Hinsicht höchst unbefriedigend. An welchem politischen Stoff sollte sich Horaz' dichterisches Ingenium noch entzünden?

2. anni euntes (55–57). Nach der Feststellung, daß die Voraussetzungen für die Epoden- und Satirendichtung nicht mehr gegeben sind, weitet Horaz diesen Gedanken auf die Odendichtung aus.[9] Da er sich gegen die von außen an ihn herangetragenen Forderungen nach politischer Panegyrik, so schwierig das war, oft genug zu wehren versucht hat, wird die Odendichtung hier ausdrücklich sympotisch-erotisch definiert, nicht politisch. Jeder Leser des Maecenas-Briefs 1,1 wußte aber, daß der Dichter den Hinweis auf das Alter ernst meinte. Auch dies ist die Tragik des alternden Horaz: Die Odendichtung, die er schreiben sollte, wollte er nicht mehr schreiben; und die, die er schreiben mochte, konnte er nicht mehr schreiben.

3. non omnes eadem amant (58–64). Die Briefdichtung war bisher nicht erwähnt – zu Recht, da Horaz einen neuen Brief schreibt. So ist auch bei der Aufzählung der Gattungen, die man von ihm verlangt, wieder nur von den Epoden, Satiren und Oden die Rede.[10] Hatte Horaz bis jetzt nur von sich gesprochen, nimmt er nun sein Publikum in den Blick: „Man hat als Dichter nur Unannehmlichkeiten mit den Lesern."[11] Dieser Punkt ist nicht zu unterschätzen: Unzufriedenheit mit den Lesern bedeutet Unzufriedenheit mit der Situation als Dichter. Jedermann wußte, daß man ein Leben lang politische Dichtung von Horaz gefordert hatte: Agrippa, Maecenas, Augustus nicht anders als jetzt offenbar Florus, der mit dem kaiserlichen Stiefsohn Tiberius auf Kriegszügen war. Die Situation dürfte kaum anders gewesen sein als bei den bestellten Siegesliedern

---

[9] Den Übergang zum Alters-Motiv bereitet *dormire* (54) vor.

[10] Den Übergang bildet *faciam* (57), das nach oben 'tun', nach unten 'dichten' bedeutet: Vgl. U. Knoche, Betrachtungen über Horazens Kunst der satirischen Gesprächsführung, Philologus 1935, 372–390, 469–482, hier: 477f.

[11] Klingner 1964, 323.

auf die abwesenden Feldherren Drusus (C. 4, 4) und Tiberius (C. 4, 14). Und Florus forderte zusätzlich einen Brief. Wie hätte der alternde Dichter nicht noch immer Anlaß, mit seinen *convivae* unzufrieden zu sein? Die Wörter *renuis, iubet, invisum* und *acidum* wiegen schwer.

4. *scribere inter curas (65–86)*. Nach der Unzufriedenheit mit seinen Lesern gibt Horaz der Unzufriedenheit mit seinen Verpflichtungen Ausdruck.[12] Denn die Klage, in Rom nicht dichten zu können, hat bei dem Gutsbesitzer Horaz nur Sinn, wenn er damit die Notwendigkeit, zu oft in Rom sein zu müssen, andeuten will. Diesen Zwang hat er schon in jungen Jahren als unangenehm empfunden; die Satire 2, 6 gibt davon Zeugnis. Dort wurde Maecenas in diesem Zusammenhang genannt (31); Maecenas' Ansprüchen an Horaz in Rom ist auch die ganze siebente Epistel gewidmet. Und in der vierzehnten berichtet er seinem Gutsverwalter über die *invisa negotia* (17), die er in Rom zu erfüllen hat. Es kommt hinzu, daß nach Sueton auch Augustus den Dichter – als *ab epistulis* – in der Nähe zu sehen wünschte. Das ganze Treiben in der Hauptstadt ist Horaz mit zunehmendem Alter lästiger geworden. Hinter den lustigen Formulierungen über das pralle Leben in Rom verbirgt sich bei Horaz also noch immer eine tiefe Unzufriedenheit mit seiner Situation: Er fühlte sich durch die Verpflichtungen – sie sind ihm *curae* und *labores* (66) – ernsthaft von der Sammlung abgehalten, derer er zum Dichten bedurfte.[13]

5. *sibi nectere coronam (87–105)*. Nach den Verpflichtungen gegenüber Gönnern und Freunden distanziert sich Horaz von den Verpflichtungen gegenüber Dichter-Kollegen.[14] Aus dem Um-

---

[12] Den Übergang bereitet *iubet* (63) vor: Aufträge und Verpflichtungen sind *curae* und *labores* (66). Das Leitmotiv ist deutlich.

[13] Der Abschnitt 65–86 bildet, anders als Klingner 1964, 323 annimmt, eine Einheit. Der Sinn der Anekdote 81–84 liegt darin, daß, wenn ernsthafte Vertiefung selbst im stillen Athen nicht möglich ist, dieses noch weniger im lauten Rom geschehen kann (richtig K.-H. 1914 zu 81). *contracta = arta* (80; von Fraenkel [Kallimachos bei Horaz, MH 26, 1969, 113–114] auf στεινοτέρην Kall. Ait. frg. 1, 28 zurückgeführt) steht antithetisch zu *vacuas* (81); 84^b–86 nimmt dann den Anfang 65–66 wieder auf.

[14] Den Übergang bilden *fluctibus* und *tempestatibus* (85), die nach oben

stand, daß er sich der Gruppe zurechnet, deren Tun er ablehnt, braucht nicht geschlossen zu werden, er bekenne, das geschilderte Treiben der gegenseitigen Protektion in extenso praktiziert zu haben: V. 103 geriete ebenso in einen allzu offenkundigen Widerspruch zu Epist. 1, 19, 37 *non ego ventosae plebis suffragia venor* wie der ganze Passus zu V. 39 derselben Epistel *non ego nobilium scriptorum auditor et ultor.* Daß sich Horaz selbst miteinbezieht, entspricht seiner stets geübten Urbanität. Worauf es ankommt, ist seine scharfe Ablehnung der Lobhudelei der Poeten untereinander, die er nicht mitzumachen gewillt ist. Wenn er sagt, daß er erst *finitis studiis* sein Ohr den lesewilligen Kollegen ungestraft verschließen kann (104f.), so ist dies eine doppelte Aussage. Erstens: In Rom ist der Erfolg eines Dichters von der Bereitschaft zu unwürdiger Interessengemeinschaft abhängig. Zweitens: Horaz steht am Ende seiner schriftstellerischen Laufbahn.[15] Nichts liegt näher, obwohl er dies nicht deutlich ausspricht, als aufgrund des Zusammenhangs der ganzen Argumentation die beiden Punkte so zu kombinieren, daß der zweite aus dem ersten folgt, also zu verstehen, daß Horaz (auch) wegen des Cliquenwesens der Dichter sein Dichten beendet. Wie in der Epistel 1, 19 klagt er noch immer darüber, daß er bei den Dichter-Kollegen nicht in dem Maße Anerkennung gefunden hat, wie er es sich wünschte.

6. *sapere et ringi (106–140).* Den letzten Grund hat Horaz in der längsten Partie genannt. Trotzdem ist er so verhüllt, daß er den meisten Interpreten entgangen ist. Man gab sich überwiegend mit der Feststellung zufrieden, daß Horaz die 'unerträgliche Mühe' des rechten Dichters darlegt,[16] ohne zu fragen, was das bedeute.[17] Brink, der die Partie zu Unrecht in zwei Abschnitte aufteilte,[18]

'Lärm', nach unten aber *'furor'* bedeuten: Denn die Anekdote 87–89 ist ein Beispiel für *furor (qui minus argutos vexat furor iste poetas?* 90).

[15] *finitis studiis* bedeutet das Ende des Dichtens (Brink 1982 zu 104 vergleicht richtig A.P. 306 *nil scribens ipse*), nicht „des literarischen Ehrgeizes und *ambitus*" (K.-H. 1914 zu 102).

[16] Den Übergang bildet die Antithese *mente recepta* (104) und *se venerantur* (107).

[17] So etwa Klingner 1964, 323.

[18] Zu ihrer Einheit vgl. unten S. 350f.

meinte sogar, daß sie mit dem Anlaß des Briefs wenig zu tun habe.[19] Wenn man jedoch, wie Kießling-Heinze[20] oder McGann, einen Zusammenhang mit der Antwort an Florus annahm, kam man zu einer merkwürdigen Aussage: Horaz gestünde ein, daß ihm das Dichten letztlich zu schwierig sei. "Horace here *rejects* the idea of a life devoted to the highest standards in poetry."[21] Gewiß: *in magnis voluisse sat est*. Soll man aber wirklich annehmen, Horaz resigniere am Ende seiner Laufbahn im Hinblick auf seine künstlerischen Fähigkeiten? McGann sah richtig, daß alles von der Deutung des Worts *ringi* (128) abhängt, doch ist zu fragen, ob seine Folgerung zutrifft, Horaz sei "vexed by his inability to measure up to that standard which it is clear is the only one which will result in the *legitimum poema*".[22] Einen Ausweg versuchte das ›Oxford Latin Dictionary‹ mit der Interpretation von *ringi* als "be a cynical philosopher"; doch ist das aufgrund des Zusammenhangs falsch, da *sapere* in demselben Vers nicht eine philosophische, sondern eine ästhetische Einsicht bedeutet.[23] Auch *sapere* wird meistens mißverstanden: Es beschreibt nur den Gegensatz zum Gebaren des *scriptor delirus* (126), nicht aber eine resignierende Haltung und den Verzicht auf Dichten.[24] Ist der *scriptor delirus*, wie Horaz sagt, *iners*, heißt *sapere: artem novisse*. Welche Folge aus dem *sapere* bezeichnet *ringi*? Steht es, wie es üblicherweise verstanden wird, nur für eine

---

[19] Zu 106–125: "This is the only section of the poem which is wholly devoted to literary theory and, accordingly, the epistolary situation recedes, or seems to recede, for the time being" (1982, 328). Zu 126–140: "What H. is saying appears to be yet further removed from the ostensible purpose of the letter" (1982, 348).

[20] 1914 zu 106–128.

[21] McGann 1954, 355.

[22] 1954, 354, ebenso 355. Unzutreffend auch M. Orban, *Sapere et ringi*, Horace, *Ep*. II, 2, 128, Mélanges off. à R. Fohalle, Gembloux 1969, 239–248.

[23] „*sapere*, hier von ästhetischer Einsicht" (K.-H. 1914).

[24] Brink entschied sich bei Erwägung der Alternative "*sapere:* 'understanding' may counsel the abandonment of poetry" und "it may lead to the right kind of poetry, *scribendi recte*, of which it is *principium et fons, A.P.* 309" fälschlich für die erste Möglichkeit (1982, 350). Die zweite trifft exakt zu.

'mürrische Verstimmung'?[25] Ursprünglich ist es von den Hunden gesagt, die knurrend ihre Zähne fletschen.[26] Es bezeichnet also eine Reaktion nicht auf das eigene, sondern auf das Verhalten anderer – wie an der einzigen Stelle, die zeitlich vergleichbar ist, Cic. Att. 4,5,2.[27] Der Wortsinn legt nahe, daß Horaz sich nicht über sich selbst, sondern über andere ärgert, d. h. darüber, daß er mit seiner Dichtung nicht den Erfolg hat, den er sich wünscht. Und eben eine solche Aussage fordert der Zusammenhang der ganzen Argumentation: Punkt 1 und 2 waren persönlich formuliert, Punkt 3 beschrieb den Ärger über den Publikumsgeschmack, Punkt 4 den Ärger über die Verpflichtungen in Rom, Punkt 5 den Ärger über die Dichter-Kollegen. Es dürfte also auch in Punkt 6 der Ärger über das Verhalten anderer gemeint sein. Orelli–Baiter haben richtig gesehen, Horaz könne nicht "satisfacere", ohne zu sagen, welche Personen gemeint seien, doch die falsche Folgerung gezogen, Horaz sehe die Ursache bei sich selbst.[28] Wieland hat ebenfalls richtig angenommen, daß Horaz sich auf die Reaktion anderer beziehe, und – sehr erwägenswert – die 'Kenner' als Adressaten verstanden. Er ließ seinen Dichter räsonieren: „Ey, wer wollte sich solche Mühe geben? Sich das Leben so sauer machen, um eine Vollkommenheit zu erreichen, für die ihm Niemand keinen Dank weiß? Mögen doch die Kenner von uns halten, was sie wollen!"[29]

---

[25] K.-H. 1914 z. St.

[26] *ringi proprie canum est* (Ps. Acro), *ringi est stomachari tacitum; est enim translatio a canibus latratoriis* (Don. Ter. Ph. 341).

[27] *hi subringentur, qui villam me moleste ferunt habere.* Ihre Abneigung gründet sich also auf fremdes Verhalten.

[28] Vgl. die Paraphrase: „stomachari et cruciari, cum *sapiam* quidem, id est norim artis regulas, nec tamen iis satisfacere queam, ac propterea mihimet ipsi iratus perspiciam mea vitia et peccata" (Q. Horatius Flaccus, II, Zürich 1852 zu 126f.).

[29] 1816, II, 177. Entsprechend übersetzte er 126–128:
„Nun freylich, wenn es die Bewandniß hat,
wer, der sich selber hold ist, wollte nicht
(so fern er nur sich selbst gefiele) lieber
für einen schalen Pfuscher bey den Kennern gelten,
als sichs um etwas, das am Ende doch
ihm niemand dankt, so sauer werden lassen?"

Wer sind diese Kenner? Brink hat die Partie 109–125 glücklich "an *ars poetica* in a nutshell" genannt;[30] Horaz exemplifiziert diese *ars poetica* an dem richtigen Wortgebrauch. In dem Pisonen-Brief steht dieses Thema wiederum an herausragender Stelle: 45–72. Horaz hat es in seinem Dichten offenbar sehr ernst genommen. Beide Darlegungen berühren sich eng.[31] In der ›Ars poetica‹ erfahren wir nun, daß Horaz auf diesem Gebiet starken Widerstand erfahren und *invidia* geerntet hat (53–58):

> quid autem
> Caecilio Plautoque dabit Romanus ademptum
> Vergilio Varioque? ego cur, adquirere pauca
> si possum, invideor, cum lingua Catonis et Enni
> sermonem patrium ditaverit et nova rerum
> nomina protulerit?

Es sind an dieser Stelle Kritiker[32] bzw. Grammatiker – sowohl Puristen als auch Archaisten und Modernisten[33] –, gegen die sich Horaz verwahrt, und in der Florus-Epistel dürfte dieselbe Personengruppe angesprochen sein. Wenn Horaz diese auch nicht nennt, wußte natürlich jeder Zeitgenosse, wer gemeint war.[34]

Nunmehr ergibt sich der Sinn des Abschnitts 106–140. Nachdem Horaz das eitle Gebaren der Dichter-Kollegen aufs Korn genommen hatte, stellt er ironisch fest, daß die Verfasser schlechter Gedichte mit ihrer Leistung selbst zufrieden zu sein pflegen (106–108). Ein *legitimum poema* zu schreiben, mache dagegen ungeheure Mühe (109–125). Dieser Passus beschreibt Horaz' eigenes Verfahren; es ist daher nicht verwunderlich, daß mit V. 109 exakt die zweite Gedichthälfte beginnt. Bei dem Gedanken daran, daß er immer wieder Undank erntet, sagt Horaz ironisch, er wäre auch lieber einer der verblendeten selbstzufriedenen Dichter, die schon in

---

[30] Brink 1982, 328.
[31] Vgl. *Cethegis* 2, 2, 117 und 2, 3, 50, *divite* (2, 2, 121) und *ditaverit* (2, 3, 57) sowie jeweils Brink z. St. Verwandt ist Cic. De orat. 3, 149 ff., zur Quellenfrage Brink 1971, 132 ff.
[32] So K.-H. 1914 zu *Romanus* (54).
[33] Brink 1971, 134.
[34] „Offenbar ist hier ein Stich auf bestimmte Persönlichkeiten versteckt" (K.-H. 1914 zu 53).

106–108 geschildert waren (126–128), und illustriert diesen 'Wunsch' durch die Geschichte des in einer Scheinwelt lebenden und aus dieser nur zu seinem Nachteil erweckten *haud ignobilis* (128–140). Das klingt alles vordergründig sehr lustig, und Wieland hat sicher recht, wenn er feststellte, daß Horaz mit Rücksicht auf den Empfänger des Briefs, Iulius Florus, der selbst Dichter war, so vorsichtig formulierte.[35] Aber wer Ohren hatte zu hören, der hörte auch zwischen diesen Zeilen, daß Horaz durch die Kritik zutiefst verletzt war – so tief, daß er beschloß, mit dem Dichten aufzuhören.

Verae numerosque modosque ediscere vitae

Es sind somit tiefgreifende und umfassende Gründe, die Horaz zur Aufgabe seiner dichterischen Tätigkeit veranlaßten. Freilich hat er sie seiner zurückhaltenden Art gemäß so verschlüsselt angedeutet, daß man sie guten Gewissens zu überhören pflegt. Daß er den gegenwärtigen Lebensabschnitt nicht unter dem Aspekt der Aufbruchsstimmung, sondern unter dem der Resignation sieht, sagt er deutlich in der Folgerung, die er 141–144 aus den dargelegten Gründen zieht: Der *scriptor delirus* befindet sich in einem *gratissimus error*, er ist glücklich (140). Horaz' Zustand des *sapere* aber ist nicht *gratum*, schon gar nicht *gratissimum*, sondern 'nützlich', *utile*[36]: Das ironische *nimirum* leitet die resignierte Aussage ein: *sapere* bedeutet ein „bitteres Vernünftigwerden"[37]; der Leser hat die Junktur *sapere et*

---

[35] 1816, II, 177 zu dem „Gemählde" des *legitimum poema*: „Julius Florus war (wie gesagt), aller Wahrscheinlichkeit nach, einer von den *Beatis*, deren Gedichte, ohne just zu den schlechten zu gehören, doch die wenige Mühe, die sie kosteten, zu stark verriethen. Horaz wollte nicht, daß sein Freund sich durch jenes Gemählde beleidigt finden sollte – oder er besorgte vielleicht, Florus möchte merken, daß er durch den Dichter, *qui legitimum cupiet fecisse poëma*, sich selbst gemeint habe, – und im einen oder andern Falle konnte er sich nicht leichter aus der Sache ziehen, als wenn er sich selbst mit allen übrigen Versemachern vermengte, und in seinem eignen Nahmen sagte, was freylich nie seine Meinung gewesen war."

[36] Zum Gegensatz *gratum – utile* vgl. K.-H. 1914 zu 141.

[37] Klingner 1964, 324.

ringi (128) noch im Ohr. Horaz ist nicht glücklich. Wollte man aus der Bezeichnung der Dichtung als *tempestivus pueris ludus* (142) schließen, daß Horaz sie nur aus Altersgründen aufgebe, hätte man **einen** seiner Gründe ungebührlich verabsolutiert. Vielmehr will Horaz mit dieser Wendung sagen, daß sich die unbekümmerte Jugend auf ein solches 'Spiel' – das für den Unkritischen befriedigend, für den Kritischen unbefriedigend ist – einlassen könne, während er die 'Dichtung des Lebens' lernen müsse, *verae numerosque modosque ediscere vitae* (144). Auch hierfür gilt: *utile*, nicht *gratum*. Wäre Horaz einer der Unkritischen, d. h. einer jener, die nicht ihre eigenen Ziele unbeirrt verfolgen, sondern sich überall anpassen (Gründe 3–6), wäre das Alter für ihn vielleicht nicht unbedingt ein Grund gewesen, der Dichtung zu entsagen. So läuft seine Argumentation immer wieder resigniert auf die Enttäuschung durch die Umwelt hinaus.

Die Klammer, die den ästhetischen (1–144) und den philosophischen Teil des Briefs (145–216) zusammenhält, ist der Begriff des *sapere*. Im ästhetischen Sinn traf er bereits auf Horaz zu (128). Nun will er sich bemühen, ihn auch im philosophischen Sinn zu erfassen (141).[38] Das Suchen nach der *sapientia* führt ein innerer Monolog[39] vor; Florus wird nicht mehr angeredet, aber er soll die Probleme des Dichters mit hören. Der Gedankengang ist einfach: Das *recte vivere* (213) besteht in der Vermeidung von *vitia*: *virtus est vitium fugere* – das war stets Horaz' Maxime (Epist. 1, 1, 41). Zuerst wird das Erzübel der *avaritia* ausführlich in den Blick genommen (146–204), dann kurz die *cetera vitia* (205–212); am Schluß steht wieder eine resignierte Einsicht (213–216). Die zweite Briefhälfte hat Wieland schön gewürdigt:

„Die moralischen Betrachtungen, womit er diese Epistel schließt, sind die Philosophie aller seiner Briefe, so wie diese die Philosophie seines Lebens

---

[38] Der Übergang zwischen den beiden Teilen des Briefs ist noch dadurch sorgfältig verstärkt, daß die Anekdote 128–140 nach oben ein Exempel für den *scriptor delirus* ist, nach unten aber den Gegensatz zum horazischen *sapere* darstellt (K.-H. 1914 zu 141; Klingner 1964, 324). Zu *sapere* vgl. auch Knoche (s. Anm. 10) 479.

[39] *mecum loquor, tacitus recordor* (145). K.-H. 1914 zu 146 sprechen zu Recht von einem 'Selbstgespräch'.

war. Sie können uns daher nicht neu seyn: aber die Grazie, die ihm immer zur Seite schwebt, gießt einen Reiz über sie aus, der den Reiz der Neuheit werth ist; und auch die bekanntesten Dinge werden durch die Manier und den Ton, womit er sie sagt, so interessant, daß man ihm Tage lang zuhören möchte."[40]

Daß die *avaritia* so herausgehoben wird, gründet auf der verbreiteten Anschauung, Besitz führe zur *vita beata*, er lasse den Menschen *sapiens* (153) bzw. *prudens* (155) werden. Dem entgegnet Horaz zunächst, Reichtum kenne kein Maß und führe nicht zu innerer Befriedigung (146–157). In dem geistreichsten – und am ehesten an die Satire erinnernden – Abschnitt des Briefs (158–179) wird behauptet, daß es keinen echten Besitz gebe, da man auch den Besitz anderer genießen könne (158–165), selbst der Besitzer nicht von seinem Besitz lebe (166–169) und überhaupt Besitz nicht zu halten sei (170–179). Das führt konsequent zu der Frage, warum die einen trotzdem nach Reichtum streben, die anderen aber nicht, und Horaz beantwortet sie – sicher zu Recht – mit dem Hinweis auf den Genius, die Veranlagung, des einzelnen (180–189).[41] Nicht minder folgerichtig stellt Horaz seine persönliche Auffassung entgegen, indem er noch einmal in herrlichen Bildern seine Theorie von der *aurea mediocritas* (die ja alles andere als eine Theorie ist!) darlegt (190–204). Indem er sie am Schluß auf andere Felder ausweitet (203–204), leitet er über zu den *cetera vitia*, die er für sich nicht ebenso entschieden in Abrede stellt. An der Überwindung einiger arbeitet er noch: Denn das Alter anzunehmen (210) – das ist ja sein größtes Altersproblem gewesen. Den schwierigen Schluß (213–216) hat schon Wieland zutreffend gedeutet:

„'wenn du dich noch so schlecht auf die Kunst des Lebens (*Artem vivendi* [...]) verstehst: so ziehe dich zurück *(retire-toi)* und weiche denen, die es weiter darin gebracht haben.' *Implicite* sagt dieß auch noch: und lerne von ihnen!"[42]

---

[40] 1816, II, 133.
[41] Anders faßt Brink 1982, 382ff. den Abschnitt 180–204 als Einheit (allerdings als 'complex section') auf, was ihn zwingt, 183–189 als 'excursus' zu betrachten. Das Thema 'the right mean between superfluity and want' beginnt jedoch nicht 180, sondern erst 190.
[42] 1816, II, 183.

Aber dann bricht die Argumentation scherzhaft um: Der Sinn des *recte vivere* gleitet plötzlich vom „Philosophischen in das Unphilosophische",[43] und Horaz überläßt das Fest der Lebensfreude den Jüngeren. Die letzten Verse sprechen von Spielen, Trinken, Lachen und Scherzen (214–216)[44]:

> lusisti satis, edisti satis atque bibisti:
> tempus abire tibi est, ne potum largius aequo
> rideat et pulset lasciva decentius aetas.

Aber der Anschluß an den schwermütigen Lukrez[45] lehrt doch, daß auch sie nicht ohne einen Beiklang von Schwermut geschrieben sind.[46]

Ut olim carmina iam moriens canit exequialia cygnus

Es versteht sich, daß die Stimmung des Briefs mit seiner Datierung in Zusammenhang steht. Die modernen Kommentare und Interpreten nehmen übereinstimmend eine Entstehung bald nach der Publikation des ersten Brief-Buchs zwischen 20 und 18 an. Es war die folgenreiche Datierung von J. Vahlen, auf die man sich immer wieder berief, indem man sie übernahm oder nur unwesentlich

---

[43] Klingner 1964, 324; McGann 1954, 358.

[44] Sie weisen, wie Wieland 1816, II, 184 sah (vgl. Brink 1982, 409), auf 141–142 zurück. Auch an 55–57 (Klingner 1964, 324; McGann 1954, 358) und 58–64 ist zu denken. Über die 'arte allusiva' in dieser Partie vgl. E. Pasoli, Per una semiologia della «memoria» poetica: «presenze» comiche (ed enniane) in epistole oraziane, Quaderni Urbinati di Cultura Classica 29, 1978, 71–80.

[45] 3, 938 ff., 956 ff. (den Unterschied betonen zu stark K.-H. 1914 z. St. und Brink 1982, 408 f.).

[46] Vgl. Schröder (s. Anm. 4) 1082: „trotz des offenkundig scherzenden Tons der inquisitorischen Schlußfragen, endet dieser von Erinnerungen und Gedanken randvolle Brief, hinter dessen Wucht der Adressat völlig verschwindet, wieder mit einer jener seltsamen Selbstaufhebungen des Dichters. Hinter ihr scheint diesmal das 'vanitas vanitatum' mit unabweisbarer Frage uns entgegenzublicken." Auch Klingner 1964, 324 bemerkt, die Schlußverse seien „mit einem Teil wehmütiger Bedeutsamkeit erfüllt".

modifizierte. Vahlen meinte, daß „jenes grämliche Zurückziehen", das er in der Florus-Epistel richtig erkannte, nicht zu der Zeit nach dem Erfolg des ›Carmen saeculare‹ passe; er nahm das Jahr 18 für die Entstehung an: Tiberius sei zu dieser Zeit Statthalter der *Gallia comata* gewesen, und Florus könne ihn erneut begleitet haben.[47] Th. Mommsen modifizierte als erster diese These, indem er die Datierung der Statthalterschaft[48] zurückwies und den Brief vor Tiberius' Rückkehr aus dem Osten im Jahre 19 entstanden sein ließ (20/19).[49] Mommsen schlossen sich u. a. W. Wili,[50] C. Becker,[51] E. Castorina,[52] E. Pasoli[53] und Brink,[54] Vahlen u. a. Heinze[55] und Rudd[56] an.

Die Datierung in das 'Intervallum lyricum' 20–17 ist aber sowohl aus äußeren als auch aus inneren Gründen unmöglich. Zu dieser Zeit war Tiberius nur auf dem Feldzug in den Osten, also bis 19, von Rom abwesend. Während seiner Dauer hatte Horaz Florus bereits die Epistel 1, 3 geschrieben. Es ist also ganz abwegig, Florus in dieser Periode zu unterstellen, er klage, *quod epistula nulla rediret* (2, 2, 22). Wenn man die große Florus-Epistel in die Zeit des Feldzugs nach dem Osten setzt und Horaz' Aussage ernst nimmt, kann sie nur vor der kleinen Florus-Epistel entstanden sein! In der

---

[47] Über Zeit und Abfolge der Literaturbriefe des Horatius, Monatsberichte der Berliner Akademie 1878, 688–704 = Gesammelte Philologische Schriften, II, Berlin-Leipzig 1923, 46–61, hier: 54–59.

[48] Sie gehört in das Jahr 16.

[49] Die Litteraturbriefe des Horaz, Hermes 15, 1880, 103–115, hier: 110–113.

[50] Horaz und die augusteische Kultur, Basel 1948, 309.

[51] Das Spätwerk des Horaz, Göttingen 1963, 61.

[52] La Poesia d'Orazio, Roma 1965, 150.

[53] Per una lettura dell'epistola di Orazio a Giulio Floro (*Epist.* II, 2), Il Verri, Riv. di Lett. 19, 1965, 129–141, hier: 131.

[54] 1982, 552.

[55] Einleitung zu Epist. 2, 2: „vorausgesetzt dabei, daß Tiberius nicht mit seinem Stiefvater zusammen schon am 12. Oktober 19 nach Rom zurückgekehrt, sondern als *legatus* desselben noch den folgenden Winter im Orient zurückgeblieben ist."

[56] S. Anm. 5, dort: 22.

Tat haben dies ältere Gelehrte wie J. Masson,[57] N. E. Sanadon[58] und F. E. Th. Schmid[59] angenommen, wobei sich dann freilich die Frage stellt, warum Horaz den Brief „per tot annos in scrinio detinuerit"![60]

Aber auch aus inneren Gründen ist es unwahrscheinlich, daß der Brief in die Zeit vor dem ›Carmen saeculare‹ gehört. Die Absage an die Lyrik in Epist. 1, 1 war zwar ernst gemeint, doch nur mit dem Alter begründet worden, so daß es Augustus mit gelindem Druck gelingen konnte, Horaz zu erneuter lyrischer Produktion – dem ›Carmen saeculare‹ und den Preisgedichten des späteren vierten Odenbuchs – zu bringen.[61]

Aber in der großen Florus-Epistel wird die Absage an die Lyrik so umfassend und so resigniert dargelegt, daß ein Revozieren danach unmöglich erscheint. Sie muß daher nach dem vierten Odenbuch in Horaz' letzten Lebensjahren entstanden sein. Nichts hindert anzunehmen, Florus habe Tiberius auch auf späteren Feldzügen begleitet. O. Ribbeck war sogar der Meinung, V. 1 deute direkt an, daß Florus „wie ehemals (734)" (= 20) fortfahre, dem berühmten Heerführer ein treuer Begleiter zu sein.[62] Es sei daran erinnert, daß schon Dacier diesen Brief wie selbstverständlich frühestens in das Jahr 11 setzte:

«Julius Florus, en partant pour suivre Tibere à l'expédition de la Pannonie, l'an de Rome 742 [= 12], avoit prié Horace de lui écrire, & de lui envoyer des vers Lyriques. Horace s'en étoit excusé, & n'avoit jamais voulu lui rien promettre. L'année suivante [= 11], Florus lui écrivit pour se plaindre de son

---

[57] Q. Horati Flacci Vita Ordine Chronologico sic Delineata, Ut vice sit Commentarii Historico–Critici in plurima & praecipua Poëtae Carmina; [. . .], Lugdunum Batavorum 1708, 296.

[58] Vgl. Œuvres d'Horace en Latin, traduites en françois par M. Dacier et le P. Sanadon, avec les remarques critiques, historiques et géographiques, de l'un & de l'autre, Tome septième, Amsterdam 1735, 452f.: Er datierte den Brief auf 22, 1, 3 auf 21 (Tome sixième, 446).

[59] Des Quintus Horatius Flaccus Episteln erklaert von F. E. Th. Schmid, Zweiter Theil, Halberstadt 1830, 159.

[60] Kirchner (s. Anm. 65) 39.

[61] Der Zwang geht eindeutig aus Suetons Lebensbeschreibung hervor.

[62] Er schloß dieses wohl aus *fidelis*: Vgl. unten Anm. 67.

silence, & du peu de soin qu'il avoit de lui. Horace lui fait cette réponse pour se justifier [. . .]. Et il paroît que c'est un de ses derniers Ouvrages.»[63]

Diese Datierung wurde ebenfalls von P. Rodelle[64] vertreten sowie später wieder von C. Kirchner, der auf die Unterwerfung der Pannonier und Dalmatier durch Tiberius hinwies,[65] und P. Lejay.[66] Noch weiter ging O. Ribbeck herunter, und zwar auf die Jahre 10–8, in denen Tiberius ebenfalls von Rom abwesend war. Seine Gründe verdienen Beachtung: Horaz fühle sich dem 'Greisenalter' nahe und sage sich von der Lyrik 'entschieden' los, so daß das vierte Odenbuch vorher gedichtet sein müsse.[67] Es war nicht gut, daß die von Vahlen eingeleitete Wende in der Datierung die früheren Auffassungen völlig verdrängte.

Die Spätdatierung läßt auch Florus' Anliegen verständlich wer-

[63] In der oben Anm. 58 genannten Ausgabe S. 452. Nach der in dem ersten Band abgedruckten (im einzelnen vielfach ungenauen) Chronologie des années d'Horace S. 223 ff. ist das Jahr 742 a.u.c. = 9 v. Chr. und das Jahr 743 a.u.c. = 8 v. Chr. (S. 236), dennoch werden an der vorliegenden Stelle die Jahre 12 und 11 der varronischen Zählung gemeint sein, in denen Tiberius in Pannonien und Dalmatien war (so wurde Dacier auch von Kirchner [s. Anm. 65] verstanden). Freilich zog Tiberius auch 10/9 gegen die Pannonier und Daker, so daß Dacier auch diesen Feldzug gemeint haben könnte. Vgl. aber die folgende Anmerkung.

[64] „Duae extant Horatii ad Julium Florum Epistolae. Altera quae tertia ponitur libri prioris, scripta an. R. 734 [= 20]. & praesens ista quam pertinere arbitror ad. an. 743 [= 11]. Horatii 54. Sic enim persuadent quae hic ipse Poëta scribit de provecta aetate sua; & expeditio Pannonica anno superiore suscepta atque praesenti continuata, à Tiberio, cum quo fidelem amicum ivisse indicant versus illi" [20 ff.]: Petri Rodellii e Societate Jesu Horatius, Tolosae 1683, 527. (Vgl. auch in der Synopsis Chronologica Romanae Historiae zum Jahr 743 = 11: „Pannonii verò, Dalmatae, & Daci à Tiberio iterū victi.")

[65] Quaestiones Horatianae, Lipsiae 1834, I. De Bentleiana temporum quibus Horatius poematum suorum libros scripserit constitutione, 1–41, hier: 38 f.

[66] La date et le but de l'Art Poétique d'Horace, Rev. de l'Instruction publique en Belgique 45, 1902, 361–386; 46, 1903, 153–185, hier: 170 Anm. 1.

[67] Des Q. Horatius Flaccus Episteln und Buch von der Dichtkunst mit Einleitung und kritischen Bemerkungen, Berlin 1869, 91 f.

den. Wie konnte er nicht nur einen Brief (22), sondern auch *carmina* (25) erwarten? Als Tiberius' Vertrauter hatte er es wohl registriert, daß es Augustus gelungen war, Horaz zu einem Preisgedicht auf Tiberius zu bewegen: C. 4, 14 auf den Sieg über die Räter und Vindeliker im Jahre 15. Was lag da näher, als daß der *fidelis amicus* des Feldherrn, das Mitglied der *studiosa cohors*,[68] bei dem erneuten Feldzug ein erneutes Preislied erbat, ja erwartete *(exspectata carmina)*? Die oben vorgelegte Interpretation dürfte deutlich gemacht haben, daß solche Zwänge nicht am wenigsten dazu beitrugen, Horaz zur Aufgabe der Dichtung zu veranlassen.

Das genaue Jahr der Abfassung wird sich nicht ermitteln lassen; die von der älteren Forschung vorgeschlagene Datierung dürfte ihm einigermaßen nahekommen. Jedenfalls spricht manches dafür, daß Augustus-Brief, Florus-Brief und Pisonen-Brief in der überlieferten Reihenfolge entstanden sind und Einzelwerke darstellen. Im Augustus-Brief bekennt Horaz um das Jahr 12,[69] daß ihm Dichten keine Freude mehr mache, im Florus-Brief um das Jahr 11, daß er nicht mehr dichten wolle, und im Pisonen-Brief um das Jahr 8,[70] daß er nicht mehr dichte.[71]

Der ein wenig poetisch klingende Titel dieser Betrachtungen wurde gewählt, weil Horaz im Pisonen-Brief nicht mehr von sich spricht, sondern nur als 'Lehrer' fungiert,[72] der Florus-Brief somit sein letztes persönliches Zeugnis darstellt. Horaz hat in ihm kritisch erkannt, daß seine Zeit als Dichter vorbei war, und er hat dieses in einzigartiger Klarsicht nicht nur in seinen persönlichen, sondern auch in den politischen und gesellschaftlichen Umständen seiner Zeit begründet gesehen. Er konnte es nicht verwinden, daß man ihn als Dichter nicht so akzeptierte, wie er war, daß insbesondere seine politischen Gönner nicht aufhörten, ihn unter Druck zu setzen, daß sie noch immer sowohl auf seine Dichtung als auch auf

---

[68] Epist. 1, 3, 6.

[69] So zuletzt Brink 1982, 554.

[70] Darauf führt Porphyrios Nachricht, daß L. Calpurnius Piso, cos. 15, und seine Söhne angesprochen sind. Die Richtigkeit dieser Notiz kann hier nicht nachgewiesen werden.

[71] *nil scribens ipse* (306).

[72] Vgl. noch einmal V. 306: *munus et officium, nil scribens ipse, docebo.*

seine Lebensführung Einfluß nehmen wollten, daß er ferner nur zu seinem Schaden die Dichtercliquen vernachlässigen konnte und daß schließlich nicht einmal er von der Kritik verschont wurde. Es ist eines der ergreifendsten Zeugnisse aus der Antike, daß ein Dichter so nüchtern und so umfassend Bilanz gezogen und sich aus der Welt der Dichtung verabschiedet hat, ein Dichter, der den Anspruch erhob – und auch erheben konnte –, sein Land glücklich zu machen,[73] selbst aber bekannte, als Dichter nicht glücklich zu sein.[74] Die große Florus-Epistel ist letztlich „etwas wie eine Grabrede auf das Dichtergeschlecht", dem Horaz angehörte, und in diesem Sinne neben der ›Ars poetica‹ „das letzte Wort der großen augusteischen Dichtkunst geblieben".[75]

---

[73] Vgl. 121: *beabit.*
[74] Vgl. 108: *beati.*
[75] Es wurde hier Klingners Charakterisierung der Augustus-Epistel (die er für Horaz' letztes Werk hielt) auf die (spätere) Florus-Epistel übertragen (Horazens Brief an Augustus, SB Akad. München, Phil.-hist. Kl. 1950, Nr. 5 = 1964, 410–432, hier: 432).

PROPERZ ALS AUGUSTEISCHER DICHTER

Von Michael von Albrecht

Das Thema „Properz als augusteischer Dichter" kann unter verschiedenen Gesichtspunkten behandelt werden: die Äußerungen des Dichters über den Princeps; seine Darstellung des augusteischen Rom; seine Einordnung in die Literatur der augusteischen Zeit. All diese Fragen sind mit schwerwiegenden Problemen belastet, zumal bei einem Dichter, der sich so sehr einer eindeutigen Festlegung entzieht wie Properz. Wir beschränken uns hier auf den zweiten der genannten Aspekte – Properzens Bild des augusteischen Rom –; hinzu kommen einige Bemerkungen (und eine wohl neue Parallele) zum dritten. Als Ausgangspunkt sei die erste Elegie des vierten Buches gewählt, weil sie zugleich über Properzens Bild vom augusteischen Rom und über seine poetische Theorie und Praxis als augusteischer Dichter Aufschluß gibt.

Das Gedicht 4, 1 (das hier nicht in all seinen Aspekten diskutiert werden kann) besteht aus einer Rede des Properz (1–70) und den Worten des Horos (71–150).[1] Die beiden Teile haben nur nahezu denselben Umfang. Inhaltlich besteht ein Kontrast: In dem ersten Hauptabschnitt will Properz sich dazu aufschwingen, Roms Kallimachos zu werden, im zweiten mahnt ihn der Astrologe, bei der ihm wesensgemäßen Liebesdichtung zu bleiben. Die doppelte Thematik der Eingangselegie entspricht derjenigen des ganzen Buches, einer Gedichtsammlung von teils vaterländischer, teils erotischer Thematik.[2]

---

[1] Horos ist nach Annahme einiger Kommentatoren der *hospes* in Vers 1; zwingend ist das nicht. Horos unterbricht Properz.

[2] Römisch-aitiologisch: 2 (Vertumnus), 4 (Tarpeia), 6 (der palatinische Apollotempel und die Schlacht bei Actium), 9 (Hercules und Cacus), 10 (Iupiter Feretrius). Erotisch: 3 (Arethusa-Brief), 5 (Grab der Kupplerin),

Properz ist derjenige Augusteer, der neben Horaz wohl am meisten über sein Dichten reflektiert hat. Wie spiegelt sich Pro-[221]perzens Selbstverständnis als eines augusteischen Dichters in der Wahl der poetischen Gottheiten, auf die er sich beruft? Neben Venus als Schutzpatronin der Liebe (mehr als der Liebesdichtung 137f.) steht Apollo, der im zweiten Teil nicht etwa als Gott von Actium, als Beschützer des Augustus, auftritt, sondern als Dichtergott, der die Öffentlichkeit des Forums scheut (133f.). Für den römischen Aspekt seines Schaffens stützt sich Properz in dieser Eingangselegie nicht auf Apollo, sondern auf Bacchus (62); dies erinnert an Horaz, der sich in einer Augustusode (3,25) auf die dionysische Begeisterung beruft.[3] Somit läuft die Verteilung der Dichtergottheiten auf die offizielle und die private Seite von Properzens Dichten unseren gewohnten Vorstellungen von Apollinischem und Dionysischem zuwider. Würden wir nicht spontan offizielle Poesie als apollinisch und erotische Dichtung als dionysisch bezeichnen? Würde nicht außerdem auch, historisch betrachtet, die Verbindung des Augustus mit dem Apollo von Actium eine solche Verteilung nahelegen? Properz hat sich umgekehrt entschieden. Die Beweggründe liegen in der literarischen Tradition. Bei Kallimachos im Aitien-Prolog ist es Apollo, der dem Dichter verbietet, sein Talent durch schwierige Themen zu überfordern[4] (vgl. auch den Anfang von Vergils sechster Ekloge). Der Gott der Selbsterkenntnis ruft auch im Bereich der Dichtung den Autor zur Selbstbescheidung auf. In unserer Elegie verkörpert er die Berufung des Dichters (vgl. 134f.), und diese hat esoterischen Charakter: Properz soll nur wenige Verse schreiben *(pauca)* und den lauten Betrieb des Forums meiden; daher

---

7 (Cynthias Schatten), 8 (Cynthias Festreise). Die Schlußelegie 11 (Cornelia) verbindet die römische mit der erotischen Thematik. Thematische Überschneidungen sind natürlich auch in den übrigen Gedichten nicht ausgeschlossen.

[3] V. Pöschl, Dichtung und dionysische Verzauberung in der Horazode 3, 25, Miscellanea di studi alessandrini in memoria di A. Rostagni, Turin 1963, 615–625; s. jetzt auch: Horazische Lyrik, Interpretationen, Heidelberg 1970, 164–178.

[4] W. Wimmel, Kallimachos in Rom. Die Nachfolge seines apologetischen Dichtens in der Augusteerzeit, Hermes Einzelschriften 16, 1960, 101.

73 *aversus Apollo.* Apollo ist zugleich der Gott der verfeinerten Technik (vgl. die Spinn-Metapher in Vers 72).

Wenn Properz in dem erhabeneren ersten Teil Bacchus anruft, so entspricht dies der traditionellen Vorstellung vom inspirierten, gottbegeisterten Dichter.[5] Dadurch wird es ihm überhaupt möglich, in eine „niedere" Stilgattung die hohen vaterländischen Themen einzuführen. So ist die Wahl der Dichtergötter durch das Prinzip des Angemessenen (πρέπον) bestimmt.

[222] Im ersten Hauptteil spricht Properz von sich in der ersten Person, im zweiten in der zweiten. So finden wir eine gestaffelte Selbstdarstellung[6]: zuerst seine Selbststilisierung als römischer Aitiendichter, dann seine Entlarvung als unverbesserlicher Liebeselegiker.

Fragen wir uns nun, ob es auch Aspekte gibt, die beide Teile der Elegie verbinden. Hier ist die Berufung auf die kallimacheische Art des Dichtens zu nennen. Auch im ersten Teil fühlt sich Properz als Gegenspieler des Epikers Ennius mit seinem „struppigen" Kranz (61). Die Vorstellung ist aus kallimacheischen Kategorien entwickelt, deren Grund im Aitien-Prolog gelegt ist. So geht es nicht um einen Gegensatz zwischen 'Elegie' und 'Nicht-Elegie', sondern zwischen aitiologischer und erotischer Elegie. Die Analyse der impliziten Poetik bestätigt somit den programmatischen Charakter der Eingangselegie im Hinblick auf die Doppelthematik des vierten Buches insgesamt, darüber hinaus aber auch die Tatsache, daß trotz der dialektischen Entfaltung der Aspekte das vierte Buch wie auch die Eingangselegie nicht heterogen ist, sondern auf einer einheitlichen poetologischen Konzeption beruht.

Vergleichen wir nun den Aufbau der beiden Gedichtteile.

Wir beginnen mit der Analyse des zweiten Teils (71 ff.), da sich von ihr aus rückblickend auch der erste verstehen läßt und sich so gleichzeitig auch Aufschlüsse über Properzens Technik der Rückverweise und damit über Symmetrie oder Asymmetrie dieser Elegie erhoffen lassen. Zugleich kann von der Selbstdarstellung des Horos

---

[5] Daher auch *ruis, vage, dicere* 71.
[6] Gut auch C. Beckers Begriff der „allmählichen Selbstvorstellung" (Die späten Elegien des Properz, Hermes 99, 1971, 449–480, bes. 453 Anm. 2).

und seiner Darstellung des Properz im zweiten Teil auch Licht auf die Selbstdarstellung des Properz im ersten Teil fallen. Noch sind nicht alle Beziehungen zwischen zweitem und erstem Teil gesehen worden.[7] Horos warnt Properz davor, Schicksal zu verkünden. Diese Rolle liege dem Dichter nicht, Apollo sei ihm abgeneigt, und die Leier sträube sich, auch erzeuge sein Gesang nur Tränen. Diese ersten vier Verse bilden den denkbar stärksten Kontrast zum Schluß des ersten Teils mit der Ankündigung von *sacra diesque,* dem Vorhaben, Rom zu besingen (was Horos durch *dicere fata* wiedergibt) und der Bitte um gute Omina, [223] denen Horos die soeben erwähnten negativen Vorstellungen entgegensetzt. Bezeichnenderweise stammen die letzteren alle aus dem Bereich des Handwerkes (Spinnen) und der kallimacheischen Tradition (Apollo, Lyra), während am Ende des ersten Teils das Dichten in ein dem Epos näherstehendes Bild gekleidet worden war (das schwitzende Pferd auf der Rennbahn 70). So wird auch im Bereich der Bilder dem ehrgeizigen Anspruch der feine und kritische Kunstverstand gegenübergestellt. Mit *dicere fata* ist indirekt auch das Auftreten des Propheten begründet. Properz hat sich am Ende des ersten Teils zum Dichter der Schicksale Roms ernannt; das muß der Astrologe Horos als Konkurrenz empfinden. Horos kann für sich mit vollem Recht die Bezeichnung *vates* (75) beanspruchen, denn er beherrscht die Technik, mit Hilfe einer metallenen Himmelskugel das Schicksal zu erforschen (77). Darum sind seine Aussagen sicher und zuverlässig (wie seine Gewährsleute und Bücher), während Properz als *vagus* und *imprudens* (71) bezeichnet werden muß, d. h. als Uneingeweihter, der diatribenhaft zur Besinnung gerufen wird *(quo ruis?).* Überhaupt ist die technische Meisterschaft ein Gedanke, der im zweiten Teil dominiert; er verbindet letzten Endes sogar Horos mit der kallimacheischen Poesieauffassung des Properz.

Übrigens tritt dieses Motiv im zweiten Teil nicht ganz unvorbereitet auf. Schon im ersten hat Properz darauf hingewiesen, daß seine Stimme nur schwachen Klang besitze und daß seiner Brust

---

[7] Zu negativ K.-W. Weeber, Das vierte Properzbuch, Interpretationen zu seiner Eigenart und seiner Stellung im Gesamtwerk, Diss. Bochum 1977, 49.

nur ein dürftiger Redefluß entströme (58f.). Ein Mißverhältnis zwischen dem Anspruch und den tatsächlichen Fähigkeiten kündigt sich also bereits im ersten Teil an (wenn auch dort die Begeisterung für den Stoff und die dionysische Inspiration den Dichter zuversichtlich erscheinen lassen).

Im Vorgriff auf künftige Werke stellt sich Properz sogar vor, Umbrien werde auf seine Bücher stolz sein und sich die Heimat des römischen Kallimachos nennen (63f.). Diesen erträumten Schriften setzt Horos nun seine wirklich vorhandenen Bücher entgegen, für deren Grundmerkmal er ihre Zuverlässigkeit hält (80).

Horos beruft sich auf seine angeblichen Vorfahren (eine stolze Reihe großer Mathematiker) und auch auf die Götter. Er wendet sich auch gegen Zeitgenossen, die aus den Göttern (d. h. den Planeten und dem Tierkreis) ein Gewerbe machen.[8] Dann werden drei Planeten und drei Tierkreiszeichen erwähnt. Die Auswahl [224] ist nicht zufällig: Iuppiter und Mars sind Staatsgötter, Saturn der Gott des Goldenen Zeitalters, die Fische bezeichnen den neuen Äon, der Löwe ist ein königliches Zeichen und der Steinbock das Sternbild des Augustus (Horos unterstreicht ausdrücklich den Bezug zu Hesperien, d. h. Italien). Aus dieser Zusammenstellung wird klar, daß die hierauf folgenden Verse, die man vielfach getilgt oder anderswohin versetzt hat (87f.), am rechten Ort überliefert sind: „Troia, du wirst fallen, und, troisches Rom, du wirst dich erheben." Diese Verse machen nur explizit, was in den vorhergehenden Sternbildern angedeutet war. In der Erwähnung der Motive entspricht diese Stelle auch der bisher beobachteten rückläufigen Wiederaufnahme von Vorstellungen aus dem ersten Teil (vgl. 53f. mit 86f., jeweils 17 Verse von der Gedichtmitte entfernt; vgl. aber auch schon vorher Vers 47). Für unser Thema ist wichtig, daß derartige Symmetrien zwar zu beobachten sind, aber nicht pedantisch durchgeführt werden.

Im folgenden gibt Horos einige Proben seiner Wahrsagekunst. Schon die erste ist beziehungsreich: Arria gab ihren Zwillingen Waffen, obwohl es der Gott verbot. Horos sagte richtig den Tod der Jünglinge voraus. Properz kann sich also leicht denken, wie es seinen Versen ergehen wird, wenn er sie trotz Apolls Ungnade (*aversus*

---

[8] *fallitur auro Iuppiter* kann so nicht stehenbleiben.

Apollo 73) von Waffentaten singen läßt. Der eine der Söhne fällt, weil sein Pferd verwundet wurde (93 f.): Hier ist die ehrgeizige Symbolik des Rennpferdes (70) vom Ende des ersten Teiles kritisch fortentwickelt. In die gleiche Richtung weist der Kriegsadler in Vers 96.

Das nächste Beispiel für die Zuverlässigkeit des Horos ist positiv: Eine glückliche Geburt hängt von der Anrufung der Gnade Iunos ab. Sich einer weiblichen Gottheit auf Gnade oder Ungnade zu unterwerfen, ist nach Aussage des Horos auch das Los des Dichters Properz (143 f.).

Wie dem im einzelnen auch sein mag, jedenfalls stehen sich jeweils ein Beispiel für unglückliche und glückliche Produktivität gegenüber. Im folgenden Abschnitt (103–108) zeigt Horos, daß die Astrologie anderen Formen der Weissagung überlegen ist. Schlüsselwort ist *fides,* das mit gesuchter Monotonie eine jede der Sinneinheiten abschließt (80, 92, 98, 108).[9]

[225] Mythologische Beispiele (Kalchas, Kassandra) unterstreichen die Bedeutung des Horos. Er hat in gewissem Sinne eine egozentrische Sehweise: Die Tatsache, daß Troia nicht untergeht, ist für ihn die Strafe für die Kränkung der Seherin Kassandra (im ersten Teil des Gedichts hatte Properz selbst Kassandra die Auferstehung Troias voraussagen lassen, 53 f.). Wichtig ist auch hier die Ungnade der Gottheit, in diesem Falle Minervas (118), die eine Parallele bildet zu derjenigen Apollos (73) und der Mißachtung des göttlichen Verbots durch Arria (90).

Mit Vers 118 ist der erste Abschnitt des zweiten Hauptteils zu Ende, die Selbstdarstellung des Horos, die, wie wir gesehen haben, in einer durchgehenden Beziehung zum Properzbild des Horos steht.

Zwei überleitende Verse (119 f.) schlagen die Brücke zu der Charakteristik des Properz und nehmen das Motiv „Tränen" wieder auf, das in Vers 73 aufgeklungen war. Horos sagt Properz ein

---

[9] Wie Grimal gesehen hat, ein Schlüsselwort des vierten Buches. Hier freilich steht es in anderem Sinne als sonst. P. Grimal, Les intentions de Properce et la composition du livre IV des Élégies, Latomus 11, 1952, 183–197. 315–326. 437–450.

tränenreiches Schicksal voraus und fordert ihn auf, dies gefaßt zur Kenntnis zu nehmen (120).

Mit Vers 121 wird wieder auf den Schluß des ersten Teiles Bezug genommen. Wie schon in Vers 64 f. ist von der Heimat des Properz, Umbrien, die Rede. Auch das Motiv „Mauern" kehrt wieder (126 *murus ab ingenio notior ille tuo* ist wie ein Zitat von Vers 65 f.). So gibt es neben der Antithese zum ersten Teil auch Bestätigungen, die verstärkend wirken (vgl. auch die Erwähnung kallimacheischer Züge in beiden Teilen sowie das Kassandramotiv und die Polarität Troia–Rom). Zu den angekündigten Tränen paßt die neblige Feuchte von Mevania, aber auch die Aufzählung der Verluste. Properz hat früh den Vater verloren und eine Schmälerung seines Besitzes durch Landverteilung hinnehmen müssen. Das Motiv der nur kleinen Stimme und des geringen Redeflusses (59 f.) wird wiederaufgenommen: Apollo diktiert Properz *pauca* (133), aber dafür Authentisches (*suo de carmine* 133).

Das Schlußstück (135–150) ist eine Aufforderung, Elegien zu schreiben, vielleicht mit Lefèvre[10] und anderen als direkte Rede Apolls aufzufassen; mit *haec tua castra* (135), *militiam* bzw. *sub armis* (137) wird die Liebesthematik schroff der römisch-politischen gegenübergestellt (vgl. auch 1, 7). Aber die traditionelle [226] Antithese[11] gewinnt hier durch den Gegensatz zu der ersten Gedichthälfte einen ganz neuen Sinn. Properz ist dem Apollo und der Venus eigen; diese beiden Planeten wurden zuvor in den Versen 83 ff. absichtlich nicht genannt. Dasselbe gilt vom Zeichen des Krebses in Vers 150, den man daher richtig mit Properzens oder Cynthias Horoskop in Verbindung gebracht hat.[12] Man sieht: Auf Rom und Troia sind ganz andere Planeten und Tierkreiszeichen bezogen als auf Properz.

---

[10] E. Lefèvre, Form und Funktion der Einleitungselegie des 4. Buches des Properz, WSt 79, 1966, 427–442.

[11] A. Spies, Militat omnis amans. Ein Beitrag zur Bildersprache der antiken Erotik, Diss. Tübingen 1928, 70 und 73.

[12] Daß Properz den Krebs stets fürchten muß, ist kein Widerspruch zu seiner Versklavung durch Cynthia, wie Lefèvre anzunehmen scheint. Der Bezug des Gedichtschlusses auf die aitiologische Dichtung (Lefèvre) überzeugt mich nicht.

Wenn wir uns nun der ersten Gedichthälfte zuwenden, so erkennen wir, daß Properz durch die Gegenüberstellung von Einst und Jetzt eine starke Vorstellung vom Wachstum und der gegenwärtigen Pracht der Stadt Rom vermittelt. Die Polarität zwischen Troia und Rom bedeutet eine weitere Vertiefung. Ihren Sinn wird Horos noch genauer entfalten. Da es im ersten Teil um Wachsen und Werden geht, ist die Berufung auf Bacchus dort angemessen. Der zweite Teil handelt eher von Tränen, Leid und Tod.[13] Dies entspricht übrigens dem düsteren Charakter der erotischen Gedichte dieses Buches.

Für die Beurteilung Properzens als augusteischen Dichters ist von Belang, welche Aspekte und Namen des augusteischen Rom genannt werden und in welcher Reihenfolge dies geschieht. Zunächst hat der Perieget Rom als Ganzes im Blick. An erster Stelle nennt er Aeneas (2), also den Ahnherrn des Augustus, an zweiter Stelle Phoebus mit dem Attribut *navalis* im Hinblick auf das Eingreifen dieses Gottes in der Seeschlacht bei Actium (vgl. 4, 6, 27 und Verg. Aen. 8, 704) und die Weihung des palatinischen Apollotempels durch Augustus nach dem Seekrieg gegen Sextus Pompeius. So stehen von Anfang an die Genealogie und die Bautätigkeit[14] des Augustus im Vordergrund. Mit der gegenwärtigen Pracht kontrastiert die ehemalige Schlichtheit, von der auch Tempel und das Haus des Remus (d. h. des Romulus) nicht ausge-[227]nommen waren; hier spielt Properz auf den Neubau des Quirinustempels (9) durch Augustus im Jahr 16 v. Chr. an (Monumentum Ancyranum 2, 5; Dio 54, 19, 4). Der nächste Bau, der genannt wird, ist die neue Kurie (11), die Augustus im Jahr 29 eingeweiht hat. So kommt der Erwähnung der Namen und Bauwerke im Eingangsteil des Gedichts in der Tat programmatische Bedeutung zu.

Auf Augustus bezogen ist auch der Schlußteil der ersten Gedichthälfte: Romulus triumphiert mit einer Quadriga von Schimmeln, wie dies seit Caesar üblich war (32). Überhaupt ist Rom das besser und stärker wiedererstandene Troia (39). Aeneas, der schon ein-

---

[13] Das doppelhakige (141 f.) Instrument (was immer es sein mag) ist das Bild für das Liebesschicksal, dem Properz nicht entrinnen kann.
[14] Nur die Genealogie beachtet U. Wenzel, Properz, Hauptmotive seiner Dichtung, Diss. Freiburg 1968, Bamberg 1969, 186.

gangs erwähnt wurde, wird jetzt als Verkörperung der *pietas* bildhaft dargestellt (43 f.). Augustus selbst ist unmittelbar nach den Vertretern der altrömischen Tugend, Decius und Brutus, genannt, und Venus trägt seine Waffen, indem sie für gute Fahrt sorgt (46, so Rothstein); es ist aber wohl auch an die Szene aus dem achten Buch der Aeneis zu denken, in der Venus dem Aeneas die Waffen bringt, zumal auch bei Vergil kurz danach die Schlacht von Actium beschrieben wird. Dann hätten wir bei Properz ein sehr frühes Zeugnis einer allegorischen Deutung dieser Aeneasszene auf Augustus vor uns. Properz interpretiert den Seesieg von Actium als eine Auferstehung Troias (vgl. 47). So gehen die Prophezeiungen der Sibylle (49) und der Kassandra (51) im augusteischen Rom in Erfüllung. Daher die pathetische Anrede an die symbolische Wölfin (55 ff.). Mit der Erwähnung der Mauern (56 f.), der religiösen Feste und der alten Ortsnamen kennzeichnet Properz das Thema eines Teils seines vierten Buches.[15]

Die betonte Stellung der augusteischen Elemente in unserem Gedicht spricht also für sich selbst.

A. 1–36 Gegenwärtige Größe und Pracht und einstige Schlichtheit und Kleinheit Roms
  a) 1–16 Einst und Jetzt
    1– 2 Allgemeine Angabe des Themas
    3–10 Tempel: palatinischer Apollo, Iuppiter Tarpeius, Tempel des Quirinus
    11–14 Die Kurie im Gegensatz zu den früheren Senatsversammlungen auf der Wiese
    15–16 Kein Theater [228]
  b) 17–36 Vorzeit
    17–18 Fehlen fremder Kulte
    19–26 Schlichte einheimische Kulte
    27–36 Primitive Waffen und Kriegsbräuche (27–32); große Bedeutung der Nachbardörfer und ihre für die damalige Zeit „weite" Entfernung (33–36). Dieses Bild, das die erste Hälfte des ersten Teils abschließt, verdeutlicht Roms da-

---

[15] Wahrscheinlich hat Rothstein (zu 65) recht, der *muri* als Bezeichnung für die Stadt innerhalb der Mauern versteht.

malige Kleinheit, bildet also den Gegenpol zu Vers 1 *maxima Roma*.

B. 37–70 Roms Würde als neues Troia als Gegenstand von Properzens Dichtung
  a) 37–54 Rom als neues Troia
    37–38 Der heutige Römer hat von den Vätern nur noch den Namen. Aufgrund seiner Leistungen braucht er sich seiner Amme, der Wölfin, nicht zu schämen.
    39–54 Herrlicheres Wiedererstehen Troias im augusteischen Rom
  b) 55–70 Properz als römischer Aitiendichter
    55–56 Erneute Erwähnung der Wölfin, diesmal als Anrufung, und zwar im Hinblick auf die Mauern, also das engere Thema Properzens
    57–70 Angabe des Themas und der dichterischen Absicht des Properz

Die Strukturanalyse zeigt, daß die augusteische Aeneasideologie sowohl den Teil A als auch den Teil B eröffnet. Weiter ist auf einen Parallelismus hinzuweisen: 16 Verse vor Schluß wird die römische Wölfin angeredet, 32 Verse vor dem Ende Troia. Was die poetische Technik betrifft, so zeigt sich, daß Properz in der ersten Hälfte der ersten Elegie am Anfang und am Ende jeweils 16 Verse zu einer Gruppe zusammenfaßt. Die mittleren Abschnitte umfassen 20 und 18 Verse. Properz strebt also nicht nach einer absolut strengen Symmetrie. Gleiches gilt von dem Größenverhältnis der beiden Hälften unserer Elegie (70 und 80 Verse). Der Haupteinschnitt in dem zweiten Teil der Eingangselegie liegt nach 48 oder 50 Versen, also ebenfalls nach der Mitte. Die Abweichungen von der Symmetrie sind in beiden Teilen verschieden, weisen also nicht etwa ihrerseits ein immanentes System auf.

Gleiches gilt von den beobachteten Rückgriffen vom zweiten auf den ersten Teil: Sie folgen stellenweise einer Regel, vermeiden aber letzten Endes pedantische Symmetrie. Hier bekommen wir ein künstlerisches Streben des Properz zu fassen: Die klassizistische [229] Formstrenge ist als Bezugspunkt gegenwärtig, wird aber durch kleine, bewußt gewählte Freiheiten aufgelockert und belebt.

Welche Bedeutung hat die erste Elegie des vierten Buches für unser Thema und wie ordnet sie sich in die übrigen Zeugnisse ein? Prüfen wir zunächst, unter welchen Gesichtspunkten Rom im

Corpus der Elegien des Properz erscheint. Bezeichnend ist schon die Tatsache, daß Roms Name im ersten Buch nur zweimal auftaucht, im zweiten siebenmal, im dritten und vierten jeweils zehnmal. Die schwache Bezeugung im ersten Buch überrascht nicht, da in der Monobiblos das *servitium amoris* überwiegt. Viel verwunderlicher ist die Tatsache, daß das vierte Buch trotz seines römischen und aitiologischen Charakters keine Sonderstellung einnimmt. Es lohnt sich also, danach zu fragen, ob die römische Thematik nicht schon in den zentralen Büchern tiefer verwurzelt ist, als man zunächst annehmen möchte.

Welche Funktionen hat das Motiv Rom in der Dichtung des Properz? Es dient einmal dazu, den Rang des Properz im Verhältnis zu den übrigen augusteischen Dichtern (1, 7, 22; 2, 34, 93f.) und ebenso Cynthias Vorrang vor allen anderen Römerinnen (2, 3, 29f.) zu bestimmen. Des weiteren ist Rom der Rahmen für Properzens Ruhm und für Cynthias zweifelhaften Ruf (2, 5). So bezeichnet der Name Rom nicht nur einen Schauplatz, sondern ein Publikum, dessen Urteil von Einfluß ist – auch noch nach Properzens Tod (3, 1, 35). Von patriotischem Gefühl[16] zeugt das Bild der trauernden Dea Roma, die es nach den Bürgerkriegen bereits müde ist, zur Totenklage ihr Haar zu lösen (2, 15, 45f.). In der Schlußelegie 4, 11 wird Roms Trauer durch diejenige des Augustus überboten (57f.). Hier ist Roms Größe kein absoluter Wert, sondern, rhetorisch gesehen, ein vorbereitendes Element, um die Bedeutung der nächsthöheren Stufe zu steigern. Eine ähnliche Technik finden wir in der Elegie 1, 8 (31): Cynthia liebt Rom nicht um seiner selbst willen, sondern weil sich dort Properz befindet.[17]

---

[16] Dies ist eine Bestätigung der nicht immer beachteten Tatsache, daß der Patriotismus des Properz unabhängig von der Person des Princeps besteht. Richtig U. Wenzel, 178ff. F. Plessis, Études critiques sur Properce et ses Élégies, Paris 1884, 282ff. P. Lejay, Les élégies romaines de Properce, Journal des Savants, N. S. 14, 1916, 299ff. E. Löfstedt, Roman Literary Portraits, Oxford 1958, 48f.

[17] Auch in der letzten Elegie des zweiten Buches wird der römische Rahmen gesprengt. Vergil ist größer als die römischen und die griechischen Dichter: So gewinnt ein Römer universale Bedeutung. In demselben Gedicht reiht sich Properz unter die lateinischen Dichter ein, die er nach Vergil nennt.

[230] Bisher haben wir Properzens Zugang zum Phänomen Rom mehr unter einem formalen Gesichtspunkt betrachtet. Was nun den ethischen Gehalt betrifft, so stellt man überrascht fest, daß Roms Stellung im allgemeinen eher negativ gesehen wird. Sogar die Tatsache, daß zu Cynthias römischem Gesicht eine belgische Perücke nicht paßt, ist für Properz mehr eine Frage des Geschmacks als der Moral (2, 18, 26). Rom ist die Metropole des Lasters (2, 19, 1–6; 2, 6, 19–22; 3, 12, 18); vor allem verabscheut Properz Krämergeist und Profitdenken, die in der Hauptstadt herrschen (2, 16; 2, 13). Auch entlarvt er satirisch den neuen Konformismus der Unmoral, indem er ironisch sagt, in Rom verstoße ein Mädchen gegen die Sitte, wenn es keusch sei (2, 32, 44). Der Gegensatz zwischen Einst und Jetzt trägt in 3, 13 kritische Akzente. Man sollte sich jedoch davor hüten, diese Haltung in 4, 1 hineinzutragen, da der Standpunkt dieser Elegie ein anderer ist. Überhaupt findet Properz die herzlichsten und aufrichtigsten Töne nicht, wenn er von Rom als Stadt spricht, sondern wenn er die römisch-italische Landschaft rühmt (3, 22).

Die politischen Aspekte Roms treten bereits in einigen Elegien des zweiten und dritten Buches hervor (was für unsere Kenntnis der Verwurzelung der römischen und augusteischen Thematik in den früheren Büchern wichtig ist: 2, 10; 2, 16; 2, 34; 3, 9; 3, 11; 3, 18; 3, 22). Die im ersten Buch spürbare Kritik an den Bürgerkriegen klingt später allmählich ab. Grundsätzlich achtet der Dichter darauf, die Grenzen der elegischen Gattung nicht zu weit zu überschreiten. Er beschränkt sich auf die Rolle des Zuschauers (3, 4) oder bestenfalls des *vates*[18] (4, 6, 10) und betont weniger die Schlachten als die Siegesfeste und den Frieden, der auf sie folgt. So gelingt es Properz, auch in seinen patriotischen Dichtungen seine pazifistischen Ideale nicht zu verleugnen. Er besingt die Siege des Augustus nicht als Soldat, sondern als Privatmann, der Frieden und Sicherheit schätzt.

---

[18] Musenpriester: siehe D. P. Harmon, The Poet's Initiation and the Sacerdotal Imagery of Propertius 3, 1–5, in: Studies in Latin Literature and Roman History, I, ed. C. Deroux, Coll. Latomus 164, Brüssel 1979, 317–334, und Wenzel, 104–130. 217–221.

Daher nimmt es nicht wunder, daß Properz auch in seinen politischen Dichtungen die augusteische Thematik und die römische [231] Aitiologie mit sympotischen Motiven verbindet. Ein anderer Berührungspunkt zwischen patriotischer und erotischer Poesie sind diejenigen Gedichte, in denen die Liebe zwischen Eheleuten besungen wird. Auf diesem Gebiet beobachtet man im Werk des Properz eine Entwicklung. Zunächst widersetzt er sich radikal den Reformgedanken des Augustus, der alle Bürger zur Eheschließung verpflichten will (2, 7)[19]; später schwindet der Gegensatz zwischen Liebe und Ehe; gibt doch Properz allmählich zu, daß – zumindest für andere Leute – auch in der Ehe eine glückliche Liebe möglich ist. Es genüge, den Arethusabrief anzuführen (4, 3) und trotz allem auch die berühmte Königin der Elegien (4, 11). Ansätze zu dieser Thematik finden wir schon früher (3, 12 Postumus und Galla; 3, 22 den Rat an Tullus, in Rom eine Ehe zu schließen). Was freilich die Beurteilung des Sittenverfalls betrifft, so behält dennoch der Pessimismus die Oberhand (2, 19), wie es Properzens Realismus entspricht. Römische Nüchternheit herrscht auch in der Schlußelegie (4, 11).

Politisch ist Properz kein augusteischer Propagandist; doch sollte man die Augen nicht davor verschließen, daß er den Frieden und die Ruhe, die Augustus geschaffen hat, schätzt (wenn er dies auch nicht primär als Parteigänger des Augustus,[20] sondern als elegischer Pazifist tut). Jedenfalls ist es gewiß kein Zufall, daß die in 4, 1 besungenen Bauwerke von Augustus gebaut, restauriert oder eingeweiht worden sind, daß Properz weiter in 4, 6 die Schlacht von Actium besingt, in 4, 10 die von Cossus und Marcellus erbeuteten *spolia opima*, in 3, 18 den Tod von Augustus' Schwiegersohn Marcellus und in 4, 11 den Tod Cornelias, der Halbschwester der Tochter des Augustus. An der Art der Einfügung in den elegischen Kontext

---

[19] Da Augustus das schärfste diesbezügliche Gesetz zurückgenommen hat, besteht freilich unter Umständen auch die Möglichkeit einer 'augustusfreundlichen' Deutung von 2, 7: A. F. Cairns.

[20] Wenzel, 203f. betont, daß Properz nicht eigentlich die *pax Augusta* rühmt; das trifft zu, doch geht die Behauptung, er habe die *pax Augusta* nicht zu würdigen vermocht, etwas zu weit.

(Periegese, Aitiologie, Totengedicht, sympotische Dichtung) erkennt man, daß Properz bemüht war, die Grenzen seiner Literaturgattung nicht zu überschreiten. Trotz einer gewissen Annäherung an die Erfordernisse der Epoche wahrt Properz im allgemeinen diejenige Zurückhaltung, die dem elegischen Dichter auf politischem Gebiet angemessen ist. Die Bereicherung der Elegie durch überpersönliche Themen kann man auch [232] positiv als den Versuch interpretieren, der Gattung universale Bedeutung und klassischen Rang zu verleihen. So darf man Properz wohl nicht den am wenigsten augusteischen römischen Elegiker nennen.

Was das Problem des literarischen Klassizismus betrifft, so entspricht die zweiteilige Struktur der Elegie 4, 1 zweifellos den Stilgesetzen der lateinischen Elegie der augusteischen Zeit. Indessen haben die von uns herausgearbeiteten asymmetrischen Züge, der eigenwillige, schwierige Stil, die mythologischen Anspielungen (zu denen wir die noch dunkleren astrologischen hinzufügen konnten), der manchmal übertriebene Naturalismus wenig mit der Vorstellung eines strengen Klassizismus zu tun. So kann man Properz dank seiner manieristischen Züge zugleich den archaischsten und den modernsten der römischen Elegiker und den am wenigsten klassizistischen Klassiker der lateinischen Elegie nennen.

Abschließend soll eine neue Parallele die Eigenart Properzens als augusteischen Dichters beleuchten. Wir sprachen bereits davon, daß sich Properz und Horaz beide in besonderem Maße darum bemühen, die Eigenart ihres Schaffens in programmatischen Gedichten herauszuarbeiten. Daneben hat M. Puelma (und in seiner Nachfolge E. Lefèvre)[21] auf iambische und satirische Elemente bei Properz aufmerksam gemacht.

Merkwürdigerweise ist man in diesem Zusammenhang nicht auf die 17. Epode des Horaz eingegangen, obwohl ihre Verwandtschaft zur Eingangselegie des vierten Properzbuches auf der Hand zu liegen scheint und schon die exponierte Stellung beider Gedichte (Anfangs- bzw. Schlußstück) zu einem Vergleich hätten anregen können.

---

[21] E. Lefèvre, Propertius ludibundus, Elemente des Humors in seinen Elegien, Heidelberg 1966, 159 ff.; M. Puelma Piwonka, Lucilius und Kallimachos, Frankfurt 1949, 248–284.

Beide Gedichte folgen dem gleichen Aufbauschema (das wir aus dem Mimos kennen)[22]: Ohne besondere Inszenierung hält zuerst der Dichter eine Rede, dann der Vertreter einer okkulten Wissenschaft. In beiden Gedichten besteht ein Gegensatz zwischen den Aussagen des poetischen Ich und des Partners. Der Dichter trägt jeweils recht weitreichende Erwägungen und Pläne vor und wird dann von seinem Gegenspieler widerlegt. Jeweils behält das Gegenüber das letzte Wort. Einerseits trägt der Gesprächspartner leicht [233] komische Züge – er ist sozial niederen Standes und vertritt eine etwas obskure Wissenschaft –, andererseits kommt ihm aber, wenn auch subjektiv und verzerrt, eine gewisse Weisheit oder zumindest die Einsicht in das Wesen des ihm gegenüberstehenden Dichters zu. Es ist völlig ausgeschlossen, daß Properz die Hinweise auf seine schwere Jugend und sein unglückliches Liebesschicksal bloß ironisch gemeint hätte, und auch bei Horaz erhebt sich Canidia dort über das Niveau einer durchschnittlichen Hexe, wo sie den raschen Giftmord als eine zu einfache Lösung beiseite schiebt und ein möglichst langes Weiterleben als die denkbar härteste Form der Rache wählt. Damit macht sie im Grunde genommen Gift und Magie überflüssig und läßt Horaz sich selbst bestrafen.

Wenn Horaz am Anfang (ironisch) vor der Gewalt der Magie die Waffen streckt und Canidia am Ende (ihrerseits ironisch) von der Unwirksamkeit der Magie spricht – sei es auch nur hypothetisch –, so stehen beide Aussagen in einem komplementären Verhältnis. Sich wechselseitig ergänzend, geben sie den Blick auf ein Drittes frei: die qualvolle Realität des Lebens für den Dichter. Die Magie spielt dabei nur noch eine untergeordnete Rolle. Beruft sich doch Canidia auf Horazens auch sonst in seinen Dichtungen bezeugte innere Unrast. Indem sie diesen Wesenszug als von ihr verhängte Strafe darstellt, erhebt sie sich selbst zu einer Art mythischer Figur, einer neuen Kirke.

Auch Horos macht auf eine Grundeigenschaft von Properzens Persönlichkeit – zugleich Vorzug und Mangel – aufmerksam: das *servitium amoris*. Er meint, Properz werde von dieser Haltung

---

[22] Auf die besondere Rolle der direkten Reden im vierten Buch verweist Becker, 460 (zit. oben Anm. 6).

nicht loskommen, wie Canidia es auch von Horazens innerer Unruhe sagt. Auch Horos beruft sich auffallend wenig auf seine Geheimwissenschaft. Er argumentiert mit Apollos Gebot und mit Properzens Wesen. Das Motiv Selbstbestrafung ist in dem Bild von den zwei Haken geradezu erschreckend konkretisiert (141 f.). So gewinnen beide Magierfiguren trotz ihrer Komik eine gewisse Überzeugungskraft. Freilich ist die psychologische Aussage bei beiden Dichtern ihrerseits ironisch gebrochen: Horaz verwendet das Bild seiner Unrast nur als fast spielerischen Kontrapunkt zu der sonst bei ihm dominierenden Weisheits-Thematik, und Properz hat schon im dritten Buch Cynthia den Abschied gegeben.

Neben diesen bisher meines Wissens unbeachteten Parallelen finden sich auch Unterschiede. Horaz gibt vor, etwas zu glauben, was er im Ernst nicht anerkennen würde, und kündigt eine Palinodie [234] an, die er durch den Wortlaut seiner Verse Lügen strafen wird. So weit geht Properz nicht. Zwar beabsichtigt er komplementäre Aussagen, aber er desavouiert in 4, 1 deren Inhalt nicht direkt. Kein Widerruf, sondern Ergänzung. In der ersten Hälfte erscheint das vom Dichter als neuem Kallimachos aktiv und willentlich zu Gestaltende, in der zweiten das als Schicksal passiv Erlittene. Properz baut sich eine neue Welt auf, während Horaz in der letzten Epode von vornherein zu einem ironischen *amor fati* seine Zuflucht nimmt. Im Properzgedicht verhält sich die erste zur zweiten Hälfte wie innerhalb der ersten Hälfte das augusteische Rom zum ursprünglichen. Hier natürlicher Ursprung, dort bewußte Vollendung. Properz zeigt uns durch diese Gegenüberstellung, daß der Gewinn an Künstlichkeit zugleich vielleicht mit einer gewissen Entfremdung von der eigenen Wesensart erkauft ist. So enthält unsere Elegie auch die Reflexion eines augusteischen Dichters über Licht- und Schattenseiten der Entwicklung zum Augusteischen hin – auch in seiner Poesie.

Die Beziehung zur Canidia-Epode beschränkt sich nicht nur auf formale Züge. Die inhaltlichen Zusammenhänge werden noch deutlicher, wenn wir die beiden letzten Elegien des dritten Buches in unsere Betrachtung einbeziehen. Das Palinodie-Motiv, das auch bei Horaz eine wichtige Rolle spielt, finden wir hier in umgekehrter Form: Properz macht sein bisheriges Lob der Cynthia rückgängig.

Er ist wieder zur Vernunft gekommen (*mens bona* 3, 24, 19) und ist auf diese Weise den Qualen der Venus entgangen (13). Das Bild der glühend heißen Folter (13) findet sein Pendant in der doppelhakigen Vorrichtung in 4, 1, 141. Durch die Gegenüberstellung mit 4, 1 B treten die Aussagen von 3, 24 in ein ironisches Licht.

Ebenso ist der Schluß von 3, 25 *disce timere* an Cynthia gerichtet, eine Drohung, die am Ende von 4,1 auf Properz selbst zurückfällt (*time* 4, 1, 150). Diese auffällige Parallele zwischen den Schlußversen macht es übrigens fast zur Gewißheit, daß das Sternbild des Krebses etwas mit der Macht Cynthias über Properz zu tun hat. Properzens harte Abschiedsworte an Cynthia müssen die Geliebte deshalb besonders schwer treffen, weil sich der Dichter bei der Entzauberung ihrer Schönheit auf den natürlichen Prozeß des Alterns beruft, wenn der Dichter auch höflich genug ist, dieses Geschehen erst in die Zukunft zu verlegen. Die Beschwörung des Naturvorgangs wirkt hier weit stärker als jede bloß magische Verfluchung.

[235] Die Magie ist in 3, 24, 10 dennoch gegenwärtig, und zwar wiederum als Größe, die durch die Realität überboten wird: Properzens Liebe war so stark, daß keine thessalische Hexe sie von ihm hätte abwaschen können.

So bieten uns die beiden letzten Elegien des dritten Buches einen Schlüssel zum Eingangsgedicht des vierten. Sie schaffen die Voraussetzungen für die Hinwendung zu den römischen Stoffen in 4, 1 A; aber die Aussagen von 4, 1 B liefern eine wesentliche Ergänzung zu der einseitigen Absage an Cynthia am Ende des dritten Buches. Die beiden Schlußgedichte und das folgende Einleitungsgedicht sollen als Gesamtkomplex gelesen werden und ergeben erst zusammengenommen ein zutreffendes Bild von Properzens dichterischen Absichten an dieser Stelle.

Zugleich erheben die inhaltlichen Parallelen zur Canidia-Epode (Palinodie, Magie, Folter) die Tatsache zur Gewißheit, daß Properz sich in 4, 1 nicht nur äußerlich an die 17. Epode angelehnt hat.

Kommen wir zum Schluß.

Zweifellos sind die raffinierten und schwierigen Elemente der Eingangselegie des vierten Buches Wegbereiter einer manieristischen Kunst.

Diese Fortentwicklung der Elegie kann nicht getrennt von den politischen Verhältnissen betrachtet werden. Nur eben angedeutet sei, daß die vielschichtige politische Situation ohne freie Meinungsäußerung den Rückzug der Literatur ins Private förderte, wobei man zu politischen Themen den gebrochenen, mehrdeutigen Ausdruck suchte und fand – als Zeugnis einer Mentalität, der die Widersprüche des Daseins zur Erfahrung geworden sind.

So ist es wohl kein Zufall, daß in diesem Punkt die beiden „Realisten" unter den Augusteern, Properz und Horaz, sich erneut begegnen. Es spricht für sich, wenn (neben der Periegese aus Aen. 8) der frühe Horaz als Anreger für die Spätform der Properzischen Elegie wieder ins Blickfeld tritt: Rückwendung der Elegie zu iambischen Vorformen, Frühklassik als Ferment der späten Auflösung des Klassizismus!

Darüber hinaus hat die Strukturanalyse gezeigt, daß die Entsprechungen zwischen 4, 1 A und B die These von der Abfassung der Teilelegien zu verschiedenen Zeiten unwahrscheinlich machen.[23]

[236] Man hat seit langem gesehen, daß die kaiserzeitliche Prosa in der augusteischen wurzelt; Properz ist ein Beispiel dafür, daß dies auch von der Poesie gilt – seine Kunst steht Iuvenal und Lucan näher, als man wahrhaben möchte. Ovid zählt man nicht zu Unrecht zu den Vätern der kaiserzeitlichen Dichtung; viele dieser Einflüsse können wir eine Instanz weiter zurückdatieren: auf Properz.

---

[23] Anders J. P. Sullivan, Propertius. A Critical Introduction, Cambridge 1976, 144.

Originalbeitrag 1982. Aus dem Niederländischen übersetzt von Edith Binder.

ZUM KONFLIKT ZWISCHEN OVID UND AUGUSTUS

Von A. W. J. Holleman

I

Bekanntlich bieten Ovids eigene Worte *carmen et error* (Trist. II 207) den Schlüssel zu dem im Titel dieses Aufsatzes genannten Konflikt. Während Thibault 1964 noch über "the riddle of the relationship between the poem and the mistake"[1] schreiben konnte, war es 1978 neben anderen auch R. Syme klar, daß "the *carmen* and the *error* are in a tight nexus"[2]. Ich selbst habe diesen Gedanken in einem Aufsatz geäußert, in dem ich die Schlußpartie der ›Metamorphosen‹ (XV 622–870) deutete als eine in verschlüsselte Begriffe und scheinbar harmlose Sprache gefaßte Demaskierung des Kaisers als des neuen 'Himmelstürmers', der hinter der Fassade einer 'religiösen Erweckung' seine eigene Apotheose vorbereitet.[3] Einige moderne Gelehrte, wie Syme, nehmen noch immer an, mit *carmen* sei die ›Ars Amatoria‹ gemeint; diese Auffassung ist jedoch aus schwerwiegenden Gründen – u. a. wegen der zeitlichen Differenz von nahezu zehn Jahren – wiederholt zurückgewiesen worden. Hingegen ist die These akzeptabel, daß das Wort *carmen* ohne Präzisierung im kaiserlichen Relegationsdekret stand, wohl um die öffentliche Meinung auf die berühmt-berüchtigte ›Ars‹ zu lenken, während in Wirklichkeit ein anderes Gedicht gemeint war.[4] Tatsächlich konnte das Dekret der Publikation der inzwischen vollendeten ›Metamor-

---

[1] J. C. Thibault, The Mystery of Ovid's Exile, Berkeley 1964.

[2] R. Syme, History in Ovid, Oxford 1978, 222.

[3] Ovidii Metamorphoseon liber XV 622–870 (Carmen et error?), Latomus 28, 1969, 42–60.

[4] So z. B. R. Ehwald, Die Metamorphosen des P. Ovidius Naso, Berlin ⁹1915, 5, nach M. Haupts Einleitung aus dem 19. Jh.

phosen‹ gerade noch zuvorkommen. Falls meine Interpretation richtig ist, könnten Gerüchte darüber dem Kaiser zu Ohren gekommen sein – Kopien des Werks waren ja im Umlauf[5] –, und damit wäre der "tight nexus" (Syme) zwischen *carmen* und *error* nachgewiesen. Dies würde anschließen an Trist. II 121f.: *sub uno sed non exiguo crimine lapsa domus*, ferner an Trist. IV 10, 89f.: *scite, precor, causam ... errorem iussae, non scelus, esse fugae*. Die Darstellung des Augustus als Gottheit in den Tristien, speziell Buch II (z. B. II 54: *per te praesentem conspicuumque deum*), läßt ebenfalls vermuten, daß *error* mit der kaiserlichen Religionspolitik, besonders dem Kaiserkult, zu tun hatte.[6] G. Luck (a. O.) bemerkt zu Trist. I 1,79f.: „Ovid vergleicht sich mit Phaethon und Ikaros (89f.) und deutet vielleicht an, daß sein Vergehen ein Eindringen in die Sphäre des Princeps war." Die Vergleiche weisen auf 'Himmelstürmer', und Luck schlägt vorsichtig („vielleicht") Entsprechendes für Augustus vor. Ich möchte daher meine frühere Argumentation hier kurz wiederholen.

II

E. de Saint-Denis, Le génie d'Ovide d'après le livre XV des ›Métamorphoses‹, REL 18, 1940, 111–140, wies in Ovids Version der Erzählung von Aesculap vier Abweichungen von der Vulgata (Liv. X 47; Val. Max. I 8,2) nach:
1. Ovid läßt die Gesandten des römischen Senats anstelle der Sibyllinischen Bücher das Orakel von Delphi um Rat fragen: «une confusion». (Aesculap verwechselt mit Magna Mater?!).
2. Ovid fügt eine Diskussion im epidaurischen Stadtrat über die Frage hinzu, ob die Gottheit ausgeliehen werden soll oder nicht: «plus dramatique: en outre, la situation nécessite l'intervention d'un songe – machine épique.»

---

[5] Trist. I 7; vgl. G. Luck, P. Ovidius Naso, Tristia, Bd. II, Kommentar, Heidelberg 1968, 65f. Übrigens spricht Ovid von *comitum nefas* (Trist. IV 10, 101) in unmittelbarem Zusammenhang mit seiner Relegation. Sollte Geschwätzigkeit dieser *comites* im Spiel gewesen sein?
[6] Vgl. W. Marg, Zur Behandlung des Augustus in den 'Tristien', Atti del Conv. Int. Ovid. I, Roma 1959, 345–354.

3. Ovid läßt in Antium die Schlange anstelle des Aesculaptempels den des Apollo betreten: «si Esculape avait habité Antium, pourquoi l'aller chercher si loin, en Grèce, à Epidaure?»
4. Der festliche Empfang des Gottes an der Tibermündung: «une addition d'Ovide. Addition pittoresque et charmante.»

Ich selbst entdeckte eine fünfte, sehr auffallende Abweichung: Obwohl die 'historische' Reise der Schlange glücklich verläuft, *prosperam emensi navigationem* (Val. Max.), fügt Ovid kurz vor der Landung bei Antium eine rauhe See (*asper... pontus* V. 720) ein. Es stellt sich aber heraus, daß der untersuchte Text noch mehr bemerkenswerte Punkte bietet. So läßt Ovid das Orakel gleich zweimal sagen, daß die römischen Gesandten ihren Retter *propiore loco* (hätten) suchen müssen: *Quod petis hinc, propiore loco, Romane, petisses: et pete nunc propiore loco! Nec Apolline vobis, qui minuat luctus, opus est, sed Apolline nato* (637–639). Die Zufügung *Romane* (und ebenso das Tempus von *petisses*) macht eindeutig klar, daß *propiore loco* in der normalen Bedeutung von „näher bei Rom" verstanden werden soll. Den nächsten „Tip" geben die Worte *iuvenis Phoebeius* (642), der seltsamerweise in V. 656 als der ältere, bärtige *(longae barbae)* Gott erscheint. Es wird vorausgesetzt, daß der Leser diese Tips spätestens in den Versen 699f. begreift, wo Ovid zu verstehen gibt, daß der Ausgangspunkt für die Rückreise nur durch das *aequor Ionium* von Italien getrennt war. Also müssen wir die *Epidauria litora* (643) an der West- und nicht an der Ostküste Griechenlands suchen. Tatsächlich lag an dieser Küste ein Städtchen Epidaurus, nicht weit von Apollonia.

Um dies alles nachzuvollziehen, brauchte ein Römer zur Zeit Ovids nur aufs Marsfeld zu gehen, wo Augustus auf Anraten Agrippas eine Weltkarte hatte anbringen lassen. "It is this new and impressive map that we must think of as conditioning the world-picture in the mind of Ovid himself and his readers", wie Wilkinson zu Recht anmerkte.[7] Diesem Römer mußte dann klar werden, daß die Reise der Schlange – mit den fünf Abweichungen – die ziemlich exakte Wiedergabe der Reise war, die der junge Octavian April/Mai

---

[7] L. P. Wilkinson, The World of the Metamorphoses, Ovidiana, Paris 1958, (231–244) 243.

des Jahres 44 v. Chr. unternahm. Schon Syme hatte bemerkt, daß Vergil, Aen. VI 96f. *(via prima salutis, quod minime reris, Graia pandetur ab urbe)* in einem tieferen Sinn eine Vorschattung des aus Apollonia kommenden Augustus enthielt: "From the first decision in council with his friends at Apollonia, the young Caesar had not wavered or turned back."[8]

Die von Syme historisch zu Recht erwähnte Diskussion in Apollonia über das Für und Wider, Caesars Vermächtnis anzutreten und folglich nach Rom zu reisen, spiegelt sich in Ovids Diskussion in ›Epidaurus‹ (Abweichung 2). In den oben zitierten Worten Vergils lag sicher die Quelle für Ovids Inspiration, wie auch das Verb *pandetur* zeigt, mit dem Ovid seine Erzählung beginnt: *Pandite nunc, Musae, praesentia numina vatum* (622); vgl. Aen. VII 641 = X 163: *Pandite nunc Helicona, deae.* Die vergilische Diktion deutet auf eine Offenbarung hin, allerdings in Form einer Apokalypse.[9] Hierin liegt gleichsam eine apokalyptische Warnung an Rom: Der Kaiser, typologisch mit Aesculap gleichgesetzt, ist in seinem tiefsten Wesen eine verräterische Schlange, ein amphibisches Ungeheuer. Daran schließt wieder der Traum der Gesandten im Heiligtum des Gottes an, ein Ereignis, das von Ovid mit Sicherheit herbeigeholt wurde; die zentralen Worte lauten: *visum ut cognoscere possis* (660).

Vermutlich reagierte Ovid hier auf den fingierten Traum Ciceros über den neuen Herrscher Roms und dessen Identifizierung mit dem jungen Octavian (Suet., Aug. 94,9; Dio Cass. 45,2; Plut., Cic. 44). Der Ausdruck *hunc modo serpentem ... perspice* (659f.) vervollständigt die Warnung. Sicher basiert die typologische Erzählung von dem Heiland (Augustus) auf einem anderen 'Märchen' der

---

[8] R. Syme, The Roman Revolution, Oxford ²1960, 463. Der Name Apollonia wird natürlich nicht genannt. Ovid spricht nur von *Epidauria litora*, nicht von Epidaurus.

[9] R. Crahay und J. Hubaux, Sous le masque de Pythagore, Ovidiana a. O. 263–300, vergleichen Met. XV 60ff. mit apokalyptischer Literatur, besonders dem Buch Baruch. Der Leser sei erinnert an die babylonische Tiamat als grundlegend und an Verben des Sehens als wesentliche Elemente für apokalyptische Literatur: Man „sieht" etwas. Vgl. Trist. II 103: *cur aliquid vidi? cur noxia lumina feci?* Und warum der Vergleich 105: *inscius Actaeon vidit sine veste Dianam?*

kaiserlichen Propaganda, nämlich der Geschichte von Octavians Mutter, die von einer Schlange geschwängert worden sei (Suet., Aug. 94,4; Dio Cass. 45,1). Sueton sagt sogar, daß Augustus aus diesem Grund als *Apollinis filius* galt; vgl. *Apolline nato* in Vers 639. Darüber hinaus hatte der Dichter einen Vorgänger in Plautus, dessen ›Amphitruo‹ die Antipropaganda gegen Scipio widerspiegelt.[10] Deshalb heißt dort der wahre Göttersohn *qui illos anguis vicerit* (1123); aus diesem Grund wurde, paradoxerweise, auch die Geburt des Hercules mitsamt der Tötung der Schlangen (1107–1119) in das Drama eingearbeitet.

Der festliche Empfang (Abweichung 4) ist mehr als eine «addition pittoresque et charmante». Auf Octavian wird dieser bezogen von Appian, B.C. III 12: σὺν ἀξιολόγῳ πλήθει, αὐξομένῳ μᾶλλον ἑκάστης ἡμέρας οἷα χειμάρρῳ, und von Velleius Paterculus II 59: *cui adventanti Romam inmanis amicorum occurrit frequentia*. Die spätere Propaganda sollte freilich ausdrücklich betonen, daß Octavian in Übereinstimmung mit Res Gestae 1 Rom als einfacher Bürger betreten habe. Dem schließt sich Dio 45,5 an: καὶ ἰδιωτικῶς καὶ μετ' ὀλίγων, ἄνευ ὄγκου τινός, ἐς τὴν πόλιν ἐσῆλθεν. Ovid wählt natürlich die andere Lesart. Seine Entscheidung für das delphische Orakel war erforderlich, um den Ausdruck *propiore loco* zu ermöglichen, und findet eine Stütze in *Apolline nato* (639). Für weitere Einzelheiten verweise ich auf meinen in Anm. 3 zitierten Aufsatz.[11]

Zur Passage über Caesars Apotheose (745–851) möchte ich nur anmerken, daß die Verse 760f.: *Ne foret hic igitur mortali semine*

---

[10] Vgl. L. Herrmann, L'actualité dans l'Amphitryon de Plaute, L' Ant. Class. 17, 1948, 317–322. Ähnlich A. Arcellaschi, Politique et religion dans le Pseudolus, REL 56, 1978, 115 ff., u. a. über den *leno* Ballio als Karikatur des Pontifex Maximus Licinius Crassus.

[11] Die vielen Anlegestellen während der Reise der Schlange liegen alle in Italien. E. de Saint-Denis spricht von «un fragment de périple, ornement cher aux Alexandrins» (a. O. 137). Sie sind m. E. völlig bedeutungslos, es sei denn, daß Ovid auf den Umstand anspielt, daß Octavian aus Angst vor den Tyrannenmördern in kurzen Etappen durch Italien reiste und dabei eine Menge Veteranen und Klienten des ermordeten Dictators um sich versammelte.

cretus, ille deus faciendus erat kaum verhüllen, was Ovid hiermit sagen will. Diese Verse beziehen sich deutlich auf die offizielle Divinisierung Caesars, erzwungen durch den künftigen *Divi filius*. Tacitus wußte noch von der lebenslangen Hoffnung des Augustus in dieser Hinsicht: *melius Augustum qui speraverit* (Ann. IV 38).

In der ›Laus Augusti‹ (852–870) verrät besonders der Vergleich mit Agamemnon die Absicht Ovids: *sic magnis cedit titulis Agamemnonis Atreus* (855). Plutarch erzählt, daß Pompeius in den Jahren 49–48 Agamemnon und König der Könige genannt wurde (Pomp. 67; Caes. 41). Der Beiname muß schon während der Expeditionen des Pompeius in den Osten gebräuchlich gewesen sein, weil er damals Caesar, der in Rom Verbindungen mit Pompeius' Frau angeknüpft hatte, 'Aegisth' genannt haben soll (Suet., Caes. 50). Der Vergleich mit Agamemnon und anderen Mitgliedern des Atridenhauses wurde unter dem Principat als bösartige Äußerung an die Adresse der Herrscher gebraucht und verstanden. Kaiser Tiberius zwang einen Angehörigen des Ritterstandes zum Selbstmord, weil er eine Tragödie mit dem Titel ›Atreus‹ (Dio. 58,24) oder ›Agamemnon‹ (Suet., Tib. 61) geschrieben hatte. Agrippina, die Witwe des Germanicus, entschuldigte einmal den Verfolger eines Angehörigen ihrer Familie für den Umstand, daß er nur Werkzeug des Tiberius gewesen war, mit einem abgewandelten Homervers: „Nicht Du bist schuldig, sondern Agamemnon" (Dio. 59,19). Man denke ferner an die Dramen Senecas. Auch die Praetexta 'Octavia' basiert auf dem Verstehen des Vergleichs zwischen den Herrschern und dem Haus des Atreus – "consciously" wie Balsdon sagt.[12] In Übereinstimmung damit schildert Ovid in der ›Ars‹ (II 399–405) Agamemnon als Sultan und warnendes Beispiel für die doppelte Moral.

Am Ende der ›Laus Augusti‹ wünscht der Dichter dem Kaiser ein langes Leben, auch im Namen der Caesarea Vesta, womit er wahrscheinlich auf den 28. April des Jahres 12 v. Chr. anspielt, an dem das Heiligtum der Vesta mit dem Palast des Augustus auf dem Palatin verbunden wurde. Dieses Ereignis wird von Ovid (Fast. IV 951 f.) grell beleuchtet: *Phoebus habet partem, Vestae pars altera ces-*

---

[12] J. P. V. D. Balsdon, Roman Women, London ²1977, 128.

sit: quod superest illis, tertius ipse tenet. Dies geschah ausgerechnet am Tag der Floralia, einem uralten Volksfest, das wohl ursprünglich zu den *feriae conceptivae* gehörte, seit 238 v. Chr. einige Tage dauerte und am 28. April begann. Bei dieser Gelegenheit traten die römischen Prostituierten in mimischen Stücken auf, die mit einem kompletten Striptease endeten. Ovid teilt dies in betont nüchterner Sprache mit: *scaena ioci morem liberioris habet* (946). Augustus wollte ganz offensichtlich den hohen Staatskult der Vesta in die von ihm angestrebte Dynastie inkorporieren, damit die alte Erdgöttin entwurzeln und dem apollinischen Kaiserkult unterordnen, gleichsam im Verhältnis 1:2. Gleichzeitig bezweckte er als *censor morum*, die Aufmerksamkeit von den in seinen Augen unsittlichen Floralia abzulenken, und dies ist Ovid nicht entgangen.[13]

Um zur ›Laus Augusti‹ zurückzukehren: In einem abschließenden Wunsch spricht Ovid die Hoffnung aus, daß er selbst den Todestag des Kaisers nicht erleben möge: *tarda sit illa dies et nostro serior aevo* (868). Mit diesem «après nous le déluge» reagiert der Dichter sicher auf Vergils Hoffnung, die goldene Zeit erleben zu dürfen (Ecl. IV 53), und auf den enthusiastischen Wunsch des Horaz für eine langwährende Regierung Octavians (c. I 2,45). Ein m. E. noch zu wenig erforschter Gesichtspunkt ist Ovids Verhältnis zu Horaz, der vermutlich in seinen Augen der am meisten zu tadelnde Paladin des Kaisers, ja ein Heuchler war. Ich habe schon früher darauf hingewiesen, daß Ovid in seiner Autobiographie Horaz als gescheiterten Dichter-Komponisten charakterisierte[14] und an anderer Stelle feindselig oder sarkastisch auf dessen augusteische Bilder reagierte.[15]

Daß Met. XV 622–870 ein Ganzes bilden und als solches gelesen werden müssen, erhellt nicht nur aus dem prophetischen erstmaligen Musenanruf (622),[16] sondern mehr noch aus der auffallenden

---

[13] Louis (A. W. J.) Holleman, Leggendo i Fasti, Sulmona 1978, 26.

[14] Ovid. Trist. IV 10,50: Dum ferit Ausonia carmina culta lyra, Latomus 29, 1970, 503f. G. Luck z. St., Heidelberg 1977, 270: „das Lob, das Ovid ihm fast pflichtschuldig spendet, klingt etwas kühl (Arthur Darby Nock mündlich)".

[15] Ovid and Politics, Historia 20, 1971, 458–466.

[16] Für diese Anrufung gibt es bis jetzt keine oder doch keine befriedigende Erklärung.

Kontrastierung des letzten Wortes *absens* (870) – vom toten Augustus gesagt – mit der Qualifikation der Musen im Anfangsvers: *praesentia numina vatum*, d. h. den poetischen Visionen. In Übereinstimmung damit sagt Ovid in seiner Autobiographie: *quotque aderant vates, rebar adesse deos* (Trist. IV 10, 42). Hier ist *adesse* (anstelle von *esse*) nicht so sehr durch das Versmaß bedingt als vielmehr eine bewußte Äußerung zu der Frage, wer jetzt ein *praesens deus* ist, Augustus – der bereits als solcher gefeiert wird – oder der Dichter. Es handelt sich, und sei es nur implizit, um eine politische Äußerung.[17] Deshalb, meine ich, fehlt am Ende der ›Metamorphosen‹ jeder Hinweis auf den Kaiser als Gottheit und beschränkt sich der Dichter auf den juridischen Terminus *caput Augustum* (869). Augustus ist also alles andere als ein *praesens numen*. Das Wort *absens* ganz am Schluß „setzt dem Ganzen die Krone auf".[18]

III

Ovid hat sein Leben lang dem stetig zunehmenden Kaiserkult die Stirn geboten, der in seinen Augen unter der Maske eines religiösen Erwachens die alte römische Religion und Religiosität unterminieren sollte. In diesem Licht muß meiner Meinung nach auch das Ent-

---

[17] In meinem Aufsatz ›Ovid and Politics‹ (s. Anm. 15) reagierte ich auf B. Otis (Ovid as an Epic Poet 338f.): "he was non-political ... I see no particular evidence that this anti-Augustanism was explicitly political." Dazu O. St. Due, Changing Forms, Kopenhagen 1974, Ch. IV: The Augustan Context, bes. 86–89, wo Verf. sich mit mehreren meiner Interpretationen eng berührt.

[18] Zu den Beziehungen zwischen Anfang und Ende des Werks s. W. Ludwig, Struktur und Einheit der Metamorphosen Ovids, Berlin 1965, 82. Die 'Himmelstürmer' von Buch XV korrespondieren mit denen von Buch I (den Giganten). In Buch I verhalten sich Götter wie Männer Roms; entsprechend benehmen sich in Buch XV römische Männer wie Götter. Vgl. ferner etwa Trist. V 2, 45: *adloquor en absens absentia numina supplex*. Wahrscheinlich wirkt der Gegensatz auch noch weiter bis zum Schlußwort des Epilogs (Met. XV 871–879), in dem der Dichter seine eigene Unsterblichkeit prophezeit: *vivam*.

stehen der ›Fasti‹ gesehen werden. Heute ist man nicht mehr so schnell bereit, dieses Werk als Äußerung einer 'Bekehrung' zur Linie der augusteischen Ordnung aufzufassen, wie dies lange Zeit der Fall war. Als solches müßte man das Werk dann auch als völligen Fehlschlag bezeichnen. Ganz anders nimmt sich die Sache aus, wenn man als Zweck der ›Fasti‹ die Absicht des Dichters erkennt, dem Kaiser eine Lektion zu erteilen, und zwar besonders im Blick auf die grundlegenden Unterströmungen an der Basis römischer Religiosität. Daß dabei – für viele anstößig – deftig erotische, ja sogar 'schlüpfrige' Erzählungen an die Oberfläche kommen, hängt unmittelbar mit dem agrarischen Charakter der altrömischen Gesellschaft zusammen. Darüber ging Augustus mit souveräner Geringschätzung hinweg. Was Augustus selbst als 'Restauration' darstellen wollte, nennt Jean Bayet zu Recht «l'inflexion augustéenne de la religion»[19]: die Umbiegung in eine nationalistische Richtung, in der sich der Bürger nicht mehr als religiöses Wesen betätigen konnte, sondern weit eher als Untertan des Staates 'funktionierte'.

«Elle subvenait, en une certaine mesure, au désarroi des esprits livrés aux hasard(s) des luttes civiles, par la préoccupation d'une reprise morale rassurante. Sous forme, elle aussi, rigoureusement nationaliste: sans appel ni à la réflexion philosophique ni aux élans mystiques.»[20]

Was den Kalender in dieser Hinsicht betrifft: «devenu impérial sans perdre sa saveur rurale»[21]. Das konnte Bayet nur schreiben dank der Informationen Ovids zu dieser Frage, wie bereits oben beim Vestakult angedeutet, in dem, nach Angelo Brelich, indogermanische („Herdkult") und mediterrane religiöse Vorstellungen („der einer Mutter-Göttin untergeordnete phallische Gott") zu einer originalen römischen Einheit verschmolzen waren.[22] Wie Syme ziemlich umfassend nachwies, versäumte Ovid wiederholt in den ›Fasti‹, wichtige historische Ereignisse religiöser Art mitzuteilen:

---

[19] J. Bayet, Histoire politique et psychologique de la religion romaine, Paris ²1969, 169–194.
[20] Ebd. 175.
[21] Ebd. 185.
[22] A. Brelich, Vesta, Zürich 1949.

Zum Konflikt zwischen Ovid und Augustus 387

"More serious, no *ludi Saeculares*"[23]. Besonders fällt dies in Ovids ausführlicher Behandlung des Janus, Buch I, auf: "He has failed to notice all or any one of the three closures of Janus, conspicuous titles to the glory of a ruler who assiduously advertised both conquest and peace."[24] Und dies, obwohl Ovid diesen altehrwürdigen Brauch bestens kannte (Fast. I 124 ff. 253 f.). Syme schreibt dies der Nachlässigkeit des Dichters zu, den er als völlig ungeeignet für dieses Werk betrachtet. Ein solches Urteil ist aber sicher zu oberflächlich. Demgegenüber hat H. Le Bonniec nicht nur den Gedanken einer 'Bekehrung' bei Ovid verworfen: «qu'on n'aille pas imaginer quelque conversion, au moment où il se tourne vers un grand sujet.»[25] Er hat auch, und zwar wiederholt, den Wert des Dichters als eines intelligenten und vertrauenswürdigen Führers auf dem Gebiet der römischen Religion deutlich gemacht.[26] Die von Syme zusammengetragenen Auslassungen sprechen für eine bewußte Auswahl des Dichters. Er konnte sich der Pflicht nicht ganz entziehen, dem Kaiser, auch was den Festkalender betraf, seinen Tribut an Verehrung zu entrichten.

Aber die augusteischen *ludi Saeculares*, die bekanntlich stark denaturiert waren[27] und aufpoliert von dem Dichter-Komponisten Horaz, gehörten für Ovid natürlich ebensowenig wie die dreimalige Schließung des Janustempels dazu: Die Widmung an Augustus zu Beginn von Buch II schließt der Dichter mit folgenden Worten: *Ergo ades et placido paulum mea munera voltu respice, pacando si quid ab hoste vacas* (17 f.). Man braucht nicht ganz genau zu wissen,

---

[23] R. Syme, History in Ovid (s. Anm. 2) 23.

[24] Ebd. 26. In Am. III 8 und 15 rühmt sich Ovid, daß seine Familie zum alten Ritterstand, nicht zu den neureichen Militärs des Augustus gehört. Vgl. meine ›Notes on Ovid, Horace, and Propertius‹ (Class. Phil. 65, 1970, 177–180).

[25] H. Le Bonniec, Ovide, Les Fastes, Livre I, Paris 1965, 5.

[26] Ders., Etat présent des études sur les Fastes d'Ovide, Act. Conv. omnium gentium stud. Ovid. fovendis, Bucurestiis 1976, 407–427; vgl. ebd. meinen Artikel ›Femina Virtus! – Some new thoughts on the conflict between Augustus and Ovid‹ (341–363).

[27] Vgl. u. a. F. Altheim, Römische Religionsgeschichte, Berlin ²1956, II 76; J. Bayet a. O. (s. Anm. 19) 178.

in welchem Jahr Ovid dies schrieb, um die Dosis sarkastischen Gifts zu schmecken, die Ovid dem 'Friedensfürsten' hier verabreicht, wobei er indes der 'Göttlichkeit' gedenkt *(ades; respice)*. In Ovids Augen war Augustus nicht mehr als ein gewöhnlicher 'Himmelstürmer'. Die Wahl des Themas 'Gigantomachie' muß hiermit in Zusammenhang gestanden haben; es hat den Dichter offensichtlich sein ganzes Leben beschäftigt: Met. I 151 ff.; V 318 ff.; X 150 f.; Fast. I 307 f.; III 439 ff.; V 35 ff.; Trist. II 69 ff. 329 ff.; Pont. II 2, 9 ff. Die *amica*, die ihn zwang, die Gigantomachie nicht weiterzuschreiben, kann leicht mit der *Caesarea puella* identifiziert werden, der Ovid allzu hörig war nach den Worten des Sidonius Apollinaris (Carmen XXIII: *quondam Caesareae nimis puellae ficto nomine subditum Corinnae*). Das Epitheton *Caesarea* könnte nicht nur anzeigen, daß sie gleichzeitig eine der Mätressen des Kaisers war (Thibault), sondern auch, daß sie im Auftrag des Augustus handelte. Ovid erzählt den Hergang Am. II 1, 11 ff.: *Clausit amica fores... Iuppiter, ignoscas!... clausa tuo maius ianua fulmen habet* (17–20). Das letzte würde ziemlich respektlos klingen, wäre mit Iuppiter nicht – in gebräuchlicher Metapher – der Kaiser gemeint. 'Iuppiters Blitz' war damals noch weit von Ovids Haupt; er konnte noch Spott treiben mit diesem Iuppiter, einen Spott, der nach der Relegation in bitteren Sarkasmus umschlug, und der bereits in den ›Metamorphosen‹ und den ›Fasti‹ sarkastische Elemente enthielt. In beiden Waffen war Ovid Meister. Es gibt daher meines Erachtens keinen Grund zu dem von Luck geäußerten Zweifel: „Ob Ovid selbst je eine Gigantomachie plante, ist ungewiß."[28] Das hier angesprochene Thema hat den Dichter sein Leben lang verfolgt.

[28] G. Luck, Tristia (s. Anm. 5) 102. – S. G. Owen, P. Ovidi Nasonis Tristium Liber Secundus, Oxford 1924 = ND Amsterdam 1967, widmete Ovids Gigantomachie einen Exkurs. "Since the conquests of Alexander the Great... the analogy of the battle of the Gods and Giants both in literature and art assumed a political significance" (72 f.). "Ovid probably recited publicly portions of his Gigantomachia during its composition. Their clumsy servility may well have offended Augustus, who disliked excessive adulation. He may therefore be presumed to have conveyed a hint to the author that he should discontinue his enterprise. This is more likely to have been the reason why the Gigantomachia was left unfinished than the poet's own play-

Im Zweiten Buch der ›Fasti‹ behandelt Ovid die Zuerkennung des Ehrentitels *Pater Patriae* an Augustus (119–144). Unwillkürlich, so scheint es wenigstens, kommt Ovid dabei zu einem Vergleich, einer Gegenüberstellung von Augustus und Romulus, dem ersten *Pater Patriae* der römischen Geschichte. Jeder Leser wird getroffen von der Darstellung des Romulus als eines überaus boshaften Schurken und andererseits von der lachhaften Verherrlichung der kaiserlichen Tugenden. Früher hatte derselbe Dichter Romulus für eben dieses Benehmen gepriesen. Ars Am. I 101 ff. schildert er den Raub der Sabinerinnen mit dem Fazit: *Romule, militibus scisti dare commoda solus! Haec mihi si dederis commoda, miles ero.* Dies klingt anders als Fast. II 139: *Tu rapis, hic castas duce se iubet esse maritas.* Wenn man jedoch bedenkt, daß Augustus zumindest mit dem Gedanken gespielt hat, den Ehrennamen Romulus anzunehmen – in Kunst und Literatur dieser Zeit war er es schon fast – und sich selbst den neuen 'Gründer' Roms nennen ließ, dann weicht das Erstaunen des Lesers sehr wahrscheinlich dem feinen Schmunzeln dessen, der es besser weiß: Ist der Kaiser in seinem Wesen manchmal genauso schlimm oder noch schlimmer als der hier vorgeführte Romulus? *Tu rapis* läßt an die Livia-Affäre denken, von anderen Frauen ganz zu schweigen. Was Syme die "duplicity" in der kaiserlichen Sozialpolitik genannt hat,[29] wird in Vers 139 angeprangert. Die regelmäßige Anrede des Romulus mit *tu* und *te* in der betreffenden Passage ist eine «trouvaille» des Ovid, die kaum mißverstanden werden kann. Die Gestalt des Kaisers hat zwei Gesichter: ganz entsprechend der verräterischen Schlange in Buch XV der ›Metamorphosen‹, dem amphibischen Ungeheuer, das sich ebenso geschickt zu Wasser und zu Land bewegt. Doch dies ist nicht mehr als ein Intermezzo in den ›Fasti‹, wenn auch wiederum ein sehr bewußt gewähltes. Der Dichter der ›Metamorphosen‹ hatte ein scharfes Auge für 'Ich-Spaltung' ("cleavage of identity": H. Fränkel).

ful suggestion that the disapproval of his mistress was the cause" (78 f.). – Vgl. ferner meinen Aufsatz ›Ovidii Metamorphoseon liber XV . . .‹ (s. Anm. 3) 56.

[29] The Roman Revolution 452. Vgl. den zynischen Romulus, Fast. II 429 ff., in einer offenbar fiktiven Situation; dazu meine Interpretation dieses Romulus als Augustus, in: Pope Gelasius I and the Lupercalia, Amsterdam 1974, 16–20.

Le Bonniec schreibt zur ›Laus Veneris‹, Fast. IV 91–114:

«Après avoir chanté la déesse des amours individuels il s'est élevé jusqu'à une conception plus vaste: ‹l'unité et l'essence de la poétique ovidienne se résument dans le mythe et le symbole de Vénus civilisatrice› (Pietro Ferrarino); celle-ci n'est pas seulement la déesse de l'amour et de la vie, mais aussi de la culture et du progrès.»[30]

Dieser Gedanke ist auf das ganze Werk übertragbar. Die wichtigste und auffallendste Unterströmung der römischen und italischen Religiosität bildete für Ovid sicher die Verehrung des 'Ewig Weiblichen', zu der sich auch er in den ›Amores‹ und der ›Ars‹ bekannte. Augustus hätte dies begreifen und ein wirklicher Erneuerer auf religiösem Gebiet werden können, wenn er seinem Adoptivvater gefolgt wäre, der – aus dynastischen Erwägungen oder nicht – ostentativ dem Venuskult eine zentrale Stellung eingeräumt hatte. Doch seine Vorliebe für Apollo und sehr wahrscheinlich auch die Figur der hyperfraulichen Kleopatra – eine sinnliche Frau ebenso wie die nach ihr gestaltete Dido – führten ihn in entgegengesetzte Richtung. Syme: "The moral programme of the New State was designed to keep women in their place."[31] Ovid aber, dieser «homme à femmes», suchte wahrscheinlich intuitiv ein persönliches Ideal in der Volksreligion, in der die Frau als strahlender Mittelpunkt alle Aufmerksamkeit und Ehrerbietung genoß: Diese Religion wurzelte in Italien – und Ovid war mit Herz und Nieren ein Paeligner – in einem tiefen Respekt vor der geheimnisvollen Weiblichkeit (ein etruskisches Relikt?).

Wenn man bereit ist, die ›Fasti‹ aus dem beschriebenen Blickwinkel zu betrachten, dann dürfte auch deutlich werden, daß Ovid den Monaten Juli und August mit einiger Besorgnis entgegensah. Fast. VI 797f.: *Tempus Iuleis cras est natale kalendis. Pierides, coeptis addite summa meis.* Diese Worte implizieren, daß der Dichter sich unmittelbar vor der Klimax *(summa)* des Werks befand, wobei ein gewisses Zögern durchklingt. Syme schreibt: "That month loomed ahead which bore the *cognomen* of the ruler, and the three paramount anniversaries in his career, as the Senate's decree of 8 B.C.

---

[30] Etat présent (s. Anm. 26) 414.
[31] The Roman Revolution (s. Anm. 8) 414.

proclaimed."[32] Über diese Andeutung hinaus kann hier auf das Problem der fehlenden Bücher (Monate) nicht eingegangen werden.

IV

Wie schon gesagt, beherrschte Ovid meisterlich die Waffen des Spotts und des Sarkasmus. Beider bediente er sich auch in seinem Spielen mit der kaiserlichen *otium*-Politik, die einst von Vergil begeistert begrüßt worden war (*deus nobis haec otia fecit:* Ecl. I 6), und die Tacitus später boshaft charakterisierte: *cunctos dulcedine otii pellexit* (Ann. I 2). Inzwischen hatte auch Vergil die Gefahren eines solchen *otium* erkannt. Aen. IV 86–89 und 224–237 stellt er *otium* als die Folge von *amor* dar. Ovid dreht, wie oben angedeutet, die Dinge um, und dies wieder ganz in Übereinstimmung mit seinen eigenen Ansichten. Sein Wahlspruch scheint hier zu lauten: *Qui nolet fieri desidiosus, amet!* (Am. I 9, 46). A.A. I 55 ff. und III 113 ff. schildert er mit deutlichem Wohlgefallen die Verhältnisse in Rom, die infolge der von Augustus geschaffenen Bedingungen des *otium* zur Liebe und allem, was dazugehört, geradezu verlocken. Nach seiner Relegation dominiert auch bei diesem Thema Sarkasmus: Der Feststellung *quae gentibus otia praestas* (Trist. II 235) folgt eine lange Aufzählung von Gelegenheiten zu *nequitia: theatra – Martia harena – circus – porticus – templa,* das ganze augusteische Bauprogramm. Die Klimax wird in Vers 497–518 erreicht: *Quid si scripsissem mimos obscena iocantes, qui semper vetiti crimen amoris habent* etc.: Der Kaiser selbst war ein eifriger Besucher dieser Aufführungen, die er auch oft aus eigener Tasche finanzierte (vgl. Tac., Ann. I 54).

Ebenso sarkastisch läßt sich Ovid aus in einer überraschenden, von niemand so recht erklärten Einlage von Bildern mit stark erotischer Ausstrahlung (*concubitus varios Venerisque figuras:* 521), die *in domibus nostris* zu sehen sind. Man hat sich zwar gefragt, welche „Häuser von uns" hier gemeint sind. G. Luck hat ohne Zweifel die richtige Deutung gefunden; seine entscheidenden Sätze lauten:

---

[32] History in Ovid (s. Anm. 2) 34.

„Die Bilder müssen allgemein bekannt gewesen sein. Wenn wir nun wissen, daß die *domus Augusta* wenigstens teilweise vom Kaiser zum öffentlichen Eigentum erklärt worden war (Ziegler, RE 18,2,53), also vermutlich zu bestimmten Zeiten dem Volk offenstand, so ergibt sich die Deutung von selbst. Den Grundsatz, den M. Agrippa in einer wahrscheinlich 33 v. Chr. gehaltenen Rede vertrat, man müsse alle Kunstwerke als Staatseigentum der Öffentlichkeit zugänglich machen (Plin. Nat. hist. 25, 26; Hanslik, RE 9A, 1, 1242), hat Augustus durchgeführt" (zu Trist. II 521–538).

Dies erklärt auch, daß der Dichter nach dem Bildereinschub unmittelbar zur Literatur zurückkehrt und dann zum Abschluß (!) Vergils ›Aeneis‹ als Zeugen aufruft: *in Tyrios arma virumque toros* (534). Die plötzliche Einblendung der Gemälde im kaiserlichen Palast bereitet den Gedanken vor, daß Vergil, *ille tuae felix Aeneidos auctor* (533), seine Eingebung zu einem *non legitimo foedere iunctus amor* (536) in eben diesem Palast hat bekommen können. Damit sind die Heuchelei des Augustus und die Doppelbödigkeit der kaiserlichen Politik trefflich angeprangert. Es glaube doch niemand mehr, daß das zweite Buch der ›Tristien‹ geschrieben wurde, um den Kaiser bezüglich der ›Ars‹ gnädiger zu stimmen. Die ›Ars‹ war sicher nicht das *carmen*.

Wenn wir Trist. I 7 ernst nehmen wollen – und zwar nicht nur die Mitteilung, Kopien der ›Metamorphosen‹ seien im Umlauf (23–24) –, so ergibt sich aus dem Gedicht:

1. Ovid betrachtete die ›Metamorphosen‹ als sein Hauptwerk;
2. er hatte dennoch das Manuskript ins Feuer geworfen, *vel quod eram Musas, ut crimina nostra, perosus, vel quod adhuc crescens et rude carmen erat* (21–22).

Mancher hat sich schon gefragt, inwiefern die ›Metamorphosen‹ ein *rude carmen* heißen könnten, wo doch der Dichter selbst die Hoffnung hegt, *ut vivant et ... delectent admoneantque mei* (25–26). Bleibt also bloß der erste Grund übrig? Die Kopulativa *vel – vel* besagen, daß die beiden genannten Gründe einander nicht ausschließen, sondern sich vielmehr ergänzen. Könnte es also sein, daß mit *Musas* – eben als *crimina nostra* – gerade dieselben Musen gemeint sind, die Ovid Met. XV 622 (s. oben) angerufen hatte?[33] Wie

---

[33] Um so verständlicher wäre damit *emendaturus ... eram* (40). Auch

dem auch sei, ich möchte schließen mit dem letzten Satz meines Aufsatzes ›Ovid and Politics‹: "Ovid's anti-Augustanism, to be sure, may not be called 'explicitly political', – it was political all the same."[34]

J. Carcopino, L'exil d'Ovide, Rencontres de l'histoire et de la littérature romaines, Paris 1963, 76, sah den Zusammenhang zwischen Trist. I 7,21 und den ›Metamorphosen‹ («je ne vois pas quelle autre interprétation l'on pourrait concevoir»), und zwar auf Grund des „neupythagoreischen" Gehaltes des Werkes («un poème qui, au regard de l'empereur, pouvait paraître criminel»), was jedoch m. E. mit *emendaturus* nicht gerade in Einklang steht. Er feierte Ovid sogar als «le champion de la liberté» (a. O. 10).

[34] Historia 20, 1971, 466. – H. Herter, Verwandlung und Persönlichkeit in Ovids Metamorphosen, Festgabe W. Perpeet, Bonn 1980, 185–228, bietet eine reichhaltige Bibliographie (211–213); er erkennt keinen Anti-Augusteismus: „Der Anti-Augusteismus Ovids hat auch in unserem Falle nicht die mindeste Stütze" (228). Dennoch hielt es H. Fränkel, Ovid. A Poet between two Worlds 235 Anm. 26 (= Ovid, Darmstadt 1970, 243 Anm. 349), für unverständlich, daß Ovid in seiner Autobiographie die ›Metamorphosen‹ nicht erwähnte. G. Luck, Tristia (s. Anm. 5) 266 schreibt: „gerade in dieser Autobiographie, die formell einem Nekrolog nahekommt, darf er das unvollendete, unvollkommene Werk nicht erwähnen." Für mich stand natürlich der Anti-Augusteismus im Vordergrund, wenn auch Thibault (s. Anm. 1) vielleicht recht haben mag mit der Bemerkung: "Ovid may never have known the real cause of his exile" (114). Hinter der Relegation stand sicher die Absicht, den Dichter dem Vergessen anheimzugeben. – Die Versuche, Ovids Relegation zu leugnen (O. Janssen, Ovidius' Verbanning, Waarheid of Fictie?, in: O. Janssen-A. Gratama, Uit de Romeinse Keizertijd, 's-Hertogenbosch 1951, 77–105, und A. D. Fitton Brown, Ovid's Exile, in: L. C. M. 10. 2. [Feb. 1985], 18–22), sind verfehlt, weil sie den spezifischen Irrealitäten der Exilliteratur nicht Rechnung tragen. [s. jetzt auch E. Doblhofer, Exil und Emigration, Impulse der Forschung 51, Darmstadt 1987. – Anm. d. Hrsg.]

Originalbeitrag 1984.

AUSSERWISSENSCHAFTLICHE FAKTOREN IM LIVIUSBILD DER NEUEREN FORSCHUNG

Von Klaus Thraede

I

Für Mieke

„Innerhalb der letzten fünfzig Jahre hat die Wissenschaft, die sich in Deutschland mit der griechischen und römischen Antike beschäftigt, eine Entwicklung genommen, die Wandlungen von zum Teil erheblicher Bedeutung einschloß. Die wichtigste dieser Wandlungen traf aber doch wohl die Einschätzung der Römer und ihrer Leistungen in Geistesleben und Kunst. Die Stellung der Deutschen überhaupt und damit auch die der deutschen Wissenschaft zu den beiden antiken Völkern war ja seit den Tagen des Neuhumanismus dadurch bestimmt, daß der Wertakzent eindeutig auf den Griechen lag, hinter denen die Römer zurücktraten."[1]

Der das 1961 schrieb, hatte wohl einigen Grund, sich chronologisch so vage auszudrücken und – dies vor allem – besagte 'Entwicklung' wissenschaftsgeschichtlich zu erläutern; erstens ist sie jedoch gut datierbar, freilich (zweitens) nur dann, wenn man sie akut mit R. Heinzes berühmter Rektoratsrede von 1921 beginnen läßt, und das heißt: der 'Wende' zum 'Römertum' auch politische Voraussetzungen zubilligt.[2] Heinze selbst hatte sich keineswegs

---

[1] H. Oppermann, Einleitung, in: H. Oppermann, Hrsg., Römertum, WdF 18, Darmstadt (1967) ⁴1976, 1.

[2] Dies wäre ein Thema für sich. Einerseits müßte man noch zurückgehen hinter F. Leo, Die römische Literatur und die Schullektüre, HumGymn 21, 1910, 166–176. Zum andern verdient bereits der Begriff 'Römertum' Aufmerksamkeit: Welche vergleichbaren -tum-Bildungen gibt es sonst noch? Judentum, Heidentum, Christentum, ... Griechentum ... näherhin: Welche anderen Nationen erfreuen sich in der deutschen Sprache solcher Hypostasierung durch das Suffix -tum? (Vgl. E. Agricola u. a., Hrsg., Die

gescheut, den politischen Hintergrund seines Themas einzuräumen.³ Seine Schlußworte deuten auch wenigstens an, wie er zum Wilhelminischen Reich und zur Weimarer Republik stand.⁴ Opper-

deutsche Sprache I, Leipzig 1969, 449 [das Suffix -tum; es ist „nur noch wenig produktiv"].) Die in dieser Konzeption behaupteten Dauermerkmale nationalpolitischer Art hält eine unbefangene Forschung neuerer Zeit mehr und mehr für abhängig von spätrepublikanischer Ideologie, auch wird man heute die wirtschafts- und sozialgeschichtlichen Faktoren höher veranschlagen. In diesem Sinne hatte sich übrigens seinerzeit u. a. R. v. Pöhlmann, Geschichte der sozialen Frage und des Sozialismus in der antiken Welt II, München ³1925, 350f. 358f. usw. geäußert; s. dazu etwa den vorzüglichen Forschungsüberblick in K. Christ, Römische Geschichte und Wissenschaftsgeschichte 1, Darmstadt 1982, 134–167 (mit Lit.).

³ R. Heinze, Von den Ursachen der Größe Roms, Rektoratsrede Leipzig 1921; ich zitiere aus dem Nachdruck in: Römertum (o. Anm. 1) 11–34. „Die Wissenschaft vom klassischen Altertum gehorcht, wie alle lebendige Wissenschaft von geistigen Dingen, den Impulsen, die sie aus dem Leben der Gegenwart empfängt. Die erschütternden Erlebnisse der letzten Zeit haben den Blick so manches Philologen, der früher mit Vorliebe literarhistorischen oder sprachgeschichtlichen Problemen nachging, auf die Fragen des antiken Staatslebens gerichtet" (11). Ebd. fragt Heinze, ob es denn überhaupt möglich sei, „die Struktur der römischen Seele zu verstehen" (13). Und er schränkt ein: es handle „sich für uns zunächst nicht um den antiken Römer schlechthin, sondern um den Römer einer freilich langen, aber immerhin begrenzten Strecke, der Periode des Aufstiegs der römischen Macht bis zu dem Zeitpunkt, da die entscheidende Stunde für die Weltstellung Roms geschlagen hat, also bis zu Roms Sieg über Karthago im Zweiten Punischen Kriege". (13) Danach sei „eine Entartung der ursprünglichen psychischen Struktur des Römertums" eingetreten (14), man müsse „also von dem intellektuell und künstlerisch gehobenen, politisch gesunkenen Römertum dieser Spätzeit absehen". (14) Was Heinze über die unvergleichliche „Einheitlichkeit der nationalen Geistesrichtung" (14) Roms äußert, will er ausdrücklich nur auf die Frühzeit bezogen wissen. Da für diese literarische Quellen fehlen, sieht sich der 'Römertum'-Philologe zwangsläufig auf die Sprachgeschichte verwiesen. Auf diesem Wege war ein Begriffsrealismus, d. h. die unzulässige Gleichsetzung von Sprache, Geist und Gesellschaft, fast unvermeidlich.

⁴ „Wir wollen kein Volk von Machtmenschen werden, selbst wenn wir es, das gewiß nicht der Fall ist, könnten. Deutschland hat nicht, wie Rom,

manns oben zitierte Sätze wären wie auch seine ganze ›Einleitung‹ ausführlicher Kritik wert; die durchgehende Unbestimmtheit, Leer-

nach der Weltherrschaft gestrebt, und daß wir in diesem Streben den Weltkrieg entfacht hätten, ist unter allen Lügen unserer Feinde eine der offenkundigsten gewesen. Heute nun gar liegt uns jener Gedanke ferner als je. Aber daran, daß das deutsche Volk kraft seines eingeborenen Wesens zu großen Kulturtaten berufen ist, zur Lösung von Aufgaben, die kein anderes Volk der Erde ihm abnehmen kann, daran haben wir, die wir hier versammelt sind, wohl alle geglaubt und haben uns diesen Glauben auch durch unser Unglück nicht rauben lassen" (ebd. 33f.). Eingehende Kritik an Heinzes berühmter und für viele wegweisender Rede ist, soweit ich weiß, bisher nicht unternommen worden. Sie hätte wohl außer bei den politischen und sprachtheoretischen Implikationen (drittens) auch sozusagen völkerpsychologische einzubeziehen; immerhin hält es Heinze für möglich, „das gesamte römische Staatsrecht auf die psychische Struktur derer zurückzuführen, die dieses Recht sich gesetzt haben", damit klar werde, wie Rom die rechten Führer gewonnen und sie ihres Führeramtes zum Wohle der *res publica* walten gelassen habe (ebd. 26). Einschränkend wäre allerdings zu sagen: Die damals sich einbürgernde Rede von 'Führer' und 'Führertum' hat hier zunächst nur ganz von ferne mit dem späteren scharf antiparlamentarischen Verständnis der Begriffe zu tun, wie es u. a. A. Rehm in seiner Rektoratsrede vom 29. 11. 1930 verfocht; dazu und zu parallelen Äußerungen s. R. Nickel, Humanistisches Gymnasium und Nationalsozialismus, in: PaedHist 12, 1, 1972, 485–503, 488f. Auch würde Heinze schwerlich ins erklärt antidemokratische Lager gehören, sonst hätte er kaum Rom als Demokratie bezeichnet (ebd. 27), wie nach ihm z. B. K. Büchner (ebd. 66). (In Wirklichkeit gilt: „Jede Überlegung hat davon auszugehen, daß die römische Republik eine Aristokratie war", J. Bleicken, ZSR 85, 1968, 456.) Bloß weil sich auch Heinze ex cathedra gegen Art. 231 des Versailler Vertrages gewehrt hat, gehört er nicht schon in die Rubrik ›Antidemokratisches Denken in der Weimarer Republik‹ (dieses Buch von K. Sontheimer, München 1962 bzw. 1968, ist nur eines von inzwischen vielen einschlägigen). Abgesehen von den oben genannten drei Analysepunkten wäre so etwas wie eine Heinze-Rezeption zu überprüfen aufschlußreich; eine nicht eben kongeniale Kritik liest man bei K. Büchner (Römertum 78–80); geradezu vernichtend urteilt über ihn K. Töchterle, Ciceros Staatsschrift im Unterricht, Innsbruck 1978, 151 f.: „Aktualisierung durch die Vorspiegelung analoger Verhältnisse" (152, ebd. 150f. auch über entsprechende Fehlinterpretationen durch A. Klinz, der ja seinerzeit bei Platon „leidenschaft-

formeln sowie der modische Schwenk zur Antike als Grundlage Europas oder des 'Abendlandes', nun aber in Gestalt des 'Römertums', sind wohl Symptom erklärbarer Unsicherheit.[5] Der Zwang zur

liche Hingabe an die Idee, die ebenso echt und stark ist wie die Gläubigkeit an den Nationalsozialismus" hat finden wollen und ihn zum wichtigen „Vorläufer nationalsozialistischer Weltanschauung" gemacht hat, s. Nickel a. O. 501f.). Kurzschlüssiger und eindeutig war eine Heinze-Nachfolge wie im Aufsatz von S. Klose über Altrömische Wertbegriffe (*honos* und *dignitas*) in: NJb N. F. 1, 1938, 268–278, der sich ausdrücklich auf A. Rosenberg beruft. In derselben Zeitschrift (ebd. 401) schreibt S. Hache, Heinze habe die Struktur des altrömischen Menschen vornehmlich aufgrund der vorhandenen Bruchstücke gezeichnet, „doch dabei fast nur die politische Seite, freilich die wichtigste, berücksichtigt. Ausgehend von Eduard Spranger, der als ideale Typen den ökonomischen, theoretischen, ästhetischen, sozialen und politischen oder Machtmenschen aufzeigt, hat Heinze das dort angewandte Verfahren von der Einzelseele auf das ganze Volk übertragen und in dem Römer der Frühzeit den Machtmenschen erkannt. Mit den Begriffsformen der Rassenkunde die Menschen anzusehen, war man damals noch nicht gewohnt. Heute dürfen wir sagen, der alte Römer ist eine Spielart des nordischen Menschen auf italischem Boden." Der gewaltigen Schwierigkeit, das 'Römertum' der Frühzeit zu rekonstruieren, hat sich auch E. Burck gestellt (Römertum 35–37), er meinte jedoch, abweichend von seinem Lehrer Heinze, vor allem in der augusteischen Literatur das echt Römische entnehmen zu können, weil nun eben „der Lebensgrund auch der augusteischen Kultur der *populus Romanus*" sei und man „den letzten Sinn der augusteischen Literatur und des augusteischen Staates ... nur aus der völkischen Eigenart der Römer und aus ihrer historischen Entwicklung" begreifen könne, „nicht aber aus griechischen Ideen heraus" (E. Burck, Altrömische Werte in der augusteischen Literatur, in: Probleme der augusteischen Erneuerung, Frankfurt 1938 [= Auf dem Wege zum nationalpolitischen Gymnasium 6, 28–60, 30]; didaktisch abgeschwächt in: Römertum 37, Anm. 3).

[5] Sätze wie die „Übernahme des Denkens durch die Römer, vor allem die Übernahme der griechischen Philosophie, die eine Einverleibung bedeutet, bringt auch auf diesem Gebiete etwas Neues" (Römertum 7) oder allen „diesen Ausdrucksformen römischen Wesens wohnt stark der Charakter monumentaler Repräsentation inne. Fast alles römische Handeln, Denken und Reden erscheint in besonders hohem Maße als stellvertretend für römisches Wesen überhaupt" (ebd. 9) sprechen wohl für sich. Unvergleichlich klarer hatte sich Oppermann 1938 über den Sinn des Römertums geäußert. (Die alten

Aktualisierung hatte ja vor und in der Nazizeit wie manche anderen Philologen an Schule und Universität so auch Oppermann zu allerlei heute gewiß peinlichen Äußerungen geführt.[6] Da tat er vielleicht gut, mit dem dunklen Kapitel „der deutschen Wissenschaft" nun

Sprachen in der Neuordnung des höheren Schulwesens, NJb N.F. 1, 1938, 127–136). Hier ist z. B. der Staatsneubau des Augustus „der letzte grandiose Versuch, durch Rückgriff auf die nationalen Kräfte, die Rom groß gemacht haben, das Absinken in die internationale Weltzivilisation des Hellenismus aufzuhalten und rückgängig zu machen". Dies deckt sich ungefähr mit Burcks Meinung; aber: nicht nur „das alte, volkhaft verwurzelte Rom, ... in dem die positiven Bildungswerte eines deutschen Lateinunterrichts liegen", wird Inhalt politischer Erziehung, vielmehr sei das Saeculum Augustum (als „Angelpunkt") zugleich Ursprung „jener internationalen zivilisatorischen Ideologie, auf der die Kulturpropaganda des Westens und Südens" aufbaue (ebd. 135).

[6] Als Ergänzung vgl. einen früheren Aufsatz von R. Nickel: Der Mythos vom Dritten Reich und seinem Führer in der Ideologie des humanistischen Gymnasiums vor 1945, PaedHist 10, 1970, 111–128. – Allen Beiträgen in: Neue Wege zur Antike 1, 9 (1933) war laut Verlagswerbung (HumGymn 44, 1933, nach S. 249) „gemeinsam die Abkehr von einem Humanismus, der sich im rein Ästhetisch-Literarischen verliert und auf eine Persönlichkeitsbildung aus ist, die abseits von Staat und Volk auf ihren Forderungen meint bestehen zu können". Das NWA-Heft trug den Titel ›Humanistische Bildung im nationalsozialistischen Staate‹; eine Besprechung lesen wir u. a. in HumGymn 45, 1934, 1–7 (F. Bucherer). Dort heißt es zu den altertumswissenschaftlichen Beiträgen: „Vom Führergedanken handelt Fritz Schachermeyr, der aus seinem im Entstehen begriffenen Buche ›Grundlegung der nationalsozialistischen Weltanschauung aus dem Geiste der Historie‹ ein Kapitel ›Die nordische Führerpersönlichkeit im Altertum‹ beigesteuert hat" (2). Dem Römertum widme sich vor allem H. Oppermann; sein Aufsatz ›Erzieherischer Wert des lateinischen Unterrichts‹ sehe „das Ziel in der Verwirklichung des totalen Staates durch Selbsterziehung und Züchtung des Bürgers und fragt nach den Werten der Antike, die zum Bau des neuen Deutschland nötig sind. Er findet das Einswerden von Volk und Staat, wie es uns vorschwebt, als politische Wirklichkeit im Rom des Augustus" (3). Die Zitate sollen nicht besagen, daß ihre Verursacher ihren Kotau bis 1945 beibehalten hätten; Oppermanns spätere Arbeiten – bis hin zu „Das römische Schicksal und die Zeit des Augustus" in: HistZs 164, 1941, 1–20 – leiden zwar immer noch am Begriff des 'Augusteischen', ihnen fehlt aber jede Anbiederung an den Zeitgeist.

auch gleich die politischen Einflüsse oder Anpassungen überhaupt auszusparen.[7]

---

[7] Nickel, Mythos 111 f.; R. Herzog, Antike-Usurpationen in der deutschen Belletristik seit 1866 (mit Seitenblicken auf die Geschichte der Klassischen Philologie), in: Antike und Abendland 23, 1977, 10–27, 26 Anm. 57. Es berührt schon eigenartig, wenn E. Doblhofer in: E. Lefèvre–E. Olshausen, Hrsg., Livius. Werk und Rezeption. Festschrift E. Burck zum 80. Geburtstag, München 1983, 133, Anm. 4, sich ausführlich auf R. Nickel beruft, aber gerade seine früheren ideologiekritischen Aufsätze verschweigt. Das hat Linie; eher exemplarisch möchte ich hinweisen auf O. Regenbogen, Kleine Schriften, München 1961, 466 f.: „Wir sprechen auch nur mit geziemender Bescheidenheit und im Vorübergehen von dem kleinen Impuls der zwanziger Jahre, an dem wir selber Teil gehabt haben und der durch die politischen Ereignisse in seinen Wirkungen zerschlagen worden ist." (Aus einem Vortrag 1947 über ›Humanismus heute?‹; vgl. Regenbogens Besprechung von E. Fraenkel, Die Stellung des Römertums in der humanistischen Bildung, Berlin 1923, in: Gnomon 3, 1927, 226–241.) Nicht aufgenommen vom Herausgeber F. Dirlmeier ist erklärlicherweise Regenbogens Vortrag ›Das Altertum und die politische Erziehung‹, NJb 10, 1934, 211–225, in dem wir hören (213), „die Aufwühlung der seelischen und geistigen Tiefe" durch den Nationalsozialismus verschaffe, so hofft man, auch der Antike neues Leben; man sei von dem unerschütterlichen Glauben beseelt, daß der neue Staat ein organisches Mit- und Ineinander von Staat und Volk verwirkliche, „wie es in unserer geistigen Ahnenschaft nur einmal annähernd Wirklichkeit gewesen ist ...: im Staate des griechischen und des römischen Menschen" (ebd. 213, das Zitat bei Nickel, Humanistisches Gymnasium 494 f.). Die beiden Aufsätze R. Nickels, kombiniert mit der Arbeit Töchterles, geben ein vorerst völlig ausreichendes Bild der Usurpation (R. Herzog) Klassischer Philologie durch den Nazismus und der geradezu erschreckenden Selbstverständlichkeit, mit der Philologen wie A. Klinz, H. Oppermann, K. Vretska, aber auch viele andere ohne irgendeinen Widerruf, ja wohl sogar ohne Unrechtsbewußtsein sich nach 1945 erneut über die ‚politische Erziehung' durch den altsprachlichen Unterricht zu Wort gemeldet haben.

II

Ich möchte versuchen, das Liviusbild der neueren Forschung nun gerade im Blick auf seine politischen Bedingungen zu beschreiben; dabei liegt das Schwergewicht auf jenem Abschnitt der 'Entwicklung', den die Fachwelt gemeinhin ausklammert.[8] Von den mindestens zwei konträren Livius-Auffassungen ist allerdings nur eine von politischer Ideologie durchsetzt. Der Titel dieses Aufsatzes trifft also nur teilweise: 'das' Liviusbild gibt es nicht, und 'außerwissenschaftliche' Komponenten kann ich nur im Lager der (deutschsprachigen italienischen) 'Römertum'-Verehrer nachweisen.[9]

[8] Die diesbezügliche Klage (s. vorige Anm. Anf.) verliert etwas an Gewicht durch das Heft DAU 25, 3 (1982) – Zur Geschichte der Klassischen Philologie und des altsprachlichen Unterrichts I – mit den Beiträgen A. Fritsch, Der Lateinunterricht in der Zeit des Nationalsozialismus – Organisation, Richtlinien, Lehrbücher (ebd. 20–56) und R. Thurow, Zeitbezug–Aktualisierung–Transfer. Anmerkungen zur Rezeptions- und Legitimationsproblematik im altsprachlichen Unterricht nach der Erfahrung des Nationalsozialismus (ebd. 57–79). Das DAU-Heft haben H. Cancik und R. Nickel herausgebracht, bezeichnenderweise; beide haben auch für Teil II = DAU 26, 4 (1984) gesorgt (kluge Einführung ebd. 3–9). Für die Geschichte unseres Faches sind wir also einen guten Schritt vorangekommen. Mehr Untersuchungen dieser Art sind erforderlich; sie müßten freilich, soweit sie Schule und Universität betreffen, den 'Kontext' berücksichtigen, in dem die jeweiligen Stellungnahmen vorkommen: E. Mensching, Latein und Griechisch in Berlin, Mitteilungsblatt des Landesverbandes Berlin im DAV 26, 1982, 24–31. Menschings Klassifizierung in die Gruppen A–D, mit einer zutreffenden Kritik an den bis dahin erschienenen einschlägigen Untersuchungen, finde ich außerordentlich hilfreich.

[9] Verfechter des bis heute bemühten 'Römertums' hatten es von jeher nicht einfach; zu schweigen von den Schwierigkeiten der Rekonstruktion, waren seine Verfechter, aus bildungs-, später auch aus außenpolitischen Gründen, zur Unterscheidung vom 'Griechentum' genötigt (E. Burck, Altrömische Werte... [o. Anm. 4] 29f., mit mehrfacher Hervorhebung von 'Volkstum' bzw. 'völkischer Eigenart'); andererseits konnte man guten Gewissens nicht bestreiten, daß Rom ein Teil antiker Kultur war. H. Haffter, Rom und römische Ideologie bei Livius, in: Römische Politik und römische Politiker. Aufsätze und Vorträge, Heidelberg 1967, 74–120 (zuerst Gymnasium 71, 1964; Nachdruck in: Wege zu Livius [u. Anm. 10] 277–297)

Vor gut siebzig Jahren wurde die Alternativfrage 'Quelle(n) oder Stil?', 'Historiker oder Künstler?', von der historischen Kritik früherer Zeit veranlaßt, zumindest relativiert. Namentlich Witte, darin bis heute als Vorreiter der neueren Liviusphilologie anerkannt, hatte die Fronten – dort Taine (1855), hier Nissen (1863) – ausgesöhnt: neben dem Original bekamen der Bearbeiter, außer der Vorlage auch der Benutzer, wie der Stoff so gleichfalls die Form jeweils recht. Die Quellenanalyse, und das heißt bis heute vor allem: den Vergleich mit Polybios trieb Witte bis zur Ermittlung von Formprinzipien im Livius voran; sie waren jetzt nicht mehr bloß Ornament oder bloße rhetorische Kunstfertigkeit, sondern 'die Sache selbst'.[10] Gesichtspunkte wie 'Einzelszene', 'Dramatisierung', 'see-

mahnt, die lateinische Philologie der zwanziger Jahre nicht zu vergessen (a. O. 74f. bzw. 277f.); er unterstreicht, beschönigt aber wohl die politischen Einflüsse; immerhin fordert er, was der Titel seines Aufsatzes nicht erwarten läßt, Hellas und Rom 'eher wieder miteinander als nebeneinander' auf uns wirken zu lassen, da lateinische Literatur in erster Linie als Produkt antiker und dann erst als Produkt römischer Geistigkeit aufgefaßt werden müsse.

[10] K. Witte, Über die Form der Darstellung in Livius' Geschichtswerk, RhM 65, 1910, 270–305. 359–419. Eine allgemeine Bilanz gab K. Witte, Bericht über die Literatur zu Livius aus dem Jahre 1910–1919, JbAW 188, 1921, 1–33. Hilfsmittel für alle 1933–1978 erschienene Liviusliteratur ist jetzt W. Kissel mit seiner Gesamtbibliographie in ANRW II, 30, 2, 899–997. E. Burck hat sich mehrfach an einem Forschungsrückblick versucht, so in: Die Erzählungskunst des T. Livius, Berlin–Zürich ²1964, IX–XXVIII, sowie in dem von ihm herausgegebenen Sammelband Wege zu Livius, Darmstadt ²1977, 540–548. Burcks Vortrag ›Aktuelle Probleme der Livius-Interpretation‹, in: Interpretationen, Gymnasium Beih. 4, Heidelberg 1964, 21–46 (= Vom Menschenbild in der römischen Literatur, Heidelberg 1966, 354–375), hatte sich mit der Einleitung zur Neuauflage der ›Erzählungskunst‹ erledigt; ihn hat Burck, um den forschungsgeschichtlichen Teil (S. 31–41) gekürzt, unter dem Titel ›Die Gestalt des Camillus‹ in ›Wege zu Livius‹ (310–328) nachgedruckt. Seine Einführung zu diesem Sammelband enthält (S. 1–6) einen Abriß der Liviusdebatte von Taine bis Witte, die ich oben nur angedeutet habe. – Neuerdings gibt über das heute noch gültige Spektrum von Möglichkeiten der Liviusdeutung Auskunft: E. Lefèvre–E. Olshausen, Hrsg., Livius (o. Anm. 6). Hier vgl. G. A. Seeck, Livius: Schriftsteller oder

lische Vertiefung' (Burck) gelten seither in der Liviusforschung unangefochten.[11] Über W. Krolls verallgemeinernde Diagnose von 1924 haben m. E. jüngere Untersuchungen nur wenig hinausgeführt; dies und das wurde zurechtgerückt oder erweitert, grund-

Historiker? (S. 81–95). Seeck zeigt zutreffend, „wie eng literarische Darstellung und historische Aussage miteinander zusammenhängen" (82); das m. E. Beste zum 'inneren' Verständnis des Livius: A. Heuß, Zur inneren Zeitform bei Livius, ebd. 175–215. Zur letzterwähnten Frage lesen wir dort: „Livius war reiner Schriftsteller oder Literat und hat sich als solcher auf die Geschichte verlegt, wahrscheinlich zu unserem Glück, denn die Arbeit, die er hinter sich brachte, die Arbeit eines Bücherwurms, mit ihr wäre ein anderer, ein begabterer Historiker wahrscheinlich nie fertiggeworden, ganz abgesehen davon, daß er auf sie gar nicht erst verfallen wäre" (214).

[11] W. Kroll, Studien zum Verständnis der römischen Literatur (1924), Darmstadt 1964, 351–369. Kroll knüpft an Witte an und exemplifiziert „die künstlerischen Absichten des Livius" (352) an Hand des Buches II. Kroll setzt voraus: eine Annäherung an die peripatetische Geschichtsschreibung (nach dem Vorbild der Dichtung soll Furcht und Mitleid erweckt werden); Livius nicht als Quelle, sondern als Künstler betrachtet, dem es hauptsächlich auf dramatischen Aufbau einzelner Szenen, Gewinnung drastischer Einzelzüge und Vermehrung der Reden ankommt (351). Einer der leitenden Gesichtspunkte Krolls: Verflechtung (Verquickung, Beziehung) innerer und äußerer Ereignisse (352. 354. 355). In diesem Rahmen greife Livius Motive wie 'Verschwörung', Aitiologie usw., weiterhin dichterisch-epische Motive der Schlachtschilderung (352) auf; zu ihr gehöre auch der *ardor militum* (354 Anm. 48). Das Stichwort kann zeigen: bei alledem ist die Hauptsache Stimmungsmalerei (ebd., ferner 360 [Reden]). Reale Machtfragen der Ständekämpfe treten ganz hinter das Streben nach Stimmungen zurück (356f.); Livius stattet seine Erzählung mit wirkungsvollen Einzelheiten aus, die auch meist Gefühlswert haben (357). Schließlich: „Die verschiedenen Kunstmittel ordnen sich alle einem großen Prinzip unter: dem der *variatio*" (362–364). Livius will auf das Gemüt des Lesers wirken und ihn außerdem fortwährend in Atem und Spannung halten. Er berichtet Ereignisse weniger als andere Historiker um ihrer selbst willen, nämlich aus Freude an der Verknüpfung von Ursache und Wirkung, sondern stets hält er besondere 'Sensationsmittel' für nötig (364), so Omina und Prodigia, Träume, Wunder. Daß vieles daraus dichterischer Technik entstammt, beobachtet Kroll ebenso wie die Nutzung homerischer Motive, all das großenteils bereits vor Livius Gattungstradition.

sätzliche Kritik schlug nicht durch.[12] Wichtig ist zudem, daß die Philologie damals neben eigenständiger Stilanalyse gleichwohl den Livius weiterhin als historischen Schriftsteller nahm und ihm, bei aller Anerkennung seiner literarischen Fähigkeiten und Absichten, sachliche und chronologische Widersprüche, Ungereimtheiten und Mißverständnisse nachwies. Gemessen am Umfang seines Werkes fallen Fehler dieser Art schwerlich ins Gewicht, und schon gar nicht wird man heute den Historiker der Fälschung zeihen, vielmehr ihn als durchaus diskutable Grundlage der Rekonstruktion ansehen.[13]

[12] Daß Kroll zwar die peripatetische Geschichtsschreibung berücksichtigt, „die Bindung des Livius an eine bereits erheblich durchgeformte Tradition" jedoch oft unterschätzt habe (E. Burck, Erzählungskunst 3f.), finde ich bei Kroll nicht bestätigt. Dieser weiß: „Weniger sprödes Material (sc. als Polybios) boten die Annalisten" (351), über die wir bekanntlich zu wenig wissen (Beispiel 'indirekte Rede' Kroll 360, Asyndeta 368). Kroll betont mehrfach energisch, für viele seiner erzähltechnischen Charakteristika habe Livius weder Quellen noch Vorgänger benötigt, Konstanten seiner Darstellungsweise lassen sich, wie Kroll zeigt, gut aus dem Werk des Livius selbst erheben (das tat auch Witte, vgl. Burck, Erzählungskunst 4). Wie die Hinweise der vorigen Anmerkung zeigen sollten, hat schon Kroll durchaus erfaßt, was z. B. bei Burck 'seelische Vertiefung' o. ä. heißt, und Livius als eigenständiger Autor war sehr wohl in den Blick gekommen, nicht minder die schon von Heinze konstatierte „enge Berührung mit dem vergilischen Epos" (Kroll 369).

[13] Burck, Aktuelle Probleme 31f.; Erzählungskunst XIII, im Anschluß an P. G. Walsh, Livy, Cambridge 1963, 271–287. Walsh erörtert in Kap. 5 und 6 die Quellen des Livius und seine historische Methode (110–172), das folgende Referat der Darstellungsprinzipien (173–190) und bestimmter erzählerischer 'Subgattungen' wie Schlachtenschilderungen, Belagerungen usw. (191–218) steht, obwohl natürlich breiter ausgeführt, Krolls Ansatz nahe. Burck bemängelt in seiner Rezension (Gnomon 35, 1963, 780–785) an Walsh, er veranschlage die Abhängigkeit des Livius von der historiographisch-rhetorischen Theorie Ciceros und seine Zugehörigkeit zur isokrateischen Richtung der hellenistischen Geschichtsschreibung zu hoch (781); moralisierende Tendenz und stilistische Variation seien nicht auf Sallust zurückzuführen. Der erstgenannte Einwand hat damit zu tun, daß Walsh die Unterscheidung zwischen 'rhetorischer' und 'tragischer' Geschichtsschreibung des Hellenismus in Zweifel zieht (25), ebenso die Hypothese einer 'peripatetischen Geschichtsschreibung' bei W. Kroll (a. O. 351) und Burck

Wenn es inzwischen mit der 'Glaubwürdigkeit' des Livius wieder einigermaßen gut bestellt ist, bedeutet dies auf der anderen Seite doch keineswegs, daß wir ihn als Schriftsteller unkritisch lesen und so tun dürften, als sei das Werk ›Ab urbe condita‹ aus einem Guß.[14] Wenn etwa Experten wie Bayet oder Walsh dem **Geschichtsschreiber** ein gleichrangiges Kapitel wie dem **Künstler** widmeten, war das nur folgerichtig, bedeutete aber zugleich, mögliche Kollisionen zwischen beiden 'Rollen' nicht auszuschließen. Hier herrschte infolgedessen ein eher kritisches Liviusbild.[15]

Der andere Weg: in „Abkehr vom historischen Positivismus" (Burck) die Frage nach der 'Glaubwürdigkeit' des Livius auszuklammern und den Schriftsteller nun eben weniger als Stilisten auf dem Hintergrund seiner Gattungstradition denn als engagierten Zeitgenossen und Verkünder einer 'Botschaft' zu behandeln. Stach

(Walsh 42 Anm. 1). Übrigens hat Walsh in seinem einschlägigen zweiten Kapitel (20–45) auf Burcks ›Erzählkunst‹ nur in dieser einzigen Anmerkung (kritisch) Rücksicht genommen. Daß Walsh dem Livius stoisches Denken zuschreibt, findet Burck nicht richtig (781 f.), wahrscheinlich zutreffend, da wir bei Livius nicht mit einem geschlossenen Gedankengebäude zu rechnen haben (andererseits: falls philosophische Tönung vorliegt, wäre dies am ehesten eine vulgärstoische). Schließlich bemängelt Burck, Walsh habe die Dramatik geschlossener Einzelerzählung nicht genügend gewürdigt, sich vielmehr, abgesehen von den Reden, zu stark auf historiographische Topik gestützt (784).

[14] E. Burck, Aktuelle Probleme 31 f. (mit Hinweis u. a. auf J. Bayet). Freilich „müssen wir uns nun vor der Gefahr einer allzu großen Gläubigkeit hüten" usw. (ebd. 32); dennoch scheint sich Burck so sehr in der Gegnerschaft zum „historischen Positivismus" (Wege zu Livius 6) zu wissen, daß er die unerläßliche Frage nach des Geschichtsschreibers 'Glaubwürdigkeit', soweit ich sehe, nirgends diskutiert. Hier bleiben wir weiterhin angewiesen u. a. auf Walsh a. O. 271–287 (dieses Kapitel nennt Burck, Erzählkunst XIII; zu erörtern gewesen wäre aber auch Walshs 6. Kapitel über Livius' historische Methoden [S. 138–172]). 1977 kam eine kurze zustimmende Erwähnung des Liviusbuches R. Blochs hinzu (Wege zu Livius S. 542).

[15] Untersuchungen zu Struktur und Aufbau: Kissel, 941 f.; natürlich arbeitet Livius mit Bauelementen (H. A. Gärtner) oder mit Stilfaktoren wie *variatio* (Kroll) usw., problematisch ist hingegen die Annahme eines 'Werkganzen' (Burck).

er z. B. in der Kompositionsform „Einzelerzählung" hervor und teilte er diese gar mit Schriftstellern seiner Zeit, so durfte man selbst schwerere Verstöße oder Unebenheiten, die ja durchweg zwischen den Erzähleinheiten lagen, unbefangen hinnehmen. Lag auf diesem Felde die eigentliche Leistung des römischen Historikers, dann brauchte man sich in der Tat um literarische Kritik so wenig zu kümmern wie um historische. Galt Livius sozusagen als *homo bonae voluntatis*, wäre es böswillig, ihm Schnitzer in Sprache und Gedanken, Stil und sachlichem Urteil anzukreiden. Mit anderen Worten: An diesem Ende der Skala haben wir es mit Livius als 'Menschen' zu tun; die Doppelrolle (Historiker–Schriftsteller) ist ausgespielt, ein dritter Aspekt setzt sich durch, die Frage ist nur noch: Wie stellt sich 'der Mensch' Livius in seinen Texten dar?

Nachdem Kroll und seine Schüler gezeigt hatten, daß die von Witte entdeckten 'Kunstgriffe' des Livius nicht speziell livianisch, sondern gattungsbedingt und von hellenistischer Historiographie geprägt waren, wurde er abermals historisch relativiert, nunmehr hinsichtlich seiner Schreibweise. Lag in ihr gar nicht seine Domäne, mußte diese, d. h. 'das Livianische in Livius', erneut aufgespürt werden. Im Vergleich mit seinen Vorlagen – wie man sieht: Wittes Linie – mußte sich die schriftstellerische Eigenart so ermitteln lassen, daß sie sich hinreichend von der Gattungstradition abhob.[16]

Wie und wodurch aber sticht Livius von seinen Vorgängern ab? Eine mögliche Antwort hatte schon Witte anklingen lassen und Heinze bündig formuliert: Livius gehört mit seinem Stil hinein in das Formgefühl, in die kulturellen Bestrebungen augusteischer Zeit, in manchen erzähltechnischen Eigenheiten, so im Episodenstil, dem Epos Vergils verwandt, im Fahrwasser Ciceros Verhaltenheit und Maß bewahrend wie die bildende Kunst jener Jahre, und dies durchaus im Unterschied zu seinen römischen und hellenistischen Vorbildern, soviel er ihnen im übrigen verdanken mochte.[17]

---

[16] Er ist zum Glück auch in der Burck-Festschrift (o. Anm. 6) vertreten, so bei J. Deininger, Gelon und die Karthager 216 v. Chr. (ebd. 125–132) und natürlich in dem schon genannten Aufsatz von A. Heuß (ebd. namentlich 181–185).

[17] Die hergehörige Literatur bis 1978 bei Kissel, 935 f. 939–941. Eine der wichtigsten deutschen Publikationen zur Sache ist H. A. Gärtner, Beobachtungen zu Bauelementen in der antiken Historiographie, besonders bei

Damit blieb vorerst der Status quo, das Gleichgewicht Stoff–Form erhalten; die Zeit des Schriftstellers war ein durchaus legitimer Bezugspunkt der Interpretation. Allerdings meldeten sich auch hier

Livius und Caesar, Wiesbaden 1975 (Historia Einzelschr. 26); mit Bezug auf Polybios haben wir jetzt die grundlegende Untersuchung von H. Tränkle, Livius und Polybios, Basel 1977. – Kroll a. O. 368 f. hatte bei Vergil „dieselben künstlerischen Tendenzen" festgestellt, unter Berufung auf R. Heinze, Virgils epische Technik, Leipzig ³1914 (Nachdruck Darmstadt 1957), 333. 340. 471, ja sogar eine Abhängigkeit des Livius u. U. von der ›Aeneis‹ für möglich gehalten. Demgegenüber urteilt Burck, Wege zu Livius 5, noch so vorsichtig wie Klingner im Jahre 1941 (Wege zu Livius 48–67 [ohne Klingners Praefatio-Übersetzung in: Römische Geisteswelt, München ⁵1965, 464–466], hier z. B. über die 'innere Wahrheit', zugunsten derer Vergil und Livius die Wirklichkeit ihrer Zeit 'verfälschen'); kritisch verfuhr Klingner auch darin, daß er Livius nicht als Geschichtsdenker gesehen wissen wollte (a. O. 51). Dagegen hatte seinerzeit Burck ausdrücklich „nach dem Geschichtsbilde des Livius und nach seiner geschichtsdenkerischen Leistung" gefragt (Wege zu Livius 96), zur augusteischen Dichtkunst zunächst aber nur den „gefühlsmäßig tief verankerten Glauben an seine Methode" verglichen. Mit allerlei ergänzenden Hypothesen über 'das Augusteische' und 'römisches Wesen' gelangt er dann aber doch zu engeren Gemeinsamkeiten mit Vergil (Wege zu Livius 110–112), u. a. mit der Hilfskonstruktion 'stoisches Denken' (das er, wie oben Anm. 13 mitgeteilt, in der Kritik an Walsh später für Livius geleugnet hat), und zu erstaunlichen Behauptungen wie dieser: „Man kann aber ohne Übertreibung sagen, daß das Geschichtswerk des Livius nach seinen denkerischen Voraussetzungen und auf seinen Sinngehalt hin geprüft eine weit angelegte, großartige Ausführung der Heldenschau der Aeneis ist" (ebd. 111). Auf dieser Bahn ist dann Oppermann weitergestolpert in die unverzeihliche Fehldeutung der livianischen Vorrede (s. u. Anm. 25). Grundsätzliche und m. E. abschließende Kritik an Spekulationen dieser Art hat W. Hoffmann geübt (Livius und die römische Geschichtsschreibung, Antike und Abendland 4, 1954, 171–186, jetzt in: Wege zu Livius 68–95). Bezüglich Vergils räumt er gewisse Zusammenhänge ein, jedoch wohl nur auf der Ebene, die u. a. Heinze, Kroll, Klingner behandelt haben, jedoch sollte klar sein, „daß es sich bei dem Epos von Aeneas und der römischen Geschichte des Livius um zwei im Grunde völlig verschiedene Dinge handelt" (ebd. 71). Ja, Hoffmann bestreitet auch für Livius „jene Harmonie und Ausgeglichenheit, die man so gern als 'augusteisch' hinstellt und auch in seinem Werk hat aufzeigen wollen" (ebd. 74).

einige Bedenken: Läßt sich 'das Augusteische' tatsächlich fixieren? Schreibt unser Historiker wirklich synchron zum Beginn des Prinzipats? Kann denn allein Vergils ›Aeneis‹, obschon qua Epik vergleichbar, die Zeit verkörpern? Stützt man sich, wenn man den Hilfsbegriff 'augusteisch' benutzt, nicht zwangsläufig vorwiegend auf Livius selbst? Das ergäbe eine ärgerliche *petitio principii*. So oder so war die Lösung im übrigen immer noch historisch, denn die Erzählungskunst des Livius galt als zeittypisch, seine Originalität blieb unklar. Mochte also die Frage nach der Besonderheit seines Stils hier nur zum Teil beantwortet sein, stets war es die Darstellungsweise, die zur Debatte stand; noch Heinze und Klingner hatten die Kategorie 'augusteisch' ausschließlich formal gemeint. Auch sie hielten jenes Gleichgewicht Vorlage–Gestaltung, Tradition–Eigenart fest, wie es dem Stand der Dinge seit Witte entsprach.[18]

III

Hier setzte Burck im Jahre 1934 neu an.[19] An die Diskussion seit Witte anschließend, wollte er für die erste Pentade herausfinden, wie sich Livius erstens vom Stil hellenistischer Geschichtsschrei-

---

[18] Klingner (ich zitiere aus dem Nachdruck in: Wege zu Livius) zeigt insgesamt ein merkwürdiges Schwanken; den Historiker Livius wagt er nicht zu retten, er nimmt ihn aber als großen Schriftsteller: „Seine Stimme ist die Stimme Roms geworden" (49). Ferner sieht er sein Werk „als vollgültiges Stück der augusteischen Geisteswelt" (50). Livius habe „in der Geschichtsschreibung wie Vergil und Horaz in der Dichtkunst das verwirklicht, was die geschichtliche Daseinslage ermöglichte und erforderte" (52) usw.; dazu gehöre auch eine Übereinstimmung mit der staatsmännischen Leistung des Augustus. Gegen die Annahme, Livius habe 'volkserzieherisch' augusteische Ideale literarisch umgesetzt o. ä., wendet sich Klingner aber mit Nachdruck (51–53; für die Gegenmeinung werden Burck und Hellmann zitiert). Es wäre reizvoll, Klingners Liviusbeitrag von 1941 mit dem von 1925 (Die Antike 1, S. 86–100) zu vergleichen.

[19] E. Burck, Die Erzählungskunst des T. Livius, 2., um einen Forschungsbericht vermehrte, photomechanische Auflage, Berlin–Zürich 1964.

bung, zweitens von den (römischen) Annalisten unterscheidet.[20] Im einen Falle ließ sich womöglich das spezifisch Römische herausschälen (aber auch die Annalisten waren Römer), im zweiten durfte man eine exaktere Bestimmung des 'Augusteischen' erwarten, nicht aus Analogien zu Zeitgenossen abgelesen, sondern aus der Vorgehensweise des Schriftstellers direkt. Solange man nur mit Polybios verglich, war es doch, so Burck, keineswegs ausgeschlossen, daß Livius ihn in den Stil der ihm vorbildlichen Annalisten einfach

[20] Aus dem Einleitungskapitel ›Die Aufgabe‹ [S. 1–7] ist die Kritik an Witte und Kroll bereits oben Anm. 12 erwähnt worden. Sein Programm erläutert Burck ebd. S. 5–7; Ansatzpunkt ist der Vergleich zwischen Livius und Dionys von Halikarnaß, die 'Quellengemeinschaft' in der vorlivianischen Annalistik haben. Hatte man beider Parallelberichte bis dahin zur Rekonstruktion der gemeinsamen Quellen genutzt, schlug Burck jetzt erstmals den umgekehrten Weg ein: Hervortreten sollen die Unterschiede beider Bearbeiter. Einschränkung: sachliche, politische oder ideelle Besonderheiten, die innerhalb der Vorlagen zu vermuten sind, bleiben unberücksichtigt. Ferner: Die Selbständigkeit der Bearbeiter wechselt je nach Eigenart des Originals bzw. der Originale. Ins einzelne gehende Vergleiche sind unmöglich, wo, wie in der ersten Pentade, die Quellen selbst fehlen. Die große Ausgangshypothese („auf der anderen Seite aber darf mit Sicherheit behauptet werden, daß . . .", ebd. 6) lautet: Der eingehende Vergleich des Dionys und des Livius ermöglicht es, „die konstitutiven Formelemente und Gedanken, die entscheidenden Eigenheiten in der Führung und im Aufbau der Handlung und die grundlegenden Ziele des Livianischen Schaffens herauszuarbeiten" (6). Die Analyse der ersten Pentade als eines geschlossenen Ganzen soll außerdem eine Vorstellung liefern „von den Anschauungen und Absichten, die in Livius lebendig waren, und um deren Verwirklichung er rang, als er an sein großes Werk die erste Hand legte" (ebd.). Nicht nur auf Erzählungstechnik und auf Komposition der ersten Bücher richtet sich die Untersuchung, das Endziel ist vielmehr die Synthese, das Bild des 'jungen' Livius, „der in den ersten Jahren der neuen pax Augusta an sein großes Werk herantritt" (6). Schließlich: Die so gewonnenen konstitutiven Elemente sollen von der hellenistisch-peripatetischen Historiographie abgehoben werden, was zugleich bedeutet, „in der Darstellung eine bestimmte Haltung des Livianischen Werks als Augusteisch zu erweisen" (7); von da aus will Burck dem Livius selbst „zu geben" suchen, was sein ist. Dieses Arbeitsziel berühre sich aufs engste mit dem Klingners (hier ist dessen Liviusaufsatz in: Die Antike 1, 1925, 86 ff. gemeint).

übertragen hatte. So nahm Burck sich vor, anhand der ersten fünf Bücher des Livius herauszuarbeiten, inwieweit und nach welchen Maßstäben der römische Historiker das Verfahren peripatetischer Geschichtsschreibung, von der man ihn immer schon abhängig sah, abgewandelt hatte. Einen Schritt über den Status quo hinaus tat Burck auch darin, daß er von der Einzelerzählung zu größeren Einheiten vorzudringen versuchte und außerdem eine „Bindung zwischen der Form und dem Stoff und Gehalt des livianischen Werks" herzustellen versuchte.[21] Burcks Methode, die ich hier nicht zu erläutern habe, fand in der Fachwelt keine einhellige Zustimmung. Am wenigsten überzeugte wohl, wie Burck, unter Umgehung der Annalistik, den Livius mit den von Polybios zu heftig befehdeten Geschichtsschreibern in Verbindung brachte. Das hieß doch, eine Unbekannte durch eine andere zu ersetzen.[22] Namentlich Klingner hat damals erkannt, daß Burck, in Abweichung von Heinzes Grundlagen, 'augusteisch' von 'hellenistisch' abhob statt individuelle

---

[21] E. Burck, Wege zu Livius 5f.

[22] So fand R. Jumeau, Tite-Live et l'historiographie hellénistique, RevÉtAnc 38, 1936, 63–68, die Ableitung der Zielprinzipien aus dem Peripatos problematisch; auch Dionys von Halikarnaß schreibe 'peripatetisch'. Innerhalb der Gattung lasse sich hiernach kaum unterscheiden, Livius gebrauche einfach die hellenistischen Prinzipien sparsamer, die er in seinen annalistischen Quellen vorfand. Ob sich das psychologische Interesse des Historikers aus hellenistischen Vorbildern herleiten lasse, sei fraglich: er habe sie doch nicht selbst gelesen. Sollen wir folgern, er habe den Polybios im Sinne des Ephoros und Phylarch umgeschrieben? Die (nicht erst von Burck vorausgesetzte) Einheit 'peripatetische Geschichtsschreibung' hat es schwerlich gegeben. Andere Einwände, z. B. Nichtberücksichtigung Ciceros und der Annalistik als Zwischenstadium, treffen viel weniger ins Schwarze. – A. Klotz, PhilWoch 55, 1935, 7–13, gibt zu bedenken, daß die annalistischen Quellen des Livius und des Dionys von Halikarnaß nicht identisch gewesen sein müssen; Annalisten waren auch stilistisch Vorgänger des Livius; was demgegenüber 'livianisch' sei, kann man oft nur gefühlsmäßig entscheiden (mit Liv. 5, 32, 6 vgl. Plut. Cam. 13, 14). – B. O. Foster, ClJ 31, 1935, 511–513, urteilte, Burcks Arbeitsziel sei vage formuliert; auch er fand den Ersatz der Annalisten durch Dionys von Halikarnaß nicht überzeugend. Sogar H. Oppermann widerstand unzweideutig (HumGymn. 46, 1935, 60).

'Kunst' gegen 'Annalistik'. Es sei durchaus zweifelhaft, ob man den Ausdruck 'augusteisch', der ja die Einheit von Form und Stoff gewährleisten sollte, inhaltlich verstehen dürfe.[23] Als typischen Zeitstil hatte Burck etwa die 'seelische Vertiefung' o. ä. gesehen wissen wollen. Merkwürdigerweise hat er sich selbst in seinen verschiedenen Forschungsüberblicken mit der doch erheblichen Kritik nie auseinandergesetzt.[24]

Tatsächlich hatte sich mit ihm das Interpretationsziel entscheidend gewandelt. Indem sich das Interesse vom Stil auf den Gehalt

[23] F. Klingner, Gnomon 11, 1935, 577–588. „Wie soll man also sicher sein, seine Leistung und nicht die seiner Vorgänger zu fassen?" (577). Die Unterscheidung 'augusteisch'–'hellenistisch' sei nicht dem untersuchten Werk entnommen, sondern dem Vergleichsgegenstand (hellenistische Historiographie). Der zweifache Ansatz bringe doch wohl die Gefahr, statt des Augusteischen die Annalisten zu fassen? (579) Nur z. T. sei die Gleichsetzung von 'Beseelung' mit 'augusteisch' gelungen, ihre Einheit bleibe unklar. – Zu einer nüchternen Fassung des Begriffs 'augusteisch' ist u. a. Walsh zurückgekehrt (a. O. 10–13); er bestreitet zu Recht einen exakten Bedeutungsinhalt. Livius habe allerdings wie andere Schriftsteller seiner Zeit mit Augustus sympathisiert, ja optimistisch an die Wiederkehr der Republik geglaubt (10). Stärker hatte sich H. J. Mette (Livius unter Augustus, Gymnasium 68, 1961, 269–285) von einer Zusammenschau Livius–Augustus distanziert. Schon Klingner (o. Anm. 18) hatte 1941 Livius' Abstand zu Augustus betont. Es ist ja einfach partout nicht einzusehen, wie man auf wissenschaftlichem Wege zur Behauptung einer 'augusteischen Wertewelt' o. ä. gelangen kann. – Auch deshalb hat sich wohl Burck in diesem Punkte nie richtig verteidigen können, vgl. etwa (in seiner Rezension von Walsh) Gnomon 35, 1963, 781 (*so*, nicht wie Burck, Erzählungskunst XI Anm. 1).

[24] In seinem Rückblick (Erzählungskunst [1964] IX f.) würdigt er die o. Anm. 22. 23 genannte Kritik keines Wortes, vielmehr hält er seine „vergleichenden Analysen der ersten Pentade usw." für bislang noch nicht durch die Forschung überholt. Entsprechend distanziert fällt denn auch das Urteil über die betreffenden Kapitel bei Walsh aus (Gnomon a. O. 781), der sich so wenig wie andere von Burcks Versuch hat beeindrucken lassen. Wenn dieser (a. O.) Walsh vorwirft, er habe die Abhängigkeit des Livius von der historiographisch-rhetorischen Theorie Ciceros „. . . zu hoch veranschlagt", richtet sich das auch gegen R. Heinze, Die augusteische Kultur, Leipzig 1930, 96 („was Cicero ersehnte, hat Livius erfüllt", das Zitat bei Walsh a. O. 21).

ausdehnte, also die (weiterhin notwendige) Formanalyse in die Deutung geistiger Inhalte überging, schien das Livianische im Livius sicherer greifbar zu sein. Burck versuchte nicht mehr nur den Stil des Livius im Zusammenhang augusteischen Denkens zu verstehen, als Ausdruck ästhetischer Grundsätze der Zeit, sondern 'augusteisch' hießen jetzt Gehalte, Konzeptionen, formgebende Kräfte nationaler und moralischer Art. Wenn Livius nur so etwas wie 'Römertum' verkörpert hätte, ergäbe das einen bloßen Kontrast zur griechischen, nicht aber zur römisch-annalistischen Geschichtsschreibung. Methodisch gesehen scheint nun aber die Verselbständigung des Livius gegenüber den Annalisten mißlungen zu sein, sie ist auch wissenschaftsgeschichtlich kaum ableitbar.

Entscheidend ist, daß mit Burck zu den bis dahin gültigen Hinsichten, nämlich zu 'Quelle' o. ä. (A) und 'Stil' (B), jetzt eine dritte kam, die nach so etwas wie 'Tendenz' fragte (C). Der Schriftsteller verfocht danach durchgehend ein nationalethisches Ideal, nämlich jenen Wertekanon, den Augustus habe Wirklichkeit werden lassen. Das gab dem Werk des Livius seine grundlegende Einheit, es schien Seite für Seite durchglüht von patriotischer Begeisterung für den werdenden Prinzipat. Genau hier war denn auch Burck zufolge das Neue gegenüber der 'Quelle' Polybios zu finden. Umformungen, Zusätze, Kürzungen, die Livius an Polybios vorgenommen hatte, erschienen jetzt als Symptom grundsätzlicher Parteinahme für die 'augusteische Erneuerung'. Das machte Quellenvergleiche zweitrangig, auch eine eigenständige Stilanalyse fiel dahin, denn die Form erhielt ja ihre Einheit und Grundlage aus feststehenden Werten. In beiden Punkten (A und B) verbot sich obendrein alle Kritik am historischen und stilistischen Vermögen des Autors; wer so selbstvergessen-begeistert nationale Werte zu preisen wußte, war von Mißgriffen, Unstimmigkeiten oder Fehlurteilen von vornherein entlastet. Bei Livius galten jetzt andere Maßstäbe als das blutarme Kriterium der Faktentreue oder die – bis dahin doch übliche – Frage nach erzähltechnischen Mängeln und Vorzügen.

Damit hatte sich in der Liviusforschung der Schwerpunkt deutlich verlagert: Unter dem Siegel optimistischer Wertvermittlung rückte seine Prosa mit Vergil zusammen, und zwar jetzt im Gehalt, so daß man gar daranging, einen aus dem andern zu erklären. Der

'Romidee' mußten schließlich beide gehuldigt haben. Hatten sich an diesem Punkt Heinze wie Kroll mit Bedacht zurückgehalten, so schien nunmehr die Bahn frei, allerlei Übereinstimmungen mit dem Dichter der ›Aeneis‹ zu entdecken. Wie leicht man dabei verunglückt, zeigt am handgreiflichsten Oppermanns grobes Mißverständnis von Liv. praef. 12 f.[25]

Es ging dann auch nicht allzuweit über Burck hinaus, wenn im Deutschland der dreißiger Jahre Livius in seinen Heroengestalten die Verdienste des Augustus „künden" ließ (Stübler) oder seine Darstellungsart als „politische Psychagogie" verstand (Hellmann). So gewann endlich auch in Livius das humanistische Gymnasium

---

[25] H. Oppermann, Die Einleitung zum Geschichtswerk des Livius, DAU 7, 1955, 90–98, hier: Römertum 179: „In dieser Richtung wirkt schließlich auch der letzte Satz (sc. der Praefatio); durch das beginnende *sed* (12) tritt er in Gegensatz zu dem vorangehenden Bild des Verfalls: Klagen gehören nicht an den Anfang eines solchen Werkes; statt dessen möchte Livius wie ein Dichter mit einem Gebet beginnen. Die Feierlichkeit der Aussage beweist *deorum dearumque,* Worte, die nach Servius (zu Verg. georg. 1, 21) aus dem Gebetsritual der *pontifices* stammen; . . . Auch hier können wir erkennen, welches dichterische Gebet Livius im Auge hatte. Es ist die Götteranrufung zu Beginn von Vergils Georgica, die sich an die Götter des Landbaues und an Octavian/Augustus richtet. Daß auch hier die *di deaeque* vorkommen, würde wenig beweisen. Aber die vergilische Bitte *da facilem cursum atque audacibus adnue coeptis* deckt sich inhaltlich Wort für Wort mit dem Gebet des Livius praef. 13: da-darent, facilem cursum-successus prosperos, audacibus *coeptis-orsis tanti* (muß heißen: tantum!) *operis.* – Das Gebet der Georgica richtet sich an Octavian/Augustus. Durch die Anspielung steht er unausgesprochen – das auszusprechen war im Geschichtswerk nicht möglich – auch hinter dem Gebet des Livius." Ausgesprochener Unsinn: Livius sagt vielmehr, und das schwerlich ohne ein gewisses Augenzwinkern, Klagen (*querellae,* nämlich über den Verfallszustand der Zeit) sollten in seiner Vorrede bzw. zu Beginn eines so bedeutenden Werkes nicht das letzte Wort haben; der Leser erwartet folglich einen optimistischen Ausklang des Textes. Statt dessen fährt Livius im Irrealis fort: Wäre er Dichter, würde er mit der sog. *invocatio numinum* zum Hauptteil überleiten – gattungsspezifisch in der Geschichtsschreibung sei das nun eben nicht –, auf daß die Götter seinem Beginnen günstigen Verlauf gewährten *(orsa tantum* entspricht *successus).*

seinen massiven „Gegenwartsbezug", er konnte daher leicht den Absichten damaliger Nationalerziehung dienstbar gemacht werden.[26] Wenn ich jetzt den Befund in Form einer Tabelle zu resümieren versuche – in Begriffen, die alle bei Burck und seinen Nachfolgern belegbar sind –, so fällt auf: Sie spiegelt ziemlich genau den Gegensatz zwischen den national-konservativen Richtungen der Weimarer Republik zum parlamentarischen 'System'. Hier scheint denn auch jene rein wissenschaftsgeschichtlich nicht erklärbare Hinwendung zum 'Augusteischen' ihre Wurzeln zu haben. Augustus als Retter vom spätrepublikanischen Bürgerkrieg dort, hier der Nationalsozialismus als Überwinder parteipolitischer Zerrissenheit nach 1918 – dies wurde mehr und mehr, auch außerhalb der Liviusinterpretation, zum offiziellen didaktischen Denkmuster.[27]

a) *Annalisten*	*Livius*
parteipolitisch	national
factiones	das Volksganze *(populus Romanus)*
res privata	*res publica*
Individuum	Gemeinschaft, Verantwortung
Republik	Führungsideologie
discordia	Einsatzbereitschaft
Klassenkampf	Bekenntnis zur *fides*
Widersprüche	Einheit
Sittenverfall	augusteische Erneuerung
aufrütteln (äußere Dramatisierung)	(innere Dramatisierung)

---

[26] Th. Steeger, Zur Auswertung der römischen Geschichte des Livius im Sinne einer nationalpolitischen Erziehung, Die alten Sprachen 2, 1937, 87–97.

[27] So v. a. schon 'früh' H. Oppermann in: Neue Wege zur Antike 1, 9, 1933, 52 (s. o. Anm. 6), vgl. die Diskussion bei Herzog a. O. (o. Anm. 7) 19f. In dieser mehr kulturpolitisch als wissenschaftlich begründeten Analogie hat, so steht zu vermuten, der Begriff 'augusteisch', so wie Burck ihn verwendet, seinen Ursprung, wie sich besser noch aus seiner Arbeit ›Altrömische Werte . . .‹ (o. Anm. 4) als aus den von Burck später nicht verschwiegenen Aufsätzen ersehen läßt.

b) *Hellenismus* *Rom*
Pathos Ethos
lähmender Pessimismus lebendiges Kraftgefühl
schicksalsbestimmte Leiden mutig vorwärtsgetriebene Taten

IV

Ehe ich hier fortfahre, möchte ich ein zweites Unterscheidungsmerkmal herausheben, das mit dem ersten (moralisch-politischer Inhalt des Werks statt bloßer Form, Ideologie statt Literatur) zusammenhängt. Welches Bild macht sich die oben beschriebene Interpretationsrichtung von Livius als Autorperson? Nicht, wie er denkt oder schreibt, ist gefragt, sondern wie sich bei ihm selbst Vernunft und Seele zueinander verhalten. Benutzen wir nämlich 'Vernunft' und 'Seele' ganz grob als heuristische Begriffe, dann stellt sich heraus, daß sich beide auf die zuvor behandelten Positionen recht gut verteilen lassen.

Zumindest in der deutschen Philologie der dreißiger Jahre sieht man den Livius weniger vom Intellekt als vom Gefühl bestimmt, und sein Entwurf (Denkart, Grundhaltung, Werkganzes) wird weder einzig im Stil noch gar in der rationalen Handhabung des ihm überkommenen Materials gesucht. Man versteht ihn vielmehr als Vollstrecker seelischer Haltungen und Erlebnisse. Hieß es noch bei Kroll, Livius verknüpfe innere und äußere Begebenheiten, psychologisiere also seine Überlieferung, haben wir es jetzt nicht mehr mit einem entsprechenden gedanklichen Konzept zu tun, das sich prüfend und überprüfbar zur Realität verhält, sondern mit einem ganz und gar 'von Herzen' (begeistert, ehrfürchtig usw.) schreibenden Autor. Psychologie als vertiefende Art der Wiedergabe gerät hier zur persönlich verantworteten emotionalen Geschichtsdeutung. In der Diagnose überwiegen daher eindeutig psychologische Begriffe. Seelische Vitalität überrundet kritische Vernunft. Livius wird hier vom Innenraum der Begeisterung her verstanden, ihn leiten Ehrfurcht, Stimmung, Zuversicht, und das alles so, daß Wirklichkeit und Idee, historische Wahrheit und Geschichtsbild, Ereignisse und

Moral einander nicht mehr ins Gehege kommen; zum unkritischen Liviusbild gesellt sich so ein in bezug auf seine Gegenwart unkritischer Livius. In der Einheit des (moralischen) Bewußtseins oder (nationalen) Wertgefühls kommen Geschichte und Geschichtsbild zur Deckung. Wenn so, philosophisch ausgedrückt, Wesen und Dasein (psychologisch) in eins fielen, war es nicht mehr als sachgemäß, im Rombild des Livius tatsächlich Rom zu vermuten (so dann auch Klingner 1942). Diese Identifikation von 'Denken' und 'Sein', als Werterlebnis historisiert leitendes Ziel der Interpretation, hatte u. a. schon Heinze vorgenommen, ohne sie wäre die Rede vom 'Römertum' und seinen 'Wertbegriffen' schwerlich denkbar.[28] Anders gesagt: Die Spannung von Denken und Sein in Livius selbst (wie in jedem von uns) weicht der Identität seelischen Verhaltens, *pietas* ersetzt *ratio*, freudig-stolze Hingabe an die Vergangenheit und Erneuerungszuversicht als Spiegel nationalethischer Werte durchdringen das 'Werkganze' und formieren sich mit Hilfe dramatisch-psychologischer Mittel. Diese selbst und mit ihnen das ganze literarische Unternehmen sollen hiernach die augusteische Erneuerung begünstigen, ja forcieren.[29]

[28] Vgl. o. Anm. 3 „zum Begriffsrealismus". Die bisher nicht erörterte semasiologische Grundannahme wird letztlich auf die stoische Sprachlehre zurückgehen.

[29] Den didaktischen Zweck des livianischen Werks hat Burck u. a. Erzählungskunst 240f. unterstrichen; hiergegen s. Walsh a. O. 11–13. Zu seiner Einschätzung des Livius kam Burck wohl nicht ohne Grund erst ganz am Schluß seines Buches. Dort möchte er die Formanalyse verlassen („vornehmlich ästhetische Kategorien", 234; vgl. o. Anm. 6 die Teubner-Werbung für NWA!), um sich dem Gehalt (Absichten, Werte usw.) zu widmen (das Gegensatzpaar Form–Gehalt wäre seinerseits einer Erörterung wert). Burck behauptet also (Erzählungskunst 241): „Es ist sein letztes Ziel, dadurch das Denken und Handeln aller in nationalethischem Sinne zu lenken und zu beeinflussen. Wir dürfen in der Form des livianischen Werks den seinen letzten Absichten wirklich gemäßen Ausdruck, die dem Gehalt des Werks adäquate Gestalt sehen." Dreißig Jahre später (Vorwort zur 2. Auflage S. IX) beruft er sich – wie erwähnt, ohne die Kritik an der 1. Auflage zu berücksichtigen, diese vielmehr „als Ansatzpunkt für weitere Arbeiten" empfehlend – abermals auf „die Beobachtung, daß die maßvolle Formensprache den adäquaten Ausdruck für die hohen Gehalte und Werte bildet,

Man darf wohl behaupten, daß, wer Livius so als 'Seele' sieht, bestimmte anthropologische Voraussetzungen in ihn projiziert, und es fiele auch nicht schwer, sie mit Zeitströmungen nach dem Ersten Weltkrieg in Verbindung zu bringen. Der damals verbreitete Intuitionismus oder Irrationalismus ist oft genug als Antriebskraft oder doch Bundesgenosse antidemokratischen Denkens beschrieben worden.[30] Dieses wiederum schlug sich in der Latinistik, vor allem

die sich dem Livius im ehrfürchtigen Blick auf die römische Geschichte der Frühzeit erschlossen hatten. Hierbei hatte er sich weitgehend von einer spezifisch frühaugusteischen Wertwelt leiten lassen, in der die Kräfte des innenpolitischen Ausgleichs und einer religiös durchsetzten Führungsideologie sowie die *virtus* und *pietas, fides* und *iustitia, clementia* und *moderatio* eine dominierende Rolle spielen" (ɪxf.). Wenn Burck hinzufügt: „Inzwischen ist die Forschung weitergegangen" (x), so tat sie das zu einem sehr großen Teil an ihm vorbei. Für sich buchen konnte und kann er freilich, daß ihm ein genauer Nachweis 'frühaugusteischer Wertwelt' oder Rechenschaft über seine literaturwissenschaftlichen Kategorien bisher von niemandem abverlangt worden ist. Es genügt jedoch, sich auf W. Hoffmanns Beitrag zu stützen (o. Anm. 17), um die Konstruktion für erledigt zu halten; Hoffmann war es auch, der schon 1942 (Kissel a. O. 932) der Annahme eines 'Werkganzen' in der dritten Dekade des Livius die Gefolgschaft verweigerte (vgl. hierzu auch u. a. Wendungen Burcks wie „Sinnzusammenhang des Ganzen" [Wege zu Livius 115], „die neuen Kräfte der Livianischen Geschichtsdeutung" [ebd. 130], „das faszinierende Bild, zu dem sich die ganze römische Geschichte verdichtet und zu dem Livius begeistert aufschaut" [ebd. 136]). Schließlich: „. . . es muß auf literarischem Gebiete unbedingte Konsequenz im Denken und Deuten und eine formale Gestaltung der Werke aus ihrer geistigen Zielsetzung heraus gefordert werden. Daß gerade dies für Livius und Vergil zutrifft, gibt ihren Werken die ungeheuer starke Geschlossenheit und Tiefenwirkung; wo immer wir ein Stück ihrer Darstellung prüfen, werden wir des Geistes des ganzen Werkes inne, und wo immer wir uns Rechenschaft über die suggestive Kraft der Darstellung und die Stärke unseres Eindrucks geben, erkennen wir, daß es die dem Geiste ihrer Werke adäquate monumentale Form ist, die uns in ihren Bann gezogen hat" (ebd. 140).

[30] Vgl. u. a. Sontheimer a. O. (o. Anm. 4) 43 f. 54–63. Die Intellektfeindlichkeit, die sich in den einschlägigen Veröffentlichungen, ja auch in der emotionsbezogenen Terminologie niedergeschlagen hat, ereilte auch den Dritten Humanismus (Literatur bei Nickel 1972 [o. Anm. 4] 495

in der Schule Heinzes, als Römertum-Metaphysik nieder. Sie aber, läßt man sonstige Einwände einmal beiseite, hat die altrömische Kultur national verengt und, dies auch aus kulturpolitischen Zwängen, römisches 'Wesen' aus dem gesamtantiken Zusammenhang herausgelöst.

Als Zwischenbilanz dieses Abschnittes mag wieder eine Tabelle nützen:

Verstand, ratio, Bewußtheit	*Seele, pietas, Bewußtsein*
Rationalismus	Gesamtschau
Skepsis, Pessimismus	Begeisterung
Resignation	freudige Zuversicht
Melancholie	lebendiges Kraftgefühl

Anm. 3: J. Stenzel, W. Eberhardt, H. Drexler, H. Oppermann); s. auch die Notiz zu NWA 1933 o. Anm. 6. – Wenigstens an einem Beispiel möchte ich noch zeigen, wie sehr die Gegnerschaften sich miteinander zuspitzten und das Denkmuster, das oben als Tabelle folgt, der hier kritisierten Liviusforschung im herrschenden politischen Zeitgeist vorgegeben war: H. Berve, Antike und nationalsozialistischer Staat, Vergangenheit und Gegenwart 24, 1934, 257–272, hier 263–265, war nicht der einzige Althistoriker, mit dem diese Ideologie sich der Altertumswissenschaft bemächtigte; er stellt auf die feindliche Seite „theoretischen Geist, Reflexion, Objektivität, gedankliche Bewußtheit, geistig-philosophische, ja esoterische Ausrichtung" (265), Staatsphilosophie (statt opferbereiter Staatsgesinnung), er selbst tritt ein für „Bekenntnis, Tat, Subjektivität, entschiedenen Glauben, innere Verbundenheit, blutvolles und vitales Denken". (Die geistige Verwandtschaft u. a. etwa zum damals einflußreichen Staatsrechtler Carl Schmitt liegt hier auf der Hand!) Äußerungen wie diese hat in einen größeren Zusammenhang gestellt (ohne auf eine bestimmte Epoche oder gar politische Konstellation zu zielen, vielmehr mit grundsätzlicher Kritik an 'unmittelbarem' Bezug zur Antike) E. Heitsch, Klassische Philologie zwischen Anpassung und Widerspruch, Gymnasium 81, 1974, 369–382 (ein Bervezitat aus dem genannten Aufsatz ebd. 373: Gegensatz „Individualismus–politischer Mensch"). – Recht instruktiv ist eine Darlegung des NS-Wissenschaftsbegriffs von philosophischer Seite: F. J. Brecht, Über alte und neue Wissenschaftsformen (1933), HumGymn. 46, 1935, 13–26. (Ebd. 15: „In der Aufgabe der durch die nationalsozialistische Revolution einzigartig ermöglichten Gesamterneuerung der Wissenschaft, in der Fortführung und Verwandlung jener Antriebe stehen wir selbst. Wir sind diese Aufgabe.")

Verstand, ratio, Bewußtheit	*Seele, pietas, Bewußtsein*
Zwiespalt Geschichtsbild – Realität	Einheit Rombild-Geschichte
römisch ≠ augusteisch	römisch = augusteisch
Livius ≠ Vergil	Livius = Vergil
politische Ideologie	nationales Selbstgefühl
Imperialismus	Romglaube
Verzerrung historischer Wahrheit	„Geschichte im höheren Sinn"
moralische Schönfärberei	nationalethische Grundwerte
traditionell stoische Ethik	augusteische Wertewelt
narrateur épique	psychisch-politische Wirkung
z. T. widersprüchliche Anordnung geschlossener Teile	das Werkganze
Unebenheiten, Widersprüche Irrtümer, Dubletten	tieferer Sinnzusammenhang
historisch-unorganisch	ethisch-organisch
gestaltende Prinzipien des Stils	Mächte des Wertkanons
Formung aus ästhetischen Rücksichten (historisch-stilistisch)	Gestalt = Deutung der treibenden Kräfte (psychologisch-ethisch)

Mit Hilfe dieser Gegenüberstellung – ihre Stichwörter halten sich aufs genaueste an die Literatur, Einzelnachweise würden jedoch zu weit führen – läßt sich auch die Gegenposition hinreichend knapp besprechen. Ihr Liviusbild ist in allen entscheidenden Punkten, insbesondere was die ethisch-psychologische Deutung livianischer Erzählungskunst anlangt, völlig entgegengesetzt; die Kontroverse spielt sich indes z. T. stillschweigend ab, nämlich in einfacher Kontinuität zur Liviusforschung vor 1930, z. T. in ausdrücklichem Widerspruch zur überwiegend deutsch-italienischen Anschauung, die ich bis jetzt hauptsächlich erläutert habe.[31] Der Vorwurf, diese weite den psychologisierenden Stil des Livius zu einer psychologisierenden Liviusauffassung aus und huldige darin einem verwerflichen Irrationalismus, ist, soweit ich sehe, bisher nicht erhoben.

---

[31] Hierfür stehen u. a. (z. B. Howald) die schon genannten Gelehrten Hoffmann, Walsh, H. A. Gärtner, Tränkle. Ich darf einschieben, daß es einen wirklich kritisch-umfassenden Forschungsüberblick, zugeschnitten auf Livius, für die Zeit zwischen den Weltkriegen nicht gibt. Wie gezeigt, haben die Didaktiker hier einen respektablen Vorsprung, s. o. Anm. 6–8.

Vielmehr konzentrierte sich die Auseinandersetzung auf das Nationale, auf die Ethik, auf das Augusteische. Ich greife ein paar Fragen oder Gegenfragen heraus: Durchpulst der Nationalismus des Geschichtsschreibers tatsächlich sein Opus bis ins einzelne, läßt er nicht den Leser, wo Nichtrömer tapfer Widerstand leisten, genauso tief mitfühlen, wie wenn es Landsleute wären? Würde hier nicht die psychologische Darstellung als solche wichtiger sein als 'das Römische'? Was hat es ferner mit der mittelbar dargebotenen Romkritik auf sich, besonders in antirömischen Reden – ist hier wirklich, wie Hoch meinte, nur eine Folie des Imperialismus gemeint, so daß der Romgedanke des Autors gar noch deutlicher hervorträte? Oder versucht Livius da womöglich unparteiisch vorzugehen, falls er überhaupt politische Hintergedanken dabei hatte und nicht vielmehr aus Freude am Kontrast den Gegner sprechen ließ? Dann wäre in der Tat die Ideologie um literarischer Prinzipien willen gesprengt. Ich finde, daß W. Kroll hier geradezu Abschließendes geäußert hat.[32]

Neuerdings hat Tränkle nachgewiesen: Livius ändert seine polybianische Vorlage zum geringsten Teil aus patriotischen, generell hingegen aus erzähltechnischen Gründen.[33] Auch haben wir uns

---

[32] S. o. Anm. 11 u. 12; zieht man bei Burck 'das Augusteische' ab, bleibt „die seelische Vertiefung von Personen und Handlungen", eine Diagnose, die doch über Kroll nicht entscheidend hinausführt. Wenn ich unterstreichen wollte, daß Burcks Liviusauffassung sich seit 1934 nicht geändert hat, so muß ich korrekterweise hinzufügen: Kritik an ihm soll nicht ihn selbst, sondern eine bestimmte Denkweise treffen, an der sich die „Usurpation" (R. Herzog) speziell der Liviusforschung durch antirational-völkisches Denken besonders gut greifen läßt. Fairneß muß auch deshalb walten, weil Burck und seine Schüler in ihrem Liviusverständnis wohl eher eine Minderheit repräsentieren.

[33] Endlich ist hier jetzt H. Tränkles grundlegende Arbeit ›Livius und Polybios‹, Basel 1977, zu nennen, die sich zwar, dem Titel gemäß, im Anschluß an Wittes Methode auf die Art der Polybiosbenutzung beschränkt, hier indessen für Livius zu Ergebnissen gelangt, die seine historische und literarische Verfahrensweise nachprüfbar gründlich beschreiben; um 'das Livianische in Livius' aufzuspüren, haben wir jetzt eine Grundlage, die ungleich tragfähiger ist als die von Burck gelegte. Dieser hat Tränkles Ergebnisse objektiv beschrieben, ja teilweise begrüßt, in den entscheidenden Punkten jedoch sehr reserviert beurteilt (Gnomon 51, 1979, 657ff.). Daß

inzwischen gewöhnt, von der 'moralischen Geschichtsauffassung' der Römer zu sprechen. Sie wäre demnach keinesfalls epochenspezifisch, Livius verführe damit nicht singulär. Anerkennen wir dies, werden wir in den Stand gesetzt, nun auch die moralisierende Rezeption griechischer Quellen als Problem zu sehen: Eine wie immer normative Geschichtsbetrachtung, die ihre Maßstäbe zwangsläufig der Gegenwart entnimmt, verträgt sich nicht – und sie tat das auch in der Antike nicht – mit der Aufgabe des Historikers. So oder so gewinnen wir auf dieser Basis eine kritische Liviusbetrachtung zurück. Seine Geschichtsauffassung nämlich treibt Livius zur Verklärung der Vergangenheit und dabei auch zu allerlei teilweise erstaunlichen Kontrastierungen zwischen *tum* und *nunc*.[34]

Es ließe sich weiter fragen: Inwieweit ist das Ideal 'Altrom' traditionell? Die Beschwörung des *mos maiorum* beginnt doch schon bald nach dem Zweiten Punischen Krieg.[35] Wie will man wissen, in

Tränkle auf die Seite des kritischen Liviusbildes gehört, zeigt sich S. 178 ff. Für uns wichtig: Livius verändert (wenn er's tut) neben Polybios weniger (oder gar nicht) aus Patriotismus als (sondern) aus einer anderen Geschichtsauffassung heraus (Tränkle 131 ff.). Tränkle bestätigt des Geschichtsschreibers „Ehrfurchts-Abstand" zur Vergangenheit, seine romantische Verklärung. Livius moralisiert auch oft erbaulich (139–148). Diese Eigenarten treten gleichfalls auf, wenn nichtrömische Ereignisse oder Personen geschildert werden.

[34] Für die Geschichtsauffassung des Livius und seine Reflexionen (s. H. A. Gärtner) im Rahmen des Gegensatzes *tum–nunc* vgl. jetzt A. Heuß, Zur inneren Zeitform bei Livius, Festschrift Burck (o. Anm. 10) 175–215. So wenig wie Tränkle unterschlägt Heuß des Livius Absicht, den Leser zu unterhalten. Wichtig scheint mir die Einsicht, daß sich Livius nicht zu einer vorgegebenen Vergangenheit 'ehrfürchtig' o. ä. verhält, sondern diese als historischer Schriftsteller erst erzeugt! (Heuß 184 [zur „Vergangenheitsillusion"]). Unnötig zu sagen, daß Heuß, insoweit eine ideale Ergänzung zu Tränkles Monographie, die Geschichtsauffassung des Livius unübertrefflich subtil ins Auge faßt, ohne ihm Unrecht zu tun – im Gegenteil! –, ohne ihn aber auch unangemessen zu exponieren. Selbstverständlich kommen Tränkle wie Heuß u. a. ohne den Begriff 'augusteisch' aus.

[35] S. hierzu u. a. K. Christ, Römische Geschichte und Wissenschaftsgeschichte I, 1982, 134–141. In Modifizierung der Thesen F. Hampls (s. u. a. R. Klein, Hrsg., Das Staatsdenken der Römer, Darmstadt 1966, 116–177)

welchem Umfang Livius hier eigenständig ist? Interessant zu ermitteln wäre doch, wie er das offenbar gemeinrömische Geschichtsverständnis erzählerisch umsetzt. Schließlich 'das Augusteische': War es wirklich eine Einheit, vermochte überhaupt die Öffentlichkeit zu Beginn der zwanziger Jahre v. Chr. so zu denken, wie man es den sogenannten Augusteern unterstellt? Inwiefern darf man Vergil heranziehen, die frühe Liebeselegie dagegen ausklammern? Waren nicht die von Livius gepriesenen altrepublikanischen Ideale in seiner Situation geradezu als Kontrastprogramm denkbar? Seine Praefatio jedenfalls zeigt ihn sehr wohl in Distanz zur Gegenwart, Geschichtsschreibung soll ihm selbst eskapistisch als Trost dienen, seine Diagnose der Zeit fällt keineswegs optimistisch aus.[36]

Nach allem, was uns vom Publikum des Livius bekannt ist, erwartete es mitnichten von der Literatur politische Steuerung;[37] daß

sieht er in der römisch-historiographischen Verfallstheorie einen geschichtlichen Kern. Insoweit ist Burck, Erzählungskunst XIX, recht zu geben.

[36] Liv. praef. 9, s. dazu Walsh in: Wege zu Livius 183 sowie A. D. Leeman (1961), ebd. 206f., im Zuge einer besonders ausgewogenen Besprechung der livianischen Vorrede (Werden wir Livius gerecht?, ebd. 200–214; hier 207f. auch die Bemerkung „Livius hatte sicher nicht zur Verbreitung der Idee des Prinzipats beigetragen ... Und seine Anspielung auf den kürzlich eingeführten Prinzipat in der Praefatio [§ 9], *haec tempora quibus nec vitia nostra nec remedia pati possumus* [wie die genaue Bedeutung der Worte auch lauten mag], sieht kaum nach einer sehr herzlichen Aufnahme der neuen Ordnung aus; im Kontext bezeichnet sie den Tiefpunkt der bisherigen römischen Geschichte").

[37] W. Hoffmann, Wege zu Livius 89f.; Leeman ebd. 206. Hoffmann: Die Mehrheit der römischen Bevölkerung ersehnte kein Wiederaufleben der alten republikanischen Institutionen; der Kreis handlungsberechtigter Leser war sehr klein geworden, was sie beim Historiker über die große Vergangenheit lasen, hatte keine Beziehung zur Lage der Zeit. „Daneben aber war nun eine andere Schicht emporgekommen, literarisch gebildet, ein Publikum, das bereitwillig alle Neuerscheinungen aufnahm, darüber diskutierte und sich daran erbaute; diese Leute aber wollten etwas anderes als politische Belehrungen; sie forderten eine ihrem Geschmack entsprechende Gestaltung des geschichtlichen Stoffes; für sie trat ganz von selbst der politisch bedeutsame Inhalt zurück hinter der Form" (89). Zur Frage des 'Augusteischen': „Das Werk, das Livius uns hinterlassen hat, konnte nur in der Zeit

Schriftsteller und Volk sich einhellig und bedenkenlos der neuen Herrschaft unterworfen hätten, läßt sich schwerlich behaupten, ganz abgesehen davon, daß die Stellung des Augustus in den Jahren, da Livius zu schreiben begann, noch keineswegs gefestigt war. Nun wurzelt, wie erwähnt, die Vorliebe fürs 'Augusteische' auffallend deutlich in einem politischen Denkmuster: Die sogenannte augusteische Erneuerung kontrastierte spätrepublikanischer Zerrissenheit nicht anders als die ersehnte Einheit des Deutschen Reiches dem Parteiengezänk der Weimarer Republik. Die erste Tabelle oben zeigt das, meine ich, recht klar.[38]

Kehren wir zum Liviusbild im engeren Sinne zurück: Wie die Leitwörter der zweiten Tabelle, linke Spalte, erkennen lassen, erscheint Livius auf dieser Seite nicht als 'Seele', obwohl psychologische Begriffe natürlich vorkommen, sondern als Kopf mit Mängeln und Vorzügen, als Denker außerdem, der keineswegs Zuversicht und Optimismus ausstrahlt, sondern von Skepsis und Zwiespalt (A. Heuß: „Erkenntniskonflikt") bedrängt wird: Skeptisch ist er gegen moralische Erneuerung, melancholisch im Blick auf die Vergangenheit, Zwiespalt prägt ihn, was das Verhältnis von Geschichtsbild und Geschichte anlangt. Wer hierauf Gewicht legt, nennt 'politi-

des Augustus entstehen, wo sich Altes und Neues endgültig voneinander schieden; insofern gehört es mit vollem Recht zu ihr. Aber nicht Glück und Freude geben ihm das Gepräge, sondern eher Schmerz und Entsagung, der Abschied von einer Welt, die unwiderbringlich dahin war" (ebd. 95).

[38] Einige Belege zur Gleichsetzung von Nationalsozialismus und Prinzipat, ja Hitler und Augustus, bei Töchterle (o. Anm. 7), 51 Anm. 70; nicht viele sind so weit gegangen wie H. Volkmann, HumGymn. 47, 1936, 143: „Wie bei uns schließlich der Führer und seine Bewegung die abgearbeitete Wahlmaschine beiseite schob und an ihre Statt das Führerprinzip setzte, so hat Augustus als Führer einer neuen Zeit, die nach seinem Willen eine seelische und sittliche Aufartung so bringen sollte, und noch mehr sein Nachfolger Tiberius das römische Volk von der Wahlplage befreit." Weniger dezidiert NJb N.F. 1, 1938, 29 (der Prinzipat als Staatsschöpfung könne gerade von dem Erleben des nationalsozialistischen Staates aus richtig gewürdigt werden), ähnlich in H. Berve, Hrsg., Das neue Bild der Antike, Leipzig 1942, Bd. 2, S. 246f. (Unter dem Stichwort „damals wie heute" [ebd. 247] wäre eine breitere Diskussion vonnöten.)

sche Ideologie', was im anderen Lager 'Romglaube' heißt; die angeblich augusteische Wertewelt wird hier ausdrücklich bestritten und als verstandesmäßig rezipierte moralische Norm verstanden, deren Inaktualität auf der Hand liegt, steht sie doch im Widerspruch, wenn nicht gar in offenem Konflikt zur sich formierenden Herrschaft des Princeps. Zur Formel verkürzt: Livius wird hier auf dem Hintergrund eines skeptischen Rationalismus gezeichnet. Daß Rombild und Rom (als Realität) sich decken, scheidet hier natürlich aus, jedenfalls für die Gegenwart, und für die Vergangenheit wird kritisch durchgehalten: Eine moralische Geschichtsauffassung verzerrt die Tatsachen. Geleugnet wird, daß die *laus Romae* des Livius, konventionell wie sie ist, einen vorbestimmten Geschichtsablauf verficht, geleugnet wird, so namentlich von Kajanto gegen Stübler, daß Livius einen schicksalsgelenkten Weltlauf in Augustus münden läßt, ja, ausdrücklich bestritten wird, daß Augustus bei Livius überhaupt eine nennenswerte Rolle spielt. Einen maßgeblichen Einfluß des ersten Princeps hatte ja schon Burck nicht recht beweisen können; sobald jedoch die 'psychagogische' Deutung einmal usuell geworden war, erschloß sie, wie oben im ersten Teil angedeutet, beliebige Assoziationen (zu ihnen gehört auch das angebliche 'Werkganze').

Wo man dieser Tendenz die Gefolgschaft versagte, mußte folglich auch der Faden z. B. zwischen Livius und Vergil reißen. Eine Welt stand zwischen beiden, nahm man nur die §§ 4, 5 und 9 der Praefatio beim Wort, die Burck mit Nachdruck, aber etwas willkürlich, als für Livius unmaßgeblich auf die Seite geschoben hatte. Daß unser Geschichtsschreiber sich im Ekel vor dem 'Sittenverfall' seiner Zeit der Geschichtsschreibung widmet, lautet zwar wenig 'augusteisch', aber ist es deshalb weniger zutreffend? Zweifellos hören wir daneben auch optimistische Klänge von der Größe des Imperiums und der Idealität der Vergangenheit – aber was soll jetzt gelten? Wer möchte wohl anders antworten als: beides? Einerseits optimistische Ideologie, daneben aber realistische Einschätzung der Gegenwart, sowohl nationalethisches Geschichtsbild (wiewohl keineswegs exklusiv) als auch Skepsis gegen die zeitgenössische Gesellschaft. Insgesamt also: Widerspruch, Zwiespalt, Spannung zur Gegenwart, einerlei ob bewußt oder nicht (so besonders Howald), mit

Sicherheit also nicht Einheit und Identität des Bewußtseins oder 'Rom in Livius'. Keine römischen Schriftsteller, auch römische 'Wertbegriffe' nicht, können uns Geschichte durch ein Geschichtsbild verbindlich ersetzen.

Bilanz: Livius als Träger und Vermittler **nationaler Werterlebnisse** dort – als **skeptischer Rationalist** hier: Die Anthropologie ist grundverschieden, entsprechende Differenz zeigt deshalb auch die Interpretation im Einzelfall. Dort sind Vorstellung und Realität in der Seele eins, hier findet sich kritische Bewußtheit der Inkongruenz beider im Verstand – gibt es hier eine Brücke? Wenn nicht: welche Anschauung verdient den Vorzug?

Mir scheint die zweite Lösung besser begründet; genaugenommen hält sie ja an der Konzeption fest, die zu Heinzes Zeiten herrschte: 'Gegenposition' ist, historisch betrachtet, ja doch gerade das psychagogisch-ethische Liviusbild, dessen Verfechter genaugenommen die Beweislast zu tragen hätten, sie aber jedoch bis heute schuldig geblieben sind. Daß die entscheidende Differenz in den anthropologisch-gesellschaftlichen Vorgaben einer bestimmten Interpretationsmethode wurzelt und von einer politischen Situation geprägt ist, läßt sich, denke ich, schwer bestreiten. Im übrigen ließe sich der Gegensatz beider Liviusbilder durchaus noch vertiefen, die Polemik gegen die außerwissenschaftlich beeinflußte Liviusauffassung noch wirksam verschärfen.

Ungeachtet aller Gegensätze gibt es vielleicht einen Ausweg, der sie etwas abschwächt. In des Livius Praefatio liest man, wie gesagt, ebenso optimistische als auch kritische Äußerungen, und die erhaltenen Dekaden stimmen dazu. Neben eindeutiger Nationalethik (Imperialismus) vernehmen wir resignierende Töne: Wenn tatsächlich Livius selbst zwischen beiden Polen gestanden hat oder, mit Howald zu reden, im 'Zwiespalt' war, dann wird man viele Merkmale, die die erste Position absolut setzt, in diesem jetzt eher problematischen Livius wiederfinden können. Damit würden wir den Gegensatz beider Liviusbilder zumindest teilweise auf den Autor selbst zurückführen und im Modell eines konfliktbewußten Livius aufheben.

Wer den beschriebenen Kontrast unbefangen betrachtet und jede Äußerung der Vorrede sowie einschlägige Bemerkungen im Gesamtwerk gleichmäßig bewertet, der dürfte doch wohl eher für einen skeptischen Rationalisten Livius optieren, zumal dann das, womit die psychologisch-ethische Deutung recht hat, von vornherein berücksichtigt ist. Verfolgt man den Weg weiter und sieht die grundsätzliche Kontroverse innerhalb der Forschung bei Livius selbst angelegt, versucht man also, die Gemeinsamkeiten beider Positionen aufzuspüren, dann kommt man demnach auch auf diese Weise dahin, dem zweitgenannten Liviusbild die Palme zu reichen. So oder so hat die – sagen wir – 'Identitätsphilologie', ein Stück 'unbewältigter Vergangenheit' unserer Wissenschaft, gar zu viele Schwächen. Vor allem: Es fällt mir schwer, jener gemutmaßten 'Einheit des Bewußtseins' den mehr oder minder intellektuellen Habitus des Schriftstellers zu opfern. Wir werden es auch lieber bleiben lassen, das 'Livianische in Livius' auf seelisches Erleben eindeutiger Werte zu verlagern, bloß weil die historische Kritik auf einen Livius gestoßen ist, dessen Verhältnis zur Tradition ethisch Kontinuität zeigt, historisch dagegen desto weniger den üblichen Erwartungen entspricht.

In der Tat versteht man schwer, wie Livius ein 'ehrfürchtiges Staunen' angesichts römischer Vergangenheit unterstellt werden konnte: Diese Vergangenheit ist doch vom Schriftsteller (oder von seinen Vorgängern) zuallererst erzeugt oder 'aufbereitet'.[39] *Exempla* waren Schulgut, jedoch keine 'Geschichte'; eine 'moralische Geschichtsauffassung', die diesen Unterschied zudeckt, ist für uns erledigt, wird ihrerseits zur historischen Größe. Wir dürfen Livius nicht mit Rom noch mit seiner Gegenwart in eins setzen; wir selbst können uns mit ihm nicht identifizieren, wenn wir, wie es die 'philologische Methode' gebietet, an die historisch-literarische Auffassung anknüpfen, die ich oben mit Hilfe der Formel 'Gleichgewicht Quelle–Stil' erörtert habe.

[39] A. Heuß a. O. (Anm. 10) 183 f.; die „Vergangenheitsillusion" (Heuß) – ein eklatantes Beispiel ebd. 196 – führt gelegentlich zu grotesken Verzeichnungen (ebd. 197), eine Erkenntnis, die zu jener These vom 'ehrfürchtigen Staunen' o. ä. in ganz erheblichem Widerspruch steht. – Einige Grundgedanken dieses meines Beitrages stehen schon in K. Th., Livius im Spiegel der neueren Forschung (Vortrag 1968), in: Fr. Hörmann, Hrsg., Neue Einsichten. Beiträge zum altsprachlichen Unterricht, München 1970 (= Dialog Schule–Wissenschaft usw. V). Eine Kurzfassung in: Actes de la XIIIe Conférence Internationale d'Études Classiques EIRENE, Bukarest–Amsterdam 1975, 349–353.

Originalbeitrag 1983.

DIE KLASSISCHEN AUTOREN UND DAS ALTLATEIN*

Von Jürgen Untermann

1. Einleitung

Allen Sprachgemeinschaften, denen eine längere literarische Tradition ihrer Sprache zugänglich ist, darf man die Erfahrung unterstellen, daß ihnen beim Lesen von Texten aus vergangenen Zeiten eine wachsende Distanz zwischen der Sprache dieser Texte und der ihrer Gegenwart bewußt wird. Wir lesen die Romane des 19. Jahrhunderts noch, als wären sie heute geschrieben; bei Goethe und seinen Zeitgenossen stoßen wir hin und wieder auf syntaktische Fügungen und auf Wortverwendungen, die wir zwar verstehen, aber nie selbst so gebrauchen würden; die Zahl solcher Erscheinungen nimmt zu, sobald wir uns der Literatur des Barock zuwenden, und erreicht einen gerade noch erträglichen Anteil, wenn wir Luthers Werke in ihrer ursprünglichen Gestalt lesen wollen. Irgendwann wird eine Schwelle überschritten: für das Verständnis hochmittelalterlicher Texte kommen wir nicht mehr mit unserer Sprachkenntnis aus, wir brauchen ein Wörterbuch und eine Grammatik wie für eine fremde Sprache. Obwohl wir uns also den Sprachwandel kontinuierlich vorstellen und dies auch über Jahrhunderte hinweg bestätigt finden, gibt es doch einen Punkt in der Vergangenheit, an dem an die Stelle der Kontinuität eine Diskontinuität tritt.[1] Diesem Punkt

---

* Der folgende Versuch gibt einen kleinen Ausblick auf ein vielschichtiges Problem, das eine weitaus gründlichere Bearbeitung verdient: in der hier vorgetragenen Form erhebt er keinen Anspruch auf Vollständigkeit, weder in der Erfassung der Quellen noch in der Verarbeitung der bisherigen Forschung. – Werner Eck möchte ich auch an dieser Stelle für fachkundige Hilfe und bibliographische Beratung danken.

[1] Allgemein hierzu S. Grosse in H. Trümpy, Hrsg., Kontinuität – Diskontinuität in den Geisteswissenschaften, Darmstadt 1973, 189–199; für

entspricht kein realer Akt der Sprachgeschichte, er besteht nur in unserer Perspektive: wir dürfen sicher sein, daß Luthers Fähigkeit, Texte seiner Vorfahren zu verstehen – wäre ihm daran gelegen gewesen –, eine Zeitspanne umfaßt hätte, die über die uns zugängliche weit hinausgeht.

Die klassischen Autoren Roms haben mit uns zweierlei gemeinsam: sie verfügen über eine literarische Tradition, die in frühe Stadien ihrer Sprache hineinführt, und sie interessieren sich für deren Inhalte. So darf man auch für die Römer der klassischen Epoche die Frage stellen, wie weit ihre Fähigkeit, ältere Texte zu verstehen, in die Vergangenheit zurückgereicht hat, und wo sie an die beschriebene Diskontinuitätsgrenze gelangt sind. Gerhard Radke[2] hat kürzlich diesen Fragen eine gründliche Untersuchung gewidmet und ist zu dem Ergebnis gekommen, daß vom siebenten bis zum vierten Jahrhundert ein, wie er es nennt, 'archaisches Latein' gesprochen worden ist, das den römischen Sprechern der Zeitwende ebenso fremd gewesen sein muß wie uns das Mittelhochdeutsche. Wenn es so aussieht, als seien Texte aus jener frühen Zeit doch verständlich geblieben, dann war dies nur deshalb möglich, weil sie – wie die Zwölftafelgesetze – einer laufenden sprachlichen Modernisierung unterworfen waren. Die Frage, wieviel und was modernisiert werden mußte, um die Verständlichkeit zu erhalten, hat Radke – wenigstens grundsätzlich – gestellt und in manchen Details beantwortet. Daß eine umfassende Antwort nicht möglich ist, liegt daran, daß die Quellen für die Zeit vor der mutmaßlichen Schwelle außerordentlich spärlich und disparat sind und erst für die Epoche, die für die gestellte Frage weniger interessant ist, in ausreichender Zahl verfügbar werden.[3]

das Deutsche gut dargestellt von S. Sonderegger, Grundzüge deutscher Sprachgeschichte, Band 1, Berlin 1979, 185–194.

[2] G. Radke, Archaisches Latein, Darmstadt 1981. Dazu die wichtige Rezension von W. Blümel in GGA 234, 1982, 41–65.

[3] Zur Syntax und Stilistik vor allem J. Marouzeau, Formation du latin littéraire, Paris 1949; für die Laut- und Formenlehre eine gute Übersicht bei W. Blümel, Untersuchungen zu Lautsystem und Morphologie des vorklassischen Lateins, Beihefte der Münchener Studien zur Sprachwissenschaft 8, München 1973.

Das Anliegen dieser Untersuchung ist es, das Problem sozusagen von hinten anzugehen: welche grammatischen Fähigkeiten hatten die Schriftsteller der klassischen Zeit aufzuwenden, wenn sie versuchten, Texte älterer Sprachstufen zu verstehen? Die Frage ist, so gefaßt, nicht zu beantworten: es ist uns keine zusammenhängende Reflexion über das Thema 'Altlatein' aus der Feder eines klassischen Autors erhalten[4] und auch kein sprachhistorischer Ennius- oder Zwölftafelkommentar. Als Ersatz hierfür kann man sich aber an diejenigen Zeugnisse halten, die erkennen lassen, wie sich die Sprecher dieser Zeit das ältere Latein vorstellten, was ihnen daran als 'typisch altlateinisch' erschien, welche Mittel sie für angemessen hielten, wenn sie ältere Sprache imitieren wollten. Ich möchte diese Fragen an zwei Texte richten, die sicher nicht die einzigen sind, die Auskunft versprechen,[5] die aber als Basis für einen ersten Versuch gut geeignet scheinen: Ciceros Gesetzesentwürfe in seiner Schrift ›De legibus‹ und das Geschichtswerk des Livius. Cicero ist zwar kein augusteischer Autor, aber gerade in seinen ›Gesetzen‹ laufen seine Intentionen deutlich mit jenen parallel, die von Augustus mit programmatischer Konsequenz weiterverfolgt werden – die Schaffung eines neuen Staates, der die verlorengegangene Kontinuität mit einer alten Zeit wiederherzustellen versucht.[6]

---

[4] Varro reflektiert über gegenwärtiges Latein und nicht über ältere Sprachphasen; die Kenntnis alten Sprachguts ist für ihn wichtig, weil es die *causae* für Elemente der Sprache seiner Zeit liefert (vgl. auch unten Anm. 51); ausführlich darüber W. Pfaffel, Quartus gradus etymologiae. Untersuchungen zur Etymologie Varros in 'De lingua latina', Beiträge zur klass. Philologie 131, Meisenheim 1981, bes. 7–12. 32–39.

[5] Besonderes Interesse verdient die Inschrift der Columna rostrata des C. Duilius, deren Erörterung jedoch den Rahmen dieses Beitrags überschreiten würde. Vgl. u. a. E. Wölfflin, Sitz.-Ber. der Bayr. Ak. der Wiss., Phil.-Hist. Klasse. 1890, 293–321; J. Wackernagel, Jahrbuch des Vereins Schweizerischer Gymnasiallehrer 47, 1919, 162–170 (= Kleine Schriften, Band 3, Göttingen 1979, 1663–1671); M. Niedermann, REL 14, 1936, 276–287 (= Recueil Max Niedermann, Neuchâtel 1954, 209–220).

[6] Zur politischen Zielsetzung der Schrift zuletzt, jeweils mit reichen Literaturangaben: A. Heuß, Ciceros Theorie vom römischen Staat, GGN 1975/8, Göttingen 1976, 195–272; G. A. Lehmann, Politische Reformvor-

Die hier gestellte Aufgabe steht dem seit langem vielfältig bearbeiteten Gebiet der Archaismen im klassischen Latein nahe,[7] unterscheidet sich aber dadurch, daß es hier nicht um die Rolle altertümlicher Farbtupfer in der klassischen Kunstsprache geht, sondern um die Frage, ob und wie die klassischen Schriftsteller umfassendere Texte herstellen, die einer vorklassischen Grammatik gehorchen oder doch gehorchen sollten.

2. Cicero, De legibus[8]

Das sprachliche Programm hat Cicero selbst formuliert – *sunt certa legum verba, Quinte, neque ita prisca ut in veteribus XII sacratisque legibus et tamen, quo plus auctoritatis habeant, paulo antiquiora quam hic sermo est* (2, 7, 18) – und an diesem Programm ist die Form zu messen, die er seinen Gesetztexten 2, 8, 19–9, 22 und 3, 3, 6–4, 11 gegeben hat.[9] Den einzigen Anhaltspunkt, den er in

---

schläge in der Krise der späten römischen Republik, Beiträge zur klass. Philologie 117, Meisenheim 1980; L. Troiani, Per un'interpretazione delle «Leggi» di Cicerone, Athenaeum 60, 1982, 315–335. – Forschungsbericht von Elizabeth Rawson in ANRW I, 4, 1973, 334–356.

[7] Hierzu zuletzt W. D. Lebek, Verba prisca. Die Anfänge des Archaisierens in der lateinischen Beredsamkeit und Geschichtsschreibung, Hypomnemata 25, Göttingen 1970, der zwar die hier zu besprechende Epoche nicht einbezieht, aber wichtige Bemerkungen zur antiken und modernen Theorie des Archaismus beisteuert. Zum Archaismus in der juristischen Sprache der ausgehenden Republik: G. Pascucci, Aspetti del latino giuridico, StIFC 40, 1968, 3–43.

[8] Ausgaben u. a. von K. Ziegler, M. Tullius Cicero: De legibus, Heidelberger Texte. Lateinische Reihe 20, Heidelberg 1950, mit guter Einleitung; G. de Plinval in der ed. Budé, Paris 1959, mit kurzem Kommentar. Die ausführlichste Diskussion der Überlieferung der 'altlateinischen' Textpartien findet sich in der Ausgabe von J. Vahlen, Berlin ²1883.

[9] Die einzige mir bekannte umfassende Erörterung der sprachlichen Gestalt der Gesetze in ›De legibus‹ gibt H. Jordan, Kritische Beiträge zur Geschichte der lateinischen Sprache, Berlin 1879, 225–250. Einzelne Probleme bespricht G. Pascucci, L' arcaismo nel De legibus di Cicerone, in:

diesem Programm nennt, stellen die Zwölf Tafeln dar: in welchem Grad der Modernisierung Cicero sie gekannt hat, läßt sich aus den Zitaten derselben in seinen Werken[10] und denen seiner Zeitgenossen und Nachfolger – namentlich Gellius – ungefähr abschätzen. Es ist ganz sicher nicht das Latein des fünften Jahrhunderts, und es läßt sich wohl auch kaum wahrscheinlich machen, daß Cicero einzelne Sätze in der originalen Gestalt gekannt hat[11] und – wenn er sie gekannt hätte – verstanden hätte. *ita prisca* kann also nichts anderes als die letzten Stufen der Anpassung[12] meinen, in denen der Text aus dem fünften Jahrhundert bis in Ciceros Zeit hinein tradiert worden ist. Diese Sprachform will Cicero, wie der oben angeführte Satz zeigt, nicht übernehmen, und so muß man mit der Frage an seinen Text herantreten, was er denn dann mit den *verba paulo antiquiora* gemeint haben könnte.

Anzumerken ist zunächst, daß Cicero keine im engeren Sinne orthographischen Mittel verwendet hat, um seinem Text ein 'altlateinisches' Aussehen zu verleihen,[13] es sei denn, was kaum anzunehmen ist, die handschriftliche Überlieferung von Ciceros Werk hätte alle Spuren davon beseitigt. Er verwendet also weder *ei* für *ī*[14] noch *ou* für *ū*, obwohl beide Schreibungen in den epigraphisch bezeugten Gesetzen seiner Zeit häufig sind. Ebensowenig schreibt er *ai* und *oi* statt *ae* und *oe*. Nur wenige orthographische Archaismen hält er für

---

Studia Florentina Alexandro Ronconi sexagenario oblata, Rom 1970, 311–324 und in seinem oben, Anm. 7, genannten Aufsatz.

[10] Als 'wörtlich' führt Cicero folgende Stellen an: I 1 in De leg. 2, 4, 9 (s. u. Anm. 11); II 2 in De off. 1, 12, 37; V 3–7 in De inv. 2, 50, 148; VI 1 in De or. 1, 57, 245; VIII 24 in Top. 17, 64, De or. 3, 39, 158; X 1–2 in De leg. 2, 23, 58, 59; X 4 in De leg. 2, 24, 65, X 5 und 8 in De leg. 2, 24, 60.

[11] Üblicherweise angenommen aufgrund der berühmten Stelle De leg. 2, 4, 9: *a parvis enim, Quinte, didicimus 'si in ius vocat'*.

[12] Radke a. O. (o. Anm. 2) 123–135 versucht die Etappen dieser Anpassung zu rekonstruieren.

[13] Vgl. dazu Quintilian 8, 3, 25: *sed utendum* (sc. ein altertümliches Wort) *modo nec ex ultimis tenebris repetenda: satis est vetus 'quaeso'; quid necesse est 'quaiso' dicere?*

[14] Die Konjektur *deixerit* für *defixerit* 2, 8, 21 (s. u. Anm. 33) verdient deswegen kein Vertrauen.

nützlich oder notwendig: *oe* statt *u* in *oenus* (3, 3, 9),[15] *oesus* (dreimal in 3, 4, 10–11), *ploera* (3, 3, 6), *coerari, coeret, coerandi* (3, 4, 10) und *loedis* (2, 9, 22); daneben findet sich *unum* (2, 8, 20), *curatores* (3, 3, 7), *procuranto* (2, 9, 21) und *ludorum* (3, 3, 7); *o* statt *u* in *nontii* (2, 9, 21), das in spätrepublikanischen Inschriften Rückhalt findet,[16] und in *indotiarum* im gleichen Paragraphen, dem vielleicht ein etymologischer Anschluß an *otium* zugrunde liegt;[17] dagegen bietet unser Text stets *multa* und *publicus*, obwohl *molta* und *poplicus* bis ans Ende der Republik auf Inschriften belegt sind; schließlich die Einzelfälle *olle* statt *ille*[18] und *duellum* (2, 8, 21 und zweimal in 3, 3, 9) neben *bellum* (2, 9, 21, zweimal in 3, 3, 6).

Auffallend wenig wird für ein archaisches Aussehen der Nominalflexion getan: *plebes* (3, 3, 9; 3, 4, 10), wie auf Inschriften des zweiten Jahrhunderts und bei Ennius,[19] und der auch in klassischer Zeit allgemein bekannte Genitiv *divum* (2, 9, 22) neben *divorum* (2, 8, 21) und *deorum* (zweimal in 2, 9, 22). Es findet sich kein Ablativ auf *-d* und kein Genitiv der *-ā*-Stämme auf *-ai*.

Beim Verbum beschränkt sich die *antiquitas* auf drei Erscheinungen: *appellamino* (3, 3, 8) wendet die für Deponentien bekannte Endung auf eine als Passiv zu interpretierende Form an: ob dies im frühen Latein zulässig war, ist weder positiv noch negativ zu entscheiden;[20] die aus den Zwölf Tafeln bekannte Rarität *escunt*[21] ist

[15] Plausible Verbesserung aus *ones* (alle Codd.).

[16] CIL. I² 582, 3 (Lex latina Tabulae Bantinae), 583, 42 (Lex repetundarum), 595, 596, alle aus der zweiten Hälfte des 2. Jh. v. Chr.

[17] Vgl. Donatus zu Ter. Eun. 60 und Ernout-Meillet, Dictionnaire étymologique de la langue latine, Paris ⁴1959, 316.

[18] In juristischen Texten der gleichen Zeit: CIL I² 587 (Lex Antonia de Termessibus, 71 v. Chr.); zum Gebrauch bei Vergil: E. Norden, P. Vergilius Maro, Aeneis, Buch VI, Darmstadt ⁴1957, 225.

[19] CIL I² 583, 12 (Lex repetundarum, 122 v. Chr.); 585, 78 (Lex agraria, 111 v. Chr.) und Ennius, Sc. 228.

[20] Seit Jordan a. O. (o. Anm. 9) 245 f., ist man sich einig, daß es sich um einen von Cicero erfundenen 'falschen Archaismus' handelt: M. Leumann, Lateinische Grammatik, Neuausgabe, München 1977, 571; Pascucci a. O. (o. Anm. 9) 324.

[21] Vgl. Pascucci a. O. (o. Anm. 9) 321 f. (o. Anm. 7) 24 Anm. 2.

zweimal verwendet (3, 3, 9), beide Male in einem mit *ast quando* beginnenden Satz (s. u. S. 259), im zweiten, *ast quando consules . . . nec escunt*, außerdem mit dem archaischen *nec = non*, was noch mehr an das Vorbild *ast ei custos nec escit* (XII tab. V 7) erinnert; häufig herangezogen werden schließlich Futur- und Konjunktivbildungen mit *-s-*Suffix,[22] drei mit voraufgehendem Konsonanten – *faxit* (2, 8, 19), *clepsit* und *rapsit* (2, 9, 22) –, alle übrigen nach Vokalstämmen: *creassit* (3, 3, 9; 3, 4, 10), *habessit* und *prohibessit* (2, 8, 19; 3, 3, 6; 3, 3, 9; 3, 3, 10), *imperassit, interrogassit, iudicassit* (3, 3, 6), *locassint* (3, 4, 11, aber *locaverint* 2, 8, 18), *migrassit* (3, 4, 11), *rogassint* (3, 3, 9) und die passivische Form *turbassitur* (3, 4, 11);[23] daneben fehlt es nicht an Belegen für die klassische Flexionsweise, und es ist vielleicht kein Zufall, daß die meisten dieser 'normalen' Formen weder einer der großen vokalischen Klassen angehören noch eine Wurzel auf Verschlußlaut haben, also keine Anwendung der Muster *servassint* und *faxit* zulassen; Cicero hat anscheinend nicht gewagt, zu *adsciscere* statt des klassischen *adsciverit* (2, 8, 20) ein 'altes' *adscissit*, statt *creverit* (viermal) *cressit*, statt *iusserit* (3, 3, 8) *iussit*[24] zu bilden. Andere vorklassische Verbalformen fehlen völlig, so *siet, sient* statt *sit, sint* (3, 3, 10; 2, 8, 20) und der Ausgang *-d* bei den Imperativen auf *-to*.

Ein anderes Mittel, durch die Verben Altertümlichkeit anzudeuten, sind Simplicia anstelle von Komposita. Als Modell mochten Fälle wie *si im occisit, iure caesus esto* (XII tab. VIII 12) oder das ablösbare Präverb in *endoque plorato* (VIII 13), *urito, uret* statt *comburito* (X 1, 8) gewirkt haben oder auch die Vorliebe der alten Dichter für unkomponierte Verben, wie z. B. *nosce, quatit, spexit* bei Ennius.[25] Besonders auffällig ist der ständige Gebrauch von *creverit* statt *decreverit* in Ciceros Gesetzentwurf;[26] weitere Beispiele

---

[22] Leumann a. O. (o. Anm. 20) 621–624; zur Verwendung bei Plautus H. Happ, Glotta 45, 1967, 87–92.

[23] Weitere Belege für Passivformen: *mercassitur* CIL I² 585, 71 (Lex agraria), *iussitur* bei Cato (s. Anm. 24), *faxitur* bei Livius (s. u. S. 444).

[24] Indirekt bezeugt durch *iussitur* Cato, Agr. 14, 1.

[25] Vgl. Untermann. Entwürfe zu einer Enniusgrammatik, in: Entretien sur l'Antiquité Classique 17, Vendoeuvres-Genève 1971, 236f.

[26] Varro, L.l. 7, 98: *(crevi) valet constitui: itaque heres cum constituit se*

sind *finiunto* (2, 8, 20) statt *definito*, *patrare* (2, 8, 19) statt *impetrare* in der Verbindung *operibus patratis* – hier könnte eine der Bauernsprache angehörende Wendung vorliegen,[27] wenn man Catos *ubi sementim patraveris* (Agr. 54, 1) als Parallele heranziehen darf. An anderen Stellen scheint Cicero mit dem Wechsel zwischen mehr oder minder synonymen Simplicia und Komposita zu spielen[28]: *apparento* (2, 8, 21) und *paruerit, parento* (ebd. und 3, 3, 6; 3, 4, 11), *obtemperanto* und *temperanto* (2, 8, 21),[29] *expianto* und *pianto* (2, 9, 21–22).

In unverkennbarem Gegensatz zu dem verhältnismäßig modernen Aussehen der Orthographie und Morphologie der ›Gesetze‹ steht ihre Syntax: hier nimmt sich Cicero alle Freiheiten zur *obscuritas* heraus, die er in den überlieferten Zwölf Tafeln vorfindet, und ist weit entfernt von dem zwar steifen und komplizierten, aber doch folgerichtigen Satzbau der spätrepublikanischen Gesetze. Das zeigt sich etwa am Gebrauch der Konjunktion *ast*[30]: *ast quando consules magisterve populi nec escunt* (3, 3, 9) lehnt sich, wie schon gesagt, eng an *ast ei custos nec escit* (XII tab. V 7) an, läßt aber nicht erkennen, ob *ast quando* als *si aliquando* oder als *at quando* zu verstehen ist; ebenso in der Einleitung des voraufgehenden Paragraphen und in *ast quid turbassitur* (3, 4, 11), wo man *si aliquid* für die wahrscheinlichste Deutung halten mag, *at quid* aber nicht auszuschließen ist; in 2, 8, 9 steht *ast* für *et* – *et eos . . . et ollos . . . ast olla* –, in *ast pote-*

---

heredem esse, dicitur 'cernere' et cum id fecit 'crevisse', also offensichtlich ein alter Rechtsterminus; sonst bedeutet das Simplex nur 'eine Wahl treffen, unterscheiden'.

[27] Jedenfalls in der Bedeutung 'zu Ende bringen, durchführen'; Plautus, As. 114, verwendet es wie *impetrare*. S. auch Ernout-Meillet a. O. (o. Anm. 17) 488f.; Lebek, a. O. (o. Anm. 7) 299.

[28] S. dazu Pascucci a. O. (o. Anm. 7) 39f.

[29] *fulgura temperanto* scheint sonst nicht belegt zu sein; *temperare* kann hier wohl kaum anders als im Sinne von *obtemperare* verstanden werden, das synonym mit *observare* verwendet wird. Vgl. Cicero, De div. 2, 18, 42.

[30] Vgl. Pascucci a. O. (o. Anm. 7) 29–34; allgemein Kühner-Stegmann, Ausführliche Grammatik der lateinischen Sprache, Band II, 2, Hannover ³1955, 88f., Hofmann-Szantyr, Lateinische Syntax und Stilistik, München ²1965, 489; zum Gebrauch bei Vergil: Norden a. O. (o. Anm. 18) 225.

stas ... prohibessit (3, 3, 10) ebenso sicher für *si*. Gekünstelte Unklarheit wird auch durch den Subjektwechsel in *quique non paruerit capital esto* (2, 8, 21) verursacht – nach dem Muster *si membrum rupsit ... talio esto* (XII tab. VIII 2) –, während kurz darauf die unkomplizierte Folge *sacrum ... qui clepsit rapsitve parricida esto* (2, 9, 22) erscheint. Diese Beispiele zeigen, daß Cicero sich – entgegen seinem oben zitierten Programm – im Bereich der Syntax durchaus nicht vom Vorbild der Zwölftafelgesetze distanziert, sondern sie mit bemerkenswerter Raffinesse nachahmt. Man vergleiche etwa noch den Satz *plebes qui pro se contra vim auxilii ergo decem creassit ei tribuni eius sunto* (3, 3, 9), dessen Gesamtheit an den altlateinischen Periodenbau angelehnt ist: mit den drei parallel aufgeführten Präpositionalverbindungen, die man durch *ut sibi contra vim auxilio essent* paraphrasieren könnte, nimmt er zwar die Figur der Synonymreihe auf, bleibt aber sicher ohne jede Unterstützung durch die ältere Gesetzessprache.

Unter den lexikalischen Mitteln, die Cicero einsetzt, um einen *sermo paulo antiquior* zu erzeugen, verdienen die Wörter Beachtung, die wie technische Ausdrücke aussehen, es aber außerhalb dieses Textes nicht oder nicht in gleicher Weise gewesen sind. Er wagt eine Neubildung *virgeta* neben *vineta* (2, 8, 21),[31] die ebenso merkwürdig ist durch ihre Anlehnung an Catos *vineta virgultaque* (Agr. 141, 2), wie durch das Bemühen, eine genaue Kopie des Catonischen Wortpaares zu vermeiden; *obstita* (2, 9, 21) wird als Substantiv mit *fulgora* zusammengestellt, als ob es die selbständige Bezeichnung eines sühnebedürftigen Vorzeichens wäre; nach dem Zeugnis des Aelius Stilo[32] ist es ein Adjektiv, das vom Blitz getroffene Menschen oder Gegenstände bezeichnet; er verwendet *defigere* im Zusammenhang mit dem Augurium (2, 8, 21) in der sonst nicht bezeugten Bedeutung '(aufgrund von Indizien) feststellen'[33]; für

---

[31] Vgl. Rawson a. O. (o. Anm. 6) 346 mit Anm. 37: auch *vineta* passen nicht in die Zeit der alten römischen Gesetzgebung, da Weinberge erst in spätrepublikanischer Zeit wirtschaftliche Bedeutung erlangen.

[32] Festus 208, 26f.: *obstitum Cloatius et Aelius Stilo esse aiunt violatum attactumque de caelo.*

[33] Von Lipsius und anderen wurde *defixerit* in *deixerit* verbessert, das besser in den Kontext passen würde, das aber den einzigen Beleg von 'alt-

den Jahresablauf des Kalenders gebraucht er erst den singulären Ausdruck *annuis anfractibus* (2, 8, 19)[34] und gleich darauf die triviale Verbindung *cursus annuos* (2, 8, 20); *migrare*, das Cicero auch anderweitig als Oppositum von *servare* in der Bedeutung '(das Recht) übertreten' verwendet,[35] wird 3, 4, 11 wie ein juristischer Terminus eingesetzt: daß die übrige Literatur hierfür kein weiteres Zeugnis kennt, läßt vermuten, daß Cicero aus eigener Machtvollkommenheit eine idiomatische Wendung benutzt hat, um die Sprache seiner Gesetze dem Alltäglichen zu entrücken.[36] Hier anzuschließen ist ⟨*bo*⟩*nos*[37] *leto datos* (3, 9, 22), das auf eine höchst poetische Stelle bei Ennius zurückgreift – *quorum liberi leto dati sunt in bello* (Sc. 334–35).

Der Schein archaischer Unbeholfenheit wird auch durch Verbalabstrakta[38] und *nomina agentis* gewonnen, die an die Stelle finiter Verben treten; hier lehnt sich *deus ipse vindex erit* (2, 8, 19) statt *vindicabit* an die Zwölf Tafeln an: *assiduo vindex assiduus esto, proletario iam civis quis volet vindex esto* (I 4); dem gleichen Muster folgen *(praetor) iuris civilis custos esto* (3, 3, 8) im Gegensatz zu *censores custodiunto* (3, 4, 11) und *iuris disceptator ... praetor esto* (3, 3, 8) gegenüber *fetiales ... bella disceptanto* (2, 9, 21); Beispiele für Abstrakta: *iusta imperia sunto, multae poenae certatio esto* (3, 3, 6)

---

lateinischem' *ei* für *ī* ergäbe: s. o. S. 430 mit Anm. 14. Sonst bedeutet *defigere* 'festsetzen, ein für allemal bestimmen'.

[34] Er leitet ihn offensichtlich aus *solis anfractus* 'Umlaufbahn der Sonne' ab (De rep. 6, 12, ähnlich Lucr. 5, 683); die primäre Bedeutung von *anfractus* ist 'Straßenbiegung, Kurve (eines Weges)': vgl. Varro, L.l. 7, 15, der ein altes Gesetz über die Mindestbreite von Straßen zitiert.

[35] Fin. 3, 20, 67 und De off. 1, 10, 31, vielleicht in Anlehnung an gr. ὑπερβαίνειν '(ein Gesetz) übertreten': Ernout-Meillet a. O. (o. Anm. 17) 402.

[36] Vgl. H. Erman, Zeitschr. der Savigny-Stiftung, Rom. Abt., 23, 1902, 456 Anm. 1.

[37] Hergestellt von Urlichs, RhM 33, 1878, 155; Codd.: *nos*, beibehalten von Vahlen; Plinval: *(huma)nos*.

[38] Vgl. Radke a. O. (o. Anm. 2) 132, über die Verbalabstrakta in den Zwölf Tafeln; ausführlich über den Gebrauch im vorklassischen Latein: Hannah Rosén, Studies in the Syntax of the Verbal Noun in Early Latin, München 1981.

und – mit einem kühnen Imperativ im Relativsatz – *ad quos provocatio esto* (3, 3, 6); schließlich *ascensus* in zwei verschiedenen Verbindungen: *propter quae datur homini ascensus in caelum* (2, 8, 19) und *ad honoris amplioris gradum is* (das Aedilenamt) *primus ascensus esto* (3, 3, 7).

Hinzuweisen ist noch auf die umfangreiche Verwendung von Synonymreihen,[39] mit denen Cicero sowohl den üblichen Amtsstil als auch ein Kunstmittel der alten sakralen und profanen Dichtung aufgreift. Manche sind glaubhafte juristische Begriffspaarungen – *par maiorve potestas populusve, multa vinculis verberibusve, multae poenae* (3, 3, 6) oder, völlig im Einklang mit anderweitig bekannten Formulierungen von Vorschriften: *donum ne capiunto neve danto neve petunda neve gerenda neve gesta potestate* (3, 4, 11); manche bleiben ohne überzeugende terminologische Rechtfertigung: *ad eam rem rationem, modo rituque* (2, 8, 20); manchmal scheint ein Ausdruck zur Erklärung des anderen zu dienen: *nec oboedientem* expliziert das folgende *noxium* (3, 3, 6), *vitiosa* wird als allgemein verständliches Wort dem terminologisch eingeengten *dira* zur Seite gestellt (2, 8, 21).

Ciceros Vorstellungen, wie ein 'altlateinischer' Text auszusehen hat, bestehen also in einem merkwürdigen Gemisch jeweils unvollständiger und inkonsequenter Rückgriffe auf Elemente älterer Sprachzeugnisse, unter denen wir Ennius, Cato und die Zwölf Tafeln (in ihrer modernisierten Gestalt) am sichersten wiedererkennen können. Sowohl in den orthographischen und lautlichen Abweichungen als auch in der Flexion beschränkt sich Cicero auf ein begrenztes Repertoire, und auch für seine Terminologie zieht er moderne, alltägliche und altertümliche Bezeichnungen nebeneinander heran. Da man annehmen darf, daß er durch seinen Umgang mit älteren Texten und durch seine gewiß nicht ganz oberflächliche antiquarische Schulung mehr über das vorklassische Latein wußte, als er in seinen ›Gesetzen‹ erkennen läßt, muß man den Schluß ziehen, daß eine historisch getreue Rekonstruktion nicht in seiner Absicht

---

[39] Vgl. W. Kroll, Glotta 22, 1934, 7f.; E. Norden, Aus altrömischen Priesterbüchern, Skr. utg. av Kungl. Human. Vetenskapssamfundet i Lund 29, Lund 1939, 17–20. 71 f.; Untermann a. O. (o. Anm. 25) 231–234.

lag,⁴⁰ daß er vielleicht auch die Notwendigkeit einer solchen weit von sich gewiesen hätte. Das würde bedeuten, daß ihm die Sprache seiner Vorfahren nicht als ein eigenes grammatisches System erschien, wie wir es heute mit den Kriterien der historischen Sprachwissenschaft sehen: es scheint für ihn nur ein Latein, nur eine *latinitas* gegeben zu haben, in der man – falls es der gegebene Zweck erforderte – Altes und Neues nebeneinander verwenden konnte. Die *verba paulo antiquiora* – in der Syntax, im Wortschatz, in der Orthographie – sind Versatzstücke aus alten Quellen, die man einzeln auswählen und einbauen kann, *quo plus auctoritatis habeant leges* und nicht, damit die Sprache einer früheren Zeit wieder zum Leben erweckt wird.⁴¹

3. Livius, Ab urbe condita

Livius galt für seine Nachwelt als Schriftsteller, der archaisierende Züge in seiner Sprache in hohem Grade vermied,⁴² und dies wird durch die erhaltenen Teile seines Werks durchaus bestätigt. Selbstverständlich reden seine Personen vom Anbeginn der Geschichte an ein schönes klassisches Latein und bedienen sich in ihren Reden aller Techniken der Wortwahl und des Satzbaus einer

---

⁴⁰ Daß dieses sprachliche Verhalten der inhaltlichen Situation entspricht, wird von A. Heuß a. O. (o. Anm. 6) 205 gut dargestellt: das staatsphilosophische Anliegen Ciceros bringt Begriffe in den Text, „die ihrer Art nach gesetzesfremd sind und weniger der disponiblen äußeren Ordnung angehören, als denjenigen Verhältnissen, die sich ihr entziehen und erst durch ihre gedankliche Durchdringung sichtbar werden".

⁴¹ Jordans abschließendes Urteil, a. O. (o. Anm. 9) 250, „nur mit schüchterner Hand hat Cicero einige wenige Eigentümlichkeiten der archaischen Orthographie und Formenbildung und solche, welche damals noch in Formel- und Dichtersprache geläufig waren, als stilvolle Verzierung für eine im Ganzen moderne und glatte Sprache angewendet", beschreibt zwar treffend die Komponenten, schätzt aber die „gezielte Verfremdung" (Heuß a. O. [o. Anm. 6] 207) und die «coquetterie» (Plinval a. O. [o. Anm. 8] LXV), mit der Cicero seine ›Gesetze‹ gestaltet, viel zu gering ein. Eine gute Charakteristik auch bei Erman a. O. (o. Anm. 36) 455 f.

⁴² Seneca, Controv. 9, 2, 26.

hochentwickelten Rhetorik, wie sie Livius selbst zu beherrschen gelernt hat. Aber Livius weiß doch – und läßt es auch seine Leser wissen –, daß die Sprache Roms in früheren Zeiten eine andere war als zu seiner Zeit. Er erwähnt Texte, die *priscis litteris verbisque* geschrieben sind (7, 3, 5), und seinen Bericht über die Devotion des P. Decius und eine mit ihr zusammenhängende Gesetzgebung aus dem Jahr 340 v. Chr. beendet er mit den Worten: *haec etsi omnis divini humanique moris memoria aboleverit nova peregrinaque omnia priscis ac patriis praeferendo, haud ab re duxi verbis quoque ipsis ut tradita nuncupataque sunt referre* (8, 11, 1). Der voraufgehende Text – 8, 10, 11–14 – müßte also ein Stadium der lateinischen Sprache wiedergeben, das ein halbes Jahrhundert vor den ältesten Scipionenelogen und 150 Jahre vor der Sprache des SC. de Bacchanalibus liegen würde. Das ist natürlich nicht der Fall: der ganze Passus enthält nichts, was aus einer Vorlage des vierten Jahrhunderts stammen könnte; etwas distanziert wirken allenfalls die Verwendung passivischer Infinitive – *signum ... defodi et piaculum caedi, piaculum fieri* (als Passiv zu *piaculum facere*), der subjektlose voraufgestellte Relativsatz *sin autem sese devovere volet,* dem ein zweiter asyndetisch angefügt wird – *ni moritur* –, die knappe Fassung alternativer Vorschriften wie *sive hostia sive quo alio volet*. Es gibt keine Infinitivformen auf *-ier*, kein *olle* statt *ille*, es heißt *hostium* und nicht *perduellium*.[43] Die livianische Fassung gibt also ganz gewiß nicht die *verba ut nuncupata sunt* wieder – waren es eher die *verba tradita*? Und wenn ja, wo hat Livius sie gefunden? Und war deren sprachliche Gestalt wirklich schon so nahe an der der klassischen Zeit, wie es nach dem Text, den Livius gibt, den Anschein hat? Wieviel wußte Livius über altes Latein? So viel, daß er einen archaischen Text in klassische Sprache umsetzen konnte, oder so wenig, daß ihm gar nicht klar war, wie weit seine angeblich wörtlichen Zitate vom Latein des vierten vorchristlichen Jahrhunderts entfernt waren?

Diese Fragen kann man an viele Stellen seines Geschichtswerks herantragen.[44] So erweckt die Beschreibung der Siegesinschrift, die

[43] S. unten S. 444 und Anm. 61.
[44] Die Kommentare, Weißenborn-Müller, Berlin 1962, und R. M. Ogilvie, A Commentary on Livy, books 1–5. Oxford 1965, nehmen in unbegreiflich geringem Grade von vorklassischen Wörtern und Wendungen Notiz.

Die klassischen Autoren und das Altlatein 439

L. Aemilius Regillus im Jahre 179 v. Chr. am Tempel der *lares Permarini* und auf dem Kapitol anbringen läßt (40, 52, 4–7), den Eindruck eines wörtlichen Zitats – *tabula cum titulo hoc* –, aber wieder fehlt jede orthographische Spur einer älteren Epoche außer im ersten Wort, *duello*, das im livianischen Corpus sonst auf sakrale Kontexte beschränkt ist (s. u. S. 442f.); an alten Flexionsformen findet sich nur *Permarinum* als Gen. Pl. der o-Deklination, freilich nicht im Text, sondern in der Einleitung dazu; nichtaugusteische Wortwahl kann in *duello dirimendo*, in der Postposition *ergo* und in *exeunti L. Aemilio* gesucht werden – *exire* hat jedenfalls auch Cicero in seinen ›Gesetzen‹ als Vokabel alten Stils angesehen: *ex urbe exeunto duella iusta iuste gerunto* (de leg. 3, 3, 9), und *ergo* findet bei Cato und in der Überlieferung der Zwölf Tafeln seinen Rückhalt;[45] *patranda pax* ist als Terminus des Fetialenritus, von dem gleich zu sprechen sein wird, geläufig; schließlich bleiben noch die Synonymreihe *auspicio imperio felicitate ductu* – ähnlich in Scipios Gebet (s. u. S. 442f.) – und die Figura etymologica[46] *pugna pugnata* als wirkliche oder konstruierte Elemente eines authentischen Textes aus dem frühen zweiten Jahrhundert übrig. Wieder fragt man, was Livius für 'alt' gehalten haben mag: Synonymreihen, *figurae etymologicae, duellum*? Und wieder möchte man gern wissen, ob er die Inschrift abgesehen von der orthographischen Anpassung wörtlich zitiert oder ob er etwas daraus macht, was seinem oder seiner Leser Geschmack am besten gerecht wurde.

Etwas festeren Anhalt findet man bei seiner Berichterstattung über den Bacchanalienskandal des Jahres 186 v. Chr., für die sich ein Vergleich mit dem inschriftlich erhaltenen Senatusconsultum (CIL. I² 581) anbietet.[47] Beispiele wie

---

[45] Hofmann-Szantyr a. O. (o. Anm. 30) 229; vgl. auch *auxilii ergo* in Ciceros Gesetzestext, 3, 3, 9.

[46] Zur Figura etymologica als archaisierendem Stilmittel vgl. Pascucci a. O. (o. Anm. 7) 37–39; über ihre Verwendung bei vorklassischen Autoren Hofmann-Szantyr a. O. (o. Anm. 30) 790–793 und H. Rosén a. O. (o. Anm. 38) 101–127; vgl. auch Untermann a. O. (o. Anm. 25) 234–236.

[47] Vgl. D. W. L. van Son, Livius' behandeling van de Bacchanalia, Amsterdam 1960, vor allem S. 80–85.

Liv. 39, 14, 8: ne quis qui Bacchis initiatus esset coisse aut convenisse causa sacrorum velit neu quid talis rei divinae fecisse ... ut quaestio de iis habeatur qui coierint coniuraverintve
SC. 13: neve posthac inter sed conioura[se nev]e comvovise neve conspondise neve compromesise velet ... sacra in oqoltod ne quisquam fecise velet
Liv. 39, 18, 9: ita id sacrum faceret, dum ne plus quinque sacrificio interessent, neu qua pecunia communis neu quis magister sacrorum aut sacerdos esset
SC. 19: homines plous V oinvorsei virei atque mulieres sacra ne quisquam fecise velet,   SC. 10: sacerdos ne quis vir eset, magister neque vir neque mulier quisquam eset neve pecuniam quisquam eorum comoine[m h]abuise velet

genügen, um zu zeigen, wie Livius seine Quellen frei nacherzählt und in allem Wesentlichen in klassische Sprachform bringt; als Symptome einer archaischen Diktion bleiben die Infinitive auf -*isse*, verbunden mit *velit*, Synonympaare wie *coire convenire, coire coniurare* (aus denen aber nur *coniurare* in der Inschrift wiederkehrt),[48] und die anaphorischen Satzeinleitungen *neu qua, neu quis*.

Die beiden ausdrücklichen Zitate aus den Zwölftafelgesetzen, die sich bei Livius finden, weichen nur durch terminologische Elemente, nicht durch ihre Grammatik von der klassischen Sprache ab:

7, 17, 12: Fabius aiebat in duodecim tabulis legem esse ut quodcumque postremum populus iussisset id ius ratumque esset
3, 44, 12: ut lege ab ipso (sc. Ap. Claudio) lata vindicias det secundum libertatem[49]

Letzteres wird wiederaufgenommen in der darauf folgenden Anklagerede des Verginius (3, 56, 4) *unius tantum criminis, te ab libertate in servitutem contra leges vindicias non dedisse, in vincla te duci iubebo*, wo die Terminologie genau bewahrt wird und in den Handschriften die Form *vincla* gegenüber der normalen Form *vincula* als richtigere Lesung gesichert scheint. Auch auf die bereits erwähnte Heranziehung einer *lex ... priscis litteris verbisque scripta* (7, 3, 5) folgt eine Inhaltsangabe in völlig üblicher Sprache: *ut qui praetor*

---

[48] Vgl. E. Norden, Antike Kunstprosa, Band 1, Darmstadt ⁵1958, 190.
[49] Zur Sache vgl. Ogilvie a. O. (o. Anm. 44) 482f.

maximus sit clavum pangat, wozu dann nur noch ausgeführt wird, was mit dem *clavum pangere* gemeint ist. Aus der Terminologie ersieht man, daß in dem Bericht über den grausamen Gläubiger Papirius und den jungen C. Publilius alte Gesetzgebung zitiert wird: die Konsuln beantragen *ne quis qui noxam meruisset donec poenam lueret in compedibus aut in nervo teneretur* (8, 28, 8) – die Syntax ist wieder durchaus klassisch, die Wortwahl zwar feierlich, aber nicht archaisierend; jedoch stellt die Paarung *in compedibus aut in nervo* die Verbindung zum Schuldhaft-Paragraphen der Zwölf Tafeln her: *vincito aut nervo aut compedibus* (III 3).

Es versteht sich eigentlich von selbst, daß Livius alte Termini in seinen Berichten verwendet, wo dies um der Sache willen nötig ist: *baculum quem lituum appellarunt* (1, 18, 7), *caelestia arma quae ancilia appellantur* (1, 19, 4), *ad iusiurandum patrandum id est sanciendum* (1, 24, 2). Wirklich alte Formen kommen auch hier nicht vor, jedenfalls nicht, um etwas Altes als alt kenntlich zu machen. Die Diskussion über das *pomerium* (1, 44, 4)[50] stellt nur scheinbar eine Ausnahme dar: *pomerium verbi vim solam intuentes postmoerium interpretantur esse* verweist auf Varro (L. l. 5, 143) *orbis ... qui quod erat post murum postmoerium dictum,* der hier eine ihm bekannte altlateinische Form anführt; Livius geht es aber nur um eine 'synchrone' Etymologie,[51] denn er fährt fort: *est autem magis circamoerium,* und erklärt dann, warum er glaubt, daß dieser von ihm 'ad hoc' erfundene Terminus das Gemeinte treffender wiedergibt.

In merkwürdigem Kontrast zu all diesen Bemühungen, eine geglättete klassische Sprache auch dort zu sprechen, wo von Dingen der alten Zeit die Rede ist, erweist sich Livius in einigen wenigen Zusammenhängen dann doch bereit, frühe lateinische Formen aufzunehmen: diesen Stellen ist gemeinsam, daß es um sakrales Sprechen geht, um Gelübde, Gebete und sakralrechtliche Formeln, immer wieder mit dem ausdrücklichen Vermerk, daß der Priester die

---

[50] Vgl. Ogilvie a. O. (o. Anm. 44) 180f.
[51] Genau im Sinne Quintilians, 1, 6, 29, *etymologia ... habet aliquando usum necessarium quotiens interpretatione res de qua quaeritur eget ... ideoque in definitionibus adsignatur etymologiae locus.* Vgl. auch oben Anm. 4.

Worte vorspricht – *praeeunte verba pontifice maximo*[52] – oder, weniger technisch, *pontifex iussit dicere* (8, 9, 5), *rogatus est in haec verba populus a pontifice* (22, 10, 1).

So bietet der Liviustext innerhalb der Formeln, mit denen die Fetialen den Krieg erklären,[53] den Konjunktiv *defexit* (1, 24, 8) und den Infinitiv *dedier* (1, 32, 7), die alten Formen *Diespiter* (1, 24, 8) und *duellum* (1, 32, 12), die Synonymreihen *potes pollesque* (1, 24, 8), *dari fieri, censuit consensit conscivit* (1, 32, 11–13); *duellum* erscheint außerdem in dem feierlichen Kriegsbeschluß gegen Antiochus im Jahre 191 v. Chr. (36, 2, 2), dem das Gelübde des Konsuls M'. Acilius folgt, auf das sich die Siegesinschrift am Tempel der *lares Permarini* bezieht, von der oben die Rede war. In diesem Gelübde verwendet Livius *duellum* und *faxit*, in einem anderen, das der Göttin Bellona gilt – geleistet von Ap. Claudius Caecus 296 v. Chr. im Krieg gegen Samniten und Etrusker (10, 19, 17) – die Wörter *duis* und *ast*.[54] Anzufügen ist ein Text 'sui generis', die Verlesung eines delphischen Orakels im Jahre 216 v. Chr. (23, 11, 1–3), in dem die Formen *faxitis* und *duelli* vorkommen.

Zwei Texte zeigen in besonderer Dichte und Vielfalt den Versuch, alte Sprache wiederzugeben: das Gelübde eines *ver sacrum* im Jahre 217 v. Chr. (22, 10, 1–6), dessen Einleitung oben bereits zitiert wurde, und das Gebet des P. Cornelius Scipio vor seiner Überfahrt nach Afrika, 204 v. Chr. (29, 27, 2–4).

22, 10:

si res publica populi Romani Quiritium ad quinquennium proximum sic ut velim [vov]eamque[55] salva servata erit hisce duellis,

---

[52] Bei der Devotion des P. Decius 10, 28, 14, bei einem feierlichen Sühneopfer 39, 18, 3, bei Gelübden 31, 9, 9, 36, 2, 2, 41, 21, 11, 42, 28, 9.

[53] Zur Sache und zur Terminologie der Fetialen-Sprache: Samter, RE IV, 2, 1909, 2259–2265, K. Latte, Römische Religionsgeschichte, München 1960, 121 f. Livius beschreibt zweimal mit großer Ausführlichkeit das Verfahren (1, 24, 4–9; 1, 32, 5–14) und berichtet auch anläßlich des Friedensschlusses mit Karthago noch einmal über die Tätigkeit der Fetialen (30, 43, 9).

[54] Bei Livius sonst nur noch *duit* im Gelübde des *ver sacrum* (s. unten S. 444); *ast* nur hier (vgl. oben Anm. 30); bemerkenswert ist, daß im gleichen Text die Form *Bellona* und nicht *Duellona* erscheint.

[55] Hergestellt von Madvig; Codd.: *eamque*.

quod duellum populo Romano cum Carthaginiensi est,
quaeque duella cum Gallis sunt qui cis Alpes sunt,

tum donum duit populus Romanus Quiritium,
quod ver attulerit ex suillo ovillo caprino bovillo grege,
quaeque profana erunt, Iovi fieri ex qua die senatus populusque iusserit.

qui faciet quando volet quaque lege volet facito, quo modo faxit, probe factum esto.

si id moritur quod fieri oportebit, profanum esto neque scelus esto.
si quis rumpet occidetve insciens, ne fraus esto.
si quis clepsit, ne populo scelus esto neve cui cleptum erit.
si atro die faxit insciens probe factum esto,
si nocte sive luce si servus sive liber faxit, probe factum esto.
si ante id ea[56] senatus populusque iusserit fieri ac faxitur, eo populus solutus liber esto.

29, 27:

divi divaeque qui maria terrasque colitis
vos precor quaesoque,

uti quae in meo imperio gesta sunt geruntur postque gerentur,

ea mihi populo plebique Romanae sociis nominique Latino qui populi Romani quique meam sectam imperium auspiciumque terra mari amnibusque[57] sequuntur bene verruncent.

eaque vos omnia bene iuvetis, bonis auctibus auxitis.

salvos incolumesque victis perduellibus victores spoliis decoratos praeda onustos triumphantesque mecum domos reduces sistatis.

---

[56] So die Codd.; Lipsius konjiziert ein sonst nicht belegtes Adverb *antidea* 'vorher'.

[57] *amnibus* wird von den Herausgebern wohl mit Recht beibehalten, ist aber bis jetzt nicht befriedigend erklärt; der Hinweis auf Polyb. 7, 9, 2 (Weißenborn-Müller) überzeugt nicht, da dort von einem konkreten geographischen Bereich die Rede ist; man ist versucht, an eine mißverstandene Enniusreminiszenz zu denken: Ennius verwendet zweimal *omnes, omnia* im Zusammenhang mit der Suppletivreihe *terra mare caelum* (Ann. 542, Sc. 284f.): könnte in der Nachahmung dieser Stellen eine Reihe *caelo terra mari omnibusque (rebus)* zu *terra mari amnibusque* geworden sein?

inimicorum hostiumque ulciscendorum copiam faxitis.

quaeque populus Carthaginiensis in civitatem nostram facere molitus est, ea ut mihi populoque Romano in civitatem Carthaginiensium exempla edendi facultatem detis.

Das Gelübde enthält die Stabreimpaare *salva servata* (dagegen *salvos incolumesque* im Gebet), *donum duit* und, wenn richtig hergestellt, *velim voveamque,* die Suppletivreihen *ex suillo ovillo* usw., *si nocte sive luce* und *si servus sive liber;* es enthält drei Belege von *duellum,* einen Relativsatz ohne Bezugswort, *cui cleptum erit,* und die vorklassischen Verbalformen *duit*[58]*, clepsit, faxit* und *faxitur* (daneben die gewohnten Formen *faciet, rumpet* und *occidet).* Im Gebet finden sich Synonym- und Suppletivreihen – *precor quaesoque, populo plebique ... quique ... sequuntur; imperium auspiciumque* sind mit dem ungewöhnlichen Ausdruck *sectam* verbunden, das mit *sequuntur* eine Figura etymologica bildet; eine zweite folgt in Gestalt von *auctibus auxitis,* eine dritte ist *victores ... victis perduellibus; quae gesta sunt geruntur ... gerentur* erinnert an den Bestechungsparagraphen in Ciceros ›Gesetzen‹ (s. o. S. 436); seltene Wörter und Wendungen – *domos reduces sistatis,*[59] *verruncent*[60] und *perduellis* im Sinne von 'Feind' (und nicht, wie in klassischer Zeit üblich, 'Hochverräter')[61] sorgen für zusätzliche

---

[58] Bei Plautus und Terenz häufig in Wünschen und Verwünschungen, bei Cato (Agr. 141, 2) im Lustrationsgebet; also vielleicht eine in sakralen Kontexten bewahrte alte Form. Vgl. auch oben S. 442 mit Anm. 54.

[59] *reducem sistere* auch bei Catull (64, 238), jedoch in untechnischem Zusammenhang; sonst *reducem facere* (z. B. Pl., Capt. 43, Ter., Hec. 852), das auch Livius verwendet (22, 60, 13); *sistere* könnte aus der mehrfach belegten stabenden Formel *salvum sistere* (z. B. Pl., Rud. 1048), *salvam et sospitem rem publicam sistere* (Suet., Aug. 28) übernommen sein.

[60] *bene verruncent* kehrt als Formel in einem Zitat aus einer Tragödie des Accius bei Cicero, De div. 1, 22, 45, wieder; dazu P. ex Festo 511, 13 *verruncent vertent;* daneben das Kompositum *averruncare* 'abwenden' im Lustrationsgebet des Cato, *prohibessis defendas averruncesque* (Agr. 141, 2) und zweimal bei Livius *averruncandae deum irae victimas caedi* (8, 6, 11, ähnlich 10, 23, 1).

[61] So auch bei Livius, *perduellio* 'Hochverrat', 1, 26, 5, 2, 41, 11.

Altertümlichkeit, ebenso schließlich die Verbalformen *auxitis* und *faxitis*. Aber gegenüber all diesen Archaismen bleibt doch die Tendenz zu rhetorischer Symmetrie und stilistischer Gestaltung – im Sinne einer klassischen Rhetorik – spürbar: *perduellibus* wird durch *inimicorum hostiumque* variiert; *spoliis decoratos* wird sinnträchtig *praeda onustos* gegenübergestellt; *civitas* und *populus* werden als terminologisch nachlässig verwendete Varianten eingesetzt.

4. Schluß

So wie bei Cicero ist auch bei Livius das Imitieren alter Sprache kein konsequentes Umsetzen des gegenwärtigen Latein in das einer älteren Epoche,[62] sondern ein Spiel mit einer begrenzten Zahl von lexikalischen und morphologischen Requisiten und einigen syntaktischen Figuren. In den hier beschriebenen Passagen der beiden Autoren tritt uns kein Altlatein entgegen, sondern eine Sprache, deren Regelwerk eine Variante der klassischen Grammatik ist, dem durch bestimmte, fast schon konventionalisierte Elemente das Merkmal 'alt' hinzugefügt wird.

Das eingangs angedeutete Problem der Diskontinuität existiert also für unsere beiden Autoren nicht: sie setzen sich und ihre Leser nicht der Gefahr aus, mit einem anderen, in sich geschlossenen sprachlichen System fertig werden zu müssen, das jenseits der Verständnisschwelle ihrer Zeit liegt. Man beschränkt sich darauf, ein gewisses überschaubares Repertoire von Reminiszenzen aus alten Quellen zu pflegen – *s*-Modi, *ast*, *escit*, *duellum* und einiges mehr –, deren Einbau in sonst gut klassische Sätze ausreicht, um dem Leser zu suggerieren, daß er eine alte, der Gegenwart entrückte Redeweise vor sich hat.

---

[62] Norden a. O. (o. Anm. 48) 189 Anm. 1: „Uns wäre es heutzutage ein Leichtes, irgendein Gesetz der caesarianischen oder augusteischen Zeit in die Sprache etwa des zweiten punischen Krieges umzusetzen: die Römer jener Zeit ... konnten es nicht, ohne Fehler zu machen."

AUSWAHLBIBLIOGRAPHIE

Von GERHARD BINDER

I. Religion

Hinweis: Zum Thema „Kaiserkult" s. bes. P. Herz, Bibliographie zum römischen Kaiserkult (1955–1975), in: ANRW II. 16. 2, 1978, 833–910; Römischer Kaiserkult, WdF 372, hrsg. v. A. Wlosok, Darmstadt 1978, 551 bis 556.
    Zu den Mysterienreligionen s. B. Metzger, A Classified Bibliography of the Graeco-Roman Mystery Religions 1924–1973 with a Supplement 1974 bis 1977, in: ANRW II. 17. 3, 1984, 1259–1423.

Die mit * bezeichneten Titel sind im vorliegenden Band ganz oder in Auszügen abgedruckt.

Bis 1930

1. Fowler, W. W.: Roman Ideas of Deity in the Last Century before the Christian Era, London 1914.
2. Wilhelm, J.: Das römische Sakralwesen unter Augustus als Pontifex Maximus, Diss. Straßburg 1915.
3. Taylor, L. R.: The worship of Augustus in Italy during his lifetime, TAPhA 51, 1920, 116–133.
4. Deonna, W.: La légende d'Octave–Auguste, Dieu, Sauveur et Maître du monde, RHR 83, 1921, 32–58. 163–195; 84, 1921, 77–107.
5. Nock, A. D.: The Augustan Restoration, CR 39, 1925, 60–67 = Essays on Religion and the Ancient World, Bd. 1, Oxford 1972, 16–25.
6. Bickermann, E.: Die römische Kaiserapotheose, ARW 27, 1929, 1–34 = Römischer Kaiserkult, WdF 372, Darmstadt 1978, 82–121.
7. Ulrich, Th.: Pietas (pius) als politischer Begriff im römischen Staate bis zum Tode des Kaisers Commodus, Diss. Breslau 1930.

1931–1940

8. Gagé, J.: Divus Augustus. L'idée dynastique chez les empereurs julio-claudiens, RA 34, 1931, 11–41.
*9. Gagé, J.: Les sacerdoces d'Auguste et ses réformes religieuses, MEFR 48, 1931, 75–108.
10. Pippidi, D. M.: Le „numen Augusti". Observations sur une forme occidentale du culte impérial, REL 9, 1931, 83–112.
11. Taylor, L. R.: The Divinity of the Roman Emperor, Philol. Monogr. APhA 1, Middletown 1931.
12. Gagé, J.: La théologie de la Victoire impériale, RH 171, 1933, 1–34.
13. Manni, E.: Romulus e parens patriae nell' ideologia politica e religiosa romana, Il mondo classico, Turin 1933.
14. Nock, A. D.: The Institution of Ruler-Worship, CAH 10, 1934, 481 bis 489; dt. in: Römischer Kaiserkult, WdF 372, Darmstadt 1978, 377–388.
15. Peterson, E.: Der Monotheismus als politisches Problem. Ein Beitrag zur Geschichte der politischen Theologie im Imperium romanum, Leipzig 1935.
16. Scott, K.: Notes on Augustus' religious policy, ARW 35, 1938, 121 bis 130.
17. Charlesworth, M. P.: The refusal of divine honours, an Augustan formula, PBSR 15, 1939, 1–10.
18. Giannelli, G.: Augusto e la religione, Conferenze Augustee nel bimillenario della nascità: Publ. Univ. Sacro Cuore V/17, Mailand 1939, 65–82.
19. Jeanmaire, H.: La Sibylle et le retour de l'âge d'or, Paris 1939.

1941–1950

20. Scott, K.: The sidus Iulium and the apotheosis of Caesar, CPh 36, 1941, 257–272.
*21. Schilling, R.: L'Hércule romain en face de la réforme religieuse d'Auguste, RPh 68 (Ser. 3, 16), 1942, 31–57 = Rites, cultes, dieux de Rome, Paris 1979, 263–289.
22. Lambrechts, P.: Auguste et la religion romaine, Latomus 6, 1947, 177–191.
23. Gatti, G.: Augusto e le individualità divine, PP 4, 1949, 256–266.
24. Zwaenepoel, A.: L'inspiration religieuse de l'impérialisme romain, AC 18, 1949, 5–23.

1951–1960

25. Knoche, U.: Die augusteische Ausprägung der Dea Roma, Gymnasium 59, 1952, 324–349 = Vom Selbstverständnis der Römer, Gymnasium Beiheft 2, Heidelberg 1962, 145–173 = Römertum, WdF 18, Darmstadt 1962, 359–399.
*26. Lambrechts, P.: La politique apollinienne d'Auguste et le culte impérial, NClio 5, 1953 (Mélanges A. CAMOY), 65–82.
27. Koch, C.: Der altrömische Staatskult im Spiegel augusteischer und spätrepublikanischer Apologetik, Festschrift K. ZIEGLER, Stuttgart 1954, 85–120 = Religio, Nürnberg 1960, 176–204.
28. Schilling, R.: La religion romaine de Vénus depuis les origines jusqu' au temps d'Auguste, Bibl. des Écoles franç. d'Athènes & de Rome 178, Paris 1954, ²1982.
29. Bayet, J.: Les sacerdoces romains et la pré-divinisation impériale, BAB 41, 1955, 453–527 = Croyances et rites dans la Rome antique, Paris 1971, 275–336.
30. Gagé, J.: Apollon romain. Essai sur le culte d'Apollon et le développement du ritus Graecus à Rome des origines à Auguste, Paris 1955.
31. Hoffman Lewis, M. W.: The Official Priests of Rome under the Julio-Claudians, Rom 1955.
32. Niebling, G.: Laribus Augustis magistri primi. Der Beginn des Compitalkultes der Lares und des Genius Augusti, Historia 5, 1956, 303–331.
33. Cerfaux, L.–J. Tondriau: Un Concurrent du Christianisme. Le culte des Souverains dans la civilisation gréco-romaine, Tournai 1957.
34. Taeger, F.: Charisma. Studien zur Geschichte des antiken Herrscherkultes, 2 Bde., Stuttgart 1957/1960.
35. Benjamin, A.–A. E. Raubitschek: Arae Augusti, Hesperia 28, 1959, 65–85.

1961–1970

36. Jal, P.: La propagande religieuse à Rome au cours des guerres civiles de la fin de la république, AC 30, 1961, 395–414.
37. –: Les dieux et les guerres civiles dans la Rome de la fin de la république, REL 40, 1962, 170–200.
38. Richard, J. C.: Pax, Concordia et la religion officielle de Janus à la fin de la République romaine, MEFR 75, 1963, 303–386.
39. Guenther, R.: Der politisch-ideologische Kampf in der römischen Religion in den letzten zwei Jahrhunderten vor unserer Zeitrechnung, Klio 42, 1964, 209–297.

40. Becher, I.: Octavians Kampf gegen Antonius und seine Stellung zu den ägyptischen Göttern, Altertum 11, 1965, 40–47.
41. Béranger, J.: Der Genius populi Romani in der Kaiserpolitik, BJ 165, 1965, 72–87, frz. in: Principatus. Études des notions et d'histoire politiques dans l'antiquité greco-romaine, Genf 1973, 411–427.
42. Bowersock, G. W.: Augustus and the Greek world, Oxford 1965; dt. Teilabdruck in: Römischer Kaiserkult, WdF 372, Darmstadt 1978, 389–402.
43. Ogilvie, R. M.: The Romans and Their Gods in the Age of Augustus, New York 1969; dt. Übers. v. F. WEIDENFELS, Stuttgart 1982.

1971–1980

44. Weinstock, S.: Divus Iulius, Oxford 1971.
45. Halsberghe, G. H.: The Cult of Sol Invictus, Études préliminaires aux Religions Orientales dans l'Empire Romain, t. 23, Leiden 1972.
46. Radke, G.: Augustus und das Göttliche, Festschrift H. E. STIER, Fontes et Commentat., Suppl. I, Münster 1972, 257–279.
47. Schilling, R.: Le Romain de la fin de la République et du début de l'Empire en face de la religion, AC 41, 1972, 540–562 = Rites, cultes, dieux de Rome, Paris 1979, 71–93.
48. Alföldi, A.: La divinisation de César dans la politique d'Antoine et d'Octavien entre 44 et 40 av. J. C., RN 15, 1973, 99–128.
49. Forni, G.: El culto de Augusto en el compromiso oficial y en el sentimiento oriental, BSEAA 39, 1973, 105–113.
50. Habicht, Chr.: Die augusteische Zeit und das erste Jahrhundert nach Christi Geburt, Le culte des souverains dans l'Empire Romain, Entrétiens sur l'antiquité classique XIX, Vandoeuvres-Genève: Fond. Hardt 1973, 39–99.
51. Mellor, R.: Θεὰ Ῥώμη. The worship of the goddess Roma in the Greek world, Hypomnemata 42, Göttingen 1975.
52. Becher, I.: Augustus und Dionysos – ein Feindverhältnis?, Zeitschrift für ägyptische Sprache und Altertumskunde 103, Berlin 1976, 88 bis 101.
53. Fears, J. R.: Princeps a diis electus. The Divine Election of the Emperor as a Political Concept at Rome, Rom 1977.
54. Schilling, R.: La politique religieuse d'Auguste, Mél. L. S. SENGHOR, Dakar 1977, 453–464.
55. Pötscher, W.: 'Numen' und 'numen Augusti', ANRW II. 16. 1, 1978, 355–392.

56. Scheid, J.: Les prêtres officiels sous les empereurs julio-claudiens, ANRW II. 16. 1, 1978, 610–654.
57. Liebeschuetz, J. H. W. G.: Continuity and Change in Roman Religion, Oxford 1979.
58. Lunais, S.: Recherches sur la Lune, I: Les Auteurs Latins de la fin des Guerres Puniques à la fin du règne des Antonins, Études préliminaires aux Religions dans l'Empire Romain, t. 72, Leiden 1979.
59. Combet-Farnoux, B.: Mercure Romain. Le culte publique de Mercure et la fonction mercantile à Rome de la république archaique à l'époque Augustéenne, Bibl. des Écoles Françaises d'Athènes et de Rome, Fasc. 238, Rom 1980.
60. Price, S. R. F.: Between man and god. Sacrifice in the Roman imperial cult, JRS 70, 1980, 28–43.

1981

61. Combet-Farnoux, B.: Mercure romain, les ‹Mercuriales› et l'institution du culte impérial sous le Principat augustéen, ANRW II. 17. 1, 1981, 457–501.
62. Croon, J. H.: Die Ideologie des Marskultes unter dem Prinzipat und ihre Vorgeschichte, ANRW II. 17. 1, 1981, 246–275.
63. Fears, J. R.: The cult of Jupiter and Roman Imperial Ideology, ANRW II. 17. 1, 1981, 3–141.
64. –: The cult of Virtues and Roman Imperial Ideology, ANRW II. 17. 2, 1981, 827–948.
65. Gagé, J.: Apollon impérial, garant des «Fata Romana», ANRW II. 17. 2, 1981, 561–630.
66. Gesztelyi, T.: Tellus – Terra Mater in der Zeit des Prinzipats, ANRW II. 17. 1, 1981, 429–456.
67. Pouthier, P.: Ops et la conception divine de l'abondance dans la religion romaine jusqu' à la mort d'Auguste, Bibl. des Écoles Françaises d'Athènes et de Rome, Fasc. 242, Rom 1981.
68. Scullard, H.H.: Festivals and Ceremonies of the Roman Republic, London 1981 = dt. Ausgabe: Römische Feste. Kalender und Kult, Kulturgeschichte der antiken Welt, Band 25, Mainz 1985.
69. Turcan, R.: Janus à l'époque impériale, ANRW II. 17. 1, 1981, 374 bis 402.
70. Vermaseren, M. J., Hrsg.: Die orientalischen Religionen im Römerreich, Études préliminaires aux Religions Orientales dans l'Empire Romain, t. 93, Leiden 1981.

1982

71. Martin, J. P.: Providentia Deorum. Recherches sur certains aspects religieux du pouvoir impérial Romain, Collection de l'École Française de Rome 61, Rom 1982.

1983

72. Annequin, C. J.: De l'Héraclès grec à l'Hercule romain, Concilium Eirene XVI, Prag 1983, Bd. I, 267–273.

1984

73. Smelik, K. A. D.–E. A. Hemelrijk: "Who knows not what monsters demented Egypt worships?" – Opinions on Egyptian animal worship in Antiquity as part of the ancient conception of Egypt, ANRW II. 17. 4, 1984, 1852–2000. 2337–2357 [Indices].
74. Speidel, M.: Venus Victrix – Roman and Oriental, ANRW II. 17. 4, 1984, 2225–2238.

1986

75. Speyer, W.: Das Verhältnis des Augustus zur Religion, ANRW II. 16. 3, 1986, 1777–1805.
76. Hall III, J. F.: The *Saeculum Novum* of Augustus and its Etruscan Antecedents, ANRW II. 16. 3, 1986, 2564–2589.

II. Literatur

Hinweise: (1) Die Auswahlbibliographie beschränkt sich im wesentlichen auf den Aspekt Literatur und Herrschaft. Daneben werden grundlegende Arbeiten zum Werk der augusteischen Autoren in engster Auswahl geboten.

(2) Ergänzungen finden sich in den Auswahlbibliographien der Bände Saeculum Augustum I (Herrschaft und Gesellschaft), II (Religion), III (Kunst und Bildersprache).

(3) Vgl. besonders
zu Vergil:
Briggs, Jr., W. W.: A Bibliography of Vergil's 'Eclogues' (1927–1977), ANRW II. 31. 2, 1981, 1265–1357.

Suerbaum, W.: Hundert Jahre Vergil-Forschung. Eine systematische Arbeitsbibliographie mit besonderer Berücksichtigung der Aeneis, ANRW II. 31. 1, 1980, 3–358.

–: Spezialbibliographie zu Vergils Georgica, ANRW II. 31. 1, 1980, 359–499.

Wlosok, A.: Bimillenarium Vergilianum 1981/1982: Wissenschaftliche Kongresse, Symposien, Tagungen, Vortragsreihen, Jubiläumsbände – ein Überblick, Gnomon 57, 1985, 127–134.

zu Horaz:

Kissel, W.: Horaz 1936–1975. Eine Gesamtbibliographie, ANRW II. 31. 3, 1981, 1403–1558.

zu Properz:

Harrauer, H.: A Bibliography to Propertius, Bibliography to the Augustan Poetry II, Hildesheim 1973.

Nethercut, W. R.: Twelve Years of Propertian Scholarship: 1960–1972, CW 69, 1975/76, 1–33. 225–257. 289–309.

–: Recent Scholarship on Propertius, ANRW II. 30. 3, 1983, 1813–1857.

zu Tibull:

Harrauer, H.: A Bibliography to the Corpus Tibullianum, Bibliography to the Augustan Poetry I, Hildesheim 1971.

zu Ovid:

Hofmann, H.: Ovids Metamorphosen in der Forschung der letzten 30 Jahre (1950–1979), ANRW II. 31. 4, 1981, 2161–2273.

Coletti, M. L.: Rassegna bibliografica-critica degli studi sulle opere amatorie di Ovidio dal 1958 al 1978, ANRW II. 31. 4, 1981, 2358–2435.

zu Livius:

Kissel, W.: Livius 1933–1978: Eine Gesamtbibliographie, ANRW II. 30. 2, 1982, 899–997.

Phillips, J. E.: Current Research in Livy's First Decade: 1959–1979, ANRW II. 30. 2, 1982, 998–1057.

Die mit * bezeichneten Titel sind im vorliegenden Band ganz oder in Auszügen abgedruckt.

Bis 1920

1. Georgii, H.: Die politische Tendenz in der Aeneis, Progr. Stuttgart 1880.
2. Sellar, W. Y.: The Roman Poets of the Augustan Age. Virgil, Oxford ³1897, ND 1929.
3. Norden, E.: Ein Panegyricus auf Augustus in Vergils Aeneis (VI 791

bis 805), RhM 54, 1899, 466–482 = Kl. Schriften, Berlin 1966, 422 bis 436.
4. –: Vergils Aeneis im Lichte ihrer Zeit, NJA 7, 1901, 249–282. 313 bis 334 = Kl. Schriften, Berlin 1966, 358–421.
5. Heinze, R.: Virgils epische Technik, Leipzig 1903, ³1915.
6. Dessau, H.: Livius und Augustus, Hermes 41, 1906, 142–151 = Augustus, WdF 128, Darmstadt 1969, 1–11.
7. Wagenvoort, H.: De Horatii quae dicuntur Odis Romanis, Groningen 1911.
8. Fowler, W. W.: Aeneas at the Site of Rome. Observations on the eighth book of the Aeneid, Oxford 1917, ²1918.
9. Carcopino, J.: Virgile et les origines d'Ostie, Paris 1919, ²1968.
10. Bellessort, A.: Virgile. Son œuvre et son temps, Paris 1920.

1921–1930

11. Allen, K.: The Fasti of Ovid and the Augustan propaganda, AJPh 43, 1922, 250–266.
12. Cocchia, E.: L'Eneide come glorificazione poetica della storia nazionale, RIGI 8, 1924, 1–35 = AAN N.S. 9, 1926, 77–114.
13. Knapp, Ch.: Legend and history in the Aeneid, CJ 19, 1924, 198–214.
14. Conway, R. S.: Poetry and Government. A study of the power of Virgil, Manchester 1927 = PCA 8, 1928, 19–38.
15. Drew, D. L.: The Allegory of the Aeneid, Coll. Virgilian Studies, Oxford 1927.
16. Pokrowsky, M.: L'Enéide de Virgile et l'histoire romaine, REL 5, 1927, 169–190.
17. Fabbri, P.: Virgilio. Poeta sociale e politico, Mailand 1929.
18. Heinze, R.: Der Zyclus der Römeroden, NJW 5, 1929, 675–687 = Vom Geist des Römertums, Darmstadt ³1960, 190–204.
19. Wagenvoort, H.: Virgils vierte Ekloge und das Sidus Julium, Amsterdam 1929, engl. in: Studies in Roman Literature, Culture and Religion, Leiden 1956, 1–29.
*20. Alföldi, A.: Der neue Weltherrscher der vierten Ekloge Vergils, Hermes 65, 1930, 369–384.
21. Carcopino, J.: Virgile et le mystère de la IVᵉ églogue, Paris 1930.
22. Giuliano, B.: L'idea della missione sacra di Roma nell' opera vergiliana, Gerarchia X, 12; 1930, 967–997.
23. Iwanow, W.: Vergils Historiosophie, Corona 1, 6; 1930, 761–774 = Wege zu Vergil, WdF 19, Darmstadt ²1976, 220–232.

24. Wickert, L.: Homerisches und Römisches im Kriegswesen der Aeneis, Philologus 85 (N.F. 39), 1930, 285–302. 437–462.

1931–1935

25. Cesareo, E.: Studi Vergiliani IV: Ottaviano nel proemio delle Georgiche, Athenaeum N.S. 9, 1931, 51–70. 223–242.
26. Gagé, J.: Observations sur le Carmen saeculare d'Horace, REL 9, 1931, 290–308.
27. Oppermann, H.: Vergil und Oktavian. Zur Deutung der ersten und neunten Ekloge, Hermes 67, 1932, 197–219.
28. Verasani, D.: Virgilio, poeta dell' impero, Caserta 1932.
29. Custodero, A.: L'Eneide, poeme della nuova Italia, Turin 1933.
30. Dalmasso, L.: L'opera di Augusto e la posizione artistica di Orazio, Turin 1934.
31. Lehr, H.: Religion und Kult in Vergils Aeneis, Diss. Gießen 1934.
32. Leurquin, G.: Horace et Auguste, Diss. Louvain 1934/35.
33. Bailey, C.: Religion in Virgil, Oxford 1935.
34. Burck, E.: Livius als augusteischer Historiker, WG 1, 1935, 448–487 = Wege zu Livius, WdF 132, Darmstadt 1967, ²1977, 96–143.
35. Schröder, R. A.: Horaz als politischer Dichter, Europ. Revue XI (1), 1935, 311–331 = Aufsätze und Reden 1, Berlin 1939, 88–115 = Gesammelte Werke, Bd. 2, Berlin 1952, 178–208 = Wege zu Horaz, WdF 99, Darmstadt 1972, 37–61.

1936–1940

36. Strodach, G. K.: Pietas. Horace and the Augustan nationalism, CW 29, 1935/36, 137–144.
37. Marpicati, A.: Orazio, poeta dell' Impero, Mailand 1936.
38. Cerini, M.: L'impero di Augusto nella poesia di Virgilio e di Orazio, Rassegna Italiana 47, 1938, 15–28.
39. Christ, F.: Die römische Weltherrschaft in der antiken Dichtung, Tübinger Beitr. zur Altertumswiss. 31, Stuttgart–Berlin 1938.
40. Frank, T.: Augustus, Vergil and the Augustan elogia, AJPh 59, 1938, 91–94.
41. Funaioli, G.: Augusto nella poesia romana, in: Cesare Augusto. Discorsi nel bimillenario della nascita, Bologna 1938, 27 ff. = Studi di letteratura antica, Bd. II 1, Bologna 1948, 299–323.

42. Kempter, H.: Die römische Geschichte bei Horaz, Diss. München 1938.
43. Oppermann, H.: Griechen, Römer, Deutsche im Spiegel ihrer Nationalepen (Ilias, Aeneis, Nibelungenlied), AS 3, 1938, 33–40.
44. Otis, B.: Ovid and the Augustans, TAPhA 69, 1938, 188–229.
45. Peremans, W.: L'élément national dans la littérature à l'époque d'Auguste, AC 7, 1938, 233–246.
46. Snell, B.: Die 16. Epode von Horaz und Vergils 4. Ekloge, Hermes 73, 1938, 237–242.
47. Strack, P. L., E. Burck, H. Oppermann, R. Herbig: Probleme der augusteischen Erneuerung, Auf dem Wege zum nationalpolitischen Gymnasium, Heft 6; Frankfurt 1938.

1941–1945

48. Koch, C.: Der Zyklus der Römeroden, NJAB 4, 1941, 62–83 = Religio, Nürnberg 1960, 113–141.
49. Wurzel, F.: Der Krieg gegen Antonius und Kleopatra in der Darstellung der augusteischen Dichter, Diss. Heidelberg; Borna–Leipzig 1941.
50. Aerts, J.: Het national gevoel in de literatuur gedurende het tijdperk van Augustus, Thèse de Licence, Louvain 1941/42.
51. Oppermann, H.: Horaz, Dichtung und Staat, in: Das neue Bild der Antike II, Rom–Leipzig 1942, 265–295 = Römertum, WdF 18, Darmstadt 1962, 244–277.
52. Perret, J.: Les origines de la légende troyenne de Rome, Diss. Paris 1942.
53. Amundsen, L.: The Roman odes of Horace, Serta Eitremiana, Oslo 1943, 1–24.
54. Schenk von Stauffenberg, A.: Vergil und der augusteische Staat, WG 9, 1943, 55–67 = Dichtung u. Staat i. d. ant. Welt, München 1948, 5–26 = Wege zu Vergil, WdF 19, Darmstadt 1963, 177–198.
55. Knight, W. F. J.: Roman Vergil, London 1944, Harmondsworth ²1966.
56. Lamalle, N.: Les tendances politiques et religieuses d'Auguste dans la première décade de Tite-Live, Thèse de licence, Bruxelles 1944/45.
57. Laurent-Vandegans, J.: Mécène et la politique littéraire d'Auguste, Thèse de licence, Bruxelles 1944/45.
58. Fränkel, H.: Ovid, a poet between two worlds, Sather Classical Lectures, Vol. 18, Berkeley 1945; dt. Ausgabe: Darmstadt 1970.

1946–1950

59. Martin, J.: Neuordnung des Staates und die Dichtung unter Augustus, Würzburger Univ. Reden II; Würzburg 1946.
60. Norberg, D.: La divinité d'Auguste dans la poésie d'Horace, Eranos 44, 1946, 389–403.
*61. Wickert, L.: Horaz und Augustus, WJA 2, 1947, 158–172.
62. Wili, W.: Horaz und die augusteische Kultur, Basel 1948.
63. Levi, M. A.: Tito Livio e gli ideali Augustei, PP III, 10; 1949, 15–28.
64. Beckmann, F.: Mensch und Welt in der Dichtung Vergils, Orbis Antiquus I, Münster 1950.
65. Getty, R. J.: Romulus, Roma and Augustus in the Sixth book of the Aeneid, CPh 45, 1950, 1–12.
66. La Penna, A.: Properzio e i poeti latini dell' età aurea, Maia 3, 1950, 209–236.
67. Meister, K.: Die Freundschaft zwischen Horaz und Maecenas, Gymnasium 57, 1950, 3–38.
68. Pinto, E. P.: Ovidio e la época de Augusto, RevHist 1, 1950, 453 bis 484.
69. Pöschl, V.: Die Dichtkunst Virgils. Bild und Symbol in der Aeneis, Wiesbaden 1950, Darmstadt ²1964, Berlin–New York ³1977.

1951–1955

70. Bömer, F.: Vergil und Augustus, Gymnasium 58, 1951, 26–55.
*71. Grimal, P.: Énée à Rome et le triomphe d'Octave, REA 53, 1951, 51–61.
72. Hoch, H.: Die Darstellung der politischen Sendung Roms bei Livius, Frankfurt 1951.
73. Andrés, G.: Virgilio y Horacio, colaboradores a la Paz Octaviana, Helmantica 3, 1952, 101–125.
74. Burck, E.: Römische Wesenszüge der augusteischen Liebeselegie, Hermes 80, 1952, 163–200 = Vom Menschenbild i. d. röm. Lit., Heidelberg 1966, 191–221.
75. Eggerding, F.: Parcere subiectis. Ein Beitrag zur Vergilinterpretation, Gymnasium 59, 1952, 31–52.
76. Grimal, P.: Les intentiones de Properce et la composition du livre IV des Élégies, Latomus 11, 1952, 183–197. 315–326. 437–450 = Coll. Latomus 12, Brüssel 1953.
77. Klingner, F.: Horazens Römeroden, Festgabe K. REINHARDT, Mün-

ster–Köln 1952, 118–136 = Studien z. gr. u. röm. Lit., Zürich–Stuttgart 1964, 333–352.
78. Becker, P.: Ovid und der Prinzipat, Diss. Köln 1953.
79. Jonge, P. de: De aanvaarding van het principaat door Livius en Vergilius, TG 66, 1953, 39–55.
80. Oroz, J.: Virgilio, poeta del imperium, Helmantica 4, 1953, 251–277.
81. Grimal, P.: Le livre VIe de l'Énéide et son actualité en 23 av. J. C., REA 56, 1954, 40–60.
82. Mancuso, U.: Orazio poeta civile. Dalle odi romane alle odi cesaree, Rom 1955.
83. Pepe, L.: Virgilio e la questione dinastica, GIF 8, 1955, 359–371.
84. Starr, Ch. G.: Virgil's acceptance of Octavian, AJPh 76, 1955, 34–46 = Essays on Ancient History, Leiden 1979, 228 ff.

1956–1960

85. Büchner, K.: P. Vergilius Maro, der Dichter der Römer, Stuttgart ^{2}1956 = RE VIII A 1, 1955, 1021–1264; VIII A 2, 1958, 1265–1486.
86. Dalzell, A.: Maecenas and the poets, Phoenix 10, 1956, 151–162.
87. Laage, K. E.: Der Friedensgedanke in der augusteischen Dichtung, Diss. Kiel 1956.
88. Léon-Marcien, Frère: L'interprétation de la bataille d'Actium par les poètes latins de l'époque Augustéenne, LEC 24, 1956, 330–348.
89. Pöschl, V.: Horaz und die Politik, SHAW 1956, Heft 4, ^{2}1963 = Prinzipat und Freiheit, WdF 135, Darmstadt 1969, 136–168 = Kleine Schriften, Bd. 1, Heidelberg 1979, 145–177.
90. Marin, D.: Ovidio fu relegato per la sua opposizione al regime Augusteo?, in: Fasti Pontici Ovidio poetae dicati, Acta Philol. 1, Rom 1958, 97–252.
91. Ryberg, I. S.: Vergil's golden age, TAPhA 89, 1958, 112–131.
92. Coleiro, E.: Allegory in the Aeneid, Journ. of the Fac. of Arts of Malta I (3), 1959, 159–174.
93. Eckert, K.: Der Wandel des Augustusbildes bei Horaz, AU IV/2, 1959, 69–94.
94. Syme, R.: Livy and Augustus, HSPh 64, 1959, 27–87 = Roman Papers I, Oxford 1979, 400–454; dt. in: Prinzipat und Freiheit, WdF 135, Darmstadt 1969, 169–255.
95. Benario, J. M.: Book IV of Horace's Odes: Augustan propaganda, TAPhA 91, 1960, 339–353.
96. Fleischer, U.: Musentempel und Octavianehrung des Vergil im

Proömium zum dritten Buche der Georgica, Hermes 88, 1960, 280 bis 331.
97. Wimmel, W.: Kallimachos in Rom. Die Nachfolge seines apologetischen Dichtens in der Augusteerzeit, Hermes Einzelschriften 16, Wiesbaden 1960.

1961

98. La Penna, A.: La lirica civile di Orazio e l'ideologia del principato, Maia 13, 1961, 83–123. 209–245. 257–283.
99. Merkelbach, R.: Aeneas in Cumae, MH 18, 1961, 83–99.
100. Mette, H. J.: Livius und Augustus, Gymnasium 68, 1961, 269–285; teilw. in: Wege zu Livius, WdF 132, Darmstadt 1967, ²1977, 156–166.
101. Meyer, H. D.: Die Außenpolitik des Augustus und die augusteische Dichtung, Kölner Hist. Abh. V; Köln 1961.
102. Petersen, H.: Livy and Augustus, TAPhA 92, 1961, 440–452.
103. Walsh, P. G.: Livy and Augustus, PACA 4, 1961, 26–37.

1962

104. Becker, C.: Das Spätwerk des Horaz, Göttingen 1962.
105. Solmsen, F.: Tibullus as an Augustan poet, Hermes 90, 1962, 295 bis 325.
106. Williams, G.: Poetry in the moral climate of Augustan Rome, JRS 52, 1962, 28–46.

1963

107. Buchheit, V.: Vergil über die Sendung Roms. Untersuchungen zum Bellum Poenicum und zur Aeneis, Gymnasium Beih. 3, Heidelberg 1963.
108. La Penna, A.: Orazio e l'ideologia del Principato, Turin 1963.
109. MacKay, L. A.: Hero and Theme in the Aeneid. A Comparative Study, TAPhA 94, 1963, 157–166.
110. Otis, B.: Virgil. A Study in Civilized Poetry, Oxford 1963.
111. Parry, A.: The two voices of Virgil's Aeneid, Arion 2, 4; 1963, 66–80 = St. COMMAGER, Hrsg., Virgil. A Collection of Critical Essays, Englewood Cliffs, N. J. 1966, 107–123.
112. Senay, P.: Horace, propagandiste de la réforme augustéenne, Diss. Paris 1963.

113. Worstbrock, F. J.: Elemente einer Poetik der Aeneis. Untersuchungen zum Gattungsstil vergilianischer Epik, Orbis Antiquus 21, Münster 1963.

1964

114. Becker, C.: Der Schild des Aeneas, WS 77, 1964, 111–127.
115. Grimal, P.: Invidia infelix et la «conversion» de Virgile, Hommage à J. BAYET, Coll. Latomus 70, Bruxelles 1964, 242–254.
116. –: Poésie et propaganda du temps d'Auguste, CHM 8, 1964, 54–75.
117. Haffter, H.: Rom und römische Ideologie bei Livius, Gymnasium 71, 1964, 236–250 = Wege zu Livius, WdF 132, Darmstadt 1967, ²1977, 277–297.

1965

118. Putnam, M. C. J.: The Poetry of the Aeneid. Four Studies in Imaginative Unity and Design, Cambridge, Mass. 1965.
119. Skard, E.: Die Heldenschau in Vergils Aeneis, SO 40, 1965, 53–65.

1966

120. Béranger, J.: Idéologie impériale et épopée latine, Mélanges J. CARCOPINO, Paris 1966, 97–112 = Principatus, Genf 1973, 383–398.
121. Buchheit, V.: Mythos und Geschichte in Ovids Metamorphosen I, Hermes 94, 1966, 80–108.
122. Doblhofer, E.: Die Augustuspanegyrik des Horaz in formalhistorischer Sicht, Bibl. d. klass. Altertumswiss. N.F., 2. R. Bd. 16, Heidelberg 1966.
123. Mazza, M.: Storio e ideologia in Livio, Acireale 1966.
124. Otis, B.: Virgil and Clio. A consideration of Virgil's relation to history, Phoenix 20, 1966, 59–75.

1967

125. Albrecht, M. von: Vergils Geschichtsauffassung in der „Heldenschau", WS 80, 1967, 156–182.
126. Klingner, F.: Virgil. Bucolica, Georgica, Aeneis, Zürich–Stuttgart 1967.

127. Newman, J. K.: Augustus and the New Poetry, Coll. Latomus 88, Bruxelles-Berchem 1967.
128. Suerbaum, W.: Aeneas zwischen Troja und Rom. Zur Funktion der Genealogie und der Ethnographie in Vergils Aeneis, Poetica 1, 1967, 176–204.
129. Williams, R. D.: The purpose of the Aeneid, Antichthon 1, 1967, 29–41.
130. Wlosok, A.: Die Göttin Venus in Vergils Aeneis, Bibliothek d. klass. Altertumswiss. N.F., 2. Reihe, Bd. 21, Heidelberg 1967.

1968

131. Haarhoff, T. J.: The element of propaganda in Vergil, AClass 11, 1968, 125–144.
132. Kraggerud, E.: Aeneisstudien, SO Suppl. XXII; Oslo 1968.
133. Quinn, K.: Virgil's Aeneid. A critical description, London 1968.

1969

134. André, J. M.: Les Odes romaines: Mission divine, otium et apothéose du chef, Hommages M. RENARD I, Coll. Latomus 101, Bruxelles 1969, 31–46.
135. Galinsky, G. K.: Aeneas, Sicily and Rome, Princeton Monogr. in Art & Arch. 40, Princeton 1969.
136. Holleman, A. W. J.: Ovidii Metamorphoseon liber XV 622–870, Latomus 28, 1969, 42–60.
137. Segal, C. P.: Myth and philosophy in the Metamorphoses. Ovid's Augustanism and the Augustan conclusion of Book XV, AJPh 90, 1969, 257–292.

1970

138. Kreinecker, W.: Die politischen Oden des 4. Buches des Horaz. Ein Beitrag zum Problem von Horazens politischem Verständnis, Diss. Innsbruck 1970.
139. Perret, J.: Le serment d'Énée (Aen. XII 189–194) et les événements politiques de janvier 27, REL 47 bis = Mél. M. DURRY, Paris 1970, 277–295.
140. Thompson, D.: Allegory and typology in the Aeneid, Arethusa 3, 1970, 147–153.

1971

141. Ableitinger-Grünberger, D.: Der junge Horaz und die Politik. Studien zur 7. und 16. Epode, Bibliothek d. klass. Altertumswiss. N.F., 2. Reihe, Bd. 42, Heidelberg 1971; zugleich Diss. Graz 1966.
142. Becker, C.: Die späten Elegien des Properz, Hermes 99, 1971, 449 bis 480.
143. Binder, G.: Aeneas und Augustus. Interpretationen zum 8. Buch der Aeneis, Beitr. z. klass. Phil. 38, Meisenheim 1971.
144. Kienast, D.: Horaz und die erste Krise des Prinzipats. Die Ode Herculis ritu, Chiron 1, 1971, 239–251.
145. Michel, A.: Virgile et la politique impériale: un courtisan ou un philosophe?, in: BARDON, H.-R. VERDIÈRE, Hrsg., Vergiliana. Recherches sur Virgile, Leiden 1971, 212–245.
146. Scholz, U. W.: Herculis ritu, Augustus, consule Planco, WS 84 = N.F. 5, 1971, 123–137.
147. Wilhelm, R. M.: The Georgics. A study of the emergence of Augustus as moderator rei publicae, Diss. Ohio State Univ., Ann Arbor 1971.

1972

148. Bardon, H.: Bucolique et politique, RhM 115, 1972, 1–13.
149. Bosworth, A. B.: Asinius Pollio und Augustus, Historia 21, 1972, 441–473.
150. Buchheit, V.: Der Anspruch des Dichters in Vergils Georgika. Dichtertum und Heilsweg, Darmstadt 1972.
151. Curran, L. C.: Transformation and Anti-Augustanism in Ovid's Metamorphoses, Arethusa 5, 1972, 71–91.
152. Götz, P.: Römisches bei Cicero und Vergil. Untersuchung von römischen Zügen und Bezügen in Ciceros De re publica und Vergils Aeneis, Diss. Freiburg 1972.
153. Pianezzola, E.: Conformismo e anticonformismo politico nell' Ars amatoria di Ovidio, QIFL 2, 1972, 37–58.
154. Schmidt, E. A.: Poesia e politica nella nona egloga di Virgilio, Maia 24, 1972, 99–119.
155. Segal, Ch.: Ovid's Orpheus and Augustan ideology, TAPhA 103, 1972, 473–494.

1973

156. Buchheit, V.: Vergilische Geschichtsdeutung, GB 1, 1973, 23–50.
157. Johnson, W. R.: The emotions of patriotism. Propertius 4, 6, CSCA 6, 1973, 151–180.
158. Moulton, C.: Ovid as anti-Augustan. Met. XV 843–879, CW 67, 1973, 4–7.
159. Stewart, D. J.: Morality, mortality and the public life. Aeneas the politician, AntR 32, 1973, 649–664.
160. Wimmel, W.: 'Hirtenkrieg' und arkadisches Rom. Reduktionsmedien in Vergils Aeneis, München 1973.

1974

161. Gransden, K. W.: Typology, symbolism and allegory in the Aeneid, PVS 13, 1973–74, 14–27.
162. George, E. V.: Aeneid VIII and the Aitia of Callimachus, Mnemosyne Suppl. 27, Leiden 1974; zugleich: Diss. Univ. of Wisconsin, Madison 1967.
163. Martin, P. M.: Pour une approche du mythe dans sa fonction historique. Le mythe d'Évandre, Caesarodunum 9, 1974, 132–151.

1975

164. Sickle, J. van: Propertius vates. Augustean ideology, topography and poetics in elegy IV, 1, DArch 8, 1974–75, 116–145.
165. Borzsák, I: Heroisches Epos – Unheroische Gesellschaft, AAnt Hung 23, 1975, 141–152.
166. Burck, E.: Die Rolle des Dichters und der Gesellschaft in der augusteischen Dichtung, A&A 21, 1975, 12–35.
167. Galinsky, G. K.: Ovid's Metamorphoses. An Introduction to the Basic Aspects, Oxford 1975.
168. Grimal, P.: Les ‹Odes Romaines› d'Horace et les causes de la guerre civile, REL 53, 1975, 135–156.
169. Hardie, C.: Octavian and Eclogue I, Festschrift C. E. Stevens, Farnborough 1975, 109–121; dt.: Der iuvenis der Ersten Ecloge: AU XXIV/5, 1981, 17–28.
170. Iglesias Montiel, R. M.: Nacionalismo en Propercio, CFC 9, 1975, 79–131.

171. Pani, M.: Troia resurgens. Mito troiano e ideologia del principato, AFLB 18, 1975, 65–85.
172. Pietrusiński, D.: L'apothéose d'Auguste par rapport à Romulus-Quirinus dans la poésie de Virgile et d'Horace, Eos 63, 1975, 273–296.
173. Wiedemann, Th.: The political background to Ovid's Tristia 2, CQ 25, 1975, 264–271.
174. Zumwalt, N. K.: Horace c. 1, 22. Poetic and Political integrity, TAPhA 105, 1975, 417–431.

1976

175. Johnson, J. R.: Augustan Propaganda. The battle of Actium, Marc Antony's will, the fasti Capitolini Consulares and early imperial historiography, Diss. Univ. of California, Los Angeles 1976.
176. Little, D. A.: Ovid's eulogy of Augustus. Met. 15, 851–870, Prudentia 8, 1976, 19–35.

1977

177. Ford, B. B.: Tristia II. Ovid's opposition to Augustus, Diss. Rutgers Univ., New Brunswick, N. J. 1977.
178. Glücklich, H. J.: Zeitkritik bei Properz, AU XX 4, 1977, 45–62.
179. Pöschl, V.: Virgil und Augustus. Dichtung im politischen Kampf, Mél. L. S. SENGHOR, Dakar 1977, 375–384 = Kleine Schriften, Bd. 1, Heidelberg 1979, 110–119.
180. Wistrand, E.: Poetic patriotism under Augustus – Prop. 3, 4 and Hor. Carm. 3, 14, Miscellanea Propertiana, Studia Graeca et Latina Gothoburgensia 38, Göteborg 1977, 8–30.

1978

181. Girod, R.: Virgile et l'histoire dans l'Énéide, in: R. CHEVALLIER, Hrsg., Présence de Virgile, Caesarodunum XIIIbis, Paris 1978, 17 bis 33.
182. Mack, S.: Patterns of Time in Vergil, Hamden, Conn. 1978.
183. Pietrusiński, D.: Apothéose d'Auguste par la comparaison avec les héros grecs chez Horace et Virgile, Eos 66, 1978, 249–266.
184. Radke, G.: Aspetti religiosi ed elementi politici nel Carmen saeculare, RCCM 20, 1978, 1093–1116.

1979

185. Boyle, A. J.: In medio Caesar. Paradox and politics in Virgil's Georgics, Ramus 8, 1979, 65–86.
186. Lewuillon, S.: La piété d'Énée et Caton le Censeur. Un problème d'idéologie et de propaganda impériales, Latomus 38, 1979, 125–146.
187. Stroh, W.: Ovids Liebeskunst und die Ehegesetze des Augustus, Gymnasium 86, 1979, 323–352.
188. Syme, R.: History in Ovid, Oxford 1979.

1980

189. Farron, S.: Aeneid VI, 826–835 (the vision of Julius Caesar and Pompey) as an attack on Augustan propaganda, AClass 23, 1980, 53–68.
190. Johnston, P. A.: Vergil's agricultural Golden Age. A Study of the Georgics, Mnemosyne Suppl. 60, Leiden 1980, zugleich: Diss. Univ. of California, Berkeley 1975.
191. Lundström, S.: Ovids Metamorphosen und die Politik des Kaisers, Acta Univ. Upsal.; Studia Lat. Upsal. XII, Stockholm 1980.
192. Pietrusiński, D.: L'apothéose d'Octavien Auguste par le parallèle avec Jupiter dans la poésie d'Horace, Eos 68, 1980, 103–122.

1981

193. Albrecht, M. von: Mythos und römische Realität in Ovids „Metamorphosen", ANRW II. 31. 4, 1981, 2328–2342.
194. Doblhofer, E.: Horaz und Augustus, ANRW II. 31. 3, 1981, 1922 bis 1986.
195. Littlewood, R. J.: Poetic Artistry and Dynastic Politics: Ovid on the Ludi Megalenses: Fasti 4, 179–372, CQ 75 (N.S. 31), 1981, 381 bis 395.
196. Pöschl, V.: Virgil und Augustus, ANRW II. 31. 2, 1981, 707 bis 727.
197. Rieks, R.: Vergils Dichtung als Zeugnis und Deutung der römischen Geschichte, ANRW II. 31. 2, 1981, 728–868.
198. Suerbaum, W.: Vergils Aeneis. Beiträge zu ihrer Rezeption in Geschichte und Gegenwart, Auxilia 3, Bamberg 1981.
199. Naumann, H., Hrsg.: Zu Vergils 2000. Todestag, AU XXIV/5, 1981: Beiträge von C. HARDIE, H. NAUMANN, W. SUERBAUM und G. VÖGLER.

200. Wifstrand Schiebe, M.: Das ideale Dasein bei Tibull und die Goldzeitkonzeption Vergils, Acta Univ. Upsal. Stud. Lat. Upsal. XIII, Uppsala und Stockholm 1981.

1982

201. Bruck, E.: Die römische Expansion im Urteil des Livius, ANRW II. 30. 2, 1982, 1148–1189.
202. Della Corte, F.: Le 'leges Iuliae' e l'elegia romana, ANRW II. 30. 1, 1982, 539–558.
203. Eisenhut, W.: „Deus Caesar". Augustus in den Gedichten des Properz, Romanitas-Christianitas (Festschrift J. STRAUB), Berlin 1982, 98–108.
204. Little, D.: Politics in Augustan Poetry, ANRW II. 30. 1, 1982, 254 bis 370.
205. Seel, O.: Pompeius Trogus und das Problem der Universalgeschichte, ANRW II. 30. 2, 1982, 1363–1423.
206. Urban, R.: 'Gallisches Bewußtsein' und 'Romkritik' bei Pompeius Trogus, ANRW II. 30. 2, 1982, 1424–1443 (mit Bibliographie zu Trogus).
207. Wissemann, M.: Die Parther in der augusteischen Dichtung, Frankfurt a. M.–Bern 1982.
208. Wlosok, A., Hrsg.: Vergil-Jahrbuch 1982, hrsg. v. A. WLOSOK, in Zusammenarbeit mit J. LATACZ und G. NEUMANN, WJA N.F. 8, 1982.
209. Zecchini, G.: Asinio Pollione: Dall' attività politica alla riflessione storiografica, ANRW II. 30. 2, 1982, 1265–1296 (mit Bibliographie zu Asinius Pollio).

1983

210. Ball, R. J.: Tibullus the Elegist. A critical survey, Göttingen 1983.
211. Vivona, S., Hrsg.: Colloquium Propertianum (tertium). Assisi, 29 bis 31 maggio 1981, Atti a cura di S. VIVONA, Assisi 1983.
212. Oliva, P.–A. Frolikova, Hrsg.: Concilium Eirene XVI. Proceedings of the 16th International Eirene Conference, Prague, ed. by P. OLIVA and A. FROLIKOVA, 3 Bde., Prag 1983; Bd. 3, 5–54: 8 Vergil-Beiträge.
213. Pöschl, V., Hrsg.: 2000 Jahre Vergil. Ein Symposion, Wolfenbütteler Forschungen 24, Wiesbaden 1983.
214. Schmid, W.: Vergil-Probleme, Göppinger Akademische Beiträge, Nr. 120, Göppingen 1983.

215. Bömer, F., Hrsg.: Vergil. 13 Beiträge zum Bimillennarium Vergilianum, Gymnasium 90, Heft 1/2, 1983.
216. Wimmel, W.: Der Augusteer Lucius Varius Rufus, ANRW II. 30. 3, 1983, 1562–1621.
217. Witke, Ch.: Horace's Roman Odes. A critical examination, Leiden 1983.

1984

218. Benedini, E.-E. Paratore, Hrsg.: Atti del Convegno mondiale scientifico di studi su Virgilio, 2 Bde., Mailand 1984.
219. Kraggerud, E.: Horaz und Actium. Studien zu den politischen Epoden, SO Suppl. 26, Oslo 1984.
220. Schenk, P.: Die Gestalt des Turnus in Vergils Aeneis, Beiträge zur Klassischen Philologie, Heft 164, Königstein i. Ts. 1984.
221. Suerbaum, W.: Vergil und der Friede des Augustus („Der du von dem Himmel bist"). Über Friedensgedichte, hrsg. v. W. Böhme, Karlsruhe 1984, 26–44.
222. Universidad de Murcia, Sección de filologia clásica, Hrsg.: Simposio Virgiliano. Commemorativo del Bimilenario de la muerte de Virgilio, Murcia 1984.
223. Weeber, K.-W.: Abi, nuntia Romanis . . .: Ein Dokument augusteischer Geschichtsauffassung in Livius I 16?, RhM 127, 1984, 326–343.
224. Woodman, T.-D. West, Hrsg.: Poetry and Politics in the Age of Augustus, Cambridge 1984.

1985

225. Renger, C.: Aeneas und Turnus. Analyse einer Feindschaft, Studien zur klassischen Philologie 11, Frankfurt a. M. 1985.
226. Schmidt, P. L.: Horaz' Säkulargedicht – ein Prozessionslied?, AU XXVIII/4, 1985, 42–53.
227. Hirth, H. J.: Horaz, der Dichter der Briefe. Rus und urbs – die Valenz der Briefform am Beispiel der ersten Epistel an Maecenas, Altertumswissensch. Texte u. Studien 13, Hildesheim–Zürich–New York 1985.
228. Fries, J.: Der Zweikampf. Historische und literarische Aspekte seiner Darstellung bei T. Livius, Beiträge z. klass. Phil. 169, Königstein i. Ts. 1985.
229. Eckert, V.: Untersuchungen zur Einheit von Properz I, Heidelberger Forschungen 26, Heidelberg 1985.

230. Universidad de Murcia, Sección de filologia clásica, Hrsg.: Simposio Tibuliano. Commemoración del Bimilenario de la muerte de Tibulo, Murcia 1985.
231. Porte, D.: L'étiologie religieuse dans les Fastes d'Ovide, Paris 1985.
232. Stahl, H. P.: 'Love' and 'war'. Individual and state under Augustus. Berkeley–Los Angeles–London 1985.
233. Klio 67, 1985, H. 1: Beiträge der internationalen Wissenschaftlichen Konferenz „Die Kultur der Augusteischen Zeit" (Jena 1982), hrsg. v. F. Kühnert.

1986

234. Hardie, Ph. R.: Virgil's Aeneid. Cosmos and Imperium, Oxford 1986.
235. Boyle, A. J.: The Chaonian Dove. Studies in the Eclogues, Georgics, and Aeneid of Virgil, Leiden 1986.
236. Putnam, M. C. J.: Artifices of eternity. Horace's fourth book of Odes, Cornell Studies in Class. Phil. 43, Ithaca–London 1986.

1987

237. Saeculum Augustum I, Herrschaft und Gesellschaft, Wege der Forschung 266, hrsg. v. G. Binder, Darmstadt 1987.
238. Doblhofer, E.: Exil und Emigration. Zum Erlebnis der Heimatferne in der römischen Literatur, Impulse der Forschung 51, Darmstadt 1987.

REGISTER

Namen, Sachen und Stellen (in Auswahl)

Zahlen in Antiqua: Thema/Textstelle ist auf der genannten oder der genannten und der folgenden Seite behandelt (z. B. 190 = Seite 190 oder Seite 190 f.).

Zahlen in Kursive: Thema/Textstelle ist von der genannten Seite an über mehrere Seiten hin behandelt (z. B. *349* = 349 ff. bzw. 349 ff. passim).

Actium: 21. 37. *70.* 84. 87. 89. 105. 119. 248. 250. 253. 260. 272. 367. 372

Aemilius, L. Regillus (Inschrift): 439

Aeneas
  und Augustus: 71. 119. *240.* 269. *360.* 367
  und Dido: 277
  am Forum Boarium: 241. 246
  Katabasis: 281
  pius: 271. 276. 368

Agrippa: 30. 52. 75. 93. 97. 249. 253. 345. 380. 382

Aion(smystik): *206.* 209

Aitiologie, Aition: *255*
  in der Aeneis: *266. 268. 278. 285*
  im Epos: *261*
  bei Properz: 264. *278.* 362. 372
  Wesen und Funktion: *261.* 284

Altlatein: *426*

Antonius, M.: 56. 60. 62. 65. 69. 90. 92. 106
  Abkunft von Hercules: *118.* 244
  auf Münzen: 202

Apollo: 30. 37. 44. 47. 53. 58. 67. 70. 72. 75. *79. 88. 95.* 119. 281. 361. 366. 380. 382. 390

Apollonios von Rhodos: 255
  Argonautika: 261

Apotheose: 46. 94. *116.* 120. 139. *330.* 383

Appianus, Bell. civ.
  2, 76: 244
  3, 12: 382
  3, 16: 119. 244
  5, 72: 64
  5, 132: 96. 99

Ara
  Concordiae: 31
  Fortunae Reducis: 39
  Martis in Campo Martio: 113
  Pacis Augustae: 31. 33. 39. 47. 276. 300
  Salutis populi Romani: 31
  Victoriae Augustae: 32. 120. 128. 132

Asinius Pollio, C.: 178. 180. 210. 213

Attis:
  s. Kulte, orientalische

Auguraldisziplin:
  Augur: 40. *60.* 66. 73. 75. 80
  augurium: 85. 271
  augurium salutis: 67. 73. 77. 80
  lituus: 56. 60. 63. 65. 69. 71. 75. 84
  s. auch Augustus
Augustus
  und Aeneas: 269. *360*
  und Alexander: 71
  und Apollo: *37. 53. 88*
  Apotheose: *330.* 383
  Arvalbruder: 58. 73. 75. 77
  auctoritas: 74. 81
  Augur: 56. 59. 64. *66.* 73. 80. *85*
  augurium salutis: 67. 73. 77. 80
  und Autoren: s. die Autoren
  Begriffsgottheiten: *31*
  Censur: 37
  Divi filius: 34. 46. 63. 65
  flamen Augusti: 100. 103
  Fetiale: 52. 58. 73
  Genius Augusti: 36. *42.* 83. *100.* 106
  und Hercules: *108. 251*
  Ideologie(bildung): 251. 306. 313
  Imperator: 56. 74. 81. 298. 305.
  imperium proconsulare: 311
  und Isis-Sarapis-Kult: *147*
  Ianus (Schließung des I.): 27. 266. 281. 387
  und Iuppiter: *38*
  Kaiserkult: *41. 378*
  und Kulte: *21.* 76. *143. 168.* 271. 276. 288. 301. 312
  und Kybele-Magna Mater-Kult: *161*
  Ludi Saeculares: 28
  Lustrum: 24
  und Mars (Ultor): *35. 108. 125*

Militärreformen: *296*
Name (Titel): 66. 71. 73. 86
Pater patriae: 84. 94. *101.* 389
pietas: 204. 271. 276
Pontifex Maximus: 23. *52.* 60. 75. 82. 84. 94. *101.* 105
Priesterämter: *52*
Quindecimvir: 52. *58.* 70. 80. 87. 159
Religionspolitik: *6. 34. 52. 88. 108. 143.* 276. 279. 379. *383.* 390
Res Gestae
  R. G. 1: 27. 36. 382
         2: 24. 32. 367
         4: 21. 22. 36. 75
         5: 70
         6: 33
         13: 27
  und Romulus: *67.* 71. 87. 107. 121. 331
  sacerdos Augusti: 100. 103
  septemvir epulonum: 58
  sodalis Titii: 58. 73. 75. 77
  Symbolismus, religiöser: *26.* 33
  Tempel (Wiederaufbau der): *21.* 71. 76
  Triumph(bogen): 37. *242.* 247. 250
Auspizien: 66. 71. 75. 117

Bacchanalia (SC. de B.): 438
Brundisium (sog. Frieden von): 21. 57. 71. 176

Cacus: 108. 140. 246
Caesar, C. und L.: 85. 126. 129
Caligula: 85. 107. 128. 131. 135
capite velato: 275
Cassius Dio
  42, 51, 4: 60

44, 5, 3: 55
45, 1, 2: 91. 382
45, 2, 2: 381
45, 5, 2: 382
48, 16, 1: 117
48, 19, 4: 49
48, 36, 4f.: 64
48, 54, 5f.: 64
49, 16, 1: 64
49, 43, 5: 25
50, 4, 4f.: 27. 58
50, 25, 3f.: 147
51, 20, 3: 74
51, 20, 6–8: 99
53, 2, 4–6: 22
53, 16, 4: 117
53, 17, 8: 74
54, 17, 2: 79
54, 19, 4: 367
54, 27, 3: 41
54, 36, 1: 22
55, 10, 2–4: 127
55, 10, 6: 126
55, 12, 5: 41
56, 36, 4f.: 124
56, 42, 3: 46
56, 42, 4: 122
56, 46, 2: 122
58, 24, 4: 383
59, 19, 2: 383
59, 26, 5: 131
60, 5, 3: 126
63, 20, 5: 132
74, 5, 5: 46

Cato, M. Porcius
  De agr. 14, 1: 432
         54, 1: 433
         141, 2: 434. 444
  Orig. fr. 18 Peter: 276

Censorinus
  De die nat. 18,11: 201

Cicero, M. Tullius
  und Altlatein: *429*
  Einzelne Stellen
    Epist. ad Att. 4, 5, 2: 349
                  16, 15, 3: 92
    Cat. 3, 9–10: 202
    div. 1, 22, 45: 444
         2, 18, 42: 433
    fin. 3, 20, 67: 435
    harusp. 26: 160
    inv. 2, 50, 148: 430
    leg. 2, 4, 9: 430
         2, 7, 18: 429
         2, 8, 21: *430*
         2, 23, 58f.: 430
         2, 24, 60: 430
         2, 24, 65: 430
         3, 3, 6ff.: *431*
         3, 3, 9: *431*. 444
    off. 1, 10, 31: 435
         1, 12, 37: 430
    de orat. 1, 57, 245: 430
              3, 39, 158: 430
    Phil. 13, 5, 12: 64
    rep. 6, 12, 12: 435
    Top. 17, 64: 430

Claudius (Kaiser): 46. 50

Copia
  cornu Copiae: 116. 199. 206

Corpus Hippocraticum
  Erklärung der Pest: *231*
  Stellen aus
    De alimento: *217*
    De genitura: 219
    De nat. hominis: 230
    De ventis 229: 235
    Epidemien (III, 3): 231. 235

Curtius Rufus
  3, 10, 5: 135
  3, 12, 27: 135
  4, 8, 16: 135

Curtius Rufus (Forts.)
 9, 2, 29: 135
 9, 4, 21: 135
 10, 9, 3: 210

Dea Dia: 48
Dea Roma: 33. 41
Diana: 30. 89. 97. 105
dies imperii: 69
dies parentales:
 s. Parentalia
Diodorus
 3, 58, 4–59, 1: 158
 4, 38, 5: 118
Diogenes Laertius
 6, 38, 71: 137
Dionysius Halic.
 1, 39 ff.: 246
 2, 19, 2 f.: 158
Dionysos: 133. 244
Domitianus (Kaiser): 131. 203

Eirene: 32
Elegie: *184. 189. 360*
Ennius: 362. 431. 436
 Einzelne Stellen:
  scaen. 228: 431
  334 f.: 435
Erneuerung, augusteische: 411. 413. 428
Euander: 109. 115. 140. 240. 245. 248. 252. 260. 282
exemplum, exempla: 162. 288. 301. 307. 310. 319. 329

felicitas (temporum), felix: 199. 208
Feralia: 279
Festus (ed. Lindsay)
 p.131, 1: 202
 p.208, 26 f.: 434
Fetialen: 27. 47. 50

Flamen, Flamines: 24. 47. 75
 Flamen Dialis: 24. 47. 76. 201
Florus, Iulius: *342*
Fortuna: 131
Forum
 Forum Augusti: 83
 Forum Boarium: 114. 241

Galba (Kaiser): 129. 131
gemma Augustea: 63
Germanicus: 85. 128. 383
Geschichtsschreibung: *400*
Göttlichkeit (des Kaisers): 44. 101

Hercules: 92. 98. 101. *108*. 382
 und Alexander: 135
 an der Ara Maxima: 114. *240*. 253. 282
 Invictus: 114. 132. *242*
 und Mars: *108*. 246. 248
 Mythos: *114. 136*. 247
 Pompeianus: 243
 in Tibur: *139*
 und Triumph: *114. 243*
Horatius: 141. *176. 288. 314. 342*. 361. 384. 407
 und Augustus: *179. 288*. 345. 356. 358
 und *honores:* 292. *300*
 und Kulte, ägyptische: 152
 und Kybele-Kult: *163*
 Lyrik, politische: *179*. 292. 315. 321. *324*. 329. 333. 335
  Datierung: 315
  Zeitstruktur: *320. 335*
 und Maecenas: 342. 345
 und *militia:* 292. 305
 und Philippi: 343
 als Privatmann: *289. 301*
 als *vates:* 291. 306. 308. *310*
 und *virtus:* 292. 302. 305

Einzelne Stellen
epod. 1: 292
  7: 321. 344
  9: 293. 324
  16: 322. 332. 344
  17: *373*. 376
carm. 1, 1: 291. 295. 303. 306
  1, 2: *326*
  1, 2, 29 ff.: 202
  1, 2, 41 ff.: 208
  1, 6, 3 f.: 299
  1, 6, 17 f.: 294
  1, 12, 36: 178
  1, 14: 323
  1, 18, 5: 295
  1, 18, 13 f.: 163
  1, 26: 179
  1, 26, 3 ff.: 304
  1, 35 29 ff.: 294. 297
  1, 37: 325
  2, 1, 24: 178
  2, 6, 7 f.: 295
  2, 7, 11: 292
  2, 11, 1 ff.: 294
  2, 16, 9 ff.: 303
  3, 1, 9 ff.: 303
  3, 2: 179. 186
  3, 2, 17 ff.: 302
  3, 3: 330
  3, 3, 9 ff.: 123. 251
  3, 5: 297. *314*. 328
  3, 6: 328
  3, 8: 304
  3, 14: 179. *332*
  3, 14, 1 ff.: 123. 251
  3, 14, 9 f.: 294
  3, 14, 14 f.: 294
  3, 19, 18 f.: 163
  3, 29: 304
  3, 30: 307
  4, 3: 307
  4, 4: 346
  4, 5: 299. 321
  4, 9, 51 f.: 298
  4, 14: 299. 346
  4, 14, 9, 33 ff.: 298
  4, 15, 12 ff.: 310
  4, 15, 17 f.: 193. 334
carm. saec.: 30. 75. 89. 97. 163. 209. 297. 303. 307. 355
sat. 1, 2: 344
  1, 6: *300*
  2, 6: 346
epist. 1, 1: 342. 356
  1, 1, 41: 352
  1, 1, 42 ff.: 303
  1, 3, 17: 90
  1, 7: 346
  1, 12, 27 ff.: 116
  1, 14: 346
  1, 17: 152
  1, 18, 102 f.: 303
  1, 19, 37 ff.: 347
  1, 20: 302
  2, 1: 299. 342. 358
  2, 1, 18: 299
  2, 1, 124 ff.: 310
  2, 2: *342*
  2, 3: 342. 358

Ianus (Schließung des I.)
  s. Augustus
Inscriptiones
  CIL I² 581: 439
    582, 3: 431
    583, 12. 42: 431
    585, 78: 431
    587: 431
    595: 431
    596: 431
  V 18: 104
    852: 104

Inscriptiones (Forts.)
    3341: 104
    4442: 104
    4865: 43
  VI 331: 243
    445–454: 43
    456: 22
    2010: 43
    2137: 49
    2222: 43
    2250: 32
    30974: 22
    32323: 30
    32353, 50: 37
    32356: 37
    33950: 51
  VIII 24213: 49
  IX 54: 44
    1556: 104
  X 797: 24
    837: 104
    1613: 104
    3757: 42
    6305: 104
  XI 1420f.: 104
    1922f.: 104
  XIV 3541: 140
    3599–3601: 141
    3609: 141
    3611: 141
    3665: 44. 140
    3679. 3679a: 140
    3681: 140

Isis
  s. Kulte, orientalische
Iulius, C. Caesar: 91. 98. 367. *381*
  Augur: 65
  Divus Iulius: 34. 69. 126. 201. 382
  und Mars/Venus: 35. 119
  Pontifex Maximus: 55
  Priesterämter: 59
  und Romulus: 69
Iulius, Proculus: 121
Iuno: 97. 266. 331. 365
  Iuno Regina: 30
Iuppiter: 92. 97. 140
  Inventor: 140. 247
  Optimus Maximus: 30. 36. 249
  Praestes: 140
  Tonans: 248
  bei Vergil: 269

Kaiserkult: *41*. 46. 50. *88*. 121. 140. *211. 378*
Kallimachos: *255*. 262. 264
  Aitienprolog: *360*
Karthago: 277
Kleopatra(-Isis): *147*. 156
Kulte, orientalische (in Rom):
  in der Republik: *143*
  unter Augustus: *143. 158*
  Gegenstand der Komödie: 160
  Attis: 158. 161
  Isis-Sarapis: *145*
    in der Republik: *145*
    unter Augustus: *149*
  Kybele-Magna Mater: *157*
    in der Republik: *157*
    unter Augustus: *158*
  s. auch die Autoren
Kybele
  s. Kulte, orientalische

Lares: 42. 77. 82
Latinus: 266
Lehrdichtung: *216*
  und Medizin: *216. 238*
Lepidus, M. Aemilius: 52. 55. 58. 64. 70. 72. 75. 77. 82. 84

Lex, Leges
  Lex Colon. Genet. Iul.: 103
  Lex XII tabularum: *427*
  Einzelne Stellen
    I, 1: 430
    I, 4: 435
    II, 2: 430
    III, 3: 441
    V, 3–7: 430
    V, 7: 432
    VI, 1: 430
    VIII, 2: 434
    VIII, 12: 432
    VIII, 13: 432
    VIII, 24: 430
    X, 1–2: 430
    X, 1.8: 432
    X, 4: 430
    X, 5: 430
  Lex Iul. de sacerd.: 59
Livius: *394*. 428. *437*
  und Altlatein: *437*
  und Altrom: *420*
  und Annalisten: *407.* 413
  „Augusteer": *404. 407. 416*
  und Augustus: *180.* 193
  als Autorperson: *414*
  Liviusbild(er) in der Forschung: *394*
    politisch bedingt: *400*
  im Nationalsozialismus: *396*
  Rationalist, skeptischer: *424*
  Republikaner: 180
  Einzelne Stellen
  praef. 4: *423*
       5: 181. *423*
       9: 181. *421. 423*
       12f.: *412*
       1, 7, 15: 122
       1, 18, 7: 441
       1, 19, 2f.: 266. 282
       1, 19, 4: 441
       1, 24, 2: 441
       1, 24, 4–9: 442
       1, 26, 5: 444
       1, 32, 5–14: 442
       1, 44, 4: 441
       2, 41, 11: 444
       3, 44, 12: 440
       3, 56, 4: 440
       4, 20, 7: 22
       7, 3, 5: 438. 440
       7, 17, 12: 440
       8, 6, 11: 444
       8, 9, 5: 442
       8, 10 ff.: 438
       8, 11, 1: 438
       8, 11, 5: 24
       8, 28, 8: 441
       10, 19, 17: 442
       10, 23, 1: 444
       10, 28, 14: 442
       10, 47: 379
       22, 10: 442
       22, 60, 13: 444
       23, 11, 1–3: 442
       29, 27, 2–4: 442
       30, 43, 9: 442
       31, 9, 9: 442
       36, 2, 2: 442
       39, 14 ff.: 440
       39, 18, 3: 442
       40, 52, 4–7: 438
Lucretius
  und Medizin: *216*
  und die Pest: *224. 236*
  Physiologie: *217. 238*
  Psychopathologie: 237
  Einzelne Stellen
    2, 660 ff. 700 ff.: 219
    3, 828: 237
    3, 938 ff. 956 ff.: 354

Lucretius (Forts.)
  4, 630 ff.: 219
  4, 1233 ff.: 219
  6, 1090 ff.: *224*
  6, 1103 ff.: *225*
  6, 1117 ff.: 226
  6, 1156 ff.: 227
  6, 1167 f.: 233
  6, 1231 ff.: 227
Ludi
  Actiaci: 37. 272. 275
  Apollinares: 34. 281
  Gentis Iuliae: 51
  Martiales: 127
  Megalenses: 159
  Saeculares: 28. 50. 52. 75. 79. 84. 96. 281. 387
Lupercalia, *Luperci:* 23. 76
Lusus Troiae: 279
Lygdamus: *189*

Maecenas: 141. 164. 175. 252. 292. 302. 304. 342
  Kreis des M.: 153. 174. 179. 187. *250*
Magna Mater
  s. Kulte, orientalische
Mars: 35. 38. 47. 83. 92. *108.* 125
Martialis
  5, 65, 8 ff. 15 ff.: 133
  7, 6, 7 f.: 133
  9, 1, 8 ff.: 133
  9, 23, 5 f.: 133
  9, 64, 1 f. 7 f.: 132. 134
  9, 101, 11. 23: 134
  10, 72, 1 ff.: 134
Mechanismus: *217*
Messala Corvinus: 62. 64
  Kreis des M.: 187
Minerva: 132. 365

mos maiorum: 144. 149. 179. 181. 288. 307. 420

Nero (Kaiser): 86. 98. 129. 131. 134
Nikopolis: 37. 274
Numa: 73. 84. 266. 272

Ovidius: *189.* 377. *378*
  und Augustus: *189. 194. 378*
    in den Metamorphosen: *379*
    in den Fasti: *385*
    in den Tristien: *391*
  und Kallimachos: 264
  und Kulte, ägyptische: *155*
  als *lusor amorum:* 190
  Einzelne Stellen
    Amor. 1, 1: 191
           1, 9, 46: *391*
           2, 1, 11 ff.: *388*
           2, 13: 155
    Ars am. 1, 55 ff.: *391*
           1, 77 ff.: 155
           1, 101 ff.: *389*
           2, 399 ff.: *383*
           3, 113 ff.: *391*
           3, 389 ff.: 155
    Fast. 1, 277 ff.: 282
           1, 307 f.: *388*
           2, 17 f.: *387*
           2, 119 ff.: *389*
           3, 79 ff.: 112
           3, 363: 276
           3, 439 ff.: *388*
           4, 91 ff.: *389*
           4, 251 ff.: 168
           4, 949: 40
           4, 951 f.: *383*
           5, 35 ff.: *388*
           5, 145 f.: 102
           5, 579 f.: 126

	5, 595 f.: 126
	6, 797 f.: 390
Heroid.	7: 192
Metam.	1, 151 ff.: 388
	1, 507 f.: 167
	1, 747 ff.: 194
	5, 318 ff.: 388
	9, 262 ff.: 117
	9, 666 ff.: 156
	10, 103 ff.: 167
	10, 686 ff.: 167
	14, 530 ff.: 167
	15, 622 ff.: *378*
	15, 720: 380
	15, 864: 40
Pont.	1, 1, 37 ff. 51 ff.: 156
	2, 2, 9 ff.: 388
Trist.	1, 1, 79 f.: 379
	1, 2, 103 ff.: 213
	1, 7, 21 ff.: 392
	2, 54: 379
	2, 69 ff.: 388
	2, 103 ff.: 381
	2, 121: 379
	2, 207: 378
	2, 235: 391
	2, 289 ff.: 155
	2, 329 ff.: 388
	2, 497 ff.: 391
	4, 10: 190
	4, 10, 42: 385
	4, 10, 50: 384
	4, 10, 89 f.: 379
	5, 2, 45: 385

Pallanteum: 240
Parentalia: 279
Pax Augusta: 28. 31. 34. 149. *179.* 184. 300. 311. 372
Pest (in der Antike): *221*
Pharsalus: 243. 246
Philippi: 120. 292. 343
pietas: 33. *203.* 271. 276
Plinius d. Ä.
  nat. hist. 2, 18: 45
          2, 24: 25
          2, 94: 25. 67. 210
          7, 95: 243
          28, 13: 49
          33, 41: 210
          34, 33: 115
Plutarchus
  Anton. 4: 118. 244
  Crass. 2: 113. 115
         12: 115
  Sulla 35: 113. 115
Pontifex, Pontifices
  Pontifex Maximus: 41. 73. 76. 78. 83. 86
  pontifices minores: 24
  Ritual: 39. 241. 246
  s. auch Augustus, *Pont. Max.*
Porta Trigemina: 114. 242. 247
Prinzipat
  Entstehungsbedingungen: 296. 309
  und griechische Polis: 309
  und hellenist. Königtum: 308
  und makedon. Königtum: 309
  Krise: 333
  princeps: 213. 249. 319. *331*
Propertius: *184.* 264. *360*
  und aitiologische Dichtung: 264. 372
  „Augusteer": *360*
  und Augustus: *184.* 360
  und Kulte, ägyptische: *153*
  und Kybele-Kult: 164
  und *Pax Augusta:* 372
  Romanus Callimachus: 188
  Einzelne Stellen
    1, 7, 22: 370

Propertius (Forts.)
  1, 8, 31: 370
  1, 22, 3 ff.: 185
  2, 3, 29 f.: 370
  2, 5: 370
  2, 6, 19 ff.: 371
  2, 7: 372
  2, 10: 371
  2, 13: 371
  2, 15, 45 f.: 370
  2, 16: 371
  2, 18, 26: 371
  2, 19: 372
  2, 19, 1 ff.: 371
  2, 28, 61: 153
  2, 31, 15: 156
  2, 32, 44: 371
  2, 33, 1 ff.: 153
  2, 34: 371
  2, 34, 93 f.: 370
  3, 1, 9 ff.: 307
  3, 1, 35: 370
  3, 4: 371
  3, 4, 10: 186
  3, 9: 371
  3, 11: 371
  3, 11, 41 ff.: 153
  3, 12: 372
  3, 12, 18: 371
  3, 13: 371
  3, 18: 371
  3, 22: 371
  3, 24, 19: 376
  4, 1: *360*
  4, 1, 64: 188. 264
  4, 1, 69: 187. 278
  4, 1, 125: 185
  4, 1, 141: 376
  4, 1, 150: 376
  4, 3: 372
  4, 6: 89. 97. 188. 372
  4, 6, 10: 371
  4, 6, 29 ff.: 37
  4, 10: 372
  4, 11: 372
  4, 11, 50 ff.: 164
  4, 11, 57 f.: 370

Quindecimviri: 29. 31. 40. 57. 70. 75. *78*
Quintilianus
  1, 6, 29: 441
  8, 3, 25: 430
  9, 3, 71: 123
Quirinus: 92

Regulus, M. Atilius: *314*
religio: 271
ritus Graecus: 40. 53. 80
Römertum (wissenschafts-
  geschichtl.): *394*
Rom: *360*
  augusteisches: 243. 245. 248. 282
  und Karthago: 277
  Livius und Altrom: 420
  „Romglaube": *422*
Romulus: 73. 84. *121.* 269. 272. 330. 367. 389
  Apotheose: 122. 331

sacerdotes Laurentes Lavinates: 23
Saeculum Augustum
  Epoche: *173*
  Literatur: 9. *173. 183. 192*
  Priesterämter: 40. 47. 59. 74. 281
  Religion: *21*
  Restauration: *21. 72.* 175
Salier: 109. 111. 140. 246. 253
Sarapis
  s. Kulte, orientalische
Saturnalia: 48

Seneca
  Apocol. 4, 1, 25 ff.: 210
  clem. 1, 10, 3: 45
  Herc. fur. 54. 889 f.: 138
  Herc. Oet. 749 f. 794 ff.: 138
       1713 ff. 1971: 139
  ad Polyb. 12: 210
septemvir epulonum: 58
Sibylle: 29. 58. 70. 78. 106. 281
  Bücher, sibyll.: 38. 89. *197.* 213
sidus Iulium: 200. 210
Statius
  Silv. 3, 1, 161 ff. 171 ff.: 136
       4, 1, 2 ff.: 210
       4, 1, 17 ff.: 211
       4, 1, 39: 132
       4, 2, 47 ff.: 133
       4, 3, 153 ff. 155 ff.: 132
       4, 4, 58: 133
       4, 7, 49: 133
       4, 8, 61: 133
Suetonius
  Iul. 50, 1: 383
       85: 35
  Aug. 29, 2: 127
       29, 3: 249
       30, 2: 22. 39
       31, 1: 78. 106
       31, 3: 22. 42
       31, 4: 24. 52. 76
       52: 41. 99
       57, 1: 22
       70, 1: 25
       71, 3: 26
       72, 2: 140
       74: 24
       91–92: 25
       91, 2: 22
       93: 148
       94, 4: 91. 382
       94, 9: 381
       94, 12: 26
       97, 1: 30
  Tib. 61, 3: 383
  Cal. 24, 3: 129
  Ner. 21, 3: 132
       53: 132
  Galb. 9, 2: 131
  Vesp. 12: 135
  Vit. Hor.: 182. 344. 346. 356
Sulla: 62. 114
Symbolismus, religiöser: 26. 33

Tacitus
  Agr. 3, 1: 210
  Ann. 1, 2: 391
       1, 10: 100
       1, 54: 391
       2, 22: 128
       3, 58: 22
       4, 16: 22
       4, 38: 125
  Hist. 1, 1: 195
Tellus: 30
Terra Mater: 30. 116
Thukydides
  2, 47 ff. (Pest): *222.* 231
Tiberius: 47. 124. 128. 345. *355.* 383
Tibullus
  und Augustus: *184.* 187. 193
  und Kulte, ägyptische: *154*
  und Kybele-Kult: *164*
  Einzelne Stellen
    1, 3, 23 ff.: 154
    1, 4, 67 ff.: 165
    1, 7: 154
    1, 10, 29 ff.: 186
    2, 1: 112
    2, 5, 17 f.: 79
    2, 5, 83 ff.: 187

Tibur: *139*
triumvir monetalis: 199

Varius Rufus, L.
  Thyestes: 177
Varro, M. Terentius
  L. L. 5, 86: 50
    5, 143: 441
    7, 15: 435
Velleius Paterculus
  2, 130, 2: 296
Venus: 126. 361. 366. 368. 390
  Erycina: 278
  Genetrix: 35. 47. 126. 246.
    253
  Victrix: 244. 246
Vergilius: *175. 197. 216. 240.* 290.
  370. 392. 405. 418. 421. 433
  Aeneis-Interpretation: *177*
  und alexandrinisches Erbe: *256*
  und Aitiologien: *255.* 266
  und Augustus: *175. 183.* 193
  und die Bugonie: 238
  und Kulte, ägyptische: 152
  und Kybele-Kult: *165*
  und die Medizin: *216. 228.* 236
  Physiologie: *219.* 238
  Weltherrschaftsgedanke: *212*
  Einzelne Stellen
    Ecl.   1, 6 ff.: 95. *391*
            4: 28. *67.* 95. *197.*
              206. 212
            4, 13 f.: 204
            4, 53: 384
            6, 1 ff.: 361
            9, 47 ff.: 201. 210
    Georg. 1, 21. 40: 412
            1, 84 ff.: *219*
            1, 417 ff.: 220
            2, 170: 177
            3, 153: 152

Aen.   3, 478 ff.: *228*
        3, 482 ff.: *230*
        3, 500 ff.: *233*
        1, 275 ff.: *269*
        1, 286 ff.: *269.* 279
        2, 675 ff.: *270*
        2, 689 ff.: *270*
        2, 701 ff.: *270*
        3, 278 ff.: *272*
        3, 333 ff.: *273*
        3, 403 ff.: *275*
        3, 500 ff.: *274*
        3, 543 ff.: *275*
        4, 86 ff.: *391*
        4, 224 ff.: *391*
        4, 621 ff.: *277*
        5, 58 ff.: *279*
        5, 117 ff.: *279*
        5, 545 ff.: *279*
        5, 568 ff.: *279*
        5, 588 ff.: *281*
        5, 596 ff.: *279*
        6, 14 ff.: *280*
        6, 51 ff.: *281*
        6, 66 ff.: *281*
        6, 69 ff.: 79. *281*
        6, 788 ff.: 250
        6, 801: 124
        7, 540: 113
        7, 641: 381
        7, 789: 152
        8, 99 f.: *282*
        8, 102 f.: 241
        8, 176 ff.: 241
        8, 306 ff. 331 f. 340 f.
          347 f.: *282*
        8, 351: 248
        8, 360 f.: *282*
        8, 670: 177
        8, 682: 253
        8, 698: 152

Vergilius (Forts.)
    8, 704 ff.: 37. 89
    8, 714 f.: 250
    9, 82 ff.: 165
    9, 114 ff.: 165
    9, 599: 166
    9, 614 ff.: 166
    10, 11 ff.: 277
    10, 21 ff.: 113
    10, 163: 381
    10, 220 ff.: 165
    10, 252 ff.: 165
    11, 768 ff.: 166
    11, 899: 113
    12, 1: 113
    12, 99: 166
    12, 179 f.: 112
    12, 497: 113
Vespasianus (Kaiser): 129. 134

Vesta, *Virgines Vestales:* 22. *39.* 49. 75. 82. 383. 386

Weltherrschaftsgedanke: *197*
Wissenschaftsgeschichte: *394*

Zeitalter, goldenes:
  aetas aurea: 199. 202
  felicitas saeculi, temporum: 201. 208
    laetitia temporum: 209
    saeculum aureum: 200
    saeculum frugiferum: 206
    saeculum pium: 204
    Saturnia regna: 209
    symbolisch: 198. *200.* 203
    und Sol: 203
Zosimus
    2, 4, 2: 29